全国高等学校法学专业核心课程教材

行政法与行政诉讼法

Administrative Law and Administrative Litigation Law

主　编　石佑启
撰稿人　（以撰写章节先后为序）
　　　　石佑启　杨治坤　夏金莱　张显伟
　　　　孔繁华　敖双红　高　轩　陈咏梅
　　　　黄　喆　杨　桦

中国教育出版传媒集团
高等教育出版社·北京

图书在版编目（CIP）数据

行政法与行政诉讼法 / 石佑启主编 . -- 北京：高等教育出版社，2023.2
ISBN 978-7-04-059535-2

I. ①行… II. ①石… III. ①行政法 – 中国 – 高等学校 – 教材②行政诉讼法 – 中国 – 高等学校 – 教材 IV. ①D922.1②D925.3

中国版本图书馆 CIP 数据核字（2022）第 211144 号

Xingzheng Fa yu Xingzheng Susong Fa

| 策划编辑 | 姜 洁 | 责任编辑 | 程传省 | 封面设计 | 杨立新 | 版式设计 | 王艳红 |
| 责任校对 | 王 雨 | 责任印制 | 存 怡 | | | | |

出版发行	高等教育出版社	网 址	http://www.hep.edu.cn
社 址	北京市西城区德外大街4号		http://www.hep.com.cn
邮政编码	100120	网上订购	http://www.hepmall.com.cn
印 刷	大厂益利印刷有限公司		http://www.hepmall.com
开 本	787mm×1092mm 1/16		http://www.hepmall.cn
印 张	28.25		
字 数	610 千字	版 次	2023 年 2 月第 1 版
购书热线	010-58581118	印 次	2023 年 2 月第 1 次印刷
咨询电话	400-810-0598	定 价	67.00 元

本书如有缺页、倒页、脱页等质量问题，请到所购图书销售部门联系调换
版权所有 侵权必究
物 料 号 59535-00

作者简介

石佑启 男,法学博士,广东外语外贸大学教授,博士生导师。现任广东外语外贸大学党委书记、校长,兼任中国法学会立法学研究会副会长、中国法学会行政法学研究会常务理事兼学术委员会委员、教育部法学类专业教学指导委员会委员、广东省法学类专业教学指导委员会主任委员、广东省法学会副会长等。入选国家"万人计划"哲学社会科学领军人才、全国文化名家暨四个一批人才、国家百千万人才工程、国家"有突出贡献中青年专家"、国务院政府特殊津贴专家、教育部新世纪优秀人才、广东省优秀社会科学家、广东省"特支计划"宣传思想文化领军人才、广东省立法工作领军人才等。主持国家社科基金重大项目、重点项目、一般项目,教育部哲学社会科学研究重大课题攻关项目,以及其他省部级项目10余项,出版《论公共行政与行政法学范式转换》《私有财产权公法保护研究:宪法与行政法的视角》《论行政体制改革与行政法治》《行政法与行政诉讼法》等著作与教材30余部,在《中国社会科学》《中国法学》《法学研究》等刊物上发表学术论文160余篇,多篇论文被《新华文摘》《中国社会科学文摘》等转载。科研成果获第二届全国法学教材与科研成果二等奖,第七届、第八届高等学校科学研究优秀成果(人文社会科学)二等奖,以及广东省哲学社会科学优秀成果特等奖、一等奖等省部级以上奖励10余项。

杨治坤 男,法学博士,广东外语外贸大学法学院教授,硕士生导师。现任广东外语外贸大学地方立法研究基地、党内法规研究中心副主任,兼任中国行为法学会行政法治分会常务理事、中国立法学研究会理事、广东省党内法规研究会副会长兼秘书长、广东省地方立法研究会秘书长等。主持国家社科、省部级纵向项目8项,在《中国社会科学》《学术研究》《东方法学》等刊物上独撰/合作发表论文40余篇,出版《区域大气污染府际合作治理法律问题研究》《论部门行政职权相对集中》等著作5部,合作研究成果获教育部第七届高等学校科学研究优秀成果(人文社会科学)二等奖,广东省哲学社会科学优秀成果特等奖、一等奖和三等奖。

夏金莱 女,法学博士,广东财经大学法学院副教授,硕士生导师。兼任广东省政府立法咨询专家、广州市人大常委会立法咨询专家、广东省法学会宪法学研究会常务理事、广东省法学会香港基本法澳门基本法研究会副秘书长等。在《法学评论》《法商研究》《政治与法律》《东南学术》等刊物上发表论文20余篇,出版《社会矛盾化解与信访法治化问题研究》《创新法治人才培养机制》等著作,主持教育部、广东省社科以及广州市社科等多项课题,研究成果获得广东省第七届哲学社会科学优秀成果二等奖。

张显伟 男,法学博士,广东海洋大学法政学院教授,硕士生导师。现任广东海洋大学法政学院院长,兼任中国行为法学会行政法治分会常务理事、中国逻辑学会法律逻辑专业委员会常务理事、广东省法学会海洋法学研究会常务副会长等。主持和参与省部级项目6项,出版《行政审判权研究》《地方立法科学化实践的思考》《行政诉讼法视野下行政管理研究》等著作与教材9部,在《法学论坛》《行政法学研究》《政治与法律》等刊物上发表论文70余篇。

孔繁华 女,法学博士,华南师范大学法学院教授,硕士生导师。现任华南师范大学法学院副院长,兼任广东省法学会行政法学研究会副会长、广东省法学会法学教育研究会副会长、广东省医药食品法学研究会副会长。被评为广东省第三届十大中青年法学家。主持和参与国家社科基金项目及省部级项目5项,出版《行政诉讼性质研究》《行政法成案研究》《政府信息公开的豁免理由研究》著作3部,在《法学评论》《法商研究》《环球法律评论》等刊物上发表学术论文30余篇。

敖双红 男,法学博士,中南大学法学院教授,博士生导师。现任中南大学法学院副院长,兼任中国法学会行政法学研究会理事、湖南省法学会法学理论研究会副会长、湖南省法学会宪法学研究会副会长、湖南省法学会行政法学研究会副会长、湖南省法学会法治反腐研究会副会长等。主持国家社科基金及省部级项目7项,出版著作3部,主编或副主编《宪法学》《行政法与行政诉讼法》等教材7部,在《法学评论》《武汉大学学报(哲学社会科学版)》《法学杂志》等刊物上发表论文60余篇。

高 轩 男,法学博士,暨南大学法学院教授,硕士生导师。现任暨南大学法学院副院长,兼任广东省法学会行政法学研究会常务理事、广东省法学会香港基本法澳门基本法研究会副会长、广东省法学会党内法规研究会副会长等。主持和参与国家社科基金项目及省部级项目9项,出版《我国非物质文化遗产行政法保护研究》《行政法与行政诉讼法》《行政法与行政诉讼法案例教程》《立法学简明教程》《经济法》《中国主要城市2017—2018年度营商环境报告:基于制度落实角度》《宪法》等著作与教材8部,在《法学评论》《法商研究》《学术研究》《法学论坛》等刊物上发表论文60余篇。

陈咏梅 女,法学博士,广东金融学院法学院教授,硕士生导师。兼任广东省法学会地方立法学研究会常务理事、广东省法学会党内法规研究会常务理事、广东省法学会行政法学研究会理事等。被评为广东省南粤优秀教师。主持国家社科基金项目、广东省哲学社会科学规划项目等9项,出版《行政决策不作为责任追究法律问题研究》《区域经济一体化中府际合作的法律问题研究》《行政法与行政诉讼法》等著作与教材10部,在《政治与法律》《学术研究》《行政法学研究》《法学杂志》等刊物上发表论文30余篇。

黄　喆　男,法学博士,广东外语外贸大学法学院副教授,硕士生导师。现任广东外语外贸大学法学院副院长,兼任中国法学会立法学研究会理事、中国行为法学会行政法治分会理事、广东省预防青少年犯罪研究会副秘书长、广东省法学会地方立法学研究会副秘书长等。主持教育部人文社会科学研究项目、广东省高等教育教学改革项目等省部级科研、教研项目5项,出版《跨界污染治理中政府合作的法律问题研究》《地方立法学》等著作与教材7部,在《政治与法律》《南京社会科学》等刊物上发表论文20余篇。

杨　桦　女,法学博士,广东外语外贸大学法学院教授,硕士生导师。现任广东外语外贸大学法学院副院长、广东涉外律师学院副院长,兼任中国法学会行政法学研究会理事、中国法学会宪法学研究会理事、广东省法学会行政法学研究会副会长、广东省法学会宪法学研究会副会长等。主持和参与国家社科基金项目及省部级项目6项,出版《论电子政务与行政法治》《电子化行政行为及其法律规制研究》《政府公共服务外包风险防控及法律规制》《国家赔偿法新论》等著作与教材6部,在《法商研究》《学术研究》《行政法学研究》《法学杂志》等刊物上发表论文30余篇。

编写说明

坚持全面依法治国，推进法治中国建设已成为时代主题。坚持依法治国、依法执政、依法行政共同推进，坚持法治国家、法治政府、法治社会一体建设已成为时代主旋律。法学教育教学模式、法治人才培养机制、法学教材体系与内容等须适应法治理论发展与法治实践创新作出相应调整。结合新时代高等院校法学教育改革和新文科建设的需要，在本书编写过程中，我们按照行政法基本原理——行政法制度规范——行政法治实践的逻辑进路，力求全面反映行政法理论研究和制度建设的最新成果，为读者学习和研究行政法与行政诉讼法提供帮助。

在编排体例上，本书分上、下两编，在编写过程中尽量做到以下几点：

第一，坚持以中国特色社会主义法治理论为指导，理论阐释繁简有度。坚持中国特色社会主义法治理论，明确立德树人、德法兼修的育人宗旨，向读者清晰、准确地阐述行政法与行政诉讼法的基本概念与基本原理，既注重理论体系的完整性，又兼顾教学时数上的限制，做到繁简适度、重点突出。

第二，关注行政法治理论与实践的新发展，素材选取适时更新。"科学立法、严格执法、公正司法、全民守法"是新时代法治建设的新"十六字"方针，法治政府建设在行政立法、执法、司法等领域均有重大改革和制度创新。本书将新近出台或修订的法律、行政法规及司法解释、行政改革措施的有关内容吸纳进来，为学生学习提供方便，并提高学生对重点法条的理解和运用能力。

第三，坚持理论联系实际，推动学与用有机结合。在编写过程中，注重结合国家统一法律职业资格考试的有关要求与特点，在重点问题提示、原理讲解、法条引用及案（事）例选取与分析方面尽可能与法律职业资格考试联系起来，为学生应对法律职业资格考试提供参考。在阐述基本原理的基础上，本书还推出"法律应用"与"案（事）例分析"栏目，以启迪学生的思维，激发学生的学习兴趣，增强学生分析与解决问题的能力。

本书由石佑启教授任主编，负责全书的统稿、定稿工作。具体分工如下（以撰写章节先后为序）：

石佑启：第一、二章

杨治坤：第三、四、二十二章

夏金莱:第五、十三章
张显伟:第六、七章
孔繁华:第八、十九章
敖双红:第九、十二章
高　轩:第十、十一章
陈咏梅:第十四、十五章
黄　喆:第十六、十七、十八章
杨　桦:第二十、二十一章

　　本书在编写过程中,参考了许多学者的著述,在此表示衷心感谢!本书在原《行政法与行政诉讼法(第三版)》(中国人民大学出版社出版)的基础上修订而成,中国人民大学出版社对前三版的出版给予了大力支持,徐银华、丁丽红、刘道筠三位老师参与了前三版的编写工作,在此一并致以诚挚谢意!诚然,本次修订仍会存在诸多不足之处,恳请读者批评指正,以便于我们进一步修改、完善。

编　者
2022年10月于广州

目　录

上　编

第一章　行政法基本理论 3
　第一节　行政法概述 4
　第二节　行政法律关系 12
　第三节　行政法的基本原则 18

第二章　行政法主体 27
　第一节　行政主体 28
　第二节　行政公务人员 40
　第三节　行政相对人 52
　第四节　监督行政主体 60

第三章　行政行为与行政程序原理 67
　第一节　行政行为原理 68
　第二节　行政程序原理 80

第四章　行政立法与其他行政规范性文件 91
　第一节　行政立法 92
　第二节　其他行政规范性文件 105
　第三节　行政立法的效力等级、冲突及解决 109

第五章　行政规划与行政决策 113
　第一节　行政规划 114
　第二节　行政决策 120

第六章　行政确认与行政许可 135
　第一节　行政确认 136
　第二节　行政许可 138

第七章　行政奖励与行政给付 155
　第一节　行政奖励 156
　第二节　行政给付 159

第八章　行政征收与行政征用 165
　第一节　行政征收 166

第二节　行政征用 ……………………………………………………… 173
第九章　行政处罚与行政强制 …………………………………………… 181
　　第一节　行政处罚 ………………………………………………………… 182
　　第二节　行政强制 ………………………………………………………… 194
第十章　行政协议与行政指导 …………………………………………… 205
　　第一节　行政协议 ………………………………………………………… 206
　　第二节　行政指导 ………………………………………………………… 214
第十一章　行政违法与行政责任 ………………………………………… 221
　　第一节　行政违法 ………………………………………………………… 222
　　第二节　行政责任 ………………………………………………………… 226
第十二章　行政裁决、仲裁与调解 ……………………………………… 233
　　第一节　行政裁决 ………………………………………………………… 234
　　第二节　行政仲裁 ………………………………………………………… 236
　　第三节　行政调解 ………………………………………………………… 239
第十三章　行政复议与行政信访 ………………………………………… 245
　　第一节　行政复议 ………………………………………………………… 246
　　第二节　行政信访 ………………………………………………………… 260

下　编

第十四章　行政诉讼概述 ………………………………………………… 273
　　第一节　行政诉讼的基本理论 …………………………………………… 274
　　第二节　行政诉讼法概述 ………………………………………………… 278
　　第三节　行政诉讼的基本原则 …………………………………………… 281
第十五章　行政诉讼受案范围 …………………………………………… 289
　　第一节　行政诉讼受案范围概述 ………………………………………… 290
　　第二节　人民法院受理的行政案件 ……………………………………… 292
　　第三节　人民法院不予受理的事项 ……………………………………… 300
第十六章　行政诉讼管辖 ………………………………………………… 311
　　第一节　行政诉讼管辖概述 ……………………………………………… 312
　　第二节　级别管辖 ………………………………………………………… 314
　　第三节　地域管辖 ………………………………………………………… 316
　　第四节　裁定管辖 ………………………………………………………… 320
第十七章　行政诉讼参加人 ……………………………………………… 325
　　第一节　行政诉讼参加人概述 …………………………………………… 326

第二节 行政诉讼原告 ··· 327
   第三节 行政诉讼被告 ··· 331
   第四节 行政诉讼的共同诉讼人 ··· 335
   第五节 行政诉讼第三人 ·· 337
   第六节 行政诉讼代理人 ·· 339
第十八章 行政诉讼证据 ··· 343
   第一节 行政诉讼证据概述 ··· 344
   第二节 行政诉讼的举证责任 ·· 346
   第三节 行政诉讼证据的提供、调取和保全 ······································· 348
   第四节 行政诉讼证据的质证 ·· 353
   第五节 行政诉讼证据的审核认定 ·· 355
第十九章 行政诉讼程序 ··· 361
   第一节 第一审程序 ·· 362
   第二节 第二审程序 ·· 374
   第三节 审判监督程序 ··· 376
   第四节 行政案件审理中的特殊制度 ·· 379
第二十章 行政诉讼执行 ··· 387
   第一节 行政诉讼案件执行 ··· 388
   第二节 非诉行政案件执行 ··· 394
第二十一章 涉外行政诉讼 ·· 401
   第一节 涉外行政诉讼概述 ··· 402
   第二节 涉外行政诉讼的原则 ·· 405
   第三节 涉外行政诉讼的期间与送达 ·· 408
第二十二章 行政赔偿与行政补偿 ··· 411
   第一节 行政赔偿 ··· 412
   第二节 行政补偿 ··· 427

主要参考书目 ··· 437

上编

第一章　行政法基本理论

本章重点

1. 行政法的概念、特征与调整对象
2. 行政法的渊源
3. 行政法律关系的构成要素
4. 行政法基本原则的内容

第一节　行政法概述
第二节　行政法律关系
第三节　行政法的基本原则

第一节 行政法概述

一、行政的概念

行政法是关于行政的法,要理解行政法,首先必须了解行政。"行政"一词的英文是administration,来自拉丁文 administer,本义为 manage、look after,含义是执行与管理。从一般意义上讲,行政是指社会组织对一定范围内的事务进行的组织与管理等活动。行政存在于所有社会组织之中,国家机关以及其他社会组织都有其行政活动。行政有公共行政(public administration)和私行政(private administration)之分。行政法上的行政仅指公共行政,而不包括私行政。"公共行政"通常是指不以营利为目的,旨在有效增进与公平分配社会公共利益而进行的组织、管理与调控活动。①公共行政不仅指国家行政,还包括社会公行政。在传统意义上,人们通常将公共行政等同于国家行政,认为行政法上的公共行政即国家行政,仅指国家行政机关对国家事务的组织与管理活动。其实,公共行政与国家行政并不是同一个概念。国家行政属于公共行政,但公共行政并不等于国家行政。除了国家行政以外,公共行政还包括其他非国家的公共组织的行政。②任何一个社会都存在大量的社会公共事务管理活动,这些活动从宏观到微观,都涉及社会公众的切身利益。在阶级社会,政府确实是这些活动的核心主体,但除了政府之外,还有许多其他公共组织参与其中。这些非政府的公共组织也行使着公权力,对一定范围内的事务进行组织、管理与调控活动,我们将其称为社会公行政。社会公行政组织行使公权力时,也会对一定范围内行政相对人的权利与义务产生影响,如村民自治组织根据村规民约限制、剥夺村民的权利或对村民实施处罚,公立学校根据校纪校规对在校学生进行处分,行业组织根据章程对组织内的成员予以惩戒,等等。对这种行使公权力的活动也要进行相应的规范和调整,将其纳入法治轨道,防止出现法外行政并损害公民、法人或其他组织权益的现象。行政法作为调整行政活动的国内公法,应当在这方面有所作为,即行政法既要规范和调整国家行政,也要规范和调整社会公行政,只不过,国家行政目前仍然是行政法基本的规范和调整对象。

二、行政法的概念与特征

(一)行政法的概念

关于行政法的概念,中外行政法学者从不同的角度进行了不同的概括和总结:有的从行政法的功能与目的角度进行界定,有的从行政法的调整对象角度进行界定,有的从行政法涉及的内容角度进行界定,有的从行政法的表现形式角度进行界定,等等,这些界定都从不同层面揭示了行政法的内涵。本书认为,行政法是调整行政关系,规范行政组织及其职权、行

---

① 参见石佑启著:《论公共行政与行政法学范式转换》,北京大学出版社 2005 年版,第 18 页。
② 参见姜明安主编:《行政法与行政诉讼法》(第七版),北京大学出版社、高等教育出版社 2019 年版,第 2 页。

政行为的条件与程序,以及对行政活动进行监督和对违法与不当行政造成的损害后果予以救济的法律规范的总称。对这一定义,可从以下三个方面理解:

1. 行政法是调整行政关系的法。这是从调整对象角度揭示行政法的内涵。行政关系是指行政权在取得、行使以及接受监督过程中发生的各种社会关系。它主要包括三类:(1)行政权在取得过程中形成的行政机关与权力机关之间的关系,以及行政权在行政系统内部进行分配时形成的行政机关相互之间的关系。(2)行政权在行使过程中形成的行政机关与行政机关之间的关系,行政机关与公务员之间的关系,以及行政机关与公民、法人及其他组织之间的关系。其中,行政权在行使过程中形成的行政机关与公民、法人及其他组织之间的关系,是最主要、最常见的行政关系,也是行政法调整的最基本的行政关系。行政机关与公民、法人及其他组织之间发生的关系,不仅是行政管理关系,还包括行政服务关系、行政合作关系、行政指导关系等。(3)在对行政权实施监督过程中形成的社会关系。这类社会关系又称监督行政关系,主要包括:权力机关与行政机关及其公务人员之间发生的监督与被监督关系;监察机关与行政机关公务人员之间发生的监督与被监督关系;司法机关与行政机关及其公务人员之间发生的监督与被监督关系;社会公众、新闻媒体与行政机关及其公务人员之间发生的监督与被监督的关系;在行政系统内部上级行政机关对下级行政机关进行一般层级监督、复议监督,以及审计机关对行政机关及其公务人员进行监督时所发生的监督与被监督关系。

2. 行政法是规范行政组织及其职权、行政行为的条件与程序,以及对行政活动进行监督和对违法与不当行政造成的损害后果予以救济的法律规范。这是从内容角度揭示行政法的内涵。行政法的基本内容包括三大部分:(1)行政组织法,规定行政组织、职权、编制及人员的任用和管理。它又包括三类:第一类为调整行政组织和职能的组织法;第二类为调整行政机构和编制的行政编制法;第三类为调整行政工作人员任用和管理的公务员法。(2)行政行为法与行政程序法,规定行政组织行使行政职权的条件、方式与程序等。(3)行政监督与救济法,规定对行政活动进行监督以及对违法与不当行政造成的损害后果予以救济,使公共利益和公民、法人及其他组织的合法权益得到保护。它主要包括以下四类:第一类为行政监督法(如审计法);第二类为行政复议法;第三类为行政诉讼法;第四类为行政赔偿法。

3. 行政法是调整行政关系的各种法律规范的总称。这是从表现形式角度揭示行政法的内涵。在现实生活中,行政法并不是一部包罗万象的法典,而是由各种各样的规定行政活动的法律规范共同组成的,这些法律规范分别规定在宪法、法律、行政法规、地方性法规、行政规章、法律解释,以及有关的国际条约等众多的法律文件之中,其表现形式是多种多样的。行政法就是这些法律规范的总称。

(二)行政法的特征

1. 行政法在形式上的特征。

(1)行政法没有一部统一、完整的法典。行政法没有制定一部统一的法典,这是由行政活动范围的广泛性、行政活动内容的复杂多变性,以及行政关系的多层次性决定的。即行政法涉及社会生活的领域十分广泛,内容纷繁、复杂多变,专业性、技术性又较强,因此,制定一部统一、完整的行政法典是十分困难的。当然,行政法没有一部统一、完整的法典,是指行政法没有一部包容全部实体和程序内容的统一法典,并不意味着行政法在程序上不能制定一部法典,也不意味着行政法在局部上没有单行法典。在实践中,这样的法典是大量存在的,如世界上许多国家制定的行政程序法以及我国的公务员法、行政处罚法、行政许可法、行政强制法、行政复议法、行政诉讼法等。

（2）行政法由不同效力层次的法律规范组成,且行政法律规范的数量众多,居各个部门法之首。这是因为制定行政法律规范的主体是多样的,而不是单一的,既有权力机关的立法,也有行政机关的立法。各立法主体制定的法律规范文件种类不一,名称多样,效力层次多元,不像刑法、民法,通常只能由最高国家权力机关统一制定,法律形式单一,法律文件数量相对较少。

2. 行政法在内容上的特征。

（1）行政法涉及的内容广泛。现代行政涉及国防、外交、经济、文化、教育、卫生、生态环境保护、自然资源、城乡建设、民政、社会保障等各个领域,这决定了行政法的调整范围极其广泛,覆盖行政活动的各个方面。[①] 此外,随着社会的发展,公民在公共行政中的地位不断提升,其权益有了更丰富的内涵,如环境权、发展权等,也需要行政法加以确认和保障。

（2）行政法规范具有易变性。由于社会经济处于不断变动之中,科技文化在不断发展,公共行政所面临的情况错综复杂,为了与社会的发展协调一致,行政主体需要灵活应对社会发展中出现的新情况和新问题,这就导致行政关系不断发生变化,行政法规范也就需要相应地进行废、改、立。需要指出的是,行政法规范具有易变性,并不意味着行政法规范可以朝令夕改,稳定性和连续性仍是行政法规范应遵循的基本要求,行政法规范的易变性只是相对于其他部门法规范而言的。

（3）行政法的实体性规范与程序性规范通常交织在一起,没有截然分开。这一特征表现在两个方面:一是从整体上看,行政法既包括实体性规范,又包括程序性规范。这里的程序性规范除行政诉讼法外,还包括行政程序法。二是从具体的法律规定看,行政法的实体性规范与程序性规范通常融于一个法律文件中。例如,我国的《行政处罚法》既规定了行政处罚的实体问题,也规定了行政处罚的程序问题;《行政许可法》既规定了行政许可的实体问题,也规定了行政许可的程序问题。行政法的实体性规范与程序性规范难以分开,主要是因为行政权在实体上被赋予的同时,需要按程序规范运用;将实体性规范与程序性规范规定在一个法律文件之中,也便于行政主体掌握和操作。

三、行政法的地位与作用

（一）行政法在法律体系中的地位

行政法在法律体系中的地位可以概括为:行政法是一个独立的法律部门,是宪法的重要

[①] 参见方世荣主编:《行政法与行政诉讼法学》(第五版),中国政法大学出版社2015年版,第4—5页。

实施法。

1. 行政法是一个独立的法律部门。法律体系是由一国现行的全部法律规范按照一定的标准形成不同的法律部门，并由这些法律部门所组成的有机联系的统一整体。各个法律部门相互配合，共同构成一个国家的法律秩序。缺少任何一个法律部门，都难以建立完整、有效的法律秩序。法律部门划分的标准有两项：一是调整对象；二是调整方法。行政法之所以能成为一个独立的法律部门，是因为它有自己独立的调整对象和独特的调整方法。它不能为其他部门法所包容，也不依附于其他部门法而存在。

2. 行政法是宪法的重要实施法。宪法是我国法律体系中最重要、地位最高的法律，它调整国家的根本社会关系，确定国家的基本制度。但宪法在许多方面的规定是抽象和原则的，需要不同的部门法将之具体化。刑法、民法、行政法等都是宪法的实施法，其中行政法是实施宪法最重要的法律部门，与宪法的关系最为密切。宪法所规定的国家基本政治、经济、文化、社会制度和公民的基本权利和义务无一不涉及行政权力的行使与监督问题，没有行政法律规范的具体规定，这些基本制度和基本权利就无法落实，宪法也难以实施。有学者提出的"行政法是动态的宪法，是小宪法"，就是对行政法与宪法关系的经典概括。

（二）行政法的作用

行政法的作用，是指行政法所能产生的实际功效。人们从不同的层面和角度对行政法的作用作出了不同的归纳和总结。本书将行政法的作用概括为以下五个方面：

1. 保障公民权利与自由的实现。在现代社会，公民的权利与自由有了更丰富的内涵。公民的权利不再限于人身权和财产权，还包括经济自治权、受教育权、环境权、知情权、行政参与权、发展权等。行政法正是通过建立相应的行政法律制度来确认和保障公民的权利和自由的。[①] 如建立行政公开制度与听证制度可确保公民对行政的了解和参与，建立行政指导与行政合同制度有利于公民经济自治权的实现。此外，行政法还通过不断拓宽服务行政的范围保障和增进公民的权益。

2. 合理地设定行政权，保障行政的统一和高效。现代行政活动的内容广泛、复杂、多变，为保障行政管理和行政服务活动的统一、高效，需要正确设定行政权，合理构筑行政组织及建立公务员管理机制，并确立科学的管理、服务方式，规定完整、正当的行政程序。行政法的基本功能就是在设立行政组织、配置行政权力、设定权力行使的条件和程序等方面创建一套有效的制度，以保障行政统一和高效，保障行政权的运行产生良好的社会效果。

3. 规范和控制行政权，保障公民的权益不受侵犯。规范和控制行政权，防止行政权被滥用，也是行政法的重要功能。行政法就其实质而言，可以被界定为规范和控制行政权的法。行政法主要从三个方面规范和控制行政权：（1）通过行政组织法控制行政权的权源。行政组织法的基本功能是规定各个不同行政机关的职权，行政机关只能在行政组织法规定的职权范围内实施行政行为，越权无效，并要承担法律责任。这样，就可以防止行政权的无

---

① 参见方世荣主编：《行政法与行政诉讼法学》（第五版），中国政法大学出版社2015年版，第11页。

限膨胀,将其限定在执行国家法律、法规,管理国家内政、外交事务的必要范围之内。(2)通过行政行为法和行政程序法规范行政权行使的手段、方式和过程。行政权对行政相对人权益的影响不仅在于权力的范围,而且在于权力行使的手段、方式和过程,后者也十分重要。一个行政机关,即使权力再大,如果其行使权力有严格的手段与方式上的规范,遵循一整套公开、公平、公正的程序规则,其对相对人权益的威胁并不会很大;相反,即使其权力很小,但如果其行使权力没有手段、方式与程序制约,可以任意行为,其对相对人权益亦可造成重大威胁。因此,行政行为法和行政程序法是行政法的重要组成部分,是保证行政权合法、公正、有效行使的重要途径。(3)通过行政监督和救济法制约行政权的滥用。行政组织法在事前控制行政权的范围;行政行为法和行政程序法在事中规范行政权的行使,以防止越权和滥用权力;行政法制监督法、行政责任法、行政救济法则在事后对行政权进行制约。[1]控制行政权和保护公民的合法权益是相辅相成的。控权的机制从某种意义上讲也是保障公民的合法权益不受侵犯的机制,只不过是认识的角度不同而已。

4. 促进市场经济的建立与完善。市场经济在本质上是一种权利经济与法治经济,它要求各经济主体的地位平等、意思自治,要求建立平等、自由、开放的竞争秩序,要求得到法治的保障。市场经济的健康发展固然离不开民商法的规范,但同样需要行政法的保障。行政法在此方面的作用主要表现在:(1)通过确认公民的各种经济权利,建立公平的竞争规则,维护良好的经济秩序,促进市场经济的发展;(2)通过科学配置行政权和规范行政权的运作,排除政府对市场的违法与不当干预,以保障市场机制的正常运行及作用的充分发挥。

5. 维护社会和谐稳定,促进社会健康发展。社会的和谐稳定与健康发展建立在平等、自由、公正、秩序、责任和合作的基础之上,形成政府与社会、权力与权利、公共领域与私人领域的良性互动,达到社会整体结构的稳定有序与协调平衡。没有平等、自由,公民的个性就会受到束缚,公民的积极性和创造性就不能得到发挥,社会就缺乏生机与活力,发展的动力就不足;没有公正、秩序和责任,就会潜伏许多不稳定因素,容易造成公民与政府之间的对抗与冲突,难以促成双方的信任与合作,也就不利于社会的稳定与和谐。行政法通过建立一套有效的制度与机制,旨在营造一个平等、自由、公正、诚信、有序、合作的社会环境,这无疑有利于维护社会的和谐稳定,促进社会的健康发展。

四、行政法的渊源

行政法的渊源是指行政法的各种表现形式。不同国家的法律制度不同,行政法的渊源也不尽相同,如大陆法系国家行政法的渊源与英美法系国家行政法的渊源就存在很大差别。即便在同一法系,具有不同历史传统和不同经济、政治制度的国家,其行政法的渊源也不尽相同。如法国和德国虽同属大陆法系国家,但法国行政法院的判例是行政法的重要渊源,而

---

[1] 参见姜明安主编:《行政法与行政诉讼法》(第七版),北京大学出版社、高等教育出版社2019年版,第27页。

德国却有更多的行政法制定法渊源。一般来说,我国行政法的渊源主要包括宪法、法律、行政法规、地方性法规、自治条例、单行条例、行政规章等。此外,国际条约、法律解释等也是我国行政法的渊源。

(一) 宪法

宪法是国家的根本法,规定国家的基本制度、公民的基本权利和义务以及国家机关的组织、职权和活动原则,具有最高的法律地位和法律效力,是所有部门法的渊源。宪法包含大量的行政法规范,主要有:关于国家行政机关活动基本原则的规范;关于国家行政机关组织、基本工作制度和职权的规范;关于行政区域划分和设立特别行政区的规范;关于公民基本权利和义务的规范;关于外国人的合法权益和义务的规范;关于国有经济组织、集体经济组织、外资或合资经济组织以及个体劳动者在行政法律关系中的权利与义务的规范;关于国家发展教育、科学、医疗卫生、体育、文学艺术、新闻广播、出版发行等事业方针政策的规范;关于发挥知识分子作用,建设社会主义精神文明,推动计划生育、保护环境、防止污染和其他公害的规范;关于加强国防,保卫国家安全和维护社会秩序的规范等。

(二) 法律

法律是全国人民代表大会及其常务委员会制定的规范性文件。它包括由全国人民代表大会制定的基本法律,以及由全国人民代表大会常务委员会制定的一般法律。法律作为行政法的渊源,是指法律中有关行政活动的法律规范,主要有以下类型:一是某些法律中只包含行政法规范,可以称之为行政法律,如《行政处罚法》《行政许可法》《行政强制法》等;二是某些法律中主要包含行政法规范,同时还包含一些其他法律部门的法律规范,如《土地管理法》《森林法》等;三是某些法律主要作为其他部门法的渊源,同时包含一些行政法规范,如《民法典》中关于不动产登记的规范,《商标法》中关于商标登记、管理及争议裁决的规范等。

(三) 行政法规

行政法规是指国务院根据宪法、法律和国家权力机关的特别授权,按照法定程序制定和发布的具有普遍约束力的规范性文件。行政法规的具体名称有"条例""规定"和"办法"三种。行政法规在全国范围内适用,其内容涉及政治、经济、教育、科技、文化、外事等各个方面,是行政法的重要渊源。行政法规的效力低于宪法和法律,高于地方性法规、规章和其他规范性文件。

(四) 地方性法规

地方性法规是指省、自治区、直辖市以及设区的市[①]的人民代表大会及其常务委员会根

[①] 党的十八届四中全会通过的《中共中央关于全面推进依法治国若干重大问题的决定》提出:"明确地方立法权限和范围,依法赋予设区的市地方立法权。"根据《立法法》第72条第4款的规定,除省、自治区的人民政府所在地的市,经济特区所在地的市和国务院已经批准的较大的市以外,其他设区的市开始制定地方性法规的具体步骤和时间,由省、自治区的人民代表大会常务委员会综合考虑本省、自治区所辖的设区的市的人口数量、地域面积、经济社会发展情况以及立法需求、立法能力等因素确定,并报全国人民代表大会常务委员会和国务院备案。

据本行政区域的具体情况和实际需要,在不同宪法、法律、行政法规相抵触的情况下制定的规范性文件。根据《宪法》《立法法》和《地方各级人民代表大会和地方各级人民政府组织法》的规定,省、自治区、直辖市的人民代表大会及其常务委员会,在不与宪法、法律和行政法规相抵触的前提下,可以制定地方性法规,报全国人民代表大会常务委员会和国务院备案。设区的市、自治州的人民代表大会及其常务委员会根据本行政区域的具体情况和实际需要,在不同宪法、法律、行政法规和本省、自治区的地方性法规相抵触的前提下,可以依照法律规定的权限制定地方性法规,报省、自治区的人民代表大会常务委员会批准后施行,并由省、自治区的人民代表大会常务委员会报全国人民代表大会常务委员会和国务院备案。省、自治区的人民代表大会常务委员会对报请批准的地方性法规,应当对其合法性进行审查,同宪法、法律、行政法规和本省、自治区的地方性法规不抵触的,应当在4个月内予以批准。省、自治区的人民代表大会常务委员会在对报请批准的设区的市的地方性法规进行审查时,发现其同本省、自治区的人民政府的规章相抵触的,应当作出处理决定。此外,经济特区所在地的省、市的人民代表大会及其常务委员会根据全国人民代表大会的授权决定,制定法规,在经济特区范围内实施。地方性法规中与行政活动有关的规范,都是行政法的渊源。地方性法规的法律效力低于宪法、法律和行政法规,并且只能在本行政区域内有效。

(五)自治条例和单行条例

自治条例和单行条例是指民族自治地方的人民代表大会依照法定权限,结合当地民族的政治、经济和文化特点制定的规范性文件。自治区的自治条例和单行条例,报全国人民代表大会常务委员会批准后生效。自治州、自治县的自治条例和单行条例,报省或者自治区的人民代表大会常务委员会批准后生效,并报全国人民代表大会常务委员会备案。自治条例和单行条例可以依照当地民族的特点,对法律和行政法规的规定作出变通规定,但不得违背法律或者行政法规的基本原则,不得对宪法和民族区域自治法的规定以及其他有关法律、行政法规专门就民族自治地方所作的规定作出变通规定。自治条例和单行条例中涉及行政管理的内容属于行政法的渊源,自治条例和单行条例只在本行政区域内有效。

(六)行政规章

行政规章分为部门规章和地方政府规章。部门规章是指国务院各部、委员会、中国人民银行、审计署和具有行政管理职能的直属机构,根据法律和国务院的行政法规、决定、命令,在本部门的权限范围内,按照法定程序制定的规范性文件。部门规章规定的事项应当属于执行法律或者国务院的行政法规、决定、命令的事项。地方政府规章是指省、自治区、直辖市和设区的市、自治州的人民政府,根据法律、行政法规和本省、自治区、直辖市的地方性法规制定的规范性文件。地方政府规章可以就下列事项作出规定:(1)为执行法律、行政法规、地方性法规的规定需要制定规章的事项;(2)属于本行政区域的具体行政管理事项。设区的市、自治州的人民政府制定地方政府规章,限于城乡建设与管理、环境保护、历史文化保护等方面的事项。

行政规章一般称为"规定""办法",但不得称"条例"。行政规章在内容上应当明确、具体,具有可操作性。行政规章是行政管理活动的重要根据,其数量之多、适用范围之广、适用频率之高均是其他形式的行政法渊源无法比拟的。但是,行政规章在行政诉讼中只能参照适用。

(七)国际条约

国际条约是指两个或两个以上国家或者国际组织之间缔结的确定其权利义务关系的国际法律文件的总称,包括条约、公约、专约、盟约、规约、协定、议定书、换文以及宪章、公报、联合宣言等。我国缔结或者参加的国际条约涉及国内行政管理的,是我国行政法的渊源,但我国声明保留的条款除外。

(八)法律解释

法律解释是指有权的国家机关对法律的有关概念、界限以及如何适用所作的阐释、说明或补充。根据《全国人民代表大会常务委员会关于加强法律解释工作的决议》的规定,法律解释包括立法解释、司法解释、行政解释和地方解释。立法解释权属于全国人民代表大会常务委员会。根据《立法法》的规定,法律有下列情况之一的,由全国人民代表大会常务委员会解释:(1)法律的规定需要进一步明确具体含义的;(2)法律制定后出现新的情况,需要明确适用法律依据的。司法解释权属于最高人民法院和最高人民检察院。凡属于审判工作或检察工作中如何具体应用法律的问题,分别由最高人民法院和最高人民检察院进行解释,最高人民法院和最高人民检察院的解释如有原则分歧,报请全国人民代表大会常务委员会解释或决定。行政解释权属于国务院及相关主管部门。不属于审判和检察工作中的其他法律如何具体应用的问题,由国务院及相关主管部门进行解释。地方解释权属于省、自治区、直辖市的人民代表大会常务委员会和省、自治区、直辖市人民政府主管部门。凡属于地方性法规条文本身需要进一步明确界限或作补充规定的,由制定地方性法规的省、自治区、直辖市的人民代表大会常务委员会进行解释或作出规定;凡属于地方性法规如何具体应用的问题,由省、自治区、直辖市人民政府主管部门进行解释。

对行政法规和行政规章如何进行法律解释的问题,我国目前缺乏明文规定。一般认为,凡属于行政法规条文本身需要进一步明确界限或作补充规定的,由制定行政法规的国务院进行解释或作出规定;凡属于行政法规如何具体应用的,可以由国务院或相关主管部门进行解释;凡属于行政规章条文本身需要进一步明确界限或作补充规定的,由制定行政规章的行政机关进行解释或作出规定;凡属于行政规章如何具体应用的,如果是部门规章,可以由制定规章的国务院的工作部门进行解释,如果是地方政府规章,可以由制定规章的省、自治区、直辖市和设区的市、自治州的人民政府及相关主管部门进行解释。

凡是对行政法规范的法律解释都属于行政法的渊源。法律解释的效力与所解释的法律文件的效力相同。

第二节 行政法律关系

一、行政法律关系的概念与特征

（一）行政法律关系的概念

行政法律关系是指行政法对行政关系加以调整后，所形成的行政主体相互之间、行政主体与行政相对人之间以及行政主体与其他各方之间的权利与义务关系。

行政关系和行政法律关系是两个不同的概念，两者的区别主要表现在：（1）行政关系是行政法调整的对象；而行政法律关系是行政法对行政关系予以调整后所形成的结果。（2）行政关系在被行政法调整之前，不具有法定的权利与义务内容，是一种事实关系，是不受法律约束的；而行政关系一旦被行政法调整上升为行政法律关系之后，便是具有法定权利与义务内容的关系，是一种意志关系，要由国家强制力保障。（3）行政关系作为一种事实关系，先于行政法律关系而存在，没有行政关系就没有行政法律关系；而行政法律关系作为一种意志关系，是对行政关系的反映。（4）行政关系的范围要大于行政法律关系，因为立法者往往要从需要与可能出发，通过制定行政法将行政关系中的一部分调整形成行政法律关系；而尚未被行政法规范、调整的行政关系，便不属于行政法律关系。

（二）行政法律关系的特征

行政法律关系与其他法律关系比较，具有下列特征：

1. 在行政法律关系的主体中，行政主体一方具有恒定性。这是行政法律关系在主体方面的特征。无论何种类型的行政法律关系，在其双方主体中必定有一方是行政主体。理由是，行政法律关系本是行政主体在实现行政职能时产生的一定社会关系的法律化，没有行政主体参与就不可能产生这类社会关系。但是，行政主体一方具有恒定性并不意味着其在行政法律关系中具有恒定的管理主体的法律身份。行政主体的恒定性只表明它是任何行政法律关系中不可缺少的一方，至于它在不同行政法律关系中的法律身份可以是多样的，如行政立法主体、管理主体、服务主体、裁决主体、受监督的主体、责任主体等。

2. 行政法律关系主体双方互有权利与义务，但具有不对等性。这是行政法律关系在内容方面的特征，也是行政法律关系与民事法律关系相比具有的一个显著特征。行政法律关系主体双方互有权利与义务，是指主体双方相互行使权利并履行义务，不存在一方只行使权利而另一方只履行义务的情况。但这种权利与义务的对应并不是权利与义务的对等。互有权利与义务要求主体相互之间既要行使权利，又要履行义务，反之亦然；而权利与义务的对等要求主体双方相互的权利与义务是等值或等量的。行政法律关系的不对等性，是指主体双方虽对应地相互既享有权利又履行义务，但各自权利与义务的质与量却不对等。从质的方面讲，双方各自权利与义务的性质完全不同；从量的方面讲，双方各自权利与义务的价值量也不相等。由于权利与义务的性质不同也无法等量衡量，双方不能形成等价交换。当行政主体与行政相对人之间形成行政法律关系时,行政主体行使的是行政职权,履行的是行政职责,而行政相对人行使和履行的却是普通公民、法人或其他组织的权利和义务,两类权利和义务具有不同的性质,也没有相等的价值量,而且一方所固有的权利与义务是另一方不能具有的,因而双方的权利与义务不具有对等性。

3. 行政法律关系中的国家权力一般不得自由处分。在行政法律关系主体中,有相当一部分是国家机关,其拥有并行使的是国家权力。如权力机关在行政法律关系中行使的是对行政机关的监督权,行政机关行使的是行政立法权、行政执法权和行政司法权,司法机关行使的是审判权与监督权。这些权力都属于公权力,一般不能由掌握这种权力的某个国家机关自由处分(自由裁量权中允许国家机关自由决定的内容除外),如不能转让、放弃等,在应该运用时则必须运用,否则,就构成失职;在不该运用时则不得运用,否则,就构成越权或滥用职权。这一特征决定了这种权力对拥有它的国家机关来说,又是一种职责或义务,例如,行政主体征税,对纳税义务人来讲是行政主体的权力,而对国家来讲又是行政主体的职责(义务)。行政主体不能放弃这种权力,否则,就是对国家的失职。

4. 行政法律关系设定的灵活性与及时性。由于行政法所调整的行政关系的内容丰富、复杂多变,难以由一部统一的法典加以全面设定,这就使行政法律关系设定具有灵活性与及时性的特征。这一特征主要表现为:(1)行政法律关系在不易由立法机关以统一法典全面设定的情况下,通常要以更多的方式灵活设定。例如,它既可以由法律加以设定,也可以由行政法规、地方性法规或行政规章设定。(2)行政法律关系设定的周期较短,一旦新的行政关系出现而又有必要由行政法加以调整时,有关的立法就要尽快作出反应,及时予以确认或规定。(3)在许多情况下,已设定的行政法律关系存续期相对较短,一旦社会生活有了变化而已设定的行政法律关系与之不相适应,就需要及时变动。

二、行政法律关系的分类

按照不同的标准,可以将行政法律关系分为不同的种类。现介绍以下四种:

(一)行政管理法律关系与监督行政法律关系

这是以行政法调整的行政关系的基本类型为标准对行政法律关系所作的分类。行政管理法律关系是指行政主体相互之间以及行政主体与行政相对人之间在行政活动过程中形成的权利与义务关系。监督行政法律关系是指各种监督主体在对行政主体及其公务人员实施监督的过程中形成的权利与义务关系。

(二)行政实体法律关系与行政程序法律关系

这是以行政法律关系的属性为标准对行政法律关系所作的分类。行政实体法律关系是决定人们之间具有本质属性的事实、状态和结果的权利与义务关系。这种权利与义务决定主体的存在及其地位,是目的性或结果性的权利与义务关系。行政程序法律关系是保障实体性权利与义务关系得以形成和正常运行的权利与义务关系,是手段性或过程性的权利与义务关系。行政实体法律关系与行政程序法律关系是不可分离的,任何一种行政法律关系都是行政实体法律关系与行政程序法律关系的结合与统一。

（三）内部行政法律关系和外部行政法律关系

这是以行政法律关系适用的范围为标准对行政法律关系所作的分类。内部行政法律关系是在行政系统内部行政主体之间或者行政主体与行政公务人员之间因内部行政管理活动而形成的权利与义务关系。外部行政法律关系是行政主体与行政相对人之间因外部行政活动而形成的权利与义务关系。内部行政法律关系与外部行政法律关系有不同的特点，各自的权利与义务有不同的要求，在发生纠纷时也有不同的处理方法。内部行政法律关系和外部行政法律关系在实践中有时会出现交织或复合的情形，这是行政主体之间以及行政主体与行政相对人之间因同时涉及内、外部的行政活动而形成的复杂行政法律关系。

（四）行政主体之间的关系、行政主体与行政公务人员的关系、行政主体与行政相对人的关系、行政主体与监督行政主体的关系

这是以行政法律关系主体的对应结构为标准对行政法律关系所作的分类。行政主体之间的关系还可以分为：（1）行政机关之间的关系，主要包括纵向的上、下级行政机关之间的关系，横向的同级行政机关之间的关系，以及斜向的不同级行政机关之间的关系。（2）行政机关与法律、法规、规章授权的组织之间的关系，主要为业务领导关系、公务协助关系以及互相监督关系。法律、法规、规章授权的组织相互之间也有配合协助关系和互相监督关系。行政主体与行政公务人员的关系是各行政主体与其行政公务人员之间的管理与被管理的关系。行政主体与行政相对人的关系是行政主体与行政相对人之间形成的管理和服务的关系。监督行政主体与行政主体的关系是指监督行政主体对行政主体的行政活动实施监督而形成的监督与被监督的关系。

三、行政法律关系的要素

行政法律关系由主体、内容和客体三要素构成。

（一）行政法律关系的主体

行政法律关系主体亦称行政法主体，或称行政法律关系当事人，是指行政法律关系中享有权利和承担义务的组织或个人。行政法律关系主体不同于行政主体。行政主体是指依法享有行政权、以自己的名义行使行政权并能独立承担因此而产生的法律责任的组织，是行政法律关系中不可或缺的一方当事人。而行政法律关系主体是指参加行政法律关系的各方当事人，包括行政主体、行政公务人员、行政相对人以及监督行政主体。行政主体只是行政法律关系主体的一种，两者之间是种属关系。

（二）行政法律关系的内容

行政法律关系的内容是指行政法律关系主体之间的权利与义务。行政法律关系的主体多样，其中，行政主体是行政法律关系中恒定的一方主体，其与不同的行政法主体形成不同类型的行政法律关系，不同类型的行政法律关系中主体的权利（力）、义务也各有差异。

1. 行政主体之间以及行政主体与行政公务人员之间的权利（力）与义务。具体包括：

（1）行政主体之间的权利（力）与义务。其主要包括：纵向的上级机关对下级机关的指挥权、命令权和决定权，监督检查权，纠纷裁决权等，而下级机关具有接受和服从的义务。同时，下级机关对上级机关具有请求权、建议权、申诉权和监督权等，而上级机关则相应地具有听取建议的义务，接受请求、申诉和监督的义务，纠正错误决定的义务等。横向的同级机关之间以及斜向的不同级机关之间则具有要求配合协助与给予配合协助的权利（力）与义务、委托与接受委托的权利（力）与义务、建议与听取建议的权利（力）与义务以及监督与接受监督的权利（力）与义务等。（2）行政主体与行政公务人员之间的权利（力）与义务。行政公务人员是被行政主体任用和管理的内部工作人员，在与行政主体的法律关系上，他们有代表行政主体执行公务的权利，其身份受到保障的权利，享有工资福利待遇的权利，参加培训的权利，对行政主体提出批评、建议的权利，提出申诉控告的权利，等等；行政主体对行政公务人员则有保障他们实现上述权利的义务。同时，行政公务人员对行政主体又有服从命令和听从指挥的义务，忠于职守、勤勉尽责的义务，保守国家秘密和工作秘密的义务，维护国家安全、荣誉和利益的义务等；行政主体对行政公务人员享有命令指挥权、监督权、人事管理权等。

2. 行政主体与行政相对人之间的权利（力）与义务。行政主体的权力主要有：创制行为规则的权力、行政决策权、行政命令权、行政决定权、行政裁决权、行政确认权、行政处罚权、行政强制权、行政许可权、行政指导权、行政检查监督权、行政调查权等。行政相对人对行政主体的上述权力所具有的义务主要有：不得妨碍、阻挠各种行政权力合法、正确行使的义务，协助、配合行政主体合法行使行政权力的义务，以及服从行政主体权力行使结果的义务等。

行政相对人的权利主要有：以各种途径和形式参与行政管理的权利，合法权益受保护的权利，受益的权利，受到平等对待的权利，获得行政赔偿和补偿的权利，对行政活动的了解权，对行政主体作出不利于自己的处理决定时的被告知权及陈述与申辩权，对行政主体提出申诉、复议、诉讼及请求赔偿的权利等。行政主体对行政相对人上述权利所具有的义务主要有：保障行政相对人各种合法权益得以实现的义务，保护行政相对人合法权益不受他人侵害的义务，服务并增进行政相对人利益的义务，对行政相对人作出的补偿和赔偿义务，在行政程序上对行政相对人说明理由的义务，以及听取陈述和申辩意见的义务等。

3. 监督主体与行政主体之间的权利（力）与义务。监督主体是指在监督行政法律关系中依法对行政主体享有监督权利（力）的各种主体，包括国家权力机关、监察机关、司法机关、行政机关自身、行政相对人、其他社会组织、团体及个人。上述监督主体对行政主体的监督可以分为权力性监督和权利性监督。权力性监督是运用国家权力对行政主体实施的监督，这种监督能直接产生法律效力，因而称为硬监督。权利性监督是依照法律赋予的权利对行政主体实施的监督，这种监督只具有请求性、主张性，即一般具有程序意义而不具有实质意义，不能直接产生法律效力，因而称为软监督。由此，行政主体与不同监督主体之间的权利（力）与义务有所不同。

（1）权力性监督主体与行政主体之间的权力与义务。权力性监督主体包括国家权力机关、监察司法机关和行政机关自身。权力机关的监督权力主要包括：对行政权力违法运用结果的撤销权或改变权;对行政领导人员的罢免权;对行政主体行政活动的检查权、调查权、质询权等。监察机关的监督权力主要包括:对行政机关公务人员依法履职、秉公用权、廉洁从政以及道德操守等情况的监督检查权;对行政机关公务人员职务违法和职务犯罪行为的调查权;对行政机关公务人员的政务处分权。行政机关的监督权力主要包括:对行政权力违法运用结果的撤销权或改变权;对在行政活动中违法、违纪的行政公务人员的处分权以及辞退权;专门的审计权等。司法机关的监督权力主要包括:对行政主体行政行为的审查、裁判权;对作为行政行为依据的行政规章和其他规范性文件的判断权及选择适用权;对行政主体申请法院强制执行的决定的审查权;对行政主体的司法建议权;对行政主体所作的行政裁决的否决权等。行政主体对上述国家机关的各种权力性监督具有不得干扰和妨碍的义务、配合并接受监督的义务、服从并执行监督权行使结果的义务等。

(2)权利性监督主体与行政主体的监督权利与义务。权利性监督主体包括行政相对人、其他社会组织、团体和个人。权利性监督主体对行政主体有提出批评、建议的权利,申诉、控告、检举、揭发的权利,来信来访的权利,申请行政复议的权利,提起行政诉讼的权利,请求行政赔偿的权利等。对这些监督权利,行政主体有受理请求、听取意见的义务,及时给予答复的义务,复查自己行为的义务,依法参加行政复议和应诉的义务,依法履行赔偿的义务等。

(三)行政法律关系的客体

行政法律关系的客体,是指行政法律关系主体的权利(力)、义务所指向的对象或标的。行政法律关系的客体包括物、行为和人身。

1. 物。物是现实存在的、能够为人们控制和支配的物质财富和非物质财富。物质财富包括货币和实物,如行政奖励物、行政罚没物、行政征收征用物、行政救助物等。非物质财富又称智力成果,包括著作、科学发明、技术成果等。随着科学技术的发展和行政管理范围的拓展,智力成果作为行政法律关系客体已越来越常见,如在行政许可法律关系、行政确认法律关系中,行政主体行使许可权、确认权及履行保护职责所指向的对象有时是智力成果。此外,信息等无形物也可以成为行政法律关系的客体。

2. 行为。行为成为行政法律关系客体的类型主要有:作为行政管理法律关系客体的行为,主要指行政相对人的行为;作为行政服务法律关系客体的行为,主要指行政主体的服务行为;作为监督行政法律关系客体的行为,主要指行政主体接受监督的行为等。

3. 人身。人身可以成为某些行政法律关系的客体,例如,在行政处罚法律关系中,人身可以成为行政主体行使行政拘留权的客体。此外,在行政救助法律关系、行政奖励法律关系、行政确认法律关系、行政强制法律关系中,人身也可以成为行政法律关系的客体。

四、行政法律关系的产生、变更与消灭

(一)行政法律关系的产生

行政法律关系的产生是指某种法定事实出现后,行政法律关系主体之间的权利义务关系形成。行政法律关系的产生必须具备两个条件:

1. 行政法规范的存在。设定权利与义务的行政法规范是行政法律关系产生的前提条件,没有相应的行政法规范,就不可能产生行政法律关系。

2. 法律事实的出现。法律事实的出现是行政法律关系产生的直接原因。法律事实包括法律事件和法律行为。法律事件是不以人们的意志为转移的客观现象,它分为自然事件和社会事件①。自然事件是自然的变化,社会事件即社会变革。自然变化是产生行政法律关系较常见的原因,例如,人的出生、衰老、死亡就是人的自然变化。人的出生能导致户口注册登记行政法律关系的产生,人的衰老能导致社会保障行政法律关系的产生,人的死亡能导致户口注销登记行政法律关系的产生。再如,自然灾害的发生能导致行政救助法律关系的产生。法律行为是产生行政法律关系的最主要的法律事实,但这种法律行为只能是行政法预先规定的行为,即行政法预先已确定只有这类行为才能引起行政法律关系的产生。行政主体、行政相对人和监督主体的法律行为都可能引起行政法律关系的产生。例如,行政主体合法行使权力的行为造成公民合法权益损失的,可能导致行政补偿法律关系的产生;行政主体违法行使权力的行为造成公民合法权益损失的,可能导致行政赔偿法律关系的产生。再如,行政相对人违反行政法规范的行为可能引起行政处罚法律关系的产生。

(二)行政法律关系的变更

行政法律关系的变更是指行政法律关系产生后,因一定的原因而导致其发生局部的变化。行政法律关系的变更包括主体的变更、客体的变更和内容的变更三种。

1. 主体的变更。主体的变更是指主体发生了不影响原权利与义务的某种变化。这主要包括以下两种情况:(1)主体在数量上的变化。主体在数量上的变化是主体人数的增减,增减均不改变原权利与义务的质和量,如由原来一个主体享有和行使原权利,改变为由多个主体共同享有和行使原权利,或者由原来一个主体履行原义务改变为由多个主体共同履行原义务。(2)主体在接替上的变化。主体在接替上的变化是原行政法律关系中的主体被更替,更替后的主体继续行使和履行原主体的权利与义务,权利与义务本身均无质和量的变化。

2. 客体的变更。客体的变更是指客体发生了不影响原权利与义务的某种变化,通常只能是具有可替代性的变化,即以一种客体取代另一种客体。如果客体不具有可替代性,则不能发生变化。

3. 内容的变更。内容的变更是指行政法律关系主体之间的权利与义务发生变化,如行政罚款的减少、税收的减轻等能导致行政法律关系的变更。一般来说,行政法律关系中的权利与义务一旦形成就不能随意变更,要变更必须遵循下列要求:(1)必须遵循法定的程序;(2)行政主体不得利用内容的变更加重对行政相对人的处理。

(三)行政法律关系的消灭

行政法律关系的消灭是指原行政法律关系不再存在,其核心是行政法律关系主体双方原有权利与义务的消灭。行政法律关系的消灭包括以下三种情形:

---

① 参见张文显著:《法学基本范畴研究》,中国政法大学出版社1993年版,第179—180页。

1. 行政法律关系内容即权利与义务的消灭。权利与义务不存在,行政法律关系也不再存在。权利与义务这一要素消灭,通常是由于已被适用的设置行政法律关系的规则被废除、权利与义务已行使或履行完毕以及行政相对人放弃自己的权利等。

2. 因主体消灭而使权利与义务归于消灭。行政法律关系主体的消灭,并不必然导致行政法律关系的消灭,可能导致行政法律关系的变更和消灭两种情况:(1)原主体消灭后,有新的主体承接原主体的权利与义务,即权利与义务并没有消灭,行政法律关系只是变更而不是消灭;(2)原主体消灭后,没有主体承接或不能有承接主体的,权利与义务随之消灭。

3. 因客体消灭而使权利与义务归于消灭。行政法律关系客体的消灭也并不必然导致行政法律关系的消灭,可能导致行政法律关系的变更和消灭两种情况:原客体消灭后,能以另一种客体代替原客体的,原权利与义务因仍可实现而并没有消灭,行政法律关系只是发生了一定变更;原客体消灭后,其他物不能取代原客体的,原权利与义务无法实现,只能随之消灭,如作为客体的文物灭失。

第三节 行政法的基本原则

行政法的基本原则是指反映现代民主法治精神,集中体现行政法的价值和目的,贯穿于行政法规范之中,指导行政法的制定、执行、遵守以及行政争议解决的基本准则。行政法的基本原则蕴涵行政法的精神实质,是行政法的具体原则和规则存在的基础,反映行政法的价值目标,是行政法理论中带有根本性的问题。

行政法的基本原则是行政法在规范和控制行政权的过程中逐步形成,并由行政法学者概括和总结出来的,是人们对行政法现象的理性认识。由于世界各国政治、历史背景、法律文化传统以及行政法治实践不同,不同学者的研究方法和视角不同,人们对行政法基本原则的认识也不完全相同。国外行政法学界提出的行政法基本原则主要有:英国的议会主权原则、法治原则、越权无效原则和自然公正原则;德国的法律优位原则、法律保留原则、比例原则和信赖利益保护原则;法国的行政法治原则和行政均衡原则;美国的正当程序原则;等等。在我国,学者们对行政法的基本原则也有不同的概括。

本书认为,确立行政法的基本原则,应当符合法律性、特定性、普遍性和适用性的标准。所谓法律性,是指行政法的基本原则必须是法律原则,而不是政治原则或行政管理的原则。所谓特定性,是指行政法的基本原则必须是行政法所特有的、区别于其他法律部门的基本原则,不能将宪法原则或其他部门法的原则与行政法的原则等同起来。所谓普遍性,是指行政法基本原则必须贯穿于全部行政活动之中,是全部行政法规范所反映出来的共同准则,而不是某一环节、某一领域所具有的原则。所谓适用性,是指行政法基本原则不仅应该反映一国行政法发展的一般要求,而且能在实践中具体适用,解决实践中遇到的有关问题。国务院于2004年3月发布的《全面推进依法行政实施纲要》确立了建设法治政府的目标,提出了行政机关依法行政的六项基本要求,即合法行政、合理行政、程序正当、高效便民、诚实守信、权责统一。这六项基本要求吸收了目前我国行政法学界提出的各项基本原则的主要精神和内容,且适应我国国情并具有指导性和可操作性。为此,本书认为我国行政法的基本原则可以概括为依法行政原则或行政法治原则,它包括合法行政、合理行政、程序正当、诚实守信、高效便民和权责统一六项子原则。

一、合法行政

合法行政是现代行政管理的一项基本要求,是指行政机关实施行政管理,应当依照法律、法规、规章的规定进行;没有法律、法规、规章的规定,行政机关不得作出影响公民、法人或其他组织合法权益的决定,也不得作出增加公民、法人或其他组织义务的决定。合法行政包括以下四项内容:

(一)行政组织和职权法定

行政组织法定是指行政组织的结构、规模、权限,中央和地方的权力划分,行政机关的设置、职能,以及行政编制等都要依法设定,其他任何机关或个人都无权规定。行政组织问题,无论是行政机关设置、规模、权限、人员编制,还是中央与地方的关系,都是国家生活中的重大问题,涉及公民的权利与义务,理应由法律规定,而不应依附于某个领导人或个别行政机关的意志。多数国家都实行行政组织法定原则。

职权法定意味着行政机关的职权来源于法律的规定,凡法律没有授予的职权,行政机关不得自行享有和行使,即法不授权不可为。行政机关实施影响公民、法人或其他组织合法权益的行为,必须取得法律的明确授权,没有法律的授权,行政机关不能限制或剥夺公民的权利,也不得为公民设定或增加义务。而对公民、法人或其他组织来讲,其在不违反法律和道德的情况下,可以从事一切活动,而无须法律的特别授权,即法不禁止便可为;只有当法律明令禁止时,公民一方才不得为之。

(二)法律优先

法律优先又称法律优位,"亦即法律对于行政权之优越地位,以法律指导行政,行政作用与法律抵触者应不生效力"[①]。首先,法律优先是指行政机关的一切行政活动都要服从全国人大及其常委会制定的法律。其次,法律优先是指法律在效力位阶上处于最高层次,在行政活动所依据的法律、法规和规章中,法律的效力高于行政法规和规章,行政法规和规章不得与法律相冲突。从更为广泛的意义上理解,法律优先要求行政机关在行政管理活动中依据法律规范时,贯彻上一层级法律规范的效力高于下一层级法律规范的原则,确保各个层次法律规范的和谐和国家法制的统一。法律优先的具体要求是:

1. 在已有法律规定的情况下,任何其他法律规范,包括行政法规、地方性法规和规章,都不得与法律相冲突或相抵触,法律优于任何其他法律规范。同理,凡是上一位阶的法律规范已经对某一事项作出了规定,下一位阶的法律规范不得与之相冲突或相抵触。例如,《行

[①] 城仲模著:《行政法之基础理论》,三民书局1994年版,第5页。

政许可法》第16条规定:"行政法规可以在法律设定的行政许可事项范围内,对实施该行政许可作出具体规定。地方性法规可以在法律、行政法规设定的行政许可事项范围内,对实施该行政许可作出具体规定。规章可以在上位法设定的行政许可事项范围内,对实施该行政许可作出具体规定。法规、规章对实施上位法设定的行政许可作出的具体规定,不得增设行政许可;对行政许可条件作出的具体规定,不得增设违反上位法的其他条件。"

2. 在法律尚无规定,其他法律规范作出了规定时,一旦法律就此事项作出规定,法律优先,其他法律规范的规定都必须服从法律。同理,在上一位阶的法律规范尚无规定时,下一位阶的法律规范可以作出规定,一旦上一位阶的法律规范就此事项作出了规定,下一位阶的法律规范必须服从。

(三)法律保留

法律保留是指宪法关于人民基本权利的限制等专属立法事项,必须由立法机关通过法律予以规定,行政机关不得代为规定,行政机关实施任何行政行为皆必须有法律授权,否则,其合法性将受到质疑。[①] 可见,法律保留严格区分国家立法权与行政立法权,是行政法治在行政立法领域的当然要求,其根本目的在于保证国家立法的至上性,划定立法机关与行政机关在创制规范方面的权限范围,防止行政立法权的自我膨胀。

法律保留又分为绝对保留和相对保留。绝对保留是指某些事项只能由最高国家权力机关自己进行立法,而不能委托行政机关立法;相对保留是指有些事项最高国家权力机关既可以自己立法,也可以依法委托行政机关立法。例如,《行政处罚法》就充分体现了法律保留的原则精神,该法第10条规定:"法律可以设定各种行政处罚。限制人身自由的行政处罚,只能由法律设定。"这种将限制公民人身自由的处罚设定权明确规定为只有法律才能行使的情形,就是法律的绝对保留。而《立法法》第9条规定:"本法第八条规定的事项尚未制定法律的,全国人民代表大会及其常务委员会有权作出决定,授权国务院可以根据实际需要,对其中的部分事项先制定行政法规,但是有关犯罪和刑罚、对公民政治权利的剥夺和限制人身自由的强制措施和处罚、司法制度等事项除外。"这里的授权国务院对其中的部分事项制定行政法规属于法律的特别授权,是法律的相对保留;而"有关犯罪和刑罚、对公民政治权利的剥夺和限制人身自由的强制措施和处罚、司法制度等事项除外"的规定则属于法律的绝对保留。

(四)依法办事

依法办事是现代法治国家法治原则对行政主体实施行政行为的基本要求。依法办事的"法",包括法律、法规和规章。依法办事要求:

1. 行政主体实施行政行为必须依照法律的实体规定。这主要包括行政主体实施行政行为必须遵循法定的权限、条件,依据充分、确凿的证据。法律从各个角度为行政权力设定了各种界限,例如,行政权力的存在既有时间上的限制,又有空间上的限制;既有行政权力运

---

① 参见陈新民著:《行政法学总论》,三民书局1997年版,第52页。

用程度上的限制,又有行使权力所采取的方式、手段上的限制;既有行政权力运用所针对的事项上的限制,又有行政权力运用所针对的对象上的限制;等等。行政机关行使行政权力不得超越这些界限。同时,任何行政行为的作出都必须基于一定的事实,具备一定的条件。例如,行政处罚是基于某种违法行为的存在,并具备应予处罚的条件;行政许可是因为有相对人的合法申请存在,是否获得许可必须按法定条件办事。在法律上,事实存在与条件具备必须有相应的证据证明,没有证据证明的事实和条件,不能成为法律上的事实和条件。因此,法律相应地规定了作出某一行政行为的事实、条件和证据等要素,行政主体实施行政行为必须具备这些要素,否则,将导致行政行为的违法与无效。

2. 行政主体实施行政行为必须符合法定程序。程序是指办事的过程,它由方式、步骤、顺序和时限四个要素构成。行政主体实施任何行政行为,都离不开一定的程序。凡是法律对行政行为程序有规定的,行政主体实施行政行为就必须按法定程序进行,否则,就构成程序违法。例如,公安机关对违反治安管理的行为人给予拘留处罚,应当经过传唤、讯问、取证、裁决等程序,违反这些程序,就违反了合法行政原则。

坚持合法行政原则,有利于保护行政相对人的合法权益,有利于监督行政机关依法行使行政职权与履行职责,有利于推进行政法治,建设法治政府。

二、合理行政

合理行政是指行政主体实施行政行为要客观、适度,符合公平、正义等法律理性。行政主体实施行政行为,应当遵循公平、公正的原则,要平等对待行政相对人,无偏私、不歧视;行使自由裁量权应当符合法律目的,排除不相关因素的干扰;所采取的措施和手段应当必要、适当;行政机关实施行政管理可以采用多种方式实现行政目的的,应当避免采用损害当事人权益的方式。

合理行政的客观基础是行政自由裁量权的产生与扩大。所谓行政自由裁量权,是指在法律积极明示或消极默许的范围内,行政机关自由斟酌,选择自己认为正确行为的权力。即法律对某种行为只规定了一个范围或幅度,在这个范围或幅度内,行政机关对自己行为的方式、种类、数额等享有的自行选择的权力。由于社会生活复杂多变,行政活动千变万化、错综复杂,行政法律规范不可能对每种权力的每个方面都规定得明确具体、详尽无疑。行政法为了有效调整社会生活,必然要作出一些原则性的、富有弹性的规定,给行政机关留下自由决定的空间,使其能更好地适应当时、当地的客观实际情况。行政自由裁量权应有较大的灵活性,但行政自由裁量权的灵活性使之较其他行政权更易被滥用。行政自由裁量权的滥用,会影响行政管理目标的实现,损害行政相对人的合法权益,从而破坏行政法治原则。因此,行政自由裁量权并不意味着行政机关可以为所欲为,它同样要受到一定的约束。控制行政自由裁量权,就是要使行政主体公正、合理地行使自由裁量权,使行为的结果符合立法的本意和目的。

合理行政的具体要求包括:

1. 行政机关必须平等对待行政相对人。行政机关在实施行政行为时必须出于公心,不抱偏见,不存在歧视,平等对待行政相对人,做到同等情况同等对待,不同等的情况不同等对待。这样,行政相对人就可以根据行政机关已作出的决定预见自己行为的后果,并在此基础上建立对行政机关的信赖和期待。如果行政机关在行使自由裁量权时,抱有私心或偏见,对处于同一条件下的公民、法人或其他组织给予不同的对待,公然偏袒一部分行政相对人而歧视另一部分行政相对人,强制性地使行政相对人承受了与其行为极不相称的法律义务,便属于违背公正法则,构成滥用自由裁量权。

2. 行政行为必须符合法律的目的。任何法律的制定都是基于一定的社会需要,为了达到某种社会目的,所有的法律规范也都围绕、服务于该目的。行政机关在行使自由裁量权时,必须符合有关法律、法规的目的,若与法律的目的相背离,就违反了合理行政原则。

3. 行政行为必须具有正当动机,考虑相关因素,排除不相关因素的干扰。所谓正当动机,是指作出某一行政行为,在其最初的出发点和动机诱因上,不得违背社会公平观念或法律精神。正当动机要求行政机关必须出于公心,不得以执行法律的名义,将自己的偏见、歧视、恶意等强加于行政相对人。例如,行政机关进行罚款,若不是为了制裁违法行为,而是为了增加财政收入、改善工作人员的福利待遇,就属于动机不正当。行政行为的作出涉及多种因素,合理的行政行为应当考虑到相关因素,不应受不相关因素的干扰。所谓相关因素,是指与所处理事件有内在联系并可以作为作出决定根据的因素;所谓不相关因素,是指与事件本身没有内在的联系而不能作为作出决定根据的因素。行政机关在行使自由裁量权时必须考虑相关因素,尤其要考虑法律、法规明示或默示要求考虑的因素,不应该考虑与作出决定无关的因素。例如,行政机关实施行政处罚时,违法行为的事实、性质、情节以及社会危害程度是其应当考虑的因素,如果行政机关轻视这些因素,而更多考虑行为人职位高低、经济状况好坏、社会关系网多寡等作出处罚决定,就属于考虑了不相关的因素。

4. 行政行为必须符合比例原则的要求。比例原则要求行政机关实施行政行为应平衡和兼顾行政目标的实现与对行政相对人权益的保护,如果行政目标的实现可能对行政相对人的权益造成损害或不利影响,这种损害或不利影响应限制在尽可能小的范围和限度之内,使两者保持适度的比例。比例原则的具体要求是:(1)行政机关实施行政行为,特别是将对行政相对人的权益造成损害或不利影响的行政行为,只有当该行政行为对达成相应的行政目的是必要的、必需的时,才能实施。(2)行政机关实施行政行为时,如果有多种方案可以实现行政目的,行政机关必须尽可能地选择采用温和的手段和对相对人权益损害最小的方案。(3)行政机关实施行政行为时,必须进行利益衡量,只有通过利益衡量,确认实施该行政行为可能取得的公共利益大于可能损害的私人利益时,才能实施。如果行政机关的行为对相对人的损害与社会获利之间的关系显失均衡,即违反了比例原则,构成滥用自由裁量权。

5. 行政行为必须符合其他公正法则。这是指行政行为除应遵守上述四项要求外,还应遵守以下公正法则:(1)行政行为要符合事物的客观规律。(2)行政行为要符合常理,即日常生活中一般人都能理解并普遍遵守的准则。(3)行政行为要符合惯例,即对于行政活动中经久形成的,经实践检验为正确、有效的既定做法,行政机关在通常情况下应当遵守,在没有充分理由的情况下,不得违背。

合法行政与合理行政同是依法行政原则的内容,两者之间具有密切的联系,互相作用,不可分割。行政行为不仅要合法,而且要合理。但两者之间也存在以下区别:(1)合法行政是合理行政的基础和前提,没有合法是谈不上合理的。(2)合理行政是合法行政的延伸和补充,合法不一定合理,因此,合理是在合法的基础上对行政行为提出的更高的要求,即行政行为不仅要符合法律条文的表面规定,还要符合隐含于法律条文背后的法的目的、本意和精神。(3)合法行政是实质的标准,是对行政行为质的要求;合理行政是精度上的标准,是对行政行为量的要求。

三、程序正当

程序正当要求行政机关作出影响行政相对人权益的行政行为,必须遵循正当的程序,包括:行政机关实施行政管理,除涉及国家秘密和依法受到保护的商业秘密、个人隐私外,应当公开,注意听取公民、法人或其他组织的意见;要严格遵循法定程序,依法保障行政相对人的知情权、参与权和监督权。行政机关工作人员履行职责,与行政相对人存在利害关系时,应当回避。

程序正当原则起源于英国古老的自然公正原则,后来在美国宪法修正案中以成文法形式确定下来,即任何人未经正当法律程序不得被剥夺生命、自由和财产。20世纪中期以后,随着各国行政程序立法的发展,程序正当原则在世界许多国家得以确立和广泛适用。程序正当原则的具体要求有:

1. 行政公开。行政机关实施行政管理,除涉及国家秘密和依法受到保护的商业秘密、个人隐私外,应当公开,包括行政活动的依据公开、过程公开、结果公开、情报信息资料公开等。

2. 不做自己案件的法官。行政公务人员在执行公务过程中,发现与自己有利害关系的,应当回避,以防止行政偏私,保障行政公正。

3. 不在事先未通知和听取相对人申辩意见的情况下作出对相对人不利的决定。行政机关在作出对相对人不利的行政决定前,必须事先通知相对人,听取相对人对有关事实、理由的陈述和申辩,以防止行政决定的片面性,尽量避免作出错误的决定。

4. 说明理由。行政机关在作出行政决定特别是对相对人不利的决定时,负有说明理由的义务,包括作出行政决定的事实根据、法律依据及行使自由裁量权时所考虑的因素。

5. 不单方接触。行政机关在处理涉及两个或两个以上有利益冲突的当事人的行政事务或裁决他们之间的纠纷时,不能在一方当事人不在场的情况下单独与另一方当事人接触、听取其陈述、接受和采纳其证据,以防止偏听偏信或先入为主,有失公平。

四、诚实守信

诚实守信要求行政机关公布的信息应当全面、准确、真实。非因法定事由并经法定程序,行政机关不得撤销、变更已经生效的行政决定;因国家利益、公共利益或者其他法定事由需要撤回或者变更行政决定的,应当依照法定权限和程序进行,并对行政相对人因此而受到的财产损失依法予以补偿。诚实守信的内容主要包括:

1. 行政机关公布的信息应当全面、准确、真实。在现代社会,信息对于作出正确的判断和决定具有十分重要的意义。行政机关在信息占有方面具有绝对的优势,而行政相对人享有知情权,行政机关应当讲究诚信,履行信息公开的义务,向公众和利害关系人公布全面、准确、真实的信息。"全面"是指行政机关应当对可以公开的所有信息予以披露;"准确"是指行政机关对自己发布的信息应充分核实,经认定无误后才能发布;"真实"是指行政机关不得提供虚假的信息误导行政相对人。

2. 行政机关应当信守承诺。行政机关在行政活动中应当言必信、行必果,对自己作出的承诺必须兑现。否则,就要承担相应的法律责任。

3. 信赖保护。信赖保护是指行政机关的职权行为使行政相对人获得了对某种利益的正当、合理信赖的,行政机关便不得随意更改此行为;确需改变此行为的,必须对行政相对人由此遭受的损失予以赔偿或补偿。具体要求包括:(1)行政行为一经作出,非有法定事由并经法定程序不得随意撤销、废止或改变,以保护行政相对人的既得利益和合理期待。(2)行政机关对行政相对人作出受益行政行为后,即使事后发现有违法情形,只要这种违法情形不是行政相对人的过错造成的,行政机关亦不得撤销或改变,除非不撤销或改变此种违法行政行为将会严重损害公共利益。(3)行政行为作出后,据以作出该行政行为的法律、法规、规章被修改或废止,或者据以作出该行政行为的客观情况发生重大变化的,为了公共利益的需要,行政机关可以撤销、废止或改变已经作出的行政行为,但是行政机关在作出撤销、废止或改变已经作出的行政行为的决定前,应当进行利益衡量。只有通过利益衡量,认定撤销、废止或改变已经作出的行政行为所获得的利益确实大于行政相对人因此受到的损失时,才能按法定的权限和程序撤销、废止或改变相应的行政行为。(4)行政机关撤销或改变其违法作出的行政行为,且该违法情形不是行政相对人的过错造成的,应对行政相对人因此受到的损失予以赔偿。行政机关基于公共利益的需要撤销、废止或改变其合法作出的行政行为,给行政相对人造成损失的,要对相对人的损失给予公平的补偿。

五、高效便民

高效便民要求行政机关实施行政管理应当遵守法定时限,积极履行法定职责,提高办事效率,提供优质服务,方便公民、法人或其他组织。

高效便民的主要内容包括:(1)行政机关实施行政管理,应当遵守法定时限。对于法律、法规和规章规定有明确时限的事项,行政机关必须在规定时限内办理;对时限规定有弹性或时期不具体的,不得任意迟延,应当积极处理,尽可能防止对行政相对人造成损害。(2)行政机关应当积极履行法定职责,对自己法定职责范围内的事项,不得推诿、拖延、拒绝或不予答复。(3)行政机关要提高办事效率,提供优质服务。也就是说,行政机关在履行其职能时,要方便公民、法人或其他组织,力争以最快的时间、最少的人力、最低的成本耗费取得最大的效益,为公民、法人或其他组织提供最好的服务。

六、权责统一

权责统一要求行政机关严格采用法律、法规、规章赋予的执法手段履行管理经济、社会和文化事务的职责,违法或者不当行使职权的,应当依法承担法律责任,实现权力和责任相统一。即要依法做到执法有保障、有权必有责、用权受监督、违法受追究、侵权须赔偿。

权责统一的基本内容包括:(1)法律、法规、规章应赋予行政机关依法履行经济、社会和文化事务管理职责的相应的职权与执法手段,做到有责必有权。行政机关作为国家的执法机关,依法承担管理经济、社会和文化事务的职责,这种职责是必须履行而不能放弃的。因此,为了使行政机关顺利履行这种职责,法律、法规、规章必须赋予其相应的职权和执法手段,否则就难以维护公共利益,也难以充分保护公民、法人或其他组织的合法权益。(2)行政机关违法或者不当行使职权,应当依法承担法律责任,做到有权必有责,实现权力和责任的统一,这是实现依法行政的关键。为此,立法机关在为行政机关配备职权、职责的同时,必须规定相应的法律责任,做到无责任即无权力。有权力而无责任,这种权力便是失控的权力;有责任而无权力,这种责任也无法落实。(3)必须建立有效的追究法律责任的制度,做到有责必究。国家必须建立、健全诸如行政复议、行政诉讼、国家赔偿和公务员惩戒等法律责任追究制度,通过这些制度的正常、有效运作,使行政机关及其行政公务人员的违法和不当行为应承担的法律责任落到实处,从而实现有权必有责、用权受监督、违法受追究、侵权须赔偿的行政法治状态。

总之,合法行政、合理行政、程序正当、诚实守信、高效便民和权责统一是紧密联系的,是法治原则在行政法领域的具体体现,都属于法的范畴,违反其中之一都要承担相应的法律责任。

法律应用

1. 从一般的意义上讲,行政是指社会组织对一定范围内的事务进行组织与管理的活动。它存在于所有社会组织之中。行政有公共行政和私行政之分。行政法上的行政仅指公共行政,而不包括私行政。公共行政不仅指国家行政,还包括社会公行政。

2. 行政法的渊源是指行政法的各种表现形式。我国行政法的渊源是指各类国家机关创制的具有法律效力的规范性文件,包括宪法、法律、行政法规、地方性法规、自治条例、单行条例、行政规章、国际条约以及法律解释。行政机关的行政惯例、法院的司法判例以及学者的理论学说还不能成为我国行政法的渊源。

3. 行政法律关系与民事法律关系不同,在行政法律关系中,行政主体是恒定的一方当事人,行政主体与行政相对人双方的权利与义务是法定的和不对等的,且行政主体对其享有的行政权力一般不得自由处分。

4. 我国行政法的基本原则是依法行政原则或行政法治原则,包括合法行政、合理行政、程序正当、诚实守信、高效便民和权责统一六项子原则。这六项子原则是紧密联系的,它们是法治原则在行政法领域的具体体现,都属于法的范畴,违反其中之一都要承担相应的法律责任。

案（事）例

案情简介：

某市为加强道路交通管理,规范日益混乱的交通秩序,决定出台一项新举措,由交通管理部门向市民发布通告,凡自行摄录下机动车辆违章行驶、停放的照片、录像资料,送经交通管理部门确认后,被采用并在当地电视台播出的,一律奖励人民币200元至300元。许多市民踊跃参与这一活动,积极举报违章车辆,当地的交通秩序一时间明显好转,市民满意。新闻报道后,省内甚至外省不少城市都来"取经"、学习。但与此同时,也发生了一些意想不到的事情:有违章驾车者去往不愿被别人知道的地方,电视台将车辆及背景播出后,引起家庭关系、同事关系紧张,甚至影响了当事人此后的正常生活;有的乘车人以肖像权、名誉权受到侵害为由,把电视台、交管部门告上法庭;有的违章司机被单位开除,认为是交管部门超范围行使权力导致的;有的抢拍者被违章车辆故意撞伤后,向交管部门索赔;甚至有人利用偷拍照片向驾车人索要高额"保密费";等等。报刊将上述新闻披露后,某市治理交通秩序的举措引起了社会不同的看法和较大的争议。

问题：

请谈谈你对某市治理交通秩序新举措合法性、合理性的认识。（注意：不能仅就此举引发的一些问题、个案谈具体适用法律的意见。）

案（事）例答题思路

思考题

1. 简述行政法的概念与特征。
2. 简述行政法的渊源。
3. 试论行政法的地位与作用。
4. 简述行政法律关系的概念与特征。
5. 简述行政法律关系的主体、内容和客体。
6. 试述行政法律关系的产生、变更和消灭。
7. 试述合法行政、合理行政的内容及其相互关系。
8. 如何理解行政法上的程序正当原则？
9. 如何理解行政法上的诚实守信原则？

第二章　行政法主体

本章重点

1. 行政主体的概念、特征与范围
2. 行政主体的职权与职责
3. 行政公务人员的多重身份、行为及其区分标准
4. 行政相对人的概念、特征与种类
5. 行政相对人行为的效力与效果
6. 监督行政主体的概念与特征

第一节　行政主体
第二节　行政公务人员
第三节　行政相对人
第四节　监督行政主体

第一节 行政主体

一、行政主体的概念与特征

行政主体是指行政法律关系中与行政相对人互有权利与义务的另一方当事人,是享有行政权,能以自己的名义行使行政权,并能独立承担由此产生的法律责任的组织。

行政主体具有以下四个特征:

1. 行政主体是行政法律关系中与行政相对人有对应权利与义务的另一方当事人。这表明行政主体与行政相对人都是行政法律关系的主体,两者是相互依存的,离开了行政相对人,行政主体的存在是没有意义的。同时,没有行政主体,就不可能形成行政法律关系,行政主体是行政法律关系中恒定的一方当事人。

2. 行政主体是一种组织,个人不能成为行政主体。组织是两人以上的组合体,组织在一定条件下可以成为行政主体,但个人不能成为行政主体。尽管一个组织的管理行为大多由其工作人员具体实施,但工作人员以组织而不是个人的名义实施管理行为。

3. 行政主体是享有行政权,并能以自己的名义行使行政权的组织。这是体现行政主体法律地位的一个重要特征。并不是所有的组织都能成为行政主体,只有享有行政权并能以自己的名义行使行政权的组织,才能成为行政主体。因此,是否享有行政权并能以自己的名义行使行政权,反映了某一组织是否具有独立的法律人格,是判断该组织能否成为行政主体的核心标准。所谓以自己的名义行使行政权,是指能以自己的名义作出决定、发布命令,以自己的名义对外发文。行政机关的内部机构,除得到法律、法规及规章的明确授权外,不能以自己的名义对外行使行政权,因此,不能成为行政主体。

4. 行政主体是能独立承担自己的行为所产生的法律责任的组织。能否独立承担自己的行为所产生的法律责任,是判断某一组织能否成为行政主体的一个关键条件。若某一组织只行使行政权,实施行政管理活动,但不承担由此而产生的法律责任,便不是行政主体。这就将行政主体与受委托组织区别开来,因为受委托组织的行为所产生的责任不是由该组织承担,而是由作为委托人的行政主体承担。因此,受委托组织不具有行政主体资格,在行政法律关系中不能成为行政主体。

为进一步理解行政主体的概念,我们还应将其与一些相关概念区别开来。

1. 行政主体与行政法主体。行政法主体泛指受行政法调整、承担行政法规定的权利和义务的当事人。行政法主体包括行政主体、行政相对人和监督行政主体等。因此,行政主体只是行政法主体中的一部分。

2. 行政主体与行政组织。行政组织是指管理行政事务的行政机关和行政机构的综合体。行政主体与行政组织从不同的角度概括行政权的承担者。行政主体强调哪些组织具有以自己的名义对外进行管理的权力;行政组织则是一个系统概念,突出行政机关的整体性和统一性。并非所有的行政组织都能成为行政主体,只有行政组织中具有独立对外管理权限的行政机关以及得到法律、法规和规章授权的行政机构才能成为行政主体。行政主体也不仅仅指某些行政组织,行政组织以外的得到法律、法规、规章授权的社会组织也可以成为行政主体。

3. 行政主体与行政机关。行政机关是指为实现行政目的依照宪法、组织法的规定设置的具有行政职能的国家机关。行政机关是一个法律术语,而行政主体是一个法学概念。行政机关是最主要的行政主体,但它并不等于行政主体。一方面,行政主体不限于行政机关,行政主体除了行政机关外,还包括法律、法规、规章授权的组织等;另一方面,行政机关并非在任何时候都是行政主体,行政机关具有多重身份,既可以是行政法上的行政主体,也可以是民法上的民事主体(机关法人),还可以是行政法律关系中的行政相对人。行政机关能否成为行政主体,不仅要静止地看其是否享有行政权,还要看其从事某种活动时是否运用行政权,即以何种身份出现。

4. 行政主体与公务法人、公法人。公务法人是法国行政法学者发明的一个概念,它是以实施公务为目的设立的从事一定公务活动的法人组织,是实行公务分权的一种组织形式,是行政主体的一种。公法人是英国行政法学中的一个概念,是指在具有一般行政职权的中央行政机关和地方行政机关之外,享有一定的独立性和单独存在的法律人格,并从事某种特定的公共事务的行政机构。公法人有三个特征:(1)有独立的法律人格;(2)在全国或一定地区内执行由法律或特许状所规定的某种公共事务;(3)虽然对一般行政机关保持一定程度的独立,但仍然保持一定程度的联系。[①] 法国的公务法人和英国的公法人类似于我国法律、法规或规章授权的组织,只是行政主体的一部分,而不是行政主体的全部。

5. 行政主体与行政公务人员。尽管行政主体离不开行政公务人员,但行政公务人员不是行政主体。行政主体是由一定数量的行政公务人员组成的一个整体,是一种组织;而行政公务人员是个人。行政公务人员代表行政主体执行公务活动,其行为后果归属于行政主体。

二、行政主体的范围和分类

(一)行政主体的范围

在实践中,行政主体的范围十分广泛。概括地说,行政主体包括国家行政机关和法定授权的组织两大类。具有行政主体资格的行政机关有:(1)国务院;(2)国务院组成部门;(3)国务院直属机构;(4)国务院部、委管理的国家局;(5)地方各级人民政府;(6)地方各级人民政府的职能部门;(7)县级以上地方各级人民政府的派出机关。具有行政主体资格的法定授权组织有:(1)经法律、法规、规章授权的行政机关的内部机构、临时机构;(2)经法律、法规、规章授权的行政机关的派出机构;(3)经法律、法规、规章授权的事业单位、社会

[①] 参见王名扬著:《英国行政法》,中国政法大学出版社1987年版,第86页。

团体、基层群众性自治组织等。

（二）行政主体的分类

根据不同的标准，可以对行政主体作不同的分类。

1. 职权行政主体与授权行政主体。这是根据行政职权来源的不同所作的划分。职权行政主体是依据宪法和组织法的规定，在其成立时就享有行政职权并取得行政主体资格的组织，如中央和地方各级人民政府及其工作部门。授权行政主体是依据宪法、组织法以外的法律、法规和规章的规定获得行政职权、取得行政主体资格的组织，如行政机关的内部机构、派出机构，以及经法律、法规、规章授权的事业单位等。

职权行政主体和授权行政主体的区别在于：（1）职权行政主体取得行政主体资格的依据是宪法和组织法；授权行政主体取得行政主体资格的依据是宪法和组织法以外的单行法律、法规和规章。（2）职权行政主体的组织形式是国家行政机关；授权行政主体的组织形式或者为行政机关的内部机构、临时机构和派出机构，或者为行政机关以外的社会组织，如事业单位、社会团体等。（3）职权行政主体自成立之日起就取得行政主体资格；而授权行政主体通常是在成立之后，经法律、法规和规章的授权才取得行政主体资格。

2. 中央行政主体和地方行政主体。这是在行政机关成为行政主体的条件下，根据管辖范围的不同所作的划分。中央行政主体是指行使行政职权的范围及于全国的组织，如国务院、国务院各部门等。地方行政主体是指行使行政职权的范围及于本行政区域的组织，如地方各级人民政府及其工作部门等。需要注意的是，地方行政主体不仅仅代表地方进行管理，更多的时候是在代表国家行使行政职权。

区分中央行政主体和地方行政主体的意义有两个方面：（1）明确各类行政主体的管辖范围，有利于确定行政行为的有效性；（2）明确行政主体各自的职权范围及相互关系，有利于行政的统一和协调。

3. 外部行政主体和内部行政主体。这是根据行政主体行使行政职权时与行政相对人是否存在隶属关系所作的划分。外部行政主体有权按地域或公务对社会上的行政相对人实施行政管理；而内部行政主体则限于按隶属关系对内部行政相对人进行管理，如政府机关事务管理局。某些行政主体在不同的行政法律关系中，既可以是外部行政主体，又可以是内部行政主体。例如，地方各级人民政府，它有权对地域管辖范围内的行政相对人实施管理，此时它是外部行政主体；同时它又有权对隶属于它的政府工作部门实施领导和监督，此时它是内部行政主体。

外部行政主体与内部行政主体划分的意义在于：（1）有利于确定行政行为的有效性。没有获得法定授权，内部行政主体一般不能实施外部行政行为。（2）有利于确定行政救济的途径。（3）有利于确定行政诉讼中的被告。

此外，按照其他标准，还可以对行政主体作更多种分类，如地域性行政主体与公务性行政主体、单一行政主体与共同行政主体、本行政主体与派出行政主体等。

三、行政主体的行政职权与职责

（一）行政主体的行政职权

行政职权是行政主体依法享有的对某个领域或者某方面行政事务进行组织与管理的权力。行政职权是行政权的具体转化形式，只属于行政主体，行政相对人不拥有行政职权。行政主体所拥有的行政职权的内容十分广泛，不同层级和类型的行政主体的行政职权也不相同。总体来讲，行政主体的行政职权主要包括以下十二类：

1. 行政立法权。它是指特定的国家行政机关依法制定行政法规和行政规章的权力。这里的"特定的国家行政机关"，根据宪法、组织法和立法法的规定，包括国务院、国务院各部委、国务院直属机构以及省级人民政府和设区的市的人民政府。国务院享有依法制定行政法规的权力，国务院各部委、国务院直属机构享有依法制定部门规章的权力，省级人民政府和设区的市的人民政府享有依法制定地方政府规章的权力。需要说明的是，特定的国家行政机关享有的行政立法权为准立法权，它必须根据法律行使，其内容不能与法律相冲突或相抵触。

2. 行政命令权。它是指行政主体向行政相对人发布命令，要求其作出某种行为或不作出某种行为的权力。行政命令有多种形式，如通告、布告、通令、规定、通知、决定、命令和责令等。行政主体针对不特定的行政相对人发布的行政命令与行政立法相似，往往以规范性文件的形式发布，其与行政立法的区别主要在于发布主体不同：行政立法的发布主体是特定的国家行政机关，而行政命令的发布主体是各级、各类行政机关。当然，两者在效力层级和制定程序等方面也存在差异。

3. 行政许可权。它是指行政主体应行政相对人的申请，经审查，依法准许其从事某种活动的权力，如公安机关发放特种行业许可证的权力、市场监督管理机关颁发营业执照的权力等。

4. 行政确认权。它是指行政主体对某种法律事实或法律关系加以确定、认可或证明的权力，如行政主体对土地所有权或使用权的确认、对产品质量的确认、对交通事故责任的认定等。

5. 行政给付权。它是指行政主体在公民失业、年老、疾病或者丧失劳动能力等情况或其他特殊情况下，依法赋予其一定的物质利益或与物质利益有关的权益的权力，如行政主体依法向行政相对人发放抚恤金、社会保险金和最低生活保障费等。

6. 行政奖励权。它是指行政主体依照法定的条件和程序，对为国家和社会作出重大贡献或者模范地遵纪守法的单位和个人，给予物质和精神等方面的奖赏与鼓励的权力，如税务机关对检举违反税收法律、法规行为有功的人员，依法给予奖励。

7. 行政征收、征用权。它是指行政主体基于公共利益的需要，依法强制取得行政相对人的财产所有权或使用权的权力。行政征收包括无偿征收和有偿征收两种。行政征税与收费属于无偿征收，而行政征税与收费以外的行政征收属于有偿征收，即行政主体应依法给予被征收人公平补偿。行政征用是有偿的,即行政主体依法强制取得行政相对人的财产使用权应给予公平补偿。

8. 行政检查权。它是指行政主体为保证行政管理目标的实现而对行政相对人守法和履行法定义务的情况进行监督检查的权力,如食品卫生检查、财税检查、消防设施检查、道路交通安全检查等。行政检查权是一种强制性调查与了解有关情况的权力,表现为多种法定检查手段与方式。对行政主体行使检查权的行为,行政相对人必须配合而不得拒绝或隐瞒有关情况,否则会因此受到行政处罚。

9. 行政强制权。它包括行政强制措施权和行政强制执行权两种。所谓行政强制措施权,是指行政主体在行政管理过程中,为制止违法行为、防止证据损毁、避免危害发生、控制危险扩大等,依法对公民的人身自由实施暂时性限制,或者对公民、法人或者其他组织的财产实施暂时性控制的权力,如行政主体依法对某些违法物品的扣押或查封,对违法所得账号的冻结等。所谓行政强制执行权,是指行政主体对拒不履行行政决定的行政相对人依法强制其履行义务的权力,如行政主体依法对不执行罚款处罚决定的相对人采取强制划拨、强制扣缴、强制抵缴等强制执行措施。

10. 行政制裁权。它包括行政处罚权和处分权两种。行政处罚权是指行政主体基于行政管辖关系依法对违反行政法规范的相对人实施制裁的权力,如公安机关对违反治安管理的行为人实施警告、罚款、拘留等处罚;处分权是指行政主体基于行政隶属关系依法对违法、违纪的行政公务人员实施制裁的权力,如行政机关对违法、违纪的公务员实施警告、记过、记大过、降级、撤职、开除等处分。

11. 行政合同权。它是指行政主体基于履行行政职能和实现社会公共利益的需要,与行政相对人在意思表示一致的基础上签订合同的权力。以合同形式实现对某项公共事务的管理与服务职能,是行政主体行使职权、履行职责的新方式。行政主体在行政合同中依法享有一定的特权。

12. 行政司法权。它主要包括行政裁决权与行政复议权等。行政裁决权是指行政主体依法对与其行政管理事项有密切联系的民事纠纷进行裁决的权力,如县级以上地方人民政府对自然资源权属纠纷的裁决、卫生行政主管部门对医疗事故纠纷的裁决等。行政复议权是指行政机关根据行政相对人的申请,依法对行政行为的合法性与适当性进行审查并作出复议决定的权力。行政复议权由行政复议机关行使,行政复议机关有权应行政相对人的申请对法定范围内的行政行为引起的行政纠纷进行审理并作出处理决定。

(二)行政主体的行政职责

行政职责是行政主体依法应当履行的义务。法律赋予行政主体管理行政事务的权力,规定了权力的用途、大小和运用方式,同时也确立了行政主体最基本的义务——依法有效地行使行政权力。从积极的角度讲,行政主体必须依法有效行使权力,以履行其行政职能,完成行政任务,实现行政目标;从消极的角度讲,行政主体还必须按法定的权限和方式行使行政权力。为此,在多数情况下,行政主体行使权力与履行职责具有同一性,即行使权力与履行政职责相伴而生,不易明确区分开来,只是认识问题的角度不同而已。行政主体实施某种行政行为,从一个方面看是在行使权力,从另一个方面看是在履行职责。例如,税务机关对纳税义务人实施的征税行为,从一个方面看是在行使权力,而从另一个方面看又是在履行职责。再如,行政主体向行政相对人发放抚恤金,从一个方面看是在履行义务,而从另一个方面看又是在行使权力,即行使管理、发放抚恤金的权力。行政职责是一种义务,行政主体不能任意抛弃或违反,否则将承担不利的法律后果。行政职责的核心是依法行政,基本要求是合法行政、合理行政、程序正当、违法必究。① 行政职责的内容很丰富,不同的行政主体,其依法应当履行的行政职责也有所不同。概括地讲,行政主体的行政职责主要有:(1)在法定的权限范围内积极地行使职权、履行职务,不越权、不失职、不滥用权力。(2)正确地适用法律规范,严格按法定程序与正当程序办事。(3)合理行政、避免失当。(4)接受各种法律监督和社会监督。(5)对违法行政行为承担法律责任。

四、行政机关

(一)行政机关的概念与特征

行政机关是指依照宪法和组织法的规定设立,行使国家行政权力,对国家各项行政事务进行组织和管理的国家机关,是国家权力机关的执行机关。

行政机关是国家机关的组成部分,但又区别于其他国家机关,其特征有②:

1. 执行性。我国的一切权力属于人民,人民通过人民代表大会即国家权力机关行使权力。行政机关由权力机关产生,执行权力机关制定的法律、决议和决定,对权力机关负责并受权力机关监督,是国家权力机关的执行机关。

2. 法定性与相对独立性。行政机关一经依宪法、组织法设立后,为保证其有效地执行权力机关的法律和决议,完成行政管理任务,必须赋予其专门的行政权力。行政机关虽然从属于权力机关,而且行政权力受到司法监督,但它仍拥有自身组织系统上的独立性和依法行使行政职权的独立性,其依法行使职权的行为受国家强制力保障,不受其他国家机关、社会团体和个人的非法干预。

3. 统一性与层级性。行政机关在组织体系上实行统一领导、分工负责的层级管理体制,即上、下级行政机关之间是领导关系,下级服从上级,向上级负责并报告工作。这是行政机关在组织体系上的特征。行政机关从中央到地方均分为若干层级,一方面共同受最高国家行政机关即国务院的统一领导,另一方面又在行政机关之间逐级分工、逐级领导。行政管理活动的执行性和事务性,要求行政机关具有高效率,能有效进行管理,及时服务于民,维护社会稳定与促进社会发展。因此,行政机关在组织体系上实行统一领导、分工负责的层级管理体制是恰当的。行政机关的这一特征有别于国家权力机关和国家司法机关。

4. 公共性和服务性。行政机关具有管理公共事务的职能,其执行公务必须立足于"公

---

① 参见胡建淼主编:《行政法学》,复旦大学出版社 2003 年版,第 89 页。
② 参见罗豪才主编:《行政法学》,北京大学出版社 1996 年版,第 64—67 页。

共利益",为社会和民众提供公共产品和福利,而不能利用行政职权,假公济私,寻求私人利益或部门、集团利益。同时,行政公务涉及范围广泛,行政机关必须对经济、科技、文化教育、交通、卫生、电信、资源与环境保护、社会保障等领域的公共事务进行有效管理,提供优质、高效服务。

(二)行政机关的种类

我国行政机关体系是一个纵横交错、布局有致的完整系统,纵向上有从中央到地方各级行政机关,如国务院,省、自治区、直辖市的行政机关,设区的市、自治州的行政机关,县、自治县、市辖区和不设区的市的行政机关,乡、民族乡、镇的行政机关;横向上有县级以上各级政府的职能部门,如公安部门、财政部门、民政部门、司法行政部门、文化部门等。

1. 中央行政机关。中央行政机关是指活动范围及管辖事项涉及全国的行政机关。它是领导全国和各地行政工作的最高行政机关,是一国行政机关体系中的核心。

(1)国务院。国务院,即中央人民政府,是最高国家行政机关,也是最高权力机关的执行机关。它依法享有领导和管理全国性行政事务的职权,可以制定行政法规、采取行政措施、发布决定和命令;领导并监督各部、委的行政工作和地方各级行政机关的行政工作,改变或者撤销它们不适当的命令、指示、规章和决定;领导和管理全国各项行政工作;享有国家最高权力机关授予的其他职权。

根据宪法和组织法的规定,国务院作为最高国家权力机关的执行机关,由全国人民代表大会产生,对全国人民代表大会负责,受全国人民代表大会及其常务委员会监督。国务院由总理、副总理、国务委员、各部部长、各委员会主任、审计长、中国人民银行行长和秘书长组成。国务院总理由国家主席提名,经全国人大以全体代表过半数通过决定,由国家主席任命。其他成员由总理提名,以相同方式决定和任命。国务院实行总理负责制,总理负责领导国务院的工作,副总理、国务委员协助总理工作。国务院工作中的重大问题,必须经国务院全体会议或国务院常务会议讨论决定。国务院全体会议由国务院全体组成人员参加,常务会议由总理、副总理、国务委员、秘书长参加。总理召集和主持国务院全体会议和常务会议。国务院发布的决定、命令和行政法规,以及向全国人大常委会提出的议案,任免人员,均由总理签署。

(2)国务院各部委。国务院各部委是国务院的工作部门,如外交部、国防部、国家发展和改革委员会、教育部、科学技术部、国家民族事务委员会、公安部、民政部、司法部、财政部、人力资源和社会保障部、自然资源部、生态环境部、交通运输部、农业农村部、商务部、文化和旅游部、国家卫生健康委员会、中国人民银行、审计署等。国务院各部委负责管理国家某一方面或某一类的行政事务,具有全国范围内的行政管理权限。一般来讲,各部管理比较专业的行政事务,而各委员会管辖的行政事务具有综合性。部委的设立经总理提出,由全国人民代表大会决定,在全国人民代表大会闭会期间,由全国人大常委会决定。各部委实行部长、主任负责制,由各部部长、各委员会主任领导本部门的工作,召集和主持部务会议或者委员会会议、委务会议。

国务院各部委作为国务院的工作部门,受国务院的领导和监督,执行国务院的决定、命令并向国务院汇报工作。同时,各部委都有其职权范围,独立负责某一方面的行政管理事务,有权根据法律和国务院的行政法规、决定、命令,在本部门的权限内,发布命令、指示和规章。各部委上报国务院的重要请示、报告和下达的命令、指示由部长、主任签署。

（3）国务院直属机构。根据宪法和组织法的规定,国务院可以根据工作需要和精简原则,设立若干直属机构主管各项专门业务,如海关总署、国家税务总局、国家市场监督管理总局、国家广播电视总局、国家体育总局、国家统计局、国家医疗保障局、国家乡村振兴局等。直属机构的法律地位低于各部委,但不隶属于部委而直属国务院领导。直属机构的行政首长不是国务院的组成人员,其设立、撤销或合并及其行政首长的任免均由国务院自行决定,不需经全国人大或全国人大常委会讨论决定。

直属机构是国务院根据宪法的规定设立的法定组织,尽管宪法和组织法没有规定其职权,但其他法律、法规明确规定了直属机构的职权范围,直属机构依法可以在自己所主管的专门事务范围内,以自己的名义实施行政管理活动,因而具有行政主体资格。

（4）国务院部委管理的国家局。依据组织法的规定,国务院可以根据国家行政事务的需要,设立若干主管有关行业或领域行政事务的国家局。这些国家局由国务院各部委管理,如国家粮食和物资储备局、国家能源局由国家发展和改革委员会管理,国家烟草专卖局由工业和信息化部管理,国家铁路局、中国民用航空局、国家邮政局由交通运输部管理,国家文物局由文化和旅游部管理,国家中医药管理局由国家卫生健康委员会管理等。这些国家局成立时就具有独立的法律地位,依法行使对某项专门事务的管理权和争议裁决权,故具有行政主体资格。

2. 地方行政机关。地方行政机关是指活动范围及管辖事项仅限于国家一定区域范围内的行政机关。它包括:

（1）地方各级人民政府。地方各级人民政府是地方各级权力机关的执行机关,负责组织和管理本行政区域内的各项行政事务。根据宪法和地方组织法的规定,我国地方各级人民政府按照行政区域的划分可以分为省（自治区、直辖市）、市（自治州）、县（自治县、市辖区及不设区的市）、乡（民族乡、镇）四级。省、自治区、直辖市、自治州、设区的市的人民政府分别由正副省长、自治区正副主席、正副市长、正副州长及秘书长和各职能部门的负责人组成,县、自治县、市辖区及不设区的市的人民政府分别由正副县长、正副市长、正副区长和各职能部门的负责人组成,乡、民族乡和镇的人民政府由正副乡长、正副镇长组成。地方各级人民政府均实行行政首长负责制。县级以上地方各级人民政府设全体会议和常务会议,政府工作中的重大问题需经全体会议或常务会议讨论决定,各级人民政府行政首长负责召集和主持本级政府的会议。

地方各级人民政府作为地方各级权力机关的执行机关和地方行政机关,不仅要对本级权力机关负责并报告工作,还要受上一级行政机关的领导和指挥,但这并不影响地方各级人民政府具有行政法上的主体地位。因为地方各级人民政府在其管辖的行政区域内,有权依照宪法和组织法规定的权限,独立管理本行政区域内的行政事务,并依法对其行政行为所产生的法律后果承担责任。

(2)地方各级人民政府的职能部门。地方各级人民政府的职能部门是地方县级以上各级人民政府依宪法和法律的规定,根据工作的需要而设立的具有专门权限和管理专门行政事务的行政机关。地方各级人民政府职能部门的设立由本级人民政府决定,报上一级人民政府批准。地方各级人民政府的职能部门既受本级人民政府统一领导,又受上一级人民政府主管部门的领导或业务指导。地方各级人民政府的职能部门也具有独立的主体地位,能独立行使法定职权,以自己的名义实施行政行为并承担由此而产生的法律责任。

(3)县级以上地方各级人民政府的派出机关。它是指县级以上地方各级人民政府因工作需要在一定区域内设立的代表本级政府实施行政管理的机关,依法管理该区域内的各种行政事务。根据《地方各级人民代表大会和地方各级人民政府组织法》第85条的规定,省、自治区的人民政府在必要的时候,经国务院批准,可以设立若干派出机关。县、自治县的人民政府在必要的时候,经省、自治区、直辖市的人民政府批准,可以设立若干区公所,作为它的派出机关。市辖区、不设区的市的人民政府,经上一级人民政府批准,可以设立若干街道办事处,作为它的派出机关。

派出机关虽非一级人民政府,但实际上代表一级政府在一定区域范围内履行行政职能,依法以自己的名义行使行政权,管理该行政区域内的行政事务,并独立承担自己的行为所产生的法律后果,因而具有行政主体资格。

五、法定授权组织

(一)法定授权组织的概念及特征

根据行政管理的实际需要,国家有时通过法律、法规、规章将某些行政权力授予行政机关的内部机构、临时机构、派出机构以及非行政机关的社会组织行使,这就产生了法定授权组织。法定授权组织,也被称为经法律、法规、规章授权的组织或者被授权的组织,是指依据法律、法规和规章的授权而享有行政权力,从事某种特定范围行政管理活动的组织。

法定授权组织具有以下特征:

1. 法定授权组织是除行政机关外的组织。除行政机关外的组织,既包括行政组织系统内的行政机构,也包括行政组织系统外的社会组织。前者如行政机关的某些内部机构、政府职能部门的某些派出机构,后者如某些事业单位和社会团体等。

2. 法定授权组织的权力来源于法律、法规和规章的明文规定。只有法律、法规和规章才能授予某一社会组织某项或某一方面的行政职权,该组织行使职权必须以法律、法规和规章的明文规定为依据。

3. 法定授权组织依法享有行政职权和履行行政职责,具有行政主体资格。即法律、法规和规章的授权引起行政职权和职责的同时转移。被授权的组织不仅依法行使行政职权和履行行政职责,也依法独立承担由此产生的法律责任,即意味着法定授权组织取得了行政主体资格。

(二) 法定授权组织与行政委托组织的区别

行政委托组织,是指接受行政机关的委托而代替行政机关行使部分行政职权的组织。行政委托组织也被称为"受委托的组织"。法定授权组织与行政委托组织的区别主要有:

1. 权力来源不同。法定授权组织的权力来源于法律、法规和规章的明确授予;而行政委托组织的权力来源于行政机关的委托行为。行政机关可以根据行政管理工作的实际需要,依法将一部分行政职权委托有关行政机关、社会组织行使,而受委托的组织则基于行政机关的委托行使一定的行政权力。

2. 法律地位不同。法定授权组织基于法律、法规和规章的明确授权而取得了行政职权,并取得了以自己的名义行使权力及独立承担法律责任的能力。这表明,法定授权组织具有行政主体资格,能够成为行政复议的被申请人和行政诉讼的被告。而行政委托组织并没有因行政机关的委托行为而获得法定的职权、职责,即行政机关的委托行为并不引起行政职权和职责的同时转移,被委托的组织只能在委托的范围内以委托的行政机关的名义行使行政职权,并由委托的行政机关承担该行为引起的法律责任。这表明,行政委托组织不具有行政主体资格,不能成为行政复议的被申请人和行政诉讼的被告。

3. 组织形态不同。法定授权组织包括被授权的行政机关的内部机构、临时机构、派出机构和某些社会组织;行政委托组织包括受委托的有关行政机关和某些社会组织。可见,法定授权组织不包括行政机关,行政机关自成立时起就取得了行政主体资格,属于职权性行政主体。

(三) 授权的条件

1. 授权主体。授权是对国家行政权力进行配置的活动,授权主体必须是有权的国家机关,而不能是任何组织和个人。依照法律的规定,授权主体主要有:(1)有权制定法律的全国人民代表大会及其常务委员会;(2)有权制定行政法规的国务院;(3)有权制定地方性法规的地方权力机关,如省、自治区、直辖市的人民代表大会及其常务委员会,设区的市的人民代表大会及其常务委员会;(4)有权制定规章的行政机关,如国务院各部、委员会、中国人民银行、审计署和具有行政管理职能的直属机构,省、自治区、直辖市的人民政府以及设区的市的人民政府。

2. 授权方式。不同授权主体,其授权的方式和授权的内容都有所不同,授权必须以规范的方式进行,即通过法律、行政法规、地方性法规和规章的形式授权,以保障授权的法定性、稳定性和权威性。

3. 授权对象。授权对象是指被授权的组织。被授权的组织应当具备某些条件,以使其有资格和能力接受授权并行使被授予的行政权力。一般来讲,这些条件包括:(1)被授权组织自身的活动与授权的内容有某种联系,使之有条件行使行政权力并管理相应的公共事务;

(2）必须具有熟悉有关法律、法规、规章和业务的工作人员；(3）必须具有与承担的行政职务相应的技术及设备条件；(4）能独立承担自己的行为引起的法律责任。

（四）法定授权组织的类型

根据我国现行法律、法规和规章授权的情况，法定授权组织的类型有：

1. 行政机构。行政机构是具有行政主体资格的各级人民政府及其职能部门根据行政管理工作的需要而在该机关内部设立的、具体处理和承办各项行政事务的内部工作机构。行政机构与行政机关的概念有一定的联系，但也有区别：行政机构只是行政机关的内部组成单位，行政机关由各内部机构集合而成。

行政机构不具有独立的编制和独立的财政经费预算，一般不具有独立的法人资格，通常只能以其所属的行政机关的名义而不能以自己的名义对外行使行政职权、实施行政管理。但是在特定情况下，行政机构可因法律、法规和规章的明确授权而成为行政主体。由于行政管理事务的专业性、技术性及复杂性日益增强，为提高行政效能，有效维护公共利益和社会秩序，在法律、法规和规章明确授权的情况下，行政机构可以自己的名义在授权范围内行使一定的行政职权，并承担相应的法律责任，即行政机构依法律、法规和规章的明确授权可取得行政主体资格。当然，行政机构依法律、法规和规章的授权而取得行政主体资格并不意味着它同时取得法律上的其他权利能力和行为能力。因为行政机构只是行政机关的内部机构，经法律、法规和规章授权，只表明它在授权范围内具有法定主体资格，而在其他管理事项上仍须以其所在机关的名义进行管理，即它仍然不具有一般性的主体资格。根据我国现行法律、法规和规章的有关规定，取得行政主体资格的行政机构主要有：

（1）行政机关中专门设立的行政机构。这类机构也叫做专门行政机构。对某些专业性、技术性很强的行政事务，法律、法规、规章往往明确规定在行政机关内应设立一定的专门管理机构，并授予其相应的职权与职责，履行某项行政事务的管理职能，从而使该专门行政机构取得了行政主体资格。例如，《商标法》第2条第2款规定："国务院工商行政管理部门设立商标评审委员会，负责处理商标争议事宜。"商标评审委员会是处理商标争议的专门机构，行使对商标行政争议的复议权，具有行政主体资格。

（2）行政机关的某些内部机构。行政机关的内部机构既包括各级人民政府所属的内部机构及临时设置的机构，也包括政府职能部门的内部机构。但目前依法取得行政主体资格的，主要是政府职能部门的某些内部机构。① 例如，根据《道路交通安全法实施条例》第5条的规定，初次申领机动车号牌、行驶证的，应当向机动车所有人住所地的公安机关交通管理部门申请注册登记。据此，公安机关交通管理部门就取得了行政主体资格。

（3）政府职能部门的某些派出机构。派出机构是指由政府职能部门根据工作需要而在一定区域内设置的代表该职能部门管理某项或某方面行政事务的工作机构，如县（区）公安局设立的公安派出所、县（区）税务局设立的税务所等。从机构性质和法律地位上讲，派出

---

① 参见王连昌、马怀德主编：《行政法学》（2002年修订版），中国政法大学出版社2002年版，第64、65页。

机构和政府职能部门所设的内部机构处于相同的地位,其本身并不具有行政法上的主体资格,但经过法律、法规、规章的明确授权,就取得了行政主体资格。例如,《治安管理处罚法》第91条规定:"治安管理处罚由县级以上人民政府公安机关决定;其中警告、五百元以下的罚款可以由公安派出所决定。"据此,公安派出所取得了行政主体资格。再如,《税收征收管理法》第74条规定:"本法规定的行政处罚,罚款额在二千元以下的,可以由税务所决定。"据此,税务所取得了行政主体资格。

派出机构与派出机关的主要区别在于:首先,设立的主体不同。派出机关是由各级人民政府设立的;而派出机构则是由各级人民政府的职能部门设立的。其次,职能范围不同。派出机关的职能、权限是多方面、综合性的,是对该行政区域内的各种行政事务进行管理;而派出机构的职能、权限则是某一方面的、专门性的,它只对该行政领域内的某项专门行政事务进行管理。最后,法律地位不同。派出机关自其成立时起即取得行政主体资格;而派出机构在成立之时一般并无行政主体资格,需要根据法律、法规、规章的明文规定判断其能否成为行政主体。当然,派出机构只能在法定授权的范围内才具有行政主体资格,在授权范围之外,其仍然应以派出它的职能部门的名义进行行政管理。

2. 社会组织。经法律、法规和规章的明确授权,某些事业单位、社会团体等社会组织,也可以取得某项或某方面行政职权而成为行政主体。这些社会组织在得到法定授权前,只是一个普通的法人组织,只有在得到法律、法规和规章的明确授权以后,才取得行政主体资格。同时,这些社会组织在取得行政主体资格后,其原来所拥有的法人资格、能力及活动范围,并不会受到影响或改变。目前,经法律、法规和规章授权而取得行政主体资格的社会组织主要有以下三类:

(1) 经授权的事业单位。事业单位是指不以营利为目的从事某种专业性活动的组织,如学校、科研机构、专业技术机构等。事业单位经法律、法规授权可以取得行政主体资格。例如,《学位条例》第8条第1款规定,学士学位,由国务院授权的高等学校授予;硕士学位、博士学位,由国务院授权的高等学校和科学研究机构授予。据此,被授权的高等学校便成为行使这一职权的行政主体。法律、法规授权的事业单位的成分较为复杂,有的除了行政管理职能外没有其他职能,有的还有其他职能。

(2) 经授权的社会团体。社会团体是社会成员根据自愿原则,依照团体章程经法定程序成立的集合体,主要有各种学术团体、宗教团体、公益团体等。其中,公益团体常常成为法律、法规授权的对象。[①] 例如,《注册会计师法》第4条规定:"注册会计师协会是由注册会计师组成的社会团体。中国注册会计师协会是注册会计师的全国组织,省、自治区、直辖市注册会计师协会是注册会计师的地方组织。"该法第二章"考试和注册"有关条文规定,中国注册会计师协会组织实施注册会计师全国统一考试,省、自治区、直辖市注册会计师协会负责注册会计师的注册工作。再如,《消费者权益保护法》第37条授予消费者协会对商品和

---

① 参见胡建淼主编:《行政法学》,复旦大学出版社2003年版,第60页。

服务的监督、检查和受理消费者投诉并对投诉事项进行调查、调解等职权。

（3）经授权的其他社会组织。其他社会组织，如基层群众性自治组织，经过授权，可以成为行政主体。如《村民委员会组织法》授权村民委员会办理本村的公共事务和公益事业，调解民间纠纷，协助维护社会治安，协助乡、民族乡、镇人民政府开展工作。

第二节　行政公务人员

一、行政公务人员的概念

行政公务人员，是指依法享有行政职权或受行政主体委托，能以行政主体的名义执行行政公务，其行为后果归属于行政主体的个人。对这一概念可以从以下三个方面理解：

（一）行政公务人员是个人而不是组织

行政公务人员在结构形态上是自然人，而不是法人或其他组织。具体来讲，行政公务人员包括国家行政机关公务员和其他行政公务人员。后者是指那些虽然不具有国家公务员身份，但经行政主体委托或认可，代表行政主体行使行政职权的个人。

（二）行政公务人员代表行政主体，以行政主体的名义进行行政管理与服务活动

这是由行政公务人员与行政主体之间基于法律规定的行政职务关系或者行政委托关系决定的。行政公务人员代表行政主体行使行政职权，该权力并不归属于公务人员个人，不能以公务人员个人的名义行使。行政公务人员实施职务行为时，应当以行政主体的名义进行并出示有效证件表明其公务人员身份。

（三）行政公务人员执行行政公务的法律效果由其所代表的行政主体承担

基于行政主体与行政公务人员之间的行政职务关系，一方面，行政公务人员实施的职务行为视为行政主体的行为，对行政主体具有约束力；另一方面，该行为所产生的效果无论是积极效果还是消极效果，名义上都归属于所代表的行政主体，而不归属于行政公务人员个人。[1]

二、行政公务人员的范围

行政公务人员包括国家行政机关公务员和其他行政公务人员两部分。

（一）国家行政机关公务员

根据《公务员法》第2条的规定，国家公务员是指依法履行公职、纳入国家行政编制、由国家财政负担工资福利的工作人员。国家公务员的范围包括在国家权力机关、行政机关、监察机关、审判机关、检察机关、执政党机关、人民政协、民主党派机关中任职的除工勤人员以外的工作人员。国家行政机关公务员属于国家公务员的一部分。

---

[1] 参见杨解君著：《行政法与行政诉讼法》，清华大学出版社2009年版，第133—134页。

国家行政机关公务员,是指依法在中央和地方各级国家行政机关中任职,行使国家行政权,执行国家公务的工作人员。国家行政机关公务员是行政公务人员中最重要也是最主要的组成部分。[1]其特征如下:

1. 国家行政机关公务员任职于国家行政机关,属于国家行政机关行政编制之内的人员。这里的国家行政机关既包括中央行政机关,也包括地方各级行政机关。

2. 国家行政机关公务员是在国家行政机关中行使国家行政权力,执行国家公务的人员。国家行政机关中的工勤人员,如司机、打字员等排除在国家公务员范围之外。

3. 国家行政机关公务员是经过法定的方式和程序任用的国家行政机关的工作人员。根据宪法、组织法和公务员法的规定,国家行政机关公务员的任用方式主要有考任、选任、委任和聘任,且每种任用方式都有其相应的法定程序。国家行政机关公务员身份的取得必须依照法定的方式,经过法定的程序。

国家行政机关公务员按照任期和任用方式的不同可分为:(1)各级人民政府的组成人员,其产生由同级国家权力机关选举或决定,有一定的任期限制,依照宪法和组织法进行管理;(2)各级人民政府组成人员以外的公务员,这是国家行政机关公务员中的主要部分,其产生的方式有考任和聘任等,一般没有任期限制,依照《公务员法》等法律规范进行管理。[2]

(二)其他行政公务人员

其他行政公务人员,是指除国家行政机关公务员之外,其他执行行政公务的人员。具体包括:(1)行政机关非固定性借用的执行公务的人员;(2)在紧急情况下,经行政机关认可协助执行公务的人员;(3)在法律、法规、规章授权的组织中不属于国家行政编制,也不由国家财政负担工资福利的执行公务的人员;(4)在受行政机关委托的组织中行使行政职权的人员等。

原则上,行政公务人员应当具有国家公务员的身份,但是由于行政管理活动的复杂性及技术性等要求,国家行政机关公务员以外的人员也常受行政主体委托从事行政管理和服务活动,成为行政公务的实施者。他们虽然不具有国家公务员的身份,但其执行行政公务时与国家公务员处于基本相同的法律地位。不过,两种行政公务人员仍具有一定的区别[3],主要体现在:

1. 所在组织不同。国家行政机关公务员在行政机关系统中担任行政职务,从事行政公务,其所在组织是行政机关;其他行政公务人员一般在被授权组织或受委托组织中依法行使行政职权,从事法定授权或委托的行政公务,其所在组织是非行政机关系统的组织。

2. 确定身份的法律依据不同。国家行政机关公务员依照宪法、组织法和公务员法规定的标准确认其公务员身份;其他行政公务人员则以其他法律、法规、规章的授权或行政机关

---

[1] 参见胡建淼主编:《行政法学》,复旦大学出版社2003年版,第64页。
[2] 参见方世荣、石佑启主编:《行政法与行政诉讼法》(第三版),北京大学出版社2015年版,第68页。
[3] 参见杨解君著:《行政法学》,中国方正出版社2002年版,第157页。

的依法委托为标准确定其公务人员身份。

3. 身份范围不同。国家行政机关公务员，是指依法任职于国家行政机关，行使国家行政权，执行国家公务的人员；而其他行政公务人员，一般是指在被授权组织或受委托组织中工作，依法定授权或行政主体委托从事行政公务活动的人员。

三、行政公务人员的权利和义务

行政公务人员的法律地位主要是通过其法定的权利和义务体现出来的。行政公务人员的权利和义务包含两个层次：一是作为普通公民所具有的权利和义务；二是作为行政公务人员基于其行政职务而具有的权利和义务。我国《公务员法》对行政机关公务员的权利和义务作出了明确的规定。其他行政公务人员的权利和义务参照《公务员法》的规定进行分析。

（一）行政公务人员的权利

行政公务人员的权利，是指国家法律对行政公务人员可以享有某种利益或者可以作出某种行为的许可和保障。行政公务人员享有下列权利：(1)身份保障权，即作为行政公务人员的身份和职务受法律保障，非因法定事由、非经法定程序，不被免职、降职、辞退或者处分；(2)执行职务权，即行政公务人员有权依法执行职务，获得履行职责应当具有的工作条件；(3)工资福利权，即行政公务人员有权获得工资报酬，享受福利、保险待遇；(4)参加培训权，即行政公务人员有权参加政治理论和业务知识的培训；(5)批评建议权，即行政公务人员有权对行政机关工作和领导人员提出批评和建议；(6)申诉、控告权，即行政公务人员的合法权益被侵犯或受到不公平待遇时，有权向有关机关提出申诉或控告；(7)辞职权，即行政公务人员因主观或客观原因不愿意继续担任现职或公职时，有权根据法定条件和法定程序辞职；(8)法律规定的其他权利。

（二）行政公务人员的义务

行政公务人员的义务，是指国家法律对行政公务人员必须作出一定行为或不得作出一定行为的约束和限制，即国家通过法律规定行政公务人员所应该履行的某种职责，以保证行政公务人员能在国家法律规定的范围内准确行使职权，忠实执行国家公务，不滥用权力。行政公务人员必须履行下列义务：(1)忠于宪法，模范遵守、自觉维护宪法和法律，自觉接受中国共产党领导的义务；(2)忠于国家，维护国家的安全、荣誉和利益的义务；(3)忠于人民，全心全意为人民服务，接受人民监督的义务；(4)忠于职守，勤勉尽责，服从和执行上级依法作出的决定和命令，按照规定的权限和程序履行职责，努力提高工作质量和效率的义务；(5)保守国家秘密和工作秘密的义务；(6)带头践行社会主义核心价值观，坚守法治，遵守纪律，恪守职业道德，模范遵守社会公德、家庭美德的义务；(7)清正廉洁，公道正派的义务；(8)法律规定的其他义务。

四、行政职务关系[①]

（一）行政职务关系的概念与特征

行政职务关系，是指行政机关公务员基于一定的行政职务在任职期间与国家行政机关之间所形成的权利和义务关系。行政职务关系与公民作为行政机关公务员的身份和资格相联系，当某一普通公民依照法定的方式和程序被录用而任职于国家行政机关的某个行政职位时，就形成了该公务员与该行政机关之间的行政职务关系，从而取得了代表行政机关实施行政管理与服务行为的资格。行政职务关系具有以下特征：

1. 行政职务关系本质上是一种基于法律规定的行政指定代理关系。行政职务关系不是经双方当事人协商而形成的关系，它是"法定"的权利与义务关系，公民依法定的途径和程序进入公务员队伍，行政机关依法授予其相应的职权和职责。公务员必须代表行政机关依法行使与其行政职务相称的职权，不得滥用职权或超越职权范围，否则将被追究法律责任。行政职务关系不是一种委托关系，因为委托关系的成立是基于双方主体的合意（委托与接受委托）。

2. 行政职务关系属于内部行政法律关系。行政职务关系的双方当事人，即国家行政机关和国家行政机关公务员，都属于行政组织系统内部的主体。这种内部行政法律关系具有以下内容：（1）行政机关的职权、职责、权限和优先权一概溯及行政公务人员；（2）行政机关有权对行政职权、职责进行"再分配"；（3）行政公务人员执行公务，应符合行政机关的意志，以行政机关的名义进行，所产生的法律效果由行政机关承受；（4）行政机关承担违法责任后，可以对有故意或重大过失的行政机关公务人员追究相关的行政责任或在对相对人作出赔偿后予以追偿；（5）行政机关可以在法律范围内规定行政公务人员的纪律，并行使监督和奖惩权。[②]

3. 行政职务关系是一种特殊的劳动法律关系。行政机关公务员在行政机关任职，从事行政管理与服务，执行国家公务，其本身也是一种"劳动"，公务员依此劳动获取报酬和其他相关待遇，作为本人和家庭的基本物质生活来源。同时，在行政职务关系中，包含与其所承担的行政职务相适应的劳动报酬和福利待遇等内容。但行政职务关系的主体、内容及其发生、变更、消灭等都与普通的劳动法律关系有别，是一种特殊的劳动法律关系。

（二）行政职务关系的类型

行政职务关系以行政职务为基础，在行政机关公务员与所属行政机关之间形成一种权利和义务关系。在这种关系中，国家行政机关的权力和义务与行政机关公务员的义务和权利往往具有对应性。行政机关公务员在依法享有权利，拥有法律赋予的完成其职责的各种手段的同时，也负有应忠实地履行其职责的义务。对国家行政机关来说，一方面，要给行政机关公务员提供完成工作的各种条件；另一方面，国家行政机关有权力也有义务监督行政机

[①] 本节主要以行政机关公务员为例，分析和阐述行政职务关系。

[②] 参见杨解君著：《行政法与行政诉讼法》，清华大学出版社2009年版，第136页。

关公务员履行职责,并对其违法失职的行为依法予以制裁。

行政职务关系的范围非常广泛,根据有关公务员法律规范的规定,大致可以分为以下两类:

1. 人事管理关系。由于国家行政机关公务员对外执行公务代表的是行政机关,所以,为了确保其有效地行使职权,忠实地履行职责,行政机关必须对隶属于自己的公务员进行组织上的管理。基于这种组织上的管理与被管理关系,行政机关和其公务员之间形成了特定的人事管理权利(力)和义务关系,具体包括以下内容:

(1)国家行政机关与其公务员之间的职务任用关系。以行政机关的职位分类为基础,公务员在行政机关担任一定的行政职务是其与行政机关之间形成行政职务关系的前提和基础。同时,由于一定的法律事实出现,公务员行政职务还可能发生变化甚至丧失。因此,根据公务员法律规范的相关规定,国家行政机关与其公务员之间的职务任用关系具体涉及考试录用、职务任免、职务升降、辞职辞退、退休等方面。

第一,考试录用。考试录用是指依法定程序和方法,通过公开考试,将符合一定条件的人员吸收为国家公务员,担任某种行政职务的制度。国家公务员,原则上采取公开考试、严格考察、平等竞争、择优录取的办法,按照任人唯贤、德才兼备的标准,录用符合一定条件的人到国家行政机关中担任一级主任科员以下及其他相当职务层次的公务员。考试录用的程序如下:① 发布招考公告;② 招录机关对报考者进行资格审查;③ 组织报考资格合格者进行公开考试;④ 招录机关根据考试成绩确定考察人选,并进行报考资格复审、考察和体检;⑤ 招录机关根据考试成绩、考察情况和体检结果,提出拟录用人员名单,并予以公示;⑥ 公示期满,中央一级招录机关应当将拟录用人员名单报中央公务员主管部门备案,地方各级招录机关应当将拟录用人员名单报省级或者设区的市级公务员主管部门审批。录用特殊职位的公务员,经省级以上公务员主管部门批准,可以简化程序或者采用其他测评办法。新录用的公务员试用期为1年。试用期满合格的,予以任职;不合格的,取消录用。

第二,职务任免。职务任免是指依法定程序,任命或免除国家公务员担任某一行政职务,以确认或解除该公务员与国家行政机关之间的某种职务关系,包括任职与免职两个方面。根据《公务员法》的规定,公务员领导职务实行选任制、委任制和聘任制。领导成员职务按照国家规定实行任期制。选任制公务员在选举结果生效时即任当选职务;任期届满不再连任或者任期内辞职、被罢免、被撤职的,其所任职务即终止。委任制公务员试用期满考核合格,职务、职级发生变化,以及其他情形需要任免职务、职级的,应当按照管理权限和规定的程序任免。公务员任职应当在规定的编制限额和职数内进行,并有相应的职位空缺。公务员因工作需要在机关外兼职的,应当经有关机关批准,并不得领取兼职报酬。

第三,职务升降。包括职务晋升和降职两个方面。职务晋升,是指公务员由原来的低职务升到另一个较高的职务;降职,则是指公务员由原来较高的职务降任到另一个较低的职务。根据《公务员法》的规定,公务员晋升领导职务,应当具备拟任职务所要求的政治素质、工作能力、文化程度和任职经历等方面的条件和资格。公务员领导职务应当逐级晋升。特别优秀的或者工作特殊需要的,可以按照规定破格或者越级晋升。公务员晋升领导职务,按照下列程序办理:动议;民主推荐;确定考察对象,组织考察;按照管理权限讨论决定;履行任职手续。公务员晋升领导职务的,应当按照有关规定实行任职前公示制度和任职试用期制度。公务员的职务、职级实行能上能下。对不适宜或者不胜任现任职务、职级的,应当进行调整。公务员在年度考核中被确定为不称职的,按照规定程序降低一个职务或者职级层次任职。公务员的职务升降,对于保证国家公务员队伍充满活力、激励国家公务员奋发进取具有重要的意义。

第四,辞职辞退。辞职是公务员本人提出申请,按法定程序辞去现任职务,以解除其与行政机关的职务关系的法律行为;辞退则是国家行政机关依法单方面解除公务员职务的一种行政行为。公务员辞职或被辞退都应符合法定的条件或情形。根据《公务员法》的规定,公务员辞去公职,应当向任免机关提出书面申请。任免机关应当自接到申请之日起30日内予以审批,其中对领导成员辞去公职的申请,应当自接到申请之日起90日内予以审批。辞退公务员,按照管理权限决定。辞退决定应当以书面形式通知被辞退的公务员,并应当告知辞退依据和理由。被辞退的公务员,可以领取辞退费或者根据国家有关规定享受失业保险。公务员辞职或者被辞退,离职前应当办理公务交接手续,必要时按照规定接受审计。建立国家公务员辞职辞退制度,有利于保障公务员择业的自由和行政机关择人的权力,有利于保障行政公务员的合理流动、优化公务员素质、促进行政机关和公务员廉政勤政。

第五,退休。退休是指公务员因达到一定的年龄、工作年限或者丧失工作能力而按照国家规定办理手续,退出工作岗位,并享受一定数额的养老保险金的制度。国家公务员退休方式有两种:自愿退休和强制退休。自愿退休是指公务员在具备了法定的最低退休条件后,自愿申请退休。强制退休,也称法定退休,是指公务员因达到法定的最低退休年龄或确已丧失工作能力而被命令退休。公务员退休后,享受国家规定的退休金和其他待遇,国家为其生活和健康提供必要的服务和帮助,鼓励退休公务员发挥个人专长,参与社会发展。

(2)国家行政机关与其公务员之间的奖惩关系。为了鼓励先进,鞭策落后,真正形成公务员的激励竞争机制,国家行政机关可以对公务员采取一定的奖惩措施。奖惩关系包括奖励和惩戒两个方面,两者目的是相同的,都在于调动公务员的工作积极性和创造性,防止和纠正公务员的行政违法失职行为,提高公务员的管理服务水平。

第一,奖励。奖励是指国家行政机关依法对工作表现突出,有显著成绩和贡献,或者有其他突出事迹的公务员给予精神或物质上的鼓励。奖励坚持定期奖励与及时奖励相结合,精神奖励与物质奖励相结合、以精神奖励为主的原则。对公务员的奖励奖励分为:嘉奖、记三等功、记二等功、记一等功、授予称号。对受奖励的公务员予以表彰,并给予一次性奖金或者其他待遇。公务员获得奖励后,如有违法、违纪行为,经原申报机关报请审批机关批准,可撤销对该公务员的奖励。

第二,惩戒。惩戒是指对于存在违纪违法行为的公务员,依照公务员法给予处分或者由监察机关依法给予政务处分。对同一违纪违法行为,监察机关已经作出政务处分决定的,公务员所在机关不再给予处分。处分分为警告、记过、记大过、降级、撤职、开除。公务员在受处分期间不得晋升职务、职级和级别,其中,受记过、记大过、降级、撤职处分的,不得晋升工资档次。公务员违法、违纪情节严重,构成犯罪的,应依法追究其刑事责任。

(3) 其他人事管理关系。国家行政机关与公务员之间的其他人事管理关系包括考核、培训、交流、回避以及申诉控告等方面,同样由公务员法律规范规定。

第一,考核。考核是指国家行政机关依照法定程序对公务员的思想品德、工作能力、态度和实绩等进行考察和评价,并以此作为对公务员进行奖惩、培训、辞退以及调整职务级别和工资等的依据。公务员的考核应当按照管理权限,全面考核公务员的德、能、勤、绩、廉,重点考核政治素质和工作实绩。考核指标根据不同职位类别、不同层级机关分别设置。公务员的考核分为平时考核、专项考核和定期考核等方式。定期考核以平时考核、专项考核为基础,考核的结果分为优秀、称职、基本称职和不称职四个等次。定期考核的结果应当以书面形式通知公务员本人,作为调整公务员职位、职务、职级、级别、工资以及公务员奖励、培训、辞退的依据。

第二,培训。培训是指国家行政机关基于经济、社会发展和提高公务员素质的需要,按照公务员工作职责的要求和有关规定,有计划、有组织地对公务员进行以提高其业务能力为主要目的的分类分级培养和训练。接受培训,既是公务员的一项权利,也是公务员的一项义务。公务员的培训包括职前培训和在职培训,具体分为四类:一是初任培训;二是任职培训;三是专门业务培训;四是更新知识培训。公务员的培训实行登记管理。公务员的培训情况、学习成绩作为公务员考核的内容和任职、晋升的依据之一。

第三,交流。交流是指根据工作需要或公务员的个人愿望,变换公务员的工作岗位,以实现人员的合理流动。公务员交流制度可以扩大公务员的实践范围,开阔视野,优化人员配置,克服官僚主义,防止因久居一位而形成各种关系网和特权思想。公务员交流可以在系统内部交流,也可以与国有企业、事业单位和人民团体中从事公务的人员进行交流。交流的方式包括调任和转任。公务员应当服从行政机关的交流决定。公务员本人申请交流的,行政机关应按照管理权限审批。

第四,回避。回避是指为保证行政机关公务员廉洁奉公、公正执行公务,不因亲属等因素对公务活动产生不良的影响,行政机关对公务员所任职务、任职地点和执行公务等方面作出一定的限制。回避是公务员的一项义务,存在需要回避的情形时,公务员必须回避。回避制度包括任职回避、公务回避和地域回避。任职回避是指公务员之间有夫妻关系、直系血亲关系、三代以内旁系血亲关系以及近姻亲关系的,不得在同一机关担任双方直接隶属于同一领导人员的职务或者有直接上、下级领导关系的职务,也不得在其中一方担任领导职务的机关从事组织、人事、纪检、监察、审计和财务工作。公务回避是指公务员执行公务时,涉及本人利害关系或涉及与本人有夫妻关系、直系血亲关系、三代以内旁系血亲关系以及近姻亲关系的人员的利害关系的,必须回避。地域回避是指公务员担任乡级机关、县级机关、设区的市级机关及其有关部门主要领导职务的,一般不得在原籍任职,须实行地域回避,法律另有规定的除外。

第五，申诉控告。公务员享有的权利如同普通公民的权利一样，可能会受到行政机关违法或不当行为的侵害，因此，需要为公务员提供相应的救济途径，这也是《公务员法》的重要内容。申诉控告既是公务员依法享有的一项重要权利，也是公务员寻求权利救济的有效途径。公务员对行政机关作出的涉及本人权益的行政处理决定不服的，可以依法要求有关机关重新处理；对国家行政机关及其领导人员侵犯其合法权益的行为，可以依法向上级机关或者监察机关提出控告。根据《公务员法》的规定，公务员对涉及本人的下列人事处理不服的，可以自知道该人事处理之日起30日内向原处理机关申请复核；对复核结果不服的，可以自接到复核决定之日起15日内，按照规定向同级公务员主管部门或者作出该人事处理的机关的上一级机关提出申诉；也可以不经复核，自知道该人事处理之日起30日内直接提出申诉：处分；辞退或者取消录用；降职；定期考核定为不称职；免职；申请辞职、提前退休未予批准；不按照规定确定或者扣减工资、福利、保险待遇；法律、法规规定可以申诉的其他情形。对省级以下机关作出的申诉处理决定不服的，可以向作出处理决定的上一级机关提出再申诉。公务员对监察机关作出的涉及本人的处理决定不服向监察机关申请复审、复核的，按照有关规定办理。

2. 特别劳动法律关系。公务员在自己的工作岗位上履行了职责，付出了劳动就应获取相应的报酬作为其生活的基本物质保障，所以，公务员与行政机关之间形成了一种劳动法律关系。基于这一关系中双方当事人身份的特殊性，与一般劳动法律关系相比，它也具有特殊之处。公务员与行政机关之间的特别劳动法律关系主要体现在下列三项制度之中：

（1）公务员的工资。公务员的工资是公务员的基本劳动报酬。公务员的工资包括基本工资、津贴、补贴和奖金。基本工资是工资结构的主体，津贴、补贴以及奖金是工资的辅助部分。公务员按照国家规定享受地区附加津贴、艰苦边远地区津贴、岗位津贴等津贴，按照国家规定享受住房、医疗等补贴、补助。公务员在定期考核中被确定为优秀、称职的，按照国家规定享受年终奖金。公务员工资应当按时足额发放。公务员的工资水平应当与国民经济发展相协调、与社会进步相适应。国家实行工资调查制度，定期进行公务员和企业相当人员工资水平的调查比较，并将比较结果作为调整公务员工资水平的依据。

（2）公务员的福利。公务员按照国家规定享受福利待遇。国家根据经济社会发展水平提高公务员的福利待遇。公务员的福利主要包括行政机关为其提供的住房、交通等便利条件或补助以及各种带薪休假和培训进修等。在公务员住房、交通方面，我国过去都由行政机关全部负担，直接向公务员提供，现在则逐步改为由公务员自己负担，行政机关仅提供补助（并相应地增加工资，改变过去的"低工资"政策）。在休假方面，公务员实行国家规定的工时制度，按照国家规定享受休假。公务员除享受各种节假外，还根据职务和任职年限，享受一定的带薪年休假。公务员在法定工作日之外加班的，应当给予相应的补休或加班费。在培训进修方面，行政机关通常为公务员提供各种脱产或不脱产、定期或不定期的带薪学习机会。

（3）公务员的保险。国家建立公务员保险制度，保障公务员在退休、患病、工伤、生育、失业等情况下获得帮助和补偿。公务员的保险主要包括退休养老保险、疾病医疗保险、伤残死亡保险、生育保险以及因行政机关压缩编制、裁减工作人员而失去工作和工作报酬的保险等。公务员的保险费主要由国家各级财政分担,公务员不分担或只分担很小的部分。公务员享受保险待遇不仅及于本人,如果其失去劳动能力或死亡,根据有关规定还及于由他们抚养的直系亲属。至于保险待遇标准,则根据公务员的工龄、职务和其他法定条件,由相应行政机关具体规定。

(三) 行政职务关系的产生、变更与消灭

1. 行政职务关系的产生。行政职务关系因公民经过法定方式被任用为行政公务员,取得国家公务员资格而形成。根据宪法、组织法和公务员法的规定,行政职务关系通常通过考任、选任、委任和聘任等方式产生。

(1) 考任。即国家通过竞争考试的方式录用公务员。竞争考试是法治国家录用公务员的最基本的方式,这种方式有利于国家选拔优秀人才担任公职,在用人机制上做到公平公正。考任已成为我国行政职务关系产生的最主要途径[1],《公务员法》第23条对该录用方式作了规定。

(2) 选任。即由国家权力机关通过选举确定任用对象的方式,它适用于需要根据民意产生的公务人员的任用。许多国家的政府首脑和内阁成员,大都采取选任的方式。我国公务员中的各级政府组成人员,也实行选任制,即由各级人民代表大会及其常务委员会选举产生或决定任命。例如,根据我国宪法和有关组织法的规定,地方各级人民代表大会分别选举本级人民政府的省长、副省长,自治区主席、副主席,市长、副市长,自治州长、副州长,县长、副县长,乡长、副乡长,镇长、副镇长。

(3) 委任。即由国家权力机关或国家行政机关在任免权限范围内,直接确定公务人员的任用人选,委派其担任一定职务的任用方式,其实质是由上级领导直接决定任用人选。例如,根据宪法的规定,在全国人民代表大会闭会期间,全国人民代表大会常务委员会有权根据国务院总理的提名,决定任免国务院的组成人员,决定任免驻外全权代表;国务院有权任免各委员会副主任、各部副部长、国务院副秘书长、各办公室的正副主任等。

(4) 聘任。即由行政机关通过招聘渠道或资格审查聘请任用公务员,从而形成行政职务关系。某些专业性或技术性很强的职位上任用公务员,一般实行聘任制。

2. 行政职务关系的变更。行政职务关系的变更,是指公务员在任职期间,因某种法律事实的出现而使行政职务关系的内容部分地发生变化,表现为具体行政职权、职责等内容扩大、减少或转移的过程及其事实[2],行政职务关系的变更并没有改变公务员的身份,只是引起其具体权利与义务的某些变动。导致行政职务关系变更的法律事实主要有:

(1) 转任。即国家公务员因工作需要或者基于其他正当理由在国家行政机关系统内部的平级调动,包括跨部门、跨地区调动。

(2) 升职。即公务员所任职务的升迁。它意味着公务员在行政部门地位的上升、职权

---

[1] 参见姜明安主编:《行政法与行政诉讼法》(第七版),北京大学出版社、高等教育出版社2019年版,第124页。

[2] 参见胡建淼主编:《行政法学》,复旦大学出版社2003年版,第64页。

的增大和责任的加重,同时也伴随着工资、福利等方面待遇的提高。

（3）降职。即公务员所任职务的下降。它意味着公务员在行政部门地位的降低、职权和责任范围的缩小,以及工资、福利等方面待遇的相应减少。

（4）撤职。即有权机关依法对违法失职公务人员所作的撤销其所担任职务的一种行政处分。它是一种单方面的行政制裁措施。

3. 行政职务关系的消灭。行政职务关系的消灭,是指由于发生某些事件或行为致使行政职务关系不能继续存在。行政职务关系消灭的主要原因有:

（1）辞职。辞职是公务员本人提出申请,按法定程序辞去现任职务,以解除其与行政机关的职务关系的法律行为。辞职是公务员所享有的一项权利。

（2）辞退。辞退是国家行政机关依照法定的条件和程序,单方面解除公务员职务的一种行政行为。辞退是国家行政机关行使的一项权力。

（3）离退休。离退休是指公务员因达到一定年龄和工龄,或因丧失工作能力而按照规定办理手续,离开工作岗位和公务员队伍,并可领取一定数额的养老金。

（4）罢免。罢免是指由权力机关选举产生或决定任命的公务员,因违法失职行为而被权力机关免去其行政职务,不再具有公务员身份。

（5）调离。调离是指公务员因某种原因不适宜继续保留公务员身份,而被有关机关调出行政机关系统。

（6）开除。开除是公务员因严重违纪而受到的最严厉的行政处分,意味着公务员身份丧失,其行政职务关系归于消灭。

（7）判处刑罚。公务员因触犯刑法而被判处刑罚,便失去了担任公务员的资格,将因此而被除名,消灭行政职务关系。

（8）丧失国籍。因行政职务只能由具有本国公民资格者担任,丧失国籍,就意味着丧失了担任公务员的资格,所以,行政职务关系会因公务员丧失国籍而自动消灭。

（9）死亡。行政职务关系是行政机关与公务员之间的一种法律关系,公务员的主体生命存在是行政职务关系得以形成、延续的基础,公务员生命终结,其行政职务关系就自然消灭。

五、行政公务人员的多重身份

（一）国家行政机关公务员的多重身份

国家行政机关公务员依照法定的方式和程序任职于国家行政机关,国家行政机关依法对与自己有隶属关系的公务员进行管理;公务员也能代表所属的行政机关对外执行公务,行使行政职权和履行行政职责。与此同时,公务员原来作为普通公民的身份并未丧失。因此,在法律上,国家行政机关公务员具有多重身份,并且其以不同的身份出现在不同的法律关系之中,其法律地位是不一样的。

1. 普通公民。公务员是公民中的一部分。作为普通公民,公务员享有宪法和法律、法规赋予的各项权利,承担各项法定义务,既能以民事主体的身份从事相关活动,出现在民事、劳动等法律关系中,也能以行政相对人的身份出现在行政法律关系中。当以行政相对人的身份出现时,他与相应行政机关之间形成一种外部行政法律关系,其应当接受和服从相应行政机关的管理,并且在对有关的行政管理行为有异议时,可以以原告身份对行政机关提起行政诉讼。

2. 国家行政机关公务员。当一个普通公民依照法定的方式和程序进入国家行政机关任职后,便取得公务员身份,享有《公务员法》规定的各项权利,并承担《公务员法》规定的各项义务。公务员的权利和义务往往与公务员担任的行政职务相联系,是对公务员行为的一种必不可少的保障和约束。公务员作为内部行政法律关系的一方当事人,其对应的主体是所属的国家行政机关,应接受行政机关人事、档案、纪律等方面的管理,享有与所属国家行政机关相对应的权利,并承担相应的义务。

3. 行政主体的代表。行政机关公务员作为行政主体的代表,主要出现在外部行政管理事务中。公务员不具有独立的对外实施行政管理与服务的法律资格和地位,只能以所属的行政机关的名义,作为行政主体的代表行使行政职权,履行行政职责。此时公务员的行为被视为其所属的行政主体的行为,无论对行政相对人,还是对所属的行政主体都有拘束力,其行为的法律效果也归属于行政主体而不是公务员个人。因此,在与行政相对人之间所形成的外部行政管理法律关系中,公务员并非作为一方当事人出现,不具有一方当事人的资格。当行政相对人对公务员实施的行政管理行为不服而申请行政复议时,公务员不会成为行政复议的被申请人,而只能以公务员所属的行政主体为被申请人;当行政相对人对公务员实施的行政管理行为不服而提起行政诉讼时,公务员也不能作为行政诉讼的被告,而只能以公务员所属的行政主体为被告。

（二）其他行政公务人员的多重身份

与国家行政机关公务员具有多重身份相同,其他行政公务人员也具有多重身份,包括:(1)公民;(2)其所属组织的内部成员;(3)在其所属组织获得授权或委托后,又具有了行政公务人员的身份;(4)作为行政主体的代表,以行政主体的名义执行行政公务。

其他行政公务人员具有公民身份与国家行政机关公务员具有公民身份是一样的,两者没有差别。其他行政公务人员作为行政公务人员的身份与作为行政主体代表的身份往往是一致的,两者一般不能分离,同时取得,同时消灭,这与国家行政机关公务员具有公务员身份和具有行政主体代表身份可以分离是有所区别的。

六、行政公务人员行为的性质与区分标准

（一）行政公务人员行为的性质

不管是国家行政机关公务员还是其他行政公务人员,其以不同身份实施的行为性质有所不同,主要表现为:

1. 个人行为。行政公务人员以普通公民的身份实施的行为属于个人行为,如行政公务人员到商店购买个人生活用品的行为。

2. 组织的非公务行为。行政公务人员以所属的行政机关或社会组织的名义参与民事法律关系实施的行为,属于行政机关或社会组织的民事行为,而不是公务行为。

3. 组织的公务行为。这又包括组织的内部公务行为和组织的外部公务行为两种。内部公务行为是指行政公务人员代表所属的行政主体从事内部事务管理活动,如档案员保管档案、机要员发放机要等;外部公务行为是指行政公务人员代表所属的行政主体从事外部事务管理活动,如税务机关工作人员向纳税人征税、市场监督管理机关工作人员吊销企业营业执照等。

总之,行政公务人员以不同的身份实施的行为,不外乎个人行为和组织行为两种类型。组织行为有组织的公务行为和组织的非公务行为,组织的公务行为又有对内的和对外的公务行为之分。行政公务人员实施不同性质的行为,会产生不同的法律后果,如承担责任的主体和承担责任的方式不同,因此,有必要正确区分行政公务人员的个人行为和公务行为。

(二)行政公务人员行为的区分标准

确认行政公务人员的行为是否公务行为可以分为三个步骤:首先,将行政公务人员的行为划分为个人行为和组织行为。个人行为不是公务行为,因为公务行为不能以个人的名义而只能以组织的名义作出。其次,将组织行为划分为组织的公务行为和组织的非公务行为(如民事行为)。最后,将组织的公务行为划分为组织的内部公务行为和组织的外部公务行为。

区分行政公务人员的个人行为和公务行为没有统一的标准。目前,理论界通常综合考虑以下要素进行衡量、判断:

1. 时间要素。行政公务人员在上班时间实施的行为,通常视为公务行为;在下班后实施的行为,则视为非公务行为。

2. 职责要素。行政公务人员的行为属于其职责范围的,视为公务行为;不属于其职责范围的,一般视为非公务行为。

3. 名义要素。行政公务人员的行为是以其所属的行政主体之名义作出的,视为公务行为;以其个人的名义作出的,视为非公务行为。

4. 公益要素。行政公务人员的行为涉及公共利益的,视为公务行为;不涉及公共利益而涉及个人利益的,则视为非公务行为。

5. 命令要素。行政公务人员的行为根据其主管领导的命令、指示或委托实施的,视为公务行为;无命令或委托实施的,视为非公务行为。

6. 公务标志要素。行政公务人员执行公务时,佩戴或出示能表明其公务身份标志或证件的,一般视为公务行为;反之,则视为非公务行为。

本书认为,确认行政公务人员的个人行为和公务行为,应当采用"名义[①]+职权与职责"标准。具体说来,就是先看行政公务人员实施行为时的名义。若以个人的名义实施,则为个人行为;若以单位的名义实施,则为组织行为。在认定了行政公务人员的行为是组织行为的

---

① 名义,通常以行政公务人员实施某种行为时出示证件、表明公务身份为标志。

基础上,再判断该组织行为是组织的公务行为还是组织的非公务行为。若该组织行为与行政职权、职责毫无关系,则为组织的非公务行为;若该组织行为与行政职权、职责有关,如是行使职权、履行职责本身的行为或者是与职权、职责密切相关的行为,则为组织的公务行为。

第三节　行政相对人

一、行政相对人的概念与特征

行政相对人是与行政主体相对应的一个行政法学概念,也是目前行政法学中使用较频繁的称谓,也有学者称之为"相对人""行政管理相对人""行政相对方""相对一方"等,是指在行政法律关系中与行政主体互有权利与义务的作为相对一方的个人和组织。例如,在税收征管法律关系中,税务机关是行政主体,而纳税人就是行政相对人;在市场监管法律关系中,市场监督管理机关是行政主体,而作为其监管对象的企业和个体工商户等就是行政相对人。行政相对人具有以下特征:

1. 行政相对人是行政法律关系中与行政主体相对应的一方当事人。行政相对人包括个人和组织两种基本形态,但个人和组织并非在任何时间、任何场合都可以成为行政相对人,当个人和组织不与行政主体发生行政法上的权利与义务关系时,他们就不是行政相对人,如在民事活动中,个人和组织就只能成为民事主体。只有当个人和组织与行政主体形成某种行政法律关系时,才能成为行政相对人。行政相对人是个人和组织在行政活动过程中的一种特定身份,这种身份表明他们是行政法律关系中与行政主体对应的另一方主体,而不是被行政主体支配和控制的客体。

2. 行政相对人是与行政主体互有权利与义务的一方当事人。这表现为行政相对人的权利与义务与行政主体的义务与权力具有"对应性",即行政相对人对行政主体享有权利或承担义务,与此同时,行政主体对行政相对人也承担义务(职责)或行使权力(职权)。但是,行政相对人的权利与义务与行政主体的权力与义务在法律性质上是有区别的,行政相对人的权利属于私人权利,而行政主体的权力属于公权力。

3. 行政相对人与行政主体之间在行政法上的权利与义务关系具有多种形式。在行政法律关系中,行政相对人并不是单纯的被管理者或受支配者,而是一定权利与义务统一的主体。其与行政主体之间形成多种形式的权利与义务关系,如行政决定与服从中的管理与被管理关系,提供服务与接受服务中的服务与合作关系,行政合同关系,行政指导关系,监督与被监督的行政复议、行政诉讼关系等。

二、行政相对人的范围

(一) 个人

个人亦即自然人,包括公民、外国人和无国籍人等。公民是指具有我国国籍的自然人。

公民是最主要、最经常，也是最广泛的行政相对人。按照我国有关法律的规定，外国人和无国籍人也可以成为我国行政相对人，成为行政法律关系中的一方当事人。当然，外国人和无国籍人作为行政相对人与我国公民作为行政相对人在行政法律关系中的地位有所不同，如外国人和无国籍人一般不享有只有中国公民才享有的某些权利，也无须承担只有中国公民才承担的某些义务。此外，对外国人和无国籍人可以适用某些特别的行政处罚手段。例如，根据《出境入境管理法》第81条的规定，外国人违反本法规定，情节严重，尚不构成犯罪的，公安部可以处驱逐出境。公安部的处罚决定为最终决定。被驱逐出境的外国人，自被驱逐出境之日起10年内不准入境。

（二）组织

这里的组织包括法人和其他组织。法人是与自然人相对应的一个概念，按《民法典》的规定，法人是指具有民事权利能力和民事行为能力，依法独立享有民事权利和承担民事义务的组织。根据我国有关法律、法规的规定，它也是一种重要的行政相对人。国家机关（包括国家行政机关）实施非职权行为或处在非行使职权的场合、领域，同样要接受相应行政主体的管理，相应行政主体同样可以依法对其实施有关行政行为，即国家机关（包括国家行政机关）也可以作为行政相对人。其他组织，也称为"非法人组织"，是指经有关主管部门批准或认可能够从事一定的生产、经营或其他活动，但不具备法人资格的社会性组织和经济性组织。其他组织主要有以下三种类型：(1) 经国家主管部门批准或认可的从事一定生产或经营活动的经济实体，主要有个人独资企业、合伙组织、合伙型联营组织、企业法人的分支机构、不具备法人资格的乡镇企业。(2) 经一定主管机关批准或认可的处于筹备阶段的企业、事业单位和社会团体。(3) 经有关部门批准，某些外国组织在我国设立的经营一定业务或从事一定社会活动的组织。

三、行政相对人的类型

依据不同的标准，行政相对人可以划分为不同的类型。以下介绍四种主要类型：

（一）个体的相对人与组织的相对人

这是以行政相对人自身的存在形态为标准作的划分。个体的相对人是自然人形态的行政相对人，既包括公民，也包括外国人和无国籍人，如在涉外婚姻登记、涉外税收、出入境管理等行政法律关系中，外国人、无国籍人可以成为行政相对人。组织的相对人是团体形态的行政相对人，包括法人和非法人组织两种情况。这里的法人和非法人组织也可能是外国的法人组织或非法人组织，其在中国国境内与我国的行政主体发生行政法律关系时，成为行政相对人。

区分个体的相对人与组织的相对人的意义在于在不同的法律关系中对行政相对人的类型有不同的要求。例如，在社团登记管理法律关系中，只有社团组织才能是民政管理机关的行政相对人；而在身份证管理法律关系中，只有公民个人才能是公安机关的行政相对人。

（二）特定相对人与不特定相对人

这是以行政行为的对象是否确定为标准作的划分。特定相对人是指与行政主体有特定权利与义务关系的个人和组织。这类行政相对人在范围上明确、具体,通常是具体行政行为相对人。不特定相对人通常是抽象行政行为的相对人,如国家物价管理部门对某些物品的价格作出限定,它针对的就是不特定的相对人。特定相对人与不特定相对人还不能和抽象相对人与具体相对人一一对应,尽管两种区分非常接近。后者是以行政行为对行政相对人的权益影响是否产生实际效果为标准作的划分。①

区分这两类不同的行政相对人,对于相对人的权利救济具有重要的意义。目前,我国对这两类行政相对人在提供的救济途径和救济的有效性上存在差别。

(三)直接相对人和间接相对人②

这是以行政行为是否直接针对和指向相对人为标准作的划分。直接相对人是行政行为明确针对和指向的人,也是行政主体在作出行政行为时,主观上就明确指向且客观上也对其权益发生影响的相对人。从权利与义务上看,他们因行政行为而对行政主体直接享有权利或履行义务,如行政许可中的被许可人,行政处罚中的被处罚人。间接相对人是行政主体在作出一种行政行为时主观上并没有指向他的目的,但行政行为在客观结果上影响了其利益的人。例如,行政主体针对甲公民作出土地使用的行政许可行为,而该许可行为实际上又影响到了乙公民已享有的土地使用权。甲公民是行政许可行为的直接相对人,乙公民就是间接相对人。

区分这两类不同的行政相对人,对于查明行政行为的效力对象和后果,以及明确行政主体作出违法行政行为后对受侵害对象应承担的法律责任具有重要的意义。

(四)外部相对人和内部相对人

行政法律关系可以分为外部行政法律关系和内部行政法律关系。外部行政法律关系是行政主体与社会上的个人和组织之间形成的权利与义务关系;内部行政法律关系是行政主体与其内部公务人员之间形成的权利与义务关系。以此为标准,行政相对人可以分为外部相对人和内部相对人。外部相对人是在外部行政法律关系中与行政主体相对应的、社会上的个人和组织;内部相对人则是在内部法律关系中与行政主体相对应的行政公务人员。

划分外部相对人和内部相对人的意义在于:(1)内部行政相对人不能成为外部行政行为的对象;(2)内部行政相对人不能做行政诉讼的原告。③但是,也有学者对这种分类提出质疑,认为随着民主法治进程的推进,内、外部的界限会被打破,内部行政相对人与外部行政相对人的划分,甚至内部行政法律关系与外部行政法律关系、内部行政行为与外部行政行为的划分,没有太大意义。④

---

① 抽象行政相对人与具体行政相对人的区分,参见姜明安主编:《行政法与行政诉讼法》(第七版),北京大学出版社、高等教育出版社2019年版,第134页。
② 也有学者将"直接相对人"和"间接相对人"称为"行政行为明指的相对人"和"受行政行为结果影响的相对人"。参见方世荣主编:《行政法与行政诉讼法学》(第五版),中国政法大学出版社2015年版,第80页。
③ 参见胡建森著:《行政法学》(第四版),法律出版社2015年版,第106页。
④ 参见叶必丰著:《行政法学》(修订版),武汉大学出版社2003年版,第157页。

四、行政相对人的权利与义务

行政相对人的权利与义务,是指由行政法所规定或确认的,在行政法律关系中由行政相对人享有和履行、与行政主体的义务和权力相对应的各种权利与义务。行政相对人的权利与义务是行政法意义上的权利与义务,即个人和组织以行政相对人身份出现时所具有的权利与义务,这种权利与义务不同于个人和组织作为民事主体的权利与义务。行政相对人的权利与义务是行政相对人在行政法律关系中的法律地位的综合体现。

(一)行政相对人的权利

行政相对人的权利是行政相对人依行政法规定而享有的、针对行政主体主张的权利。行政相对人的权利与行政主体的义务相辅相成,行政主体对行政相对人的这种权利负有相对应的义务,即相对人的权利同时构成行政主体的义务。行政相对人在行政法律关系中主要享有下列权利:

1. 申请权。这是指行政相对人请求行政主体作为或不作为,以满足其某种利益需求的权利。这种申请权利是程序性的,但就其内容而言,可能是请求得到某种实体利益,如对颁发许可证提出申请;也可能是请求开始或进入某种程序,如申请举行听证或参与听证程序等。

2. 参与权。行政相对人有依法参与行政管理的权利,包括参与行政法规、规章及行政政策的制定;参与国民经济和社会发展计划的编制和实施;参与国家行政机关公务员的考试和条件合格时被录用;参与与自身有利害关系的行政行为的相应程序等。

3. 了解权。行政相对人有权依法了解行政主体的各种行政信息,包括各种规范性法律文件、会议决议、决定、制度、标准、程序规则,以及与行政相对人本人有关的各种档案资料和其他有关信息。除法律、法规、规章规定应予保密的信息外,行政相对人均有权查阅、复制。

4. 受保护权。行政相对人的各种合法权益在受他人妨碍、侵害时,享有受行政主体保护的权利。例如,行政相对人的合法权益受他人侵害后请求行政主体予以处理的权利、行政相对人的合法权益由行政主体确认的权利等。

5. 受益权。即行政相对人通过行政主体的行政活动获得现实利益或可得利益的权利。具体包括得到行政许可、行政指导和行政奖励的权利,在遭受自然灾害等紧急情况下得到行政主体救助的权利等。

6. 受平等对待权。即行政相对人受到行政主体平等对待的权利。行政相对人是以个体身份与行政主体发生关系的,而行政相对人个体之间在法律面前是平等的。行政主体作为法律的执行者,有义务平等对待每一个个体的行政相对人,相应地,行政相对人对行政主体则享有受到平等对待的权利。

7. 陈述、申辩权。行政相对人在行政主体作出与自身权益有关,特别是不利的行为时,有权陈述自己的意见、看法,提供有关证据材料,进行说明和辩解,并驳斥行政主体的理由、依据等。

8. 抵制违法行为权。即行政相对人为保护自身合法权益而抵抗行政主体实施的明显违法或重大违法行政行为的权利。这里的合法权益包括各种法定权益和自由,如人身权、财产权、经营自主权、劳动权等。这些权益有的可能是其他部门法如民事法律规定的权益,但为保护这些合法权益而抵抗行政主体非法侵害的权利是行政法专门赋予行政相对人的权利,如拒绝行政主体乱摊派的权利、拒缴行政主体不合法行政罚款的权利等。

9. 行政监督权。即行政相对人依法对行政主体及其工作人员实施的违法、不当的行政行为提出批评、控告、检举,并就如何改善行政主体的工作和提高行政管理和服务质量提出建议、意见的权利,包括批评权、申诉权、控告权、检举权、建议权等。

10. 行政救济权。行政相对人认为行政主体实施的违法与不当的行政行为,或者是行政主体实施的合法行政行为,侵犯了自己的合法权益的,有权获得相应行政救济,包括申请行政复议权、提起行政诉讼权、请求行政赔偿权与补偿权等。

(二)行政相对人的义务

行政相对人在行政法上享受一定权利,同时也必须履行行政法上的义务。行政相对人的义务是行政相对人在行政法律关系中,对代表国家的行政主体必须履行的一定作为或不作为的义务。

在行政法律关系中,行政相对人对行政主体的义务主要有:

1. 服从行政管理的义务。具体包括遵守行政机关制定、发布的行政法规、规章和其他规范性文件的义务,执行行政命令、决定的义务。

2. 协助行政主体正常执行公务的义务。行政相对人对行政主体及其工作人员执行公务的行为,有主动予以协助的义务,如对行政主体行使调查取证权具有配合、协助的义务。

3. 接受行政监督的义务。行政相对人在行政法律关系中,要接受行政主体依法实施的监督,包括审查、检查、检验、鉴定等。

4. 遵守法定程序的义务。行政相对人无论是请求行政主体实施某种行政行为,还是应行政主体要求作出某种行为,均应遵守法律、法规、规章规定的程序。否则,可能导致自己提出的相应请求不能实现,甚至要为之承担相应的法律责任。

五、行政相对人的行为

(一)行政相对人行为的含义和特征

行政相对人行为,是指在行政活动中,行政相对人作出的,能够导致行政法律关系发生、变更、消灭或者得到确认的各种行为的总称。行政相对人行为不同于行政主体的行政行为,也不同于个人和组织的所有行为。行政相对人行为有以下特征[①]:

1. 行政相对人行为是一种法律行为,这是它的法本质属性。行政相对人行为是作为法律范畴存在的,就是说,个人或组织非法律属性的一般社会行为,不能称为行政相对人行为。

---

① 参见方世荣主编:《行政法与行政诉讼法学》(第五版),中国政法大学出版社2015年版,第88—89页。

行政相对人行为是在法律行为意义上使用的,表明它是由法律规定的、能产生法律效果的行为。

2. 行政相对人行为是由行政法规定的行为,即行政法规定了该类行为的模式及后果。这是它的部门法本质属性。行政相对人行为是一个行政法上的概念,而不是其他部门法上的概念,它由行政法加以调整,并依照行政法的规定产生、变更、消灭行政法律关系,引起行政法规定的肯定性或者否定性的法律后果。这表明个人或组织的其他法律行为不在行政相对人行为之列,凡行政法未予规定的行为不属于行政相对人的行为,如公民、法人或其他组织实施的法律既不禁止、也不肯定和保护的行为。这是行政相对人行为与其他行为的一个区别点。行政相对人行为不可能都在法律规范之列,更不能都在行政法规范之列。行政法所要规范的只是行政相对人行为的一部分。行政法之所以要规范行政相对人的这一部分行为,通常是因为这一部分行为与公共利益相关联。

3. 行政相对人行为是能产生行政法法律效果的行为,这是该类行为在法律效果上的特征。行政相对人实施的不能产生任何行政法效果的行为在行政法学上没有研究意义。行政相对人的行为能产生法律效果,是指这类行为能产生、变更或消灭一定的行政法律关系。但是应当看到,行政相对人行为在产生、变更和消灭行政法律关系上与行政主体的行政行为又有所不同。行政行为是国家行政权的运用,具有国家强制性,除行政合同、行政指导等之外,在通常情况下,行政行为一旦作出就能直接产生、变更或消灭各种行政法律关系。而行政相对人行为是个体行为,不具有对行政主体的强制力,因而,行政相对人行为产生、变更和消灭行政法律关系有不同的情况:(1)行政相对人行为对于大量程序性行政法律关系的产生都具有直接的作用。例如,行政相对人对行政许可的申请行为能直接导致行政主体给予答复的程序义务;行政相对人要求听证的行为、申请行政复议的行为则能直接导致行政听证、行政复议法律关系的产生。(2)行政相对人行为对于大量由行政相对人享有权利的实体行政法律关系的产生,具有必不可少的配合作用。例如,行政合同、行政指导、行政奖励、行政救助等行政法律关系,如果缺乏行政相对人的接受行为是无法产生的。(3)行政相对人行为是一些要求行政相对人履行义务的实体行政法律关系产生的前提。例如,行政相对人违反行政法的行为,便是行政处罚法律关系产生的必要前提。

4. 行政相对人行为是行政法律关系中由个人、组织等一方作出的行为。可以从两个方面理解:(1)行为的主体是行政法律关系中与行政主体对应的个人、组织一方。在这个行政法律关系中,行政相对人行为的主体既不是行政主体,也不是国家监督机关。(2)行政相对人行为是与行政行为相对应的一个概念,即它与行政行为互动且具有对应性,它由行政行为引起,或者它要引起行政行为的发生,或者是与行政行为融合的双方合意行为。个人、组织相互之间的、不与行政行为互动的行为,不属于行政相对人行为。

5. 行政相对人行为具有形式多样化和目的多重性。行政相对人行为在法律标准化上远不如行政行为。因为行政行为是国家行使公权力的行为,在形式和程序上严格受法律控制,立法应强调其法定的形式要件,否则不能生效。而对于行政相对人,从便民原则出发,立法时除必要的以外,一般不严格规定其行为的法定形式要件。行政相对人行为在形式上具有一定程度的自由,因此,行政相对人行为具有形式多样性和灵活性的特点。

行政相对人行为的目的可能是多重的。通常而言,行政行为的目的单一,即实现预定的行政管理目标,维护一定层次的公共利益。行政主体不能基于个人、部门或集团利益作出行政行为,否则将构成滥用职权。而行政相对人不行使公权力,其行为既可以为了私益,也可以为了公益,还可能两者兼具。一般而言,行政相对人行为要满足自身的利益,这是其行为的最基本目的。但行政相对人也可能以公益为目的,为达成行政管理目标而作出行为,如协助行政公务的行为。有时还可能兼具几重目的。此外,行政相对人还可能发生行为的非目的性情形,即对行政相对人来讲,其作出该行为并非基于自身的目的,通常被行政主体强制要求作出。例如,行政相对人在不履行行政法义务时,被行政主体强制执行,被迫履行义务,此时行政相对人行为是被迫的、非自愿性的,其行为并没有实际结果上的目的性。

6. 行政相对人行为对行政主体没有直接的强制力。这是其和行政行为相比所具有的一个重要特点。行政行为是对国家行政权的运用,具有国家强制力。而行政相对人行为是个体行为,不具有对行政主体或他方的直接强制力。行政相对人行为要实现其目的,必须启动并借助一定的国家权力,如权力机关的监督权、司法机关的司法审查权以及上级行政机关的监督权。但这并不意味着行政相对人行为没有法律约束力。行政相对人的合法行为由法律确认,即受法律保障,具有法定的约束力。这种约束力虽然不表现为直接的强制力,却具有法定的程序启动力和阻止力。

(二)行政相对人行为的效力与效果

行为效力与行为效果的区分源于在法理中对法律效力和法律实效的区分。"法律效力的意思是法律规范是有约束力的,人们应当像法律规范所规定的那样行为,应当服从和适用法律规范。法律实效意思是人们实际上就像根据法律规范规定的应当那样行为而行为,规范实际上被适用和服从。效力是法律的一种特性;所谓实效是人们实际行为的一种特性。"[①]在行政法上,行政相对人行为的效力与效果是和行政主体行政行为的效力与效果相对应的一组概念。所谓行政行为的效力,是指行政行为所具有的一种法律保护;而行政行为的效果是指行政行为对权利与义务的设定、变更或消灭,或者说行政行为设定、变更或消灭的权利与义务。[②]现对照行政行为的效力与效果,对行政相对人行为的效力与效果作出如下分析。

1. 行政相对人行为的效力。行政相对人行为的效力,是指行政相对人作出的行为能够对行政主体产生特定的法律约束力。这种约束力主要体现为程序启动力和阻止力。

(1)程序启动力。程序启动力是指行政相对人针对行政主体作出一定行为,行政主体必须对该行为加以回应的法律约束力。行政相对人行为本身不具有国家强制力,对行政主体没有直接的强制执行力,但这并不意味着相对人行为对行政主体完全没有约束力。行政相对人行为对行政主体具有约束力,并非因该行为具有国家权力属性,而是因为在民主法治

---

① 〔奥〕凯尔森著:《法与国家的一般理论》,沈宗灵译,中国大百科全书出版社1996年版,第42页。

② 参见叶必丰著:《行政行为的效力研究》,中国人民大学出版社2002年版,第20—21页。

社会中,公民对政府具有制约性,这种制约为法律所确定,是法律规定的一种约束力,这种约束力也是由双方的权利与义务关系决定的。行政相对人的权利对应着行政主体的义务,行政主体必须履行义务,以满足相对人的权利要求,这不是说行政主体要按照行政相对人的意志行事,而是指行政主体必须作出一定的行为回应相对人的权利要求。

程序启动力不同于形成力。在民法上,形成权是指权利人依自己的行为,使自己与他人间的法律关系发生变动的权利,如撤销权、解除权、追认权等。形成权之主要功能在于,得依权利人单方意思表示,使已成立的法律关系的效力产生、变更或消灭。"形成权多在法律关系中附带地存在,因其行使,然后才形成权利的发生、变更或消灭效果……只系一种'权利变动的权'或'法律上能的权利'。"① 由此可见,作为隐形于形成权背后的一种法律保护——形成力,应当突出两个关键词,即单方性和法律效果。在行政法领域,行政相对人行为是否具有形成力是有疑问的,如行政相对人单方涉及实体权益请求的行为,属于法定紧急情形的,行政主体必须及时解决。但实际情况是处于危难情况下的相对人虽然可以求救,行政主体也有义务予以及时救助而不能拒绝,但是行政机关必须先审查相对人的请求是否能够受理,是否符合法定的条件等。在实践当中,这些程序可能是在很短的时间内完成的,但我们并不能因此而否认这些程序的存在。实际上,行政救助法律关系的产生取决于行政主体的决定,而不是相对人的申请,后者起到的只是启动行政程序的作用。

行政相对人行为能与国家有权机关的监督权力共同对行政主体产生强制力。相对人的单独行为不能对行政主体发生强制力,但该行为可以借助有关国家机关的监督权力形成对行政主体的强制力。但这种强制力本质上还是国家机关行为的效力,只是借助相对人行为的程序启动力而发生。

(2)阻止力。阻止力是行政相对人依法作出的某种行为,具有的能直接阻止违法行政行为产生或生效的效力。当行政处理决定具有重大、明显的瑕疵时,行政相对人可以拒绝接受。当然,并不是行政相对人行为在任何情况下都具有阻止力,只有当行政行为无效时,行政相对人行为才具有这种效力。具有阻止力的行政相对人行为,一般是法定的、直接抵抗行政权力违法行使的行为,如我国法律规定行政相对人有权抵制乱摊派、乱罚款的行政行为。行政相对人依法抵制行政主体的非法侵害,具有阻止性的法律效力,是对行政权滥用的重要约束机制,对于防止行政专横具有重要的作用。

2. 行政相对人行为的法律效果。行政法律关系的产生、变更和消灭应当基于某种法律事实,主要是法律行为。法律行为既包括行政主体的行政行为,又包括行政相对人行为。虽然行政相对人行为的法律效果与行政主体行政行为的法律效果不同,但行政相对人行为同样可以引起行政法律关系的产生、变更和消灭,主要表现为:(1)行政相对人的申请行为,可以产生行政程序法律关系。如果相对人申请的实体内容符合法律规定,就会产生、变更行政实体法律关系。(2)行政相对人与行政主体双方的合意行为,可以引起行政法律关系产生、

---

① 韩忠谟著:《法学绪论》,中国政法大学出版社2002年版,第181页。

变更和消灭。这发生在行政合同、行政委托等法律关系中。(3) 行政相对人自觉履行义务的行为,可以导致行政法律关系的消灭。①

第四节 监督行政主体

一、监督行政主体的概念与特征

监督行政主体,是指依法对行政主体及行政公务人员行使行政职权和遵纪守法的情况进行监督的组织与个人,包括国家权力机关、国家司法机关、上级行政机关、监察机关、审计机关以及非国家机关的社会组织和个人。监督行政主体具有下列特征:

1. 监督行政主体具有广泛性,既包括国家机关、社会组织,也包括公民个人。作为监督行政主体的国家权力机关、司法机关、上级行政机关、监察机关、审计机关,能够对监督对象采取直接产生法律效力的监督措施,如变更或撤销行政机关的违法行政行为,处分违法、违纪的公务员等。作为监督行政主体的社会组织和个人,尽管不能对监督对象作出直接产生法律效力的监督行为,但可以通过批评、建议或申诉、控告、检举的方式向有权国家机关反映,或通过新闻媒体揭露、曝光,引起有权国家机关重视,使其采取能产生法律效力的措施,最终实现对行政主体及其公务人员的监督。

2. 监督行政主体的监督对象是行政主体及行政公务人员。在监督行政法律关系中,一方是监督行政主体,另一方则是行政主体及行政公务人员这类特定的监督对象。监督对象中,首先是行政主体,即行政机关和法律、法规、规章授权的组织;其次是行政公务人员,如在监察监督中,国家行政机关公务员便是重要的监督对象之一。

3. 监督行政主体实施监督活动的内容,是监督行政主体行使行政职权与履行职责及行政公务人员遵纪守法的情况。监督行政主体通过各种途径和方式督促行政主体严格依法行使职权,认真履行职责,对违法的行政行为及时予以纠正。对行政公务人员的监督包括对其守法和守纪的监督,而行政公务人员的"纪"也通常是由相应的法律规范(如《公务员法》《公职人员政务处分法》)加以明确规定的,因此,对行政公务人员的监督也可以归结为对其守法的监督。

二、监督行政主体的类型及其监督活动

(一) 权力机关的监督

权力机关的监督,是指各级人民代表大会及其常务委员会对国家行政机关及其工作人员进行的监督。根据我国宪法的规定,各级国家行政机关由同级国家权力机关产生,是国家权力机关的执行机关,对其负责,受其监督。这也是权力机关对行政机关进行监督的宪法依

---

① 参见方世荣著:《论行政相对人》,中国政法大学出版社 2000 年版,第 149、150 页。

据。人民代表大会制度是我国的根本政治制度,权力机关对行政机关的监督反映了我国根本政治制度的特点。

权力机关的监督具有权威性。与其他监督行政主体相比,权力机关对行政机关及其公务员的监督是最高的监督,在整个国家监督体系中居于核心地位。它有权撤销行政机关制定的行政法规、规章和发布的决定、命令,也有权罢免政府的组成人员,监督内容极为广泛,主要包括:(1)对各级国家行政机关实施宪法、法律的监督;(2)对各级国家行政机关的抽象行政行为的监督;(3)对各级政府组成人员的监督。

根据我国宪法、组织法、人民代表大会及其常务委员会议事规则的有关规定,权力机关的监督主要有以下几种方式:(1)听取和审议政府工作报告;(2)审查和批准国民经济和社会发展计划及财政预算;(3)质询和询问;(4)调查和视察;(5)受理公民的申诉和控告;(6)审查政府的行政法规、规章、决定和命令;(7)罢免或撤销由权力机关选举或任命的公务员的职务。

（二）司法机关的监督

司法机关的监督,是指人民法院和人民检察院依法对行政机关及其公务员的行政行为进行的审判监督和检察监督。

1. 人民法院的监督。人民法院是国家的审判机关,依法享有和行使国家审判权。其监督主要是通过行政诉讼的方式,对行政机关行政行为的合法性进行审查,并通过撤销违法的行政行为、责令行政主体履行法定职责、变更明显不当的行政处罚等履行其监督职能。人民法院监督的主要特点在于:(1)是一种事后监督;(2)采取不告不理原则;(3)有一定限度,目前主要限于对行政行为是否合法予以监督;(4)是依照司法程序进行的,由行政诉讼法调整。

2. 人民检察院的监督。人民检察院作为专门的国家法律监督机关,对行政的监督主要体现为:(1)受理对行政职务犯罪的举报,侦查和指控行政职务犯罪;(2)对监狱、看守所、劳改劳教场所的活动是否合法进行监督;(3)向有关的行政机关提出检察建议;(4)提起行政公益诉讼。

（三）行政系统内部的层级监督

行政系统内部的层级监督,主要指上级行政机关对下级行政机关的层级监督。2004年国务院发布的《全面推进依法行政实施纲要》第32条提出:"创新层级监督新机制,强化上级行政机关对下级行政机关的监督。上级行政机关要建立健全经常性的监督制度,探索层级监督的新方式,加强对下级行政机关具体行政行为的监督。"

上级行政机关对下级行政机关的层级监督包括一般的层级监督与行政复议监督。本书对行政复议有专门章节加以论述,故在此只对一般层级监督作些介绍。根据宪法和有关法律的规定,国务院对各级行政机关的行政活动具有监督权;地方各级人民政府对下级人民政府及其所属工作部门的行政活动具有监督权;国务院和地方各级人民政府的主管部门对下级人民政府的相应业务部门的行政活动具有监督权。这些享有监督权的上级行政机关对其相应的下级行政机关都可以实施监督检查。

一般层级监督的内容主要包括:(1)对下级行政机关及其公务员负责组织实施的法律、法规和规章的学习和宣传教育情况进行监督检查;(2)对下级行政机关的机构是否健全、公务员的素质是否符合要求进行监督检查;(3)对下级行政机关及其公务员实施行政行为所必需的手段、权力和设施是否充分、健全进行监督检查;(4)对下级行政机关的规范性文件以及具体行政行为是否符合法律、法规和规章的规定进行监督检查;(5)对下级行政机关及其公务员执行上级行政机关所作出的决定、命令、指示等情况及其执行中存在的事实问题和法律问题进行监督检查;(6)对下级行政机关及其公务员是否正确履行职责,是否对行政相对人的违法行为作出正确处理,是否对行政相对人的合法权益给予保护进行监督检查;(7)其他需要由上级行政机关监督检查的事项。①

(四)监察监督

监察监督,是指国家监察机关依法独立行使监察权,对所有行使公权力的公职人员遵守和执行法律法规及公正履职情况进行监督检查、调查和处置的活动。监察监督的目的在于加强对所有行使公权力的公职人员的监督,实现国家监察全面覆盖,深入开展反腐败工作,推进国家治理体系和治理能力现代化。

监察监督的特点主要有:(1)监察监督是一种专门的监督形式,由国家设立专门的监察机关履行监察职能,具有较强的专业性;(2)监察监督的对象是所有行使公权力的公职人员;(3)监察监督是一种经常性的、直接的监督形式,具有国家强制力,能直接产生法律后果。

根据《监察法》的规定,监察主体由各级监察委员会构成。各级监察委员会是行使国家监察职能的专责机关。中华人民共和国国家监察委员会是最高监察机关,负责全国监察工作。国家监察委员会对全国人民代表大会及其常务委员会负责,并接受其监督。省、自治区、直辖市、自治州、县、自治县、市、市辖区设立监察委员会,负责本行政区域内的监察工作。地方各级监察委员会对本级人民代表大会及其常务委员会和上一级监察委员会负责,并接受其监督。国家监察委员会领导地方各级监察委员会的工作,上级监察委员会领导下级监察委员会的工作。

监察委员会依照监察法和有关法律规定履行监督、调查、处置职责:(1)对公职人员开展廉政教育,对其依法履职、秉公用权、廉洁从政从业以及道德操守情况进行监督检查。(2)对涉嫌贪污贿赂、滥用职权、玩忽职守、权力寻租、利益输送、徇私舞弊以及浪费国家资财等职务违法和职务犯罪进行调查。(3)对违法的公职人员依法作出政务处分决定;对履行职责不力、失职失责的领导人员进行问责;涉嫌职务犯罪的,将调查结果移送人民检察院依法审查、提起公诉;向监察对象所在单位提出监察建议。

监察机关的权限有:(1)检查、调查及采取强制措施权。(2)处置权,主要包括:谈话

---

① 参见杨解君著:《行政法学》,中国方正出版社2002年版,第438页。

提醒、批评教育、责令检查、予以诫勉；警告、记过、记大过、降级、撤职、开除等政务处分决定；问责或建议问责；移送人民检察院依法审查、提起公诉；提出监察建议；撤销案件；继续调查。

（五）审计监督

审计监督，是指审计机关对行政机关的行政行为涉及财政财务收支活动进行审查核算的行为。

根据有关法律规定，我国审计组织体系由国家审计机关和地方审计机关组成。国务院设立审计署，在国务院总理的领导下，主管全国的审计工作。审计长是审计署的行政首长。省、自治区、直辖市、设区的市、自治州、县、自治县、不设区的市、市辖区的人民政府设立的地方审计机关，分别在省长、自治区主席、市长、州长、县长、区长和上一级审计机关的领导下，负责本行政区域内的审计工作。根据工作需要，审计机关可以在其审计管辖范围内派出审计特派员，根据审计机关的授权，依法进行审计工作。

审计监督主体的职责主要有：（1）对本级政府各部门和下级政府预算的执行情况和决算以及预算外资金的管理和使用情况，进行审计监督；（2）对政府部门管理的和社会团体接受政府委托管理的社会保障基金、社会捐赠资金以及其他有关基金、资金的财务收支，进行审计监督；（3）对其他法律、行政法规规定应当由审计机关进行审计的事项进行监督。

审计监督主体的权限包括：（1）要求报送权；（2）检查权；（3）调查权；（4）制止并采取措施权；（5）通报权；（6）处理权。

（六）其他社会主体的监督

其他社会主体的监督，是指一般的社会公众和组织等社会主体对行政主体及其公务人员实施的监督。国务院《全面推进依法行政实施纲要》明确提出要强化社会监督，要求各级人民政府及其工作部门要依法保护公民、法人或其他组织对行政行为实施监督的权利，拓宽监督渠道，完善监督机制，为公民、法人或其他组织实施监督创造条件。在行政管理法律关系中，个人、组织等社会主体处于行政相对人的地位；而在监督行政法律关系中，个人、组织等社会主体则是监督主体，有权对行政主体及其公务人员行使职权的行为和遵纪守法的情况实施监督。但个人、组织作为监督主体，不能直接对监督对象采取具有法律效力的监督措施和处理决定。这种监督主要是提出批评、建议，或以报纸、杂志等舆论工具对违法行政行为予以揭露、曝光，也可以向有权国家机关提出申诉、控告、检举、起诉等，以启动有权国家机关对行政主体及其公务人员的监督。

法律应用

1. 行政主体是指享有行政权，能以自己的名义行使行政权，并能独立承担自己行为所产生的法律责任的组织。是否享有行政权并能以自己的名义行使行政权，反映了某一组织是否具有独立的法律人格，是判断该组织能否成为行政主体的核心标准。

2. 行政主体在范围上主要包括国家行政机关和法定授权组织两大类。具有行政主体资格的行政机关有：国务院，国务院组成部门，国务院直属机构，国务院部、委管理的国家局，地方各级人民政府，地方各级人民政府的职能部门，县级以上地方各级人民政府的派出机关。具有行政主体资格的法定授权组织有：经法律、法规和规章授权的行政机关的内部机构、临时机构，经法律、法规和规章授权的行政机关的派出机构，经法律、法规和规章授权的事业单位、社会团体、基层群众性自治组织等。

3. 区分行政公务人员的个人行为和公务行为，可以采用"名义＋职权与职责"标准。具体来说，先要看行政公务人员实施行为时的名义：以个人的名义实施的，为个人行为；以单位名义实施的，为组织行为。在认定了行政公务人员的行为是组织行为的基础上，再判断该组织行为是组织的公务行为还是组织的非公务行为；若该组织行为与行政职权、职责毫无关系，则为组织的非公务行为；若该组织行为与行政职权、职责有关，如是行使职权、履行职责本身的行为或者是与职权、职责密切相关的行为，则为组织的公务行为。

4. 行政相对人行为的效力是指行政相对人的行为能够对行政主体产生特定的法律约束力，这种约束力具体包括程序启动力和阻止力。程序启动力是指行政相对人针对行政主体作出一定行为，行政主体必须对该行为加以回应的法律约束力。阻止力是行政相对人依法作出的某种行为，具有能直接阻止违法行政行为生效或产生的效力。当然，并不是所有的相对人行为在任何情况下都具有阻止力，只有当行政行为无效时，行政相对人行为才能具有这种效力。

5. 作为监督行政主体的国家权力机关、司法机关、上级行政机关、监察机关、审计机关，能够对监督对象采取直接产生法律效力的监督措施，如变更或撤销行政机关的违法行政行为，处分违法、违纪的公务员等。而作为监督行政主体的社会组织和个人，不能对监督对象作出直接产生法律效力的监督行为，但可以通过批评、建议或申诉、控告、检举的方式向有权国家机关反映，或通过新闻媒体揭露、曝光，引起有权国家机关重视，使其采取能产生法律效力的措施，最终实现对行政主体及其公务人员的监督。

案（事）例

案（事）例一

案情简介：

张老太家住某大超市附近，她和老伴是这家超市的常客。2021年春节前的一天，张老太与老伴前往超市买东西。按惯例，张老太负责挑选，老伴负责推车交钱。眼看东西已经挑选得差不多了，老伴就推着满载货物的小车去交钱。这时，患有糖尿病的张老太看到放在出口货物架上的杏干，心想都说糖尿病吃点杏干好，于是顺手拿了一包。一看老伴已经交完钱出去了，心里一着急，拿着杏干就往外走。岂料刚走出超市门，就被超市保安抓住了。保安人员说："我们超市有规定，5元以下商品未交款拿走者要罚500元。"张老太身上没有带那么多钱，只得将身上的100元钱和身份证押在了那里。次日，张老太又带了400元钱到超市，有关人员又将400元留下。回到家里，张老太茶饭不香，夜不能寐，连春节都没过好。之后她向当地市场监管部门投诉。经过市场监管部门干预，超市负责人退还了张老太的500元钱。

问题：

"超市"能否成为行政主体？判断行政主体的标准是什么？

案（事）例二

案情简介：

贺某原有宅基地 100 平方米。2021 年 8 月，贺某以拆除原房为条件，申请新占地建房。由于县人民政府土地管理部门经办人员的故意刁难，贺某只好通过请客送礼的手段获得县人民政府的批准。2022 年 1 月，贺某新房竣工，却拒绝拆除旧房。他认为，既然是人民政府土地管理部门的工作人员都可以"不仁"，他就以"不义"报复，不履行其作为审批条件的拆旧房的承诺。2022 年 6 月，县人民政府土地管理部门作出拆除贺某旧房的行政处罚决定。贺某不服，向人民法院提起行政诉讼。

问题：

根据行政相对人的法律地位理论，评价贺某的行为。

案（事）例答题思路

思考题

1. 简述行政主体的概念与特征。

2. 简述行政主体的范围和种类。

3. 试论行政主体的职权与职责。

4. 简述行政机关的概念与特征。

5. 简述法定授权组织与行政委托组织的区别。

6. 简述行政公务人员的概念与范围。

7. 简述行政公务人员行为的性质及其区分标准。

8. 简述行政相对人的概念与特征。

9. 试述行政相对人的权利与义务。

10. 简述行政相对人行为的效力与效果。

第三章　行政行为与行政程序原理

本章重点

1. 行政行为的概念、特征及分类
2. 行政行为的构成要件与合法要件
3. 行政行为的效力
4. 行政程序的概念与特征
5. 行政程序的基本原则与主要制度

第一节　行政行为原理
第二节　行政程序原理

第一节 行政行为原理

一、行政行为的概念

行政行为作为行政法学的一个核心概念,最早是由德国行政法学鼻祖奥托·迈耶(Otto Mayer)在其1895年出版的《德国行政法》中提出的,[1] 目前已经成为各国行政法学中一个通用的基本范畴,但各国法律规定和学者理解存在差异。

大陆法系中,法国学者根据行为主体、行为内容、行为作用等要素,认为行政行为包括全部有公法意义的行为,既包括抽象行政行为,也包括具体行政行为。[2] 德国学者所理解的行政行为主要指行政主体作出的具体行政行为,不包括制定行政规范之类的抽象行政行为。[3] 英美法系中,一般对行政行为没有明晰的理论概括和明确的概念定义。行政法律实践中,美国的行政行为概念包括抽象行政行为和具体行政行为。

在我国行政法学发展历程中,对行政行为也存在不同理论学说,如行为主体说[4]、行政权说[5] 和公法行为说[6]。现行通说认为,行政行为是指行政主体通过一定的意思表示,行使行政职权或履行行政职责所实施的能够产生行政法律效果的行为。对该概念可以从以下维度进行理解:

1. 行政行为是行政主体实施的行为。这是从行为的主体性维度理解行政行为,从而将行政行为与其他主体的行为相区分。行政行为只能由行政主体作出,其他主体如政党、立法机关、司法机关、监察机关、群众团体、公民等的行为都不能是行政行为,也不可能具有行政行为的性质。

2. 行政行为是行政主体行使行政职权或履行行政职责的行为。这是从行为的法律属性维度理解行政行为,从而将行政主体作出的权力行为与其他非权力行为相区分。行政行为背后的实质性因素是行政权,包括国家行政权、社会公行政权[7] 两种形态,在形式上表现为行使行政职权或履行行政职责。行政主体除了可以作出以行政权为内核的行政行为之外,

---

[1] 转引自翁岳生著:《行政法与现代法治国家》,台湾祥新印刷公司1979年版,第3页。
[2] 参见王名扬著:《法国行政法》,中国政法大学出版社1988年版,第132页。
[3] 如刘飞教授翻译的奥托·迈耶著的《德国行政法》一书直接翻译为"具体行政行为"。参见〔德〕奥托·迈耶著:《德国行政法》,刘飞译,商务印书馆2002年版,第97页。
[4] 行政主体说以将国家机关分为立法机关、行政机关和司法机关为前提,认为行政机关实施的行为包括行政机关运用行政权实施的行政法律行为、事实行为和没有运用行政权实施的私法行为。
[5] 行政权说以对国家权力的划分和对行政权的界定为前提,认为行政机关和授权组织运用行政权实施的行为包括行政法律行为、行政事实行为和准法律行为三种。
[6] 公法行为说认为,行政行为是具有行政法(公法)意义或效果的行为,进而将私法行为、事实行为排除在行政行为范围之外。该学说又分全部公法行为说、行政立法行为除外说、具体行为说、合法行为说四种观点。
[7] 参见石佑启:《论协会处罚权的法律性质》,载《法商研究》2017年第2期。

还可能作出其他非权力行为,如民事法律行为或者非法律的行为等,分别受不同的法律规范调整。

3. 行政行为是能产生行政法律效果的行为。这是从行为的法律效果维度理解行政行为,从而将行政主体的行政行为与事实行为相区分。行政行为是一种行使行政职权或履行行政职责的法律行为,将设定或者产生、变更、消灭一定的行政法律关系,如行政主体行使职权并让相对人履行义务,或行政主体履行职责而使相对人行使权利等。行政行为影响和制约行政相对人的权利和义务,这种影响可能对行政相对人是有利的(如行政奖励、行政给付等授益性行政行为),也可能对行政相对人是不利的(如行政处罚、行政强制等损益性行政行为)。行政行为产生行政法律效果,并不意味着行政行为就是合法的,违法的行政行为亦产生行政法律效果。

4. 行政行为具有多种多样的行为方式。这是从行为的类型维度理解行政行为。公共行政管理的范围极为广泛,事务繁多,变动性强,要求以多样化的行政方式构建回应型公共行政范式。仅在国家行政领域,按照行政权的功能划分就存在立法、司法和行政三类国家活动,对应的行政行为包括行政立法行为、行政执法行为、行政司法行为。其中,行政立法行为包括制定行政法规和制定行政规章;行政执法行为包括行政奖励、行政给付、行政许可、行政确认、行政检查、行政征收、行政处罚、行政强制、行政协议等;行政司法行为包括行政裁决、行政仲裁、行政复议等。行政行为根据不同标准有多种类型划分,这也凸显了行政行为方式的多样性。对不同方式的行政行为进行详细分析,有助于理解各类行政行为的范围、功能以及对行政行为的法律规制。

应当注意的是,行政行为不同于行政事实行为。所谓行政事实行为,是指行政主体基于职权实施的不能产生、变更或消灭行政法律关系的行为。也即,行政事实行为并非不产生法律效果,而是不直接产生法律效果。如行政机关拖走抛锚的车辆,或行政机关根据《测绘法》竖立一个测绘标志,它不对特定人产生法律上的约束力[1],或行政公务人员在执行职务过程中对公民的非法殴打行为[2]等。这些行政事实行为也可能产生损害行政相对人合法权益的法律后果,但这种法律后果并非行政主体通过自己的意思表示所追求的,而是由法律规定的。直接产生事实效果是行政事实行为的特征。与此相反,行政行为的法律效果则是行政主体基于法律规范所作的意思表示所追求的,如行政主体实施行政处罚行为产生的对行政相对人制裁的法律效果,恰好是行政主体意思表示所追求的。

二、行政行为的构成要件

行政行为的构成要件是指构成某一行政行为所必须具备的一切主、客观条件。行政行为的构成要件旨在把握行政行为诸本质要素,缺乏这些要素就不属于行政行为。针对行政行为

---

[1] 参见姜明安主编:《行政法与行政诉讼法》(第七版),北京大学出版社、高等教育出版社 2019 年版,第 323 页。
[2] 如《国家赔偿法》第 3 条第 3、4 项所列举的两种事实行为。

构成要件,不同学者提出了不同观点,有四要件说①、一般要件和特殊要件说②,这也说明学界在该问题上尚未达成共识。本书采用三要件说,认为行政行为的构成要件包括以下三个方面:

1. 行政行为的主体必须是具有行政权能的组织,这是行政行为的主体要件。行政权能是指某一组织执行法律、作出行政行为的权利能力或行为资格。行政权能可以由法律赋予行政机关和社会组织,也可以由行政主体分解、确定给内部行政机构和公务员,甚至还可以由行政主体委托给一定的组织或个人。③ 行政主体(行政机关和法律、法规、规章授权组织)当然具有行政权能,但非行政主体的组织,如行政机构、受委托组织,在符合法定条件时也有可能成为具有行政权能的组织。行政主体以外具有行政权能的组织所作出的行为,为确定法律上的主体或责任承担者,可以视为或推定为所属行政主体的行为委托的行政主体的行为。④ 不具备行政权能的组织实施的行为,不是行政行为,更不可能是合法、有效的行政行为。

2. 行政行为的本质是行政权力的运用,这是行政行为的权力属性要件。行政行为是行政主体行使行政职权或履行行政职责的行为,行政权力的运用是该行为的本质。国家因行政管理需要赋予行政主体行政权力,而行政主体运用行政权力既是其职权又是其职责,因此,凡行政主体行使职权和履行职责的行为都是行政行为,行使职权和履行职责都是行政行为的具体方式。如果行政主体实施的行为与行使行政职权或履行行政职责无关,就不是行政行为。如行政机关购买办公用品或修建办公楼的行为,因为不是对行政权的实际运用,就不是行政行为。

3. 行政行为必须是客观存在的,这是行政行为的客观要件。行政行为的客观要件就是行政主体客观上实施了行使行政职权或履行行政职责的行为。也就是说,行政行为在外观上必须依托一定的存在形式将行为主体的内在意思表示呈现出来。行政主体只有将自己的意志通过语言、文字、符号或行动等行为形式表示出来,能被外界所识别,才能成为一种行政行为。尽管行政行为的方式多种多样,行政行为的方式并不对客观要件起决定作用,但行为客观存在却是行政行为成立的关键性问题。

以上三个要件同时具备,行政行为成立;缺乏其中之一,便不构成行政行为。

三、行政行为的分类

按照不同的标准,可以将行政行为分为不同的种类。借助于分类可以使我们了解各类

---

① 该学说又存在不同观点:有人认为,行政行为的成立要件包括主体要件、主观方面要件、客观方面要件和法律效果要件,参见沈开举、王红建:《试论行政行为的成立》,载《行政法学研究》2002年第1期;也有人认为,行政行为成立不需要主观要件,而需要同时具备行政主体(主体要件)、具体事件(客体要件)、行政处理(内容要件)、最终确定(程序要件)四个要件,参见邓楚开:《论行政行为的成立要件》,载《山东社会科学》2013年第5期。

② 该学说认为,行政行为成立要件应该包括一般要件和特殊要件,行政权是行政行为成立的唯一一般要件,意义表示和法律后果为行政行为成立的特殊要件。参见周伟著:《行政行为成立研究》,北京大学出版社2017年版。

③ 参见方世荣、石佑启主编:《行政法与行政诉讼法》(第三版),北京大学出版社2015年版,第121页。

④ 《最高人民法院关于适用〈中华人民共和国行政诉讼法〉的解释》第20条规定的被告资格确定,即遵循了这一原理。

行政行为的特点、作用及运行规则。

（一）抽象行政行为与具体行政行为

以行政行为针对的对象是否特定为标准,可以将行政行为分为抽象行政行为与具体行政行为。抽象行政行为是指行政主体针对广泛、不特定的对象设定具有普遍约束力的行为规范的活动。抽象行政行为形式上表现为制定行政规范性文件,包括行政立法行为(制定行政法规、规章)和制定其他行政规范性文件,如制定《国务院办公厅关于深化商事制度改革进一步为企业松绑减负激发企业活力的通知》。所谓具体行政行为,是指行政主体针对特定对象具体适用法律规范所作出的、只对特定对象产生约束力的活动。具体行政行为包括的范围极广,如行政奖励、行政许可、行政确认、行政处罚、行政强制、行政裁决、行政复议等。抽象行政行为与具体行政行为之分,除了行为对象、行为效力不同外,最关键的是功能不同：抽象行政行为的本质是设置行政法律关系模式,通过设置规则对行政相对人权利义务产生可能性影响；而具体行政行为则是为了实现行政法律关系模式,将规则在实践中予以具体运用并直接导致行政法律关系实际产生、变更和消灭。① 抽象行政行为与具体行政行为分类,有助于区分两种行政行为类型在作用对象、效力范围、执行方式、监督和救济途径方面的差异。

（二）内部行政行为与外部行政行为

以行政行为所针对的问题属于行政主体对社会上的公共管理事务还是对行政主体内部的管理事务为标准,可以将行政行为分为内部行政行为与外部行政行为。所谓内部行政行为,是指行政主体对与自己具有行政上的隶属关系的行政相对人就行政主体自身的内部行政事务实施的行政行为。如上级行政机关对下级行政机关报告的审批、行政机关对公务员给予的处分。所谓外部行政行为,是指行政主体对与自己没有行政上的隶属关系的行政相对人就行政主体自身以外的公共管理事务实施的行政行为。内部行政行为与外部行政行为的主要区别在于:(1)两者适用的法律依据不同。前者主要适用行政组织法,后者主要适用行政行为法。②(2)法律效力范围不同。(3)行政行为方式不同。如行政处罚与行政处分的适用。(4)救济途径不同。根据我国目前的法律,内部行政行为原则上不受司法审查,主要依据行政系统内部的监督救济途径解决纠纷。这种分类在一定程度上有助于界定我国行政诉讼的受案范围。但是,内部行政行为外部化后,应当被视为外部行政行为,属于行政复议和行政诉讼的受案范围。③ 实践中,内部行政行为外部化和外部行政行为内化,都应当值得关注和警醒。

（三）依职权的行政行为、依授权的行政行为与依委托的行政行为

以实施行政行为的权力来源为标准,可以将行政行为分为依职权的行政行为、依授权的

---

① 参见周佑勇著:《行政法原论》(第三版),北京大学出版社2018年版,第182页。
② 参见胡建淼主编:《行政法学》,复旦大学出版社2003年版,第99页。
③ 有行政裁判文书中指出:"按照《行政诉讼法》的规定,作为内部行政行为的批复不可诉,但内部行政行为通过行政机关的职权行为外化后,则可纳入行政诉讼的受案范围。"参见中华人民共和国最高人民法院行政审判庭编:《中国行政审判指导案例》(第1卷),中国法制出版社2010年版,第1页。

行政行为与依委托的行政行为三类。依职权的行政行为是行政主体中的国家行政机关直接按自己法定的固有职权实施的行政行为。依授权的行政行为是行政主体中某些非行政机关组织,依据法律、法规、规章的专门授权实施的行政行为。依委托的行政行为则是某些非行政机关组织依据国家行政机关的委托,在委托范围内代行政机关实施的行政行为。上述三类行政行为在实施时,权力来源是各不相同的。其中,第一类由行政机关依自己固有的职权实施,因而这类行政行为在实施上的自主性相对要大一些,而且由行政机关直接对该行政行为负责;第二类由某些非行政机关的组织依法律、法规、规章的专门授权实施,因而这类行政行为在实施上要受到严格的限制,即只能在授权范围内严格实施,该行政行为的后果应由实施这一行为的组织自己承担责任;第三类由某些非行政机关的组织依行政机关的委托代行政机关实施,因而这类行政行为在实施上受行政机关意思表示的限制,即只能在行政机关委托的范围内严格实施,对该行政行为,作为委托者的行政机关要承担责任。这种分类对于确定行政诉讼的被告和责任的承担者具有重要的意义。

(四)单方行政行为与双方行政行为

以是否依行政主体单方意志就可形成并发生法律效力为标准,可以将行政行为分为单方行政行为和双方行政行为。单方行政行为依行政主体单方意志即可作出并发生法律效力,无须相对一方的同意,如行政处罚、行政强制等。双方行政行为依行政主体与行政相对人的共同意志作出,需双方合意才能发生法律效力,如行政协议。行政行为的这一分类对于我们了解不同行政行为的成立和生效条件具有重要的意义;单方行政行为只要有行政主体的意思表示就可以成立并生效;而双方行政行为必须在行政主体和行政相对人双方意思表示一致后才能成立并生效。

(五)羁束行政行为与自由裁量行政行为

以受法律拘束的程度为标准,可以将行政行为分为羁束行政行为与自由裁量行政行为。羁束行政行为是指严格受法律的具体规定约束,行政主体没有选择余地的行为,如税务机关严格按法律规定的税种、税率征税。自由裁量行政行为是指法律只规定原则或一定的范围与幅度,行政主体根据原则或在法定的范围、幅度内,根据具体情况和实际需要,可以自主作出的行为,如公安机关对违反治安管理的行为人予以罚款处罚,就可以根据情况,在法律规定的幅度内选择具体的罚款数额。羁束行政行为通常针对需严格统一控制、稳定性较强的事务;自由裁量行政行为通常针对情况比较复杂,变化多,需要灵活处理的事务。羁束行政行为和自由裁量行政行为的分类,对于分析和认定行政行为的合法性和公正性具有一定的意义。在法律适用上,羁束行政行为一般只存在合法性问题;而自由裁量行政行为不仅存在合法性问题,还存在合理性问题。同时,在法律救济阶段,羁束行政行为接受行政审查和司法审查在范围上不受限制;自由裁量行政行为接受行政审查和司法审查在范围上受比较多的限制。[①]

---

① 参见胡建淼著:《行政法学》(第四版),法律出版社2015年版,第179页。

（六）要式行政行为与非要式行政行为

以产生法律效力是否必须具备法定形式为标准，可以将行政行为分为要式行政行为与非要式行政行为。要式行政行为是指必须具备特定形式才能产生法律效果的行政行为，如颁布行政法规必须采用国务院令这种特定形式，行政处罚须采取行政处罚决定书这种法定形式，行政许可必须采用特定的许可证书形式等。非要式行政行为是指不要求具备特定形式，只要表达了意思就能产生法律效果的行政行为，如口头通知、口头警告等。要式行政行为必须遵循法律、法规和规章对其形式上的要求，否则构成形式违法；而非要式行政行为则不会发生形式违法问题。行政行为大多是要式行为，多以书面形式作出，甚至法律对书面形式有具体要求，如《行政处罚法》规定，给予行政处罚应当制作行政处罚决定书。[①] 行政行为的这一分类，有利于正确把握不同行政行为的成立和生效要件、司法审查要件。

（七）授益行政行为与负担行政行为

以行为的内容对行政相对人是否有利为标准，可以将行政行为分为授益行政行为与负担行政行为。授益行政行为，又称有利行政行为，是指能为行政相对人带来权利或利益的行政行为，通常表现为行政主体为行政相对人设定权益或免除义务，如行政奖励、行政许可、行政给付等。负担行政行为，又称不利行政行为或损益行政行为，是指给行政相对人带来不利后果的行政行为，通常表现为行政主体为行政相对人设定义务或剥夺、限制其权益，如行政征收、行政处罚、行政强制等。行政行为的这一分类，对于把握不同行政行为的内容以及建立相应的行为规则都具有重要的意义。比如，授益行政行为和负担行政行为在违法时的撤销或变更规则就有所不同：授益行政行为违法的，适用信赖保护原则，行政主体不能随意加以撤销或变更；负担行政行为违法的，则受"复议诉讼不加罚"的限制。

（八）附条件行政行为与不附条件行政行为

以行为的生效是否附有一定的条件为标准，可以将行政行为分为附条件行政行为与不附条件行政行为。附条件行政行为，又称附款行政行为，是指行政主体根据实际需要在行政法规范规定以外附加一定生效条件的行政行为。不附条件行政行为，又称无附款行政行为，是指行政主体对行政行为的生效在行政法规范以外没有附加其他条件的行政行为。行政行为所附的条件是指行政主体根据实际需要规定的、决定行政行为效力是否发生的、某种将来的不确定事实或行为，如一定的期限、上级行政机关的批准等。行政行为的这一分类，对于分析行政行为的效力何时产生、变更和消灭具有一定的意义。

（九）作为行政行为与不作为行政行为

以行政主体对待自己法定职权和职责的态度及其表现出来的行政行为存在方式为标准，可以将行政行为分为作为行政行为与不作为行政行为。作为行政行为是指行政主体积

---

① 《行政处罚法》第 59 条规定："行政机关依照本法第五十七条的规定给予行政处罚，应当制作行政处罚决定书。行政处罚决定书应当载明下列事项：（一）当事人的姓名或者名称、地址；（二）违反法律、法规、规章的事实和证据；（三）行政处罚的种类和依据；（四）行政处罚的履行方式和期限；（五）申请行政复议、提起行政诉讼的途径和期限；（六）作出行政处罚决定的行政机关名称和作出决定的日期。行政处罚决定书必须盖有作出行政处罚决定的行政机关的印章。"

极运用行政法规范规定的职权或职责实施的行政行为,如行政检查、行政征收、行政处罚、行政强制等均是作为行政行为。不作为行政行为是指行政主体消极对待行政法规范规定的职权或职责,在法定期限或合理期限内拒不履行或拖延履行法定职责的行政行为,如对行政相对人的请求逾期不予答复等。行政行为的这一分类对于我们全面把握行政行为的各种形态,尤其是较为隐蔽的不作为行政行为,健全相应的审查规则,全面监督行政主体依法行使职权和履行职责具有重要的意义。

四、行政行为的内容

行政行为的内容即行政行为内含的意思和目的。行政行为的内容与权利(力)、义务有关。概括地讲,行政行为的内容主要包括以下五个方面:

(一)设定权利(力)和义务

设定权利(力)和义务是指通过行政行为规定和确立行政主体与行政相对人各自应有的某种权利(力)和义务。设定权利(力)是指行政主体通过行政行为,赋予行政主体或行政相对人未曾享受过的权利(力)、权利(力)能力或者行为能力;设定义务是指行政主体通过行政行为使行政主体或行政相对人承担一定的作为或不作为的义务。设定权利(力)和义务通常是抽象行政行为的内容。如行政法规、规章规定公民在某种情况下有得到物质帮助的权利,行政主体负有予以给付的义务;或行政主体有征税的权力,公民有纳税的义务等。

(二)实现权利(力)和义务

实现权利(力)和义务是指通过行政行为具体落实行政主体与行政相对人各自的法定权利(力)和义务。法律、法规、规章规定的义务需要通过实施一定的行为得以实现,许多行政行为自然以实现权利(力)和义务为内容,其中行政主体的各种职权、职责均落实在其行政行为之中。如行政主体的行政处罚权就是通过行政主体的行政处罚行为得以实现的,行政主体服务的义务则是通过其行政救助等行为实现的。同时,在许多情况下行政相对人一方的法定权利和义务也往往需要行政行为才能实现。这是因为,在行政管理中,行政相对人有些法定的权利需要经过一定的程序才能实际享有,有些法定的义务需要一定的行政督促才能实际履行,这就需要行政行为发挥作用,行政主体的行政行为有相当一部分就是以实现行政相对人权利和义务为内容的。如行政许可行为就以实现申请人法定的应当准予获得的权利为内容;催缴和征税行为就以落实纳税人法定的应当履行的义务为内容。

(三)剥夺、限制权利和减、免义务

剥夺、限制权利是指通过行政行为取消、制约行政相对人已经取得的某种权利。通常表现为因行政相对人实施违法行为而给予惩处,或因行政相对人未及时履行义务采取的强制措施,也有的是因行政相对人不再具备享有某种权利的条件而被取消权利。没收财产、限制人身自由的行政处罚,查封、扣押财产的行政强制措施,停发政府救济金的行政决定

等都是以此为内容的行政行为。减、免义务是指通过行政行为减免行政相对人一方原有的义务,通常是行政相对人在承担原有法定义务之后,因外部情况发生变化,或因自身取得法定应受减、免的条件,由行政主体依法予以义务上的减免,如减免纳税人税款的行政决定等。

(四) 确认和恢复权利、义务

确认和恢复权利、义务是指当权利和义务出现争议纠纷时,通过行政行为认定已被模糊和歪曲了的原有权利和义务并使之恢复原状。以此为内容的行政行为主要有行政确认、行政裁决、行政复议、行政赔偿等。

(五) 确认法律事实

确认法律事实是指通过行政行为认定与某种权利和义务有重要关系的法律事实。法律事实本身并不是权利和义务,但它往往是享有某种权利或履行某种义务的必要条件,通过行政行为确认之后,将必然地导致应有的权利义务关系产生。如行政主体对一公民作出属于未成年人的确认,就必然使该公民进而享有未成年人应有的各种特定权利。行政主体以此为内容的行政行为有确认行为、鉴定行为、公证行为等。

五、行政行为的效力

行政行为的效力通常表现为特定的法律约束力和强制力。这种约束力和强制力要求行政主体和行政相对人双方都必须遵守和服从,否则就要承担法律责任。行政行为的效力主要表现为以下四个方面:

(一) 公定力

公定力是指行政行为一经作出,不论其是否合法,对任何人都具有被推定为合法、有效而予以尊重的法律效力。即使行政行为不符合法定条件,在被有权国家机关经过一定程序确认为违法并撤销其效力之前,它仍然是有效的,仍然对任何人都具有法律约束力。行政行为之所以具有公定力,一旦成立即被推定为合法、有效,是因为行政行为是作为公共利益合法代表的行政主体所作的意思表示,其目的是维护社会公共利益,社会对行政主体的地位和作用应予以充分信任和尊重。只有在行政行为成立时推定其合法、有效,才能迅速稳定权利与义务关系,有效维护社会秩序,最大限度地实现公共利益。当然,行政行为具有公定力并不是说违法的、不符合法定效力条件的行政行为永远是有效的,它在事后完全可以通过一定的法律程序被撤销,但在被撤销之前它被先行假定为有效,有关当事人应当暂时受其约束。

(二) 确定力

确定力也称不可变更力,是指行政行为成立并生效后,其内容具有确定性,非法定主体不可随意变更和撤销。行政行为的确定力来源于国家行政权的权威性,目的在于稳定行政管理秩序,让行政相对人服从必要的国家行政管理。但行政行为也并不是绝对不能变更的,只要具有法定理由和经过法定程序,有权的国家机关可以依法变更或撤销行政行为。行政行为依法被变更或撤销的情况主要有:(1)经国家权力机关行使监督权予以变更和撤销;(2)经行政复议机关作出复议决定予以变更和撤销;(3)经上级行政主体行使监督权予以变更和撤销;(4)经行政诉讼由人民法院判决予以变更和撤销;(5)发现确有错误,由作出该行政行为的行政主体自己变更和撤销。

(三)拘束力

拘束力是指行政行为成立并生效后,其内容对有关对象产生法律上的约束力,有关对象都必须遵守和服从,否则将要承担法律后果。行政行为的这种拘束力表现在两个方面:(1)对行政相对人的拘束力。行政行为主要是针对行政相对人的,对行政相对人的权利和义务产生约束力,行政相对人必须服从。(2)对行政主体自身的拘束力。行政行为成立生效后,行政主体也受其拘束,必须依照行政行为的内容履行自己的职责,否则也要承担相应的法律责任。

(四)执行力

执行力是指已经成立并生效的行政行为要求行政主体和行政相对人对其内容予以实现的法律效力。行政行为的内容只有得到实现才具有实际意义,因而行政行为的执行力是行政行为效力的一个不可缺少的部分。行政主体和行政相对人双方对行政行为所设定的内容都具有实现的权利(力)和义务。当该行政行为为行政相对人设定义务时,行政主体具有要求行政相对人履行义务的权力,行政相对人负有履行义务的义务;当该行政行为赋予行政相对人权利即为行政主体设定义务时,行政相对人具有要求行政主体履行义务的权利,行政主体负有履行义务的义务。执行力作为实现行政行为内容的效力,其实现方式包括自行履行和强制履行。其中,对行政相对人的强制履行,行政主体可依法直接强制执行或申请人民法院强制执行;对行政主体的强制履行,通常应由行政相对人通过行政复议或行政诉讼实现。因此,执行力可以分为自执行力和强制执行力。

六、行政行为的合法要件

行政行为的合法要件不同于行政行为的构成要件。行政行为的构成要件解决的是行政行为是否存在的问题,属于事实判断的范畴;而行政行为的合法要件解决的是行政行为是否合法的问题,属于价值判断的范畴。只有行政行为已经构成后,才有进一步考虑其是否合法的必要。行政行为一旦构成即依照效力先定原则推定其具有事先的效力,但这种推定的效力,只有当已构成的行政行为符合合法要件时,才能真正稳定地产生法律效果。如果行政行为不符合或者不完全符合合法要件,终究还是要被有权机关依照一定的法律程序予以变更和撤销,从而终止全部效力。行政行为的合法要件包括:

(一)主体合法

主体合法要求作出行政行为的主体资格必须是合法取得的。具体地讲,行为主体必须是合法成立的国家行政机关,或者是被法律、法规、规章依法授权的组织。不具备合法主体资格的组织和个人所作的行为不可能是合法行政行为。

(二)权限合法

权限合法要求行政主体作出行政行为时,运用的是自身法定的职权或履行的是自身法定的职责,符合自身法定的权限分工范围,如果超越范围,则是超越职权或滥用职权的行政行为。符合法定权限分工的具体要求是:行政职权及其行使方式是法定的;职权运用所管理的事项是法定的;职权行使的地域是法定的。行政主体超越职权范围作出的行政行为是不合法的,不能产生预期的法律效力。

(三)内容合法

内容合法要求行政行为的内容必须合法、适当、真实、明确。其中,行政行为的内容合法是指行政行为的权利和义务的处理必须完全符合法律、法规、规章的规定,包括符合法律规定的目的、原则和条件等。行政行为内容适当是指行政行为的作出必须公正、合理,符合客观实际,不能畸轻畸重、显失公正。行政行为内容真实是指行政行为必须基于行政主体的真实意思表示。行政主体因重大误解作出的行政行为,受行政相对人欺骗、胁迫作出的行政行为,行政公务人员故意歪曲行政主体的决定作出的行政行为等,都是行政主体非真实意思表示的行为,它们不具有合法性和有效性。行政行为内容明确是指行政行为所表达的内容清楚、具体,不会模棱两可,使相对人无所适从,否则不能产生行政行为应有的效用。

(四)程序和形式合法

程序和形式合法是指行政主体作出的行政行为必须符合法定程序和具备法定的形式。程序是行政行为必不可少的过程和步骤。行政行为程序合法要求行政主体实施行政行为不能缺少法定的步骤、颠倒法定的顺序、超过法定的期限。依法应听证而未举行听证,或者先裁决、后调查取证的行政行为是违反法定程序的行政行为,不能产生预期的法律效力。此外,一些特定具体的行政行为还必须符合特定的程序要求,如依申请的行为需有申请程序等。行政行为必须具备法定的形式,主要是指要式行政行为要符合特定的形式,如行政处罚必须制作行政处罚决定书,不具有这种特定形式的行政行为是不合法的行政行为。

七、行政行为的生效、无效、撤销、变更、终止和废止

(一)行政行为的生效

符合合法要件的行政行为都能发生法律效力。一般而言,行政行为自作出之时即开始发生法律效力。但是,行政行为作出之时,行政相对人并不一定能立即知晓,行政相对人并不知晓的行政行为对其不能产生法律效力。因而,行政行为对行政主体生效的时间是行政行为作出之时,而对行政相对人的生效时间则根据情况不同可以分为即时生效、送达生效和附条件生效。

1. 即时生效。即时生效是指行政行为一经作出即具有效力,对相对人立即生效。即时生效的行政行为通常是行政主体当场作出并立即产生法律效力的行政行为,其适用范围较窄,一般适用于紧急情况,如在特定地区强行驱散人群、对醉酒的人实施人身管束。即时生效的行政行为通常没有书面形式,行为作出时开始生效。

2. 送达生效。送达生效是指将表达行政行为内容的法律文书送达当事人,一经送达即发生法律效力。送达包括直接送达、留置送达、转交送达、委托送达、邮寄送达、公告送达等。送达生效是行政行为生效的一般规则,行政行为的生效大多属于送达生效。

3. 附条件生效。附条件生效是指行政行为的生效附有专门的日期或条件,一旦日期届满或条件具备,该行政行为就发生效力。例如,作为抽象行政行为的行政法规和规章在附则中都附有一定的生效日期,一旦这个日期届至,该抽象行政行为就开始发生法律效力。

(二) 行政行为的无效

行政行为的无效是指行政行为因具有重大、明显的违法情形,而自始至终不发生法律效力。我国目前尚未制定统一的行政程序法,对行政行为无效的条件并无明确、具体的规定。一般而言,无效的行政行为主要包括以下六种:(1)具有特别重大的违法情形的行政行为;(2)具有明显的违法情形的行政行为;(3)实施将导致犯罪的行政行为;(4)不可能实施的行政行为;(5)行政主体受行政相对人胁迫或欺骗作出的行政行为;(6)行政主体不明确或明显超越相应行政主体职权的行政行为。

对于无效行政行为,行政相对人可以不受该行为约束,可以不履行该行为所确定的任何义务,并且不履行该行为所确定的义务也不会引起任何法律责任,行政相对人可以在任何时候请求有权国家机关宣布该行为无效,不受行政复议和行政诉讼时效期间的限制,有权国家机关可以在任何时候宣布该行政行为无效,因为无效行政行为不具有公定力。

行政行为被宣布无效后,行政相对人因无效行政行为而受到的一切损害均应予以恢复,行政相对人因无效行政行为而获得的一切权益均应收回,如果此种收回给善意的行政相对人或者第三人的合法权益造成损害,行政主体应予以赔偿。因行政相对人的过错、违法行为导致行政行为无效,使国家和社会公共利益遭受损失的,行政相对人应予以赔偿。

(三) 行政行为的撤销

行政行为的撤销是指因行政行为不具备合法要件,由有权的机关对其予以撤销,使其向前向后均失去效力。行政行为不具备合法要件即属于违法或不当的行政行为,撤销是对该行政行为的否定,不仅使其对后不具有效力,而且原则上要溯及既往,使之自始至终都不具有效力。即应认定其从成立之时起就不具有法律效力。在被撤销前已发生的法律效果,应依法予以处理,使相关的权利和义务恢复到作出该行政行为之前的状态。不能恢复的,应依法给予行政赔偿。但是,行政行为的撤销如果涉及重大公共利益,或者严重损害行政相对人的信赖利益,也可以仅使行政行为自撤销之日起向后失去效力,对撤销之前发生的效力予以认可,并可采取相应的补救措施。行政行为的撤销必须通过有撤销权的机关经过法定程序进行,这些机关通常包括国家权力机关、上级行政机关、原行政机关、行政复议机关和人民法院。

(四) 行政行为的变更

行政行为的变更是指行政行为因内容不适当而被改变。变更通常是让行政行为仍然存在,只是在种类、幅度等内容上作出一些改变,使之更为合理、适当。在这一点上,它不同于对具体行政行为的完全撤销。在我国,能对行政行为予以变更的有权机关主要包括行政主体的上级行政机关、作出行政行为的原行政机关、行政复议机关和人民法院。人民法院根据我国行政诉讼法的规定,认为行政处罚明显不当,或者其他行政行为涉及对款额的确定、认定确有错误的,可以判决变更。

(五) 行政行为的终止

行政行为的终止又称行政行为的自动失效,是指行政行为因某些法定因素的出现而不再向后发生法律效力。终止并不否定该行为被终止之前的效力,也不是因为该行为有违法或不当的情形,这是终止与撤销的主要差别。引起行政行为终止的原因很复杂,概括起来主要有以下四种:

1. 行政行为的目的已经达到,因任务已完成而自然终止。

2. 期限届满。行政行为在附有存续期限的情况下,一旦期限届满,行为的效力即行终止。

3. 行政行为针对的事项已不复存在或因情况发生了较大变化而被行政主体终止。如行政行为已经执行完毕、行政行为执行的条件已经不复存在、作为行政相对人的公民已经死亡、行政行为的标的物已经灭失(如应拆除的房屋已经倒塌)等。

4. 行政行为附有一定的解除条件,一旦条件具备,其效力即被终止。行政行为因条件成就而终止的,其法律效力自条件成就之日起丧失。

行政行为自生效之时起至失效之时止,具有持续的法律效力。

(六) 行政行为的废止

行政行为的废止是指本来具备合法要件的行政行为,因法律和政策的变化而不再适应新的社会情况,由有权国家机关宣布废除并使其向后不再发生法律效力。行政行为的废止不是因为行政行为本身存在违法或不当,所以,被废止的行政行为自废止决定作出之日起向后丧失法律效力,废止之前的法律效力不受废止行为的影响。行政行为具有下列情形之一的,可以予以废止:

1. 行政行为所依据的法律、法规、规章被有权机关依法修改、废止或撤销。作为行政行为依据的法律、法规、规章被依法修改、废止或撤销的,相应的行政行为失去了合法存在的基础,它的继续存在将与新的法律、法规、规章相抵触,所以,行政主体必须废止原行政行为。

2. 国际、国内或行政主体所在地区的形势发生重大变化,原行政行为的继续存在将有碍社会政治、经济、文化的发展,甚至给国家和社会公共利益造成重大损失的,行政主体必须废止原行政行为。

3. 行政行为已完成原定目标、任务,实现了其历史使命,从而没有继续存在的必要的,行政主体应该废止原行政行为。

行政行为的废止如果是由法律、法规、规章的废除、改变、撤销或形势变化引起,且此种废止给行政相对人的合法权益造成了比较大的损失,基于信赖保护原则,行政主体应对其损失予以适当补偿。

第二节 行政程序原理

一、行政程序的概念与特征

（一）行政程序的概念

行政程序是行政主体实施行政行为时所应当遵循的方式、步骤、顺序和时限等所构成的一个连续过程。它一般由以下四个要素构成：行政行为的方式、步骤以及实现这些方式、步骤的顺序和时限。方式是指行政主体实施行政行为时采用的各种具体方法和形式。步骤是指行政主体完成某一行政行为所要经历的阶段，如公安机关在作出治安处罚时一般要遵循传唤、讯问、取证、裁决的程序。顺序是指行政主体实施行政行为所必经的步骤间的先后次序，这个次序不能颠倒。时限是作出行政行为的时间限制，包括完成某一程序行为的时间限制和完成实体行为的时间限制。方式、步骤构成了行政行为的空间表现形式，顺序、时限构成了行政行为的时间表现形式。所以，行政程序本质上是行政行为空间和时间表现形式的有机结合。① 行政程序与行政实体是行政行为的两个方面，两者是形式与内容的关系，相互依存，不存在没有实体内容的行政程序，也不存在不经过程序就能实现的行政实体内容。

（二）行政程序的特征

1. 行政程序具有法定性和责任性。行政程序事关行政实体权利义务的实现，是由相应的法律规范规定的（即程序法定），不可由行政机关及其工作人员人为设定。② 行政主体在实施行政行为时必须严格遵循法定的方式、步骤、顺序和时限，这是行政法治的基本要求。如果行政主体实施行政行为时程序违法，则要承担相应的法律责任。

2. 行政程序具有多样性。由于行政事务纷繁复杂，行政程序不可能是单一的。不同的行政行为所遵循的程序不同，如行政立法、行政处罚、行政许可等必然有各自的程序。同时，即便是同一行政行为，在不同的情况下也要遵循不同的程序，如行政处罚的程序就有简易程序、普通程序和听证程序之划分。行政程序的多样性，要求既要关注各种行政行为的程序共性，也要重视各种行政行为的程序个体差异。

3. 行政程序具有统一性。行政法在实体方面没有统一、完整的法典，而在程序方面的法典化趋向已经很明朗。自1946年美国颁布《联邦行政程序法》之后，其他国家纷纷效仿。之所以有行政程序法典的存在，是因为多样的行政程序具有统一性，立法可以把行政程序中共性问题规定在统一的行政程序法中。

二、行政程序的分类

把握行政程序的不同种类及其内容，有助于行政主体正确地实施行政行为，有助于行政

---

① 参见姜明安主编：《行政法与行政诉讼法》（第七版），北京大学出版社、高等教育出版社2019年版，第325页。
② 参见胡建淼著：《行政法学》（第四版），法律出版社2015年版，第602页。

相对人参与行政程序,监督行政主体依法实施行政行为,保护自己的合法权益。根据不同的标准,可以将行政程序分为不同的种类:

(一)内部行政程序与外部行政程序

这是依行政程序适用范围的不同作的划分。其划分法律意义在于明确行政程序的调整重心,确立"交叉适用无效"和"分别救济"两大原则。[①] 内部行政程序是行政主体实施内部行政行为时所遵循的程序,如行政机关对公务员的任免程序、奖惩程序、公文处理程序、规章备案程序等。外部行政程序是行政主体对外管理作出外部行政行为时所遵循的程序,如行政许可程序、行政处罚程序、行政复议程序等。划分内部行政程序和外部行政程序的目的是充分认识外部行政程序的重要性。相对而言,外部行政程序是行政程序的核心部分,其是否完备是衡量现代行政民主化与法治化的一个基本标志。目前要加强的是外部行政程序的法治建设,行政法学重点研究的是外部行政程序。外部行政行为如果不重视程序上的法治化,极易出现失职、越权或滥用职权现象,不利于社会的稳定和民主的发展。因此,应注重将外部行政程序法律化。当然,内部行政程序与外部行政程序并不能截然分开,它们通常紧密联系、相互交织在一起发挥作用,有时内部行政程序可以转化为外部行政程序。所以,无论是外部行政程序还是内部行政程序,当法律有规定时,行政主体都应当遵守而不得违反,否则,将承担不利的法律后果。

(二)抽象行政行为的程序与具体行政行为的程序

这是依行政程序所适用的行政行为性质不同作出的划分。行政行为有抽象行政行为与具体行政行为之分,与此相对应,行政程序也可以分为抽象行政行为的程序与具体行政行为的程序。抽象行政行为的程序是行政主体进行抽象行政行为时所必须遵循的程序,包括行政立法程序和制定其他规范性文件的程序,其中行政立法程序更为规范、严格。具体行政行为的程序是行政主体实施具体行政行为时所必须遵循的程序,包括行政执法程序和行政司法程序。划分抽象行政行为程序和具体行政行为程序的法律意义在于:(1)不同性质的行政行为,具有不同的程序要求;(2)违反不同性质的程序,将导致不同的法律后果,适用不同的法律救济途径。

(三)事前行政程序与事后行政程序

这是依行政程序适用的时间不同作出的划分。事前行政程序是行政行为实施前或实施过程中所遵循的程序,如调查程序、听证程序、行政立法中的征求意见程序等。事后行政程序是行政行为实施后,为确定该行为的合法性与适当性以及纠正违法、不当行为或对受害的相对人进行救济而适用的程序,如行政复议程序、行政赔偿中的"先行处理"程序等。划分事前行政程序与事后行政程序的目的在于,要求人们不仅要重视事后行政程序,也要重视事前行政程序。因为,加强事前程序的运用能起到提高行政行为的质量、防患于未然的作用;加强事后程序的运用,则能使违法、不当的行政行为得到及时纠正,使受害相对人的合法权

[①] 参见姜明安主编:《行政法与行政诉讼法》(第七版),北京大学出版社、高等教育出版社2019年版,第327页。

益得到切实保障。随着社会的发展和行政管理事务的增多,仅仅靠事后行政程序解决各种纠纷是远远不够的,需要设立更多的事前行政程序建立和维护社会秩序,预防各种纠纷的发生。实践证明,事前行政程序对行政民主化和提高行政效率的意义十分重大。如果不为行政行为确定合理的事前行政程序,侵害公民合法权益、行政效率低下、行政机关各行其是等各种不良现象就会大量出现。

(四)行政立法程序、行政执法程序与行政司法程序

这是根据实施行政行为时形成法律关系的特点不同所作的分类。行政立法程序是指行政机关制定行政法规和规章时所适用的程序。行政立法行为对象的不特定性和效力的后及性,使得行政立法程序比较正式、严格,具有准立法特点,一般都要经过规划、立项、起草、审查、决定与公布、解释与备案等阶段。[①] 每个阶段又包括一些具体的办法和相应的制度,如听证制度、专家论证制度等,它们成为行政立法程序不可缺少的内容。行政执法程序是指行政机关在行使行政职权、实施具体行政行为过程中所适用的程序。由于行政执法行为在方式和手段上具有多样性,行政执法程序的设置也具有多样性特点,如在行政许可、行政征收、行政强制、行政处罚、行政奖励、行政给付等方面,必须设置不同的程序制度。行政司法程序是指行政机关以第三方公断人的身份,依法解决行政管理范围内的纠纷所必须遵循的程序,包括行政裁决程序和行政复议程序等。由于行政司法行为是解决争议、裁决纠纷的活动,具有准司法的特点,强调公正应是行政司法程序设置的最基本要求。这种划分的意义在于明确,针对不同的行政行为,其程序要求也不完全一样。

(五)强制性行政程序与任意性行政程序

这是以法律规定行政主体实施行政行为时,对所遵循的程序是否可以自由选择为标准所作的分类。强制性行政程序是指法律对行政行为的程序作出了详细、具体、明确的规定,行政主体在实施行政行为时没有自由选择的余地,必须严格遵守法律的规定而适用的程序。任意性行政程序是指法律对行政行为程序未作出详细、具体、明确的规定,行政主体在实施行政行为时可以自由选择而采取的程序。这里的"强制性"或"任意性"是针对行政主体行使行政权实施行政行为的程序规定,非针对行政相对人,也不是指行政主体可依职权或应申请而作出行政行为。[②] 划分强制性行政程序与任意性行政程序的意义在于,对于强制性行政程序而言,行政主体必须遵守,不得随意选择或违背,否则将导致该行政行为违法;而对于任意性行政程序而言,行政主体可以酌情选择适用,一般不直接导致行政行为违法,主要产生行政行为是否合理的问题。

三、行政程序的基本原则

行政程序的基本原则是指在行政程序的设置和运用中必须普遍遵循的基本准则。从我国的立法与实践看,行政程序的基本原则主要有:

---

① 《行政法规制定程序条例》和《规章制定程序条例》对行政立法程序作了比较详细的规定。
② 参见胡建淼著:《行政法学》(第四版),法律出版社2015年版,第604页。

（一）程序法定原则

这一原则是指行政行为的主要程序必须由法律规范加以规定,行政主体在实施行政行为时对于法定程序必须严格遵循,违反法定程序的行政行为是违法的,并应承担相应的法律责任。程序法定原则是行政合法原则在行政程序领域的具体化,其基本内容包括:(1)行政主体实施行政行为时必须严格按照法律规定的方式、步骤、顺序和时限进行。(2)行政主体行使职权所选择适用的程序必须有利于保护相对人的合法权益,不得侵犯公民的基本权利和自由。(3)行政主体实施行政行为违反法定程序的,应当承担相应的法律责任。

（二）公开原则

公开原则是指行政主体的一切行政活动,除涉及国家秘密、商业秘密及个人隐私并由法律规定不得公开的以外,一律向相对人和社会公开,以增强行政活动的透明度,接受行政相对人和社会的监督。行政公开已成为现代行政活动应遵循的一项基本原则。在现代行政法中,行政公开主要包括行政活动的依据公开、过程公开、结果公开以及情报信息资料公开等。行政公开是公众参与行政和监督行政的必要前提,是政府公正、廉洁办事的重要保障。阳光是最好的防腐剂,暗箱操作是营造腐败的温床。确立行政公开原则,有助于实现公民的知情权,促进公民对行政的参与。因为知政是参政、议政的前提,公民只有在充分、确实了解政府活动的基础上才能有的放矢,有效参与国家和社会事务的管理,使自己的主体地位得到体现,使自身的利益得到维护和增进。公开原则有一系列程序规则予以落实,如表明身份程序、告知程序、说明理由等。①

（三）相对人参与原则

这一原则是指行政主体在行政决策、制定规范性文件和实施其他行政行为时,在程序上要保障相对人的知情权和参与权得以实现。该原则的具体内容包括:(1)行政机关应当保障公民及时了解有关情况。(2)行政机关在进行决策和作出影响行政相对人权益的行政决定时要保证相对人参与,为利害关系人举行听证,广泛听取各方面的意见、建议,并允许相对人对之提出反对意见等。(3)行政机关在制定政策、进行行政立法或行政裁决时,要事先通知利害关系人,允许相对人查阅或复制公文案卷,以收集有关资料,维护自己的合法权益。事后要允许相对人向行政机关申诉,通过行政复议等获得救济。

（四）程序公正原则

这一原则是指行政主体在实施行政行为时应合理处理公共利益与个人利益之间的关系,并在程序上平等地对待相对人,其宗旨是公平、正义。公正原则包括以下内容:(1)行政机关在实施行政行为时,要尽可能地兼顾公共利益和个人利益,在两者之间保持平衡。(2)对所有的行政相对人要一视同仁,不偏不倚,如在行政裁决中要给予利害关系人同等的辩论机会等。(3)行政机关要公正地查明一切与作出行政决定有关的事实真相。(4)在作出影响相对人权益的决定时要排除偏见,如实行回避、审裁分离、禁止单方面接触制度等。

---

① 参见周佑勇著:《行政法原论》(第三版),北京大学出版社2018年版,第203页。

（五）效率原则

这一原则是指行政行为应当在合法的前提下，程序上要以迅速、简便与经济的方式达到行政目的。该原则包含的内容有：(1) 任何行政程序的设定都要考虑到时间性，防止拖延，保障快速实现行政目标。行政程序中的时效制度即体现这一要求。(2) 行政程序的设定要有一定的灵活性，以适应行政管理复杂多变的需要。行政程序中的紧急处置制度体现这一要求。(3) 行政程序应建立在科学、合理的基础上，以保证行政决策的正确以及行政活动为公众所接受，通过减少失误和保证执行顺畅提高行政效率。(4) 行政程序的设计要有利于排除行政管理的障碍，保证行政目标的实现，行政程序中的不停止执行制度即体现这一要求。

四、行政程序的主要制度

行政程序的主要制度是指行政机关在行政活动中必须遵循的重要程序制度，是行政程序基本原则的具体化。

（一）公开制度

公开制度是实现公民知情权的必然要求。这一制度包括行政程序公开和信息资料公开两个方面。行政程序公开是指行政主体在作出行政行为时，除法律规定不得公开外，都应当公开进行，如公开举行听证会等。信息资料公开又称情报公开，是指行政主体应通过各种方式和渠道使社会公众知晓有关行政活动的情况和相关信息资料。它涉及的内容广泛，行政法规、规章、行政政策、行政决定及行政机关据以作出相关决定的有关材料、行政统计资料、行政机关的有关工作制度、办事规则和手续等所有这些行政情报，凡是涉及相对人权利和义务的，只要不属于法律规定的保密范围，都应依法向社会公开，任何公民、组织均可依法查阅和复制。情报公开是公民行使法定权利、履行法定义务的重要条件，是相对人防止行政机关在行使职权时侵犯其合法权益的保障，也是公民知政、参政的途径。

（二）告知制度

这是指行政主体在作出行政行为前或作出行政行为过程中，要依法将相关事项告诉相对人。公开制度强调向社会公开，而告知制度强调向相对人告知。向相对人告知的内容通常包括：(1) 告知身份。即行政机关及其工作人员在进行调查或作出行政处理或处罚行为之始，应当向相对人出示履行职务的证明，表明其有权从事该项活动。告知身份制度不仅有利于防止假冒、诈骗活动，也有利于防止行政机关及其工作人员超越职权、滥用职权。(2) 告知据以作出行政行为的事实根据和法律依据。(3) 告知决定。如告知受理或不受理、告知许可或不许可、告知处罚轻重或不予处罚等。(4) 告知权利。如告知相对人有陈述和申辩的权利、聘请律师的权利、查阅材料的权利、申诉的权利、申请行政复议与提起行政诉讼的权利等。(5) 告知其他事项。如告知听证会的时间和地点、告知申诉的期限和受理申诉的机关等。

（三）听证制度

这一制度是指行政主体在作出影响相对人权利和义务的决定之前，由行政主体告知决定理由和听证权利,行政相对人陈述意见、提供证据,行政主体听取相对人的陈述、申辩和质证并作出相应决定等程序所构成的法律制度。①它是现代行政程序法的核心制度,是相对人参与行政程序的重要形式,是行政民主与行政公正的具体体现。听证有广义和狭义之分。广义的听证泛指行政主体听取当事人意见的程序,包括正式听证和非正式听证两种。狭义的听证特指行政主体以听证会的形式听取当事人意见的程序,是一种正式的听取当事人意见的形式。正式听证和非正式听证的区别主要在于相对人参与的方式和程度不同。在非正式听证中,相对人主要通过口头或书面的方式表达其意见,以供行政主体参考,相对人没有质证和相互辩论的权利,行政主体作出决定时不受相对人意见的限制;而在正式听证中,行政主体必须举行听证会,相对人有权在律师的陪同下出席听证会,有权提供证据,进行口头辩论,行政主体必须根据听证记录作出决定。在正式听证中,相对人享有下列权利:(1)由无偏见的官员作为听证主持人的权利。(2)在合理的时间以前得到通知的权利。(3)提供证据和进行辩论的权利。(4)聘请律师陪同出席听证会的权利。(5)通过质证及其他正当手段驳斥不利证据的权利。(6)要求行政主体根据行政案卷中所记载的证据作出裁决的权利。(7)取得全部案卷副本的权利。

在我国,1996年颁布的《行政处罚法》正式确立了行政处罚的听证制度,在国内首次规定了听证制度。目前这一制度有了很大的发展,听证的适用范围不断扩大。根据我国目前的法律规定,听证制度主要适用于:(1)行政处罚听证。行政处罚听证适用于行政处罚程序。《行政处罚法》第63条规定:"行政机关拟作出下列行政处罚决定,应当告知当事人有要求听证的权利,当事人要求听证的,行政机关应当组织听证:(一)较大数额罚款;(二)没收较大数额违法所得、没收较大价值非法财物;(三)降低资质等级、吊销许可证件;(四)责令停产停业、责令关闭、限制从业;(五)其他较重的行政处罚;(六)法律、法规、规章规定的其他情形。当事人不承担行政机关组织听证的费用。"(2)政府定价听证。政府定价听证适用于政府确定物价程序。《价格法》第23条规定:"制定关系群众切身利益的公用事业价格、公益性服务价格、自然垄断经营的商品价格等政府指导价、政府定价,应当建立听证会制度,由政府价格主管部门主持,征求消费者、经营者和有关方面的意见,论证其必要性、可行性。"(3)行政立法听证。行政立法听证适用于行政法规、规章的制定程序。《立法法》第67条第1款规定:"……行政法规在起草过程中,应当广泛听取有关机关、组织、人民代表大会代表和社会公众的意见。听取意见可以采取座谈会、论证会、听证会等多种形式。"《行政法规制定程序条例》第13条第1款规定:"起草行政法规,起草部门应当深入调查研究,总结实践经验,广泛听取有关机关、组织和公民的意见。涉及社会公众普遍关注的热点难点问题和经济社会发展遇到的突出矛盾,减损公民、法人和其他组织权利或者增加其义务,对社会公众有重要影响等重大利益调整事项,应当进行论证咨询。听取意见可以采取召开座谈会、论证会、听证会等多种形式。"《规章制定程序条例》第15条第1款规定:"起草规章,

---

① 参见姜明安主编:《行政法与行政诉讼法》(第七版),北京大学出版社、高等教育出版社2019年版,第340页。

应当深入调查研究,总结实践经验,广泛听取有关机关、组织和公民的意见。听取意见可以采取书面征求意见、座谈会、论证会、听证会等多种形式。"(4)行政许可听证。根据《行政许可法》第19、46条规定,起草法律草案、法规草案和省、自治区、直辖市人民政府规章草案,拟设定行政许可的,起草单位应当采取听证会、论证会等形式听取意见,并向制定机关说明设定该行政许可的必要性、对经济和社会可能产生的影响以及听取和采纳意见的情况。法律、法规、规章规定实施行政许可应当听证的事项,或者行政机关认为需要听证的其他涉及公共利益的重大行政许可事项,行政机关应当向社会公告,并举行听证。此外,规定听证的还有《土地管理法》《城乡规划法》《海警法》《环境影响评价法》《旅游法》等。

(四)辩论制度

这一制度是指行政主体在裁决当事人之间的争议时,应通知双方当事人到场,在行政主体的主持下,由双方当事人就有关事实问题和法律问题进行对质的一种法律制度。其目的在于通过当事人之间的质证澄清有关事实和法律问题,从而保障双方当事人的合法权益。辩论制度给予了当事人充分陈述自己观点和理由的机会,有利于防止行政主体在进行裁决时偏听偏信,也有利于相对人接受和自觉履行行政决定。

(五)回避制度

这一制度是指行政工作人员与所处理的行政事务有利害关系,可能影响到公正处理或裁决时,主动或应相对人申请不得参与处理该项行政事务的制度。回避制度来源于普通法上的自然公正原则,这项原则要求"任何人都不能做自己案件的法官"。实行回避制度,有利于排除与所处理的事项有利害关系的行政人员主持行政程序,从而实现行政公正;有利于增加相对人对行政主体的信任感,保障行政管理活动的顺利进行。

(六)职能分离制度

这一制度是指将行政主体内的某些相互联系的职能加以分离,使之分属不同机关(机构)或不同工作人员掌管和行使的制度。主要包括两种:一是审裁分离,即案件的调查人和裁决人相分离;二是裁执分离,即案件的裁决者和执行者相分离。后者如我国《行政处罚法》规定的"罚缴分离"制度。这样做除了有助于防止行政机关及其工作人员滥用权力外,也有利于保证行政决定的公正、准确,较好地体现了公正原则。

(七)不单方接触制度

这一制度是指行政主体在处理涉及两个以上有利害关系的相对人的事项时,不得在一方当事人不在场的情况下单独与另一方当事人接触,不得单方面听取其陈述、接受其提交的证据的制度。设立该制度的目的在于:防止行政机关及其工作人员与一方当事人进行私下交易而导致行政腐败;防止行政机关及其工作人员受一方当事人虚假陈述的影响而形成偏见,作出对其他当事人不利的决定而损害其合法权益。

(八)时效制度

这一制度是指行政行为的全过程或其各个阶段应受到法定时间限制的程序制度,是行政程序效率原则的具体体现。为了保证行政活动的高效率,行政程序的各个环节都应当有时间上的限制,如超过法定的期限就会产生相应的法律后果。时效制度主要是针对行政机关制定的。例如,相对人依法提出某种许可申请后,行政机关必须在法定的期限内予以答复,否则,相对人可以行政机关不作为为由申请行政复议或提起行政诉讼。时效制度也适用于相对人,如相对人不在法定期限内申请复议或提起行政诉讼,就丧失了获得相应救济的权利。

(九) 调查制度

这是指行政机关在作出一项决定或裁决前,应当查明事实、收集证据的制度,具体包括询问证人、查账、鉴定、勘验等各种方法。由于行政机关实施行政行为时比较注重效率,因而在行政调查中,行政机关的主导性比司法审判中法院的主导性强得多。所以,建立调查制度并注意保障行政相对人的权利就显得十分重要。

(十) 说明理由制度

这一制度是指行政主体在作出影响行政相对人权利和义务的决定时,除法律有特别规定外,必须向行政相对人说明作出该决定的事实根据和法律依据的制度。其作用主要在于:(1)促使行政机关对自己作出的决定作充分的考虑,使自己的决定有充分根据;(2)使相对人对行政决定的内容有充分的了解,有利于保护相对人的合法权益,避免违法、不当的行政决定对其合法权益造成侵害。

(十一) 行政救济制度

这是指在相对人不服行政机关作出的影响其权利和义务的行政决定时,法律为其提供通过申诉或申请复议获得救济的途径与机会,由法定行政机关对原行政决定进行审查并作出裁决的制度。

五、行政程序法

(一) 行政程序法的概念

行政程序法是行政法律关系主体在行政活动过程中应遵守的方式、步骤、顺序与时限的法律规范总称。它包括以下四层含义:

1. 行政程序法规范的主要对象是行政主体的行政行为。尽管行政程序法对行政相对人的行为也作出一些要求和规范,但这些都直接或间接地与行政行为有关,因而也可以认为是在直接或间接地规范行政行为。

2. 行政程序法是关于行政行为的方式、步骤、顺序与时限方面的法律规范,而不是关于行政行为全部内容的法律规范。行政机关有无权限实施某种行政行为,由行政实体法规定;如何实施行政行为,则由行政程序法规定。行政法是行政实体法与行政程序法的有机统一体。行政程序法不改变当事人的实体权利和义务,只保障当事人实体权利和义务的实现。但行政程序合法与否,直接影响到行政实体权利内容能否正确、顺利地实现。在实践中,行政实体法与行政程序法通常交织在一起,共存于一个法律文件之中,难以截然分开。

3. 行政程序法是行政法的有机组成部分,但也有一定的独立性。行政程序法规范的是行政主体在有权作出某一行政行为的前提下,按怎样的程序作出一个合法、合理的行政行为。即行政程序不仅是实现行政实体或结果的技术性工具,还有着独立于实体而存在的内在价值——程序的正当性。① 因而,行政程序法具有独立的价值。

4. 行政程序法是关于行政程序的法律规范的总和。它不仅包括行政程序法典,还包括散见于其他法律、法规及规章中的有关行政程序的法律规范。

(二) 行政程序法的作用

1. 规范与控制行政权。行政程序法对行政权的规范与控制作用主要表现在两个方面:(1) 行政程序法使行政程序成为行政行为发生法律效力的必要条件。如果程序不合法,就会导致行政行为违法,行政主体要对此承担相应的法律责任。(2) 行政程序法是杜绝失职和滥用职权等行政违法行为的有效手段。行政违法行为的发生大都与制度不完备、程序不健全有关,健全和完善行政程序法,不给失职与滥用职权留余地,便能够起到确保行政权在法治的轨道上正常运行的作用。

2. 保护行政相对人的合法权益。行政程序法具有在程序上保障相对人合法权益不受非法侵犯的作用。它不仅要求行政主体的一切行政行为必须严格依照法定程序进行,为行政机关设定了一系列程序上的义务,如告知义务、听证义务、说明理由的义务、回避的义务等;同时也赋予了行政相对人应有的行政程序权利,如听证的权利、陈述与申辩的权利、申请复议的权利等。对行政相对人程序权利予以规定,能够将行政权行使的全过程置于行政相对人的制约之下,驱使行政主体认真对待行政相对人的意见,② 制约行政主体对行政权尤其是自由裁量权的行使,促使行政主体更审慎、周密地行使职权,从而尽可能避免或减少违法与不当行为的发生,以保护行政相对人的合法权益。

3. 提高行政效率。效率是行政的生命。行政行为的效率取决于多种因素,其中之一便是行为方式的适当选择、环节的合理安排、过程的科学组合,以保证行政机关活动的合理化和科学化。行政程序法规定的程序是立法者为行政主体选择的尽可能合理的程序,去除了不必要的繁文缛节,减少了不必要的人力、物力及时间的耗费。同时,行政程序法确立的时效制度、不停止执行制度、紧急处置制度等,增加了行政的灵活性,这无疑有助于保障行政权的有效行使,从而促进行政效率的提高。

4. 促进行政民主。现代行政法一般都有防止行政专断、保障行政民主的相应程序规定。如行政法规、规章的制定应当广泛听取有关机关、组织和公民的意见,听取意见可以采取座谈会、论证会、听证会等多种形式;行政处罚的实施必须听取相对人的陈述与申辩,较重的处罚要举行听证。这些程序规定保障了公民对行政活动的参与,尽可能地避免行政专断,促进行政民主。

(三) 我国行政程序立法的现状

行政程序法的产生和发展是 20 世纪和 21 世纪行政法发展的重要内容之一。行政程序

---

① 参见周佑勇著:《行政法原论》(第三版),北京大学出版社 2018 年版,第 202 页。
② 参见章志远著:《行政法学总论》(第二版),北京大学出版社 2022 年版,第 372 页。

法发展的最突出标志是行政程序法的法典化。1946年的美国《联邦行政程序法》对行政程序的一般原则、规章制定以及行政裁决程序作出了规定，体现了行政活动的公开、参与、公正等程序原则。这是一部具有世界影响力的行政程序法典。我国虽然还没有一部统一的行政程序法典，但这并不能说我国没有行政程序法规范，更不能说我国没有行政程序立法。特别是改革开放以来，国家立法机关在行政程序立法方面做了大量工作，在许多法律文件中规定了行政程序的内容，我国的《治安管理处罚法》《国家赔偿法》《行政处罚法》《税收征收管理法》《价格法》《行政复议法》《立法法》《行政许可法》《行政强制法》等都有行政程序的相关规定，所有这些都为将来制定颁布统一的行政程序法典奠定了坚实的基础。

2020年5月28日，十三届全国人大三次会议表决通过《中华人民共和国民法典》，正式宣告我国迈入"民法典时代"。习近平指出："民法典为其他领域立法法典化提供了很好的范例。要总结编纂民法典的经验，适时推动条件成熟的立法领域法典编纂工作。"[1] 行政法法典化呼声日益强烈，但是围绕行政法法典化模式与路径的争议却仍未停止。对此，姜明安教授认为，为行政权力定规矩、划界限，把权力关进制度的笼子里，最重要的方法和途径之一，是健全和完善行政程序法制，即编纂《行政程序法典》，其应包括五大板块，即设五编，分别为总则、行政程序基本制度、行政决策与行政立法程序、行政处理程序、特殊行政行为程序。[2]

法律应用

1. 合法行政行为与有效行政行为并不完全等同。合法行政行为都是有效的，但有效行政行为并不一定都合法。因为行政行为具有公定力，一经成立即被推定合法而产生法律效力，违法行政行为可因相对人在法定救济期限内未提请救济，而获得形式上的确定力，这种行政行为虽然不是合法的，却是有效的。

2. 行政行为的合法要件不同于行政行为的构成要件。行政行为的构成要件解决的是行政行为是否存在的问题，属于事实判断的范畴；而行政行为的合法要件解决的是行政行为是否合法的问题，属于价值判断的范畴。只有行政行为已经构成后，才有进一步考虑其是否合法的必要。行政行为的合法要件包括主体合法、权限合法、内容合法、程序和形式合法。

3. 行政行为的无效是指行政行为具有重大、明显的违法情形，从而使其自始至终不发生法律效力。对于无效行政行为，行政相对人可以不受该行为约束，可以不履行该行为所确定的义务且不会引起任何法律责任；行政相对人可以在任何时候请求有权国家机关宣布该行为无效，不受行政复议和行政诉讼时效期间的限制；有权国家机关可以在任何时候宣布其行政行为无效，因为无效行政行为不具有公定力。

4. 行政主体在作出影响行政相对人合法权益的行政决定时，必须事先告知相对人，并保证相对人参与，给予相对人陈述和申辩的权利和机会，否则这种行政决定会因为缺乏最低限度的程序正当性而违法。

---

[1] 中共中央宣传部、中央全面依法治国委员会办公室：《习近平法治思想学习纲要》，人民出版社、学习出版社2021年版，第82页。

[2] 参见姜明安：《关于编纂我国行政程序法典的构想》，载《民主与法制（周刊）》2021年第30期。

案（事）例

案情简介：

某市原有甲、乙、丙、丁四家定点屠宰场，营业执照、卫生许可证、屠宰许可证等证照齐全。2007年12月国务院修订通过《生猪屠宰管理条例》后，该市政府根据其中确认并颁发定点屠宰标志牌的规定发出通告，确定只给甲发放定点屠宰标志牌。据此，市工商局将乙、丙、丁三家屠宰场营业执照吊销，卫生局也将其卫生许可证吊销。乙、丙、丁三家屠宰场对此不服，找到市政府，市政府称通告属于抽象行政行为，需遵守执行。三家屠宰场遂提起行政诉讼。

问题：

1. 市政府的通告属于何种类型的行政行为？理由是什么？
2. 颁发定点屠宰标志牌属于何种性质的行为？工商局、卫生局能否据此吊销乙、丙、丁的营业执照与卫生许可证？

案（事）例答题思路

思考题

1. 简述行政行为的概念与特征。
2. 简述行政行为的主要分类。
3. 简述行政行为的构成要件和合法要件。
4. 简述行政行为的效力。
5. 简述行政行为的生效规则。
6. 简述行政行为的无效与撤销的区别？
7. 简述行政程序的概念与特征。
8. 简述行政程序的主要制度。
9. 试述行政程序的基本原则。

第四章　行政立法与其他行政规范性文件

本章重点

1. 行政立法的概念与分类
2. 行政立法的原则
3. 行政立法的权限
4. 行政立法的程序
5. 行政立法的效力冲突及解决
6. 其他行政规范性文件的概念、特征及种类

第一节　行政立法
第二节　其他行政规范性文件
第三节　行政立法的效力等级、冲突及解决

第一节 行政立法

行政立法是一种世界性的现象。20世纪以后,尤其是第二次世界大战以来,现代社会经济和科学技术的发展日新月异,各种社会关系日趋复杂,社会运转节奏加快,行政管理也越来越复杂化、技术化和专门化,这就对行政机关提出了更加严格的要求。行政机关在组织、协调、管理和监督社会生活各方面的作用显得日益重要,而议会立法又不能及时、准确地为这些管理活动制定所需的一切法律规范,因而在行政职能不断加强的同时,行政权力也不得不随之扩大,行政立法的重要性和必要性也逐渐显现出来,并被人们所认识和接受。同时,由于行政管理的专业性、技术性强,时间要求紧迫,议会的组成和工作方式以及复杂的议事程序,又使其没有足够的时间、知识和能力对所有的行政管理活动作出详尽的规定。"传统的观点认为,行政立法是一个不得不予以容忍的祸害,它对于分权是一种不幸而又不可避免的破坏。然而,这是个过时的观点。因为,实际上,问题的关键在于行政立法在实践中是不可缺少的,而不在于理论上难以使其合理化。"[①] 因而,要完成现代国家行政管理所必需的立法任务,除了议会立法外,还必须求助于行政立法。在国家行政机关里,由于专业分工比较明确,各部门对所管理的领域又具有专门的知识和技能,议事程序也相对简单、灵活,因而能够适应当今世界行政管理专门化、复杂化、快节奏的要求,胜任行政立法工作。

一、行政立法的概念和特征

行政立法是指特定的国家行政机关依照法定权限和程序制定和发布行政法规和规章的活动。对此可从静态和动态两个层面理解:动态意义上的"行政立法"是一种行为,指行政机关制定行政法规和规章的活动;静态意义上的"行政立法"是一种结果,指行政机关依据行政立法程序制定的行政法规和规章。[②] 多数情况下对动态与静态意义上"行政立法"没有做严格区分,需要结合上下文语境来理解。行政立法的特征主要有:

1. 行政立法的主体是享有立法权的行政机关。行政立法的主体首先应是国家行政机关,不包括其他国家机关。其次应是享有立法权的行政机关,依法不具有立法权的行政机关虽然也制定规范性文件,但不属于行政立法范畴。行政机关是否享有行政立法权,由宪法、组织法及立法法等规定。依据现行法的规定,我国享有行政立法权的行政机关有:国务院,国务院各部委,中国人民银行、审计署,国务院具有行政管理职能的直属机构,省、自治区、直辖市和设区的市、自治州的人民政府。[③] 除此之外,其他各级、各类行政机关均不享有行政立法权。

---

① 〔英〕威廉·韦德:《行政法》,徐炳等译,中国大百科全书出版社1997年版,第558页。
② 参见姜明安著:《行政法》,北京大学出版社2017年版,第257页。
③ 《立法法》将地方政府制定规章的权限扩展至所有设区的市。其中,广东省东莞市和中山市、甘肃省嘉峪关市、海南省三沙市等不设区的市比照适用《立法法》赋予设区的市的地方立法权的规定。

2. 行政立法是制定和发布行政法规和规章的活动。行政立法的结果是产生具有普遍约束力、针对不特定对象普遍适用的行政法规和规章。行政机关制定的行政法规和规章具有对象不特定、反复适用等特点。它们不同于针对特定对象、只具有一次适用性的具体行政行为。行政机关针对特定对象的行政执法和行政司法行为不属于行政立法,行政机关制定行政法规和规章以外的具有普遍约束力的规范性文件,属于制定其他行政规范性文件行为,也不属于行政立法。

3. 行政立法是行政机关立法权范围内的行为。这包含两层含义:首先,行政立法是具有行政立法权的行政机关行使其立法权的过程。具有行政立法权的行政机关实施的行为不一定都是立法行为,除行政立法权以外,它还享有其他内容的行政职权,只有行使立法权的行为才是立法行为,基于立法权而制定的规范性文件才能称为行政立法。其次,各行政立法机关享有不同的立法权限,能够设定不同的行政管理制度,其立法行为也应当在各自的职权范围内进行,不得超越其法定职权范围。

4. 行政立法须依立法程序进行。行政立法机关制定的规范性文件不一定都是法,除了看是否基于立法权行为外,还要看它是否依立法程序制定。当前对行政立法程序作出规定的立法,主要有《立法法》《行政法规制定程序条例》《规章制定程序条例》等。未依立法程序制定的规范性文件不是法,行政立法须是依照立法程序制定和颁布的规范性文件。按照现行法的规定,行政立法程序主要包括规划、起草、征求意见、审查、通过、签署、公布和备案等。

需要指出的是,行政立法是一种立法活动,是一种从属性立法,即行政机关从属于权力机关,行政立法权从属于权力机关的立法权,意味着行政法规、规章从属于法律。[①]

二、行政立法的分类

根据不同的标准,行政立法可以分为不同的类别。

(一)职权性行政立法与授权性行政立法

根据立法权的来源不同,可以将行政立法分为职权性行政立法与授权性行政立法。

职权性行政立法是指特定行政机关根据宪法和组织法赋予的职权,就其职权范围内的事项制定行政法规和规章的活动。国务院的职权性行政立法源于《宪法》第89条的规定:国务院有权根据宪法和法律,规定行政措施,制定行政法规,发布决定和命令。《立法法》第65条对国务院就宪法规定的行政管理职权的事项进行立法也予以了明确。同时,《宪法》第90条第2款、《地方各级人民代表大会和地方各级人民政府组织法》第74条、《立法法》第80—82条等对国务院各部委及省、自治区、直辖市和设区的市、自治州的人民政府的职权性行政立法也作了规定。

授权性行政立法是指行政机关依照法律、法规授权或者权力机关的专门授权进行的立

---

① 参见姜明安主编:《行政法与行政诉讼法》(第七版),北京大学出版社、高等教育出版社2019年版,第160页。

法活动。授权性行政立法可分为:(1)一般授权性行政立法,又称为普通授权立法,即根据单行法律、法规中的条款授权某一行政机关制定具体的实施细则或实施办法。例如,《食品安全法》第 36 条第 3 款规定:"食品生产加工小作坊和食品摊贩等的具体管理办法由省、自治区、直辖市制定。"(2)特别授权性行政立法,即最高权力机关将应由法律规定的事项,以"决定"的形式特别授予国家最高行政机关行使。例如,1983 年 9 月 2 日,全国人大常委会作出《关于授权国务院对职工退休退职办法进行部分修改和补充的决定》;1984 年 9 月 18 日,全国人大常委会作出《关于授权国务院改革工商税制发布有关税收条例草案试行的决定》(已失效);1985 年 4 月 10 日,第六届全国人大第三次会议通过《关于授权国务院在经济体制改革和对外开放方面可以制定暂行的规定或者条例的决定》。特别授权性行政立法具有四个特点:一是被授权主体是国务院;二是由最高国家权力机关以"决定"等形式将本应由自己行使的权力授予国务院;三是具有试验性立法特征;四是有严格的授权约束。① 《立法法》第 9—13、65 条对授权性行政立法的有关条件与限制作出了规定。行政机关通过授权立法可以对法律或法规的规定进行变通和补充,但必须以法律、法规的明确授权为限。

(二)中央行政立法与地方行政立法

根据立法的主体及适用范围的不同,可以将行政立法分为中央行政立法与地方行政立法。

中央行政立法是指国务院制定行政法规和国务院各部门制定部门规章的活动。中央行政立法一般调整全国性的行政管理活动中普遍性的问题和必须由中央统一协调的问题,在全国范围内产生法律效力。根据《宪法》《立法法》和《国务院组织法》的规定,国务院享有制定行政法规的权力,国务院各部、委享有制定部门规章的权力。《立法法》第 80 条规定,除国务院各部、委外,中国人民银行、审计署和具有行政管理职能的直属机构也可以制定部门规章。

地方行政立法是指一定层级以上的地方人民政府制定和发布地方政府规章的活动。根据《立法法》第 82 条的规定,省、自治区、直辖市和设区的市、自治州的人民政府可以根据法律、行政法规和本省、自治区、直辖市的地方性法规制定规章。地方行政立法一方面要根据地方的实际情况,将法律、法规的规定具体化;另一方面又要针对有关地方的特殊性问题作出具体规定,以调整区域性的特殊社会关系。地方行政立法机关制定的规章,只能在本行政区域内发生法律效力。

(三)执行性行政立法与创制性行政立法

根据立法功能的不同,可以将行政立法分为执行性行政立法与创制性行政立法。

执行性行政立法是指行政立法机关为了执行法律、法规已创设的法律制度而进行的立法。执行性行政立法本身并不创设新的法律制度,而是执行法律、法规已经创设的法律制度,使之更具体化、明确化和更具有可操作性。执行性行政立法一般在名称上称为"实施细

---

① 参见章志远著:《行政法学总论》(第二版),北京大学出版社 2022 年版,第 294 页。

则""实施办法"等。执行性行政立法不仅在立法目的上是执行法律、法规,其内容也应当反映出它确实是在执行法律、法规。例如,《计量法》第 33 条规定:"国务院计量行政部门根据本法制定实施细则,报国务院批准施行。"这就属于执行性行政立法。

创制性行政立法是指行政机关根据宪法、组织法规定的职权或其他单行法律、法规的授权,在其授权范围内就本应由法律或法规规定的事项,在条件尚不成熟时,创制新的法律规则的行政立法活动,包括填补法律调整的空白和变更法律已规定的制度。创制性行政立法有创设新的法律规定、设定新的权利与义务等方面的内容,这种立法或基于固有的立法权而为,或由法律、法规特别授权。[①] 无论是哪一种情形,行政机关均必须根据授权法或其职责权限进行,不得违反授权,任意创制。创制性行政立法通常称为"暂行条例""暂行规定""暂行办法",或者"试行条例""试行规定""试行办法"。

三、行政立法的原则

行政立法的原则是指贯穿行政立法全过程,对行政立法制度起统帅、指导作用的基本准则。不同学者对行政立法原则持不同观点:有的认为应当遵循合法性原则、民主性原则、统一性原则、科学性原则;[②] 有的认为应当遵循民主立法原则、法制统一原则、可操作性原则;有的认为应当遵循坚持党的领导原则、坚持改革原则、依法立法原则。[③] 本书认为,行政立法应当遵循以下三项原则:

(一)依法立法原则

行政立法必须依法进行,这是行政法定原则在行政立法领域的具体体现,要求行政立法必须由法定的行政机关依法定权限和法定程序进行立法。依法立法包括三层含义:(1)行政立法主体的法定性;(2)行政立法必须依照法定权限;(3)行政立法的内容必须符合宪法、法律、法规的规定;(4)行政立法必须遵循法定程序。

(二)民主立法原则

民主立法原则是"一切权力属于人民"这一宪法原则在行政立法领域的具体体现。中华人民共和国的一切权力属于人民,人民是国家的主人,国家的法律应当反映人民的意志和利益,让人民群众参与立法,充分听取各方面的意见,这就是民主立法原则。它包含以下四个方面的基本要求:(1)行政立法要把维护最广大人民的根本利益作为出发点和落脚点,正确处理人民的全局利益与局部利益、长远利益和眼前利益的关系,立法的内容要反映或体现最广大人民的意志与利益。(2)立法程序要充分发扬民主,保障人民通过多种途径参与立法活动。因此,在立法过程中要广泛听取意见,集思广益,特别要重视基层群众的意见。行

---

① 学界有人将填补法律法规空白,运用组织法赋予的立法权所进行的立法,称为自主性立法;将变通行政法规范进行的创制性立法,称为补充性立法。参见姜明安主编:《行政法与行政诉讼法》(第七版),北京大学出版社、高等教育出版社 2019 年版,第 161 页。

② 参见周佑勇著:《行政法原论》(第三版),北京大学出版社 2018 年版,第 224—227 页。

③ 参见姜明安主编:《行政法与行政诉讼法》(第七版),北京大学出版社、高等教育出版社 2019 年版,第 162—163 页。

政立法草案应提前公布,并附立法说明,包括立法目的、立法机关、立法时间等内容,以便让人民群众有充分的时间发表意见。(3)要依法公布已通过的行政立法文件,对直接涉及公民权利与义务的行政立法,应明确规定实施时间。(4)应设置专门的行政立法咨询机构和咨询程序,对特别重大的行政立法进行专门咨询,并作为必经程序。民主立法有赖于信息公开和民众广泛参与等程序制度,①通过听取民意、吸纳民智,提升行政立法的民主化水平。《立法法》《行政法规制定程序条例》《规章制定程序条例》规定的立法起草过程中的听取意见制度、草案说明制度等,都体现了民主立法原则,行政立法机关可以采取座谈会、论证会、听证会等多种形式听取意见,使行政立法充分体现民意,也更为科学、合理。

(三)科学立法原则

所谓科学立法,是指立法过程中必须以符合法律所调整事态的客观规律为价值判断,并使法律规范严格地与其规制的事项保持最大限度的和谐,法律的制定过程尽可能满足法律赖以存在的内外在条件。科学立法要与其规制的事项相契合,立法要与外在条件保持一致,是各种内在与外在因素共同作用的结果。②即科学立法原则在立法活动中可以表述为对调整事态的事实认知和对其他立法原则所提出之目的或价值的实现。前者要求在科学立法原则的指导下对作为立法对象的社会关系自身及其背后的客观规律予以清晰把握;后者要求在科学立法原则的指导下寻求实现各种预定目的的最优方案。③

四、行政立法的权限

(一)国务院的行政立法权限

国务院是中央人民政府,是最高国家权力机关的执行机关,是最高国家行政机关,也是最高的行政立法主体。根据《宪法》和《立法法》的规定,国务院有权制定行政法规,其立法权限包括两类事项:

1. 职权立法事项。所谓职权立法事项,是指根据宪法和法律的规定本属国务院职权范围内的事项。国务院对这些自己职权范围内的事项进行的立法,就是职权立法。国务院的职权立法事项又分为两类:(1)《宪法》第89条规定的国务院行政管理职权的事项。这些事项包括国务院领导和管理经济工作、城乡建设、生态文明建设、教育、科学、文化、卫生、体育、计划生育、民政、公安、司法行政、对外事务、国防建设、民族事务及华侨事务等。国务院可以对这些属于自己管理的事项制定行政法规。(2)国务院为执行法律的规定需要制定行政法规的事项。由于国务院是权力机关的执行机关,也是最高国家行政机关,需要配套制定相应的行政法规,以保证法律实施。如全国人大常委会制定了《国家赔偿法》,国务院为了执行该法律,相应制定关于行政赔偿费用的行政法规,即《国家赔偿费用管理条例》,以落实和推行国家赔偿法律制度。

---

① 参见周佑勇著:《行政法原论》(第三版),北京大学出版社2018年版,第225页。
② 参见关保英:《科学立法科学性之解读》,载《社会科学》2007年第3期。
③ 参见裴洪辉:《合规律性与合目的性:科学立法原则的法理基础》,载《政治与法律》2018年第10期。

2. 授权立法事项。所谓授权立法事项,是指全国人民代表大会及其常务委员会将本属于其制定法律的事项,授权国务院立法,国务院根据此项授权制定相应行政法规。《立法法》第9条规定,依据本法第8条规定的应当由全国人民代表大会及其常务委员会制定法律的事项,尚未制定法律的,全国人民代表大会及其常务委员会有权作出决定,授权国务院根据实际需要,对其中的部分事项先制定行政法规,但是有关犯罪和刑罚、对公民政治权利的剥夺和限制人身自由的强制措施和处罚、司法制度等事项除外。

授权立法必须符合以下要求:(1)应当严格按照全国人大及其常委会的授权决定制定行政法规。授权决定应当明确授权的目的、事项、范围、期限以及被授权机关实施授权决定应当遵循的原则等。授权期限不得超过5年,但是授权决定另有规定的除外。(2)应当严格按照授权决定行使被授予的权力,不得将被授予的权力转授给其他机关。(3)根据全国人大及其常委会的授权制定的行政法规,应当报全国人大及其常委会授权决定规定的机关备案。(4)应当在授权期限届满的6个月以前,向授权机关报告授权决定的实施情况,并提出是否需要制定有关法律的意见;需要继续授权的,可以提出相关意见,由全国人民代表大会及其常务委员会决定。(5)授权立法事项,经过实践检验,制定法律的条件成熟时,由全国人民代表大会及其常务委员会及时制定法律。法律制定后,相应立法事项的授权终止。

(二)国务院各部门的行政立法权限

国务院各部门有权制定部门规章,这是中央行政立法的另一种形式。部门规章的立法权限直接涉及国务院与国务院部门之间、国务院部门之间的权限划分。《立法法》尚未对国务院与国务院各部门立法权限作出明确的划分。《立法法》对国务院各部门制定规章的权限问题,也仅作了原则性规定,还不够清晰和具体。根据《立法法》第80条第2款的规定,部门规章规定的事项应当属于执行法律或者国务院的行政法规、决定、命令的事项。它包含三层意思:一是各部门在本部门职权范围内制定规章时,不得超出法律和国务院的行政法规、决定、命令规定的事项范围;二是国务院的行政法规、决定、命令将有关事项特别授权由地方立法主体制定地方性法规或地方政府规章的,部门规章原则上不作规定;三是部门规章应就某些问题作出具体的、执行性的规定。没有法律或者国务院的行政法规、决定、命令的依据,部门规章不得设定减损公民、法人和其他组织权利或者增加其义务的规范,不得增加本部门的权力或者减少本部门的法定职责。

部门规章是国务院部门和直属机构在自己的权限范围内制定的规范性文件。但在实践中,尤其在中国行政体制改革过程中,会遇到涉及两个或两个以上国务院部门职权范围的事项,即存在职权交叉问题。为解决这些问题,《立法法》第81条规定,涉及两个以上国务院部门职权范围的事项,应当提请国务院制定行政法规或者由国务院有关部门联合制定规章。

(三)有关地方人民政府的行政立法权限

有关地方人民政府(如省、自治区、直辖市和设区的市、自治州的人民政府)依法享有制定地方政府规章的权限。地方政府规章制定权限涉及中央人民政府制定行政法规与地方人民政府制定规章之间的立法权限划分、地方人民政府制定规章与地方人民代表大会及其常委会制定地方性法规之间的权限划分。根据《立法法》第 82 条的规定，地方政府规章制定权限包括以下两个方面：

1. 为执行法律、行政法规、地方性法规的规定需要制定规章的事项。这里有两种情况：一种是法律、行政法规和地方性法规明确规定由地方人民政府制定规章的事项。对此，地方人民政府可以结合本地区的实际情况，就如何执行法律、行政法规、地方性法规的规定制定有关规章。另一种是虽然法律、行政法规和地方性法规没有规定地方人民政府可以制定规章，但为执行法律、行政法规、地方性法规，需要制定配套措施和具体规定。在这种情况下，如果本地区的改革和建设确有需要，地方人民政府也可以根据法律、行政法规和地方性法规的规定以及本地区的实际情况制定有关规章。

2. 属于本行政区域的具体行政管理事项。在《宪法》和《地方各级人民代表大会和地方各级人民政府组织法》规定的职权范围内，对于属于具体行政管理的事项，省、自治区、直辖市和设区的市、自治州的人民政府可以制定规章。对于不属于具体行政管理，而应当制定地方性法规的事项，地方政府不能制定规章，而应当向本级人大及其常委会提出制定地方性法规议案，由本级人大及其常委会依法制定地方性法规。

根据《立法法》第 82 条的规定，设区的市、自治州的人民政府在上述两项权限范围内制定地方政府规章，仅限于城乡建设与管理、环境保护、历史文化保护等方面的事项。而以往拥有规章制定权的设区的市已经制定的地方政府规章，涉及上述事项范围以外的，继续有效。应当制定地方性法规但条件尚不成熟的，因行政管理迫切需要，可以先制定地方政府规章。规章实施满两年需要继续实施规章所规定的行政措施的，应当提请本级人民代表大会或者其常务委员会制定地方性法规。没有法律、行政法规、地方性法规的依据，地方政府规章不得设定减损公民、法人和其他组织权利或者增加其义务的规范。

五、行政立法的程序

行政立法的程序是指行政立法机关在制定、修改和废止行政法规和规章过程中所应遵循的方式、步骤、顺序等各种要素的总称。行政立法程序的规范化、科学化和民主化，是保障并提高行政法规和规章的质量，实现行政法治的基本途径之一。我国《立法法》第三章对行政法规的制定程序有原则性规定。《立法法》虽未明确规定规章的制定程序，但其第 83 条规定："国务院部门规章和地方政府规章的制定程序，参照本法第三章的规定，由国务院规定。"根据《立法法》的规定，结合国务院颁布的《行政法规制定程序条例》《规章制定程序条例》及现行行政立法的实践，行政立法一般应遵循以下程序：

（一）立项

立项是行政立法的第一个步骤，是指行政机关决定就特定行政管理事务制定行政法规或者规章。立项应根据行政立法规划和年度立法计划进行。行政立法规划是指各级人民政府的法制机构，根据国民经济和社会发展五年规划所规定的任务，编制有指导性的行政立法的计划。

1. 行政法规的立项。国务院于每年年初编制本年度的立法工作计划。根据《立法法》第 66 条的规定,国务院法制机构应当根据国家总体工作部署拟订国务院年度立法计划,报国务院审批。国务院年度立法计划中的法律项目应当与全国人民代表大会常务委员会的立法规划和年度立法计划相衔接。国务院法制机构应当及时跟踪了解国务院各部门落实立法计划的情况,加强组织协调和督促指导。国务院有关部门认为需要制定行政法规的,应当于每年年初编制国务院年度立法工作计划前,向国务院报请立项。国务院有关部门报送的行政法规立项申请,应当说明立法项目所要解决的主要问题、依据的党的路线方针政策和决策部署,以及拟确立的主要制度。国务院法制机构应当根据国家总体工作部署对部门报送的行政法规立项申请汇总研究,突出重点,统筹兼顾,拟订国务院年度立法工作计划,报党中央、国务院批准。列入国务院年度立法工作计划的行政法规项目应当符合下列要求:(1)贯彻落实党的路线方针政策和决策部署,适应改革、发展、稳定的需要;(2)有关改革实践经验基本成熟;(3)所要解决的问题属于国务院职权范围并需要国务院制定行政法规的事项。国务院年度立法工作计划在执行中可以根据实际情况予以调整。

2. 规章的立项。部门规章立项决定权属于享有部门规章制定权的国务院部门。国务院部门内设机构或者其他机构认为需要制定部门规章的,应当向该部门报请立项。地方政府规章立项决定权属于享有地方政府规章制定权的省、自治区、直辖市和设区的市、自治州的人民政府。省、自治区、直辖市和设区的市、自治州的人民政府所属工作部门或者下级人民政府认为需要制定地方政府规章的,应当向该省、自治区、直辖市或者设区的市、自治州的人民政府报请立项。对于制定规章的立项申请,国务院部门法制机构,省、自治区、直辖市或者设区的市、自治州的人民政府法制机构应当汇总评估论证,拟订本部门、本级人民政府年度规章制定工作计划,报本部门、本级人民政府批准后执行。国务院部门,省、自治区、直辖市和设区的市、自治州的人民政府,应当加强对执行年度规章制订工作计划的领导。年度规章制订工作计划在执行中,可以根据实际情况予以调整,对拟增加的规章项目应当进行补充论证。

(二)起草

起草是指对列入规划的需要制定的行政法规和规章,由法定的机构草拟法案。

1. 行政法规的起草。行政法规由国务院组织起草,由有关部门或者国务院法制机构具体负责起草工作,重要行政管理的行政法规草案由国务院法制机构组织起草。起草行政法规,除应当遵循《立法法》确定的立法原则,并符合宪法和法律的规定外,还应当符合下列要求:(1)弘扬社会主义核心价值观;(2)体现全面深化改革精神,科学规范行政行为,促进政府职能向宏观调控、市场监管、社会管理、公共服务、环境保护等方面转变;(3)符合精简、统一、效能的原则;(4)切实保障公民、法人和其他组织的合法权益;(5)体现行政机关的职权与责任相统一的原则。起草行政法规,应当深入调查研究,总结实践经验,广泛听取有关机关、组织、人民代表大会代表和社会公众的意见。起草行政法规时,起草部门应当就涉及其他部门的职责或者与其他部门关系紧密的规定,与有关部门协商一致;经过充分协商不能取得一致意见的,应当在上报行政法规草案送审稿(以下简称行政法规送审稿)时说明情况和理由。起草部门向国务院报送的行政法规送审稿,应当由起草部门主要负责人签署。几个部门共同起草的行政法规送审稿,应当由该几个部门主要负责人共同签署。起草部门将行政法规送审稿报送国务院审查时,应当一并报送行政法规送审稿的说明和有关材料。行政法规送审稿的说明应当对立法的必要性、主要思路、确立的主要制度、各方面对送审稿主要问题的不同意见,征求有关机关、组织、人民代表大会代表和社会公众意见的情况等作出说明。有关材料主要包括所规范领域的实际情况和相关数据、实践中存在的主要问题、国内外的有关立法资料、调研报告、考察报告等。

2. 规章的起草。部门规章由国务院部门组织起草,地方政府规章由省、自治区、直辖市和设区的市、自治州的人民政府组织起草。国务院部门可以确定规章由其一个或者几个内设机构或者其他机构具体负责起草工作,也可以确定由其法制机构起草或者组织起草。省、自治区、直辖市和设区的市、自治州的人民政府可以确定规章由其一个部门或者几个部门具体负责起草工作,也可以确定由其法制机构起草或者组织起草。起草规章可以邀请有关专家、组织参加,也可以委托有关专家、组织起草。起草规章,应当深入调查研究,总结实践经验,广泛听取有关机关、组织、人民代表大会代表和社会公众的意见。听取意见可以采取书面征求意见、座谈会、论证会、听证会等多种形式。起草的规章涉及公民、法人或者其他组织切身利益,有关机关、组织、人民代表大会代表或者社会公众对其有重大意见分歧的,应当向社会公布,征求社会各界的意见;起草单位也可以举行听证会。听证会依照下列程序组织:(1)听证会公开举行,起草单位应当在举行听证会的30日前公布听证会的时间、地点和内容;(2)参加听证会的有关机关、组织、人民代表大会代表和社会公众对起草的规章,有权提问和发表意见;(3)听证会应当制作笔录,如实记录发言人的主要观点和理由;(4)起草单位应当认真研究听证会反映的各种意见,起草的规章在报送审查时,应当说明对听证会意见的处理情况及其理由。起草部门规章,涉及国务院其他部门的职责或者与国务院其他部门关系紧密的,起草单位应当充分征求国务院其他部门的意见。起草地方政府规章,涉及本级人民政府其他部门的职责或者与其他部门关系紧密的,起草单位应当充分征求其他部门的意见。起草单位与其他部门有不同意见的,应当充分协商;经过充分协商不能取得一致意见的,起草单位应当在上报规章草案送审稿(以下简称规章送审稿)时说明情况和理由。起草单位应当将规章送审稿及其说明、对规章送审稿主要问题的不同意见和其他有关材料按规定报送审查。报送审查的规章送审稿,应当由起草单位主要负责人签署;几个起草单位共同起草的规章送审稿,应当由该几个起草单位主要负责人共同签署。规章送审稿的说明应当对制定规章的必要性、规定的主要措施、有关方面的意见等情况作出说明。

(三)征求意见

征求意见是行政立法具有重要意义的程序环节,是行政立法民主化的要求和体现。在行政法规和规章起草过程中,应当征求有关机关、组织、人民代表大会代表和社会公众的意见,特别是利害关系人的意见和有关专家的意见,包括技术专家、管理专家和法学专家的意见。听取意见可以采取召开座谈会、论证会、听证会等多种形式。座谈会一般是指起草单位邀请企业、个人、其他组织或者有关部门,听取他们对立法的必要性、立法应当解决的问题的意见和建议等的一种听取意见的会议形式。论证会一般是指由起草单位邀请对某一问题有专门研究的专家、学者,对行政法规草案有关内容与实践上的合理性、可行性和可操作性等进行讨论和质证的一种听取意见的会议形式。听证会一般是指在行政机关作出某项决定前,听取有关利害关系人的陈述、申辩的一种制度。《立法法》首次将听证会形式正式引入了我国立法程序。

行政立法除在起草过程中要征求意见外,根据《立法法》第67条第2款的规定,行政法规草案还应当向社会公布,征求意见,但是经国务院决定不公布的除外。

(四)审查

审查是对行政法规或者规章送审稿进行修正形成行政法规或者规章草案的程序。

1. 行政法规的审查。行政法规在起草工作完成后,起草单位应当将草案及其说明、各方面对草案主要问题的不同意见和其他有关资料送国务院法制机构进行审查。草案的说明内容主要包括立法背景、立法的必要性、可行性及立法条件是否成熟、立法过程以及草案的主要内容等。其他有关资料主要包括国内外相关立法及政策,有关草案主要问题的统计资料、会议记录、调研报告等。国务院法制机构应当向国务院提出审查报告和草案修改稿,审查报告应当对草案主要问题作出说明。审查内容主要有:(1)草案的立法条件是否成熟,即制定行政法规的必要性和可行性;(2)是否符合宪法、法律的规定和国家的方针政策;(3)是否符合起草原则性的要求;(4)是否与有关行政法规协调、衔接;(5)草案的结构、文字等立法技术是否规范,是否符合上报手续,有关的资料、说明是否齐备;(6)是否正确处理有关机关、组织、人民代表大会代表和社会公众对送审稿主要问题的意见等。

在审查过程中,国务院法制机构对行政法规中涉及的重大疑难问题可以召开由有关单位和专家组成的座谈会、论证会,听取意见和研究论证;对于直接涉及公民、法人或其他组织的切身利益的问题,也可以召开听证会,听取有关机关、组织、人民代表大会代表和社会公众的意见。

审查后的处理有以下几种情形:(1)缓办或者退回。行政法规送审稿有下列情形之一的,国务院法制机构可以缓办或者退回起草部门:制定行政法规的基本条件不成熟的;有关部门对送审稿规定的主要制度存在较大争议的,起草部门未与有关部门协商的;上报送审稿有程序缺陷的。(2)形成草案。国务院法制部门在认真研究各方面意见,与起草部门协商后,对行政法规送审稿进行修改,形成行政法规草案和对草案的说明。(3)提请审议。行政法规草案由国务院法制机构主要负责人提出提请国务院常务会议审议的建议;对调整范围单一、各方面意见一致或者依据法律制定的配套行政法规草案,由国务院法制机构直接提请国务院审批。

2. 规章的审查。规章送审稿由法制机构负责统一审查。法制机构主要从以下方面对送审稿进行审查:(1)是否符合《规章制定程序条例》第3、4、5条的规定;(2)是否与有关规章协调、衔接;(3)是否正确处理有关机关、组织、人民代表大会代表和社会公众对规章送审稿主要问题的意见;(4)是否符合立法技术要求等。法制机构应当就规章送审稿或者规章送审稿涉及的主要问题发送有关机关、组织和专家征求意见;法制机构应当就规章送审稿涉及的主要问题,深入基层进行实地调查研究,听取基层有关机关、组织和公民的意见;规章送审稿涉及重大问题的,法制机构应当召开由有关单位、专家参加的座谈会、论证会,听取意见、研究论证;规章送审稿直接涉及公民、法人或者其他组织切身利益,有关机关、组织和公民对其有重大意见分歧,起草单位在起草过程中未向社会公布,也未举行听证会的,经批准,法制机构可以向社会公布,也可以举行听证会;有关机构或者部门对规章送审稿涉及的主要措施、管理体制、权限分工等问题有不同意见的,法制机构应当进行协调,达成一致意见,不能达成一致意见的,应当将主要问题、有关机构或者部门的意见和法制机构的意见上报本部门决定。

审查后的处理有以下几种情形:(1)缓办或退回。规章送审稿有下列情形之一的,法制机构可以缓办或退回起草单位:制定规章的基本条件尚不成熟或者发生重大变化的;有关机构或者部门对规章送审稿规定的主要制度存在较大的争议,起草单位未与有关机构或者部门协商的;未按照《规章制定程序条例》有关规定公开征求意见的;上报送审稿不符合其他程序性规定的。(2)形成规章草案。法制机构应当认真研究各方面的意见,在与起草单位协商后,对规章送审稿进行修改,形成规章草案和对草案的说明。说明应当包括制定规章拟解决的主要问题、确立的主要措施以及与有关部门的协调情况等。规章草案和说明由法制机构主要负责人签署,提出提请本部门或本级人民政府有关会议审议的建议。

（五）决定与签署

决定是指行政法规、规章在起草、审查完毕后,由行政立法机关在正式会议上讨论决定的制度。

1. 行政法规的决定与签署。行政法规草案由国务院常务会议审议,或者由国务院审批。国务院常务会议审议行政法规草案时,由国务院法制机构或者起草部门作说明。国务院法制机构应当根据国务院对行政法规草案的审议意见,对行政法规草案进行修改,形成草案修改稿,报请总理签署。

2. 规章的决定与签署。部门规章应当由部门的部务会议或者委员会会议决定。这里的部务会议、委员会会议并不限于各部和委员会,还有中国人民银行、审计署以及具有行政管理职能的直属机构。对于后者而言,规章应当经部门行政首长召集的行务会议、署务会议、局务会议集体讨论决定。地方政府规章应当经政府常务会议或者全体会议决定。一般规章由常务会议讨论决定,重要规章由政府全体会议讨论决定。部门规章由部门首长签署;地方政府规章由省长、自治区主席、市长或者自治州州长签署。

（六）公布和备案

公布是由特定的行政机关或人员,依法律规定的方式将已通过的行政法规或者规章向社会公开发布,使公众知晓的程序。它是行政法规和规章生效的必备条件。备案是将已公布的行政法规、规章上报法定的机关,在必要时备查的程序。

1. 行政法规的公布与备案。行政法规由总理签署国务院令公布施行。有关国防建设的行政法规,可以由国务院总理、中央军事委员会主席共同签署国务院、中央军事委员会令公布。签署公布行政法规的国务院令载明该行政法规的施行日期。行政法规签署公布后,及时在国务院公报和中国政府法制信息网以及在全国范围内发行的报纸上刊载。国务院法制机构应当及时汇编出版行政法规的国家正式版本。在国务院公报上刊登的行政法规文本为标准文本。行政法规应当自公布之日起30日后施行,但是涉及国家安全、外汇汇率、货币政策的确定以及公布后不立即施行将有碍行政法规施行的,可以自公布之日起施行。

国务院令通常有两种格式:一种是"《中华人民共和国××××条例(规定、办法)》,已经××××年×月×日国务院第×次常务会议(或者全体会议)通过,现予公布施行"。另一种是"现予公布《中华人民共和国××××条例(规定、办法)》,自××××年×月×日起施行"。后一种格式适用于国务院领导转批的行政法规。

根据《立法法》第98条的规定,行政法规在公布后的30日内报全国人民代表大会常务委员会备案。

2. 规章的公布与备案。部门规章由国务院部门首长签署命令予以公布。部门规章签署公布后,应当及时在国务院公报或者部门公报和中国政府法制信息网以及在全国范围内发行的报纸上刊载。地方政府规章由省长、自治区主席、市长或者自治州州长签署命令予以公布。地方政府规章签署公布后,应当及时在本地人民政府公报和中国政府法制信息网以及本行政区域范围内发行的报纸上刊载。在国务院公报或者部门公报和地方人民政府公报上刊登的规章文本为标准文本。

部门规章以部门首长发布"中华人民共和国××部(委员会、行、署、局)令"的形式公布;地方政府规章以"××省(自治区、市)人民政府令"的形式公布。公布规章的命令应当载明该规章的制定机关、序号、规章名称、通过日期、施行日期、部门首长或者省长、自治区主席、市长、自治州州长署名以及公布日期。部门联合规章由联合制定的部门首长共同署名公布,使用主办机关的命令序号。规章应当自公布之日起30日后施行;但是,涉及国家安全、外汇汇率、货币政策的确定以及公布后不立即施行将有碍规章施行的,可以自公布之日起施行。

根据《立法法》第98条的规定,部门规章和地方政府规章在公布后的30日内报国务院备案;地方政府规章应当同时报本级人民代表大会常务委员会备案;设区的市、自治州的人民政府制定的规章应当同时报省、自治区的人民代表大会常务委员会和人民政府备案。根据授权制定的法规应当在公布后30日内报授权决定规定的机关备案;经济特区法规报送备案时,应当说明对法律、行政法规、地方性法规作出变通的情况。

(七)解释

1. 行政法规的解释。国务院享有对行政法规的解释权。行政法规的解释包括两方面的内容:(1)对于行政法规条文本身需要进一步明确界限或者作出补充规定的,由国务院负责解释。国务院法制机构研究行政法规解释草案,报国务院同意后,由国务院或者由国务院授权有关部门公布;国务院各部门和省、自治区、直辖市人民政府可以向国务院提出行政法规解释要求;行政法规的解释与行政法规具有同等效力。(2)对属于行政工作中具体应用行政法规问题的解释。省、自治区、直辖市人民政府法制机构以及国务院有关部门法制机构请求国务院法制机构解释的,国务院法制机构可以研究答复;其中涉及重大问题的,由国务院法制机构提出意见,报国务院同意后答复。

2. 规章的解释。规章解释权属于规章制定机关。规章有下列情况之一的,由制定机关解释:(1)规章的规定需要进一步明确具体含义的;(2)规章制定后出现新的情况,需要明确适用规章依据的。规章解释由规章制定机关的法制机构参照规章送审稿审查程序提出意见,报请制定机关批准后公布。规章的解释同规章具有同等效力。

六、行政立法技术

行政立法技术是指行政机关在制定行政法规和规章的实践过程中总结出来的,能保障和提高行政立法质量的技巧与方法。行政立法技术贯穿整个行政立法实践过程,具体体现在行政立法的形式和内容两个方面。

(一)行政立法形式方面的技术

1. 名称要规范、简明、准确。行政法规和规章只是一种通称,任何一部行政立法还必须有一个具体的名称,这个具体的名称必须规范、准确、简明扼要。如国务院2021年10月26日发布的《证券期货行政执法当事人承诺制度实施办法》就基本上符合这些要求。只有名称规范、简明、准确,才能科学地反映行政立法的性质、主要内容、效力等级和适用范围,维护法制统一和尊严,便于遵守和执行。行政法规一般使用"条例""规定"和"办法"等名称。国务院对某一方面的行政工作作比较全面、系统的规定时,使用"条例";国务院对某一方面的行政工作作部分规定时,使用"规定";国务院对某一项行政工作作比较具体的规定时,使用"办法"。国务院各部门和地方人民政府制定的规章不得称为"条例"。在制定正式的行政法规和规章的条件尚不成熟,但现实生活又迫切需要规范调整时,为了稳妥起见,也可以在条例、规定和办法等名称中冠以"暂行"或者"试行"字样。如国务院根据全国人民代表大会及其常务委员会的授权决定制定的行政法规,称"暂行条例"或者"暂行规定"。

2. 标明制定或发布的行政机关。为了反映效力等级和适用范围,应该标明制定和发布行政法规或规章的行政机关。例如,国务院制定和发布的条例,标题上不写发布机关,只在标题之下注明"×年×月×日国务院发布";国务院制定和发布的规定、办法等应在标题上写明制定机关。规章如果是几个行政机关联合制定发布的,所有行政机关都要注明。如果是经上级行政机关批准或转发的,应当在发布的通知中写清楚。如经上级行政机关批准而由下级行政机关发布的,应当在标题下注明"×年×月×日××批准,×年×月×日××发布"。

3. 序言。行政法规或规章的序言可有可无,可长可短,可以单独列为一部分,也可以直接列入正文。序言应当简洁、明了。

4. 正文排列要规范。正文是行政法规或规章中最重要的组成部分。它一般按章、节、条、款、项、目进行排列。对于较长的行政法规,可以分章,但每章最少应有两节,每节至少要有两条;除内容复杂的外,规章一般不分章、节。行政法规篇幅较小的,也可以不分章节,而直接列条。条是按顺序从头至尾排列下来的,不受章节的影响,便于引用。每一条一般只应包括一项规则。条下所列的款一般不用数字标出,而采用另起一个自然段的方式表示。款下的项应以顺序号标出,但一条之下不得设过多的款,一款之下也不得设过多的项。

5. 签署和附加部分。行政法规或规章必须由有关人员签署才能生效。在必要时,行政法规或规章还可以有目录、附录、索引等附加部分。目录一般放在篇幅较长的行政法规之前,以便查找。索引则附于后面,以便按各种项目检索正文。附录通常包括某些图表、文件格式、计价表、行政机关或有关人员名单。

6. 语言必须严谨、简洁、准确。法律是普遍、明确、具体的规范,因此,表述规范的语言必须是严谨、简洁、准确的。行政法规和规章要求使用正式的公文用语,不得使用口头语、俚语、古语、方言、外国语、隐语和双关语,更不得使用夸张的语言和比喻手法。即使是专门法律术语的运用,也要符合规范的要求,并能为一般人所理解。文字要简洁,概念要保持同一性,同一个概念应该只有一种解释。对于初次使用又鲜为人知的用语,要在条文中加以解释。

(二)行政立法内容方面的技术

1. 弄清条文与规范的关系,做到规范明确并切实可行。法律规范一般由假定、处理和制裁三个要素组成,它们通过法律条文体现出来。但是,并非每一项法律条文都包括上述三个要素,事实上,一项法律规范可以分别表述在几项法律条文,甚至几个不同的法律文件之中。对于法律规范的三个要素,行政立法都必须作深入、细致的调查研究,弄清需要调整的社会关系、调整的方法和具体的内容,然后根据典型情况,制定明确和切实可行的法律规范。

2. 明确列举被废除的法律规范性文件,保持整个法律体系的协调、统一。行政机关在制定行政法规或规章时,根据新法废除旧法的原则,新的行政法规或规章生效以后,同一机关以及它的下级机关过去发布的与它相抵触的规范性文件应失去效力。对此,行政法规和规章的制定机关必须进行细致的清理工作,查明与新的行政法规和规章相抵触的规范性文件和具体条文,列举于行政法规或规章的后面。若仅仅规定"凡与本条例相抵触的,以本条例为准"或者"凡与本规定相抵触的一律无效",则会发生理解上的混乱,给执行带来困难。

第二节 其他行政规范性文件

一、其他行政规范性文件的概念

其他行政规范性文件是指国家行政机关制定的除行政法规、规章以外的具有普遍约束力的决定、命令。制定其他行政规范性文件虽然不是行政立法,但它与行政立法一样,都是抽象行政行为，只要不与法律、法规和规章相抵触，也可以作为具体行政行为的依据。实际上，我国大量具体行政行为是直接根据其他行政规范性文件作出的，因此，它们在我国行政管理中具有重要的地位和作用。其他行政规范性文件俗称"红头文件"①；在学理上又被称为"其他规范性文件"或者"行政法规、规章以外的其他规范性文件"，当然，也有学者将之称为"行政规范"②；在法律文本中，多使用"行政措施""决定""命令""公告""通知"等，如《行政处罚法》第16条使用了"其他规范性文件"一词，而《行政复议法》第7条则使用了"规定"一词，这些都表明它们具有与行政法规、规章不同的法律地位。其他行政规范性文件具有以下特征：

1. 主体的广泛性。其他行政规范性文件的制定主体是各级、各类国家行政机关。根据《宪法》《地方各级人民代表大会和地方各级人民政府组织法》和有关法律的规定，国务院可以规定行政措施、发布决定和命令；国务院各部、委可以发布命令、指示；县级以上地方各级人民政府及其工作部门可以规定行政措施、发布决定和命令；乡、镇人民政府可以发布决定和命令。可见，在我国，有权进行行政立法的行政机关只占少数，而有权发布其他行政规范性文件的行政机关则为大多数。

2. 效力的多层级性与从属性。其他行政规范性文件数量众多，其各自的效力与制定主体相对应，从上到下呈现多层级特点，下级规范性文件不能同上级规范性文件内容相抵触，并且分别从属于相应行政机关制定的行政法规和行政规章。

3. 规范性。其他行政规范性文件同样能为人们提供行为规则，具有普遍约束力和反复适用性，效力范围内的单位和个人都必须遵守，具有执行力。

其他行政规范性文件同行政立法一样，从表现形式看都具有规范性、反复适用性。但其他行政规范性文件与行政法规、规章也存在区别，主要表现在：（1）行政法规、规章的制定主体是由宪法和法律规定的特定行政机关，而其他行政规范性文件的制定主体是几乎所有的国家行政机关。（2）行政法规、规章的效力高于同一主体制定的其他行政规范性文件。其他行政规范性文件应以法律、行政法规、规章为依据，不得与法律、行政法规、规章相抵触。（3）行政法规、规章可以在法定范围内设定权利（权力）和义务（责任），但其他行政规范性文件无权作出涉及行政相对人的权利与义务的规定。如行政法规、规章有一定的行政处罚设定权，而其他行政规范性文件无权设定行政处罚。（4）行政法规、规章的制定程序较为正式、严格，而其他行政规范性文件的制定程序较为简单。行政法规、规章的制定程序由《立法法》《行政法规制定程序条例》《规章制定程序条例》及有关法律、法规规定，其他行政规范性文件的制定程序，除《规章制定程序条例》第36条规定参照执行外，还需要遵循《党政机关公文处理工作条例》的相关规定。

---

① 参见姜明安主编：《行政法与行政诉讼法》（第七版），北京大学出版社、高等教育出版社2019年版，第172页。

② 其他行政规范性文件具有行政性、规范性、过渡性，使用"行政规范"这一称呼，有助于使其成为与"行政法规""行政规章"相并列、模式化的概念范畴。参见叶必丰、周佑勇著：《行政规范研究》，法律出版社2002年版，第27页。

二、其他行政规范性文件的分类

以制定主体是否享有行政立法权为标准,其他行政规范性文件可以分为行政法规性文件、行政规章性文件和一般行政规范性文件。

(一)行政法规性文件

行政法规性文件是指由享有行政法规制定权的国务院所发布的、除行政法规以外的其他行政规范性文件。行政法规性文件虽然是由国务院发布的,但因为其不完全符合行政法规的法定标准,故不属于行政立法的范畴。如国务院的行政法规是以国务院令的形式公开发布,而行政法规性文件则无此要求。

(二)行政规章性文件

行政规章性文件是指有规章规定权的行政机关制定的、除行政规章以外的其他行政规范性文件。行政规章在制定程序上应经部门首长或政府首长签署,在形式上是以部、委"令"或政府"令"公布,而行政规章性文件则无须具备这些条件。

(三)一般行政规范性文件

一般行政规范性文件是指由不具有行政法规、规章制定权的行政机关制定的行政规范性文件。一般行政规范性文件是有关行政机关为了实现行政目的,结合本地区、本部门的实际情况,对不特定的事项作出一般性规定的决定、决议、命令和措施等。

当然,还有其他多种分类标准,如:以制定其他行政规范性文件的目的为标准,可以分为执行性其他行政规范性文件、补充性其他行政规范性文件和自主性其他行政规范性文件;以调整对象为标准,可以分为内部其他行政规范性文件、外部其他行政规范性文件;以法律效果为标准,可以分为创制性其他行政规范性文件、解释性其他行政规范性文件、指导性其他行政规范性文件。[1]

三、其他行政规范性文件的效力

其他行政规范性文件虽然不属于法的范畴,但它们能为人们提供行为规则,具有普遍约束力,在行政管理中起着非常重要的作用,其效力主要体现在以下四个方面:

(一)其他行政规范性文件对行政相对人具有拘束力和强制执行力

其他行政规范性文件虽不是法的渊源,但与法律、法规、规章一样,具有国家意志性和国家强制性。随着行政权的扩张,其他行政规范性文件功能日益扩大,外部化趋势日益明显,因而在行政管理中越来越多的其他行政规范性文件直接或间接地具有了外部效力。具体表现在:行政机关制定的行政规范性文件一经颁布,其管辖范围以内的组织和个人都要受到约束;行政相对人应遵守其他行政规范性文件的规定,对其他行政规范性文件所确定的义务必须履行;对于任何违反其他行政规范性文件的行为,行政机关可以依法采取强制措施,并追究法律责任。

---

[1] 参见周佑勇著:《行政法原论》(第三版),北京大学出版社2018年版,第242—245页。

（二）其他行政规范性文件对行政机关本身具有确定力

其他行政规范性文件作为行政机关实施行政活动的重要手段，实际上是法律、法规、规章的具体化，起着补充和细化的作用。① 其一经发布，行政机关非经法定的程序不得任意撤销、改变、废止。因合法原因撤销、改变、废止其他行政规范性文件，给行政相对人造成损害的，要给予行政相对人补偿；因非法原因撤销、改变、废止其他行政规范性文件，给行政相对人造成损害的，要给予行政相对人赔偿。其他行政规范性文件对制定机关和下级行政机关的具体行政行为具有适用的效力，行政机关必须依据其他行政规范性文件作出具体行政行为。

（三）部分其他行政规范性文件是行政复议机关审理复议案件的依据

行政复议机关审理复议案件时，不仅要以法律、法规、规章为依据，还要以上级行政机关依法制定和发布的具有普遍约束力的决定、命令为依据。复议机关在审查依照行政规范性文件作出的具体行政行为时，如果发现其本身与较高层次的法律、法规、规章、其他行政规范性文件相抵触，可以在职权的范围以内撤销该行政规范性文件，如无权撤销，则可以提请有权处理的机关依法处理。

（四）其他行政规范性文件在行政诉讼中可以作为法院审理案件的参考

根据《行政诉讼法》的规定，规章以下的其他行政规范性文件既不是行政诉讼法律适用的依据，也不是行政诉讼法律适用的参照，在法律适用上原则上可以不加以考虑。但是，考虑到我国行政法治的程度尚低，在目前和相当长的一段时期内，规章以下的其他行政规范性文件在国家行政管理活动中将继续发挥重要的作用，人民法院在审查行政行为的合法性时，对规章以下其他行政规范性文件完全不加考虑是行不通的。基于此，《最高人民法院关于适用〈中华人民共和国行政诉讼法〉的解释》第100条第2款规定："人民法院审理行政案件，可以在裁判文书中引用合法有效的规章及其他规范性文件。"据此，其他行政规范性文件可以作为行政诉讼判决理由部分论证的依据。故，必要时，人民法院在行政诉讼中对规章以下的其他行政规范性文件可以予以参考，只要其不与法律、法规、规章相抵触，就应认定其合法性，对依据此种其他行政规范性文件作出的行政行为亦应予以支持。只有这样，才能正确地处理行政权和审判权的相互关系，保障行政机关依法和有效地行使行政权。

四、其他行政规范性文件的制定程序

对于其他行政规范性文件，应当遵循何种程序，《立法法》《行政法规制定程序条例》没有明确规定；《规章制定程序条例》第36条规定，依法不具有规章制定权的县级以上地方人民政府制定、发布具有普遍约束力的决定、命令，参照本条例规定的程序执行。结合《党政机关公文处理工作条例》的相关规定和实践经验，制定其他行政规范性文件应遵

---

① 参见周佑勇著：《行政法原论》（第三版），北京大学出版社2018年版，第255页。

循以下程序:(1)起草。由既懂行政专门业务又熟悉法律和政策的专门人员负责起草。(2)协商和协调。如果内容涉及其他一个或几个部门的职责权限,起草人员应组织这些部门协商取得一致意见。(3)征求和听取意见。起草过程中应听取有关机关、组织和公民的意见。(4)审核、签批。审核一般由行政机关秘书部门的负责人或法制工作部门的负责人或具有拟稿职能部门的负责人承担审核任务。审核结束后,一般由制定机关的正职领导人签发。

第三节 行政立法的效力等级、冲突及解决

在法理学中,法的效力等级关系即不同位阶的法之间的效力渊源关系,是不同位阶的法之间控制关系的一项重要内容,也是法治精神的体现。[①] 行政立法的效力等级是指行政立法在国家整个规范性文件体系中的法律地位,它解决行政立法与宪法、法律、法规的关系,以及行政立法自身内部关系的问题。行政立法与权力机关的立法可能发生冲突,行政立法自身之间也可能发生冲突,所以,必须对法律冲突的解决规定必要的方法。

一、行政法规的效力等级、冲突及解决

行政法规在效力等级上低于宪法和法律,高于地方性法规、部门规章和地方政府规章。

1. 行政法规必须根据宪法和法律制定,或者根据法律制定机关——全国人民代表大会及其常务委员会——的授权决定制定。这是行政法规与宪法、法律效力关系的本质要求。

2. 宪法与法律的效力高于行政法规,行政法规的内容不得与宪法和法律相抵触,否则无效。这是效力关系的内容要求。

3. 行政法规应当在公布后30日内报全国人民代表大会常务委员会备案,接受该机关的监督审查。

4. 行政法规超越权限、违反宪法与法律规定或违背法定程序的,全国人民代表大会常务委员会有权撤销该行政法规。

此外,行政法规的效力高于地方性法规。地方性法规、自治条例和单行条例,须在其公布后30日内报国务院备案。另外,行政法规的效力高于部门规章和地方政府规章。行政法规是规章制定的主要依据,规章的内容不得与行政法规相抵触,规章公布后30日内应报国务院备案,规章的内容如与行政法规相抵触,国务院有权改变或撤销该规章。

二、部门规章的效力等级、冲突及解决

部门规章在效力等级上低于宪法、法律和行政法规,与地方政府规章处于同等效力等级,但与地方性法规之间没有效力高低的区别。

---

① 参见杨忠文、杨兆岩:《法的效力等级辨析》,载《求是学刊》2003年第6期。

1. 部门规章的立法依据是法律、行政法规及国务院的决定、命令,部门规章多是为了执行法律、行政法规而制定的。

2. 部门规章发布后30日内应报国务院备案审查,接受国务院的监督。

3. 国务院有权改变或撤销不适当的部门行政规章。

4. 根据《立法法》第95条的规定,地方性法规与部门规章之间对同一事项的规定不一致,不能确定如何适用时,由国务院提出意见。国务院认为应当适用地方性法规的,应当决定在该地方适用地方性法规;认为应当适用部门规章的,应当提请全国人民代表大会常务委员会裁决。

5. 部门规章与部门规章之间、部门规章与地方政府规章之间对同一事项的规定不一致的,由国务院裁决适用。

三、地方政府规章的效力等级、冲突及解决

地方政府规章在效力等级上低于宪法、法律、行政法规以及同级和上级人民代表大会及其常务委员会制定的地方性法规,而与部门规章之间有同等法律效力等级。

1. 地方政府规章的立法依据是法律、行政法规及本省、自治区、直辖市的地方性法规,地方政府规章多为执行法律、行政法规、地方性法规的需要而制定。

2. 地方政府规章的内容不得与宪法、法律、行政法规以及本级和上级人民代表大会及其常务委员会制定的地方性法规相抵触。

3. 地方政府规章在公布后30日内应报国务院、本级人民代表大会常务委员会备案,其中设区的市、自治州的人民政府制定的规章应当同时报省、自治区的人民代表大会常务委员会和省、自治区的人民政府备案。

4. 地方政府规章与宪法、法律、行政法规以及本级和上级人民代表大会及其常务委员会制定的地方性法规相抵触的,国务院有权改变或撤销,本级人民代表大会常务委员会也有权撤销本级政府制定的地方政府规章,省、自治区政府也有权改变或撤销下一级政府制定的不适当的地方政府规章。

5. 规章内部效力等级也不相同,部门规章与地方政府规章具有同等效力,在各自的权限范围内有效施行,部门规章与地方政府规章不一致时,由国务院裁决适用,省级地方政府规章的效力高于本行政区域内设区的市政府制定的地方政府规章。

此外,行政法规、规章均不得溯及既往,但为更好地保护公民、法人和其他组织的权益而作的特别规定除外。一般包括以下三种情形:(1)行为发生时的行政法规、规章认为是违法行为,而现在的行政法规、规章不认为是违法行为,如果案件没有审结、执行,应适用现行行政法规、规章的规定;(2)行为发生时的行政法规、规章规定了较重的处罚,而现在的行政法规、规章规定了较轻的处罚,如果案件没有审结、执行,应适用现行行政法规、规章的规定;(3)行为发生时的行政法规、规章没有授予权利,而现在的行政法规、规章授予了权利,如果没有超过该权利行使的时效期间,应适用现行行政法规、规章的规定。

法律应用

1. 起草行政法规,应当深入调查研究,总结实践经验,广泛听取有关机关、组织和公民的意见。听取意见可以采取召开座谈会、论证会、听证会等多种形式。起草部门应当就涉及其他部门的职责或者与其他部门关系紧密的规定,与有关部门协商一致;经过充分协商不能取得一致意见的,应当在上报行政法规草案送审稿时说明情况和理由。起草部门应当对涉及有关管理体制、方针政策等需要国务院决策的重大问题提出解决方案,报国务院决定。

2. 同一机关制定的法律、行政法规、地方性法规、自治条例和单行条例、规章,特别规定与一般规定不一致的,适用特别规定;新的规定与旧的规定不一致的,适用新的规定。法律之间对同一事项的新的一般规定与旧的特别规定不一致,不能确定如何适用时,由全国人民代表大会常务委员会裁决。行政法规之间对同一事项的新的一般规定与旧的特别规定不一致,不能确定如何适用时,由国务院裁决。

3. 行政法规的解释与行政法规具有同等效力。国务院各部门和省、自治区、直辖市人民政府可以向国务院提出行政法规解释请求。对属于行政工作中具体应用行政法规的问题,省、自治区、直辖市人民政府法制机构以及国务院有关部门法制机构请求国务院法制机构解释的,国务院法制机构可以研究答复;其中涉及重大问题的,由国务院法制机构提出意见,报国务院同意后答复。

4. 涉及国务院两个以上部门职权范围的事项,制定行政法规条件尚不成熟,需要制定规章的,国务院有关部门应当联合制定规章。该规章由联合制定的部门首长共同署名公布,使用主办机关的命令序号。

5. 规章解释权属于规章制定机关。规章有下列情形之一的,由制定机关解释:(1)规章的规定需要进一步明确具体含义的;(2)规章制定后出现新的情况,需要明确适用规章依据的。规章解释由规章制定机关的法制机构参照规章送审稿审查程序提出意见,报请制定机关批准后公布。规章的解释与规章具有同等效力。

案(事)例

案情简介:

2002年7月,某港资企业投资2.7亿元人民币与内地某市自来水公司签订合作合同,经营该市污水处理。享有规章制定权的该市政府为此还专门制定了《污水处理专营管理办法》,对港方作出一系列承诺,并规定政府承担污水处理费优先支付和差额补足的义务,该办法至合作期结束时废止。

2005年2月,市政府以合作项目系国家明令禁止的变相对外融资举债的"固定回报"项目,违反了《国务院办公厅关于妥善处理现有保证外方投资固定回报项目有关问题的通知》的精神,属于应清理、废止、撤销的范围为由,作出"关于废止《污水处理专营管理办法》的决定",但并未将该决定告知合作公司和港方。港方认为市政府的做法不当,理由是:(1)国务院办公厅文件明确要求,各级政府对涉及"固定回报"的外商投资项目应"充分协商""妥善处理",市政府事前不作充分论证,事后也不通知对方,违反了文件精神。(2)1998年9月国务院通知中已明令禁止审批新的"固定回报"项目,而污水处理合作项目是2002

年经过市政府同意、省外经贸厅审批、原国家外经贸部备案后成立的手续齐全、程序合法的项目。

问题：

1.《污水处理专营管理办法》与《国务院办公厅关于妥善处理现有保证外方投资固定回报项目有关问题的通知》的效力关系如何？

2. 市政府的做法是否违反正当法律程序？

案（事）例答题思路

思考题

1. 简述行政立法的概念和特征。
2. 简述行政立法的分类。
3. 简述行政立法的原则。
4. 行政立法机关的立法权限如何界定？
5. 行政立法应遵循什么程序？
6. 简述其他行政规范性文件制定的概念和特点。
7. 试述其他行政规范性文件的效力。
8. 试述行政立法的效力等级、冲突及解决。

第五章　行政规划与行政决策

本章重点

1. 行政规划的种类
2. 行政规划的编制程序
3. 重大行政决策程序
4. 重大行政决策终身责任追究

第一节　行政规划
第二节　行政决策

第一节 行政规划

一、行政规划的概念与特征

（一）行政规划的概念

从语义上看，规划与计划是近义词①。计划是指人们为了达到一定目的，对未来时期的活动所作的部署和安排，可分为各种类型，如经济计划、军事计划、各部门计划、地方计划和企业计划等。②规划，指较全面或长远的计划，如科研规划、十年发展规划。③可见，规划与计划在本质上并无差别，只是相比较而言，规划比计划更具有全面性和长远性。因此，规划是指比较全面而长远的发展计划。由于我国经历了较长的计划经济时期，在此阶段，政府绝对主导的"计划"一度被认为是社会主义资源配置和经济发展的根本手段，甚至被视为社会主义制度区别于资本主义制度的根本特征之一。《宪法》关于全国人民代表大会及其常委会的职权、国务院和地方政府职权的表述，使用的都是"国民经济和社会发展计划"。然而，随着改革开放和社会主义市场经济体制的建立，人们逐渐纠正了上述认识，政府职能也开始发生转变，于是在越来越多的领域里"规划"开始取代"计划"。2006年3月14日，十届全国人大四次会议批准《中华人民共和国国民经济和社会发展第十一个五年规划纲要》，此前延续了50多年的国民经济和社会发展计划中的"计划"从此变成了"规划"。

行政规划的概念可以从静态和动态两个角度来进行界定。静态的行政规划即文本意义上的行政规划，是指由行政主体制定的关于未来工作的目标、蓝图以及实现目标和蓝图的原则、方针和措施等的综合性纲领文件。动态的行政规划则即行为意义上的行政规划，是指行政主体制定前述纲领性文件的活动。传统行政法重点关注行为的结果，即文本意义上的行政规划，而现代行政法则同时也关注过程，即形成行政规划的程序。对于行政规划这样的行政活动，更需要我们从"过程"和"结果"两个方面给予双重关注。④因此，所谓行政规划，也称行政计划，是指行政主体基于现有条件，确定未来一定期限内的行政目标，制定发展蓝图，并制定实现该目标的工作原则、政策导向和主要措施的行动方案或者行动纲领的活动。行政规划是过程和结果的总称，既包括制定纲领性文件的行为，也包括最终制定的纲领性文件。

（二）行政规划的特征

1. 行政性。行政性将行政规划与立法规划⑤、国家规划⑥、政党规划⑦和其他社会组织规

---

① 参见林玉山编著：《简明同义反义词典》，海天出版社1986年版，第145页。
② 参见《辞海》，上海辞书出版社1989年版，第1089页。
③ 参见《辞海》，上海辞书出版社1989年版，第4089页。
④ 参见章剑生：《行政规划初论》，载《法治研究》2007年第7期。
⑤ 如全国人大常委会制定的《十三届全国人大常委会立法规划》。
⑥ 如中共中央、国务院发布的《粤港澳大湾区发展规划纲要》。
⑦ 如中共中央办公厅发布的《2019—2023年全国党政领导班子建设规划纲要》。

划[1]等区分开来。行政性体现在以下几个方面：行政规划的制定主体是行政主体，包括各级各类行政机关和法律、法规、规章授权的组织；行政规划的制定是行使行政权的过程；行政规划是为了实现行政目标。

2. 法定性。依法行政是行政法的基本原则，法定性是行政性的自然衍生，既然行政规划是行政主体运用行政职权的行为，其必然应当具备法定性的特征。

3. 宏观性。行政规划的主要内容是确定一段时间内的工作目标，并绘制发展蓝图，同时确定实现目标和蓝图所应当遵循的指导思想、基本原则、政策方向、主要任务以及工作方案等。它对目标的设定及采用的方法、步骤、措施是多方面的，是一种具有复杂性、多样性和系统性的综合指标体系和行为体系。[2]因此，行政规划往往被视为一种宏观调控的手段。

4. 未来性。未来性是"规划"一词的应有之意，行政规划是行政主体针对未来事项所作的预设，效力及于以后发生的事项。行政规划预设目标的期限有长有短，通常情况下至少为一年，较多的是三年、五年规划，甚至可以长达十年以上。

5. 裁量性。在现代行政活动中，羁束行政行为越来越少，裁量行政行为占据主要地位。行政规划是对未来绘制的蓝图，是对较长时间内目标与手段、任务与措施、原则与方法等进行预先设计的综合性纲领文件。因此，行政规划无论是在编制还是实施的过程中，都应当具有更强的裁量性和更大的裁量空间。

6. 协调性。国家和社会既是多元的，又是一个整体，因此，任何行政规划既不能独立产生，也不能孤立存在。下级规划必须服从上级规划，局部规划必须服从整体规划，专业规划必须与综合性规划，特定领域的规划必须与总体规划和相关领域的规划相协调。[3]

二、行政规划的种类

行政规划涉及的领域和事项非常广泛，有学者根据对象，将行政规划分为城乡规划、城市规划、城镇规划、乡村规划、发展规划（科技发展规划、教育发展规划、农业发展规划等）、经济规划、产业规划、社会规划、开发规划、土地规划、资源保护规划、城市体系规划、国防工业规划、生态建设规划、防灾规划、扶贫规划、事业规划、财政规划、人事规划等。[4]因此，从不同的角度或者根据不同的标准进行分类，行政规划的种类繁多。根据目前的法律规定和实践情况，主要有下列几类：

---

[1] 如中国注册税务师协会发布的《税务师行业产教融合工作规划（2018—2022）》。

[2] 参见应松年主编：《当代中国行政法》（下卷），中国方正出版社2005年版，第1039页。

[3] 很多法律规定都体现了行政规划的协调性。例如，我国《水法》第15条规定："流域范围内的区域规划应当服从流域规划，专业规划应服从综合规划。流域综合规划和区域综合规划以及与土地利用关系密切的专业规划，应当与国民经济和社会发展规划以及土地利用总体规划、城市总体规划和环境保护规划相协调，兼顾各地区、各行业的需要。"《公路法》第12条规定："公路规划应当根据国民经济和社会发展以及国防建设的需要编制，与城市建设发展规划和其他方式的交通运输发展规划相协调。"

[4] 参见姜明安：《行政法与行政诉讼法》（第七版），北京大学出版社、高等教育出版社2019年版，第255页。

(一)拘束性规划与非拘束性规划

这是根据行政规划是否具有法律上的外部拘束力所作的分类。拘束力包括内部拘束力和外部拘束力。内部拘束力指行政规划对规划编制者以及其职能部门或者下级行政主体具有拘束力,相关行政主体应当对规划目标进行分解和细化,按照规划的要求安排相关工作,执行规划任务,努力实现规划设定的目标。行政规划一经确定,即对相应的行政主体具有约束力。外部拘束力是对行政组织外部的自然人、法人或者其他组织的拘束力,即行政主体以外的单位和个人的行为也必须服从和遵守行政规划。① 具有外部拘束力的行政规划才被称为拘束性规划,否则即为非拘束性规划。

(二)总体规划、专项规划和区域规划

这是根据行政规划的对象和功能进行的划分。总体规划(亦称综合性规划),是国民经济和社会发展的战略性、纲领性、综合性规划,是编制本级和下级专项规划、区域规划以及制定有关政策和年度计划的依据,其他规划要符合总体规划的要求。专项规划(亦称详细规划),是以国民经济和社会发展特定领域为对象编制的规划,是总体规划在特定领域的细化,也是政府指导该领域发展以及审批、核准重大项目,安排政府投资和财政支出预算,制定特定领域相关政策的依据。区域规划是以跨行政区的特定区域国民经济和社会发展为对象编制的规划,是总体规划在特定区域的细化和落实。跨省(区、市)的区域规划是编制区域内省(区、市)级总体规划、专项规划的依据。②

(三)国家级规划、省级规划、市级规划、县级规划和乡(镇)级规划

这是按照行政层级进行的划分。但是,并非所有的规划都全面涵盖这五个层级。例如:国民经济和社会发展规划按行政层级分为国家级规划、省(自治区、直辖市)级规划和市(设区的市、自治州)县(县级市、自治县)级规划三个层级,土地利用总体规划则分为国家、省、市、县和乡(镇)五级。③

(四)短期规划、中期规划与长期规划

这是根据行政规划期限进行的分类,任何行政规划都会设定一定的年限。短期规划通常为年度规划;中期规划一般为三年至五年规划,如《中国烟草控制规划(2012—2015年)》《中华人民共和国国民经济和社会发展第十三个五年规划纲要》;长期规划一般为十年及以上规划,如《上海市城市总体规划(2017—2035年)》《长江干线过江通道布局规划(2020—2035年)》。

---

① 例如,《城乡规划法》第9条第1款规定:"任何单位和个人都应当遵守经依法批准并公布的城乡规划,服从规划管理,并有权就涉及其利害关系的建设活动是否符合规划的要求向城乡规划主管部门查询。"可见,城乡规划属于拘束性规划。《科学技术普及法》第11条第1款规定:"国务院科学技术行政部门负责制定全国科普工作规划,实行政策引导,进行督促检查,推动科普工作发展。"《科普基础设施发展规划(2008—2010—2015)》对行政主体外的组织和个人使用的都是"鼓励""支持""激励"等词汇,显然,该规划属于非拘束性规划。

② 参见《国务院关于加强国民经济和社会发展规划编制工作的若干意见》第1条第2款、《中华人民共和国城乡规划法》第2条。

③ 参见《土地管理法》第三章"土地利用总体规划"有关条文。

三、行政规划的功能

（一）行政目标指引功能

作为一种比较新的行政活动方式,行政规划是在总结过去经济、社会发展经验的基础上,立足现状,尊重规律,对未来经济、社会或者其他领域的发展所作的展望和安排,具体体现为确定行政目标和实现目标的措施。目标指引功能是行政规划重要的功能。行政规划指引的对象包括两类:一是行政主体。在规划期限内,相关行政主体应围绕规划设定的行政目标确定工作重点、制订工作计划以及具体实施各项工作,这就可以在很大程度上确保各项行政职权保持基本一致的方向,避免乱作为和行政内耗。二是社会主体,即除行政主体外的单位和个人。社会主体能够通过行政规划了解未来一段时间内特定领域的行政目标和政策导向,对社会发展产生合理预期,从而对自己未来的发展作出更好的规划和取舍,这同时又能促使社会和政府形成合力,有助于行政规划目标的实现。

（二）利益协调功能

行政规划所要完成的任务就是围绕既定行政目标,综合运用各种管理手段和专业化的行政知识,协调各种社会利益关系,对多元利益进行衡量以实现多元利益之间的总体平衡。[①]行政规划相对于传统行政方式更具柔性和包容性,因此,通过各级各类行政规划能够提高资源配置效率,更好地实现中央和地方之间、不同地方之间、不同行业领域之间以及政府和社会公众之间利益关系的协调与平衡。

（三）调控和整合功能

在内容上,任何地方规划都必须以国家规划为依据,专项规划都必须服从综合规划。在编制程序上,行政规划需要履行相应的审批或者备案程序,以保证国家的发展战略能够贯彻落实到各个层级和各个领域,实现中央对地方的调控和部署。不同行政区域共同编制的区域规划和多个职能部门共同编制的专项规划则有利于实现不同行政机关之间的职能整合,形成共同发展的合力。

四、行政规划的编制

编制行政规划应当遵循正确的规划编制原则。坚持以人为本、全面协调可持续的科学发展观;坚持从实际出发,遵循自然规律、经济规律和社会发展规律;坚持科学化、民主化,广泛听取社会各界和人民群众的意见;坚持统筹兼顾,加强各级各类规划之间的衔接和协调;坚持社会主义市场经济体制的改革方向,充分发挥市场配置资源的基础性作用。[②]

由于我国尚未制定统一的《行政程序法》,也没有《行政规划法》,对行政规划编制程序的规定分布于各单行法律、法规、规章等规范性文件中。

---

① 参见应松年:《政府职能的演变与行政规划》,载《郑州大学学报(哲学社会科学版)》2006年第1期。
② 参见《国务院关于加强国民经济和社会发展规划编制工作的若干意见》第2条。

（一）行政规划编制主体

行政规划编制主体即组织编制规划的主体，多为各级政府及其职能部门。通常情况下，国家总体规划和省级、市县级总体规划分别由同级人民政府组织编制；专项规划由各级人民政府有关部门组织编制；跨省（自治区、直辖市）的区域规划，由国务院发展改革部门组织国务院有关部门和区域内省（自治区、直辖市）人民政府有关部门编制。

（二）行政规划编制程序

1. 确定行政规划的目标。行政规划是围绕未来拟实现的行政目标作出的工作部署和安排，行政目标是行政规划的核心，无目标即无规划。因此，确定行政规划的目标是行政规划的第一步，也是后续编制工作的指引。行政目标可以由行政主体内部人员提出，也可以由人大代表、专业机构或者社会公众提出，由组织编制行政规划的主体确定。行政目标既应立足于现实，又要采用发展的眼光，不可太过高远，亦不可毫无挑战性。合理的行政目标应当既有前瞻性，又不脱离实际情况，在国家和社会的共同努力下可能实现。因此，在提出行政目标之前，应当做好充分的调研评估，了解现行规划的实施情况和目标完成情况，总结存在的问题及原因，掌握行政规划所涉领域的现状，并对现实条件和利弊因素等进行分析评价。这些属于行政规划编制的基础工作。

2. 草拟规划方案。规划目标确定后，就进入规划方案的草拟阶段。规划方案的草拟者可以为行政机关内部负责规划拟定的专门机构，也可以是受委托的专业机构。由于行政规划往往具有较强的专业性，为了提高规划方案的质量，很多组织编制规划的主体选择通过招投标的方式将草拟行政规划方案的工作委托给非行政机构的单位或者组织来完成，例如高等院校、非官方研究机构等。受委托承担行政规划编制工作的单位或者组织应当符合特定的条件，例如，《城市规划编制办法》规定，承担城市规划编制的单位，应当取得城市规划编制资质证书，并在资质等级许可的范围内从事城市规划编制工作。根据《矿产资源规划编制实施办法》规定，承担矿产资源规划编制工作的单位，应当具有法人资格，具备与编制矿产资源规划相应的工作业绩或者能力，具有完善的技术和质量管理制度，并且主要编制人员应当具备中级以上相关专业技术职称，经过矿产资源规划业务培训。相比而言，社会专业机构草拟规划方案比规划编制主体内设机构自行草拟方案更具优势，不仅专业性更强，而且成本更低，既可节约财政资金，又可减少行政人员编制。因此，实践中越来越多的行政机关开始采用此种做法。草拟过程中要注意规划方案与相关方案的协调和衔接，专项规划应当服从总体规划并应与相关领域的规划相协调，下级规划应当服从上级规划。

3. 规划方案的社会参与和论证。行政规划的特点决定了其将会对社会利益分配、公共资源配置和公众的利益产生直接或者间接的影响，为了保证行政规划的民主性和科学性，应当建立规划编制的社会参与和论证制度。编制规划要充分发扬民主，广泛听取意见。各级各类规划应视不同情况，征求本级人民政府有关部门和下一级人民政府以及其他有关单位、个人的意见。除涉及国家秘密外，规划编制部门应当公布规划草案，听取公众意见。对于直接影响公众权利义务的拘束性行政规划，则应当举行论证会或者听证会，听取利害关系人的意见。编制国家总体规划、省级总体规划草案,还要听取本级人民代表大会、政治协商会议有关专门委员会的意见。编制规划要充分发挥专家的作用,提高规划的科学性。规划草案形成后,应当组织相关领域的专家进行深入论证,并由专家出具论证报告。对于相关单位和个人的意见以及专家论证意见,认为合理的,规划编制单位应当采纳并及时修改草案;不予采纳的,应当予以回应并说明理由。

4. 行政规划的审批和备案。不同的行政规划应分别向不同的国家机关申请审批或者备案,审批和备案机关包括国家权力机关和行政机关。根据《宪法》第62条和第99条的规定,各级人民政府编制的国民经济和社会发展规划由同级人民代表大会审批。此外,某些重要的专项规划也应报同级人大常委会备案。例如,根据《城乡规划法》第19条、第20条的规定,城市人民政府城乡规划主管部门和镇人民政府编制的详细规划,应报本级人民代表大会常务委员会和上一级人民政府备案。作为规划审批或备案主体的行政机关包括人民政府和政府主管部门,行政规划应当由哪一级人民政府或者政府主管部门审批则由单行法予以规定。通常情况下,总体规划一般报上级人民政府审批或备案,既可能是上一级人民政府,也可能是上几级人民政府。例如,《城乡规划法》第14条规定,直辖市的城市总体规划由直辖市人民政府组织编制并报国务院审批。省、自治区人民政府所在地的城市以及国务院确定的城市的总体规划,由省、自治区人民政府审查同意后,报国务院审批。其他城市的总体规划,由城市人民政府报省、自治区人民政府审批。根据《风景名胜区条例》规定,省级风景名胜区的总体规划由县级人民政府编制,由省级人民政府审批,报国务院建设主管部门备案。有的专项规划由同级人民政府审批,例如,《环境保护法》第13条规定,国务院环境保护主管部门会同有关部门编制的国家环境保护规划,报国务院批准;县级以上地方人民政府环境保护主管部门会同有关部门编制的本行政区域的环境保护规划,报同级人民政府批准。也有的专项规划由上级主管部门审批,例如,《风景名胜区条例》规定,省级风景名胜区详细规划由县级人民政府组织编制,由省、自治区人民政府建设主管部门或者直辖市人民政府风景名胜区主管部门审批。

规划编制部门向规划批准机关提交规划草案时应当报送规划编制说明、论证报告以及法律、行政法规规定需要报送的其他有关材料。其中,规划编制说明要载明规划编制过程、征求意见和规划衔接、专家论证的情况以及未采纳的重要意见和理由。[①]

5. 行政规划的公布。除法律、行政法规另有规定以及涉及国家秘密的外,行政规划经法定程序批准后应当及时公布。公布的意义有二:一是便于公众知晓规划的内容;二是便于社会监督规划的实施。

五、行政规划的实施

行政规划一经审批通过并公布后,即进入实施阶段。总体规划往往还需要细化为专项

---

① 参见《国务院关于加强国民经济和社会发展规划编制工作的若干意见》第4条。

规划,地方政府也会根据国家规划制定相应的地方规划或者区域规划,中长期规划也常常被细分为一个个短期规划。《城乡规划法》第28条要求地方各级人民政府根据当地经济社会发展水平,量力而行,尊重群众意愿,有计划、分步骤地组织实施城乡规划。行政规划的实施主体或者执行者需要对规划目标进行分解和细化,按照规划确定的指导思想和基本原则制定工作方案,执行规划任务,落实规划措施。由于行政规划是对未来工作的部署和安排,而且期限较长,规划实施过程中客观情势难免会发生变化或者发生无法预料的特殊情况,影响规划的实施,甚至阻碍规划目标的实现。因此,应当建立规划评估制度和规划调整制度。

(一) 规划评估

在规划实施过程中,规划编制主体应当适时组织开展对规划实施情况的评估,及时发现问题,认真分析产生问题的原因,提出有针对性的对策建议。评估工作可以由编制主体自行组织有关部门和专家实施,也可以委托其他社会机构进行评估。在评估过程中,应当采取论证会、听证会或者其他方式征求相关单位和社会公众的意见。评估结果要形成报告,规划编制主体应当向原审批机关提交评估报告。评估报告也将作为调整规划的重要依据。

(二) 规划调整和修订

经过评估或者因其他原因需要对行政规划进行修订的,规划编制主体应当提出规划修订方案。《城乡规划法》第47条规定的可以修改规划的情形包括:上级人民政府制定的城乡规划发生变更,提出修改规划要求的;行政区划调整确需修改规划的;因国务院批准重大建设工程确需修改规划的;经评估确需修改规划的;城乡规划的审批机关认为应当修改规划的其他情形。若规划修订需要报批、公布的,要履行报批、公布手续。总体规划涉及的特定领域或区域发展方向等内容有重大变化的,专项规划或区域规划也要相应调整和修订。上级规划调整后,所涉及的下级规划也应相应调整。[①] 修改后的行政规划,同样应当依照原来的审批程序报批及公布。

第二节 行 政 决 策

一、行政决策基本理论

(一) 行政决策的概念

长期以来,行政决策一直属于政治学、管理学和行政学的研究范畴。第二次世界大战以后,美国著名管理学家西蒙(Simon)在综合吸收现代行为科学、系统理论、运筹学和计算机科学等学科知识和成就的基础上,建立起了一套系统的决策理论,形成了管理学上的决策学派。后来,西蒙把决策理论贯穿于行政学的研究之中,完整地提出了行政决策理论,对行政学产生了深远的影响。

---

① 参见《国务院关于加强国民经济和社会发展规划编制工作的若干意见》第4条、《矿产资源规划编制实施办法》第39条。

近年来,随着依法行政和法治政府理念的普及,行政决策开始进入行政法学的研究视野。由于行政决策"并非行政法学上用语,内涵非常模糊"[1],因此,法学界对该概念的界定形成了"行为论""决定论"和"过程论"等不同的学说。[2] 这一概念不仅在我国行政法教科书中无法找到对应表述,在比较法的文献、国外立法文本中也找不到类似表述。[3] 不过,学界对于重大行政决策属于行政行为这一点已经形成了共识。以行政行为的分类为前提的行政行为理论体系,在我国是由以王名扬先生为代表的老一代学者建立起来的。后来者对行政行为的研究基本都沿袭这套理论体系。[4] 对行政决策的界定之所以困难重重,主要原因就在于行政决策兼具抽象行政行为与具体行政行为、外部行政行为与内部行政行为的特征,无法在现有的行政行为类型体系中寻找到准确定位。鉴于此,有学者提出,行政决策法制化的关键,不在于将行政决策类型化为行政行为,而在于推进行政机关的工作规则建设,并推进公众参与、工作规则与人大批准决定三项制度的对接。[5] 因此,行政决策法学应当成为研究行政法学的一个独立的学科,是一个行政法学与政治学、管理学和行政学交叉的学科。行政法学对行政决策的研究,应当基于行政决策法治化的目的。

以行政决策事项的影响力和重要性为标准,行政决策可以分为重大行政决策和一般行政决策;以行政决策事项的紧急程度为标准,行政决策可以分为常规行政决策和应急行政决策。在理论研究中,行政法学研究的重点是重大行政决策,一般行政决策不必遵守与重大行政决策相同的原则和程序。在立法实践中,从中央到地方的既有立法基本上都仅针对常规重大行政决策程序,有关应急行政决策程序的立法目前几近空白。因此,无论是在研究文献还是行政立法中,若无特别说明,"行政决策"通常都是指常规重大行政决策,本书亦是如此。综上,行政决策是指行政机关为了实现某个行政目标,依据现行法律、法规和政策,针对职权范围内社会涉及面广,与公民、法人和其他组织利益密切相关的重大事项起草、论证并确定行政活动方案的行为过程。

(二) 行政决策的特征

通过梳理重大行政决策程序立法样本中的重大行政决策概念及范围,被行政立法广泛认可的行政决策事项具有以下特征:

1. 决策目的的公益性。无论行政决策涉及的是哪一类型事项,都与公共利益直接相关,目的都是实现特定区域内的公共利益,而且有时公益性目的的实现不得不伴随对个体权利的侵害。

2. 决策事项的综合性。重大行政决策不是针对某个具体事项的处理或者对特定权利

---

[1] 王万华:《统一行政程序立法的破冰之举——解读〈湖南省行政程序规定〉》,载《行政法学研究》2008年第3期。
[2] "行为论"参见皮纯协主编:《行政程序法比较研究》,中国人民公安大学出版社2000年版,第269—270页。"决定论"参见杨海坤、李兵:《建立健全科学民主行政决策的法律机制》,载《政治与法律》2006年第3期。"过程论"参见刘莘主编:《法治政府与行政决策、行政立法》,北京大学出版社2006年版,第79页。
[3] 参见熊樟林:《重大行政决策概念证伪及其补正》,载《中国法学》2015年第3期。
[4] 参见叶必丰著:《行政行为原理》,商务印书馆2014年版,第45页。
[5] 参见叶必丰:《行政决策的法律表达》,载《法商研究》2016年第2期。

义务关系进行调整,往往涉及多项行政职权。

3. 决策影响的广泛性和长期性。重大行政决策一旦作出并付诸执行,将会对特定行政区域内的全体公众或某个范围内的不特定主体的利益产生影响,并且该影响往往会持续较长的时间。如果行政决策失误,纠正其造成的不利后果可能会耗费更多的时间、人力和财力,甚至可能无法挽回或弥补。

4. 决策的动态性。动态性体现为两方面:一方面是决策事项的动态性。随着社会和经济的发展,行政决策事项范围也会不断发生调整和变化。正因如此,在采用列举方式对行政决策概念进行界定的立法中,不约而同都以"其他"作为兜底性条款。也因如此,实践中很多地方政府都建立了行政决策目录制度,将符合重大行政决策标准的事项纳入年度行政决策目录,并作为年度总体工作计划的组成部分。决策目录实行动态管理,根据政府年度工作任务的增加、变更等调整情况,及时进行调整。另一方面是决策的过程性。行政决策是从动议、启动、起草、审议决定到执行的一系列活动过程。而且,决策方案的作出并非重大行政决策过程的终结,决策执行中应当定期进行后评估,必要时应对决策方案进行调整。

(三) 行政决策立法现状

经初步统计,截至 2022 年 5 月 2 日,我国已有 67 部专门规范行政决策的行政立法,有 871 件地方规范性文件,666 件地方工作文件。这些文件的制定主体非常广泛,从行政级别上纵向梳理,上至国务院,下至区、县,乃至乡镇;按照职能范围横向排查,既有政府,也有政府职能部门。从发布时间上看,最早的应该是杭州市人民政府于 1999 年 5 月 14 日发布的《杭州市政府关于建立全市经济和社会发展重大事项行政决策程序和规范的通知》。随后全国各地陆续发布了与行政决策相关的规范性文件,并从 2008 年开始呈现出急剧增长的态势。究其原因,应该是中央政府于当年制定并发布了《国务院关于加强市县政府依法行政的决定》,明确提出了完善市县政府行政决策机制的要求,"行政决策"正式出现在全国性规范性法律文件中。除了单独制定行政决策程序以外,还有不少地方立法采用在行政程序立法中专章规定重大行政决策的方式,如《湖南省行政程序规定》。

此外,还有不少地方政府针对重大行政决策中的某个事项专门制定相应的规范性文件,例如《广州市重大行政决策目录管理试行办法》《广东省重大行政决策听证规定》《青岛市重大行政决策风险评估办法》《安庆市人民政府重大行政决策公众参与程序规定》和《武汉市人民政府重大行政决策合法性审查办法》等。

通常情况下,我国的立法都是采用自上而下的模式,先由全国人大或者全国人大常委会制定法律,或者由国务院制定行政法规,然后各地方人大和地方政府再根据本行政区域内的实际情况制定实施细则或者执行办法。但是,关于重大行政决策的立法反其道而行之,采用了自下而上的立法模式。在地方行政立法及规范性文件已经陆续制定并实施多年以后,国务院才于 2019 年 4 月 20 日发布了《重大行政决策程序暂行条例》,并于同年 9 月 1 日起施行,这是目前我国关于行政决策程序效力级别最高的立法。

（四）行政决策的原则

1. 党的领导原则。中国共产党是我国的执政党，始终代表最广大人民的根本利益。重大行政决策必须坚持和加强党的全面领导，全面贯彻党的路线方针政策和决策部署，发挥党的领导核心作用，把党的领导贯彻到重大行政决策全过程。

2. 科学决策原则。科学性是任何一项重大行政决策能够取得预期效果、实现行政目标的关键。作出重大行政决策应当遵循科学决策原则，贯彻创新、协调、绿色、开放、共享的发展理念，坚持从实际出发，运用科学技术和方法，尊重客观规律，适应经济社会发展和全面深化改革要求。

3. 民主决策原则。由于重大行政决策的目的是实现公共利益，且很多重大行政决策与民生息息相关，行政决策过程必须充分发扬民主。作出重大行政决策应当遵循民主决策原则，充分听取各方面意见，保障人民群众通过多种途径和形式参与决策。

4. 依法决策原则。依法行政是全面推进依法治国、建设社会主义法治国家的重要内容和抓手，而决策权是最重要的行政权力。作出重大行政决策应当遵循依法决策原则，严格遵守法定权限，依法履行法定程序，保证决策内容符合法律、法规和规章等。

二、行政决策程序

（一）决策启动

在实施行政决策目录制度的行政区域内，决策目录应当明确决策事项名称、决策组织承办部门、时间计划等内容，政府及其职能部门应当按照公布的行政决策目录启动相应的决策程序。通常情况下，决策目录是政府及其部门总体工作计划的重要组成部分，应与年度工作分工、工作要点和工作计划同步编制、同步推进。相关部门应当于每年1月提出拟纳入决策目录的议题事项，报同级政府审定后公布。

对于没有实施行政决策目录制度的地区，或者因政府年度工作任务的调整、法律法规的变更和客观情势的重大变更等情况，需要新增行政决策目录以外的事项的，启动行政决策前应由相关主体提出决策事项建议。可以提出行政决策建议的主体包括：决策机关行政首长或者领导人员，决策机关所属职能部门或者下一级人民政府，人大代表、政协委员，以及普通公民、法人或者其他组织。提出决策建议的主体应当自行或者交有关单位研究论证行政决策拟解决的主要问题、建议理由和依据、解决问题的初步方案及其必要性、可行性等，然后由决策机关决定是否启动行政决策。

（二）决策起草

行政决策程序启动后，便进入决策起草阶段。决策机关在决定启动决策程序时即应当明确决策事项的承办单位，行政决策草案的拟定工作由决策承办单位负责。有些行政决策事项涉及面广，需要多个职能部门共同完成的，决策承办单位可以有两个以上。但是，决策机关应当明确指定牵头的决策承办单位。

决策承办单位可以自行起草决策，也可以委托有关专家或者专业研究机构起草。决策草案应当包含决策目标、工作任务、措施方法、时间步骤、决策执行单位和配合部门、经费预算、决策后评估计划等内容,根据需要对决策事项涉及的人财物投入、资源消耗、环境影响等成本和经济、社会、环境效益进行分析和预测,并应当附有决策起草说明。决策草稿应当具有法律和政策依据,全面梳理与决策事项相关的法律、法规、规章和政策性文件,使决策草案合法合规,与有关政策相衔接。此外,还应开展调查研究,全面掌握和分析决策事项所涉及的有关情况,形成调研报告。对各方面意见分歧较大的,应当拟订两个以上决策备选方案。决策事项涉及两个以上单位职责的,牵头承办单位应当与其他承办单位和有关单位充分协商,就决策草案形成一致意见。无法形成一致意见的,决策草案中应当说明争议的主要问题、牵头承办单位的意见、其他承办单位和有关单位的意见,以及各自的理由和依据。

（三）公众参与

国务院于2004年发布的《全面推进依法行政实施纲要》明确提出建立健全科学民主决策机制的目标,要求健全行政决策机制,完善行政决策程序,并进一步要求建立健全公众参与、专家论证和政府决定相结合的行政决策机制。公众参与能够对决策方案和执行产生重大影响,甚至决定决策的成败。因此,公众参与逐渐成了重大行政决策的"标配",并成为行政决策这一行政活动区别于其他行政行为的标志之一。广义的公众参与包括普通公众参与和专家论证,狭义的公众参与则仅指普通公众参与,本书采用广义的理解。

1. 公众参与的特征。

（1）开放性。该特征体现在四个方面:首先,要以开放的态度接纳广泛的主体参与行政决策。其次,要充分公开决策的信息,以实现参与者和决策者基本的信息对称。再次,参与形式的开放性。无论是调查、座谈、论证还是听证,都应当是开放的,不得采取非公开的方式进行。最后,参与过程的开放性。这意味着公众参与的每个环节都可以有新的主体加入,参与的各环节均对外公开。

（2）过程性。"参与"是指一个过程,通过这一过程,利益相关者可以共同影响并控制发展的导向、决策权和他们所控制的资源。[①] 公众参与是决策制定者和公众就行政决策事项进行反复沟通、协调和磋商的过程。在这个过程中,公众通过特定的形式和途径表达自己的利益诉求,陈述自己的意见,与不同立场者进行辩论并通过一切可能的方式论证自己的观点和主张。通过这个过程,各方的利益都得到表达,行政决策的民主性得以体现。同时,基于论证的需要,技术理性会被发挥得淋漓尽致,行政决策的科学性从而得到保障。

（3）互动性。互动性是针对行政决策者和公众而言的,体现为决策者对公众意见的反馈以及公众参与对行政决策结果的影响。公众参与的目的在于让公众有能力对影响他们的行政决策产生影响。因此,对决策者来说,必须认真倾听公众的意见,及时对公众作出反馈,并在作出最终决策前慎重考虑公众意见,及时对决策方案进行调整、修改甚至是放弃。这种互动的过程实际上就是各方利益进行博弈和妥协的过程,只有在博弈和妥协之中才能实现

---

① 参见常纪文、陈明剑著:《环境法总论》,中国时代经济出版社2003年版,第148页。

多方利益的平衡。这个平衡点正是行政决策的最佳落脚点。

（4）合法性。公众参与应当是依法进行的参与，各种非法的利益表达方式，如暴力抗争、游行示威等都不应属于公众参与的形式。依法决策是行政决策的应有之意，公众参与则是民主社会里人们对行政决策的更高期待。既然行政决策应当在合法的框架下进行，那么公众参与也应当具备合法性。

2. 公众的范围。能够参与行政决策的公众包括三类：（1）利害关系人，即自身的利益可能会受到决策结果影响的公民、法人或者其他组织。其中，现实利益直接受到行政决策结果负面影响的公民、法人或其他组织属于核心公众，参与行政决策的公众中应当有一定比例以上的核心公众。《重大行政决策程序暂行条例》第14条第3款关于"决策事项涉及特定群体利益的，决策承办单位应当与相关人民团体、社会组织以及群众代表进行沟通协商，充分听取相关群体的意见建议"的规定中，"相关群体"即利害关系人。（2）专家，指以中立的身份出现在公共决策过程中、以专业性知识和技术为公共决策提供咨询、论证以及其他知识支持的个体。① 作为专家，参与行政决策必须满足一个至关重要的条件——保持中立的身份，否则容易导致专家被收买或者"专家专制"。② 因此，参与决策的专家必须符合下列条件：不得是国家机关工作人员；不曾参与过决策草案的起草或论证；专家所在的科研机构不得直接隶属于政府机构；专家不得与核心公众有任何利益关系；专家本人不属于核心公众等。当然，如果专家希望表达自己的利益诉求和价值取向，其可以放弃专家的身份，以一般公众的身份参与行政决策。（3）感兴趣的公众，泛指对公共决策和行政正义有心理需求、期待和责任感的一般公众。③ 他们不属于利害关系人范畴，仅仅是基于个体的社会责任感、价值偏好和良知等公民素质，希望参与对行政决策的探讨论证并希望对行政决策产生影响。这部分公众参与决策的合理性在于：首先，利害关系是一个动态的关系，并非一成不变的。如果时空、身份等客观条件发生了变化，利害关系人与非利害关系人也可以相互转化。其次，从促进决策科学化、提升决策民主化以及培养公民参与意识等角度来看，允许感兴趣的公众参与决策都有着积极的意义。

虽然公众参与应当具有广泛性的特征，但仍有一部分主体应被明确排除在参与决策的公众范围之外，包括：（1）决策制定和实施机关的国家工作人员。这是基于回避原则的考虑。（2）被剥夺政治权利的人员。行政决策中的公众参与权本身属于政治性权利，自然应当随着政治权利的丧失而丧失。（3）特定的外国人。正常情况下外国人可以作为公众参与行政决策，但是当其国籍国限制我国公民参与时，我国应当适用对等原则，对该国公民的参与权进行限制。

---

① 参见王锡锌：《公共决策中的大众、专家与政府——以中国价格决策听证制度为个案的研究视角》，载《中外法学》2006年第4期。
② 参见姬亚平：《行政决策程序中的公众参与研究》，载《浙江学刊》2012年第3期。
③ 参见王锡锌：《公共决策中的大众、专家与政府——以中国价格决策听证制度为个案的研究视角》，载《中外法学》2006年第4期。

3. 公众参与的方式。行政决策公众参与的方式多样,相关规定散见于不同的法律规范之中。2019年国务院制定发布的《重大行政决策程序暂行条例》列举了座谈会、听证会、实地走访、书面征求意见、向社会公开征求意见、问卷调查、民意调查等多种公众参与方式。通过对现有的法律、法规、规章等规范性法律文件的梳理,不难发现我国目前已获得立法认可的公众参与的方式基本上就是调查、征询、座谈会、论证会、专家咨询以及听证会。当然,不少立法对公众参与的方式采取了开放的态度,除了列举的方式之外,还规定了"其他方式"。这说明,公众参与的方式具有多样性和动态性,既包括法律法规明确规定的参与方式,也包括实践中不断发展和产生出来的新的参与方式。

调查、书面征求意见、座谈会和听证会是具有典型性和代表性的公众参与方式。调查是决策机关从公众获取信息最有效的方式之一,过去经常采用现场发放调查问卷或者纸媒刊登邮寄式调查问卷、电话、手机短信等方式实施。随着现代通信技术的日益发达,微博、微信等网络调查方式更加普及。调查具有覆盖面广、随机性强和成本低廉的优点。书面征求意见和调查有诸多相似之处,但二者最根本的区别在于书面征求意见是定向征求意见,而调查面向不特定的公众随机进行。座谈会,顾名思义,就是大家坐下来面对面地进行交谈。相较于调查和书面征求意见,座谈会的特点在于参与者限于具有代表性的少数公众,且注重交流互动。实践中,时常出现将座谈会和听证会混淆的情况。实际上,二者有着本质的区别。座谈会的主要功能与调查、书面征求意见等方式一样,是为决策机关提供决策信息或者技术理性,供决策者参考,保障决策的科学性。听证会的主要功能是通过形成公共价值导向指引行政决策的方向,是决策民主性的保障。因此,座谈会通常并没有法定程序要求,而听证会则应遵守严格的法定程序。原则上,决策事项直接涉及公民、法人、其他组织切身利益或者存在较大分歧的,可以召开听证会。若法律、法规、规章规定应当召开听证会的,依照其规定。听证会召开之前,决策承办单位或者组织听证会的其他单位应当提前公布决策草案及其说明等材料,明确听证时间、地点等信息。需要遴选听证参加人的,组织者应当提前公布听证参加人遴选办法,公平公开组织遴选,保证相关各方都有代表参加听证会,尤其是核心公众应当有一定比例的代表参加。听证参加人名单确定后应当提前向社会公布,听证会材料也应当于召开听证会合理期限前送达听证参加人。听证会应当公开举行。

专家参与往往针对的是专业性、技术性较强的决策事项。在决策承办单位的组织下,由相关领域的专家或者专业机构论证决策的必要性、可行性和科学性等,通常可以采取论证会、书面咨询、委托咨询论证等方式。专家参与应当遵循四个原则:(1)中立原则。体现为专家或专业机构不得与决策机关或者决策事项有利害关系,应当独立开展论证工作,客观、公正、科学地提出论证意见。(2)平衡原则,主要体现为专家知识结构的平衡,以避免因专家知识结构的局限导致专家意见偏颇和理性缺失。(3)公开原则。除依法应当保密的事项外,决策信息必须对专家公开,专家意见应当对其他公众公开。(4)谋断分离原则。一方面,专家只提供专业意见,不享有决策权;另一方面,决策机关不得干预专家出具意见的过程和结论。实践中,很多政府建立了决策专家库,参与论证的专家均从专家库中遴选。同时,也建立了规范专家库运行的管理制度,以及专家诚信考核和退出机制。

(四)风险评估

一般而言,风险就是未来发生损害的可能性。由于重大行政决策事项具有综合性、广泛性和长期性等特征,重大行政决策的实施可能会对社会稳定、生态环境、公共安全或者财政经济等方面造成不利影响,或者可能导致法律纠纷。因此,《中共中央关于全面推进依法治国若干重大问题的决定》提出要把公众参与、专家论证、风险评估、合法性审查、集体讨论决定确定为重大行政决策法定程序。行政决策风险评估可以由决策承办单位自行组织完成,也可以委托专业机构、社会组织等第三方进行。评估者基于决策目的,结合实际情况,对决策草案进行成本效益分析,对决策实施可能引发的社会稳定、生态环境、公共安全、财政经济或者法律纠纷等方面的风险进行科学预测和综合研判,评估各类风险发生的可能性和等级,并根据不同风险所占的权重测算和评估整体风险等级。行政决策整体风险可以分为极低风险、较低风险、中风险、高风险四个风险等级,评估报告中不仅应当确定风险等级,还应当有针对性地提出风险防范、缓释和化解措施以及应急处置预案或者其他替代方案,并提出是否可以作出决策的建议。风险评估结果应当作为重大行政决策的重要依据。决策机关认为风险可控的,可以作出决策;认为风险不可控的,在采取调整决策草案等措施确保风险可控后,可以作出决策;无法调整决策草案或者调整决策草案后仍然存在较高风险的,应暂缓决策。

(五)合法性审查

合法性审查是行政决策草案报请政府讨论之前的最后一个法定程序,在政府机构改革以前,合法性审查由政府法制部门负责,即政府法制办公室。机构改革以后,由于政府法制办公室被撤并,有不少行政决策程序立法规定由本单位合法性审查机构进行合法性审查,也有部分地方立法则明确规定由同级司法行政部门进行合法性审查。[①] 行政决策风险评估中已经包含了对法律风险的评估,但是该评估不能替代合法性审查,公众参与程序中的征求意见也不能替代合法性审查。合法性审查的内容主要包括决策事项是否符合决策机关的法定权限,决策草案内容是否符合有关法律、法规、规章和国家政策的规定,决策草案起草过程是否履行了相关法定程序。合法性审查机构在合法性审查过程中认为有必要的,可以组织政府法律顾问和有关领域的专家进行合法性论证或者提出咨询意见;确有必要的,还可以组织实地考察调研。合法性审查机构应当根据审查情况,分别提出重大行政决策合法性审查意见。重大行政决策事项及草案合法的,建议提交政府审议;存在部分不合法情形的,建议修改完善或者补充完善相关程序后提交政府审议;决策事项超越法定权限、决策草案内容或者起草程序存在重大法律问题的,建议暂不提交政府审议。

(六)集体讨论决定

重大行政决策采用集体讨论决定加行政首长负责制相结合的原则,由决策机关行政首长在集体讨论的基础上作出决定。集体讨论决定是为了发挥集体的智慧和制衡力量,防止

---

① 如《广州市重大行政决策程序规定》《青岛市重大行政决策程序规定》等。

行政首长个人判断失误和一人专断。行政首长负责制则是为了防止法不责众思想下"集体负责"导致的"集体免责"。因此,在完成了决策起草、公众参与、风险评估和合法性审查等程序后,决策草案应当经决策机关常务会议或者全体会议讨论。讨论决策草案时,会议组成人员应当充分发表意见,行政首长最后发表意见。行政首长拟作出的决定与会议组成人员多数人的意见不一致的,应当在会上说明理由。行政首长最后发言的制度设计是为了保证会议组成人员能够不受干扰地独立发表意见,避免行政首长先发制人,以其个人的意见左右其他人员的意见。集体讨论决定情况应当如实记录,不同意见应当如实载明。决策机关常务会议或者全体会议经过集体讨论,应当对决策草案作出通过、不予通过、原则通过并修改、再次讨论决定或者暂缓决策的决定。暂缓期间,决策承办部门可对决策草案进行修改并根据实际情况变化提请政府再次审议,是否再次审议由决策机关行政首长决定。地方立法可以规定,自作出暂缓决策决定之日起一定期限后仍不能达到提请讨论决定要求的,决策自动终止。①

决策机关集体讨论决定通过草案后,通常情况下即可公布决策方案并进入实施阶段。2019年国务院发布的《重大行政决策程序暂行条例》,规定重大行政决策出台前应当按照规定向同级党委请示报告。此后,新制定或新修订的行政决策地方立法也根据上位法增加了决策出台前向同级党委请示报告的规定。此外,还有一些地方立法规定了报请上级行政机关批准或者同级人大或者其常委会报告或者提请审议的程序。②

当履行完全部法定程序,重大行政决策正式通过以后,除依法应当保密的外,决策机关应当通过本级人民政府公报和政府网站以及在本行政区域内发行的报纸等途径及时公布。此外,对社会公众普遍关心或者专业性、技术性较强的重大行政决策,应当说明公众意见、专家论证意见的采纳情况,通过新闻发布会、接受访谈等方式进行宣传解读。

(七)决策执行和调整

行政决策是一系列的过程,决策的作出并不意味着决策完成,而意味着进入决策实施阶段。在决策公布之前,决策机关应当明确负责重大行政决策执行工作的单位,即决策执行单位。决策执行单位应当依法全面、及时、正确地执行重大行政决策,定期向决策机关报告决策执行情况。重大行政决策的实施往往需要持续较长的时间,在此期间若发现行政决策可能存在问题,或者发生了其他可能导致决策目的无法实现的情况,决策执行单位应当及时向决策机关报告。

行政决策后评估分为定期后评估和临时后评估。定期后评估是在行政决策执行过程中,决策执行单位根据决策实施期限,定期开展的后评估,是对决策执行情况的常态评估。临时后评估则是在决策执行过程中,发生特定情形时,由决策执行单位及时组织后评估。此处的"特定情形"包括:重大行政决策实施后明显未达到预期效果;决策时所依据的客观情

---

① 例如,《云南省重大行政决策程序规定》和《广州市重大行政决策程序规定》规定的期限均为1年。
② 如《云南省重大行政决策程序规定》《广西壮族自治区重大行政决策程序规定》《河北省重大行政决策程序暂行办法》《辽宁省重大行政决策程序规定》等。

况发生重大变化;决策所依据的法律、法规、规章修改或者废止;发生不可抗力可能导致决策目标无法实现;公民、法人或者其他组织提出较多意见或者决策执行过程中遇到较强的阻力;决策机关认为有必要组织临时后评估的其他情形。发生上述情形且情况紧急的,决策机关行政首长可以先决定中止行政决策的执行,再启动后评估。行政决策后评估可以由决策执行单位自行开展或者委托专家、专业机构开展,但不得委托参与过决策起草论证阶段有关工作的专家、专业机构进行评估。在行政决策后评估过程中,同样应当以合适的方式征求公众意见,允许公众参与后评估。后评估报告中应当包括对决策执行效果和问题的分析,综合评估决策继续执行的利弊得失,提出继续执行、停止执行、暂缓执行以及修改决策的意见或者建议。行政决策后评估结果应当作为决策机关调整重大行政决策的重要依据。决策后评估结论是建议停止执行、暂缓执行或者修改决策内容的,应当提交政府常务会议或者全体会议讨论决定。需要对决策内容作出重大调整的,应视同新的决策事项,重新履行相关法定程序。

三、行政决策责任追究

《中共中央关于全面推进依法治国若干重大问题的决定》(下称"《决定》")提出:"建立重大决策终身责任追究制度及责任倒查机制,对决策严重失误或者依法应该及时作出决策但久拖不决造成重大损失、恶劣影响的,严格追究行政首长、负有责任的其他领导人员和相关责任人员的法律责任。"

(一)行政决策责任主体

《重大行政决策程序暂行条例》体现了《决定》的要求,规定重大行政决策责任主体是行政首长、负有责任的其他领导人员和相关责任人员。这一规定表明重大行政决策责任主体包括两类:

1. 行政决策的最终决定者。这是决策失误的第一责任人,对全部损失和后果承担责任。重大行政决策由决策机关行政首长在常务会议或者全体会议集体讨论的基础上作出决定,故《重大行政决策程序暂行条例》规定对决策机关行政首长、负有责任的其他领导人员和直接责任人员应当实行终身责任追究。若党委对重大行政决策事项行使了实质上的审批权或者决定权,则党委领导对决策失误也应承担相应责任。事实上,中共中央办公厅和国务院办公厅于2009年联合发布的《关于实行党政领导干部问责的暂行规定》已经体现了将党委领导列为行政决策责任主体的态度。根据该《暂行规定》,出现决策严重失误,造成重大损失或者恶劣影响的,应当对相应级别的党委、政府及其工作部门的领导成员进行问责。

2. 行政决策各环节的负责人和经办人。在行政决策过程中,各个环节会涉及不同的经办人和负责人。重大行政决策的失误往往是由多个环节和程序的违法或者不当共同作用导致的,但不能简单以对行政决策各环节的负责人和经办人的问责取代对行政首长的问责,除非行政决策各环节的负责人或经办人故意欺骗行政首长,导致行政首长最终作出失误决策。否则,各环节负责人或经办人均只需按各自的过错程度承担相应的责任,不应取代行政首长就决策失误承担总体责任。

(二)行政决策责任类型

行政决策责任类型主要包括政治责任和法律责任。政治责任是权力行使者对权力授予者的责任。卢梭(Rousseau)认为,政府是主权者的执行人,应该执行人民的意志,受人民监督。政府官员是人民的公仆,人民有权任用和罢免他们。[①] 现代政府是责任政府。这里的责任即指政治责任。从行政决策的角度来看,政治责任是指"国家机关及其工作人员所作所为,必须合理、合目的性(合乎政府为人民服务的宗旨),其决策(体现为政策与法规、规章、行政命令等等)必须符合人民的意志与利益。如果政府决策失误或行政行为有损于国家与人民利益,虽则不一定违法(甚至有时是依其制定之不合理的法规、规章办事的),不受法律追究,却要承担政治责任"[②]。

法律责任是行政决策责任中最重要的类型,包括行政法律责任和刑事法律责任。实践中政治责任往往容易与法律责任混淆。构建重大行政决策责任追究制度,不仅要明确政治责任属于行政决策责任追究的类型,更要厘清政治责任追究与法律责任追究的区别。

1. 责任追究的原因不同。无论追究政治责任还是法律责任,共同的前提条件都是行政决策出现重大失误或者因决策不作为导致公共利益遭受巨大损失。但是,追究法律责任的原因在于相关责任主体违反了法律、法规、规章等规范性法律文件的规定。追究政治责任则不以责任主体行为违法为前提。人民主权原则是政治责任产生的理论基础。行政决策权力来源于人民,权力运行的最高准则便是维护和实现公共利益。这是对行政决策实质正当性的考察,而决策行为是否符合法律规定属于对程序正当性的评价。行政决策具有宏观性、综合性、前瞻性和过程性特征。在相同的法律框架和程序轨道内,不同的施政理念可以导致不同的甚至截然相反的决策方案,因此,仅对决策行为进行合法性评价无法保证人民对行政决策正当性和合理性的要求。在这个意义上,政治责任相对于法律责任而言,与政府的行为是否违法无关,而关系到政策是否失误。[③]

2. 责任追究主体不同。决策主体承担政治责任是基于行政权力对人民负责的要求,因此,"政治责任是由人民或议会来判断的"[④]。人民是一个抽象的概念,人民代表大会作为人民行使国家权力的机关是行政决策政治责任的追究主体。另外,中国共产党是我国的执政党,代表中国最广大人民的根本利益,党除了工人阶级和最广大人民群众的利益,没有自己特殊的利益,党的纪律对党员的约束正是人民利益对执政者权力要求。因此,党纪责任属于政治责任的范畴。当作出失误决策的领导人或者相关责任人员具备党员身份时,党的纪检部门和组织部门可以对责任人进行党纪处分。法律责任则应当根据责任性质分别由监察机关、组织人事部门和司法机关分别追究。

3. 责任形式不同。政治责任缘于行政权力运行的不当或者不合理,是人民因为对行政

---

① 参见〔法〕卢梭著:《社会契约论》,何兆武译,商务印书馆2003年版,第127页。
② 郭道晖著:《法的时代精神》,湖南出版社1997年版,第468页。
③ 参见王成栋著:《政府责任论》,中国政法大学出版社1999年版,第80页。
④ 萨孟武著:《政治学》,三民书局1986年版,第160页。

决策客观效果不满意而产生的对权力行使者能力或者态度的不信任。政治责任形式主要包括引咎辞职、罢免、弹劾、免职以及党内警告、严重警告、撤销党内职务、留党察看、开除党籍等。行政决策法律责任形式则包括警告、记过、记大过、降级、撤职、开除等行政处分和管制、拘役、有期徒刑、无期徒刑、死刑、罚金、剥夺政治权利、没收财产等刑罚处罚。

4. 责任承担方式不同。政治责任可以不经特定国家机关认定而主动承担，如引咎辞职。但法律责任都由专门机关通过法定程序进行认定，并通过一定的强制力保证实现，法律责任都是被动承担的。

5. 责任追究程序不同。除了引咎辞职以外，政治责任的追究通常应当按照《全国人民代表大会组织法》和《地方各级人民代表大会和地方各级人民政府组织法》规定的质询、审议、决定程序以及《中国共产党纪律处分条例》规定的党纪处分程序进行。行政决策法律责任则应遵循行政处分程序或者刑事审判程序。

（三）终身追责与时效制度

《重大行政决策程序暂行条例》第 38 条对决策机关行政首长、负有责任的其他领导人员和直接责任人员追责时效区分了两种情形：对决策机关违反本条例规定造成决策严重失误，或者依法应当及时作出决策而久拖不决，造成重大损失、恶劣影响的，应当倒查责任，实行终身责任追究；若决策机关违反本条例规定，但未造成上述严重后果的，则不适用终身追责。建立重大决策终身责任追究制度及责任倒查机制是我国建设法治政府的一个重大举措，但是，在我国目前的时效制度下，要正确理解和适用终身追责还需要进行多方面的考虑。

1. 终身追责的内涵。如何理解终身追责，以及如何处理终身追责与追诉时效的关系，这是构建重大行政决策终身责任追究制度无法回避的重要问题。要解决这个问题，首先必须厘清两个概念：追责时效和追诉时效。追责时效是指追究相关人员行政决策责任的有效期限。追诉时效则是指提起诉讼的有效期限。可见，追责时效与追诉时效是两个不同的概念，前者的外延大于后者。行政决策终身责任追究制度中的"终身"指的是"追责时效"，而不是"追诉时效"。

2. 时效制度的运用。

（1）刑事责任追究应当受追诉时效限制。对刑事责任的追究只能通过诉讼方式实现。我国《刑法》以犯罪的法定最高刑为标准，确定了 5—20 年的刑事责任追诉时效。一般情况下，犯罪经过追诉期限即不再追诉，因此刑事责任追究应当受追诉时效限制。

（2）行政责任追究不受追责时效的限制。重大行政决策终身追责追究的是相关责任人的内部行政责任。内部行政责任是行政机关及其公职人员在整个行政系统内所要依法承担的责任。[①] 对此类责任，应当终身追究，不受追责时效的限制。其正当性来源于以下几个方面：首先，当自然人拥有了公务员的身份，其与国家之间就产生了被管理与管理的关系。国家有权对其苛以高于普通公民的义务和要求，从而保证科层制内行政权力的高效运行。实

---

① 参见高志雪：《内部行政责任理论的实证分析》，载《前沿》2011 年第 6 期。

行终身追责有助于这一目的的实现。其次,与普通的行政决定相比,重大行政决策的影响范围更广、程度更深,并且结果需要较长时间才能显现。当决策失误造成的重大损失显现时,当初作出决策的官员往往已不在任,责任难以追究,行政决策的特殊性决定了终身追责是防止责任追究流于形式的重要保障。最后,《公务员法》《监察法》等法律并未规定内部行政责任的追责时效,实行终身追责不会造成对现有法律体系和法制规则的破坏。但是,也有一些行政法规和地方政府规章中存在身份免责的规定。[①]因此,在构建重大行政决策终身责任追究制度的过程中,需要对相关规范性法律文件进行清理和修订,以确保制度依据体系的统一性。

（3）政治责任追究不受时效限制。政治责任无须法律明确规定,它是权力行使者对权力授予者基于授权关系所应承担的责任。无论是否违反法律规定,只要权力行使者不履行或背弃其责任,都应当受到权力授予者的追究。[②]因此,公务员,尤其是领导人的责任意识对决策权力的正当行使有着至关重要的作用。公务员既是法律责任主体,也是政治责任主体。但是,承担法律责任要求行为主体存在过错或者违法。政治责任的实现相对于法律责任特别是刑事法律责任的实现而言具有优先性。[③]当两种责任并存时,往往先追究政治责任;在追究法律责任的同时,也常一并追究政治责任。由此可见,完善的政治责任追究制度对于培养和强化公务员的责任意识尤为重要。因此,政治责任追究不受时效限制是重大行政决策终身责任追究的内涵之一。

法律应用

1. 行政法上研究的主要是动态的行政规划,也即行为意义上的行政规划。行政法治对行政规划的要求主要体现在规划编制和实施方面,通过对行政规划程序的规范,在最大程度上保证规划内容的科学性和民主性。由于行政规划具有宏观性和未来性的特征,因而行政规划并不会直接对相对人的权利义务产生影响,行政规划必须通过实施行为才能作用于具体对象,进而实现相应的行政目标。

2. 行政规划具有系统性,往往不存在单个独立的行政规划。因此,行政规划的编制必须注意与相关规划尤其是上位规划的协调性和一致性,这也是行政规划合法性和科学性的重要体现。

3. 决策是行政权力运行的起点。规范决策行为特别是重大行政决策行为,是规范行政权力的重点,也是法治政府建设的重点。国务院制定的《重大行政决策程序暂行条例》在总结地方立法经验和成果的基础上,确定了重大行政决策全过程应当包括决策启动、公众参与、专家论证、风险评估、合法性审查、集体讨论

---

① 例如,《行政机关公务员处分条例》第52条和《深圳市行政过错责任追究办法》第63条第1款都规定,对应当追究行政责任的公务员,在处分或者处理决定作出前已经退休的,不再给予处分或者处理。《深圳市行政过错责任追究办法》第63条第2款还规定,应追究行政过错责任的公务员,所在单位作出处理决定前已经调离到新单位的,原所在单位"可以"向其新单位提出处理建议,而非"应当"提出建议。可见,调离原工作单位也可能成为免责的事由。

② 参见喻少如:《论决策终身负责制的合理构造——基于行政法学视角的观察与思考》,载《人民论坛·学术前沿》2014年第12期。

③ 参见张贤明:《政治责任与法律责任的比较分析》,载《政治学研究》2000年第1期。

决定以及决策后评估等法定程序。公众参与是重大行政决策的法定程序之一,是重大行政决策民主性的重要体现,进而成为重大行政决策能否顺利作出和实施的保障。

案(事)例

案情简介[①]:

原告李某有房屋一栋,位于重庆市彭水苗族土家族自治县(以下简称"彭水县")郁山镇南京社区1组,在福禄居项目规划红线范围外。2011年8月15日,彭水县委会召开办公会并形成第一期会议纪要,审议通过了郁山古镇策划方案。2011年11月,由成都悠游三国文化发展有限公司策划,四川广德建筑设计有限公司设计,作出了重庆彭水郁山古镇修建性详细规划方案设计。该设计方案包括总则、区域现状、规划背景及定位、规划构思与设计要点、分区规划设计、市政规划、建筑风格导示及单体建筑方案七个部分,将郁山古镇划分为古镇核心区、黄泥坝渡头坝行政商贸区、郁山新城区、城市拓展区四大功能组团。彭水县中业集团(以下简称"中业集团")以中业集团〔2012〕3号《关于审定重庆彭水郁山古镇修建性详细规划方案设计的请示》报送彭水县政府,彭水县政府于2012年10月26日作出彭水府〔2012〕154号《彭水苗族土家族自治县人民政府关于郁山古镇修建性详细规划的批复》(以下简称"《郁山古镇修建性详细规划的批复》"),原则同意重庆彭水郁山古镇修建性详细规划方案设计文本。规划建设用地323.5公顷,定位为以民俗、民族文化展示和旅游休闲、服务接待为主体的传统风貌与现代功能完美结合的新型旅游古镇,规划功能分为行政商贸区、郁山新城区、城市拓展区、古镇核心区。福禄居项目位于城市拓展区。重庆江汇建设工程有限责任公司(以下简称"江汇公司")负责承建福禄居项目,江汇公司向彭水县发改委报送江汇建司〔2015〕7号《关于报批彭水县郁山镇中业福禄居农民集中住房建设项目立项的请示》及相关资料后,2015年5月13日,彭水县发改委作出彭水发改发〔2015〕151号《彭水苗族土家族自治县发展和改革委员会关于彭水县郁山镇中业福禄居农民集中住房建设项目立项的批复》,批准了福禄居项目的立项,并要求江汇公司接文后科学规划,委托有资质的机构编制项目可行性研究报告,并报彭水县发改委审批。福禄居项目启动后,在江汇公司修建福禄居项目的过程中,李某的房屋受损。2016年5月31日,在李某就彭水县发展和改革委员会福禄居项目立项批复申请行政复议过程中,获知该项目是经彭水县政府同意建设。2016年8月3日,李某以彭水县政府批准福禄居项目建设的程序、实体均违法,严重侵害了原告的合法权益为由,向重庆市第四中级人民法院提起诉讼,请求撤销彭水县政府作出的彭水府〔2012〕154号《郁山古镇修建性详细规划的批复》中涉及福禄居建设及规划的批准行为。

问题:

1. 彭水县政府作出的修建性详细规划的法律性质是什么?
2. 彭水县政府修建性详细规划批准行为是否属于内部行政行为?
3. 修建性详细规划批准行为对外是否产生实质影响?
4. 李某对修建性详细规划批准行为是否具有诉权?

---

① 该案例原刊载于《人民法院报》2018年1月11日,第6版。

案(事)例答题思路

思考题

1. 简述行政规划的特征。
2. 简述行政规划的种类。
3. 简述行政规划的编制程序。
4. 简述重大行政决策的原则。
5. 简述重大行政决策的法定程序。
6. 简述重大行政决策终身问责制。

第六章　行政确认与行政许可

本章重点

1. 行政确认与行政许可的概念、特征
2. 行政许可的原则
3. 行政许可的范围与设定
4. 行政许可的实施机关
5. 行政许可的实施程序

第一节　行政确认
第二节　行政许可

第一节 行政确认

一、行政确认的概念与特征

行政确认是指行政主体依法对行政相对人的法律地位、法律关系或有关法律事实进行甄别,给予确定、认定、证明(或者证伪)并予以宣告的行政行为。行政确认具有以下特征:

1. 行政确认的主体是有法定确认权的行政主体,即只有那些有法定确认权的行政机关或者法律、法规授权的组织才能依法定程序和方式作出行政确认行为,否则只能是违法的行政确认,不具有法律效力。

2. 行政确认的内容或目的,是对特定法律关系及其当事人的法律地位以及有关法律事实加以确定、认可、证明,从而明确相应的权利与义务,达到稳定社会秩序的目的。这里所称的特定法律关系及相关事实,既可以是民事法律关系及其相关事实(如确认收养关系等),也可以是行政法律关系及其相关事实(如引起行政赔偿时对伤残等级的确认等)。

3. 行政确认是要式行政行为。由于行政确认是对特定的法律事实、法律关系的肯定或否认,它对行政相对人的权利和义务将产生直接影响,所以,行政主体在作出行政确认行为时,必须采用书面的形式并按特定技术规范要求作出,与行政确认有关的个人或组织必须在行政确认文件上签名并由进行确认的行政主体加盖公章,否则就难以产生预期的法律效力。

4. 行政确认是羁束性行政行为。由于行政确认的对象是法律事实和法律关系,而法律事实和法律关系又是由客观事实和现行法律规范决定的,这就要求行政主体在进行行政确认时,只能尊重客观事实,严格按照法律规定操作。同时,行政主体进行行政确认还须受有关技术性规范制约。所以,行政确认没有自由裁量的余地。

二、行政确认的种类和形式

(一)行政确认的种类

依据不同的标准,行政确认可以划分为不同的种类。

1. 以是否需要当事人申请为标准,行政确认可分为依职权的行政确认和依申请的行政确认。依职权的行政确认是指行政主体根据法定职权对特定法律关系、法律事实等予以确认的行为。依申请的行政确认是指行政主体应行政相对人的申请或者其他方面的请求对特定法律关系、法律事实等予以确认的行为。前者如纳税鉴定、计量鉴定、审计鉴定等,后者如工商登记、婚姻登记、授予商标或专利证书等。比较而言,依申请的行政确认更加广泛。

2. 以内容为标准,行政确认可分为对身份的确认、对能力的确认、对法律关系的确认、对法律事实的确认四类。对身份的确认,如颁发居民身份证、户口登记等;对能力的确认,如颁发教师资格证、法律职业资格证等;对法律关系的确认,如颁发结婚证等;对法律事实的确认,如工伤认定、消防验收、专利权、商标权确认等。

3. 以存在领域为标准,行政确认可分为公安行政确认(如交通事故责任认定、精神病人司法鉴定)、民政行政确认(如伤残等级认定、婚姻关系确认)、劳动行政确认(如工伤事故认定、劳动合同确认)、卫生行政确认(如食品卫生等级认定、医疗事故等级认定)、环保行政确认(如对污染状况的确认、对环境资源损害程度的鉴定)和司法行政确认(如公证确认)等。

(二)行政确认的形式

根据法律、法规、规章规定,结合行政管理实际,行政确认的形式主要有认定、证明、登记、鉴定等。

1. 认定。它是指对行政相对人已有法律地位、权利义务或者法定事项是否符合法律要求进行判定和确认,如产品质量认证、工伤事故责任认定等。

2. 证明。它是指行政主体明确证明对象的法律地位或权利与义务的真实性,如对身份、学历、资格的证明,对婚姻关系、收养关系的证明等。

3. 登记。它是指行政主体应申请人的申请,在其登记簿中记载相对人的情况或事实,以确认相对人的法律地位和权利、义务,如产权、婚姻、户口登记等。

4. 鉴定。它是指行政主体对特定的法律事实或者课题的性质、状态、质量等进行的检验评定,如质量技术监督机关对产品质量的鉴定、税务机关的纳税鉴定等。

三、行政确认的原则和程序

(一)行政确认的原则

1. 依法确认原则。行政确认的目的在于维护公共利益,保护公民、法人和其他组织的合法权益。因此,行政确认必须严格按照法律、法规和规章规定进行,遵循法定程序,确保法律所保护的公共利益和行政相对人的合法权益得以实现。

2. 客观公正原则。行政确认是对法律事实和法律关系的证明或者明确,因而必须始终贯彻客观、公正的原则,不允许有任何偏私。

3. 保守秘密原则。行政确认往往较多地涉及商业秘密和个人隐私,尽管其确认程序要求公开、公正,但同时必须坚决贯彻保守秘密的原则。行政确认的结果也不得随意用于行政管理行为以外的领域,防止损害公共利益或行政相对人的合法权益。

4. 行政效率原则。行政确认是特定权利义务关系获得权威确证从而取得对世效力的重要手段,也是特定法律事实得以明确从而获得社会公认的重要方式。行政主体进行行政确认时,除必须遵循依法确认原则、客观公正原则、保守秘密原则外,还需要遵循行政效率原则,以确保行政确认产生积极的行政管理效应和公共服务效果,有效回应社会争议和权益冲突,稳定社会关系和公共秩序。

(二)行政确认的程序

我国现行立法还没有统一行政确认的程序,从有关法律的规定来看,行政确认的一般程序主要包括:

1. 申请。行政确认可以分为依申请的确认和依职权的确认。对于法律规定应依申请确认的事项,必须先由行政相对人提出申请,申请应采用书面形式。对于行政主体依职权实施的行政确认,则不必经过申请程序。

2. 审查。不论是依申请的确认,还是依职权的确认,行政主体都必须对确认的法律关系、法律事实进行审查。审查内容包括相对人申请的确认事项是否属于行政确认的范围、是否属于受理申请的行政主体的管辖范围以及有关的证据、材料等。审查是行政确认的核心环节,对于有重大影响的行政确认,行政主体应当履行公告义务,保障行政确认利害关系人的合法权益。

3. 作出决定。行政主体经过审查,认为相对人的申请符合法定条件,或特定法律事实、法律关系状态符合法律规定的,应依法作出行政确认决定,并按法定形式制作相应的确认文书,及时送达相对人。行政确认应当以送达作为发生法律效力的要件,必要时应当予以公告。

4. 异议与救济。行政确认具有行政行为的确定力、拘束力和强制力,会对当事人的权利与义务产生影响。行政相对人不服行政主体的行政确认的,可以提出异议,可以通过行政复议或者行政诉讼的途径寻求救济。

第二节 行 政 许 可

一、行政许可的概念与特征

行政许可是指在法律一般禁止的情况下,行政主体根据行政相对人的申请,经依法审查,通过颁发许可证或执照等形式,依法赋予特定的行政相对人从事特定活动或者实施特定行为的权利或资格的行为。它具有以下特征:

1. 行政许可是一种依申请的行政行为。行政相对人提出申请是行政主体作出行政许可的前提。行政主体只有根据行政相对人的申请,才能够对申请人的资格、能力、条件等进行审查,并决定是否作出准予许可。可见,行政许可中的行政主体是被动的。

2. 行政许可以一般禁止为前提,以个别解禁为内容。即在国家一般禁止的前提下,对符合特定条件且提出申请的行政相对人解除禁止使其享有特定的资格或权利,能够实施某项特定的行为。

3. 行政许可是一种授益性行政行为。与行政处罚、行政强制等行为不同,行政许可不是对行政相对人科以义务或限制、剥夺相对人的某种权利,而是行政主体赋予行政相对人某种法律资格或法律权利的行政行为。因此,行政许可是针对特定的人、特定的事作出的授益性行政行为。

4. 行政许可是一种外部行政行为。行政许可是行政主体针对行政相对人的一种管理行为,是行政主体依法管理经济和社会事务的一种外部行为。《行政许可法》第3条第2款规定:"有关行政机关对其他机关或者对其直接管理的事业单位的人事、财务、外事等事项的审批,不适用本法。"因此,行政机关审批其他行政机关或者其直接管理的事业单位的人事、财务、外事等事项的内部管理行为不属于行政许可。

5. 行政许可是一种要式行政行为。行政许可必须遵循法定形式,即应当是明示的书面许可,应当有正规的文书、印章等予以认可和证明。实践中最常见的行政许可形式就是许可证和执照。

二、行政许可的原则

《行政许可法》第4—10条规定了行政许可法的六项原则:许可法定原则;公开、公平、公正原则;便民原则;权益保障原则;信赖保护原则;监督原则。

(一)许可法定原则

许可法定原则是指行政许可的设定和实施,必须依照法定的权限、范围、条件和程序,不得违背法律的规定。《行政许可法》第4条规定:"设定和实施行政许可,应当依照法定的权限、范围、条件和程序。"该原则主要有行政许可设定法定和行政许可实施法定两方面的要求。

(二)公开、公平、公正原则

《行政许可法》第5条规定了行政许可应当遵循公开、公平、公正原则。该原则的具体内容有:(1)有关行政许可的规定应当公布,未经公布的一律不得作为实施行政许可的依据。行政许可的实施过程与结果应当公开。法律、法规、规章规定实施行政许可应当听证的事项或者行政机关认为需要听证的其他涉及公共利益的重大行政许可事项,应当向社会公告,并举行听证。行政许可事项涉及第三人的,应当告知第三人。行政机关作出的准予行政许可决定,应当予以公开,公众有权查阅;行政机关实施监督检查,监督检查的情况和处理结果予以记录,公众有权查阅行政机关的监督检查记录。但涉及国家秘密、商业秘密和个人隐私的内容不公开。(2)公平原则要求行政机关平等地对待每个相对人,在法律上保证相对人在申请和获得许可上享有同等的权利和履行同等的义务,在实施行政许可的过程中不得歧视相对人或有所偏袒,不能对相同的事项作出不同的处理,也不能对不同的事项作出相同的处理。在程序选择上,严格遵守一般许可按先后顺序审查、特殊许可择优审查的原则。(3)公正原则要求在行政机关和行政相对人之间实现一种实质上的平等,在行政许可的设定上,正确认识行政相对人的相对弱势地位,为行政许可实施机关设定若干义务,为相对人设置若干保障条款;要求行政许可实施机关遵循"不做自己法官"的原则,行政机关工作人员在办理与自己有密切关系的行政许可时,应当主动回避或者应当事人申请回避;在作出不利于相对人行政许可决定时,应当听取相对人的申辩;作出行政许可决定应当基于正当的动机并考虑相关的因素。

(三)便民原则

《行政许可法》第6条规定:"实施行政许可,应当遵循便民的原则,提高办事效率,提供优质服务。"该条规定了行政许可便民原则。行政许可便民原则的具体内容有:(1)除依法应当由申请人到行政机关办公场所提出行政许可申请外,申请人可以委托代理人提出行政许可申请。具备条件的,可以通过信函、电报、电传、传真、电子数据交换和电子邮件等方式提出行政许可申请。行政机关对行政许可申请应当尽量做到当场受理、当场决定。申请人提交的申请材料存在当场可以更正的错误的,行政机关应当允许申请人当场更正,不得以此为由拒绝受理行政许可申请。(2)行政机关应当将法律、法规、规章规定的有关行政许可的事项、依据、条件、数量、程序、期限以及需要提交的全部材料的目录和申请书示范文本等在办公场所公示。(3)行政许可需要行政机关内设的多个机构办理的,应当确定一个机构统一受理行政许可申请,统一送达行政许可决定。实行"一个窗口"对外,防止多头受理、多头对外。(4)对于应当由地方人民政府两个以上部门分别实施的行政许可,本级人民政府可以确定由一个部门受理行政许可申请并转告有关部门分别提出意见后统一办理,或者组织有关部门联合办理、集中办理,以尽量减少"多头审批"。(5)省级人民政府经国务院批准,可以将几个行政机关行使的行政许可权相对集中,由一个行政机关行使有关行政机关的行政许可权。

(四)权益保障原则

《行政许可法》第7条规定:"公民、法人或者其他组织对行政机关实施行政许可,享有陈述权、申辩权;有权依法申请行政复议或者提起行政诉讼;其合法权益因行政机关违法实施行政许可受到损害的,有权依法要求赔偿。"该条规定了行政许可权益保障原则。行政许可权益保障原则的具体内容有:(1)在实施行政许可的各个环节,都应当保护公民、法人或者其他组织的陈述权、申辩权。即无论在行政许可申请的提出、受理或者审查阶段,还是在行政许可决定的作出或者在监督检查的过程中,行政机关都要给予公民、法人或者其他组织陈述、申辩等发表意见的机会,行政机关要认真听取相对人的意见。(2)对依法需要听证的事项,应当告知申请人、利害关系人享有听证的权利并依法举行听证。听证必须允许申请人、利害关系人申辩和质证。(3)公民、法人或者其他组织对行政许可不服的,有权依法申请行政复议或提起行政诉讼,行政机关应当积极参加行政复议或者行政诉讼。(4)公民、法人或者其他组织因行政机关违法实施行政许可遭受损害的,有权依法要求赔偿,行政机关应当依法予以赔偿。

(五)信赖保护原则

《行政许可法》第8条规定:"公民、法人或者其他组织依法取得的行政许可受法律保护,行政机关不得擅自改变已经生效的行政许可。行政许可所依据的法律、法规、规章修改或者废止,或者准予行政许可所依据的客观情况发生重大变化的,为了公共利益的需要,行政机关可以依法变更或者撤回已经生效的行政许可。由此给公民、法人或者其他组织造成财产损失的,行政机关应当依法给予补偿。"该条规定了行政许可信赖保护原则。行政许可信赖保护原则的具体内容有:(1)行政许可行为具有确定力。公民、法人和其他组织对其依法取得的行政许可享有信赖利益,行政机关的行政许可决定一经作出并生效,非因法定事由和非经法定程序,不得擅自予以撤销或者变更。(2)行政机关违法发放的行政许可,或者给不符合法定条件的申请人发放的行政许可,事后即使发现违法或者对政府不利,只要行为不是由被许可人的过错造成的,并不必然撤销、废止或者变更。撤销行政许可可能对公共利益造成重大损害的,不予撤销。(3)行政许可行为作出以后,发现有严重违法可能给国家、社会公共利益造成重大损失,必须撤销或变更许可的,行政机关对撤销或者变更行政许可给无过错的被许可人造成的损失应当承担赔偿责任。当事人有隐瞒、欺骗、贿赂等过错行为的,国家不承担赔偿责任。(4)基于客观原因和公共利益的考虑,行政机关撤销、变更行政许可的,应当给予当事人补偿。例如,行政许可所依据的法律、法规、规章修改或者废止,使行政许可事项不再被允许;再如,准予行政许可所依据的客观情况发生重大变化,且为了公共利益的需要。(5)诚实信用原则仅仅保护诚实信用的行政许可持有人。行政许可申请人必须对政府讲信用,不能通过欺诈、胁迫或者行贿等不正当的方式和手段,欺骗行政许可或者获得某种利益,否则,其权益不受法律保护。根据《行政许可法》的规定,只要向行政机关故意隐瞒或者故意提供虚假材料,即使没有骗取行政许可,也应给予处罚。(6)行政许可关系中的信赖利益保护具有相对性。在法律、法规、规章规定的许可条件发生变化的情况下,已经获得许可的行政许可持有人有义务采取措施,以达到新的许可条件的要求。

(六)监督原则

《行政许可法》第10条规定:"县级以上人民政府应当建立健全对行政机关实施行政许可的监督制度,加强对行政机关实施行政许可的监督检查。行政机关应当对公民、法人或者其他组织从事行政许可事项的活动实施有效监督。"该条规定了行政许可监督原则。行政许可监督原则的具体内容有:(1)对行政机关实施行政许可行为的监督;(2)对公民、法人或者其他组织从事许可事项活动的监督。两种监督的基本目的都是保证《行政许可法》的正确、有效实施,及时纠正在行政许可中可能出现的违法行为,维护公共利益,保护公民、法人或者其他组织的合法权益。

三、行政许可的种类和设定

(一)行政许可的种类

根据不同的标准可以对行政许可进行不同的划分。根据许可性质、功能、适用条件的不同,行政许可分为以下五类:

1. 普通许可。普通许可是指行政机关准予符合法定条件的个人或组织从事特定活动的行为,是运用最广泛的一种行政许可,如集会游行示威许可、爆炸物品生产运输许可、商业银行设立许可等。普通许可的主要特点有:(1)是对行政相对人行使法定权利或者从事法律没有禁止但附有条件的活动的准许,即禁止的解除;(2)一般没有数量控制;(3)行政机关实施普通许可一般没有自由裁量权,符合条件即应当予以准许。

2. 特许。特许是由行政机关代表国家依法向相对人授予某种特定权利的行为,如海域使用许可、无线电频率许可等。特许主要适用于有限自然资源的开发利用、有限公共资源的配置以及直接关系公共利益的特定行业的市场准入等事项。特许的功能主要是分配稀缺资源。特许的主要特点有：（1）被许可人要交费；（2）一般有数量控制；（3）行政机关实施特许一般有自由裁量权；（4）被许可人要承担提供普遍服务、不得擅自歇业等公益义务；（5）应当通过招标、拍卖等公平竞争的方式作出许可，但法律、行政法规另有规定的，依照其规定。

3. 认可。认可是由行政机关对申请人是否具备特定技能的认定，如律师资格许可、医师资格许可、注册会计师资格许可等。认可主要适用于为公众提供服务并且直接关系公共利益的职业、行业，需要确定具备特殊信誉、特殊条件或者特殊技能的资格、资质的事项。认可的主要功能是提高从业水平或者某种技能、信誉。认可的主要特点有：（1）一般都要通过考试方式并根据考试结果决定是否认可；（2）资格资质证的认可是对人的许可，与身份相联系，不能继承、转让；（3）没有数量限制；（4）行政机关实施认可一般没有自由裁量权。

4. 核准。核准是由行政机关对某些事项是否达到特定技术标准、技术规范的判断、确定，主要适用于直接关系公共安全、人身健康、生命财产安全的重要设备设施的设计、建造、安装和使用，直接关系人身健康、生命财产安全的特定产品、物品的检验、检疫。核准的功能也是为了防止危险、保障安全。核准的主要特点有：（1）核准依据的主要是技术标准、技术规范，具有很强的专业性、技术性、客观性；（2）一般需要实地检测、检验、检疫；（3）没有数量控制；（4）行政机关实施核准没有自由裁量权。

5. 登记。登记是由行政机关确立个人、企业或者其他组织的特定主体资格、特定身份的行为，如工商企业注册登记、社团登记等。登记的主要功能是通过使申请人获得某种能力向公众提供证明或者信誉、信息。登记的主要特点有：（1）未经合法登记取得特定主体资格或者特定身份，而从事涉及公众关系的经济、社会活动是非法的；（2）没有数量控制；（3）对申请登记的材料一般只进行形式审查，通常可以当场作出是否准予登记的决定；（4）行政机关实施登记没有自由裁量权。

（二）行政许可的设定

行政许可的设定是指法律规范首次对某种行政许可的实施机关、条件、程序、期限等作出规定。"设定"使某种行政许可从无到有，是第一次规定。在设定行政许可时，应当遵循经济和社会发展规律，有利于发挥公民、法人或者其他组织的积极性、主动性，维护公共利益和社会秩序，促进经济、社会和生态环境协调发展。

1. 行政许可设定的范围。行政许可设定的范围亦称行政许可的范围、行政许可的事项，是指哪些事项可以设定行政许可，哪些事项不能设定行政许可。行政许可作为政府对经济和社会活动进行事先干预的一项重要手段，对维护公民的人身财产安全和公共利益，加强对经济的宏观调控，保护并合理分配有限自然资源和公共资源等是具有重要作用的，也是必不可少的。但行政许可不是万能的，还会产生一些负面效应，如抑制市场在资源配置中的基础性作用的发挥，降低经济效率，妨碍市场开放和公平竞争，不利于增强经济和社会的生机和活力，容易滋生腐败等。因此，行政许可不是越多越好，其范围是要受到限制的，只有在必要时才可设立行政许可。

根据《行政许可法》第 12 条的规定,可以设定行政许可的事项包括以下六个方面:(1)直接涉及国家安全、公共安全、经济宏观调控、生态环境保护以及直接关系人身健康、生命财产安全等特定活动,需要按照法定条件予以批准的事项;(2)有限自然资源开发利用、公共资源配置以及直接关系公共利益的特定行业的市场准入等,需要赋予特定权利的事项;(3)提供公众服务并且直接关系公共利益的职业、行业,需要确定具备特殊信誉、特殊条件或者特殊技能等资格、资质的事项;(4)直接关系公共安全、人身健康、生命财产安全的重要设备、设施、产品、物品,需要按照技术标准、技术规范,通过检验、检测、检疫等方式进行审定的事项;(5)企业或者其他组织的设立等,需要确定主体资格的事项;(6)法律、行政法规规定可以设定行政许可的其他事项。

根据《行政许可法》第 13 条的规定,上述事项,通过下列方式能够予以规范的,可以不设定行政许可:(1)公民、法人或者其他组织能够自主决定的;(2)市场竞争机制能够有效调节的;(3)行业组织或者中介机构能够自律管理的;(4)行政机关采用事后监督等其他行政管理方式能够解决的。

2. 行政许可的设定权。

(1)法律的设定权。法律是我国最高权力机关制定的规范性文件,可以就《行政许可法》第 12 条所列的所有事项设定行政许可。

(2)行政法规的设定权。行政法规是由国务院依法制定的规范性文件,有较大的许可设定权。对依法可以设定行政许可的事项,尚未制定法律的,可以由行政法规设定行政许可。

(3)国务院决定的设定权。严格地说,国务院决定是针对某个方面的具体事项制定的,不是按照行政法规制定程序制定的规范性文件,这种决定并不是行政法的渊源,但《行政许可法》对国务院决定的许可设定权作出了规定。即在必要时,国务院可以采用发布决定的方式设定行政许可;实施后,除临时性行政许可事项外,国务院应当及时提请全国人民代表大会及其常务委员会制定法律,或者自行制定行政法规。

(4)地方性法规和省级政府规章的设定权。根据《行政许可法》的规定,尚未制定法律、行政法规的,地方性法规可以设定行政许可;尚未制定法律、行政法规和地方性法规的,因行政管理的需要,确需立即实施行政许可的,省、自治区、直辖市人民政府规章可以设定临时性的行政许可。临时性的行政许可实施满 1 年需要继续实施的,应当提请本级人民代表大会及其常务委员会制定地方性法规。

但为了维护市场的公平竞争,促进全国统一大市场的形成,对地方性法规和省级政府规章的行政许可设定权有一定限制,即地方性法规和省、自治区、直辖市人民政府规章不得设定应当由国家统一确定的公民、法人或者其他组织的资格、资质的行政许可;不得设定企业或者其他组织的设立登记及其前置性行政许可。地方性法规和省、自治区、直辖市人民政府规章设定的行政许可,不得限制其他地区的个人或者企业到本地区从事生产经营和提供服务,不得限制其他地区的商品进入本地区市场。

除法律、行政法规、地方性法规和省级政府规章外,国务院部门规章、省级以下地方政府规章以及依法不享有规章制定权的地方人民政府和其他机关制定的规范性文件一律不得设定行政许可。

此外,《行政许可法》对行政许可的规定权还作出了规定,即行政法规可以在法律设定的行政许可事项范围内,对实施该行政许可作出具体规定;地方性法规可以在法律、行政法规设定的行政许可事项范围内,对实施该行政许可作出具体规定;规章可以在上位法设定的行政许可事项范围内,对实施该行政许可作出具体规定。但法规、规章对实施上位法设定的行政许可作出的具体规定,不得增设行政许可;对行政许可条件作出的具体规定,不得增设违反上位法的其他条件。

3. 行政许可设定的程序。行政许可的设定程序包括起草程序和评价程序。

(1) 起草程序。起草法律草案、法规草案和省、自治区、直辖市人民政府规章草案,拟设定行政许可的,起草单位有两个重要程序义务:一是听取意见,可以采用听证会、论证会或者其他形式;二是向制定机关说明设定该行政许可的必要性、对经济和社会可能产生的影响以及听取和采纳意见的情况。

(2) 评价程序。特定的行政许可是为适应社会经济的发展而设定和实施的,随着社会生活条件的发展变化,特定的行政许可制度设定的基础将发生变化乃至丧失。所以,《行政许可法》规定了对行政许可的评价程序:首先,行政许可的设定机关应当定期对其设定的行政许可进行评价,对已设定的行政许可,认为通过《行政许可法》第13条所列方式能够解决的,应当对设定该行政许可的规定及时予以修改或者废止;其次,行政许可的实施机关可以对已设定的行政许可的实施情况及存在的必要性适时进行评价,并将意见报告该行政许可的设定机关;最后,公民、法人或者其他组织可以向行政许可的设定机关和实施机关就行政许可的设定和实施提出意见和建议。

四、行政许可的实施

(一) 行政许可的实施机关

根据《行政许可法》的规定,行政许可的实施机关包括行政机关、法定授权组织、受委托的行政机关、专业技术组织等。

1. 行政机关。行政许可的实施机关原则上是行政机关,即行政机关是行政许可的实施机关中最主要的一种类型,但不是所有的行政机关都可以成为行政许可的实施机关,能够成为行政许可实施机关的行政机关必须是具有外部行政管理职能且依法享有行政许可权的行政机关,享有行政许可权的行政机关必须在法定职权范围内实施行政许可。另外,根据《行政许可法》第25条的规定,经国务院批准,省、自治区、直辖市人民政府根据精简、统一、效能的原则,可以决定一个行政机关行使有关行政机关的行政许可权。

2. 法定授权组织。法定授权组织是指基于法律、法规授权而获得行政许可实施主体资格的行政机关以外的具有管理公共事务职能的社会组织。法定授权组织在法定授权范围内,以自己的名义实施行政许可。

3. 受委托的行政机关。根据《行政许可法》第 24 条的规定,行政机关在法定职权范围内,依照法律、法规、规章的规定,可以委托其他行政机关实施行政许可。委托机关应当将受委托行政机关和受委托实施行政许可的内容予以公告。委托行政机关应当对受委托行政机关实施行政许可的行为负责监督,并对该行为的后果承担法律责任。受委托行政机关在委托范围内,以委托行政机关的名义实施行政许可,不得再委托其他组织或个人实施行政许可。

4. 专业技术组织。根据《行政许可法》第 28 条的规定,对直接关系公共安全、人身健康、生命财产安全的设备、设施、产品、物品的检验、检测、检疫,除法律、行政法规规定由行政机关实施的外,应当逐步由符合法定条件的专业技术组织实施。专业技术组织及其有关人员对所实施的检验、检测、检疫结论承担法律责任。

此外,根据《行政许可法》的规定,行政许可需要行政机关内设的多个机构办理的,该行政机关应当确定一个机构统一受理行政许可申请,统一送达行政许可决定。行政许可依法由地方人民政府两个以上部门分别实施的,本级人民政府可以确定一个部门受理行政许可申请并转告有关部门分别提出意见后统一办理,或者组织有关部门联合办理、集中办理。

行政机关实施行政许可,不得向申请人提出购买指定商品、接受有偿服务等不正当要求。行政机关工作人员办理行政许可,不得索取或者收受申请人的财物,不得谋取其他利益。

(二)行政许可的实施程序

行政许可的实施程序是行政许可的申请、审查与作出决定的方式、步骤、顺序和时限的总称。《行政许可法》对行政许可的一般程序和特别程序作出了规定。

1. 一般程序。

(1)申请与受理。行政许可是一种依申请的行政行为,相对人的申请是启动行政许可实施程序的重要步骤。相对人向有权的行政主体申请行政许可时,申请书需要采用格式文本的,行政机关应当提供符合要求的格式文本,且其中不得包含与申请无关的内容;另外,相对人还可以通过信函、电报、电传、传真、电子数据交换和电子邮件等方式提出。相对人可以委托代理人提出行政许可申请,但是依法应当由申请人到行政机关办公场所提出行政许可申请的除外。申请人对所提供的申请材料的真实性负责。

行政机关收到相对人的申请后,应当及时对申请材料进行审查,并分别作出处理:申请事项依法不需要取得行政许可的,应当即时告知申请人不受理;申请事项依法不属于本行政机关职权范围的,应当即时作出不予受理的决定,并应当出具加盖本行政机关专用印章和注明日期的书面凭证,同时告知申请人向有关行政机关申请;申请材料存在可以当场更正的错误的,应当允许申请人当场更正;申请材料不齐全或者不符合法定形式的,应当当场或者在5日内一次告知申请人需要补正的全部内容,逾期不告知的,自收到申请材料之日起即为受理;申请事项属于本行政机关职权范围,申请材料齐全,符合法定形式,或者申请人按照本行政机关的要求提供全部补正申请材料的,应当当场受理行政许可申请,并出具加盖本行政机关专用印章和注明日期的书面凭证。

(2) 审查与决定。行政许可的审查,是指行政机关对已经受理的行政许可申请材料的实质内容进行核查的活动。它是行政机关作出行政许可决定的必经环节,审查的质量直接影响行政许可决定的质量。审查的方式主要有:

第一,书面审查。行政机关审查行政许可申请材料最主要的方式是书面审查,即只审查申请人申请材料反映的内容。实行书面审查,主要是基于以下考虑:一是申请人申请行政许可主要是通过提交有关申请材料证明自己具备法定条件,因此,行政机关的审查也应集中在其提交的申请材料上;二是行政机关实行书面审查能够减少行政机关办理行政许可的工作人员与申请人的不正当接触机会,有助于提高行政机关审查行政许可申请行为的公正性;三是行政机关实行书面审查,可以减少行政管理成本,减轻申请人的负担。但书面审查也有自身的不足:一是在有些情况下,申请材料反映的客观情况本身就是虚假的,只审查申请人的申请材料可能难以发现申请人的真实情况;二是即使申请材料反映内容真实,但由于申请与审查存在时间差,可能申请材料反映的客观情况在行政机关审查时已经发生了变化。因此,实行书面审查,同时要结合其他审查方式。

第二,实地核查。有些行政许可,尤其是对物的行政许可,行政机关必须去现场,核实申请材料反映的内容是否与实际情况一致。

第三,听取利害关系人的意见。行政机关在对行政许可申请进行审查时,发现行政许可事项直接关系到申请人以外的第三人的重大利益以及重大公共利益的,应当告知利害关系人并听取其意见。在有数量限制的行政许可中,多人同时提出行政许可申请的,行政机关在对其中一部分申请人作出准予行政许可决定前,应当告知其他申请人,并听取其意见。①

行政许可决定,是指行政机关在对行政许可的申请材料进行审查后,作出是否准予行政许可的结论。根据《行政许可法》第38条的规定,申请人的申请符合法定条件、标准的,行政机关应当依法作出准予行政许可的书面决定。行政机关依法作出不予行政许可的书面决定的,应当说明理由,并告知申请人享有依法申请行政复议或者提起行政诉讼的权利。

(3) 听证。在行政许可的实施中设立听证程序,有助于提高行政许可决定的公正性、公开性和可接受性。听证的适用事项范围包括两个方面:

第一,行政机关主动举行听证的行政许可事项。根据《行政许可法》第46条规定,行政机关应当主动举行听证的事项限于两类:一是法律、法规、规章规定实施行政许可应当听证的事项;二是行政机关认为需要听证的其他涉及公共利益的重大行政许可事项。

第二,行政机关应申请举行听证的事项。根据《行政许可法》第47条的规定,行政许可直接涉及申请人与他人之间的重大利益关系的,行政机关应当在作出决定前,告知申请人、利害关系人有申请听证的权利;申请人、利害关系人在被告知听证权利之日起5日内提出听证申请的,行政机关应当在20日内组织听证。申请人、利害关系人不承担行政机关组织听

---

① 参见汪永清主编:《中华人民共和国行政许可法教程》,中国法制出版社2003年版,第132—135页。

证的费用。

听证按照下列程序进行：行政机关应当于举行听证的 7 日前将举行听证的时间、地点通知申请人、利害关系人，必要时予以公告；听证应当公开举行；行政机关应当指定审查该行政许可申请的工作人员以外的人员作为听证主持人，申请人、利害关系人认为主持人与该行政许可事项有直接利害关系的，有权申请回避；举行听证时，审查该行政许可申请的工作人员应当提供审查意见的证据、理由，申请人、利害关系人可以提出证据，并进行申辩和质证；听证应当制作笔录，听证笔录应当交听证参加人确认无误后签字或者盖章。

《行政许可法》第 48 条第 2 款规定："行政机关应当根据听证笔录，作出行政许可决定。"这是对听证笔录法律效力的规定，表明在我国，行政机关只能根据听证笔录中认定的事实作出许可决定。行政机关作出准予许可或者拒绝许可的决定，都必须以听证会上展示并经过质证得以认证的、确有证明力的证据作为事实依据，而这些事实依据又都必须在听证笔录中有所记载。

（4）期限。行政许可机关单独作出行政许可决定的，除当场作出以外，应当自受理许可申请之日起 20 日内作出决定，经本行政机关负责人批准，可以延长 10 日，法律、法规另有规定的除外；需要多个行政机关审查并作出行政许可决定的，应当自收到许可申请之日起 45 日内作出决定，经本级人民政府负责人批准，可以延长 15 日。行政机关作出准予许可的决定后，应当在 10 日内向行政相对人颁发有关许可的书面文件。

（5）变更与延续。行政许可的变更是指被许可人在取得行政许可后，因其拟从事的活动的部分内容超出准予行政许可决定或者行政许可证件规定的活动范围，而申请行政机关改变原行政许可准予从事的活动的相应内容。被许可人要求变更许可事项的，应当向作出许可决定的行政机关提出申请。对被许可人提出的变更行政许可的申请，行政机关应当依法进行审查。经审查，认为被许可人提出的申请符合法定条件、标准的，行政机关应当依法办理变更手续。

行政许可的延续是指延长行政许可的有效期限。被许可人提出延续行政许可有效期限的，应当在行政许可有效期限届满前一定期间提出。根据《行政许可法》第 50 条的规定，被许可人需要延续依法取得的行政许可证有效期限的，应在有效期限届满 30 日前向作出行政许可决定的行政机关提出申请。但法律、法规、规章另有规定的除外。行政机关应在期限届满前作出是否准予延续的决定，逾期未作决定的视为准予延续。

2. 特别程序。行政许可的特别程序是关于行政许可实施程序的特别规定，是对行政许可实施一般程序的补充。行政机关实施行政许可时，有特别程序的，适用特别程序；没有特别程序的，适用一般程序。

（1）国务院实施行政许可的程序。国务院是最高国家行政机关，其实施的行政许可通常都涉及极为重大、复杂的事项，而且有很强的针对性，对国务院实施行政许可的程序，法律、行政法规往往会作出特殊规定。《行政许可法》第 52 条规定："国务院实施行政许可的程序，适用有关法律、行政法规的规定。"这样规定，充分考虑到了国务院实施行政许可的特殊性。不过,从《行政许可法》的整个立法精神和原则看,即使是国务院实施行政许可的程序,也应遵守《行政许可法》确立的有关行政许可程序的基本原则与制度。

(2)特许程序。特许程序即实施有限自然资源开发利用、公共资源配置以及直接关系公共利益的特定行业的市场准入等行政许可应遵循的特别程序。特许程序的核心是行政机关原则上应当通过招标、拍卖等公平竞争的方式作出行政许可决定。《行政许可法》第53条第2款规定:"行政机关通过招标、拍卖等方式作出行政许可决定的具体程序,依照有关法律、行政法规的规定。"这里的法律包括《招标投标法》《拍卖法》等。行政机关违反规定,不采用招标、拍卖方式,或者违反招标、拍卖程序,损害申请人合法权益的,申请人可以依法申请行政复议或者提起行政诉讼。

(3)认可程序。认可程序即实施赋予公民特定资格,赋予法人、其他组织特定资格、资质等行政许可应遵循的特别程序。认可程序的核心是行政机关根据考试或者考核的结果作出行政许可决定。根据《行政许可法》第54条的规定:赋予公民特定资格,依法应当举行国家考试的,行政机关根据考试成绩和其他法定条件作出行政许可决定;赋予法人或者其他组织特定资格、资质的,行政机关根据申请人的专业人员构成、技术条件、经营业绩和管理水平等的考核结果作出行政许可决定。但是,法律、行政法规另有规定的,依照其规定。

(4)核准程序。核准程序即实施对特定设备、设施、产品、物品是否符合技术标准、技术规范进行审定等行政许可应当遵循的特别程序。核准程序的核心是行政机关依据对设备、设施、产品、物品进行检验、检测、检疫的结果作出行政许可决定。

(5)登记程序。登记程序即实施确立企业或者其他组织的主体资格等行政许可应遵循的特别程序。企业或者其他组织的设立等需要确定主体资格的事项,主要指企业注册和社团登记。在通常情况下,行政机关只对申请人提供的材料进行形式审查,只要申请材料齐全、符合法定形式,行政机关就应当当场予以登记,行政机关对是否予以行政许可没有自由裁量权。

五、行政许可的撤销与注销

(一)行政许可的撤销

根据《行政许可法》的规定,作出行政许可决定的行政机关或者上级行政机关,根据利害关系人的请求或者依据职权,可以对行政许可予以撤销。行政机关行使撤销权应当慎重,必须依法进行。《行政许可法》第69条从两个方面规范行政机关行使撤销权的行为:一是明确了撤销权行使的条件与程序。对违法作出的行政许可决定,基于保护公共利益的需要,该撤销的,行政机关应当予以撤销;撤销可能对公共利益造成重大损害的,不予撤销;既可撤销也可不撤销的,行政机关应当衡量各种利益后决定是否行使撤销权。二是因行政机关的原因导致行政许可决定被撤销的,行政机关应当赔偿被许可人因此受到的损害。[①]

1. 行政机关可以撤销行政许可的情形。作出行政许可决定的行政机关或者其上级行

---

① 参见汪永清主编:《中华人民共和国行政许可法教程》,中国法制出版社2003年版,第211、212页。

政机关,根据利害关系人的请求或者依据职权,查明有下列情形之一的,可以撤销行政许可:(1)行政机关工作人员滥用职权、玩忽职守作出准予行政许可决定的;(2)超越法定职权作出准予行政许可决定的;(3)违反法定程序作出准予行政许可决定的;(4)对不具备申请资格或者不符合法定条件的申请人准予行政许可的;(5)依法可以撤销行政许可的其他情形。

2. 行政机关应当撤销行政许可的情形。被许可人以欺骗、贿赂等不正当手段取得行政许可的,应当予以撤销。

3. 行政机关不予撤销行政许可的情形。在某些情况下,虽然发生了可以撤销行政许可的情形,或者虽然被许可人以欺骗、贿赂等不正当手段取得行政许可,其许可证应当被撤销,但考虑到撤销许可可能对公共利益造成重大损害的,行政机关不予撤销。如公共交通许可、公共设施经营许可等,牵涉公共利益或第三人重大利益,许可证一经颁发即不得撤销,无论其具有可以撤销还是应当撤销的情形,行政机关都不得作出撤销的决定,但应采取相应的补救措施。

4. 行政许可被撤销后有关利益的保护。行政许可出现上述可以撤销的五种情形而被行政机关撤销,被许可人的合法权益受到损害的,行政机关应当依法给予赔偿。但如果被许可人通过欺骗、贿赂等不正当手段取得的行政许可被行政机关撤销的,被许可人基于此种行政许可取得的利益不受保护。

(二)行政许可的注销

行政许可行为的注销是指行政机关基于特定情况的出现,依法消灭已颁发的行政许可的效力的行为。注销应当由作出行政许可的原行政机关办理注销手续。根据《行政许可法》第70条的规定,有下列情形之一的,行政机关应当依法办理有关行政许可的注销手续:(1)行政许可有效期届满未延续的;(2)赋予公民特定资格的行政许可,该公民死亡或者丧失行为能力的;(3)法人或者其他组织依法终止的;(4)行政许可依法被撤销、撤回,或者行政许可证件依法被吊销的;(5)因不可抗力导致行政许可事项无法实施的;(6)法律、法规规定的应当注销行政许可的其他情形。

六、行政许可的费用

行政许可的费用是指实施行政许可和对行政许可事项进行监督检查所发生的费用。《行政许可法》第五章对此作了专章规定,其中第58条第1款规定:"行政机关实施行政许可和对行政许可事项进行监督检查,不得收取任何费用。但是,法律、行政法规另有规定的,依照其规定。"这就确立了一个总原则,即禁止收费原则,即实施行政许可和对行政许可事项进行监督检查,禁止收取任何费用。对于行政机关提供的行政许可申请书格式文本,也不得收费。当然,行政许可禁止收费原则有例外。行政机关实施行政许可收取费用的,必须以法律和行政法规的规定为依据,并遵守以下规则:(1)按照公布的法定项目和标准收费;(2)所收取的费用必须全部上缴国库;(3)财政部门不得向行政机关返还或者变相返还实施行政许可所收取的费用。

七、行政许可的法律责任

(一)行政机关及其工作人员的法律责任

行政机关及其工作人员违法设定和实施行政许可的,应当承担相应的法律责任。

1. 违法设定行政许可的法律责任。违法设定行政许可,是指行政机关及其他机关在无法定行政许可设定权或者越权的情况下通过制定规范性文件自行创设行政许可的活动。根据《行政许可法》第71条的规定,违法设定行政许可的,有关机关应当责令设定该行政许可的机关改正,或者依法予以撤销。

2. 违法实施行政许可的法律责任。根据《行政许可法》第72条的规定,行政机关及其工作人员实施行政许可,有下列情形之一的,由其上级行政机关或者监察机关责令改正;情节严重的,对直接负责的主管人员和其他直接责任人员依法给予行政处分:(1)对符合法定条件的行政许可申请不予受理的;(2)不在办公场所公示依法应当公示的材料的;(3)在受理、审查、决定行政许可过程中,未向申请人、利害关系人履行法定告知义务的;(4)申请人提交的申请材料不齐全、不符合法定形式,不一次告知申请人必须补正的全部内容的;(5)违法披露申请人提交的商业秘密、未披露信息或者保密商务信息的;(6)以转让技术作为取得行政许可的条件,或者在实施行政许可的过程中直接或者间接地要求转让技术的;(7)未依法说明不受理行政许可申请或者不予行政许可的理由的;(8)依法应当举行听证而不举行听证的。

根据《行政许可法》第73条的规定,行政机关工作人员办理行政许可、实施监督检查,索取或者收受他人财物或者谋取其他利益,构成犯罪的,依法追究刑事责任;尚不构成犯罪的,依法给予行政处分。

根据《行政许可法》第74条的规定,行政机关实施行政许可,有下列情形之一的,由其上级行政机关或者监察机关责令改正,对直接负责的主管人员和其他直接责任人员依法给予行政处分;构成犯罪的,依法追究刑事责任。(1)对不符合法定条件的申请人准予行政许可或者超越法定职权作出准予行政许可决定的。(2)对符合法定条件的申请人不予行政许可或者不在法定期限内作出准予行政许可决定的。(3)依法应当根据招标、拍卖结果或者考试成绩择优作出准予行政许可决定,未经招标、拍卖或者考试,或者不根据招标、拍卖结果或者考试成绩择优作出准予行政许可决定的。

根据《行政许可法》第75条的规定,行政机关实施行政许可,擅自收费或者不按照法定项目和标准收费的,由其上级行政机关或者监察机关责令退还非法收取的费用;对直接负责的主管人员和其他直接责任人员依法给予行政处分。截留、挪用、私分或者变相私分实施行政许可依法收取的费用的,予以追缴;对直接负责的主管人员和其他直接责任人员依法给予行政处分;构成犯罪的,依法追究刑事责任。

根据《行政许可法》第76条的规定,行政机关违法实施行政许可,给当事人的合法权益造成损害的,应当依照国家赔偿法的规定给予赔偿。

根据《行政许可法》第77条的规定,行政机关不依法履行监督职责或者监督不力,造成严重后果的,由其上级行政机关或者监察机关责令改正,对直接负责的主管人员和其他直接责任人员依法给予行政处分;构成犯罪的,依法追究刑事责任。

(二)行政相对人的法律责任

1. 行政许可申请人的法律责任。根据《行政许可法》第78条的规定,行政许可申请人隐瞒有关情况或者提供虚假材料申请行政许可的,行政机关不予受理或者不予行政许可,并给予警告;行政许可申请属于直接关系公共安全、人身健康、生命财产安全事项的,申请人在一年内不得再次申请该行政许可。

2. 被许可人的法律责任。根据《行政许可法》第79条的规定,被许可人以欺骗、贿赂等不正当手段取得行政许可的,行政机关应当依法给予行政处罚;取得的行政许可属于直接关系公共安全、人身健康、生命财产安全事项的,申请人在3年内不得再次申请该行政许可;构成犯罪的,依法追究刑事责任。

根据《行政许可法》第80条的规定,被许可人有下列行为之一的,行政机关应当依法给予行政处罚;构成犯罪的,依法追究刑事责任:(1)涂改、倒卖、出租、出借行政许可证件,或者以其他形式非法转让行政许可的;(2)超越行政许可范围进行活动的;(3)向负责监督检查的行政机关隐瞒有关情况、提供虚假材料或者拒绝提供反映其活动情况的真实材料的;(4)法律、法规、规章规定的其他违法行为。

3. 其他行政相对人的法律责任。根据《行政许可法》第81条的规定,公民、法人或者其他组织未经行政许可,擅自从事依法应当取得行政许可的活动的,行政机关应当依法采取措施予以制止,并依法给予行政处罚;构成犯罪的,依法追究刑事责任。

法律应用

1. 行政许可与行政确认是两种不同类型的行政行为。行政确认是指行政主体依法对行政相对人的法律地位、法律关系或有关法律事实进行甄别,给予确定、认可、证明并加以宣告的行政行为;而行政许可是指行政机关根据公民、法人或者其他组织的申请,经依法审查,准予其从事特定活动的行政行为。二者的主要区别有:(1)行为对象不同。行政确认是对行政相对人既有法律地位、权利义务的确定和认可,主要是指对身份、能力和事实的确认;行政许可是许可行政相对人获得实施某种行为的权利或资格。(2)行为的法律效果不同。行政确认中未被认可的行为或地位将因发生无效的结果而不适用法律制裁;而在行政许可中,未经许可而从事的行为将发生违法后果,当事人将因此受到法律制裁。即前者的法律效果具有前溯性,对今后仅是一种预决作用;而后者的法律效果具有后及性,不具有前溯性。(3)所为的意思不同。行政确认行为表明行政主体的态度是对某种状态、事件、物或行为予以法律上的承认、确定或否定;而行政许可行为则是行政主体在对申请人的申请进行审查和判断的前提下,对申请是否予以准许或同意的行为。(4)行为性质不同。行政确认属于确认性或宣示性行政行为,它仅表明现有的状态,而不以法律关系的产生、变更或消灭为目的;行政许可从其正常状态(即批准)而言是建立、改变或者消灭具体的法律关系,是一种形成性行政行为。(5)内容不同。行政确认行为的内容具有"中立性",它并不直接为当事人设定权利或义务,对当事人是有利还是不利,取决于确认时原已存在的法律状态或事实状态;而行政许可行为则是一种授益性行政行为,它直接为申请人授益。(6)方式不同。行政确认既有依申请的确认也有依职权的确认;而行政许可则只能是依申请才能发生的行政行为。

2. 行政许可由具有行政许可权的行政机关在其法定职权范围内实施。法律、法规授权的具有管理公共事务职能的组织,在法定授权范围内,以自己的名义实施行政许可。行政机关在其法定职权范围内,依照法律、法规、规章的规定,可以委托其他行政机关实施行政许可。委托机关应当将受委托行政机关和受委托实施行政许可的内容予以公告。委托行政机关应当对受委托行政机关实施行政许可的行为负责监督,并对该行为的后果承担法律责任。授权实施行政许可与委托实施行政许可的主要区别有:(1)方式不同。授权必须以法律、法规的形式进行;委托由行政机关依法进行即可。(2)受托机关不同。被授权的组织不一定是行政机关;被委托的主体限于行政机关。(3)名义不同。被授权的组织以自己的名义实施行政许可;被委托的行政机关必须以委托机关的名义实施行政许可。(4)责任承担不同。被授权的组织自己独立承担法律责任和后果;被委托的行政机关不能独立承担法律后果和责任,而由委托行政机关承担法律后果和责任。

3. 行政机关应当对申请人提交的申请材料进行审查。除申请人提交的申请材料齐全、符合法定形式,行政机关能够当场作出决定的,当场作出书面的行政许可决定外,行政机关应当按照下列规定对申请人提交的申请材料进行审查:一是根据法定条件和程序,需要对申请材料的实质内容进行核实的,行政机关应当指派两名以上工作人员进行核查。二是依法应当先经下级行政机关审查后报上级行政机关决定的行政许可,下级行政机关应当在法定期限内将初步审查意见和全部申请材料直接报送上级行政机关。上级行政机关不得要求申请人重复提供申请材料。三是行政机关对行政许可申请进行审查时,发现行政许可事项直接关系他人重大利益的,应当告知该利害关系人。申请人、利害关系人有权进行陈述和申辩。

4. 根据《行政许可法》的规定,行政许可的期限有四种类型:(1)一般期限,自受理申请之日起20日内作出行政许可决定(20日内不能作出决定,经本行政机关负责人批准,可以延长10日,并应当将延长期限的理由告知申请人);(2)可以当场作出行政许可决定的,当场作出;(3)行政许可采取统一办理或者联合办理、集中办理的,办理的时间不得超过45日(45日内不能办结的,经本级人民政府负责人批准,可以延长15日,并应当将延长期限的理由告知申请人);(4)法律、法规另有规定的,依照其规定。

案(事)例

案情简介:

某省甲、乙、丙三名律师决定出资合伙成立"新华夏律师事务所",于是向该省司法厅提出口头申请成立律师事务所并提供了律师事务所章程、发起人名单、简历、身份证明、律师资格证书、能够专职从事律师业务的保证书、资金证明、办公场所的使用证明、合伙协议。但被告知根据该省地方政府规章相关规定,设立合伙制律师事务所必须有一名以上律师具有硕士以上学位并且需要填写省司法厅专门设计的申请书格式文本。刚好乙为法学博士,于是三人交了50元工本费后领取了专用申请书,带回补正。次日,三人带了补正后的材料前来申请,工作人员A受理了申请,并出具了法律规定的书面凭证。后司法厅指派工作人员B对申请材料进行审查,发现申请人提供的资金证明系伪造,但其碍于与甲三人是好朋友,隐瞒了真实情况,在法定期限内作出了准予设立律师事务所的决定并颁发了《律师事务所执业证书》。1个月后,资金证明被司法厅发现系伪造,遂撤销了"新华夏律师事务所"的《律师事务所执业证书》。其间,甲乙丙三人已付办公场所租金2万元,装修费3万元。

问题:

1. 该省地方政府规章规定"设立合伙制律师事务所必须有一名以上律师具有硕士以上学位"的条件是否合法?为什么?

2. 该省地方规章规定"设立律师事务所,需要填写省司法厅专门设计的申请书格式文本"是否合法?能否收取50元工本费?为什么?

3. 司法厅对撤销"新华夏律师事务所"的《律师事务所执业证书》需要赔偿吗?为什么?

案(事)例答题思路

思考题

1. 简述行政确认的概念与特征。
2. 简述行政确认的形式与程序。
3. 简述行政许可的概念与特征。
4. 简述行政许可的范围与设定。
5. 简述行政许可的实施程序。
6. 简述行政许可的撤销与注销。
7. 试述行政许可的原则。

第七章　行政奖励与行政给付

本章重点

1. 行政奖励与行政给付的概念与特征
2. 行政奖励与行政给付的原则
3. 行政给付的形式

　　第一节　行政奖励
　　第二节　行政给付

第一节 行政奖励

一、行政奖励的概念与特征

(一)行政奖励的概念

行政奖励是指行政主体为了表彰先进、激励后进,充分调动和激发人们的积极性和创造性,依照法定条件和程序,对为国家、人民和社会作出突出贡献或者模范地遵纪守法的行政相对人,给予物质的或精神的奖励的行政行为。它包括以下五层含义:

1. 行政奖励的主体是行政主体。行政奖励必须由有行政奖励权的行政主体实施。某些社会团体或企业、事业单位在无法律、法规、规章授权或者无行政机关委托的情况下实施的奖励不属于行政奖励。

2. 行政奖励的目的在于表彰先进、激励后进,充分调动和激发广大人民的积极性和创造性。

3. 行政奖励的对象是为国家和社会作出重大贡献或模范地遵纪守法的单位或个人。行政奖励的对象范围非常广泛。根据我国法律的规定,外国人或无国籍人在我国作出了重大贡献的,同样可以成为行政奖励的对象。

4. 行政奖励的内容主要包括物质奖励和精神奖励两个方面。物质奖励是指给受奖人颁发奖品或奖金;精神奖励是指给予受奖人某种荣誉。物质奖励和精神奖励在刺激、调动人们的积极性和创造性方面各有特色,两者有时单独使用,有时结合使用。

5. 行政奖励必须依法进行。即行政奖励必须由有法定权限的主体,对符合奖励条件的个人或组织,依照法定程序给予适当形式的奖励。

(二)行政奖励的特征

1. 行政奖励是由行政主体针对特定的对象实施的、对相对人产生实际影响的行政行为。从形式上看,行政奖励是行政相对人获取的法定权益,行政主体是否给予行政奖励,对行政相对人的既存权利状况没有直接的、实际的影响。但是,行政奖励是行政相对人的可期待利益,行政相对人实施的行为只要符合行政奖励的条件,行政相对人就享有获得行政奖励的权利。当行政主体拒绝实施行政奖励时,行政相对人则无法实现其权利。因此,行政奖励对行政相对人的权利具有直接、实际的影响。

2. 行政奖励是一种单方行政行为,但不具有强制性。尽管在一般情况下,行政奖励采取申报、推荐等方式进行,但行政奖励是由行政主体依法单方面决定的。与具有强制性的行政命令等行为不同,行政奖励属于非强制性行政行为的范畴,尊重相对人的意思自治和选择自由。行政奖励主要通过利益驱动机制,向特定相对人施加作用和影响,并谋求其为一定作为和不作为行为,从而达到一定的行政目的。行政相对人实施了应受奖励行为后,接受奖励与否,取决于自己的意志,行政主体不能强制。

3. 行政奖励是一种授益性行政行为。行政奖励的实施是使相对人获得某种物质或精神利益,这完全不同于以科处义务和剥夺权利为特征的行政处罚等行政行为。

4. 行政奖励既可以由行政主体基于行政职权实施,也可以由符合法定条件的行政相对人向有关行政主体提出申请,要求行政主体履行这一法定职责。

二、行政奖励的原则和合法要件

(一) 行政奖励的原则

行政奖励的原则是行政主体实施行政奖励时应当遵循的基本行为准则。它主要包括:

1. 依法奖励、实事求是原则。行政奖励是一种法定的奖励行为,必须依照法定的条件、标准等实事求是地进行,这是行政奖励的客观依据和基础。行政奖励的目的在于表彰先进、激励和鞭策后进,如果脱离一定的标准和条件,由领导人的个人意志决定,势必影响到奖励的效果,甚至起到负面作用。因此,行政奖励一定要遵守法律规定,要实事求是地进行。依法奖励具体包括标准法定、权限法定、形式法定和程序法定等几方面要求。

2. 精神奖励与物质奖励相结合原则。物质奖励与精神奖励各具特色,它们在行政奖励中具有不同的作用,只有将两者有机地结合起来,才能充分发挥行政奖励的整体效应,也符合人类追求精神境界的升华和物质享受提高的一般规律。但在现阶段,应坚持以精神奖励为主,以物质奖励为辅的原则。

3. 公正、平等原则。这一原则要求行政奖励真正面对所有社会成员,保证在行政奖励中适用相同的标准和尺度,使社会成员拥有同等的受奖权利和机会。具体体现在:(1)机会均等。指每个人在同等的条件下,都享有同等的受奖机会和权利,没有任何例外和特殊,不搞唯亲、唯派,或以金钱、权势作为获奖的交易。(2)标准同一。我国的《国家科学技术奖励条例》明确规定了行政奖励的法定条件、标准,这些条件、标准适用于所有社会成员。相同的行为、贡献应得到相同的奖励,不同的行为、贡献则应得到不同的奖励。

4. 奖励与行为相当原则。即行政奖励的内容和形式要与被授奖的行为相一致,奖励的等级与贡献的大小相适应,要做到论功行赏,合理适度。

5. 及时性和稳定性原则。及时性是奖励工作取得最佳效果的重要保证。奖励越及时,收效就越大。行政管理活动的特点决定了行政奖励必须适应行政需要并及时地作出反应。同时,行政奖励应具有一定的稳定性,要建立、健全相应的行政奖励制度,否则也难以发挥行政奖励表彰先进和激励后进的作用。

(二) 行政奖励的合法要件

一般而言,合法、有效的行政奖励应当符合以下要件:

1. 符合法定的奖励条件和标准。这是合法行政奖励的客观要件。我国法律规范对不同的奖励对象规定了不同的奖励条件和标准,行政主体在实施行政奖励时,只能对符合法定条件和标准的对象实施,不能对不符合条件和标准的对象给予奖励,更不能擅自设定奖励条件、随意确立奖励标准。相反,对于符合法定奖励条件的相对人,行政主体未依法给予奖励的,相对人可以通过申请行政复议或者提起行政诉讼等方式,实现自己的法定权益。

2. 符合法定的奖励形式。行政奖励以一定的奖励形式表现出来,如发给奖品奖金、授予荣誉称号、晋升职务等,这些奖励形式包含被奖励人能够获得的法定的权益内容。没有一定的奖励形式,行政奖励行为便不能存在,对于不同的奖励项目,必须根据法律、法规、规章的规定,采取适当的形式予以奖励。

3. 符合法定的奖励权限。这是行政奖励行为的主体要件。根据法律、法规、规章的有关规定,一定的奖励形式只能由一定的行政主体授予,行政主体不能超越其权限范围任意决定某种形式的行政奖励,否则,将导致该行政奖励无效。一般来说,行政主体是否有权实施行政奖励以及采取哪种奖励形式,是与它的行政管理权限相一致的。如只有国务院及其部委和省(市)级人民政府才有权实施"通令嘉奖"的行政奖励,其他行政主体如果实施了这种行政奖励将不具有法律效力。

4. 符合法定的奖励程序。行政奖励的实施必须符合法定的程序,否则,将影响奖励的效力及受奖者的法定权益。我国对不同对象的行政奖励有不同的程序规定,行政奖励主体在实施行政奖励时必须严格遵循。

三、行政奖励的内容和形式

(一)行政奖励的内容

行政奖励的内容是指行政主体通过行政奖励赋予被奖励人的合法权益。根据我国行政奖励法律规范的规定,行政奖励的内容体现为下列方面:

1. 精神方面的权益。表现为被奖励人获得某种法定的荣誉,并被国家和社会所承认,如通报表扬、授予荣誉称号等。

2. 物质方面的权益。表现为被奖励人获得一定数额的奖金或奖品。

3. 职务方面的权益。表现为被奖励人晋升一定的行政职务或工资级别等。当然,这种奖励的对象具有更进一步的限定性,并且,由于牵涉职务、职级,往往要求有组织法上的根据。

(二)行政奖励的形式

行政奖励的形式很多,不同的法律规范针对不同的对象有不同的规定。概括而言,主要有下列形式:

1. 通报表扬。这是对受奖的行政相对人在一定范围内以一定形式予以公开表扬的奖励形式,是一种精神鼓励。

2. 记功。记功按不同的法律规范有不同的等级。通常分为特等功、一等功、二等功和三等功四个等级。

3. 奖品或奖金。这是一种物质奖励。根据不同的法律、法规的规定,物质奖励也有一定的等级差别。

4. 晋级。这是指提高工资级别。一般晋升一级至二级工资,成绩特别优异的可晋升三级工资。

5. 晋职。这是指提高其职务,一般提升一级至二级职务。

6. 通令嘉奖。这是指在较大范围内进行公开表彰,要在省级以上的报刊上刊载。

7. 授予荣誉称号,如先进工作者、劳动模范、战斗英雄等。此类荣誉称号一般都有不同的等级,从县级直至国家级。

以上各种奖励形式既可以单独适用,也可以并用,并可以发给某种证书、证章,以资证明。奖励的形式在各种有关奖励的行政法规范中都有具体规定。

四、行政奖励的程序

我国目前尚没有统一的行政奖励程序规定,综观现行法律、法规规定,可以将行政奖励的程序概括为:

1. 奖励的提出。一般有三种提出奖励的办法:群众评选;由特定的单位向法定的行政主管机关推荐或提名;自行申请或申报。

2. 审批。由法定机关对奖励进行审查批准,审批权限同奖励权限一致。

3. 公布。行政奖励审查批准后,一般应由一定机关以一定方式予以公布。公布程序是行政奖励生效的必经程序,比如科技进步奖,必须公布期满无人异议才可生效。

4. 授奖。即采取一定的仪式,发给奖品、奖金或以资证明的证书、奖章等。

5. 存档。对于个人的奖励,一般应书面通知受奖人,同时将奖励材料存入个人人事档案。但对于行政机关依照管理权限对无行政隶属关系的一般管理对象实施的奖励,目前尚未要求存入个人档案,只作为文书档案归档。

第二节 行政给付

一、行政给付的概念与特征

行政给付,又称行政物质帮助,是指行政主体在特定情况下,依法向符合条件的申请人提供物质利益或赋予其与物质利益有关的权益的行政行为。行政给付具有以下特征:

1. 行政给付是行政主体向行政相对人给付物质利益或赋予其与物质利益有关权益的授益性行政行为。给付最为突出的特点就是直接给予相对人物质上的帮助,从而使相对人获得一定数额的金钱或实物,或赋予相对人与物质利益有关的其他权益,如发放失业救济金、发放最低生活保障费等。

2. 行政给付是依申请的行政行为。行政给付是国家对公民的生存照顾,但这并不意味着行政给付是一种依职权的行政行为,绝大多数的行政给付以相对人的申请为要件,甚至是整个程序启动的要件。即使在遭遇自然灾害、紧急状态的情况下,行政主体实施的行政给付有时也要求履行一定的申请手续。

3. 行政给付的对象是符合特定条件的行政相对人。行政给付的对象具有较强的限定性和一定的倾向性,只有符合特定条件的行政相对人才能申请并进而获得行政给付。例如,抚恤金发放的对象是因战争、因公致残的人员,救灾物资及款项发放给灾民等。

4. 行政给付是依法作出的行政行为。行政主体作出行政给付行为应当遵守依法行政原则,依照法律、法规、规章的规定,符合职权法定原则、法律优位原则、法律保留原则和正当法律程序原则等原则的要求。

二、行政给付的原则

行政给付的原则是指行政主体实施行政给付行为时应当遵循的基本准则。行政给付的原则主要有[①]:

(一)给付法定原则

给付法定原则要求行政给付要有法律依据,并依法实施,不得违反规定予以给付、拒绝给付或者随意取消给付。给付法定原则的主要内容包括:(1)给付的主体法定。即行政给付的主体必须具有一定的资格。(2)给付的设定法定。行政给付的条件、形式等应当依法设定,行政主体不得自行设定。(3)给付的实施法定。行政主体在实施行政给付时不得超越权限,并且应当按照法定的条件、方式和程序实施。目前,我国包含行政给付内容的规定主要有《残疾人保障法》《老年人权益保障法》《军人地位和权益保障法》《城市居民最低生活保障条例》《城市生活无着的流浪乞讨人员救助管理办法》等。

(二)公开、公平、公正原则

行政给付公开、公平、公正原则要求实施行政给付的依据、过程和结果要公开透明,确保有利害关系的人能够及时、正确地予以理解和把握;要求对符合条件的相对人平等实施,不允许任意的、无标准的差别对待;对于相对人行政给付的申请,行政主体在无正当理由的情况下,不得拒绝给付。

(三)专款专用与效率原则

行政给付应坚持专款专用的原则,任何挪用、拖欠行为都是不允许的。一般来说,行政给付对象大多属于社会弱势群体,其基本的生活来源往往依赖于行政给付保障。因此,与其他行政处理行为的效率性原则相比,对行政给付的效率要求显得更为重要和迫切。行政给付能否及时实施,直接关系给付对象的基本生活能否得到保障。因此,确保行政给付的效率,是行政主体的法定职责。

(四)国家保障与社会帮扶相结合、鼓励劳动自救原则

全面而充分地保障公民获得基本的物质生活条件是福利国家的基本目标。但是,在物质财富尚未达到极度丰富的现代诸国,其行政给付的实施程度和范围,往往都要受到物质财富水平的制约。我国实行改革开放以来,经济发展迅速,在诸多领域建立了行政物质帮助制度。但国家保障毕竟是有限度的,无论从保障程度还是保障范围来看,都是远远不够的。因

---

① 参见姜明安主编:《行政法与行政诉讼法》,北京大学出版社、高等教育出版社 2019 年版,第 236 页。

此,为了确保公民能够最大限度地享受现代国家的福利,行政主体在积极推进以国家保障为内容的行政给付的同时,还必须致力于其他配套机制的创建,即将国家保障和社会帮扶紧密结合起来,积极鼓励有劳动能力的低收入者进行劳动自救,并为他们创造尽可能多的机会。我国相关的法律规定也体现了这一原则,例如,《城市居民最低生活保障条例》第3条规定:"城市居民最低生活保障制度遵循保障城市居民基本生活的原则,坚持国家保障与社会帮扶相结合、鼓励劳动自救的方针。"

(五)信赖保护原则

依法受领行政给付是个人或组织的权利,依法实施行政给付当然是行政主体的职责。除了一次性或临时性发放的行政给付外,大多数行政给付是定期性的,应当进行连续的、稳定的供给。因情况发生变化,需要改变有关基准时,应根据法定的方式和程序进行,以确保受领人对政府实施行政给付的信赖。尤其是在贯彻国家保障与社会帮扶相结合、鼓励劳动自救的过程中,应该向当事人说明有关权利关系,以及其条件变化后相关权利关系的变化。

三、行政给付的种类

依据我国有关行政给付的法律、法规的规定,我国的行政给付主要包括以下几种:

(一)抚恤金

抚恤金是指公民因公伤残或者死亡时,由国家发给本人或者其家属的用于提供精神安慰和基本生活保障的款项。抚恤金的发放对象主要是烈士和因公殉职、负伤、病故、残疾的军人、人民警察或者其家属;其主要形式包括革命军人牺牲病故抚恤金、革命残疾军人抚恤金、护理费、治疗费等。

(二)生活补助费

生活补助费的发放对象主要是烈军属、复原退伍军人以及因工伤事故致残的公民;其主要形式包括复原退伍军人与烈军属定期、定量生活补助费、临时补助费,因公伤残补助费,等等。

(三)安置

安置即对复员、转业、退伍军人以及无家可归者从工作、生活、居住上给予安排。安置的形式主要有发放安置费与提供一定的住所等,如复员军人建房补助费。

(四)救济

救济是对因某种情况而生活陷入困境的公民,如农村的"五保户"、贫困户、城镇的贫困户、发生自然灾害地区的灾民等,给予物质帮助,形式包括发放救济金与发放救济物质等。

(五)优待

优待即给予被帮助人与物质有关的权益,如使其享某种待遇、免费受教育、减免有关费用等。例如,《残疾人保障法》第50条第2款规定:"盲人持有效证件免费乘坐市内公共汽车、电车、地铁、渡船等公共交通工具。盲人读物邮件免费寄递。"

(六)社会保险

社会保险是公民根据法律法规规定,在出现年老、疾病、失业、工伤和其他法定事由时,由国家发给费用,用以承担养老、医疗、维持家庭生活等必要生活支出。我国《宪法》第14条第4款规定:"国家建立健全同经济发展水平相适应的社会保障制度。"《失业保险条例》《工伤保险条例》《国务院关于建立城镇职工基本医疗保险制度的决定》《国务院关于建立统一的企业职工基本养老保险制度的决定》等法律、法规和规范性文件对社会保险作了具体规定。

(七)社会福利

社会福利的对象既包括一般的公民,又包括某些具有特殊身份的社会成员,其基本形式是举办社会福利事业或者发放社会福利金。社会福利事业一般由政府采取资金扶助及政策优惠的方式扶植某些社会福利机构的发展,如社会福利院、儿童福利院、敬老院,以及安置机构、社会残疾人团体、福利生产单位与科研机构(如假肢科研机构与生产企业)等。

(八)其他

行政给付还有其他一些形式,如紧急救援等。

四、行政给付的程序

行政给付的程序由法律、法规规定。一般先由行政相对人本人或其所属单位提出申请,由主管机关对其是否符合给付条件进行审查,符合条件的予以批准,然后直接发给行政相对人或经有关基层组织分发。行政给付的金钱有定期性的,如抚恤金、最低生活保障费等通常按月发放;也有一次性的,如军人安置费等。行政给付一般采用书面形式,行政给付标的是财物的,在程序上还要办理财务手续和物品登记、交接手续。

法律应用

1. 行政奖励的内容主要包括物质奖励和精神奖励两个方面。物质奖励是指给受奖人颁发奖品或奖金;精神奖励是指给予受奖人某种荣誉。物质奖励和精神奖励在鼓励、引导、调动人们的积极性和创造性方面各有特色,两者有时单独适用,有时结合适用。

2. 我国没有统一的行政给付法,有关行政给付的内容散见于各单行的法律、法规之中。总的来说,行政给付有两大类:一类是物质利益,表现为给予相对人一定数量的金钱或实物;另一类是与物质利益有关的权益,如让相对人免费入学受教育、享受公费医疗待遇等。综合有关法律、法规的规定,我国行政给付的形式主要有抚恤金、生活补助费、安置、救济、优待、社会保险、社会福利等。

案(事)例

案情简介:

杨某等三人均为某公司干部。2018年8月6日和8月9日,三人以公开身份,先后两次书面向某税务局举报该公司总经理等人在经营活动中偷税。同年8月27日,三人通过电话向某税务局询问查处结果,某税务局回复:"已查出 289.63 万元,有约 23 万元为所得税,滞纳金 337 万元。"之后,杨某等三人多次要求某税务局对偷税行为依法定性,移交司法机关处理,并要求按照规定给予奖励,但一直没有结果。为此,2019 年 8 月 19 日,杨某等三人以某税务局为被告向法院提起行政诉讼,请求法院:(1)判决被告继续履行稽查义务;(2)判决被告对查出的偷税款依法定性,将偷税人移交司法机关处理;(3)判决被告对三原告依法履行奖励义务,给付三原告应得奖金;(4)判决被告承担本案诉讼费用。

问题:

1. 税务机关不履行奖励义务,当事人能否提起行政诉讼?
2. 公民能否请求法院判决行政机关依法履行法定义务(如稽查义务)?

案(事)例答题思路

思考题

1. 简述行政奖励的概念与特征。
2. 简述行政奖励的内容与形式。
3. 试述行政奖励的原则。
4. 简述行政给付的概念与特征。
5. 简述行政给付的形式。
6. 试述行政给付的原则。

第八章　行政征收与行政征用

本章重点

1. 行政征收与行政征用的概念和特征
2. 行政征收与行政征用的原则
3. 行政征收与行政征用的区别
4. 行政征收与行政征用的补偿

第一节　行政征收
第二节　行政征用

第一节 行政征收

一、行政征收的概念与特征

（一）行政征收的概念

行政征收是指行政主体基于公共利益的需要，根据法律、法规的规定，以强制方式取得行政相对人财产所有权的行政行为。

行政征收与行政没收都是行政主体以强制方式取得相对人财产的行为，但两者在以下方面存在区别：(1)行为性质不同。行政征收是行政主体作出的行政决定，不具有惩戒性，有偿征收行政主体还应依法对相对人给予补偿；行政没收是行政主体作出的行政处罚，具有惩戒性。(2)两者产生的前提不同。行政征收的前提是相对人负有法定缴纳义务，或行政主体根据法定的条件结合公共利益需要作出决定，不以相对人存在违法行为为前提；行政没收的前提是相对人的行为违法，行政主体依法作出惩戒。(3)标的物不同。行政征收的标的物是相对人合法享有所有权的财物；行政没收的标的物通常包括违法所得、非法财物，以及相对人用于违法行为的物品和工具。(4)是否对价不同。行政征收包括有偿征收和无偿征收，对于前者，行政主体应进行补偿；行政没收是对相对人的一种惩戒行为，行政主体剥夺相对人的财产不需要补偿。(5)行为是否具有连续性不同。行政征收中的征税与收费，只要据以征收的法律规定和事实依据存在，行政主体可以反复、持续征收；行政没收是针对相对人违法行为的处罚，针对特定标的物的没收行为，没收后财产所有权已改变，不能再实施第二次没收。

（二）行政征收的特征

1. 法定性。行政征收直接指向的是行政相对人的经济利益，为了确保行政相对人的合法权益不受行政征收行为侵害，必须确立行政征收法定原则，将行政征收纳入法律调整的范围，使行政征收的主体、客体、内容以及程序都有法律依据。行政主体必须严格依照法律的规定进行征收，否则应承担相应的法律责任。

2. 公益目的性。行政征收是基于公共利益的需要实施的行为。公共利益是一个不确定的法律概念，立法上通常采用列举与概括相结合的办法对公共利益的范围作出相对明确的规定，以限制行政征收权的行使，保护公民的合法权益。行政主体不得基于非公益目的如商业目的进行行政征收。

3. 强制性。行政征收权的行使以国家强制力为后盾，当行政相对人不履行行政征收所确定的义务时，行政主体可以依法采用强制手段迫使相对人履行义务，实现行政管理的目标。

4. 永久性。行政征收是行政主体以国家的名义对相对人财产所有权的合法剥夺。行政征收发生财产所有权转移的后果，即财产所有权从相对人转移至国家。

二、行政征收的种类

（一）无偿征收

无偿征收是指征收主体征收相对人的财物无须向被征收主体给予补偿的征收。根据我国现行立法的相关规定，无偿征收主要包括行政征税和行政收费两类。

1. 行政征税。税收实质是行政主体凭借国家强制力无偿参与相对人收入分配，取得财政收入的一种形式。目前我国税种分为流转税、所得税、资源税、财产税、行为税五大类，共18种。以课税对象为标准，分为流转税、所得税、财产税、行为税和资源税；以计算依据为标准，分为从量税和从价税、价内税和价外税；以是否独立征收为标准，分为正税和附加税；以征收和支配权限为标准，分为中央税、地方税、中央和地方共享税；以税率形式为标准，分为比例税、累进税和定额税。

2. 行政收费。行政收费是指行政主体在实施社会公共管理，以及在向公民、法人和其他组织提供特定公共服务过程中，向特定对象收取的费用。"费与税区分的关键就在于'可归因于个人'，具体判断标准包括额外成本原则、个别受益原则和经济诱导原则。"[①] 我国现有行政收费的相关规定分散在法律、行政法规以及规章和规范性文件中，《行政事业性收费标准管理办法》将行政事业性收费分为五类，具体包括：

（1）行政管理类收费，即根据法律法规规定，在行使国家管理职能时，向管理对象收取的费用。收费标准按照行使管理职能的需要从严审核。其中，各种证件、牌照、簿卡等证照收费标准按照证照印制、发放的直接成本，即印制费用、运输费用、仓储费用及合理损耗等成本进行审核。

（2）资源补偿类收费，即根据法律法规规定向开采、利用自然和社会公共资源者收取的费用。收费标准参考相关资源的价值或者其稀缺性，并考虑可持续发展等因素审核。对开采利用自然资源造成生态破坏、环境污染或者其他环境损坏的，审核收费标准时，应当充分考虑相关生态环境治理和恢复成本。

（3）鉴定类收费，即根据法律法规规定，行使或者代行政府职能强制实施检验、检测、检定、认证、检疫等收取的费用。收费标准根据行使管理职能的需要，按照鉴定的场地费用、人员劳务费、仪器设备折旧、流动耗材损耗及其他成本审核。

（4）考试类收费，即根据法律法规、国务院或者省级政府文件规定组织考试收取的费用，以及组织经人力资源和社会保障部批准的专业技术资格、执业资格和职业资格考试收取的费用。收费标准按照考务工作、组织报名、租用考试场地、聘请监考人员等组织考试的成本审核。

（5）培训类收费，即根据法律法规或者国务院规定开展强制性培训收取的费用。收费标准按照聘请师资、租用培训场地、编制培训资料、交通支出等培训成本审核。

---

① 王锴：《论行政收费的理由和标准》，载《行政法学研究》2019年第3期。

(二)有偿征收

有偿征收是指征收主体征收相对人的财物依法应予补偿的征收。根据我国现行立法的相关规定,有偿征收的对象主要包括土地、房屋、林地、林木、草原等自然资源和不动产资源,其中土地征收和房屋征收是主要的有偿征收类型。

1. 土地征收。国家基于公共利益的需要,可以依法对土地实行征收并给予补偿。根据《土地管理法》第45条的规定,基于公共利益的需要征收农民集体所有的土地,具体是指以下情形:(1)军事和外交需要用地的;(2)由政府组织实施的能源、交通、水利、通信、邮政等基础设施建设需要用地的;(3)由政府组织实施的科技、教育、文化、卫生、体育、生态环境和资源保护、防灾减灾、文物保护、社区综合服务、社会福利、市政公用、优抚安置、英烈保护等公共事业需要用地的;(4)由政府组织实施的扶贫搬迁、保障性安居工程建设需要用地的;(5)在土地利用总体规划确定的城镇建设用地范围内,经省级以上人民政府批准由县级以上地方人民政府组织实施的成片开发建设需要用地的;(6)法律规定为公共利益需要可以征收农民集体所有的土地的其他情形。征收农村集体土地时涉及被征收土地上的房屋及其他不动产的,应一并征收,土地权利人可以请求给予补偿。

2. 房屋征收。基于保障国家安全、促进国民经济和社会发展等公共利益的需要,市、县级人民政府可以对国有土地上的房屋作出征收决定。《城市房地产管理法》第6条规定:"为了公共利益的需要,国家可以征收国有土地上单位和个人的房屋,并依法给予拆迁补偿,维护被征收人的合法权益;征收个人住宅的,还应当保障被征收人的居住条件。具体办法由国务院规定。"根据《国有土地上房屋征收与补偿条例》第8条的规定,"公共利益的需要"具体是指以下情形:(1)国防和外交的需要;(2)由政府组织实施的能源、交通、水利等基础设施建设的需要;(3)由政府组织实施的科技、教育、文化、卫生、体育、环境和资源保护、防灾减灾、文物保护、社会福利、市政公用等公共事业的需要;(4)由政府组织实施的保障性安居工程建设的需要;(5)由政府依照城乡规划法有关规定组织实施的对危房集中、基础设施落后等地段进行旧城区改建的需要;(6)法律、行政法规规定的其他公共利益的需要。

三、行政征收的原则

行政征收的原则是指行政主体在行政征收中必须遵循的基本行为准则。

(一)依法征收原则

行政征收是公共权力面向私人合法财产实施的行为,因而必须依法进行。依法征收原则的基本要求包括:

1. 行政征收应由法律设定。根据《立法法》第8条和第9条的规定,对非国有财产的征收、征用只能制定法律,尚未制定法律的,全国人民代表大会及其常务委员会有权作出决定,授权国务院可以根据实际需要,对其中的部分事项先制定行政法规,但是有关犯罪和刑罚、对公民政治权利的剥夺和限制人身自由的强制措施和处罚、司法制度等事项除外。根据上述规定,地方性法规、规章和规范性文件无权设定行政征收。

2. 行政征收应依法实施。所有行政征收行为必须依法而行,这意味着享有行政征收权的主体、行政征收的范围、行政征收的程序等都应依法进行,行政主体无权自行创设相关规范。例如《税收征收管理法》第 3 条规定:"税收的开征、停征以及减税、免税、退税、补税,依照法律的规定执行;法律授权国务院规定的,依照国务院制定的行政法规的规定执行。任何机关、单位和个人不得违反法律、行政法规的规定,擅自作出税收开征、停征以及减税、免税、退税、补税和其他同税收法律、行政法规相抵触的决定。"

(二)公平负担原则

行政征收是对相对人设定行政法义务的行为,尤其是无偿征收是财产的单向流转,即从相对人转移到行政主体,故行政征收的设定应与相对人所负担的义务、获得的额外收益相适应,避免负担过重。行政征收贯彻公平负担原则应实现:

1. 无偿征收的设定以公正、平等为目标,税收征收应体现经济调节功能、在纳税人之间实现合理负担;应满足社会公共管理需要,合理补偿管理或者服务成本,并与社会承受能力相适应,促进环境保护、资源节约和有效利用,促进经济和社会事业持续发展,符合国际惯例和国际对等原则。

2. 有偿征收应依法给予被征收人公平、合理的补偿,补偿范围既应包括直接损失也应包括间接损失,使被征收人权益不因征收行为受损。

(三)保障相对人权利原则

《宪法》第 13 条规定:"公民的合法的私有财产不受侵犯。国家依照法律规定保护公民的私有财产权和继承权。国家为了公共利益的需要,可以依照法律规定对公民的私有财产实行征收或者征用并给予补偿。"行政征收是基于公共利益的需要对相对人财产权的剥夺,行政征收贯彻保障相对人权利原则应当遵循以下要求:

1. 行政征收应当严格限制在"公益利益"需要的范围内,行政主体实施征收行为应当对"公共利益"需要进行评估和阐释,避免扩大征收的适用范围,侵犯相对人的财产权;有偿征收应当依法予以及时足额补偿,行政主体应按照法律规定、遵守与相对人约定,对相对人进行公平、合理的补偿。

2. 依法保障相对人在征收中的程序权利。相对人对行政征收决定中依法享有陈述权、申辩权、参与权和知情权。

3. 保障相对人获得救济的权利。相对人对行政征收决定不服的,可以依法申请行政复议和提起行政诉讼。例如《税收征收管理法》第 8 条第 4 款规定:"纳税人、扣缴义务人对税务机关所作出的决定,享有陈述权、申辩权;依法享有申请行政复议、提起行政诉讼、请求国家赔偿等权利。"

四、行政征收的程序

(一)无偿征收的程序

无偿征收包括行政征税和行政收费。我国目前尚未制定统一的行政收费法,有关行政收费的程序散见于单行法律、法规和规章之中,行政征税的程序则相对比较完善。

1. 行政征税程序。根据《税收征收管理法》的相关规定,行政征税的程序主要包括:

(1) 税务登记。企业,企业在外地设立的分支机构和从事生产、经营的场所,个体工商户和从事生产、经营的事业单位自领取营业执照之日起30日内,持有关证件,向税务机关申报办理税务登记。税务机关应当于收到申报的当日办理登记并发给税务登记证件;其他纳税人办理税务登记和扣缴义务人办理扣缴税款登记的范围和办法,由国务院规定。从事生产、经营的纳税人,税务登记内容发生变化的,自市场监督管理机关办理变更登记之日起30日内或者在向市场监督管理机关申请办理注销登记之前,持有关证件向税务机关申报办理变更或者注销税务登记。

(2) 纳税申报。纳税人必须依照法律、行政法规规定或者税务机关依照法律、行政法规的规定确定的申报期限、申报内容如实办理纳税申报,报送纳税申报表、财务会计报表以及税务机关根据实际需要要求纳税人报送的其他纳税资料。扣缴义务人必须依照法律、行政法规规定或者税务机关依照法律、行政法规的规定确定的申报期限、申报内容如实报送代扣代缴、代收代缴税款报告表以及税务机关根据实际需要要求扣缴义务人报送的其他有关资料。

纳税人、扣缴义务人按照规定的期限办理纳税申报或者报送代扣代缴、代收代缴税款报告表确有困难,需要延期的,应当在规定的期限内向税务机关提出书面延期申请,经税务机关核准,在核准的期限内办理。因不可抗力需要延期办理的,应当在不可抗力情形消除后立即向税务机关报告。税务机关应当查明事实,予以核准。

(3) 税款征收。税务机关依照法律、行政法规的规定征收税款,不得违反法律、行政法规的规定开征、停征、多征、少征、提前征收、延缓征收或者摊派税款。税务机关既可以采取查账征收、查定征收、查验征收、定期定额征收的方式征收税款,也可以根据国家有关规定委托有关单位代征少数零星分散的税款,税务机关应发给被委托单位委托代征证书。受托单位按照代征证书的要求,以税务机关的名义依法征收税款。

纳税人、扣缴义务人按照法律、行政法规规定或者税务机关依照法律、行政法规的规定确定的期限,缴纳或者解缴税款。纳税人因有特殊困难,不能按期缴纳税款的,经县级以上税务机关批准,可以延期缴纳税款,但最长不得超过3个月。

2. 行政收费程序。结合单行法律、法规的规定,行政收费的程序可以概括为:

(1) 通知收费。行政机关收取费用,应当首先告知行政相对人所缴费用的内容和法律依据,并表明自己的身份。在当场收费的情况下,必须出示相关证件或有明显的表示身份的标志,如高速公路收费站。

(2) 收取费用。行政机关依法收取相对人的费用,不能随意增减。行政主体既可以主动到缴费义务人的经营场所收取费用,即主动收取;也可以在某一固定地点设立长期的收费点收费,即定点收取;或是由行政机关委托其他组织代收。对于反复性、经常性的收费项目应设立专门的收费主体,由缴费义务人依法到指定交费处交费。

（3）给付收据。这是表明行政相对人已按规定缴纳费用，行政主体收费活动完毕的必要环节。行政主体不得任意省略该程序，行政相对人也有权要求行政机关出具收据。

（二）有偿征收的程序

有偿征收包括土地征收和房屋征收，在作出征收决定前都应当进行社会稳定风险评估。土地征收程序更为复杂，可以分为三个阶段：

1. 申请征地前期程序。根据《土地管理法》第47条的规定，征地前应开展以下工作：（1）土地现状调查和社会稳定风险评估。县级以上地方人民政府拟申请征收土地的，应当开展拟征收土地现状调查和社会稳定风险评估。（2）公告和听证。县级以上地方人民政府应将征收范围、土地现状、征收目的、补偿标准、安置方式和社会保障等在拟征收土地所在的乡（镇）和村、村民小组范围内公告至少30日，听取被征地的农村集体经济组织及其成员、村民委员会和其他利害关系人的意见。多数被征地的农村集体经济组织成员认为征地补偿安置方案不符合法律、法规规定的，县级以上地方人民政府应当组织召开听证会，并根据法律、法规的规定和听证会情况修改方案。（3）补偿登记与补偿协议。拟征收土地的所有权人、使用权人应当在公告规定期限内，持不动产权属证明材料办理补偿登记。县级以上地方人民政府应当组织有关部门测算并落实有关费用，保证足额到位，与拟征收土地的所有权人、使用权人就补偿、安置等签订协议；个别确实难以达成协议的，应当在申请征收土地时如实说明。上述相关前期工作完成后，县级以上地方人民政府方可申请征收土地。

2. 征地方案批准程序。享有征地批准权的主体包括省、自治区、直辖市人民政府和国务院。根据《土地管理法》第46条的规定，征收下列土地由国务院批准：（1）永久基本农田；（2）永久基本农田以外的耕地超过35公顷的；（3）其他土地超过70公顷的。征收其他土地由省、自治区、直辖市人民政府批准。征收农用地的，应当先行办理农用地转用审批。其中，经国务院批准农用地转用的，同时办理征地审批手续，不再另行办理征地审批；经省、自治区、直辖市人民政府在征地批准权限内批准农用地转用的，同时办理征地审批手续，不再另行办理征地审批，超过征地批准权限的，应当依照本条第1款的规定另行办理征地审批。

3. 征地实施程序。根据《土地管理法实施条例》的规定，征地实施程序大致要经历以下步骤：（1）县级以上地方人民政府发布征收土地预公告，并开展拟征收土地现状调查和社会稳定风险评估；（2）县级以上地方人民政府组织有关部门拟定征地补偿安置方案；（3）县级以上地方人民政府对征地补偿安置方案进行公告；（4）县级以上地方人民政府提出征收土地申请报有批准权的人民政府批准；（5）征收土地申请经依法批准后，县级以上地方人民政府发布征收土地公告，并依法组织实施。

五、行政征收的补偿

（一）土地征收的补偿

1. 补偿原则。根据《土地管理法》第48条的规定，土地征收补偿应遵守以下原则：（1）给予公平、合理补偿原则；（2）保障被征地农民原有生活水平不降低原则；（3）被征地农民长远生计有保障原则;(4)依法及时足额补偿原则。

2. 补偿范围。征地补偿的范围包括:(1)土地补偿费、安置补助费。征收农用地的土地补偿费、安置补助费标准由省、自治区、直辖市通过制定公布区片综合地价确定。制定区片综合地价应当综合考虑土地原用途、土地资源条件、土地产值、土地区位、土地供求关系、人口以及经济社会发展水平等因素,并至少每3年调整或者重新公布一次。(2)农村村民住宅、其他地上附着物和青苗等的补偿费用。征收农用地以外的其他土地、地上附着物和青苗等的补偿标准,由省、自治区、直辖市制定。对其中的农村村民住宅,应当按照先补偿后搬迁、居住条件有改善的原则,尊重农村村民意愿,采取重新安排宅基地建房、提供安置房或者货币补偿等方式给予公平、合理的补偿,并对因征收造成的搬迁、临时安置等费用予以补偿,保障农村村民居住的权利和合法的住房财产权益。(3)被征地农民的社会保障费用。县级以上地方人民政府应当将被征地农民纳入相应的养老等社会保障体系。被征地农民的社会保障费用主要用于符合条件的被征地农民的养老保险等社会保险缴费补贴。被征地农民社会保障费用的筹集、管理和使用办法,由省、自治区、直辖市制定。

(二)房屋征收的补偿

1. 补偿原则。行政机关征收国有土地上的房屋,应当给予公平补偿。《国有土地上房屋征收与补偿条例》第2条规定:"为了公共利益的需要,征收国有土地上单位、个人的房屋,应当对被征收房屋所有权人(以下称被征收人)给予公平补偿。"

2. 补偿范围。根据《国有土地上房屋征收与补偿条例》的规定,房屋征收补偿的范围包括:(1)被征收房屋价值的补偿。对被征收房屋价值的补偿,不得低于房屋征收决定公告之日被征收房屋类似房地产的市场价格。被征收房屋的价值,由具有相应资质的房地产价格评估机构按照房屋征收评估办法评估确定。对评估确定的被征收房屋价值有异议的,可以向房地产价格评估机构申请复核评估。对复核结果有异议的,可以向房地产价格评估专家委员会申请鉴定。房地产价格评估机构由被征收人协商选定;协商不成的,通过多数决定、随机选定等方式确定,具体办法由省、自治区、直辖市制定。房地产价格评估机构应当独立、客观、公正地开展房屋征收评估工作,任何单位和个人不得干预。(2)因征收房屋造成的搬迁、临时安置的补偿。因征收房屋造成搬迁的,房屋征收部门应当向被征收人支付搬迁费;选择房屋产权调换的,产权调换房屋交付前,房屋征收部门应当向被征收人支付临时安置费或者提供周转用房。(3)因征收房屋造成的停产停业损失的补偿。对因征收房屋造成停产停业损失的补偿,根据房屋被征收前的效益、停产停业期限等因素确定,具体办法由省、自治区、直辖市制定。此外,市、县级人民政府应当制定补助和奖励办法,对被征收人给予补助和奖励。

3. 补偿方式。房屋征收补偿的方式包括货币补偿和产权调换。被征收人可以选择货币补偿,也可以选择房屋产权调换。被征收人选择房屋产权调换的,市、县级人民政府应当提供用于产权调换的房屋,并与被征收人计算、结清被征收房屋价值与用于产权调换房屋价值的差价。因旧城区改建征收个人住宅,被征收人选择在改建地段进行房屋产权调换的,作出房屋征收决定的市、县级人民政府应当提供改建地段或者就近地段的房屋。

4. 行为形式。房屋征收补偿的行为形式包括补偿协议和补偿决定。房屋征收部门与被征收人就补偿方式、补偿金额和支付期限、用于产权调换房屋的地点和面积、搬迁费、临时安置费或者周转用房、停产停业损失、搬迁期限、过渡方式和过渡期限等事项，订立补偿协议。"行政机关因公共利益需要或者其他法定理由，单方变更、解除房屋征收补偿协议，但未依法给予被征收人房屋安置补偿的，应给予房屋安置补偿；造成损失的，亦应予以补偿。"[①]房屋征收部门与被征收人在征收补偿方案确定的签约期限内达不成补偿协议，或者被征收房屋所有权人不明确的，由房屋征收部门报请作出房屋征收决定的市、县级人民政府依法并按照征收补偿方案作出补偿决定，在房屋征收范围内予以公告。

第二节 行 政 征 用

一、行政征用概述

（一）行政征用的概念

行政征用是指行政主体基于公共利益的需要，依照法律规定的权限和程序，以强制方式暂时、有偿使用行政相对人财产的行政行为。

行政征用与行政征收行为具有相似性，两者都是单方、负担性行政行为，但两者具有以下区别：首先，法律基础不同。行政征收的义务人是具有法定缴纳义务的相对人，相对人的缴纳义务由法律明确规定；行政征用的义务人具有不确定性，法律规定的重点在于征用的"公益目的"条件，具体的征用义务由行政主体根据实际情况确定。其次，对价义务不同。行政征收既可能是无偿的，也可能是有偿的，多数行政征收行为都是无偿行为；行政征用是有偿的，行政主体征用相对人的财产应支付补偿费用。最后，法律后果不同。行政征收的后果是将财产所有权从相对方人转移至国家；行政征用是行政主体暂时取得了相对人财产的使用权，不发生财产所有权转移的后果。

（二）行政征用的特征

1. 法定性。行政征用是一种负担行政行为，行政主体必须依法实施，也就是说，行政征用的主体、条件、对象、方式、范围和补偿等内容都必须有明确的法律依据。

2. 公益目的性。行政征用是对相对人财产权的限制，行政主体实施行政征用必须基于公共利益的需要，例如基于抢险、救灾、救助、国防的需要临时征用相对人的物资、交通工具、场所和物品等。我国《宪法》第 10 条第 3 款规定："国家为了公共利益的需要，可以依照法律规定对土地实行征收或者征用并给予补偿。"第 13 条第 3 款规定："国家为了公共利益的需要，可以依照法律规定对公民的私有财产实行征收或者征用并给予补偿。"

---

① 最高人民法院（2017）最高法行申 4595 号行政裁定。

3. 强制性。行政征用是一种单方行政行为,不以被征用人的同意为前提,且相对人具有配合征用的义务。《国防动员法》第 55 条第 1 款规定:"任何组织和个人都有接受依法征用民用资源的义务。"行政征用以国家强制力为保证,当相对人拒不履行行政征用行为所确定的义务时,行政主体可以依法采取强制手段迫使相对人履行义务。对拒不执行决定的被征用人,行政主体可以依法采取强制措施或强制执行,有违反治安管理行为的,可由公安机关依法给予治安处罚。

4. 暂时性。行政征用具有期限性,具体征用期限可在征用前由行政主体明确告知相对人,也可在征用完毕后计算征用期限。行政征用不发生财产权转移的效果,即不改变财产所有权,在公益目的消失、财产使用完毕后,行政主体应将征用的财产及时返还给相对人。

5. 有偿性。有偿性是行政征用的重要法律属性,现代各国宪法、法律中都明确规定,政府基于社会公益之需,可以对公民财产进行征用,但须以公平补偿为前提。我国《民法典》第 117 条规定:"为了公共利益的需要,依照法律规定的权限和程序征收、征用不动产或者动产的,应当给予公平、合理的补偿。"第 245 条规定:"因抢险救灾、疫情防控等紧急需要,依照法律规定的权限和程序可以征用组织、个人的不动产或者动产。被征用的不动产或者动产使用后,应当返还被征用人。组织、个人的不动产或者动产被征用或者征用后毁损、灭失的,应当给予补偿。"

(三)行政征用的对象

行政征用的对象是相对人所有或者使用的用于生产、服务和生活的土地、设施、设备、场所和其他物资。根据我国现行立法的规定,行政征用的对象既包括动产也包括不动产。不动产征用范围涉及土地、森林和草原等自然资源,以及宾馆、文化场馆、体育场馆、医疗机构、车间仓库、生产场地、广场、学校、民防工程等场所。例如,《土地管理法》第 2 条第 4 款规定:"国家为了公共利益的需要,可以依法对土地实行征收或者征用并给予补偿。"《森林法》第 21 条规定:"为了生态保护、基础设施建设等公共利益的需要,确需征收、征用林地、林木的,应当依照《中华人民共和国土地管理法》等法律、行政法规的规定办理审批手续,并给予公平、合理的补偿。"动产征用的对象涉及:(1)生活必需品,如食品、饮用水等;(2)药品、医疗器械等医疗用品;(3)交通、通信设施,如交通工具、工程机械、通信设备等;(4)能源、燃料、工程材料、器材设备等应急物资;(5)其他用于应急处置和应急救援的必要物资。例如,我国《戒严法》第 17 条第 1 款规定:"根据执行戒严任务的需要,戒严地区的县级以上人民政府可以临时征用国家机关、企业事业组织、社会团体以及公民个人的房屋、场所、设施、运输工具、工程机械等……"

行政主体作出行政行为受管辖权的限制,因此,征用决定应限于本机关具有管辖权的行政区域内。例如,《传染病防治法》第 45 条第 1 款规定:"传染病暴发、流行时,根据传染病疫情控制的需要,国务院有权在全国范围或者跨省、自治区、直辖市范围内,县级以上地方人民政府有权在本行政区域内紧急调集人员或者调用储备物资,临时征用房屋、交通工具以及相关设施、设备。"其中,"本行政区域内"表明,行政主体应急征用的范围仅限于本机关地域管辖范围,不能超越行政区域实施征用。

日常生活必需的场所和物资一般不纳入征用范围,例如《国防动员法》第56条规定:"下列民用资源免予征用:(一)个人和家庭生活必需的物品和居住场所;(二)托儿所、幼儿园和孤儿院、养老院、残疾人康复机构、救助站等社会福利机构保障儿童、老人、残疾人和救助对象生活必需的物品和居住场所;(三)法律、行政法规规定免予征用的其他民用资源。"

二、行政征用的原则

(一)依法征用原则

根据《立法法》第8条的规定,对非国有财产的征收、征用只能制定法律;没有法律依据的情况下,行政主体不得征用。我国有多部法律规定了行政征用,主要适用于国防、应急等行政管理领域。例如《国防交通法》第7条规定:"县级以上人民政府根据国防需要,可以依法征用民用运载工具、交通设施、交通物资等民用交通资源,有关组织和个人应当予以配合,履行相关义务。民用交通资源征用的组织实施和补偿,依照有关法律、行政法规执行。"

(二)必要性原则

行政主体进行征用必须基于公共利益的特定需要。例如,《外商投资法》第20条规定:"国家对外国投资者的投资不实行征收。在特殊情况下,国家为了公共利益的需要,可以依照法律规定对外国投资者的投资实行征收或者征用。征收、征用应当依照法定程序进行,并及时给予公平、合理的补偿。"行政主体作出征用决定前应评估征用行为可能造成的社会危害程度和范围、对相对人权益影响的大小。在有多种措施可供选择的情况下,应当选择最有利于保护公民、法人和其他组织权益的措施。只有在没有其他措施可供选择或者其他措施不能达到目的的情况下,才能选择适用行政征用行为。

(三)适当性原则

行政主体应对突发事件进行征用需要坚持提前统筹、就近征用、均衡负担、合理补偿的原则,确保遵守最低限度的比例原则,依法、依规办理应急征用。《突发事件应对法》第11条第1款规定:"有关人民政府及其部门采取的应对突发事件的措施,应当与突发事件可能造成的社会危害的性质、程度和范围相适应;有多种措施可供选择的,应当选择有利于最大程度地保护公民、法人和其他组织权益的措施。"

三、行政征用的程序

根据正当程序原则,结合我国部分地方性法规、规章的规定和行政实践,行政征用应遵守以下程序:

(一)作出征用决定

根据我国现有立法的规定,县级以上地方人民政府依法享有征用决定权。以传统病防治应急征用为例,根据《传染病防治法》第45条规定,传染病暴发、流行时,根据传染病疫情控制的需要,县级以上地方人民政府有权在本行政区域内紧急调集人员或者调用储备物资,临时征用房屋、交通工具以及相关设施、设备。政府部门作为防疫工作责任单位向政府应急管理部门申报应急财产征用计划,政府应急管理部门审查后报县级以上人民政府依法作出征用决定。

(二)制作并送达《征用决定书(令)》

行政主体实施征用应依法制作《征用决定书(令)》,并确定具体实施单位,落实征用执行人员。《征用决定书(令)》应当载明单位、用途、时间、地点、期限、实施单位以及被征用主体、征用对象、型号、数量、新旧状况等。例如《广东省突发事件应对条例》第37条规定:"县级以上人民政府依法实施应急征用,应当向被征用的单位或者个人签发应急处置征用令并做好登记造册工作。征用令包括征用单位名称、地址、联系办法、执行人员姓名、征用用途、征用时间以及征用财产的名称、数量、型号等内容。被征用的单位或者个人拒不执行应急处置征用令的,征用执行人员在情况紧迫并且没有其他替代方式时可以强制征用。被征用的财产使用后,实施征用的人民政府应当返还被征用人。单位、个人的财产被征用或者征用后毁损、灭失的,实施征用的人民政府应当按照国家和省的有关规定给予补偿。"

行政主体在具体实施征用前应将《征用决定书(令)》送达被征用人,送达回证需写明征用单位、被征用人、具体执行人员等。执行人员还应当当场宣读征用决定内容、配合完成征用义务等。情况紧急无法当场送达征用决定的,可以先口头送达,但应在事后48小时内补办手续。情况紧急需要立即实施征用的,可以在征用决定送达后即时实施征用,否则应在送达后给相对人一定的准备期限再实施征用。被征用人收到应急征用决定书或者紧急征用通知后,应当立即配合征用实施单位将被征用场所、物资等按时送达指定地点或者清理被征用场所,并配备必要的操作人员、后勤保障人员。

(三)实施征用

行政主体作出征用决定后,可以自己实施征用,也可以委托其他主体实施征用。我国《传染病防治法》规定,人民政府可以作为应急征用主体。政府作出征用决定之后,可以委托职能部门作为征用实施单位:粮食、能源的征用由发展改革行政主管部门负责实施;医疗机构的征用由卫生行政主管部门负责实施;药品、医疗器械的征用由食品药品监督管理部门负责实施;食品、饮用水、衣物、棉被等救灾物资的征用由民政行政主管部门负责实施;交通设施设备及运输工具的征用由交通运输行政主管部门负责实施;建设工程机械的征用由建设行政主管部门负责实施;市政工程维护机具的征用由市政公用事业行政主管部门负责实施;体育场馆的征用由体育行政主管部门负责实施;酒店、宾馆的征用由旅游行政主管部门负责实施;广场的征用由其所在地区人民政府街道办事处负责实施;农村集体土地使用权的征用由自然资源主管部门负责实施;企业生产能力的征用实施一般是经信部门或其他对口的生产监督管理部门负责;其他征用由相应的主管部门负责实施。

行政征用的实施主体应制作征用清单,与被征用人办理征用场地、物资等清点交接手续,做好相应的登记造册工作。应急征用清单(凭证)一式两份,双方各执一份。被征用物资、场所由人民政府或者其指定的部门统一管理和调遣,并张贴或者悬挂人民政府应急征用标志。

(四)财产返还、评估与补偿

行政征用的实施单位应在被征用财物使用完毕或者应急响应结束后15个工作日内汇

报征用、调用情况,通知被征用人收回被征用财物,财物已毁坏或发生直接费用的,出具相应的证明。征用单位在应急响应结束后 2 个工作日确定补偿单位及落实、监督补偿工作。征用实施单位在应急响应结束后 7 个工作日书面通知被征用人提交申请补偿所需资料,依法在网络、媒体公告。补偿审核过程中,对应拟补偿的财物,需要进行市场评估的,可委托具备相应资质的中介机构进行评估,待评估结果完成后再行办理。补偿结果应及时向社会公众进行公示,如社会公众有意见,应及时评议,认为异议成立的,应对补偿结果进行调整。例如,《广东省突发事件应急补偿管理暂行办法》第 11 条规定:"应急响应结束后,相关人民政府应当在两个工作日内确定补偿单位,督促相关部门按规定将征用财产及时返还被征用人,并将财产征用、返还、毁损和灭失情况书面报送补偿单位。"

四、行政征用的补偿

(一)补偿主体

根据权责一致原则,行政征用的补偿主体按照"谁征用谁补偿"的原则确定,即作出征用决定的县级以上人民政府或其职能部门是补偿主体。以应急征用为例,作出应急征用决定或者采取突发事件应对措施的县级以上人民政府是应急补偿的责任主体,财产被征用或者因突发事件应对措施而造成财产毁损、灭失的公民、法人和其他组织是应急补偿的受偿主体,有关人民政府可以指定其职能部门作为具体实施补偿的主体。

(二)补偿原则

1. 合法合理补偿原则。补偿应符合相关法律、法规规定。补偿价值应与被征用财产在征用期间的使用价值相当,或者与应急征用和突发事件应对措施造成的财产损失相当。

2. 补偿直接损失原则。仅补偿与应急征用或者突发事件应对措施有直接因果关系的财产损失,不包括精神损失等非物质层面损失和突发事件直接造成的财产损失。《国防动员法》第 58 条规定:"被征用的民用资源使用完毕,县级以上地方人民政府应当及时组织返还;经过改造的,应当恢复原使用功能后返还;不能修复或者灭失的,以及因征用造成直接经济损失的,按照国家有关规定给予补偿。"

3. 补偿实际损失原则。征用补偿已经发生的实际损失,不包括预计发生的损失。按规定应由保险公司负责理赔的,不纳入政府突发事件应急补偿范围。

(三)补偿方式和标准

参照国家赔偿的方式,征用补偿原则上采用资金补偿的方式。实施应急征用单位与被征用单位或个人另有约定的,可采用实物补偿等其他形式,补偿价值应当与资金补偿相当。补偿单位在与受偿人充分协商的基础上可以委托具有资产评估资质的中介机构进行财产损失评估,评估费用由实施应急征用单位承担。经双方确认后,填写应急物资(场所)征用补偿金额认定单。

征用物资、场所因被征用或者因采取突发事件应急措施而毁损、灭失的,根据下列情况分别处理:

1. 财产毁损但经维修能够恢复使用功能的,补偿金按必要维修费用支出并综合考虑财产保险等因素确定。
2. 财产无法维修或经维修无法恢复使用功能、灭失或维修费用超过财产毁损前价值的,补偿金额应在综合考虑财产重置成本、综合成新率、净残值和保险赔偿金等因素后确定。

(四)补偿期限

一般情况下,征用实施单位应当自办理完返还交接手续之日起30个工作日内,对有权获得补偿的被征用单位或者个人实施补偿。情况复杂的,经同级人民政府批准,可以延长至60日。

法律应用

1. 基于公共利益的需要,有下列情形之一,确需征收农民集体所有的土地的,可以依法实施征收:(1)军事和外交需要用地的;(2)由政府组织实施的能源、交通、水利、通信、邮政等基础设施建设需要用地的;(3)由政府组织实施的科技、教育、文化、卫生、体育、生态环境和资源保护、防灾减灾、文物保护、社区综合服务、社会福利、市政公用、优抚安置、英烈保护等公共事业需要用地的;(4)由政府组织实施的扶贫搬迁、保障性安居工程建设需要用地的;(5)在土地利用总体规划确定的城镇建设用地范围内,经省级以上人民政府批准由县级以上地方人民政府组织实施的成片开发建设需要用地的;(6)法律规定为公共利益需要可以征收农民集体所有的土地的其他情形。

2. 征收土地应当给予公平、合理的补偿,保障被征地农民原有生活水平不降低、长远生计有保障。征收土地应当依法及时足额支付土地补偿费、安置补助费以及农村村民住宅、其他地上附着物和青苗等的补偿费用,并安排被征地农民的社会保障费用。

3. 基于保障国家安全、促进国民经济和社会发展等公共利益的需要,有下列情形之一,确需征收房屋的,由市、县级人民政府作出房屋征收决定:(1)国防和外交的需要;(2)由政府组织实施的能源、交通、水利等基础设施建设的需要;(3)由政府组织实施的科技、教育、文化、卫生、体育、环境和资源保护、防灾减灾、文物保护、社会福利、市政公用等公共事业的需要;(4)由政府组织实施的保障性安居工程建设的需要;(5)由政府依照城乡规划法有关规定组织实施的对危房集中、基础设施落后等地段进行旧城区改建的需要;(6)法律、行政法规规定的其他公共利益的需要。

4. 作出房屋征收决定的市、县级人民政府对被征收人给予的补偿包括:(1)被征收房屋价值的补偿;(2)征收房屋造成的搬迁、临时安置的补偿;(3)征收房屋造成的停产停业损失的补偿。

案(事)例

案情简介[①]:

2012年1月6日,太谷县政府与晋中田森房地产开发有限公司(以下简称"田森公司")签订《太谷城

---

① 参见最高人民法院(2016)最高法行申1863号行政裁定。

南片区城中村综合改造项目合作协议书》，约定采取政府主导、市场运作、统一规划、综合开发的方式，由政府出台《太谷城南片区综合改造房屋征收补偿方案》，依法征收地上房屋及附属物，并公开挂牌出让土地，田森公司先期垫付房屋征收补偿等费用，并可介入征收补偿等与资金有关的工作，监督资金的使用。同年4月5日，太谷县房屋拆迁办公室作出《太谷城南片区综合改造房屋征收补偿方案（征求意见稿）》。4月27日，太谷县第十五届人民代表大会第二次会议批准了《太谷县2012国民经济和社会发展计划》，该计划第六项提到要稳步推进南城村改造。5月7日，太谷县国土资源局作出两份情况说明，载明改造项目占地范围内的土地权属状况为混合类型，存在城市居民和村民混合居住并登记领证现象，明确太谷城南片区综合改造工程项目用地符合《太谷县土地利用总体规划（2006-2020）》。5月11日，太谷县规划局作出"太谷城南片区城中村改造符合相关规划要求"的意见。5月16日，太谷县政府召开常务会议讨论城南片区征收补偿方案，原则同意城南片区城中村改造中的房屋征收按补偿方案执行。经征求相关行政村及群众意见等程序后，有关部门对征收补偿方案进行了修改完善，经分管领导审核、报县长同意后向社会公布实施。6月9日，太谷县房屋征收办公室作出《太谷城南片区综合改造房屋征收社会稳定风险评估报告》，该评估报告由太谷县房屋拆迁办公室代章。同年6月10日，太谷县政府发布征收公告，决定对城南片区的建筑物和土地实施分期、分片征收，并告知了征收实施单位、征收范围、征收期限等内容。孟伟的房屋位于征收范围内。同日，太谷县征收办作出补偿方案。此后，太谷县征收办又多次作出公告及补充方案，对征收补偿方案进行补充。孟伟以太谷县政府作出的征收决定违法，严重侵害其知情权和参与权为由，向山西省晋中市中级人民法院起诉，请求撤销太谷县政府于2012年6月10日作出的征收公告，并判令太谷县政府立即停止违法征收行为。

问题：
1. 本案的征收行为是否符合公共利益的要求？
2. 本案的征收决定是否合法？

案（事）例答题思路

思考题

1. 简述行政征收的概念与特征。
2. 简述行政征收的种类。
3. 简述行政征收的原则。
4. 简述行政征用的概念与特征。
5. 简述行政征收与行政征用的区别。
6. 试述行政征用的补偿。

第九章　行政处罚与行政强制

本章重点

1. 行政处罚与行政强制的概念、特征
2. 行政处罚的基本原则
3. 行政处罚的设定
4. 行政处罚的实施机关
5. 行政处罚的程序
6. 行政强制的种类与方式
7. 行政强制的基本原则
8. 行政强制措施的设定与实施

第一节　行政处罚
第二节　行政强制

第一节 行政处罚

一、行政处罚的概念与特征

行政处罚是指行政主体依法对违反行政管理秩序的公民、法人或者其他组织,以减损权益或者增加义务的方式予以惩戒的行政行为。与其他行政行为相比,行政处罚具有以下特征:

1. 行政处罚的主体是特定的行政主体。不是所有的行政主体都能实施行政处罚,只有依法享有行政处罚权的行政机关或法律、法规、规章授权的组织,才能成为行政处罚的主体。同时,不同行政主体享有的行政处罚权的范围,都由法律规范予以明确规定。

2. 行政处罚的前提是行政违法行为的存在。行政违法行为即违反行政法律规范的行为。违反不同的法律规范,所承担的法律责任是不同的:违反刑事和民事法律规范,要分别承担刑事法律责任和民事法律责任;违反行政法律规范,要承担行政法律责任。这种行政违法行为一般而言还没有达到犯罪的程度,如果行政违法行为达到了刑法规定的犯罪程度,则应当追究刑事法律责任。

3. 行政处罚的对象是行政相对人。也就是说,只有那些在行政管理法律关系中与行政主体相对应的,处于被管理者地位的公民、法人或其他组织才能成为行政处罚的对象,这一点使行政处罚与行政机关基于行政隶属关系对行政公务人员作出的行政处分或监察机关依职权对行政公务人员所作的政务处分区别开来。当然,行政相对人成为行政处罚的对象必须达到法定的责任年龄和具备相应的责任能力。同时,当行政公务人员以公民身份实施个人行为时,也可以成为行政处罚的对象。

4. 行政处罚的性质是一种损益性的行政行为。行政处罚是行政主体实施的减损行政相对人权益或者增加行政相对人义务的一种行政制裁行为。不同于行政奖励与行政给付等,其结果是使特定行为人的声誉、能力、财产或人身自由受到不利的影响或损害,目的在于通过对违法行为人已有违法行为的制裁,促使其以后不再重犯。责令改正虽然不利于行政相对人,但不存在减损既有权利或者增加新的义务,因此,并不属于行政处罚。

二、行政处罚与相关概念的区别

(一)行政处罚与行政处分

行政处分是行政机关以及法律、法规授权的具有公共事务管理职能的事业单位基于行政隶属关系对有违法违纪行为的行政公务人员所给予的行政制裁。行政处罚与行政处分是十分相似的行政法术语,它们都属于行政制裁。但是,两者有很多区别:

1. 针对的对象不同。行政处分针对的对象是行政公务人员,也称内部行政相对人,他们与处分主体之间存在行政隶属关系;行政处罚针对的对象则是社会上的公民、法人或者其他组织,也称外部行政相对人,他们与处罚主体之间没有行政隶属关系,只存在行政管理关系。

2. 制裁的依据不同。行政处分的依据是《公务员法》《行政机关公务员处分条例》等法律规范;行政处罚的依据则是行政主体据以管理国家和社会事务的各种行政法律规范。

3. 制裁的方式不同。行政处分的方式与内部的人事管理相适应,包括警告、记过、记大过、降级、撤职、开除等;行政处罚则运用申诫罚、财产罚、能力罚、人身自由罚等多种多样的方式,如警告、罚款、没收、责令停产停业、吊销证照、行政拘留等。

4. 救济的途径不同。内部相对人对行政处分不服的,不能申请行政复议,也不能提起行政诉讼,只能向主管行政机关申请复核或提出申诉;而相对人对行政处罚不服的,既可以向行政复议机关申请行政复议,也可以向人民法院提起行政诉讼。

（二）行政处罚与刑罚

刑罚是国家司法机关对违反刑事法律规范的犯罪行为人根据其应负的刑事责任实施的制裁,是法律制裁中最为严厉的一种。行政处罚与刑罚虽然都是有关国家机关对违法行为人实施的制裁,但两者存在本质的区别:

1. 制裁的主体和依据不同。行政处罚由国家行政机关和法律、法规、规章授权的组织依法实施,依据的是行政法律规范;而刑罚则由国家司法机关依法实施,依据的是刑事法律规范。

2. 行为的性质不同。行政处罚是一种行政行为,按照行政程序实施;而刑罚是一种司法行为,按照司法程序实施。

3. 针对的对象不同。行政处罚针对的对象是违反行政法律规范的公民、法人或者其他组织,当公民、法人或者其他组织既违反行政法律规范又违反刑事法律规范时,在有法律明确规定的情况下,行政处罚与刑罚可以并用;而刑罚只能针对违反刑事法律规范的犯罪行为人实施,不能针对只违反行政法律规范尚未构成犯罪的人实施。

4. 制裁的种类不同。行政处罚的种类主要包括警告、罚款、没收、责令停产停业、暂扣或者吊销许可证与执照、行政拘留等;而刑罚分为主刑和附加刑,其中主刑有管制、拘役、有期徒刑、无期徒刑和死刑,附加刑有罚金、剥夺政治权利、没收财产和驱逐出境等。

（三）行政处罚中的罚款与执行罚

行政处罚中的罚款与执行罚在外部形态上较为相似,都是由行政主体实施,都是罚没款项,因而容易混淆。但两者是有区别的:执行罚属于行政强制执行中间接强制的一种方式,是行政主体对具有行政法义务但逾期拒不履行义务的相对人,以按日加处一定数额罚款的方式迫使其履行义务的行为。具体来讲,两者的区别在于:

1. 属性不同。行政处罚中的罚款是一种制裁性、惩罚性的行为,针对违法行为人实施;执行罚是一种执行性、督促性的行为,针对逾期拒不履行行政法义务的行为人实施。

2. 目的不同。行政处罚中的罚款的目的制裁违法,促使违法行为人以后不再重犯;执行罚的目的是督促相对人及时履行行政法义务。

3. 适用的次数不同。行政处罚中的罚款对违法行为人只能适用一次,不能重复罚款;而执行罚则可以按日反复多次适用。

4. 发生的时间不同。行政处罚中的罚款是对违法行为事后的惩处;执行罚则发生在相对人没有履行义务的过程中。

三、行政处罚的基本原则

行政处罚的基本原则是指行政处罚的设定和实施必须遵循的基本准则,是贯穿行政处罚设定和实施全过程的核心精神和指导思想。根据我国《行政处罚法》的规定,行政处罚应遵循以下基本原则:

(一)处罚法定原则

《行政处罚法》第 4 条规定:"公民、法人或者其他组织违反行政管理秩序的行为,应当给予行政处罚的,依照本法由法律、法规、规章规定,并由行政机关依照本法规定的程序实施。"这就是行政处罚法定原则,其基本含义是:(1)处罚的主体及其职权是法定的;(2)处罚的依据是法定的,法无明文规定不得处罚;(3)处罚的程序是法定的;(4)违法实施的行政处罚行为无效或者可以被撤销。

(二)公正、公开原则

《行政处罚法》第 5 条规定:"行政处罚遵循公正、公开的原则。设定和实施行政处罚必须以事实为依据,与违法行为的事实、性质、情节以及社会危害程度相当。对违法行为给予行政处罚的规定必须公布;未经公布的,不得作为行政处罚的依据。"这是对公正、公开原则的直接规定,它要求行政处罚必须做到客观、公平、合理。

1. 公正。所谓公正,就是公平正直、没有偏私。要保证处罚的公正,就必须做到:(1)实施行政处罚必须以事实为依据,坚持实事求是,切忌主观臆断;(2)实施行政处罚应当"过罚相当",即违法与处罚相一致,做到处罚的种类、幅度与违法行为的事实、情节及社会危害程度相一致,不能畸轻畸重;(3)不得滥用自由裁量权。

2. 公开。所谓公开,就是要增强透明度,公之于众。行政处罚公开的要求包括:(1)设定或者规定行政处罚的规范性文件必须公开,即对违法行为给予行政处罚的规定必须公布,否则不能成为行政处罚的依据;(2)实施行政处罚的程序必须公开,如表明执法身份、调查取证公开、履行告知程序、听取当事人的陈述和申辩、公开举行听证等。

(三)处罚与教育相结合原则

《行政处罚法》第 6 条规定:"实施行政处罚,纠正违法行为,应当坚持处罚与教育相结合,教育公民、法人或者其他组织自觉守法。"这就是处罚与教育相结合的原则。对违法的相对人进行行政处罚,虽然就其性质而言是一种制裁行为,但行政处罚不单纯以制裁为目的,其根本目的在于预防和制止违法行为,以维护公共利益和社会秩序,保护公民、法人和其他组织的合法权益。因此,行政处罚应建立在说服教育的基础上,通过教育,使受罚人认识到自己行为的违法性,及时纠正,并保证今后不再犯。同时,教育必须以处罚为后盾,不能以教代罚,通过施以必要的处罚,使受罚者从心灵深处进行思考和反省,真正引以为戒。只有这样,才能最为有效地保障法律的实施,行政处罚的适用才能收到良好的社会效果。

(四)保障当事人合法权益原则

《行政处罚法》第7条规定:"公民、法人或者其他组织对行政机关所给予的行政处罚,享有陈述权、申辩权;对行政处罚不服的,有权依法申请行政复议或者提起行政诉讼。公民、法人或者其他组织因行政机关违法给予行政处罚受到损害的,有权依法提出赔偿要求。"这就是保障当事人合法权益原则,又称处罚救济原则。该原则是为了保障当事人在行政处罚中的合法权益设立的,主要是指对于行政主体给予的行政处罚,当事人享有获得法律救济的权利,包括陈述权、申辩权、申请行政复议权、提起行政诉讼权和获得行政赔偿权等。

四、行政处罚的种类

(一)理论上的分类

我国行政法学界在理论上一般将行政处罚分为以下四大类:

1. 申戒罚。申戒罚亦称影响声誉的处罚,是指行政主体通过对违法行为人的名声、名誉和荣誉等施加影响,发出警戒,促使其不再重犯的处罚形式。申戒罚原则上适用于任何行政违法行为,但在实践中,申戒罚主要适用于情节比较轻微,尚未造成严重社会危害的行政违法行为,其主要形式是警告、通报批评。

2. 财产罚。财产罚是指行政主体剥夺违法行为人的某些财产所有权,以示惩戒的处罚形式,主要包括罚款和没收(没收违法所得、没收非法财物)。财产罚的适用范围非常广泛,既可以适用于经济性行政违法行为,也可以适用于非经济性行政违法行为,但主要适用于经济性行政违法行为。

3. 行为罚。行为罚亦称能力罚,是指行政主体限制或剥夺违法行为人特定的行为能力,以示惩戒的处罚形式,包括暂扣许可证件、降低资质等级、吊扣许可证件、限制开展生产经营活动、责令停产停业、责令关闭、限制从业等。

4. 人身自由罚。人身自由罚是指行政主体限制或剥夺违法行为人一定期限内的人身自由,以示惩戒的处罚形式。人身自由罚属于行政处罚中最严厉的处罚种类,其主要形式是行政拘留。

(二)法定的种类

《行政处罚法》第9条对行政处罚的种类作出了规定,包括:警告、通报批评;罚款、没收违法所得、没收非法财物;暂扣许可证件、降低资质等级、吊销许可证件;限制开展生产经营活动、责令停产停业、责令关闭、限制从业;行政拘留;法律、行政法规规定的其他行政处罚。以下就其中主要的几种予以介绍。

1. 警告。警告是指行政主体对行政违法行为人予以谴责和告诫,使其受到精神上责罚的一种处罚形式。警告是行政处罚中最轻的一种,一般适用于那些违反行政法律规范,情节轻微、对社会危害不大的行为。

2. 罚款。罚款是指行政主体依法强制违法行为人在一定期限内缴纳一定数量金钱的行政处罚形式。罚款属于财产性处罚，在实践中被广泛运用。

3. 没收。没收包括没收违法所得和没收非法财物，是指行政主体依法将违法行为人的违法所得和非法财物强制收归国有的一种处罚形式。根据《行政处罚法》第74条的规定，除依法应当予以销毁的物品外，依法没收的非法财物必须按照国家规定公开拍卖或者按照国家有关规定处理。没收违法所得或者没收非法财物拍卖的款项，必须全部上缴国库，任何行政机关或者个人不得以任何形式截留、私分或者变相私分；财政部门不得以任何形式向作出行政处罚决定的行政机关返还没收的违法所得或者返还没收非法财物的拍卖款项。

4. 责令停产停业。责令停产停业是指行政主体责令违法行为人停止生产、经营活动，从而限制其行为能力的一种处罚形式。责令停产停业一般附有限期整顿的要求，如果受处罚者在限期内纠正了违法行为，可以恢复生产、经营，无须重新申请领取有关许可证或执照。

5. 暂扣或者吊销许可证。暂扣或者吊销许可证是指行政主体对违法行为人依法暂时扣留或吊销其许可证，从而在一定时期内限制或永久剥夺其行为能力的一种处罚形式。它是一种比责令停产停业更为严厉的处罚，主要针对那些严重违反行政法规范的行为人。

6. 限制开展生产经营活动、限制从业。就是在一定区域和时间内限制或禁止行政相对人从事某种活动，比如"终身禁驾"、建设领域的"失信黑名单"等。

7. 行政拘留。行政拘留是指法定的行政机关（主要是指公安机关）对于违反行政法规范的行为人在短期内限制其人身自由的一种处罚形式。行政拘留一般适用于严重违反治安管理的行为人，且受严格的期限限制。

8. 法律、行政法规规定的其他行政处罚。这是兜底条款，这么规定，是考虑到在实践中上述行政处罚可能无法处理某些具体情况，需要规定其他种类的行政处罚，如具结悔过、剥夺荣誉称号、驱逐出境等。对此，《行政处罚法》予以确认。但是，为了防止处罚种类过多、过滥，《行政处罚法》限定只有法律和行政法规才能规定其他种类的行政处罚。

五、行政处罚的设定与实施

（一）行政处罚的设定

行政处罚的设定是指哪些国家机关可以独立自主地创设行政处罚以及如何划分设定权。《行政处罚法》对行政处罚的设定作出了具体的规定。

1. 法律的设定权。《行政处罚法》第10条规定，法律可以设定各种行政处罚。限制人身自由的行政处罚，只能由法律设定。由此可见，法律可以设定任何种类和形式的行政处罚，且限制人身自由的行政处罚，只能由法律设定，其他规范性文件一律不得设定。

2. 行政法规的设定权。《行政处罚法》第11条规定，行政法规可以设定除限制人身自由以外的行政处罚。法律对违法行为已经作出行政处罚规定，行政法规需要作出具体规定的，必须在法律规定的给予行政处罚的行为、种类和幅度的范围内规定。法律对违法行为未作出行政处罚规定，行政法规为实施法律，可以补充设定行政处罚。拟补充设定行政处罚的,应当通过听证会、论证会等形式广泛听取意见,并向制定机关作出书面说明。行政法规报送备案时,应当说明补充设定行政处罚的情况。这表明,行政法规不但可以对法律已经设定的行政处罚规定作出具体规定,而且可以创设行政处罚。但行政法规创设和规定行政处罚受一定的限制:(1)行政法规不能设定限制人身自由的行政处罚;(2)当法律对违法行为已经作出行政处罚规定,行政法规需要作出具体规定的,必须在法律规定的给予行政处罚的行为、种类和幅度的范围内规定;(3)行政法规为实施法律,可以在法律对违法行为未作出规定方面补充设定行政处罚,但应通过听证会、论证会等形式广泛听取意见,并向制定机关作出书面说明。

3. 地方性法规的设定权。根据《行政处罚法》第12条的规定,地方性法规可以设定除限制人身自由、吊销营业执照以外的行政处罚。法律、行政法规对违法行为已经作出行政处罚规定,地方性法规需要作出具体规定的,必须在法律、行政法规规定的给予行政处罚的行为、种类和幅度的范围内规定。法律、行政法规对违法行为未作出行政处罚规定,地方性法规为实施法律、行政法规,可以补充设定行政处罚。拟补充设定行政处罚的,应当通过听证会、论证会等形式广泛听取意见,并向制定机关作出书面说明。地方性法规报送备案时,应当说明补充设定行政处罚的情况。

4. 规章的设定权。在我国,规章分为部门规章和地方政府规章。根据《行政处罚法》第13条、第14条的规定,部门规章可以在法律、行政法规规定的给予行政处罚的行为、种类和幅度的范围内作出具体规定,地方政府规章可以在法律、法规规定的给予行政处罚的行为、种类和幅度的范围内作出具体规定。尚未制定法律、行政法规的,部门规章对违反行政管理秩序的行为,可以设定警告、通报批评或者一定数额罚款的行政处罚,罚款的限额由国务院规定;尚未制定法律、法规的,地方政府规章对违反行政管理秩序的行为,可以设定警告、通报批评或者一定数额罚款的行政处罚,罚款的限额由省、自治区、直辖市人民代表大会常务委员会规定。

除法律、法规、规章外,其他规范性文件不得设定行政处罚。国务院部门和省、自治区、直辖市人民政府及其有关部门应当定期组织评估行政处罚的实施情况和必要性,对不适当的行政处罚事项及种类、罚款数额等,应当提出修改或者废止的建议。

(二)行政处罚的实施

根据《行政处罚法》的规定,行政处罚既可以由享有行政处罚权的行政机关实施,也可以由法律、法规授权的组织实施,还可以由受委托的组织实施。行政处罚的实施机关不同,要求也不同。

1. 行政机关实施行政处罚的要求。《行政处罚法》第17条规定:"行政处罚由具有行政处罚权的行政机关在法定职权范围内实施。"这表明,行政处罚原则上应当由行政机关实施。但是,并不是所有的行政机关都可以实施行政处罚。行政机关实施行政处罚必须符合以下条件:(1)必须是具有独立行政管理职能的行政机关;(2)必须是具有法定的行政处罚权的行政机关;(3)行政机关必须在法定职权范围内实施行政处罚。

此外，《行政处罚法》第18条规定："国家在城市管理、市场监管、生态环境、文化市场、交通运输、应急管理、农业等领域推行建立综合行政执法制度，相对集中行政处罚权。国务院或者省、自治区、直辖市人民政府可以决定一个行政机关行使有关行政机关的行政处罚权。限制人身自由的行政处罚权只能由公安机关和法律规定的其他机关行使。"这是对行政处罚权相对集中行使的规定。

2. 法律、法规授权的组织实施行政处罚的要求。《行政处罚法》第19条规定："法律、法规授权的具有管理公共事务职能的组织可以在法定授权范围内实施行政处罚。"这表明，法律、法规授权的组织也在一定范围内享有行政处罚权，可以实施行政处罚。法律、法规授权的组织实施行政处罚，必须符合以下条件：（1）被授权的组织必须具有管理公共事务的职能；（2）必须有法律、法规的明确授权；（3）被授权的组织必须在法定授权范围内实施行政处罚。

3. 受委托的组织实施行政处罚的要求。《行政处罚法》第20条第1、2款规定："行政机关依照法律、法规、规章的规定，可以在其法定权限内书面委托符合本法第二十一条规定条件的组织实施行政处罚。行政机关不得委托其他组织或者个人实施行政处罚。委托书应当载明委托的具体事项、权限、期限等内容。委托行政机关和受委托组织应当将委托书向社会公布。"同时，《行政处罚法》还对委托行政处罚的条件和要求作出了规定。具体地说，委托其他组织实施行政处罚必须符合下列要求：（1）行政机关必须依照法律、法规或者规章的规定，在其法定权限范围内委托其他组织实施行政处罚。（2）受委托的组织必须符合法定条件。根据《行政处罚法》第21条的规定，受委托组织必须符合以下条件：依法成立并具有管理公共事务职能；有熟悉有关法律、法规、规章和业务并取得行政执法资格的工作人员；需要进行技术检查或者技术鉴定的，应当有条件组织进行相应的技术检查或者技术鉴定。

六、行政处罚的管辖与适用

（一）行政处罚的管辖

行政处罚的管辖是确定对某种行政违法行为应由哪一级或者哪一个行政机关受理和处罚的制度。行政处罚的管辖涉及行政机关在行政处罚职能上的分工，也涉及行政处罚能否及时、有效地实施。《行政处罚法》第22条"行政处罚由违法行为发生地的行政机关管辖"和第23条"行政处罚由县级以上地方人民政府具有行政处罚权的行政机关管辖"的规定，确立了行政处罚管辖的基本原则和制度。同时，《行政处罚法》还对其他特殊情况下的管辖作出了规定。例如，省、自治区、直辖市根据当地实际情况，可以决定将基层管理迫切需要的县级人民政府部门的行政处罚权交由能够有效承接的乡镇人民政府、街道办事处行使，并定期组织评估。决定应当公布。承接行政处罚权的乡镇人民政府、街道办事处应当加强执法能力建设，按照规定范围、依照法定程序实施行政处罚。有关地方人民政府及其部门应当加强组织协调、业务指导、执法监督，建立健全行政处罚协调配合机制，完善评议、考核制度。

根据《行政处罚法》的规定，行政处罚的管辖主要分为以下五类：

1. 地域管辖。地域管辖是不同地区的行政主体对行政违法行为在处理上的分工和权限。根据《行政处罚法》的规定,行政处罚由违法行为发生地的行政机关管辖,但法律、行政法规另有规定的除外。

2. 级别管辖。级别管辖是不同级别的行政主体对行政违法行为在处理上的分工和权限。根据《行政处罚法》的规定,行政处罚由县级以上地方人民政府有行政处罚权的行政机关管辖。这确立的是行政处罚以基层行政机关管辖为主的原则。

3. 职能管辖。职能管辖是指具有不同职能的行政主体对行政违法行为在处理上的分工和权限。根据《行政处罚法》的规定,行政处罚由具有行政处罚权的行政机关管辖。至于哪些行政机关享有行政处罚权,《行政处罚法》未作具体规定,由各单行法律、法规及规章予以规定,但行政处罚只能由有行政处罚权的行政机关在其法定的职权范围内实施。

4. 指定管辖。指定管辖是指上级行政机关以决定的方式指定下一级行政机关对某一行政处罚案件行使管辖权。这通常是由于两个以上的行政机关对行政处罚的管辖问题发生了争议,或者因特殊情况使某一行政机关无法行使管辖权时产生的。《行政处罚法》第25条第2款规定:"对管辖发生争议的,应当协商解决,协商不成的,报请共同的上一级行政机关指定管辖;也可以直接由共同的上一级行政机关指定管辖。"

5. 移送管辖。移送管辖是指没有管辖权的行政机关将已经受理的案件移送给有管辖权的机关处理的制度。它通常在以下情形下适用:(1)行政机关发现已受理的案件应由另一个行政机关管辖,而将案件移送给另一个行政机关;(2)行政机关发现违法行为涉嫌犯罪,将案件移送给司法机关,由司法机关依法追究刑事责任。对依法不需要追究刑事责任或者免予刑事处罚,但应当给予行政处罚的,司法机关应当及时将案件移送有关行政机关。

(二)行政处罚的适用

行政处罚的适用是指行政处罚的实施机关在认定行为人行为违法的基础上,依法决定是否应予处罚、如何处罚的活动。《行政处罚法》就行政处罚适用的规则以及量罚的情节等作出了具体规定。

1. 适用的规则。这是指行政主体依法对违法者实施处罚时所应遵循的行为准则,是行政处罚原则在处罚适用阶段的具体要求。

(1)一事不再罚款。即对当事人的同一违法行为,不得给予两次以上罚款的行政处罚。同一个违法行为违反多个法律规范应当给予罚款处罚的,按照罚款数额高的规定处罚。这是"过罚相当"原则在行政处罚适用中的具体体现,目的在于防止重复罚款、多头罚款,以保护行政相对人的合法权益。

(2)责令改正或者限期改正。根据《行政处罚法》第28条的规定,行政机关实施行政处罚时,应当责令当事人改正或者限期改正违法行为。

(3)行政处罚与刑罚的衔接。违法行为构成犯罪,人民法院判处拘役或者有期徒刑时,行政机关已经给予当事人行政拘留的,应当依法折抵相应刑期;违法行为构成犯罪,人民法院判处罚金时,行政机关已经给予当事人罚款的,应当折抵相应罚金。

（4）行政处罚的时效。《行政处罚法》第36条规定："违法行为在二年内未被发现的，不再给予行政处罚；涉及公民生命健康安全、金融安全且有危害后果的，上述期限延长至五年。法律另有规定的除外。前款规定的期限，从违法行为发生之日起计算；违法行为有连续或者继续状态的，从行为终了之日起计算。"理解该规定，应注意以下几点：首先，行政处罚的追罚时效一般为2年。在2年内行政相对人的违法行为未被发现的，不再给予行政处罚。其次，对行政处罚的追罚时效法律另有规定的，从其规定。例如，《治安管理处罚法》第22条第1款规定："违反治安管理行为在六个月内没有被公安机关发现的，不再处罚。"《税收征收管理法》第86条规定："违反税收法律、行政法规应当给予行政处罚的行为，在五年内未被发现的，不再给予行政处罚。"再次，涉及公民生命健康安全、金融安全且有危害后果的，期限延长至5年。最后，行政处罚追罚时效的计算方法有两种：一是对没有连续或继续状态的违法行为，从违法行为发生之日起计算；二是对有连续或继续状态的违法行为，从该行为终了之日起计算。

2. 量罚的情节。这是指行政主体对违法行为人予以处罚时，决定处罚轻重或者免除处罚所依据的各种情况，包括从轻、减轻处罚或者不予处罚情节和从重处罚情节等。《行政处罚法》对不予处罚的情节和从轻、减轻处罚的情节作出了规定。

（1）不予处罚的情节。包括：不满14周岁的人有违法行为的不予行政处罚，责令监护人加以管教；精神病人、智力残疾人在不能辨认或者不能控制自己行为时有违法行为的，不予行政处罚，但应当责令其监护人严加看管和治疗；违法行为轻微并及时纠正，没有造成危害后果的，不予行政处罚。

（2）可以不予处罚的情节。初次违法且危害后果轻微并及时改正的，可以不予行政处罚。

（3）应当从轻或者减轻处罚的情节。当事人有下列情形之一的，应当从轻或者减轻处罚：已满14周岁不满18周岁的人有违法行为的；主动消除或者减轻违法行为的危害后果的；受他人胁迫有违法行为的；配合行政机关查处违法行为有立功表现的；主动供述行政机关尚未掌握的违法行为的；其他依法从轻或者减轻行政处罚的。

（4）可以从轻或者减轻处罚的情节。尚未完全丧失辨认或者控制自己行为能力的精神病人、智力残疾人有违法行为的，可以从轻或者减轻行政处罚。

七、行政处罚的决定程序

行政处罚的决定程序是指行政机关作出行政处罚决定时所应遵循的方式、步骤和顺序等。根据《行政处罚法》的规定，行政处罚的决定程序有简易程序、普通程序和听证程序。

（一）简易程序

简易程序，也称"当场处罚程序"，是指行政机关依法对某些轻微的行政违法行为，当场给予处罚的程序。对该程序，应当把握以下两点：

1. 简易程序的适用条件。《行政处罚法》第51条规定："违法事实确凿并有法定依据，对公民处以二百元以下、对法人或者其他组织处以三千元以下罚款或者警告的行政处罚的,可以当场作出行政处罚决定。法律另有规定的,从其规定。"这表明,适用简易程序,必须同时具备以下三个条件:(1)违法事实清楚,证据确凿;(2)处罚有法定依据;(3)处罚较轻,即对个人处以 200 元以下的罚款或警告,对单位处以 3 000 元以下的罚款或警告。

2. 简易程序的具体步骤。根据《行政处罚法》第 52 条的规定,当场处罚的具体步骤是:(1)出示执法证件,表明身份。(2)说明理由。在表明身份后、填写处罚决定书之前,执法人员应向当事人说明处罚的事实、理由、依据等,允许当事人陈述和申辩,听取当事人的意见。(3)填写行政处罚决定书。即填写预定格式、编有号码的行政处罚决定书,该处罚决定书应当载明当事人的违法行为,行政处罚的种类和依据,罚款数额、时间、地点,申请行政复议、提起行政诉讼的途径和期限,以及行政机关名称,并由执法人员签名或者盖章。(4)当场交付处罚决定书。(5)报所属行政机关备案。行政处罚决定书应一式两份,一份交当事人,另一份报所属行政机关备案。

当事人对当场作出的行政处罚决定不服的,也可以依法申请行政复议或提起行政诉讼。

(二)普通程序

普通程序是指行政处罚通常应适用的简易程序以外的程序。相较简易程序,普通程序更为严格、复杂,适用范围也更广泛。其具体步骤包括:

1. 立案。行政处罚实施机关对发现的违法行为,认为有调查处理必要的,应当立案。立案是行政处罚普通程序的开始,对符合立案条件的行政案件,行政执法人员应当填写立案报告表,报所属行政机关负责人签批。

2. 调查取证。对于立案处理的案件,执法人员必须对案件事实进行调查核实,收集有关证据材料。《行政处罚法》第 54 条第 1 款规定:"除本法第五十一条规定的可以当场作出的行政处罚外,行政机关发现公民、法人或者其他组织有依法应当给予行政处罚的行为的,必须全面、客观、公正地调查,收集有关证据;必要时,依照法律、法规的规定,可以进行检查。"执法人员应当文明执法,尊重和保护当事人合法权益。行政机关在调查或者进行检查时,执法人员不得少于两人,并应当向当事人或者有关人员出示证件。当事人或者有关人员应当如实回答询问,并协助调查或者检查,不得阻挠。询问或者检查应当制作笔录。行政机关可以采取抽样取证的方法收集证据。在证据可能灭失或者以后难以取得的情况下,可以先行登记保存,但须经行政机关负责人批准,并应当在 7 日内作出处理决定。在此期间,当事人或者有关人员不得销毁或转移证据。

3. 告知与申辩。根据《行政处罚法》的规定,行政机关在作出行政处罚决定之前,应当告知当事人作出行政处罚的事实、理由及依据,并告知当事人依法享有的权利;当事人有权进行陈述和辩解,行政机关必须充分听取当事人的意见,根据不同情况进行复核或予以采纳;行政机关不得因当事人的申辩而加重处罚。如果行政机关及其执法人员在作出行政处罚决定之前不依照法律规定向当事人告知给予行政处罚的事实、理由和依据,或者拒绝听取当事人的陈述、申辩,行政处罚决定不能成立,但当事人放弃陈述或者申辩权利的除外。

4. 审查决定。根据《行政处罚法》第 57 条的规定,调查终结,行政机关负责人应对调查结果进行审查,根据不同情况分别作出以下决定:(1)确有应受行政处罚的违法行为的,根据情节轻重及具体情况,作出行政处罚决定;(2)违法行为轻微,依法可以不予行政处罚的,不予行政处罚;(3)违法事实不能成立的,不得给予行政处罚;(4)违法行为涉嫌犯罪的,移送司法机关。对情节复杂或者重大违法行为给予行政处罚,行政机关负责人应当集体讨论决定。在行政机关负责人作出行政处罚决定之前,涉及重大公共利益的、直接关系当事人或者第三人重大权益经过听证程序的以及案件情况疑难复杂、涉及多个法律关系的案件,应当由从事行政处罚决定法制审核的人员进行法制审核;未经法制审核或者审核未通过的,不得作出决定。

5. 制作行政处罚决定书。对于决定给予行政处罚的案件,应当制作行政处罚决定书。行政处罚决定书应载明下列事项:(1)当事人的姓名或者名称、地址;(2)违反法律、法规或者规章的事实和证据;(3)行政处罚的种类和依据;(4)行政处罚的履行方式和期限;(5)不服行政处罚决定,申请行政复议或者提起行政诉讼的途径和期限;(6)作出行政处罚决定的行政机关名称和作出决定的日期。行政处罚决定书必须加盖作出行政处罚决定的行政机关的印章。

6. 送达行政处罚决定书。行政处罚决定书应当在宣告后当场交付当事人;当事人不在场的,行政机关应当在 7 日内依照《民事诉讼法》的有关规定,将行政处罚决定书送达当事人。送达的方式有直接送达、留置送达、转交送达、委托送达、邮寄送达和公告送达等。

(三)听证程序

听证程序是指行政机关为了查明案件事实,公正地实施行政处罚,在作出行政处罚决定前,正式举行由各方利害关系人参加的听证会,广泛听取意见的方式、方法和制度。听证程序不是一种与简易程序和普通程序并列的独立、完整的行政处罚程序,只是普通程序中的一个环节。在我国,《行政处罚法》第一次对听证程序作出了明确的规定,其内容包括:

1. 听证程序的适用范围。根据《行政处罚法》第 63 条的规定,听证程序的适用范围包括较大数额罚款、没收较大数额违法所得、没收较大价值非法财物、降低资质等级、吊销许可证件、责令停产停业、责令关闭、限制从业、其他较重的行政处罚以及法律、法规、规章规定的其他情形。

2. 听证程序的基本内容。听证程序的内容主要有:(1)行政机关作出责令停产停业、吊销许可证件、降低资质等级、责令关闭、限制从业、较大数额的罚款、没收较大数额违法所得或非法财物等行政处罚决定之前,应当告知当事人有要求举行听证的权利;(2)当事人要求听证的,应当在行政机关告知后 5 日内提出;(3)行政机关应当在听证的 7 日前,通知当事人举行听证的时间、地点;(4)除涉及国家秘密、商业秘密或者个人隐私外,听证公开举行;(5)听证由行政机关指定的非本案调查人员主持,当事人认为主持人与本案有直接利害关系的,有权申请回避;(6)当事人可以亲自参加听证,也可以委托 1—2 人代理;(7)举行听证时,调查人员提出当事人违法的事实、证据和行政处罚建议,当事人进行申辩和质证;

（8）听证应当制作笔录,并交当事人审核无误后签字或者盖章;（9）当事人不承担行政机关组织听证的费用。

八、行政处罚的执行

行政处罚的执行是指有关国家机关强制当事人履行行政处罚决定所确定的义务的制度。《行政处罚法》第66条第1款规定:"行政处罚决定依法作出后,当事人应当在行政处罚决定书载明的期限内,予以履行。"第73条规定,除法律另有规定外,当事人对行政处罚决定不服申请行政复议或者提起行政诉讼的,行政处罚不停止执行。

《行政处罚法》对行政处罚决定的执行规定了相应的程序和制度:

1. 罚缴分离制度。根据《行政处罚法》第67条的规定,作出罚款决定的行政机关应当与收缴罚款的机构分离。除依照法律规定当场收缴的罚款外,作出行政处罚决定的行政机关及其执法人员不得自行收缴罚款。当事人应当自收到行政处罚决定书之日起15日内,到指定的银行缴纳罚款。银行应当收受罚款,并将罚款直接上缴国库。

2. 当场收缴程序。《行政处罚法》规定了在特殊情况下对罚款进行当场收缴的制度。适用当场收缴的情形包括:(1)依法给予100元以下罚款的;(2)不当场收缴事后难以执行的;(3)在边远、水上、交通不便地区,当事人到指定的银行或者通过电子支付系统缴纳罚款确有困难,经当事人提出的。

当场收缴罚款要遵循以下程序和要求:(1)行政机关及其执法人员当场收缴罚款的,必须向当事人出具国务院财政部门或者省、自治区、直辖市人民政府财政部门统一制发的专用票据;不出具财政部门统一制发的专用票据的,当事人有权拒绝缴纳罚款。(2)执法人员当场收缴的罚款,应当自收缴罚款之日起2日内,交至行政机关;在水上当场收缴的罚款,应当自抵岸之日起2日内交至行政机关;行政机关应当在2日内将罚款缴付指定的银行。

3. 强制执行程序。强制执行程序是指享有强制执行权的国家机关,以强制手段迫使拒不履行行政处罚决定所确定的义务的当事人履行义务的程序。

（1）强制执行的主体。根据《行政处罚法》的规定,强制执行的主体包括人民法院和具有强制执行权的行政机关。

（2）强制执行的措施。当事人逾期不履行行政处罚决定的,作出行政处罚决定的机关可以采取下列措施:到期不缴纳罚款的,每日按罚款数额的3%加处罚款,加处罚款的数额不得超出罚款的数额;根据法律规定,将查封、扣押的财物拍卖、依法处理或者将冻结的存款、汇款划拨抵缴罚款;根据法律规定,采取其他行政强制执行方式;依照《行政强制法》的规定申请人民法院强制执行。

（3）强制执行的例外情形。根据《行政处罚法》第66条第2款的规定,当事人确有经济困难,需要延期或者分期缴纳罚款的,经当事人申请和行政机关批准,可以暂缓或者分期缴纳。

第二节 行政强制

一、行政强制的概念与特征

行政强制是指行政主体为了制止违法行为、防止证据损毁、避免危害发生、控制危险扩大等,依法对公民的人身自由实施暂时性限制,或者对公民、法人或者其他组织的财物实施暂时性控制,以及为了保障行政管理的顺利进行,对拒不履行已生效的行政决定的行政相对人依法采取强制手段迫使其履行义务的行为。它包括行政强制措施和行政强制执行。其特征主要有:

1. 行政强制的主体是法定的行政主体。行政强制的主体是依法享有强制权的行政机关和法律、法规授权的组织。行政强制是对行政相对人的权益产生直接影响的行为,受法律的严格控制。没有强制权的行政主体不得实施行政强制,其他国家机关、组织及个人不得实施行政强制。

2. 实施行政强制的情形有:(1)相对人的人身或者财产处在某种危险状态,足以或者已经对社会秩序或他人的人身与财产安全构成威胁或侵害。(2)相对人拒不履行已生效的行政决定确定的义务。相应地,行政强制主要有两种类型,即行政强制措施和行政强制执行。

3. 行政强制的目的是制止违法行为、防止证据损毁、避免危害发生、控制危险扩大,或者保证行政决定确定的义务得以实现。

4. 行政强制具有单方性、强制性和损益性。行政强制的单方性体现为,行政强制是行政主体基于单方面的意思表示实施的行为,不需要征得行政相对人的同意。行政强制的强制性体现为,行政强制是行政主体为实现一定的行政目的而实施的行为,它以国家的强制力为后盾。行政强制的损益性体现为,行政主体实施的行政强制作用于行政相对人的人身或财产,必然对相对人的人身权或财产权产生不利的影响或损害。

二、行政强制的基本原则

行政强制的基本原则是指行政主体实施行政强制应当遵循的基本行为准则,主要包括:

(一)强制法定原则

这一原则是指行政强制的设定和实施必须是法定的,行政主体必须严格依照法定的权限、范围、条件和程序实施行政强制。没有法律根据或者违反法定程序的行政强制是违法的,不仅不能产生预期的效果,行政主体还要承担相应的法律责任。强制法定原则具体包括以下内容:(1)行政强制的设定法定。对哪些事项以及用什么样的法律规范设定行政强制,应当由法律明文规定,法无明文规定不得强制。(2)实施行政强制的主体及其权限法定。只有依法享有行政强制权的行政主体在其法定的权限范围内才能实施行政强制。(3)行政强制的条件法定。无论是行政强制措施还是行政强制执行,必须针对法定的情形并按照法定的条件实施。(4)行政强制的程序法定。行政主体应当严格按照法定的程序实施行政强制。

(二)适当原则

《行政强制法》第5条规定:"行政强制的设定和实施,应当适当。采用非强制手段可以达到行政管理目的的,不得设定和实施行政强制。"这是行政强制的适当原则。它要求行政主体实施行政强制应当客观适度,合乎理性,采用的强制措施应当适当、必要,应当尽可能采用对相对人损害最小的方式达到强制的目的。该原则具体包括以下内容:(1)实现目的即停止,不同的行政强制有不同的目的,一旦达到强制的目的,就应当停止强制行为。(2)采用的强制措施应当适当、必要。(3)对相对人损害最小。行政强制是对相对人的权益产生直接影响的行为,容易对相对人的权益造成侵害,行政主体在实施强制时应当以最小损害当事人的权益为限度。(4)行政主体不得变相地以强制措施处罚相对人。

(三)教育与强制相结合原则

《行政强制法》第6条规定:"实施行政强制,应当坚持教育与强制相结合。"行政强制只是促使当事人履行法定义务的一种手段,不是目的,行政主体不能为了强制而强制,应当将行政强制与说服教育结合起来。在行政强制过程中,应当对行政相对人进行耐心说服教育,充分听取相对人的意见,使双方达成一致的认识,做到以理服人。相对人经说服教育自觉改正违法行为,履行法定义务的,行政主体就不应实施行政强制。当然,在说服教育无效的情况下,行政主体应当依法采取强制措施。

(四)保障相对人权益原则

行政主体在实施行政强制过程中应当注意尊重、维护相对人的权益。行政主体及其工作人员不得利用行政强制权为单位或者个人谋取利益。行政相对人对行政主体的行政强制行为,享有陈述权、申辩权;行政相对人有权依法申请行政复议或者提起行政诉讼;因行政主体违法实施行政强制受到损害的,行政相对人有权依法要求赔偿。

三、行政强制措施

(一)行政强制措施的概念与特征

行政强制措施是指行政主体在行政管理过程中,为制止违法行为、防止证据损毁、避免危害发生、控制危险扩大等,依法对公民的人身自由实施暂时性限制,或者对公民、法人或者其他组织的财产实施暂时性控制的一种具体行政行为。它具有以下特征:

1. 行政强制措施的主体必须是依法享有行政强制权的行政主体。根据《行政强制法》第17条的规定,行政强制措施由法律、法规规定的行政机关在法定职权范围内实施。行政强制措施权不得委托。行政强制措施应当由行政机关具备资格的行政执法人员实施,其他人员不得实施。《行政强制法》第70条规定:"法律、行政法规授权的具有管理公共事务职能的组织在法定授权范围内,以自己的名义实施行政强制,适用本法有关行政机关的规定。"

2. 行政强制措施是为了制止违法行为、防止证据损毁、避免危害发生、控制危险扩大等而采取的，主要起到预防、制止或保全等作用。

3. 行政强制措施一般具有临时性、紧急性。行政强制措施一般是因应紧急状态而采取的一种临时性强制措施。无论是制止违法行为、防止证据灭失还是避免危害发生、控制危险扩大，一旦采取行政强制措施的法定事由得以排除或目的达到，即应终止该强制措施。否则，实施主体应承担法律责任。

4. 行政强制措施具有强制性。行政强制措施表现为对相对人的人身或财产的强行控制或限制，它不需要相对人主动申请或自觉接受，而由行政主体依职权主动实施。

（二）行政强制措施与相关概念的区别

1. 行政强制措施与行政处罚的区别。

（1）性质与前提不同。行政强制措施不是一种行政制裁，与行政相对人的行为是否违法没必然联系，它既可以针对相对人的违法行为，也可以针对相对人的合法行为；行政处罚是一种行政制裁，以行政相对人的行为违法为前提。

（2）法律效果不同。行政强制措施是对相对人权利的一种暂时限制，如扣押财物是在短期内对该财物使用权和处分权的暂时限制；行政处罚是对行政相对人权利的最终处分。

（3）实施的阶段不同。行政强制措施作为一种暂时性限制措施，往往发生于事前和事中，它没有到达对事件最终处理完毕的状态；行政处罚通常是事后对违法行为人的制裁，其作出表明该行政违法案件已经处理完毕。

2. 行政强制措施与行政强制执行的区别。行政强制措施与行政强制执行均属于行政强制的范畴，但两者之间仍存在很大的区别：

（1）实施的主体不同。行政强制措施的主体只能是行政机关，不包括人民法院；广义上的行政强制执行的主体既包括行政机关，也包括人民法院。

（2）实施的条件不同。行政强制措施是有关国家行政机关直接依照法律、法规所赋予的职权，为了预防或制止违法行为的发生和继续而采取的强制手段，并不以某种具体义务的存在为前提，如公安机关对企图自杀的人的强制约束，以及行政机关对可能转移、隐藏的财物实施的查封、扣押等；行政强制执行一般以行政机关作出行政决定、对行政相对人预先科以某种义务为前提，如行政相对人拒不履行义务，公安机关对其实施强制拘留或强制划拨。

（3）实施的目的不同。行政强制措施的目的是预防、制止社会危害事件与违法行为的发生和继续，控制危险扩大，或者为保全证据，保障案件查处工作的顺利进行；行政强制执行的目的是迫使相对人履行特定的义务。

（4）行为性质不同。行政强制措施是一种独立的行政行为，它不以确定某种义务的行政决定的存在为前提；而行政强制执行是一种附属性的行政行为，它通常要以确定某种义务的行政决定的存在为前提，其目的是实现该行政决定的内容。

3. 行政强制措施与刑事强制措施的区别。刑事强制措施是指公安机关、安全机关、人民检察院和人民法院为了保障刑事诉讼活动的顺利进行，依法对犯罪嫌疑人、被告人所采取的限制其人身自由的强制方法、手段等,包括拘传、取保候审、监视居住、拘留和逮捕。行政强制措施与刑事强制措施有相似之处,但仍有下列区别:

(1)适用主体不同。行政强制措施的主体是法定的国家行政机关和法律、法规授权的组织;而刑事强制措施的主体是具有刑事司法职能的公安机关、安全机关、人民检察院和人民法院,其他机关无权实施。

(2)适用的法律依据不同。行政强制措施的依据是行政法律规范,其种类和适用条件是由法律、行政法规和地方性法规规定的;而刑事强制措施的依据是刑事法律规范,其种类和适用条件是由《刑事诉讼法》规定的。

(3)目的不同。行政强制措施的目的在于预防、制止社会危害事件或行政违法行为的发生和继续,控制危险扩大,或者保全证据,保障案件查处工作的顺利进行;而刑事强制措施的目的在于防止犯罪嫌疑人、被告人犯逃避侦查、审判或者继续犯罪,保证刑事诉讼活动的顺利进行。

(三)行政强制措施的种类

1. 学理上的种类。行政法学界根据不同的标准,将行政强制措施分为不同的种类。现主要介绍以下三种分类:

(1)预防性行政强制措施、制止性行政强制措施和保障性行政强制措施。根据实施目的的不同,可以将行政强制措施划分为预防性行政强制措施、制止性行政强制措施和保障性行政强制措施。预防性行政强制措施以防止和避免违法行为与危害事件发生为目的,必须在违法行为、危害事件发生之前采取,必须有充分的证据证明该措施的合法性与适当性,否则即构成违法或不当。制止性行政强制措施以制止正在发生的违法行为、危害事件为目的,必须在违法行为和危害事件发生之后、结束之前采取,否则即不符合制止性的目的。保障性行政强制措施以保障行政管理的顺利进行,或者保障后续行政行为的顺利作出和执行为目的,必须在启动行政执法之前或者在行政执法过程中实施,如对证据的保全等。

(2)对人身的行政强制措施和对财产的行政强制措施。根据强制对象的不同,可以将行政强制措施分为对人身的行政强制措施和对财产的行政强制措施。对人身的行政强制措施是指以限制公民人身自由为内容的行政强制措施,其形式主要有对人身的强制约束、强制传唤、强制扣留、人身搜查、人体检查、强制隔离、强制离境等。对财产的行政强制措施是指以限制财产的使用和处分为内容的行政强制措施,其形式主要有对财产的查封、扣押、冻结、强制扣缴、强制销毁、强制拆除、强制拍卖等。

(3)一般行政强制措施和紧急行政强制措施。根据适用条件的不同,可以将行政强制措施分为一般行政强制措施与紧急行政强制措施。一般行政强制措施是行政主体在一般情况(非紧急情况)下,根据现实需要,依职权对有关相对人的人身、财产进行暂时性限制的强制措施,如强制戒毒、强制检查、强制传唤等,应遵循一般的程序要求,如事先决定与告诫等。紧急行政强制措施是行政主体在紧急情况下采取的强制措施。在这种紧急情况下,不容许行政机关遵循一般的程序要求,否则会造成难以弥补的损失,如对传染病患者的强制隔离、对酒醉者的强制约束、对毗邻火场建筑物的强制拆除等。

2. 法定的种类。《行政强制法》第9条对行政强制措施的种类作出了规定,包括:限制公民人身自由;查封场所、设施或者财物;扣押财物;冻结存款、汇款;其他行政强制措施。这里的其他行政强制措施只能由法律、行政法规和地方性法规依法设定。

(四) 行政强制措施的设定

行政强制措施的设定是指哪些国家机关可以独立自主地创设行政强制措施及其设定权如何划分。《行政强制法》对行政强制措施的设定作出了规定。

1. 法律的设定权。《行政强制法》第10条第1款规定:"行政强制措施由法律设定。"可见,法律可以依法设定各种行政强制措施。

2. 法规的设定权。这里的法规包括行政法规和地方性法规。根据《行政强制法》第10条第2款、第3款、第4款的规定,尚未制定法律,且属于国务院行政管理职权事项的,行政法规可以设定除限制公民人身自由,冻结存款、汇款和应当由法律规定的行政强制措施以外的其他行政强制措施。尚未制定法律、行政法规,且属于地方性事务的,地方性法规可以设定查封场所、设施、财物和扣押财物的行政强制措施。法律、法规以外的其他规范性文件不得设定行政强制措施。《行政强制法》第11条规定,法律对行政强制措施的对象、条件、种类作了规定的,行政法规、地方性法规不得作出扩大规定。法律中未设定行政强制措施的,行政法规、地方性法规不得设定行政强制措施。但是,法律规定特定事项由行政法规规定具体管理措施的,行政法规可以设定除限制公民人身自由,冻结存款、汇款和应当由法律规定的行政强制措施以外的其他行政强制措施。

(五) 行政强制措施的实施程序

行政强制措施的实施程序,是指行政主体实施行政强制措施的方式、步骤、顺序与时限。《行政强制法》对行政强制措施的实施程序作出了规定。

1. 行政强制措施实施程序的一般规定。根据《行政强制法》第18条的规定,行政机关实施行政强制措施应当遵守下列步骤:(1)实施前须向行政机关负责人报告并经批准;(2)由两名以上行政执法人员实施;(3)出示执法身份证件;(4)通知当事人到场;(5)当场告知当事人采取行政强制措施的理由、依据以及当事人依法享有的权利、救济途径;(6)听取当事人的陈述和申辩;(7)制作现场笔录;(8)现场笔录由当事人和行政执法人员签名或者盖章,当事人拒绝的,在笔录中予以注明;(9)当事人不到场的,邀请见证人到场,由见证人和行政执法人员在现场笔录上签名或者盖章;(10)法律、法规规定的其他程序。

情况紧急,需要当场实施行政强制措施的,行政执法人员应当在24小时内向行政机关负责人报告,并补办批准手续。行政机关负责人认为不应当采取行政强制措施的,应当立即解除。

2. 行政强制措施实施程序的特别规定。

(1) 实施限制人身自由的行政强制措施的程序。根据《行政强制法》第20条的规定,依照法律规定实施限制公民人身自由的行政强制措施,除应当履行《行政强制法》第18条规定的程序外,还应当遵守下列规定:① 当场告知或者实施行政强制措施后立即通知当事人家属实施行政强制措施的行政机关、地点和期限;② 在紧急情况下当场实施行政强制措施的,在返回行政机关后,立即向行政机关负责人报告并补办批准手续;③ 法律规定的其他程序。实施限制人身自由的行政强制措施不得超过法定期限。实施行政强制措施的目的已经达到或者条件已经消失,应当立即解除。

（2）实施查封、扣押的行政强制措施的程序。根据《行政强制法》第24条的规定,行政机关决定实施查封、扣押的,应当履行《行政强制法》第18条规定的程序,制作并当场交付查封、扣押决定书和清单。查封、扣押决定书应当载明下列事项:① 当事人的姓名或者名称、地址;② 查封、扣押的理由、依据和期限;③ 查封、扣押场所、设施或者财物的名称、数量等;④ 申请行政复议或者提起行政诉讼的途径和期限;⑤ 行政机关的名称、印章和日期。查封、扣押清单一式二份,由当事人和行政机关分别保存。查封、扣押的期限除法律、行政法规另有规定外,不得超过30日;情况复杂的,经行政机关负责人批准,可以延长,但是延长期限不得超过30日。延长查封、扣押的决定应当及时书面告知当事人,并说明理由。对物品需要进行检测、检验、检疫或者技术鉴定的,查封、扣押的期间不包括检测、检验、检疫或者技术鉴定的期间。检测、检验、检疫或者技术鉴定的期间应当明确,并书面告知当事人。检测、检验、检疫或者技术鉴定的费用由行政机关承担。

（3）实施冻结存款、汇款的行政强制措施的程序。根据《行政强制法》第30条的规定,行政机关依照法律规定决定实施冻结存款、汇款的,应当履行《行政强制法》第18条第1项、第2项、第3项、第7项规定的程序,并向金融机构交付冻结通知书。金融机构接到行政机关依法作出的冻结通知书后,应当立即予以冻结,不得拖延,不得在冻结前向当事人泄露信息。法律规定以外的行政机关或者组织要求冻结当事人存款、汇款的,金融机构应当拒绝。

依照法律规定冻结存款、汇款的,作出决定的行政机关应当在3日内向当事人交付冻结决定书。冻结决定书应当载明下列事项:① 当事人的姓名或者名称、地址;② 冻结的理由、依据和期限;③ 冻结的账号和数额;④ 申请行政复议或者提起行政诉讼的途径和期限;⑤ 行政机关的名称、印章和日期。除法律另有规定外,行政机关自冻结存款、汇款之日起30日内,应当作出处理决定或者作出解除冻结决定;情况复杂的,经行政机关负责人批准,可以延长,但是延长期限不得超过30日。延长冻结的决定应当及时书面告知当事人,并说明理由。

四、行政强制执行

（一）行政强制执行的概念与特征

行政强制执行有广义和狭义之分。广义上的行政强制执行,是指行政机关或者行政机关申请人民法院,对不履行行政决定的行政相对人依法强制其履行义务的行为。狭义上的行政强制执行,仅指行政机关对不履行行政决定的行政相对人依法强制其履行义务的行为。

本书采用狭义上的解释,它具有以下特征:

1. 行政强制执行的根据主要是为行政相对人确定了义务的行政行为。并非所有的行政行为都能产生行政强制执行的法律后果,只有那些科以行政相对人一定义务的行政行为才是行政强制执行的根据。从我国现行立法看,行政强制执行的内容包括三个方面:一是对行政处罚决定确定的义务的执行,如对罚款、责令停产停业等的执行;二是对要求履行法律、法规规定的义务的行政处理决定的执行,如对纳税义务、服兵役义务的执行等;三是对行政裁判确定的义务的执行,如对行政裁决的执行和对行政复议决定的执行等。

2. 行政强制执行以行政相对人逾期拒不履行义务为前提。这是行政强制执行的核心条件。只有行政行为为行政相对人确定了某种义务且行政相对人逾期拒不履行义务,才会引起行政强制执行。

3. 行政强制执行的主体是作出行政决定的行政机关。行政强制执行权由法律设定并按照法律规定实施。法律没有规定行政机关强制执行的,作出行政决定的行政机关应当申请人民法院强制执行。

4. 行政强制执行的目的在于以强制的方式迫使相对人履行义务。行政强制执行的目的是实现行政行为所确立的义务的内容,即行政强制执行不具有惩罚性,不是给相对人设定新的权利与义务关系,而是实现前一行政行为确定的义务。它对先前行政行为的效果产生一定的影响,是行政主体先前作出的行政行为的后续行为,因此可以将其理解为"二次行为"[①]。

(二)行政强制执行的种类

1. 学理上的种类。行政法学界一般将行政强制执行分为间接强制和直接强制两种类型。

(1)间接强制。间接强制是指通过间接手段迫使相对人履行义务或者达到与履行义务相同状态的行政强制措施。间接强制包括代执行和执行罚。

代执行,也叫做代履行,是指相对人不履行行政行为确定的作为义务,而该义务又可以由他人代为履行时,行政主体自行或由第三人代替负有作为义务的相对人履行作为义务,并向义务人征收必要费用的强制执行措施。代执行的对象是行政行为确定的可由他人代履行的作为义务。一般而言,与人身权利无关的作为义务可以代执行,如对违法建筑物的强制拆除等。而与人身相关、不可替代的作为义务或者不作为义务则不能代执行,如对行政拘留不能代执行等。因此,可以由他人代为履行的作为义务是代执行的唯一对象。根据《行政强制法》第50条的规定,行政机关依法作出要求当事人履行排除妨碍、恢复原状等义务的行政决定,当事人逾期不履行,经催告仍不履行,其后果已经或者将危害交通安全、造成环境污染或者破坏自然资源的,行政机关可以代履行,或者委托没有利害关系的第三人代履行。

根据《行政强制法》第51条的规定,代履行应当遵守下列规定:首先,代履行前送达决

---

① 参见徐怀莹:《行政法原理》(修订三版),五南图书出版公司1987年版,第573页。

定书,代履行决定书应当载明当事人的姓名或者名称、地址、代履行的理由和依据、方式和时间、标的、费用预算以及代履行人;其次,代履行3日前,催告当事人履行,当事人履行的,停止代履行;再次,代履行时,作出决定的行政机关应当派员到场监督;最后,代履行完毕,行政机关到场监督的工作人员、代履行人和当事人或者见证人应当在执行文书上签名或者盖章。代履行的费用按照成本合理确定,由当事人承担。但是,法律另有规定的除外。代履行不得采用暴力、胁迫以及其他非法方式。

执行罚,亦称强制金,或称加处罚款或者滞纳金,是行政强制执行机关对拒不履行不作为义务或者不能由他人代为履行的作为义务的相对人,科以新的金钱给付义务,以迫使其履行原有义务的强制执行措施。执行罚以促使义务人履行义务为目的,而不是对义务人进行金钱处罚。根据《行政强制法》第45条的规定,行政机关依法作出金钱给付义务的行政决定,当事人逾期不履行的,行政机关可以依法加处罚款或者滞纳金。加处罚款或者滞纳金的标准应当告知当事人。加处罚款或者滞纳金的数额不得超出金钱给付义务的数额。

执行罚具有以下特点:首先,执行罚主要应用于作出金钱给付义务的行政决定;其次,执行罚的数额、标准必须由法律、法规明文规定,行政机关只能依法实施。

根据《行政强制法》第46条的规定,行政机关依法实施加处罚款或者滞纳金超过30日,经催告当事人仍不履行的,具有行政强制执行权的行政机关可以强制执行。

(2)直接强制。直接强制是指相对人逾期拒不履行其应履行的义务时,行政机关依法直接对其人身或财产施以强制,以达到与相对人履行义务相同状态的行政强制措施。行政机关采用直接强制与采用间接强制之间没有特别界限。通过间接强制不能达到目的的,行政机关可以采用直接强制。直接强制可以分为对人身的直接强制和对财产的直接强制两种。

2. 法定的种类。《行政强制法》第12条对行政强制执行的方式作出了规定,包括:加处罚款或者滞纳金;划拨存款、汇款;拍卖或者依法处理查封、扣押的场所、设施或者财物;排除妨碍、恢复原状;代履行;其他强制执行方式。

(三)行政强制执行的一般程序

行政强制执行程序有一般程序与特殊程序之分。就行政强制执行的一般程序而言,主要有以下步骤:

1. 催告。根据《行政强制法》第35条的规定,行政机关作出强制执行决定前,应当事先催告当事人履行义务。催告应当以书面形式作出,并载明下列事项:(1)履行义务的期限;(2)履行义务的方式;(3)涉及金钱给付的,应当有明确的金额和给付方式;(4)当事人依法享有的陈述权和申辩权。催告是行政强制执行中的必经阶段,没有催告或者催告期未满而直接采取强制执行措施,则构成程序违法。

2. 陈述与申辩。当事人收到行政机关的催告书后有权进行陈述和申辩。行政机关应当充分听取当事人的意见,对当事人提出的事实、理由和证据,应当进行记录、复核。当事人提出的事实、理由和证据成立的,行政机关应当采纳。

3. 作出强制执行决定。经催告,当事人逾期仍不履行行政决定,且无正当理由的,行政机关可以作出强制执行决定。强制执行决定应当以书面形式作出,并载明下列事项:(1)当事人的姓名或者名称、地址;(2)强制执行的理由和依据;(3)强制执行的方式和时间;(4)申请行政复议或者提起行政诉讼的途径和期限;(5)行政机关的名称、印章和日期。在催告期间,对有证据证明有转移或者隐匿财物迹象的,行政机关可以作出立即强制执行决定。

4. 送达。催告书、行政强制执行决定书应当直接送达当事人。当事人拒绝接收或者无法直接送达当事人的,应当依照《民事诉讼法》的有关规定送达。

5. 实施强制执行。实施强制执行时,应向义务人出示能证明身份的证件和执行文书,并说明情况;如义务人不在场,应邀请公民的亲属或其单位的工作人员及有关人员到场作为执行见证人;执行完毕后,执行人员应当制作执行记录等。根据《行政强制法》第42条的规定,实施行政强制执行,行政机关可以在不损害公共利益和他人合法权益的情况下,与当事人达成执行协议。执行协议可以约定分阶段履行;当事人采取补救措施的,可以减免加处的罚款或者滞纳金。当事人不履行执行协议的,行政机关应当恢复强制执行。《行政强制法》第43条规定:"行政机关不得在夜间或者法定节假日实施行政强制执行。但是,情况紧急的除外。行政机关不得对居民生活采取停止供水、供电、供热、供燃气等方式迫使当事人履行相关行政决定。"

法律应用

1. 行政处罚的主体与行政处罚的实施机关不同。行政处罚的主体是指享有行政处罚权的行政机关和法律、法规、规章授权的组织;而行政处罚的实施机关是指具体从事行政处罚活动的机关或组织,其范围比行政处罚的主体要广泛些,它不仅包括行政机关和法律、法规、规章规授权的组织,还包括受行政机关委托的组织。

2. 行政处罚由违法行为发生地的县级以上地方人民政府有行政处罚权的行政机关管辖。对管辖权发生争议的,报请共同的上一级行政机关指定管辖。

3. 行政机关在作出行政处罚决定之前,应当告知当事人作出行政处罚决定的事实、理由及依据,并告知当事人依法享有的权利。当事人有权进行陈述和申辩。行政机关必须充分听取当事人的意见,对当事人提出的事实、理由和证据,应当进行复核;当事人提出的事实、理由或者证据成立的,行政机关应当采纳。行政机关不得因当事人申辩而加重处罚。行政机关及其执法人员在作出行政处罚决定之前,没有向当事人告知给予行政处罚的事实、理由和依据,或者拒绝听取当事人的陈述、申辩的,行政处罚决定不能成立,但当事人放弃陈述或者申辩权利的除外。没有法定依据或者不遵守法定程序的,行政处罚无效。

4. 行政强制执行与行政强制措施都属于行政强制的范畴,但两者是有区别的:(1)行政强制执行一般以行政机关作出行政行为、对行政相对人预先科以某种义务为前提;而行政强制措施则是有关国家行政机关直接依照法律、法规所赋予的职权,为了制止违法行为、防止证据损毁、避免危害发生、控制危险扩大等而采取的强制方法,并不以某种具体义务的存在为前提。(2)行政强制执行的目的在于迫使相对人履行特定的义务;而行政强制措施的目的,在于预防、制止违法行为与危害事件的发生和继续,控制危险扩大,或者保全证据,保障案件查处工作的顺利进行。(3)行政强制执行是一种附属性行政行为,通常以确定某种义务的行政行为的存在为前提;行政强制措施是一种独立的行政行为,它不以确定某种义务的行政行为的存在为前提。

案(事)例

案情简介:

2019年5月以来,某市市场监督管理局不断接到消费者的投诉,反映该市友谊商场出售假冒伪劣商品。市市场监督管理局委托市消费者协会对此事进行调查,并依法予以处理。市消费者协会经过调查,证实消费者反映的情况属实。友谊商场在电器、服装以及钟表类商品中存在着不同程度的假冒伪劣现象。于是,市消费者协会根据市市场监督管理局的委托,以市市场监督管理局的名义对友谊商场作出行政处罚,对友谊商场给予警告、罚款300元,并责令限期改正。

问题:

1. 友谊商场寻求法律救济的途径有哪些?其法律依据是什么?
2. 在本案中,市消费者协会是行政主体吗?
3. 在本案中,市消费者协会可以作出行政处罚吗?

案(事)例答题思路

思考题

1. 简述行政处罚的概念与特征。
2. 简述行政处罚的种类与设定。
3. 简述行政处罚的听证程序。
4. 简述行政强制的概念与特征。
5. 简述行政强制的种类与设定。
6. 简述行政强制措施的实施程序。
7. 试述行政处罚的基本原则。
8. 试述行政强制的基本原则。

第十章　行政协议与行政指导

本章重点

1. 行政协议与行政指导的概念、特征、原则、种类
2. 行政协议中双方当事人的权利与义务
3. 行政协议与行政指导的作用

第一节　行政协议
第二节　行政指导

第一节 行 政 协 议

一、行政协议的概念与特征

行政协议,又称行政合同,是指行政主体为了实现行政管理或者公共服务目标,与公民、法人或者其他组织协商订立的具有行政法上权利义务内容的协议。行政协议是从传统合同制度中产生的,越来越广泛地运用于现代行政管理领域中,已经成为国家行政管理的一种重要行为方式。行政协议既具有传统合同的某些特征,如合同成立必须经过双方当事人协商、基于双方意思表示一致等。但行政协议又不同于一般的民事合同,它同时属于行政主体实施的行政行为,具有行政行为的特征,行政主体在行政协议的履行中享有优益权。具体地讲,行政协议具有以下特征:

1. 行政协议的双方当事人至少有一方是行政主体,即具有法定行政职权的行政机关或者法律、法规、规章授权的组织。行政协议是行政主体行使职权的一种特殊方式,没有行政主体参加,不能形成行政协议,这是行政协议区别于民事合同的一个形式上的特征。

2. 行政协议的目的是实现特定的行政管理目标或者维护公共利益。任何一项行政协议的订立,都是行政主体履行行政职能,为实现特定的行政管理目标或维护公共利益实施的行为。例如,为了修建道路、桥梁、机场等公共设施,行政机关与企业签订共同投资建设合同;为了城市改造,行政机关与企业签订共同建设合同等。总之,订立行政协议并不是为了行政机关自身的利益,而是为了公共利益。而订立民事合同则主要是为了当事人自身的经济利益。

3. 行政协议属于一种双方行政行为。双方行政行为以双方当事人意思表示一致为前提。虽然行政协议是行政主体行使国家和社会公共事务管理职权的方式,但行政主体与相对人订立行政协议时,必须平等协商,取得一致意见,任何一方不得将自己的意志强加于对方,即行政协议仍属于合同范畴,受到合同一般原理的指导。在这一点上行政协议区别于一般行政行为。

4. 行政主体对于行政协议的履行、变更或解除享有优益权。由于行政协议具有社会公益性,国家通过法律赋予行政主体许多职能上的优益权,以保证行政协议的正确履行。行政主体对行政协议的履行享有监督权、指挥权,有权根据国家行政管理的需要,单方变更或者解除协议,而相对一方当事人则不享有这些权利。当然,行政主体单方面变更、解除协议是有条件的,要受到公平、合理、合法原则的支配。只有当行政协议订立后妨碍协议实现的客观情况出现时,行政主体才能依法变更或解除。行政主体变更或解除协议导致相对人财产上受到损失,且相对人无过错的,行政主体应当承担赔偿或补偿责任。

5. 行政协议双方当事人因履行行政协议发生的争议受行政法调整,应根据行政法的有关规则,通过行政法上的救济途径(如行政复议、行政诉讼等)予以解决。

二、行政协议的原则

行政协议的原则是在订立、履行、变更和解除行政协议过程中应当遵循的基本准则。具体包括以下几个方面：

（一）公开竞争原则

公开竞争原则是指行政协议应当在公开竞争的基础上订立。基于行政协议的行政性，该原则对合法的行政协议的达成至关重要。

行政协议的公开竞争原则中的"公开"，是指行政主体订立行政协议，应事先公开订立协议的意向并公布协议内容，行政相对人有权获得除涉及国家机密、个人隐私和商业秘密之外的信息。公开可以防止行政机关在订立行政协议过程中封锁对行政相对人有利的信息，有利于行政相对人充分行使行政协议的选择权，也有利于社会对行政主体进行监督。如行政主体欲出让国有土地，应当事先公开出让土地的位置、面积、用途、使用年限等，使行政相对人全面了解行政主体签订协议的目的。

"竞争"是指行政主体在签订行政协议过程中应当本着优胜劣汰的原则，平等地对待行政相对人，让参与的各方有均等的机会展示自己的优势和实力。公平、公正、公开的竞争既能保证公益的达成，减少行政成本、提高行政效益，又有利于防止腐败。

（二）全面履行原则

全面履行原则是指行政协议依法成立之后，行政主体和行政相对人双方必须根据行政协议规定的权利和义务全面履行行政协议的条款。行政协议的全面履行是行政协议依法成立的必然结果，并构成行政协议法律效力的核心内容和行政协议消灭的主要原因。行政协议订立的目的是实现特定的行政管理目标或者维护公共利益，只有全面履行行政协议才能达到行政协议的目的，这也是行政协议符合合同一般原理的体现。行政主体和行政相对人之间因订立行政协议形成了一种法律关系，并受到该种法律关系的约束，无论是行政主体还是行政相对人都需要全面履行行政协议的内容。

（三）公益优先原则

公益优先原则是指在协议履行的过程中，如果私人利益与公共利益发生冲突，行政主体为了维护公共利益，可以依据行政优益权变更、解除行政协议。行政协议基于订立目的的特殊性，在履行的过程中必须从公共利益出发，如果行政主体认为行政协议的履行不符合公共利益，其有权变更和解除合同。同时，行政主体对行政协议履行还享有监督权，在法定条件下可以采取强制或制裁措施促使协议相对方按照协议的约定履行义务，制裁不解除或减轻相对人履行协议的责任。[①]

[①] 参见姜明安主编：《行政法与行政诉讼法》（第七版），北京大学出版社、高等教育出版社2019年版，第315页。

三、行政协议的种类

根据不同的标准,行政协议可以分为不同的种类:

第一,根据行政关系范围的不同,行政协议可以分为内部行政协议和外部行政协议。内部行政协议是指在行政系统内部行政机关相互之间或者行政机关与公务员之间签订的关于公益方面的协议,主要涉及职权的分工、责任的保证等,如我国的社会治安综合治理责任状、行政机关与公务员签订的聘用合同等。而外部行政协议是指行政主体和行政相对人之间通过协商一致达成的协议,行政协议主要是指外部行政协议。

第二,根据协议内容的不同,行政协议可以分为土地等国有资源的使用和开发利用协议、公用征收补偿协议、国家订购协议、国有企业承包管理协议、土地承包协议、行政担保协议、公共工程协议、科研协议、人事聘用协议等。以下简要介绍其中的五种行政协议:

(1) 土地等国有资源的使用和开发利用协议。这是行政机关以土地等国有资源管理者的身份,与相对人签订的一定期限内使用和开发利用土地等国有资源的协议。这类行政协议是行政机关代表国家向相对人出让土地等国有资源的使用权和开采利用等权利,并由相对人向国家支付资源使用费而签订的协议。以土地使用权出让协议为例,根据有关法律规定,出让土地使用权的,由土地管理部门与土地使用者签订协议,土地管理部门享有监督权,发现土地使用者未按合同规定的期限开发、利用、经营土地的,有权予以纠正,给予处罚,并有权批准改变土地用途。

(2) 公用征收补偿协议。这是指行政机关为实现社会公共利益,在依法给予补偿的前提下,与相对人签订的以征收其财产为内容的协议。这类行政协议广泛运用于交通运输、城市建设、土地管理等领域。

(3) 国家订购协议。国家订购协议是国家为了保障基本供给、对重要物资实施控制或执行某项产业政策,与行政相对人签订的订购有关物资、产品的协议。在国家订购协议中,行政机关与行政相对人对完成工作的费用、双方的权利与义务等事项,可以协商。国家往往需要给行政相对人提供优惠和补贴,并按协议的约定保障收购。目前我国的国家订购协议主要有粮食订购协议、棉花订购协议、烟草订购协议、重要物资和生产资料订购协议。

(4) 国有企业承包管理协议。这是指政府指定的有关部门作为发包方,有关的企业作为承包方,双方经协商一致签订的、确定双方权利与义务的协议。这类行政协议使得国家、企业和个人之间的关系契约化,由原来政府按计划、按命令管理企业的行政隶属关系,转变为政府与企业之间法律上的权利与义务关系。

(5) 公共工程协议。这是指行政机关基于公共利益的需要,就某项公共设施的工程建设,和建筑公司等企业之间经协商一致签订的协议,如修建国道、飞机场、大型供水、供电、供气工程,以及大型通信设施等工程协议。

此外,根据是否具有金钱给付内容,行政协议可以分为有金钱给付内容的协议和无金钱给付内容的协议。根据行政管理领域的不同,行政协议可以分为工业行政协议、交通行政协议、农业行政协议、卫生行政协议、文化行政协议等。

四、行政协议的作用

行政协议是一种富有弹性、较为柔和的管理手段,可以极大地调动行政相对人的主动性和创造性,有效地弥补行政命令等刚性行政管理手段的不足,更有利于公务的推行和行政目标的实现。具体地讲,行政协议的作用主要表现在:

(一)有利于行政管理目标的实现

行政管理目标的实现,绝非行政主体单方面所能完成,它需要行政相对人的认同和配合。行政行为如果没有可接受性,执行起来就会遇到障碍,执法的成本也就会相应提高。行政协议行为因给予行政相对人较大的自主权,尊重相对人的意志和利益,相对人有充分表达意见和参与行政管理的机会,故容易得到相对人的理解和接受。在行政协议中,行政相对人能与行政主体进行平等对话,展开合作,共同完成行政管理的任务,实现行政管理的目标。

(二)有利于调动相对人的积极性和创造性

在文化、科研、教育、资源开发以及环境保护、给付行政等领域,若采用简单、强硬的行政手段,显然难以收到良好的效果。而采用富有弹性的协议方式进行管理,可以适应管理对象的自身特点,促使相对人积极参与和充分发挥其主观能动性。正确运用行政协议,可以将行政权的有效行使和充分调动相对人的积极性与创造性统一起来。

(三)有利于控制行政权

行政协议事实上是将契约的平等、自治、互利和等价有偿、相互信任等要素引入行政领域。这对行政主体行使行政权力具有极大的控制功能。它要求行政主体平等对待相对人,使相对人与行政主体在具有平等地位的前提下商议行政目标,防止行政权力运行的恣意和专横性。它要求行政主体尊重相对人的权利和意志,相对人对协议的内容具有相应的发言权,行政主体不能无视相对人提出的要求。[①] 它要求行政主体具有信用和责任感,虽然行政主体在协议的订立和履行中享有优益权,但它不能无视协议的规定而任意处置,其行为仍要受到协议的制约,即使由于种种客观原因需要变更或解除协议,也必须补偿相对人的损失;行政主体违法变更或解除协议,给相对人造成损失的,则要依法赔偿。

此外,行政协议使行政主体与行政相对人之间的权利与义务关系更加明确、具体,如果发生协议争议,当事人可以据此寻求法律保护或救济,保证协议争议得到解决。

五、行政协议中双方当事人的权利(力)与义务

(一)行政主体的权利(力)与义务

1. 行政主体的权利(力)。

(1)选择协议相对一方当事人的权利。行政主体在决定订立行政协议时,可以根据公

---

① 参见方世荣、石佑启主编:《行政法与行政诉讼法》(第三版),北京大学出版社2015年版,第249页。

共利益的需要和实际情况选择适当的协议相对人。

（2）对协议履行的监督和指挥权。行政主体在行政协议中具有双重身份，即既是协议的当事人，应受到协议的约束；又代表国家行使行政管理权，有权对协议的履行进行监督、控制和指挥。

（3）单方面变更或者解除协议的权力。在行政协议履行过程中，行政主体根据国家法律、政策的修订或调整，以及为满足公共利益的需要，有权单方面变更或解除协议。但是这种权力的行使应当受到约束和限制，即只能在公共利益需要的限度内行使，不能变更或解除与公共利益无关的条款；当事人因为行政主体变更或者解除协议而加重的负担应当得到补偿；行政主体单方面变更协议超过一定的限度或者接近一个全新的义务时，相对人可以请求另订协议。

（4）制裁权。在行政协议履行过程中，行政主体对于不履行或者不适当履行协议义务的相对人享有制裁权。制裁权是行政主体保障行政协议目的实现而享有的一种权力，是一种公权力的自力救济。

2. 行政主体的义务。

（1）依法履行协议的义务。行政主体作为协议一方当事人应当依法履行协议所规定的义务，不能以自己的优越地位不履行或不正确履行协议规定的义务。

（2）保证兑现其应给予相对人优惠或照顾的义务。

（3）给予相对人物质损害赔偿或补偿的义务。在行政协议履行过程中，凡是行政主体原因引起协议变更、解除，从而使相对人受到物质损害的，行政主体负有赔偿或补偿的义务。

（4）按照协议规定支付价金的义务。

（二）行政相对人的权利与义务

1. 行政相对人的权利。

（1）取得报酬权。报酬是调动相对人积极性的最重要的激励因素。报酬作为行政主体对相对人所提供的服务和产品或者公共工程的价金，除由法律、法规直接规定外，通常在协议中加以约定。

（2）损害赔偿请求权或损失补偿请求权。相对人由于行政主体的过错受到损害的，有权请求赔偿；行政主体基于公共利益的需要单方面变更或解除协议给相对人造成损失的，相对人有权请求补偿。

（3）因不可预见的困难造成损失时的补偿请求权。行政协议在履行过程中，有时可能出现当事人始料不及的困难情况，从而使协议的履行受到影响，以至于加重相对人的负担。对此，相对人有权请求行政主体共同承担损失，或请求行政主体予以补偿。

（4）享受行政主体提供的其他方便的权利。例如，相对人有权利用行政主体的设备或资料；在相对人需要大量投资而本身资金短缺时，有权请求行政机关提供贷款、提供担保，减轻或者免除赋税等。

（5）必要的和有益的额外费用偿还请求权。相对人在协议以外自动地提供额外的给付时,如果这种给付是履行协议绝对必要的或对行政主体有重要的益处,可以请求行政主体偿还这些费用。否则,行政主体就构成不当得利。

2. 行政相对人的义务。主要包括:(1)按照协议的规定,全面、认真履行协议的义务;(2)接受行政主体管理与监督的义务。

六、行政协议的订立、履行、变更和解除

(一)行政协议的订立

1. 订立行政协议的要求。行政主体与相对人订立行政协议应遵循下列要求:(1)出于行政需要。即行政主体订立行政协议必须出于行政需要,而不能随意订立。不过,这种需要并非法律、法规明确规定,而是行政主体根据法律的原则、精神,结合实际情况作出的具体分析、判断。订立行政协议既要符合公共利益的要求,又要考虑相对人的合法权益。(2)不得超越职权。行政主体必须在自己的权限范围内签订行政协议,越权签订的行政协议无效。(3)内容合法。行政主体不能就法律、法规和政策明确禁止的事项与行政相对人签订行政协议。协议的内容不得与法律法规相抵触。

2. 订立行政协议的方式。订立行政协议通常采取招标、邀请发价、直接磋商和拍卖等方式。

(1)招标。招标是指作为订立行政协议一方当事人的行政主体(作为招标人)通过一定方式,公布一定的标准和条件,向公众发出的以订立行政协议为目的的意思表示。相对人按照招标人公布的资格和条件进行投标。行政主体经过评标,与提出最优条件的投标人签订协议。招标是缔结行政协议最主要的方式。

(2)邀请发价。邀请发价是指行政主体出于社会公共利益等方面的原因,邀请其认为最恰当的相对人签订协议。

(3)直接磋商。直接磋商,又称谈判磋商,是指行政主体为实现行政管理目标,就某些行政事项向其他组织或者个人提出要约,接受要约的组织或者个人可以就要约的内容和行政主体进行谈判磋商,双方协商一致后签订行政协议的一种方式。在这种缔结协议的方式中,行政机关选择协议当事人的自由权最大,因而应受到法律的限制。

(4)拍卖。拍卖是指行政主体通过事先规定的拍卖程序,由竞拍人参与竞拍,最后与出价最高者订立行政协议的一种方式。在拍卖过程中,拍卖人可以随时改变自己要约的内容,直至与条件最优的竞买人签订协议。拍卖主要适用于国有资产的出让,采用这种方式可以使国有资产以最大价值出让。

3. 订立行政协议的程序。行政协议的订立程序能够通过促使地位不对等的双方当事人实现自由的对话与交流,使行政恣意得到抑制,从而使行政协议从本质上符合合同的根本特性。一般来说,行政协议订立的程序主要包括以下几个方面:

(1)公开。行政主体在订立行政协议之前应当把相关信息公开,公告协议当事人应当具备的资格和标准以及有关的协议内容。行政机关通过这种方式告知行政相对人在订立行

政协议时应当满足的条件,一方面满足了行政相对人的知情权,将相关的行政事务进行公开;另一方面促进了符合条件的行政相对人对于公共事务的参与和管理。

(2)协商。协商是行政机关与符合行政相对人条件的组织和个人就其订立行政协议的内容进行商议的程序。这也是行政协议符合合同一般原理的体现,行政主体和行政相对人本着自由合意的原则进行沟通,就行政协议的内容达成双方均可接受的条款。在协商的过程中应当注意以下几点:一是如果符合条件的行政相对人为两人以上,可以通过招标、拍卖等方式合理确定行政协议的相对人;二是若行政协议的内容影响到第三人、协议的履行可能侵犯第三人的合法权益,行政协议的订立应当征询相关利害关系人的意见并取得其同意。

(3)听证。听证是指在行政协议的订立过程中,应当听取相关人员的意见。例如,当行政协议必须通过招标、拍卖等公开竞争的方式决定协议相对人时,行政机关应当听取其他参与投标、竞买的相对人的意见。听证有助于加强行政机关与行政协议相关人之间的沟通,提高行政效益。①

(4)说明理由。说明理由是指行政机关在多名符合条件的竞争者中间进行利益分配时,对最终决定所作的解释,或者作为听证的替代方式对主导性权力行使的理由进行的书面阐述。行政机关承担这种义务,能够使行政机关在作出决定时更加审慎,便于对决定的正确性进行事后的审查和判断。

(5)签订。行政协议应当以书面形式订立,法律法规对行政协议有特别要求的,还应当遵守法律法规的特别规定。通过书面形式订立行政协议可以明确双方当事人之间的权利义务,也为裁决机关提供了有效的依据。

(二)行政协议的履行

行政协议依法订立后,双方当事人必须全面、正确、及时地履行行政协议,以圆满实现行政协议的目的。行政协议的履行必须遵循下列原则:

1. 实际履行原则。这是指当事人必须按照协议规定的标的履行,不能随意变更标的,也不能用其他方式如支付违约金或赔偿损失等方式代替协议的履行。实际履行是行政协议履行中的一项重要原则。因为订立行政协议是基于公共利益的需要,实现行政协议的内容也是为了达到维护国家和社会公共利益以及发展社会公益的目的。不实际履行行政协议,将会对国家和社会公共利益造成损害。只要双方当事人有条件、有能力履行,必须实际履行协议。

2. 自己履行原则。行政协议不仅要求实际履行,而且要求相对人必须亲自履行,不能由他人代替履行。比如,公共工程承包协议就禁止转包。这主要是因为行政协议非常重视当事人自身的条件,行政协议的相对方得到行政主体的信任,且行政协议关系到社会公共利益,必须保证质量。协议一经签订,非经行政主体同意,当事人不能自行更换,也不能委托他人代为履行。

---

① 参见姜明安主编:《行政法与行政诉讼法》(第七版),北京大学出版社、高等教育出版社2019年版,第318页。

3. 及时、全面、适当履行原则。行政协议必须获得及时、全面、适当的履行,相对人不能只履行协议的一部分而对另一部分置之不理,不得对协议的标的、履行时间、地点等任意变更,也不能采取不适当的方式造成协议履行困难或增加履行的负担。

(三) 行政协议的变更与解除

1. 行政协议变更与解除的原因。行政协议签订后,由于行政管理目标的调整或者客观情况发生了变化,有时需要对行政协议的内容即某些主要条款进行修改或者补充,甚至要解除协议。根据实践中的情况,引起行政协议变更与解除的原因主要有:

(1) 行政主体与相对方通过协商一致变更或解除协议,但前提是不损害社会公共利益和不影响国家计划的执行,否则该变更或者解除协议行为无效。

(2) 缔结行政协议所依据的国家计划或者项目被修改或取消的,行政协议也随之变更或解除。

(3) 当事人确实没有能力继续履行协议。这包括两种情况:一种是不可抗力致使协议履行已不可能,导致协议解除;另一种是行政协议相对方由于自身的原因,如关闭、停产、转产等,确实无法继续履行行政协议,协议变更或解除。

(4) 行政机关根据公共利益的需要,单方面变更或解除协议。

(5) 由于一方违约,致使协议的履行成为不必要的,可以变更或解除协议。如果是行政主体违约致使行政协议无法履行,相对人可以要求变更或解除协议,并可以要求行政主体赔偿其所受的损害;如果是相对人违约致使行政协议无法履行,行政主体有权单方面变更或解除协议,并可以对相对人予以制裁。

2. 行政协议变更与解除的法律效果。行政协议变更后,原协议不再履行,双方当事人按变更后的协议行使权利(力)、履行义务。行政协议解除后,双方当事人之间的协议关系消灭,彼此不再享有协议约定的权利(力),也不承担相应的义务。行政主体基于公共利益的需要单方面变更或解除协议的,应对相对人由此而受到的损失予以补偿;行政主体非基于公共利益的需要,而因其过错导致协议变更或解除的,要赔偿由此给相对人造成的损失。

七、行政协议的效力

(一) 行政协议的未生效

已经成立但尚未生效的行政协议,已具备行政协议的有效要件,对双方具有一定的拘束力,任何一方不得擅自撤回、解除、变更,但因欠缺法律、行政法规规定或当事人约定的特别生效条件,而不能请求对方履行协议中的主要义务。例如,有些法律、行政法规明确要求行政协议应当经有权机关批准后才能生效,未经批准的,该行政协议就因缺乏生效要件不能生效。

(二) 行政协议的无效

1. 行政协议存在重大且明显违法情形的,无效。具体表现为:行政协议的实施主体不具有行政主体资格;减损权利或者增加义务的行政协议没有法律规范的依据;行政协议在客观上不可能实施。

2. 基于合同的基本原理即相应的民事法律规范认定行政协议无效。例如,《民法典》第153、154条的规定也适用于行政协议,即违背公序良俗的行政协议无效,恶意串通损害他人合法权益的行政协议无效。

(三) 行政协议的可撤销

与民事协议相似,当行政协议存在欺诈、胁迫、重大误解和显失公平等情形时,属于可撤销的行政协议。在该等情况下,行政相对人可以向法院起诉,法院经审理后认定存在法律规定的可撤销情形的,可以依法判决撤销该行政协议。

第二节 行政指导

一、行政指导的概念与特征

行政指导是指行政主体在其管辖权限内,为适应复杂多变的经济和社会生活需要,依据国家的法律或政策,适时、灵活地采取引导、劝告、建议等非强制性手段,在行政相对人的同意或者协助下,实现一定行政目的的行为。行政指导具有下列特征:

1. 行政性。行政指导的行政性表现在:(1) 行政指导的实施主体是行政主体,承受人是行政相对人;(2) 行政指导是行政主体基于行政职权实施的,行政主体必须在自己的管辖权范围内实施行政指导,不得超越权限;(3) 与一般行政行为一样,行政指导是为了实现一定的行政目的,只不过它是以较为温和的方式实现行政目的,以降低行政成本,增强行政的民主性。

2. 非强制性。行政指导对行政相对人没有法律拘束力。对于行政主体实施的行政指导,行政相对人既可以选择接受,也可以置之不理;行政主体不能采用强制手段实现指导行为,这是行政指导区别于行政处罚等强制性行为的一个显著特点。

3. 依据的特殊性。一般的行政行为都要求有明确的法律、法规依据,坚持"法无明文规定不得为之"的原则,受法律的严格控制;而行政指导不必完全满足这一要求,行政主体在自己的管辖权限内,基于社会发展的客观实际需要,可以裁量决定实施行政指导。行政主体实施行政指导,有法律则依据法律,无法律则依据法律的原则、精神或国家政策。

4. 表现方式的灵活性。法律通常对行政指导的方式不作出羁束性的规定,而由行政主体根据具体情况选择实施的方式。因此,在行政指导的实施方式上,主要由行政主体自由裁量。例如,行政主体可以采取倡导、希望、说服、示范、劝告、建议、提供信息以及制定导向性政策等方式。

二、行政指导的原则

(一) 正当性原则

正当性原则是指行政指导行为必须最大限度地保障行政相对人对行政指导的可接受

性。这种可接受性表现为行政相对人对行政主体作出的行政指导,主观上认为如果其接受行政指导,将会产生有利的法律结果,即行政指导行为以行政相对人接受为产生预期作用的前提。行政指导行为作为一种"软性"的行政活动,本身是一种说理的过程,通过说理的方式使行政相对人接受行政指导行为。

（二）自愿性原则

自愿性原则是指行政指导行为应被行政相对人认同和自愿接受。行政指导不是一种行政主体依行政职权实施的行政行为,对行政相对人不具有法律上的约束力。行政相对人基于真实的意思表示作出是否接受的决定,即使行政相对人不愿意接受行政指导行为,行政机关也不能借助强制力迫使行政相对人接受。

（三）必要性原则

必要性原则是指行政主体采取行政指导行为比实施行政行为可能会产生更好的客观效果。行政主体行使行政职权的基本目的在于维持一个正常的社会秩序,促进社会的全面进步。如果通过非行政行为也能达到这一目的,或者可以降低行政成本,行政主体完全可以作出选择,采用非行政行为实现行政目的。因此在行政指导中确立必要性原则,是基于行政效益理论。[1]

三、行政指导的种类

按照不同的标准,行政指导可以分为不同的种类：

第一,根据是否有法律依据,行政指导可以分为有法律依据的行政指导和无法律依据的行政指导。前者是法律、法规或者规章明确规定的行政指导；后者则是根据国家的政策或现实需要进行的指导。在通常情况下,后一种行政指导对相对人的约束力比前一种行政指导要弱一些,因为它主要是发布一些信息公告或提出某种建议、劝告等。

第二,根据对象是否特定,行政指导可以分为抽象的行政指导和具体的行政指导,也有人称之为宏观行政指导和个别行政指导。前者是指行政机关针对不特定的行政相对人进行的行政指导,如1989年3月发布的《国务院关于当前产业政策要点的决定》和1994年4月国务院发布的《90年代国家产业政策纲要》等；后者是指行政机关针对特定的行政相对人进行的行政指导,如行政机关对管理不善的某企业提出整改的建议等。

第三,根据功能不同,行政指导可以分为规制性行政指导、调整性行政指导和促进性行政指导。规制性行政指导是指为了维护和增进公共利益,对违反公共利益的行为加以规范的行政指导,如行政强制执行前的警示、责令限期处理等。调整性行政指导是指两个民事主体之间发生纠纷,协商不成时请求有关行政机关参加调停以求达成妥协的行政指导。此种情况下,行政机关通常会提出几条解决争议的原则,让当事人自行协商,或者由行政机关主持,形成一个会议纪要,三方都签字。促进性行政指导,是指行政机关为行政相对人出主意,

---

[1] 参见胡锦光主编：《行政法与行政诉讼法》（第四版）,中国人民大学出版社2018年版,第188页。

以帮助行政相对人实现其权利或增进其利益的行政指导,如提供咨询、提供信息和技术等。

第四,根据对相对人权益影响的不同,行政指导可以分为助成性行政指导和限制性行政指导。助成性行政指导以帮助、促进行政相对人从事某种活动,获得某种利益为目的,如经营指导、保健指导等;而限制性行政指导则是通过对某些领域的规范和约束,达到维护公共利益的目的,如交通指导、纠正违章建筑的指导、生产结构调整指导等。

四、行政指导的作用

行政指导作为一种新的实现行政目标的方式,出现于第二次世界大战之后,特别是20世纪60年代以来,在实行市场经济的国家的行政管理中,行政指导得到了越来越广泛的应用,成为对传统行政法治的重要补充。这种新型的管理手段,在现代行政领域起着不可替代的作用,主要表现在以下三个方面:

(一)行政指导是现代市场经济条件下行政管理方式的一种理性选择

在现代市场经济条件下,不可能完全取消政府对经济的干预,但此种干预又不能完全采用强制性手段进行。市场经济必然要求灵活性而非僵硬性、民主性而非专制性的行政管理方式,以适应现代民主化潮流。行政指导以柔和的、富含民主的色彩,既体现了政府行为之目的性,又兼顾市场经济之自由性,既是现代行政法中合作、协商的民主精神发展的结果,也是现代市场经济发展过程中对市场调节失灵和政府干预失效双重缺陷的一种补救方法。为与市场经济发展的客观要求相适应,政府应采取积极灵活、注重效益、减少风险、适应时代发展要求的方式和方法,充分运用和合理配置其掌握的资源,并积极引导和影响社会资源的合理配置,以达到提高行政质量和效率,促进经济与社会发展的目的。因此,在现代市场经济条件下,政府在行政管理过程中积极采用具有柔性和灵活性特点的行政指导方式,就是面向现实和未来,适应市场经济和社会发展需要的一种理性的行为选择。

(二)行政指导是对行政法治的一种补充和配合

现代社会的飞速发展,引起政府职能的扩张,行政及于整个经济与社会生活领域。而立法因受周期、费用、知识等方面的局限,其滞后性、抽象性是难以避免的,法律空白始终存在,有时还存在法律低效区域,不可能完全满足现代行政的需求,难以为行政法治提供详尽、周全的法律依据。同时,针对各种新出现的社会问题,又迫切需要政府有所作为,如果以传统的"无法律即无行政"的法治原则限制政府,有些行政管理领域可能陷入瘫痪状态;如果以有行政必有法律为由,一味地多多立法,以期用法律规范解决一切社会问题,则不但无法可依之处难以尽除,手段成本也难以支付。而采用成本较低的非强制性的行政指导手段,作为对法律强制手段的补充和替代,对法律空白领域和法律低效地带进行积极有效和灵活机动的干预和调节,乃必要与明智之举。这样做,一方面可以降低行政成本,另一方面也能更好地满足现代公共行政之客观需求。

(三)行政指导是协调政府与公众关系的有效手段

在我国,传统的行政管理可以简单地归结为行政命令,其强制色彩极其浓厚,政府与公民之间几乎是一种命令与服从的关系,行政活动的民主化程度较低,政府高高在上,发号施令,公民只有服从的义务,没有独立自主的身份和相应的权利,积极性与创造性难以激发出来。现代化与法治化要求现代政府应该是民主、高效的政府。"民主"是改善政府与公众关系的最好媒介。行政指导作为一种新型的行政手段,因其具有民主性、柔和性、非强制性,较大程度地代表了平等、独立、民主、责任、宽容的人文精神,以其制定时的公民参与、官民协商,以及执行时的灵活、简捷、便利、柔和等特性,调动了"官民"双方的积极性,有助于减少摩擦、降低行政成本,有效实现行政目标。正因如此,行政指导这种新型的行政手段,被广泛运用于各个行政领域,是市场经济条件下政府施政的中心,在现代行政中具有重要的地位。[①]

五、健全、完善行政指导制度

行政指导作为现代政府施政的中心,尽管在促进社会发展中发挥着重要的作用,但其本身还存在着许多不成熟的因素,在实践中还会产生负面影响。因此,健全和完善行政指导制度是现代行政法治的客观要求。鉴于我国行政指导的实际情况,应健全和完善以下制度:

(一)政府信息发布、告示制度

在市场经济条件下,行政相对人需要及时、准确、系统地获得有关经济、科技等方面的信息,而行政主体基于其工作性质、管理职能、物质条件等方面的特殊性,在信息收集、整理和运用方面具有很大的优势。因此,建立和完善中央、地方和行业的各种行政信息发布、告示制度,为相对人提供全面、准确的信息服务,对于正确引导相对人选择经济活动的方向,保障经济与社会生活健康运行至关重要。

(二)行政协调、审议制度

为充分发挥各种行政政策的引导和指导作用,可以借鉴外国经验,结合我国的实际情况,建立行政政策审议会制度。审议会是一种咨询性、调研性、独立性和非权力性的合议制组织,由专家、学者和有关利害关系人组成。它以调查、审议重要的行政政策为主要工作内容,通过协调行政主体与相对人之间的分歧、矛盾,加强各方的联系,调动相对人的积极性,使其意愿能充分地反映到行政决策中去,从而确保行政决策的正确性和有效性。

(三)行政建议、劝告、告诫制度

从行政管理的目的出发,为保障经济与社会的健康发展,保护行政相对人的合法权益,行政主体在特定情况下,会通过口头或书面形式,对相对人提出建议、劝告、告诫,促使其为一定行为或不为一定行为。行政建议、劝告、告诫应当规范化、定型化,使相对人明确其内容和要求,以便收到良好的效果。

(四)与行政指导相配套的奖励制度

行政主体在实施行政指导的过程中,有时辅之以利益诱导、许诺,对接受指导的相对人

---

① 参见罗豪才、甘雯:《行政法的"平衡"及"平衡论"范畴》,载《中国法学》1996年第4期。

给予一定的奖励,这对于吸引相对人接受行政指导、促进行政目标的实现具有积极的作用。与采用制裁与强制的方式实现行政目标相比,采用指导与奖励相结合的非强制方式实现行政目标,社会效果要好得多。因此,应建立并完善与行政指导相配套的奖励制度,行政主体一旦作出对接受行政指导的相对人予以奖励的许诺,就要保证兑现,以增强行政主体实施行政指导与奖励的信誉,保护相对人的合法权益。

(五) 对行政指导的救济制度

"有损害必有救济",这是现代法治的基本要求。为抑制违法与不当的行政指导,保护行政相对人的合法权益,必须建立、健全相应的救济制度。应扩大行政复议、行政诉讼等救济范围,充实和完善救济程序,对由于接受行政指导而蒙受损害的相对人,允许其通过行政复议、行政诉讼、国家赔偿与补偿等途径获得救济。以采取强制措施为保障的行政指导以及行政主体实施的事实上具有强制力的行政指导,都可以视为行政主体的行政行为,相对人不服的,可以依法寻求行政复议、行政诉讼与国家赔偿救济。

法律应用

1. 行政协议属于一种双方行政行为。它既具有传统合同的某些特征,如合同成立必须经过双方当事人平等协商,取得一致意见,任何一方不得将自己的意志强加于对方;又属于行政主体实施的一种行政行为,具有行政行为的某些特征,行政主体在行政协议的履行中享有优益权,如行政主体对行政协议的履行有监督权、指挥权,还可以根据国家行政管理的需要,单方地变更或者解除协议,而相对一方当事人则不享有这些权利(力)。当然,行政主体变更或解除协议的行为导致相对人财产遭受损失,且相对人无过错的,行政主体应当承担赔偿或补偿责任。由行政协议引发的争议,受行政法调整,通过行政法上的救济途径(如行政复议、行政诉讼等)予以解决。

2. 行政指导作为一种新的实现行政目标的方式,在现代行政管理中,得到了越来越广泛的应用,成为对传统的行政法治的重要补充。当然,为抑制违法与不当的行政指导,保护行政相对人的合法权益,必须建立、健全相应的救济制度。以采取强制措施为保障的行政指导以及行政主体实施的事实上具有强制力的行政指导,都可以视为行政主体的行政行为,相对人不服的,可以依法寻求行政复议、行政诉讼与国家赔偿救济。

案(事)例

案(事)例一

案情简介:

某省公路局为了修建一条高速公路,与某道路建筑公司签订协议。双方约定,由该道路建筑公司自筹资金并负责修建高速公路;自高速公路修建完毕5年内,由道路建筑公司按物价部门批准的收费标准向使用高速公路的车辆收费,作为其收回投资和利润的回报。

问题：

1. 该省公路局与某道路建筑公司签订的上述协议是行政协议还是民事协议？为什么？

2. 在协议的履行中，除了协议中规定的权利（力）与义务外，省公路局是否还有一些特殊的权利（力）或义务？如果有，是什么？

3. 如果对该协议发生争议，双方协商不成，某道路建筑公司应向人民法院提起民事诉讼还是行政诉讼？为什么？

案（事）例二

案情简介①：

因旧城区改建需要，甲市乙区政府发布《国有土地上房屋征收决定公告》，决定对项目范围内的国有土地房屋实施征收，由乙区管委会设立的征拆事务所负责此次征拆事宜。黄某开办的塑料厂（个体工商户）的厂房（黄某为房屋所有权人）在征收范围内，征拆事务所与黄某协商选定了某房地产评估公司作为房屋评估机构，对房屋进行丈量登记，对涉案房屋市场评估总价为260万元。征拆事务所与黄某签订了《资产收购协议书》，协议款项300万元。《资产收购协议书》载明："如本协议执行过程中发生纠纷，双方应协商解决；协商不成，任何一方均可向某仲裁委员会申请仲裁。"后黄某以补偿数额过低为由，向法院起诉请求确认《资产收购协议书》无效。

问题：

《资产收购协议书》是否属于行政协议？

案（事）例答题思路

思考题

1. 简述行政协议的概念与特征。

2. 简述行政协议的作用。

3. 试述行政协议中双方当事人的权利与义务。

4. 简述行政指导的概念与特征。

5. 试述行政指导的作用。

---

① 国家统一法律职业资格考试2020年主观题第7题。

第十一章 行政违法与行政责任

本章重点

1. 行政违法与行政责任的概念、特征
2. 行政违法与行政责任的构成要件

第一节 行政违法
第二节 行政责任

第一节 行政违法

一、行政违法的概念与特征

行政违法是指行政主体及行政公务人员实施的违反行政法律规范尚未构成犯罪的应当承担行政责任的行政行为。它具有以下几个特征：

1. 行政违法是行政主体及行政公务人员实施的行政行为违法。行政违法的主体是行政主体及行政公务人员，具体包括行政机关、法律法规规章授权的组织和行政公务人员；行政违法是指行政行为违法，它必须以行政行为的存在为前提。这就将行政主体及行政公务人员的民事行为、个人行为及其他非行政行为违法排除在行政违法之外。这里的行政行为，既包括抽象行政行为，也包括具体行政行为；既包括实体性行为，也包括程序性行为；既包括外部行政行为，也包括内部行政行为等。

2. 行政违法是违反行政法律规范的行为。首先，行政违法违反的是行政法律规范，而不是对宪法规范、刑事法律规范、民事法律规范的违反，否则，就不属于行政违法而属于违宪行为、犯罪行为、民事违法行为。当然，在行政违法实践中，并不排除行政行为既违反行政法律规范又违反其他性质法律规范的情形，这时该行政行为是行政违法行为与行政犯罪行为、违宪行为等的重合或竞合。但如果只是单纯违反其他性质法律规范的行为，则绝不可能构成行政违法行为。[①] 其次，违反行政法律规范不仅包括对具体行政法律规范的违反，也包括对行政法律原则、价值和精神的违反。

3. 行政违法是尚未构成犯罪的行为。行政违法属于一般违法行为，其社会危害性较小，尚未达到犯罪的程度。行政违法与行政犯罪不同，行政犯罪是违反行政刑法而应受刑罚处罚的行为，一般认为其是指"违反行政法中有关刑事责任规定的法律规范而应承担刑罚责任的严重违法行为"[②]。行政违法与行政犯罪的区别，总体表现在社会危害性及程度不同、违反的法律规范性质不同及应受惩罚的方法不同等。[③]

4. 行政违法是一种应当承担行政责任的行为。任何违法行为都应当受到相应的法律制裁，都应当承担法律责任，这是法治原则的要求。行政违法引起的法律责任是行政责任，而不是刑事责任或民事责任。行政责任是行政违法的法律后果。

二、行政违法的构成要件

所谓行政违法的构成要件，是指由行政法律规范规定的，构成行政违法所必须具备的主观和客观条件的总和。具体包括：

[①] 参见杨解君著：《行政违法论纲》，东南大学出版社 1999 年版，第 19 页。
[②] 张明楷：《行政刑法辨析》，载《中国社会科学》1995 年第 3 期。
[③] 参见杨解君著：《行政违法论纲》，东南大学出版社 1999 年版，第 23 页。

（一）行政违法的主体是行政主体及行政公务人员

这是行政违法的主体要件。行政违法是一定主体的行为违法，主体是行为的载体，离开了主体就无所谓行为，更无所谓行为违法。本节界定的行政违法是指行政行为违法，而实施行政行为的主体是行政主体及行政公务人员。因此，行政违法的主体必须是行政主体和行政公务人员，非行政主体及行政公务人员的行为不能构成行政违法。

（二）行政违法侵害了受行政法律规范保护的行政关系

这是行政违法的客体要件。任何违法行为都是对法律所保护的社会关系的侵犯。行政违法是对受行政法保护的社会关系——合法行政关系的侵害或破坏。行政行为只有客观上侵害了合法的行政关系，破坏了正常的行政管理秩序，才构成行政违法。应当指出的是，行政违法不能仅仅被视为对某个个体或组织的侵害，还应当看到其对整个国家、社会公共利益与公共秩序的侵害和破坏。同时，要把行政违法的客体和行政违法的对象——行政违法行为直接影响或侵害的物与人区别开来。大多数行政违法行为对行政相对人的合法权益造成侵害从而构成行政侵权行为，此类行政违法行为既有侵害对象也有侵害客体；但某些行政违法并不一定存在侵害的对象，它可能不直接侵犯特定人的特定权利，却直接侵害了行政法所保护的社会关系或行政权力运行秩序，此时只有侵害客体而无侵害对象。可见，只存在侵害客体而不存在特定侵害对象的，也可以确定为行政违法行为。例如，行政首长违法任用公务员，不仅未对该公务员的权益造成侵害，还使之得到了非法利益，此时，并没有侵害的对象；但违法任用公务员的行为侵害了正常的公务员管理秩序，这种秩序是法律规范保护的客体，即存在侵害客体，所以，该行为构成行政违法。[①]

（三）行政违法主体实施了违反行政法律规范的行为

这是行政违法的客观要件。行政违法必须有一定的客观外在表现，即必须实施了违反行政法律规范的行为，如果仅有主观意图而无客观的行为不能构成行政违法。行政违法是在行使行政职权过程中产生的或者与行政职权密切相关，如果与行政职权没有任何关联，就不能构成行政违法。违反行政法律规范的行为在与其具体危害结果的关系上表现出复杂性。违反行政法律规范的行为所造成的危害结果既可能是有形的损害，也可能是无形的威胁；既可能是直接的损害，也可能是间接的危险；既可能是单一的结果，也可能是多种的结果。作为行政违法的一般要件，只需考虑其客观的、外在的违法事实状况即可，并不意味着必须产生一定的危害结果，危害结果只是某些行政违法必备的条件，并不是行政违法的一般要件。

（四）行政违法主体实施行政违法行为时主观上有过错

这是行政违法的主观要件。根据法学原理，行为人在主观上有过错，是构成违法行为的要件之一。所谓过错，是指行为人实施行为时的主观心理状态，包括故意和过失两种形式。这一原理适用于行政违法时则表现出一定的特殊性：对于行政主体而言，只要其在客观上有

---

① 参见朱维究、王成栋主编：《一般行政法原理》，高等教育出版社2005年版，第505页。

违反行政法律规范的作为或不作为就推定其主观有过错,不必再深究其主观因素;对于行政公务人员而言,由于其承担的行政责任是一种个人责任,必须将主观上的故意或过失作为要件之一,行政主体认定行政公务人员违法行为时要考虑其主观上是否有过错,因为这涉及是否要给予该公务人员行政处分或者是否要予以追偿。

三、行政违法的分类

由于行政违法的复杂性、多样性,要正确判断和认定行政违法行为,必须借助于分类。根据不同的标准,可以对行政违法进行不同的分类:

(一)抽象行政行为违法和具体行政行为违法

这是以违法行为侵害的对象是否特定为标准对行政违法所作的分类。所谓抽象行政行为违法,是指有关行政机关制定法规、规章和其他行政规范性文件的行为违法,具体包括超越权限创制规范性文件、程序违法以及内容与法律或者上位法相冲突、相抵触等形式。所谓具体行政行为违法,是指行政主体及其公务人员实施具体行政行为不符合法定的要求和原则,主要包括超越职权、滥用职权、不履行法定职责、适用法律错误、程序违法、形式违法以及认定事实不清、证据不足等。

抽象行政行为违法和具体行政行为违法在救济的途径和承担责任的方式上是不同的。对违法的抽象行政行为不服的,在我国,行政相对人不能向人民法院提起行政诉讼,只能由权力机关和有权的行政机关(作出行为的行政机关和上级行政机关)予以撤销或宣布其无效。对违法的具体行政行为不服的,属于行政复议和行政诉讼受案范围,行政相对人可以依法申请行政复议或提起行政诉讼,由行政复议机关或人民法院进行审查并作出裁判。

(二)行政主体的行政违法和行政公务人员的行政违法

这是根据违法行为主体形态的不同对行政违法所作的分类。行政主体的行政违法属于组织形态的行政违法,行政公务人员的行政违法属于个人形态的行政违法。行政主体是指享有行政职权,以自己的名义实施行政行为,并独立承担自己行为所产生的法律责任的组织。行政主体行使行政职权的行为是通过其所属的公务人员的行为表现出来的。当行政公务人员按照行政主体的意志活动时,该行为视为行政主体的行为,而不是行政公务人员的个人行为,构成违法的,属于行政主体违法,对外由行政主体承担法律责任。但行政公务人员代表行政主体实施了违法行政行为,且该公务人员主观上存在故意或者过失的,行政主体和该行政公务人员均构成违法。由于行政主体的行政违法和行政公务人员的行政违法在判断标准、法律后果等方面有所不同,区别行政主体的行政违法和行政公务人员的行政违法具有重要的意义。

(三)作为行政违法和不作为行政违法

这是根据行为的方式和状态的不同对行政违法所作的分类。作为行政违法是指行政主体及其公务人员主动实施的违反行政法律规范的行为。不作为行政违法是指行政主体及其公务人员不履行行政法律规范规定的作为义务的行为。作为行政违法与不作为行政违法都会侵害公共利益或者行政相对人的合法权益,都应当承担法律责任。但在立法、执法、司法实践中,人们对不作为行政违法的重视程度远远不及作为行政违法。因此,区分这两种不同的行政违法有助于人们充分认识不同形态的行政违法行为,增强人们对不作为行政违法的重视程度。

（四）内部行政违法和外部行政违法

这是根据违法行为发生范围的不同对行政违法所作的分类。内部行政违法是指行政主体在对其内部机构、人员及内部事务的管理中发生的行政违法行为,包括内部实体违法和内部程序违法、行政编制和机构设置违法、对行政公务人员管理行为违法等,如行政机关对其公务员违法实施行政处分。外部行政违法是指行政主体行使行政职权,对外部事务进行管理时发生的违法行为,如税务机关违法征税、市场监督管理部门违法吊销营业执照等。目前,我国对内部行政违法与外部行政违法的救济途径不同:内部行政违法主要通过行政途径救济,外部行政违法则通过行政途径和司法途径救济。

（五）行政实体违法和行政程序违法

这是根据违反的行政法律规范是实体法律规范还是程序法律规范对行政违法所作的分类。行政实体违法是对行政法律规范规定和保护的实体权利与义务的违反。行政程序违法是对行政程序法律规范确定的权利与义务的违反。行政实体违法主要包括行政失职、行政越权、滥用职权、依据违法、行政行为的内容违法等。行政程序违法主要包括违反法定的步骤、顺序、时限和形式等。

行政行为既是实体行为,又是程序行为,它是两者的统一体。因此,行政行为违法,既可以表现为行政实体违法或行政程序违法两种形式,又可以表现为行政实体违法与行政程序违法的重合违法情形。不仅行政实体违法属于行政违法,行政实体合法但行政程序违法也属于行政违法,也要承担相应的法律责任。行政主体及其公务人员在实施行政行为时,既要重视实体问题,也要重视程序问题。①

（六）行政违法与行政不当

这是根据行政行为违反的是羁束裁量权还是自由裁量权对行政违法所作的分类。这里的行政违法,是狭义上的行政违法,或称形式意义上的行政违法,是指行政主体实施的违反法律明确规定的内容、范围、手段和程序等的行政行为。这里的行政不当,是指行政主体不合理行使自由裁量权作出的行政行为,是实质意义上的行政违法,即它在形式上没有违反行政法律规范的明确规定,但实质上违反了法的目的和精神,与法的目的、基本原则等要求不相符合。

行政违法与行政不当在危害性、法律责任和救济途径等方面有所不同。一般来讲,行政违法的危害性比行政不当的危害性更大。行政违法必然引起行政责任,且可引起惩罚性和补救性的行政责任;而对于行政不当,只有明显不当的行为才承担行政责任,且一般只限于补救性行政责任。对行政违法行为可以进行行政救济和司法救济;而行政不当行为原则上

---

① 参见杨解君著:《行政违法论纲》,东南大学出版社1999年版,第29页。

不受司法审查。根据我国《行政诉讼法》第 77 条第 1 款的规定,行政处罚明显不当,或者其他行政行为涉及对款额的确定、认定确有错误的,人民法院可以判决变更。

(七) 单一行政违法和共同行政违法

这是根据行为主体的数量不同对行政违法所作的分类。在现实生活中,行政违法行为不仅可以由单一的行政主体作出,即单一行政违法;也可以由两个或者两个以上的行政主体作出,即共同行政违法。这种分类有助于人们确定行政复议中的被申请人、行政诉讼中的被告以及责任的承担者。如果是单一行政违法,则在行政复议与行政诉讼中出现单一被申请人与单一被告,责任主体是独立责任主体;如果是共同行政违法,则在行政复议与行政诉讼中出现共同被申请人与共同被告,责任主体是共同责任主体。

第二节 行 政 责 任

一、行政责任的概念与特征

(一) 行政责任的概念

行政责任,又称行政法律责任,是法律责任的一部分。所谓法律责任,是指有责主体因违反法律义务由专门国家机关依法追究或主动承担的否定性法律后果。[①] 法律责任包括民事责任、行政责任和刑事责任三类。作为法律责任的下位概念,行政责任有广义和狭义两种解释。广义上的行政责任,是指行政法律关系的主体违反行政法律规范而应承担的否定性法律后果,既包括行政主体的法律责任、行政公务人员的法律责任,也包括行政相对人的法律责任。狭义上的行政责任,是指行政主体及行政公务人员违反行政法律规范而应承担的否定性法律后果,只包括行政主体的法律责任和行政公务人员的法律责任,而不包括行政相对人的法律责任。本章重在强调行政主体及行政公务人员的法律责任,就责任主体而言,行政责任应与行政违法相对应,它是行政违法行为的法律后果。

基于上述对行政违法的分析,本节将行政责任界定为行政主体及行政公务人员因违反行政法律规范,构成行政违法而由有权国家机关依法追究或责任主体主动承担的否定性法律后果。它包括以下四层含义:(1)行政责任是一种否定性法律后果,是对责任主体违法行为的一种否定性评价。(2)行政责任是行政主体及行政公务人员应承担的一种否定性法律后果。(3)行政责任是行政主体及行政公务人员违反行政法律规范,构成行政违法而应承担的否定性法律后果。(4)行政责任既可以由有权国家机关依法追究,也可以由责任主体主动承担。

(二) 行政责任的特征

1. 行政责任是行政法确立的、违反行政法律规范而应承担的法律责任。这一特征表明

---

① 参见胡建淼主编:《行政违法问题探究》,法律出版社 2000 年版,第 547 页。

行政责任的部门法属性:行政责任是相对于刑事责任、民事责任而言的一种法律责任,这种法律责任的前提是有违反行政法而不是其他部门法的行为,而且该行为所要承担的后果也是行政法而不是其他部门法规定的后果,即追究行政责任的依据是行政法而不是刑法、民法等其他部门法。

2. 行政责任具有惩罚性和补救性双重属性。在性质上,行政责任既不像刑事责任那样偏重于惩罚性,也不像民事责任那样偏重于补救性,而具有两重性质;在程度上,其惩罚性低于刑事责任,与刑事责任之间存在衔接关系。

3. 行政责任的主体包括行政主体和行政公务人员。两类责任主体在承担责任的对象上有所不同。行政主体的法律责任有的要向国家承担,有的要向行政相对人承担。其中,当行政主体作出的行政违法行为不涉及行政相对人但损害了国家、社会公共利益时,就要向国家承担法律责任;当行政主体作出的行政违法行为侵害了行政相对人的合法权益时,则要向行政相对人承担法律责任。

行政公务人员的法律责任是一种个人责任,这种个人责任主要是针对国家(由行政机关代表)的。这种个人责任主要源于行政公务人员的两种违法情况:(1)在行政机关内部管理中,行政公务人员违反内部管理制度,破坏了行政机关的内部秩序,因而要对国家行政机关承担法律责任。(2)行政公务人员在代表行政主体对外管理时,由于个人故意违法或有重大过失,对行政相对人作出了违法的行政行为并造成了对方合法权益的损害。对此,行政主体要就其行政违法行为向行政相对人承担法律责任。但这种行政违法行为在行政主体内部,又是由行政公务人员个人故意或重大过失造成的,行政公务人员损害了行政主体的声誉和利益,因而其应向行政主体承担法律责任。

4. 行政责任的追究机关具有多样性。行政责任的追究机关不像刑事责任、民事责任的追究机关那样只限于司法机关。由于行政责任具有多样性,追究行政责任的机关也是多样的,而不是单一的。如权力机关、司法机关、上级行政机关、行政复议机关、专门的审计机关、监察机关等都是行政责任的追究机关,它们分别依法对行政主体和行政公务人员的违法行为追究责任。追究行政责任的形式与程序也是多样的,不同的责任形式分别对行政主体和行政公务人员依法适用;在追究责任的程序方面,有权力机关的特别监督程序、行政机关的行政程序、司法机关的司法程序等。可以说,对行政责任的追究,有一套复杂的制度体系。

二、行政责任的构成要件

行政责任的构成要件是指形成行政责任所必须具备的各种条件。对行政责任概念的不同理解,使得对行政责任构成要件的认识也存在差异。根据上述对行政责任的界定,行政责任的构成要件包括以下三个方面:

(一)主体要件

行政责任的主体与其特定的法律身份及其职权、职责内容紧密相连,没有特定的法律身份及其职权、职责内容就不可能构成行政违法,也就不承担行政责任。① 基于此,行政责任的主体是行政主体和行政公务人员。

(二)行为要件

行政主体及行政公务人员有行政违法行为的存在,这是构成行政责任的前提。行政责任是行政违法行为的法律后果,无行政违法行为即无法律责任。因此,有行政违法行为存在是构成行政责任必不可少的条件。

(三)法律规范要件

行政责任需要由行政法律规范确认。根据现代国家法治行政的原理,不仅要求行政主体及其公务人员的职权、职责法定,行政责任的追究与承担也是法定的。这不仅要求行政责任的方式必须为行政法律规范所确认,行政责任的内容也必须为行政法律规范所确认。没有行政法律规范对行政责任予以规定,就不能进行责任追究。

三、行政责任的追究与承担

(一)行政责任的追究

1. 追究行政责任的主体。追究行政主体的责任由具有法定监督权力的国家机关进行,主要包括:(1)由权力机关以作出决定的方式追究;(2)由司法机关以行政诉讼和行政赔偿诉讼裁判的方式追究;(3)由行政复议机关以复议裁决的方式追究;(4)由上级行政机关以作出决定的方式追究;(5)由专门的监督部门如监察、审计部门以作出决定的方式追究;(6)由行政主体自己主动承担法律责任。由于行政主体是代表国家参与行政法律关系的,因此,适用于行政相对人的一些法律责任形式,不能完全适用于行政主体。

追究行政公务人员的责任主要由对其有法定人事任免、奖惩权力的国家机关进行,主要包括:(1)由权力机关以作出罢免决定的方式追究;(2)由具有人事管理隶属关系的行政机关以行政处分、追偿决定的方式追究;(3)由监察部门以作出监察决定的方式追究。行政公务人员既不同于普通公民,又不同于行政主体,其法律责任具有内部人事管理的性质。因此,其法律责任的承担有其独特性。

2. 追究行政责任的原则。

(1)责任法定原则。责任法定原则是指行政主体及行政公务人员应当承担的行政责任,要用法定形式固定下来。哪些行为属于行政违法行为,应当承担何种行政责任,都应有法律上的明文规定,作为承担行政责任的依据。对行政责任的确认和追究必须依法进行,防止追究责任的随意性。

(2)责任自负原则。责任自负原则的主要含义包括:首先,违法行为人应该对自己的违法行为负责。其次,不能让没有实施违法行为的人承担法律责任,即反对株连或变相株连。最后,要保证责任人受到法律追究,无责任人受到法律保护,即不枉不纵,公平合理。责任自

---

① 参见朱维究、王成栋主编:《一般行政法原理》,高等教育出版社 2005 年版,第 517、518 页。

负原则是现代法的一般原则。对行政违法行为,不论涉及谁,都要依法追究其行政责任。在国家行政机关中,不允许存在因担任职务、行使职权而不承担责任的现象,也不允许出了问题推卸责任或强加责任、包揽责任或代负责任。

(3)责任相称原则。责任相称原则要求责任的轻重和种类应当与违法行为的危害程度相一致,必须根据违法行为的程度适用适当的责任形式,选择适当的强度和方式。追究违法行为人的责任,目的在于对受损害的权益给予补救,惩戒违法行为人,促使其以后不再实施违法行为。如果确认违法责任畸轻,遭受损害的权益就得不到有效的补救,对违法行为人也起不到警戒的作用;反之,如果确认违法责任畸重,同样也不能达到追究法律责任的目的。因此,追究行政责任,必须遵循责任相称原则,做到过罚相当。

(4)补救、惩戒与教育相结合的原则。追究法律责任,往往表现为对责任者的惩罚,其最终目的或者说最重要的目的在于对受损害权益予以补救,以恢复法治社会的正常秩序。但是,仅靠惩罚或科处补救性义务,并不一定能有效地控制和防止行政上的违法行为的发生。一定程度的惩罚是必要的,但惩罚的目的在于使违法行为人受到教育,促使其合法、有效地履行职责或义务,并使其他行政主体及其公务人员引以为戒,达到警戒、防范的效果,最终建立良好的社会法治秩序。所以,在确认和追究行政责任时,对责任种类、方式和强度等的选择,都应体现补救、惩戒与教育相结合的原则。[①]

(二)行政责任的承担

1. 行政主体承担行政责任的方式。行政主体承担行政责任的方式主要有:

(1)通报批评。这是一种惩戒性的行政责任,通过通报批评,对作出违法行为的行政主体起到一种警戒的作用,促使其以后不再实施违法行为。通报批评一般由权力机关、上级行政机关或者审计、监察部门等有权的机关以书面形式作出,通过报刊、文件等形式予以公布。

(2)赔礼道歉、承认错误。行政主体作出违法或不当行政行为,损害相对方的合法权益的,必须向对方赔礼道歉,承认错误。赔礼道歉、承认错误能使受损害者在精神上得到安慰,表明行政主体对自己违法行为的否定和反省。承担这种责任一般由行政机关的领导和直接责任人员当面向对方当事人作出,既可以采取口头形式,也可以采取书面形式。这是行政主体承担的一种较轻微的补救性行政责任。

(3)恢复名誉、消除影响。当行政主体的行政违法行为造成行政相对人名誉上的损害、产生不良影响时,要以为对方恢复名誉、消除影响的责任形式进行精神上的补救。该责任的履行通常以相对人名誉受损害的程度和影响范围为限。

(4)返还权益。当行政主体违法剥夺行政相对人的权益时,其承担的法律责任通常是返还该权益。

(5)恢复原状。当行政主体的行政违法行为给行政相对人的财产带来改变其原有状态

---

① 参见罗豪才主编:《行政法学》,北京大学出版社1996年版,第321、322页。

的损害时,行政主体要承担恢复原状的补救性法律责任。

（6）停止违法行为。如果违法行政行为处于持续的状态,法律责任的追究机关有权责令行政主体停止该违法行政行为。

（7）责令履行职责。这是行政主体因不履行或拖延履行职责而承担的一种法律责任。

（8）撤销违法的行政行为。对于行政主体的违法行政行为,行政主体自己或有权的机关应予以撤销,行政主体要承担违法行为被撤销的法律后果。撤销违法行政行为包括撤销已经完成和正在进行的违法行政行为。

（9）纠正不当的行政行为。纠正不当的行政行为是对行政主体行使自由裁量权进行控制的法律责任方式。行政机关对滥用自由裁量权的不当行政行为要负法律责任。纠正不当的行政行为通常由行政主体自己改变,或者由上级行政机关、行政复议机关予以改变,有些不当的行政行为（如显失公正的行政处罚）可以由人民法院依法予以变更。

（10）宣布无效。对重大明显的行政违法行为,行政主体有义务宣布其无效,其他法定主体也有义务宣布其无效。

（11）赔偿损失。赔偿损失是一种补救性的行政责任。行政主体的违法行为造成行政相对人人身损害的,应依法赔偿损失；造成财产上损害的,如果不能返还财产和恢复原状,应依法赔偿损失。

2. 行政公务人员承担责任的方式。行政公务人员承担责任的方式主要有：

（1）罢免行政领导职务。罢免行政领导职务适用于具有行政违法行为的各级政府组成人员,是国家权力机关对违法失职的政府组成人员的惩戒行为。我国《宪法》规定,全国人民代表大会有权罢免国务院总理、副总理、国务委员、各部部长、各委员会主任、审计长、秘书长。我国《地方各级人民代表大会和地方各级人民政府组织法》规定,地方各级人民代表大会有权罢免本级人民政府的组成人员。

（2）行政处分。行政处分是行政公务人员最主要的法律责任,它只适用于行政公务人员,是对行政公务人员职务身份的制裁,是一种内部行为和责任方式。行政处分的具体种类有警告、记过、记大过、降级、撤职、开除。目前适用行政处分的法律依据是《公务员法》《公职人员政务处分法》等有关规定。

（3）对违法所得的没收、追缴或者退赔。行政公务人员违反行政法义务所取得的财产属于非法所得,监察机关及其他有权机关有权依法对非法所得实行没收、追缴或者责令退赔,这在《公职人员政务处分法》第25条第1款中有明确的规定。

（4）赔偿损失。行政公务人员代表行政主体行使职权时,侵害了行政相对人的合法权益并造成损害的,行政主体在代表国家对行政相对人赔偿损失后,有权依法责令有故意或重大过失的行政公务人员负担部分或全部赔偿费用。这种赔偿损失责任是行政公务人员向国家承担的,既有财产内容,又有制裁因素,属于一种内部行政责任。

（5）其他责任形式。如责令检讨、予以通报批评、当面向受害人赔礼道歉等。

法律应用

1. 行政违法是指行政主体及行政公务人员实施的行政行为违法。这里的行政行为,既包括抽象行政行为,也包括具体行政行为;既包括实体性行为,也包括程序性行为;既包括外部行政行为,也包括内部行政行为;既包括羁束性行政行为,也包括自由裁量行政行为;既包括依职权行政行为,也包括应申请行政行为等。

2. 行政责任是由行政法确立的行政违法所产生的法律后果,具有惩罚性和补救性双重属性。在性质上,行政责任既不像刑事责任那样偏重于惩罚性,也不像民事责任那样偏重于补救性,而具有两种性质;在程度上,其惩罚性低于刑事责任,与刑事责任之间一般存在一种衔接关系。

案(事)例

案(事)例一
案情简介[①]:

某省盐业公司从外省盐厂购进300吨工业盐运回本地,当地市盐务管理局认为购进工业盐的行为涉嫌违法,遂对该批工业盐予以先行登记保存,并将《先行登记保存通知书》送达该公司。其后,市盐务管理局经听证、集体讨论后,认定该公司未办理工业盐准运证从省外购进工业盐,违反了省政府制定的《盐业管理办法》第20条,决定没收该公司违法购进的工业盐,并处罚款15万元。

问题:

市盐务管理局认为某省盐业公司未办理工业盐准运证从省外购进工业盐构成违法的理由是否成立?为什么?

案(事)例二
案情简介[②]:

王某在未取得建设工程规划许可证情况下,在公路南侧建设沿街楼房。2018年3月12日,市国土资源局向王某下达《停止违法建设通知书》,责令其停止违法建设行为。在就王某违法建设行为召开协调会后,市建设规划局向王某发出《责令拆除违法建筑通知》,告知王某其建筑违法,责令王某1天内自行拆除公路南侧违法建设。2018年3月15日,港城大队组织强制拆除工作。港城大队通知镇政府、镇管委会到场,组织人员将王某违法建筑予以强制拆除。在拆除期间,王某尚未来得及将房屋内物品搬离,港城大队也未依法对屋内物品登记保全,未制作物品清单并交王某签字确认。王某以镇政府、镇管委会、港城大队、市国土资源局、市建设规划局为被告提起行政诉讼,请求法院确认强制拆除行为违法,赔偿损失30万元。

法院查明,市建设规划局曾向港城大队发送委托书,委托港城大队作出违法建筑物行政拆除决定,委托期限为2015年1月1日至2020年12月31日。

---

① 国家统一法律职业资格考试2017年卷四第7题。
② 国家统一法律职业资格考试2018年主观题第7题。

问题：

市建设规划局的行为是否违法？为什么？

案（事）例答题思路

思考题

1. 简述行政违法的概念与种类。
2. 简述行政违法的构成要件。
3. 简述行政责任的概念与特征。
4. 简述行政责任的构成要件。
5. 试述行政责任的追究与承担。

第十二章　行政裁决、仲裁与调解

本章重点

1. 行政裁决、仲裁与调解的概念与特征
2. 行政裁决的种类
3. 行政仲裁的种类
4. 行政调解与司法调解、人民调解的关系

第一节　行政裁决
第二节　行政仲裁
第三节　行政调解

第一节 行政裁决

一、行政裁决的概念与特征

行政裁决是指行政机关依法对平等主体之间发生的、与行政管理活动相关的、特定的民事纠纷进行审查并作出裁决的行政行为。它具有以下特征：

1. 主体上的特定性。行政裁决的主体是依法享有行政裁决权的行政机关。也就是说，并非所有的行政机关都享有行政裁决权，只有法律、法规明确授权的行政机关才有权对民事纠纷进行审理和裁决。目前，我国相关法律规范规定特定的行政机关享有对特定的民事纠纷的裁决权，如《土地管理法》《专利法》《商标法》《食品安全法》《环境保护法》《水污染防治法》《矿产资源法》《森林法》《草原法》《药品管理法》等。

2. 对象上的特定性。行政裁决的对象是与行政管理活动相关的、特定的民事纠纷，如平等主体之间有关专利权的纠纷，由于专利权的事项归专利局主管，该纠纷就是与专利行政管理活动相关的民事纠纷。与行政管理活动无关的民事纠纷一般不由行政机关解决，行政机关对行政纠纷的裁决也不属于行政裁决。

3. 性质上的准司法性。行政裁决一般以当事人的申请为前提，遵循不告不理的原则；行政主体在行政裁决中是以第三方中间人的身份出现的，行政裁决是行政主体居中公正地对平等主体之间的民事纠纷进行裁决，因而具有"准司法"的性质。

4. 效力上的非终局性。行政裁决是一种行政行为，并非像法院的生效判决那样具有最终的法律效力，当事人对行政裁决不服的，可以依法向人民法院提起行政诉讼，不同于民事仲裁的一裁终局。需要指出的是，当事人不服行政机关对民事纠纷作出的行政裁决的，在法定期限内，既可以以民事争议的对方当事人为被告提起民事诉讼，也可以对行政裁决行为提起行政诉讼，并申请法院一并解决相关民事争议。法律另有规定的，依照其规定。①

二、行政裁决的种类

根据有关法律的规定，行政裁决主要有以下三种类型：

（一）权属纠纷的裁决

权属纠纷的裁决是指行政机关对发生在平等主体之间、与行政管理活动有关的财产所有权、使用权的归属争议所作的裁决。如行政机关对土地使用权纠纷的裁决，对矿产资源利用、开采权纠纷的裁决，对土地附着物所有权纠纷的裁决等。

（二）侵权纠纷的裁决

侵权纠纷的裁决是指相对人与行政管理活动有关的合法权益受到他人侵犯并发生争议

---

① 参见《司法部负责人就〈关于健全行政裁决制度加强行政裁决工作的意见〉答记者问》，载中华人民共和国中央人民政府网站，http://www.gov.cn/。

时，行政机关为制止侵权行为作出的裁决。如版权管理机关对著作权纠纷所作的裁决，知识产权管理机关对专利权、商标权纠纷所作的裁决等。这类纠纷涉及的权利通常具有排他性，是法律特别规定的专有权，因此，这类纠纷属于侵权纠纷。行政机关对这类纠纷的裁决通常与损害赔偿裁决一起适用，且以确认权属为前提。裁决侵权纠纷的目的在于制止侵权行为，保护受害当事人的合法权益。

（三）损害赔偿纠纷的裁决

损害赔偿纠纷的裁决是指行政机关对发生在行政相对人之间的赔偿争议所作的裁决。如在治安管理中，行政相对人违反治安管理法规并造成他人合法权益损害的，公安机关根据《治安管理处罚法》的规定，对加害人进行处罚的同时就赔偿问题进行裁决；在环境保护管理中，环保机关对违反环保规定排放污染物造成他人合法权益损害引起的赔偿纠纷所作的裁决等。在行政管理活动中发生的这类民事损害赔偿纠纷数量比较多，通过行政裁决，可以确认赔偿责任，使合法权益受损害的当事人及时获得赔偿。

三、行政裁决的作用

行政裁决的作用主要体现在两个方面：一是可以及时处理纠纷，稳定社会关系，维护社会秩序。在传统意义上，民事纠纷一般由法院管辖，行政机关的职能只是执行法律。但随着社会经济的发展，特别是进入 20 世纪以来，社会经济事务日益呈现出多样化、复杂化，大量新型的民事争议（如知识产权、产品质量、环境污染、医疗事故、交通事故等争议）不断涌现，给社会秩序带来了巨大的冲击，人们需要国家及时、有效地解决这些争议。司法程序繁杂、成本较高，导致其在解决上述争议时暴露出一些缺陷。而交由行政机关解决，可以发挥行政程序灵活高效、费用低廉的优势，有助于及时、有效地处理纠纷，稳定社会关系，维护社会秩序，促进社会和谐发展。二是行政裁决可以弥补法院在专业技术知识上的不足。由于上述纠纷往往具有很强的专业性、技术性，需要专门的技术知识，法院的法官缺乏这方面的知识和经验，处理该类纠纷的难度增大。而行政机关的有关工作人员是该领域的专家，其擅长处理与行政管理活动相关的争议，交由行政机关解决，可以发挥其专长，使有关争议得到快速解决，弥补了司法裁决的不足。由此可见，行政裁决回应了社会和时代的需求，已成为现代国家行政管理职能的一个有机组成部分。

四、行政裁决的程序

行政裁决的程序是指行政裁决的方式、步骤与顺序等。它大致分为以下四个阶段：

1. 申请。民事纠纷的当事人应当向有权行政机关提出申请，要求行政机关对已发生的争议作出裁决，以保护自己的合法民事权益。

2. 受理。行政机关收到当事人的申请后，应当对申请内容进行初步审查。符合申请条件的，应当受理；不符合申请条件的，应及时通知当事人并说明理由。

3. 审查。行政机关受理当事人的申请后，即开始对当事人的争议进行审查，包括对有关事实和证据进行查证、核实，召集当事人进行调查、询问、辩论和质证，向有关证人了解情况,必要时可以组织勘验、鉴定。如果证据不足,行政机关有权责令当事人举证,也可以依法自行调查收集证据。

4. 裁决。行政机关经过审查认为事实清楚、证据确凿充分的,应及时作出行政裁决。裁决书应载明双方当事人的基本情况、争议的内容、裁决机关认定的事实以及裁决的根据和理由等,并告知当事人如果对此裁决不服可以申请行政复议或提起行政诉讼。行政裁决书应及时送达双方当事人。

第二节 行政仲裁

一、行政仲裁的概念与特征

行政仲裁是指行政仲裁组织应当事人的申请,按照仲裁程序对特定类型的争议作出具有法律约束力的判断和裁决的活动,目前主要有劳动争议仲裁和人事争议仲裁。行政仲裁具有以下特征:

1. 行政仲裁的主体是附设在行政机关的仲裁机构。这种仲裁机构以第三方公断人的身份依法对特定的争议作出裁判,如劳动行政主管部门设立的劳动争议仲裁委员会。行政仲裁机构就其地位来说,是由行政机关依法设立和管理的,因而有别于民间仲裁组织。但与一般的行政机关不同,行政仲裁机构是专门进行仲裁活动的,不从事其他行政管理工作,其地位、职责和活动都有相对独立性。

2. 行政仲裁的对象是特定类型的争议。行政争议与一般的民事争议不在仲裁的范围之内,行政仲裁机构与当事人之间没有行政隶属关系。目前,我国行政仲裁的对象范围较窄,主要是劳动争议和人事争议。

3. 行政仲裁是法定仲裁。只有特定的仲裁机构按照法律规定的职权和程序才能实施行政仲裁行为。

4. 行政仲裁有专门的仲裁程序。这套程序与行政复议程序、行政裁决程序相比存在很大的不同,如在受理条件、管辖、仲裁庭的组成、方法等问题上都有专门的规定,形成了自己独立的制度。

5. 行政仲裁不具有行政诉讼可诉性。当事人对行政仲裁不服的,不能提起行政诉讼。但是,对于我国《劳动争议调解仲裁法》第48条规定的劳动者提起的诉讼、第49条规定的用人单位申请撤销终局裁决诉讼、第50条规定的当事人不服仲裁裁决提起的诉讼,可以劳动争议为诉讼标的向法院提起民事诉讼。

二、行政仲裁的种类

(一)劳动争议仲裁

劳动争议仲裁是指劳动争议仲裁委员会依法对劳动争议居中裁断的活动。其中,劳动争议是指劳动者与用人单位之间对劳动关系上的权利与义务产生的纠纷。根据我国《劳动争议调解仲裁法》和《劳动法》的规定,我国境内的企业、个体经济组织和与之形成劳动关系的劳动者之间的劳动争议具体适用仲裁程序。这里的劳动争议包括企业与职工,国家机关、事业单位、社会团体与其工人,以及个体工商户与其帮工和学徒之间因劳动关系发生的争议。

根据我国《劳动法》的规定,县、市、市辖区应当设立劳动争议仲裁委员会,负责本行政区域内发生的劳动争议。《劳动法》第81条规定:"劳动争议仲裁委员会由劳动行政部门代表、同级工会代表、用人单位方面的代表组成。劳动争议仲裁委员会主任由劳动行政部门代表担任。"

劳动争议仲裁委员会下设办事机构,负责办理劳动争议仲裁委员会的日常事务。仲裁委员会处理劳动争议,实行仲裁庭制度,由仲裁庭具体处理争议案件。仲裁庭由1名首席仲裁员、两名仲裁员组成。对于简单案件,仲裁委员会可以指定1名仲裁员独任审理。对重大的或疑难的劳动争议案件的处理,仲裁庭可以提交仲裁委员会讨论决定。对仲裁委员会的决定,仲裁庭必须执行。

仲裁庭裁决劳动争议案件,应当按照多数仲裁员的意见作出,少数仲裁员的不同意见应当记入笔录。仲裁庭不能形成多数意见时,裁决应当按照首席仲裁员的意见作出。仲裁庭作出裁决后,应当制作裁决书,由仲裁员签名,加盖劳动争议仲裁委员会印章。对裁决持不同意见的仲裁员,可以签名,也可以不签名。

提出仲裁要求的一方应当自劳动争议发生之日起60日内向劳动争议仲裁委员会提出书面申请。仲裁裁决一般应在收到仲裁申请的60日内作出。对仲裁裁决无异议的,当事人必须履行。劳动争议当事人对仲裁裁决不服的,可以自收到仲裁裁决书之日起15日内向人民法院提起诉讼。一方当事人在法定期限内不起诉又不履行仲裁裁决的,另一方当事人可以申请人民法院强制执行。

(二)人事争议仲裁

人事争议仲裁是指人事争议仲裁组织应当事人的申请,按法定仲裁程序,审查人事争议并依法作出对双方当事人具有法律约束力的裁断的行为。《公务员法》和《中国人民解放军文职人员条例》的出台要求人事争议仲裁处理规定相应跟进。《公务员法》第105条规定:"聘任制公务员与所在机关之间因履行聘任合同发生争议的,可以自争议发生之日起六十日内申请仲裁。省级以上公务员主管部门根据需要设立人事争议仲裁委员会,受理仲裁申请。人事争议仲裁委员会由公务员主管部门的代表、聘用机关的代表、聘任制公务员的代表以及法律专家组成。当事人对仲裁裁决不服的,可以自接到仲裁裁决书之日起十五日内向人民法院提起诉讼。仲裁裁决生效后,一方当事人不履行的,另一方当事人可以申请人民法院执行。"《中国人民解放军文职人员条例》第44条第1款规定:"文职人员与用人单位发生的人事争议,按照国家和军队有关规定依法处理。"这些法律、法规的颁布、实施,明确地将聘任制公务员和军队文职人员的争议纳入人事争议仲裁的范围。同时,党群系统所属的事业单位人事争议也需要明确权益救济渠道。

按照《人事争议处理规定》,有五类争议可以申请仲裁:(1)实施公务员法的机关与聘任制公务员之间、参照《公务员法》管理的机关(单位)与聘任工作人员之间因履行聘任合同发生的争议;(2)事业单位与工作人员之间因解除人事关系、履行聘用合同发生的争议;(3)社团组织与工作人员之间因解除人事关系、履行聘用合同发生的争议;(4)军队聘用单位与文职人员之间因履行聘用合同发生的争议;(5)依照法律、法规规定可以仲裁的其他人事争议。因考核、职务任免、职称评审等发生的人事争议"按照有关规定处理",不在《人事争议处理规定》的受案范围之内。

人事争议仲裁实行以级别管辖为主,级别管辖与属地管辖相结合的管辖制度。人事争议仲裁委员会独立办案,相互之间无隶属关系。中央机关、直属机构、直属事业单位及其在京所属事业单位的人事争议,由北京市负责处理人事争议的仲裁机构处理,也可由北京市根据情况授权所在地的区(县)负责处理人事争议的仲裁机构处理。中央机关在京外垂直管理机构以及中央机关、直属机构、直属事业单位在京外所属单位的人事争议,由所在地的省(自治区、直辖市)设立的人事争议仲裁委员会处理,也可由省(自治区、直辖市)根据情况授权所在地的人事争议仲裁委员会处理。

人事争议仲裁实行申请人单方申请制度,即人事争议发生后,只要一方当事人提出申请,争议事项符合仲裁机构的受理条件,仲裁机构就应当受理,启动仲裁程序。被申请人没有按时提交或者不提交答辩书的,不影响仲裁的进行。此外,人事争议仲裁是司法的前置程序,仲裁机构作出裁决后,当事人不服的,可以按照《公务员法》《中国人民解放军文职人员条例》以及最高人民法院相关司法解释的规定,自收到裁决书之日起15日内向人民法院提起诉讼;逾期不起诉的,裁决书即发生法律效力。对生效的仲裁调解书或裁决书,一方当事人在规定期限内不履行的,另一方当事人可以依照国家有关法律、法规和最高人民法院相关司法解释的规定向人民法院申请强制执行。

人事争议仲裁的程序主要包括申请、受理、审理、调解、裁决等主要环节。当事人应从知道或应当知道其权利受到侵害之日起60日内,以书面形式向有管辖权的人事争议仲裁委员会申请仲裁。人事争议仲裁委员会在收到仲裁申请书之日起10个工作日内,认为不符合受理条件的,应当书面通知申请人不予受理,并说明理由;认为符合受理条件的,应当受理,将受理通知书送达申请人,将仲裁申请书副本送达被申请人。仲裁庭处理人事争议应注重调解。自受理案件到作出裁决前,都要积极促使当事人双方自愿达成调解协议。当事人经调解自愿达成书面协议的,仲裁庭应当根据调解协议的内容制作仲裁调解书。协议内容不得违反法律、法规,不得侵犯社会公共利益和他人的合法权益。调解书由仲裁庭成员署名,加盖人事争议仲裁委员会印章。调解书送达后,即发生法律效力。当庭调解未达成协议或者仲裁调解书送达前当事人反悔的,仲裁庭应当及时进行仲裁裁决。

仲裁裁决应当按照多数仲裁员的意见作出,少数仲裁员的不同意见应当记入笔录。对重大、疑难以及仲裁庭不能形成多数处理意见的案件,仲裁庭应当提交人事争议仲裁委员会讨论决定;人事争议仲裁委员会作出的决定,仲裁庭必须执行。仲裁庭应当在裁决作出后

5个工作日内制作裁决书。裁决书由仲裁庭成员署名并加盖人事争议仲裁委员会印章。仲裁庭处理人事争议案件,一般应当在受理案件之日起90日内结案。需要延期的,经人事争议仲裁委员会批准,可以适当延期,但是延长的期限不得超过30日。

三、行政仲裁的程序

我国目前尚无统一的行政仲裁程序立法。行政仲裁程序大致可分为以下几个阶段:

(一)申请

行政仲裁与行政复议一样,是依申请行为,当事人申请仲裁是启动行政仲裁程序的前提。仲裁申请必须符合以下条件:

1. 须在法定期间内提出。劳动争议申请仲裁的时效期间为60日,时效期间应当自劳动争议发生之日起计算。人事争议仲裁的当事人应从知道或应当知道其权利受到侵害之日起60日内,向有管辖权的人事争议仲裁委员会申请仲裁。
2. 仲裁申请必须基于当事人一方自愿。
3. 仲裁申请必须以书面形式提出。

(二)受理

仲裁机关在收到书面申请后,应当及时进行审查并决定是否受理案件;案件受理后,应当将申请书副本送达被申请人;被申请人在收到申请书副本后,应在规定期限内提交答辩状和有关证据,但被申请人未提交答辩状的,不影响案件的审理。

(三)调解

仲裁机关在处理案件时,必须先行调解,这是行政仲裁的必经程序。调解应当在查明事实、分清责任的基础上,促使双方当事人互相谅解、达成协议。调解成立后,应当制作调解书,调解书一经送达即发生法律效力。

(四)裁决

当事人不愿调解或调解不成的,仲裁机关应依据事实和法律及时裁决。裁决按少数服从多数的原则作出,但不同意见应如实记录在案。裁决应当制作仲裁决定书。仲裁决定书送达后经过法定期间方发生法律效力。

(五)执行

在仲裁调解书或仲裁决定书生效后,当事人必须自觉履行。一方当事人逾期不履行调解书或仲裁决定书,又不向人民法院提起诉讼的,另一当事人可以依法申请人民法院强制执行。

第三节 行政调解

一、行政调解的概念与特征

行政调解是特定行政机关主持的,以国家法律和政策为依据,以自愿为原则,通过说服、教育等方法,促使双方当事人互谅互让,达成协议,以解决民事争议或特定行政争议(行政赔偿争议)的活动。行政调解与行政裁决和行政仲裁相并列,是一种独立的行政行为。它主要有以下特征:

1. 行政调解是特定行政机关实施的一种行政司法行为。它区别于人民法院进行的诉讼调解,也区别于社会群体组织进行的人民调解。

2. 行政调解以当事人自愿为原则,不具有强制力。是否调解,以及是否接受某种调解结果,完全由当事人自主决定,行政机关不得强迫。调解协议的效力主要靠双方当事人的自觉履行、信用和社会舆论等力量维持。

3. 行政调解的对象主要是民事争议,也可以是行政赔偿争议。这一点使行政调解与行政复议和行政仲裁区别开来:行政复议的对象是行政争议,行政仲裁的对象不包括行政赔偿争议。

4. 行政调解是一种诉讼外的调解,既不是行政仲裁或行政诉讼的前置程序,也不具有可诉性。当事人对行政调解不服的,不能提起行政诉讼,但可就原有的民事争议申请行政仲裁或提起民事诉讼,或者就原有的行政赔偿争议提起行政赔偿诉讼。

二、行政调解与司法调解、人民调解的关系

目前我国的调解制度主要有三类:一是行政调解;二是司法调解;三是人民调解。其中,司法调解,又称诉讼调解,是指在民事诉讼、行政赔偿诉讼和部分刑事诉讼中,由人民法院审判人员主持,通过协商达成协议、解决纠纷的一种方式。它是人民法院审理民事案件、行政赔偿案件和刑事自诉案件的一种结案方式,是诉讼活动的组成部分,调解协议生效后即具有法律效力。人民调解是指人民调解委员会通过说服、疏导等方法,促使当事人在平等协商基础上自愿达成调解协议,解决民间纠纷的活动。行政调解、司法调解和人民调解的共同点是:(1)都是通过第三方的调停说和,解决当事人之间的争议或纠纷的一种活动;(2)前提都是查清事实、分清责任;(3)都必须坚持自愿原则;(4)内容均不得违反国家法律和有关政策。

行政调解、司法调解和人民调解三者的区别是:(1)调解的主持人不同。行政调解的主持人是特定的国家行政机关;司法调解的主持人是人民法院的审判人员;人民调解的主持人是人民调解委员会,是村民委员会、居民委员会或企事业单位下设的调解民间纠纷的群众性组织。(2)调解的性质不同。行政调解和人民调解是诉讼外的调解;司法调解是诉讼中的调解。(3)调解的范围不同。行政调解的范围主要是民事争议和行政赔偿争议;司法调解的范围是人民法院受理的民事案件、行政赔偿案件和刑事自诉案件;人民调解的范围最为广泛,所有的民事纠纷和轻微的刑事纠纷都可以通过人民调解加以解决。(4)调解权的来源不同。行政调解的调解权是国家赋予行政机关在行政管理过程中解决民事争议和特定行政争议的一种权能;司法调解的调解权是国家赋予人民法院审判权的一种表现形式;人民调解的调解权来源于一定范围内的群众直接授予人民调解委员会的民主自治权。

（5）调解达成协议的效力不同。在自愿的基础上,经行政调解达成的协议对当事人具有约束力。当事人未提出存在欺诈、胁迫、乘人之危或重大误解、显失公平等情形的证据的,就应当自觉履行。一方当事人不自觉履行的,另一方当事人可以就协议的履行、变更、撤销向人民法院起诉。司法调解协议一经送达即生效,同法院的判决一样,对双方当事人都具有法律拘束力,一方不履行,另一方可以申请人民法院强制执行。经人民调解委员会调解达成的调解协议,具有法律约束力,当事人应当按照约定履行。人民调解委员会应当对调解协议的履行情况进行监督,督促当事人履行约定的义务。根据《人民调解法》第33条的规定,经人民调解委员会调解达成调解协议后,双方当事人认为有必要的,可以自调解协议生效之日起30日内共同向人民法院申请司法确认,人民法院应当及时对调解协议进行审查,依法确认调解协议的效力。人民法院依法确认调解协议有效,一方当事人拒绝履行或者未全部履行的,对方当事人可以向人民法院申请强制执行。人民法院依法确认调解协议无效的,当事人既可以通过人民调解方式变更原调解协议或者达成新的调解协议,也可以向人民法院提起诉讼。

三、行政调解的原则

行政调解的原则是指贯穿行政调解活动全过程,对行政调解工作具有普遍指导意义的基本行为准则。它主要包括下列内容:

(一)平等原则

平等原则是指:(1)在行政调解中,双方当事人的地位平等,不存在高低贵贱之分,都有自愿、充分、真实地表达自己的理由和意见的权利。行政机关必须平等对待双方当事人,不能厚此薄彼,偏听偏信。(2)双方当事人与主持调解的行政机关的地位平等,不存在命令与服从、管理与被管理的单向隶属关系。

(二)自愿原则

自愿原则是指行政机关在调解过程中应当始终尊重当事人的意愿,使当事人在自觉、自愿的前提下参加调解,在互谅互让的基础上达成共识、解决纠纷。行政机关在行政调解中是以组织者和主持人的身份出现的,其行为不具有强制性,只表现为一种外在力量的疏导教育、劝解协调,而最终决定的作出应基于当事人的真实意思表示。如果当事人不愿意进行调解,或者经过调解达不成协议,或者达成协议后又反悔,一方或双方当事人都有权向人民法院起诉。

(三)合法原则

合法原则要求:(1)行政调解必须在法律规定的范围内进行。法律规定不适用调解的,不得进行行政调解。如基层人民政府根据我国《土地管理法》与有关社会治安综合治理的规定等进行的调解、公安机关根据《治安管理处罚法》等规定进行的调解、婚姻登记机关根据《民法典》等规定对婚姻纠纷进行的调解。(2)行政机关要依法调解。具有调解职能的行政机关要依据法律的规定,在查明事实、分清责任的基础上,说服当事人互谅互让,自愿达成协议解决纠纷。(3)调解协议的内容要符合法律的规定。调解成功后,应制作调解协议书,其内容不得违背法律的规定。

(四) 合理原则

合理原则是指行政调解应符合社会的伦理道德、公序良俗。调解不但要以情感人,更要以理服人,而不是无原则的"和稀泥"。同时,它要求行政调解建立在正当考虑的基础上,行政调解的内容应当合乎情理,体现公平正义的要求,不能颠倒是非,本末倒置。

(五) 效益原则

效益原则是指行政调解既要讲求效率,又要注重其社会效果,两者必须兼顾,不可偏废。

四、行政调解的程序

(一) 申请

行政调解一般要由争议的一方或双方当事人向特定的行政机关提出,申请的方式既可以是书面的,也可以是口头的。

(二) 受理

行政机关收到当事人的申请后,应及时进行审查,符合法律规定的,予以受理;不符合法律规定的,不予受理,并告知当事人不予受理的理由。

(三) 调查

行政机关必须以事实为根据,在调查核实证据的基础上进行调解。行政机关受理纠纷后,必须与争议的双方当事人接触,向他们询问纠纷的有关情况,了解双方当事人的调解要求和理由,以判定是否存在调解的基础;根据需要可以向有关单位和个人调查收集证据并对证据进行审查核实。

(四) 协商

这是行政调解的核心步骤。行政主体尊重双方当事人的意愿,依据法律和政策,在认真听取双方当事人的意见、弄清案情、分清责任的基础上,对他们进行劝说疏导,以促成双方当事人达成调解协议。

(五) 制作调解协议书

调解达成协议的,行政机关应当制作调解协议书,调解协议书由主持调解的行政机关和双方当事人签名、盖章。

(六) 送达调解协议书

调解协议书制作完成后,行政机关应将调解协议书送达双方当事人。

法律应用

1. 行政裁决是指行政主体依法对平等主体之间发生的、与行政管理活动相关的、特定的民事纠纷进行审查并作出裁决的活动。行政裁决的对象是特定的民事纠纷,具体包括权属纠纷、侵权纠纷和损害赔偿纠纷等。行政裁决是一种可诉性的行政行为,当事人对行政裁决不服的,可以依法向人民法院提起行政诉讼。

2. 行政仲裁是指行政仲裁组织应当事人的申请、按仲裁程序对特定类型的争议作出具有法律约束力的裁断的活动,目前主要有劳动争议仲裁和人事争议仲裁。行政仲裁不具有可诉性,当事人对行政仲裁不服的,不能提起行政诉讼。

3. 行政调解、司法调解、人民调解的区别:(1)行政调解的主持人是特定的国家行政机关;司法调解的主持人是人民法院的审判人员;人民调解的主持人是人民调解委员会。(2)司法调解是诉讼中的调解;行政调解和人民调解是诉讼外的调解。(3)行政调解的范围主要是民事争议和行政赔偿争议;司法调解的范围是人民法院受理的民事案件、行政赔偿案件和刑事自诉案件;人民调解的范围最为广泛,所有的民事纠纷和轻微的刑事纠纷都可以通过人民调解加以解决。(4)在自愿的基础上,经行政调解达成的协议对当事人具有约束力。当事人未提出存在欺诈、胁迫、乘人之危或重大误解、显失公平等情形的证据的,就应当自觉履行。一方当事人不自觉履行的,另一方当事人可以就协议的履行、变更、撤销向人民法院起诉。经人民调解委员会调解达成的调解协议,具有法律约束力,当事人应当按照约定履行。人民调解委员会应当对调解协议的履行情况进行监督,督促当事人履行约定的义务。经人民调解委员会调解达成的调解协议,双方当事人认为有必要的,可以自调解协议生效之日起30日内共同向人民法院申请司法确认,人民法院应当及时对调解协议进行审查,依法确认调解协议的效力。人民法院依法确认调解协议有效,一方当事人拒绝履行或者未全部履行的,对方当事人可以向人民法院申请强制执行。司法调解协议一经送达即生效,对双方当事人都具有法律拘束力,一方不履行,另一方可以申请人民法院强制执行。

案(事)例

案情简介:

甲集团公司经 A 市人民政府批准,在该市的繁华地段建商业大厦,这一地区的 40 户居民要拆迁。甲集团公司取得该市房屋拆迁管理部门的许可后,分别与 40 户居民就拆迁补偿形式和补偿金额、安置用房面积和安置地点、搬迁过渡方式和过渡期限等问题进行协商并签订协议,其中因与 14 户居民就拆迁补偿金额有分歧而未能达成协议。就此,甲集团公司与这 14 户居民向批准拆迁的市房屋拆迁管理部门申请裁决,A 市房屋拆迁管理部门裁决甲集团公司一次性补偿拆迁费,甲集团公司对此提出异议,于是向人民法院提起诉讼。

问题:

1. 在本案中,该市房屋拆迁管理部门的行为属于何种行为?
2. 甲集团公司对 A 市房屋拆迁管理部门的裁决有异议,应提起何种诉讼?

案(事)例答题思路

思考题

1. 简述行政裁决的概念与特征。
2. 简述行政仲裁的概念与特征。
3. 简述行政调解的概念与特征。
4. 简述行政裁决的种类。
5. 试述行政调解与司法调解、人民调解的区别。

第十三章　行政复议与行政信访

本章重点

1. 行政复议的概念与特征
2. 行政复议的基本原则
3. 行政复议的受案范围与管辖
4. 行政复议的程序
5. 行政信访的适用范围
6. 行政信访的法律责任

第一节　行政复议
第二节　行政信访

第一节 行政复议

一、行政复议的概念与特征

行政复议是指行政相对人认为行政主体的行政行为侵犯其合法权益,依法向该行政主体的上一级行政机关或法律规定的其他行政机关提出复查该行政行为的申请,受理申请的行政机关依照法定程序对被申请的行政行为的合法性与适当性进行审查并作出裁决的活动。

行政复议既是行政相对人行使行政救济权的一种有效的法律途径,也是行政机关依法解决行政争议,加强自身监督的法律制度。行政复议具有以下特征:

1. 行政复议是依申请的行政行为。这一特征表明行政复议是应行政相对人申请而启动的,即作为行政相对人的公民、法人和其他组织,认为行政机关的行政行为侵犯其合法权益,从而与行政主体产生行政纠纷,要求行政复议机关对原行政行为进行审查并作出裁决。

2. 行政复议以引起争议的行政行为为主要审查对象,同时对有关行政规范性文件进行附带审查。根据《行政复议法》的规定,行政复议以行政行为为主要审查对象,但行政复议机关在审查行政行为时能依申请人的请求附带审查有关行政规范性文件的合法性。这些行政规范性文件包括国务院部门的规定、县级以上地方各级人民政府及其工作部门的规定、乡(镇)人民政府的规定;法律、法规、规章授权的组织的规范性文件。上述行政规范性文件不含规章,仅指规章以下的其他行政规范性文件。行政相对人认为作为行政行为依据的这些行政规范性文件违法的,在对行政行为申请复议时可以一并请求行政复议机关对这些行政规范性文件予以审查。

3. 行政复议对行政行为的合法性和适当性进行全面审查。行政复议机关在审理行政案件时,既审查行政行为的合法性,也审查行政行为的适当性。这是行政复议与行政诉讼的重要区别之一。在行政诉讼中,人民法院原则上只对行政行为的合法性进行审查。

4. 行政复议应听取当事人的意见,必要时也可以采取听证审理的方式。这也是行政复议制度不同于行政诉讼制度的显著特征。根据《行政复议法》的相关规定,依一般程序审理的行政复议案件,行政复议机构原则上应当面或者通过互联网、电话等方式听取当事人的意见,并将听取的意见记录在案。对于重大、疑难、复杂的行政复议案件,行政复议机构应当组织听证。

5. 行政复议是一种法定的程序性活动。行政复议程序法定要求行政复议活动必须严格按照法定的方式、步骤、顺序和时限进行。程序法定的实质是对行政复议机关公正行使复议权的约束和保障。行政复议必须依法进行,具体要求包括依法申请复议、依法受理复议案件、依法审理复议案件和依法作出复议决定等。

二、行政复议的基本原则

行政复议的基本原则是指由法律规定的,对行政复议活动具有普遍指导意义的,行政复议机关和所有行政复议参加人在行政复议过程中必须遵循的基本准则。依照我国《行政复议法》的规定,行政复议的基本原则主要包括合法原则、公正原则、公开原则、及时原则和便民原则。

（一）合法原则

合法原则是合法行政原则在行政复议领域的具体体现,它要求行政复议机关及其工作人员应按照法定的职权和程序,对申请复议的行政行为和有关行政规范性文件进行审查,并严格依照法律规定作出复议决定。它具体包括下列内容：

1. 行政复议机关应当合法。所谓行政复议机关应当合法,一方面是指行政复议机关属于依法负有履行行政复议职责的行政机关,行政机关以外的其他国家机关以及没有行政复议职责的行政机关,不能成为行政复议机关,否则,就不具有合法性；另一方面是指行政复议机关对某一具体的行政复议案件依法享有受理与审理权,即使是负有行政复议职责的行政机关,对某一具体行政复议案件没有受理与审理权的,也不得受理并审理该行政复议案件,否则,就不具有合法性。

2. 行政复议机关审理行政复议案件适用的依据必须合法。行政复议机关审理行政案件的依据和参照,主要有法律、行政法规、地方性法规、规章和行政机关制定与发布的其他行政规范性文件。行政复议机关审理民族自治地方的行政复议案件,还要依据该民族自治地方的自治条例和单行条例。与人民法院审理行政诉讼案件的依据相比,行政复议机关审理行政复议案件依据的范围要广。需要注意的是,这些依据必须是现行有效的。

3. 行政复议机关审理行政复议案件的程序应当合法。《行政复议法》和有关的法律、法规对行政复议的程序作出了具体规定,行政复议机关审理行政复议案件时必须严格遵守。依照法定程序审理行政复议案件应当注意以下三点:(1) 不能简化、放弃法定的步骤;(2) 不能颠倒法定的顺序;(3) 不能违背法定的时限。

4. 行政复议决定的内容应当合法。内容合法是指行政复议机关在复议决定中赋予或确认的权利、设定或免除的义务必须符合法律、法规的规定。《行政复议法》对行政复议决定的种类及其适用条件作出了明确的规定,行政复议机关在作出复议决定时必须严格遵守上述规定。

（二）公正原则

公正原则是指行政复议机关在受理和审理行政复议案件时应平等地对待行政复议当事人,无偏私、不歧视,符合公平正义的要求。公正是行政复议制度的灵魂,它是基于同类情形的对比体现出来的。对于基本相同的案件事实、性质和情节,行政复议的结果应当保持基本一致。鉴于在行政管理活动中,行政相对人一般处于弱者地位,为了体现公正原则,在行政复议活动中,行政复议机关尤其应当注意维护申请人的行政复议权益。具体地讲:(1) 行政复议机关要及时告知行政复议申请人依法享有的权利,如申请人有权查阅有关材料,了解被申请人作出行政行为的事实、证据、依据和理由;申请人认为审理案件的行政复议人员与案件有利害关系,可能影响公正审理的,有权要求审理人员回避;申请人对行政复议决定不服的,有权在法定期限内向人民法院提起行政诉讼等。(2)要给申请人与被申请人同样的陈述理由的机会。(3)要给予行政复议申请人与被申请人进行质证的机会。在行政复议过程中,行政复议机关对重大、疑难、复杂的案件,根据申请人的要求或实际需要,应组织双方当事人就有关事实证据进行质证与辩论,以澄清事实。这样做,有利于行政复议机关在查明事实的基础上客观、公正地作出行政复议决定。①

(三)公开原则

公开原则是一项重要的程序原则,是合法原则与公正原则的外部保障。它要求行政复议的依据、过程和结果等向当事人和社会公开,以保障公民的知情权、参与权和监督权。具体包括:(1)行政复议的依据要公开。(2)审理行政复议案件的材料要公开。行政复议机关在审理行政案件时,应将收集到的有关材料,包括被申请人提出的书面答复、作出行政行为的证据和依据以及其他有关材料,除涉及国家秘密、商业秘密或者个人隐私外,都应当公开,允许当事人查阅和复制。(3)行政复议的过程要公开。行政复议机关要听取申请人、被申请人和第三人的意见,尽可能地让他们参与到行政复议的过程中来,表达他们的利益、愿望与要求。(4)行政复议的结果要公开。行政复议机关作出行政复议决定,要制作行政复议决定书,并将其送达行政复议当事人。

(四)及时原则

及时原则也称效率原则,是指在保障公正的前提下,行政复议机关要在法定的期限内迅速、有效地解决行政争议,提高工作效率。行政复议既要谋求公正,又要注意提高行政效率。及时原则的内容主要包括:(1)受理复议申请要及时;(2)审理行政复议案件的各项工作应当尽快进行;(3)作出行政复议决定要及时;(4)行政复议当事人不履行行政复议决定的,行政复议机关要及时处理。

(五)便民原则

便民原则是指在行政复议活动中,要尽量方便公民、法人或者其他组织,切实为其行使行政复议权利提供必要的条件和便利,不使其承受过大的负担,最大限度地节省他们的时间、精力和费用。这一原则在《行政复议法》中得到了较好的体现,如公民、法人或者其他组织申请行政复议的期限从原《行政复议条例》规定的一般为 15 日内延长到一般为 60 日;申请人申请行政复议,既可以书面申请,也可以口头申请;申请人在申请行政复议时没有提出行政赔偿请求的,行政复议机关在依法决定撤销或者变更罚款、撤销违法集资、没收财物、征收财物、摊派费用以及对财产的查封、扣押、冻结等行政行为时,应当同时责令被申请人返还财产,解除对财产的查封、扣押、冻结措施,或者赔偿相应的价款等。

---

① 参见石佑启、杨勇萍编著:《行政复议法新论》,北京大学出版社 2007 年版,第 65 页。

三、行政复议的范围

行政复议的范围也称行政复议的受案范围,是指行政复议机关受理行政争议案件的权限,即公民、法人或者其他组织认为行政机关作出的行政行为侵犯其合法权益,依法向行政复议机关提出申请,由行政复议机关受理并解决行政争议的权限范围。

行政复议的范围,对行政相对人来说,就是其对行政机关的行政行为不服向行政复议机关提出申请,请求复议机关保护其合法权益和提供救济的范围;对行政机关来说,就是其行政行为接受行政复议机关行政监督的范围;对行政复议机关来说,就是其受理行政争议案件的权限范围。行政复议范围的大小,直接关系到行政相对人合法权益的保障程度和对行政机关行使职权进行监督的广度,是建立我国行政复议制度的核心问题之一。[①]

《行政复议法》对可申请行政复议的行政行为和不能申请行政复议的事项作出了规定。

(一)可申请行政复议的行政行为

根据《行政复议法》规定,公民、法人或者其他组织对下列行政行为不服的,可以申请行政复议:

1. 对行政机关作出的警告、通报批评、罚款、没收违法所得、没收非法财物、责令停产停业、暂扣或者吊销许可证、降低资质等级、行政拘留等行政处罚决定不服的。
2. 对行政机关作出的行政强制措施、行政强制执行决定不服的。
3. 申请行政许可,行政机关拒绝或者在法定期限内不予答复,或者对行政机关作出的有关行政许可的其他决定不服的。
4. 对行政机关作出的关于确认自然资源的所有权或者使用权的决定不服的。
5. 认为行政机关侵犯合法的经营自主权、农村土地承包经营权、农村土地经营权的。
6. 对行政机关作出的征收征用财物决定或者相关补偿决定不服的。
7. 认为行政机关滥用行政权力排除或者限制竞争的。
8. 认为行政机关违法集资、摊派费用或者违法要求履行其他义务的。
9. 申请行政机关履行保护人身权利、财产权利、受教育权利等合法权益的法定职责,行政机关没有依法履行的。
10. 申请行政机关依法给付抚恤金、社会保险待遇或者最低生活保障等社会保障,行政机关没有依法给付的。
11. 认为行政机关不依法订立、不依法履行、未按照规定履行或者违法变更、解除行政协议的。
12. 认为行政机关在政府信息公开工作中侵犯其合法权益的。
13. 认为行政机关的其他行政行为侵犯其合法权益的。

根据《行政复议法》规定,公民、法人或者其他组织认为行政机关的行政行为所依据

[①] 参见方世荣、石佑启主编:《行政法与行政诉讼法》(第三版),北京大学出版社2015年版,第286—287页。

的下列规范性文件不合法,在对行政行为申请行政复议时,可以一并向行政复议机关提出对该规范性文件的合法性审查申请:(1)国务院部门的规范性文件;(2)县级以上地方各级人民政府及其工作部门的规范性文件;(3)乡、镇人民政府的规范性文件。前述规范性文件不含国务院部、委员会规章和地方人民政府规章。规章的审查依照法律、行政法规办理。

(二)不能申请行政复议的事项

根据《行政复议法》规定,以下事项不属于行政复议的范围:

1. 国防、外交等国家行为。国家行为具有政治性、主权性、整体性。公民、法人或其他组织认为国家行为侵害其合法权益的,应采用特殊的监督救济途径,不宜通过行政监督方式寻求救济。

2. 行政法规、规章和其他规范性文件。这三类规范性文件统称为行政规定,具有针对不特定对象、可反复适用、具有普遍约束力等特征。对此已有专门的途径予以监督,如合宪性审查制度等,不宜纳入行政复议受案范围。

3. 行政处分或者其他人事处理决定。这里的"行政处分",是指国家行政机关对其工作人员违反行政法义务的行为依法给予的惩戒。根据我国《公务员法》的规定,行政处分的种类有警告、记过、记大过、降级、撤职、开除。这里的"其他人事处理决定",是指行政机关对特定公务员实施的,对该公务员的权利与义务产生影响的人事行政行为,如考核、奖励方面的决定,职务升降与职务任免方面的决定,交流方面的决定,回避方面的决定,辞职、辞退和退休方面的决定等。

《行政复议法》之所以将这类行为排除在行政复议范围之外,主要是基于以下三点理由:(1)行政机关作出的行政处分或者其他人事处分决定是一种内部行政行为,不涉及外部的公民、法人或者其他组织的合法权益问题。(2)我国有关法律、法规对行政机关工作人员因内部行政行为引起的行政争议已设立了专门的救济机制,如通过申诉或申请复审、复核的方式寻求救济等。将其排除在行政复议范围之外,可避免机构设置的重叠、浪费行政资源。(3)有利于保障行政机关及其首长对工作人员的监督,保证首长负责制的实现。

4. 行政机关对民事纠纷作出的调解或者其他处理决定。行政机关对民事纠纷的调解或者其他处理行为,是行政机关以第三方的身份居中调解或处理民事纠纷的行为。这类行为又被称为居间行为,它不具有强制性。当事人对这类行为不服的,可以依法申请仲裁或者向人民法院提起民事诉讼,不能申请行政复议。

5. 对公民、法人或其他组织权利义务不产生实际影响的行为。这类行为主要包括尚未成立的行政行为、在行政机关内部运作(未外部化)的行为、观念表示行为及对行政相对人权利义务不产生实际影响的其他行为。

四、行政复议的管辖

行政复议的管辖是指行政复议机关受理行政复议案件的分工和权限,即行政相对人申请行政复议后,应当由哪个行政复议机关行使行政复议权。明确行政复议案件的管辖,能够预防和减少管辖方面的争议,避免行政复议机关在管辖问题上的相互推诿和拖延复议的现象,有利于提高行政复议的效率;也能够防止复议申请人投诉无门的情况发生,有利于保护复议申请人的合法权益。

(一)县级、设区的市、省级人民政府的行政复议案件管辖权

《行政复议法》规定了一级政府复议体制,改变了之前所属政府与上一级主管部门双重复议模式。由县级以上人民政府统一行使行政复议权,具体包括以下几种情形:(1)对本级人民政府工作部门作出的行政行为不服的;(2)对下一级人民政府作出的行政行为不服的;(3)对本级人民政府依法设立的派出机关作出的行政行为不服的;(4)对本级人民政府或者工作部门管理的法律、法规、规章授权的组织作出的行政行为不服的;(5)对本级人民政府工作部门依法设立的派出机构依照法律、法规、规章规定,以自己的名义作出的行政行为不服的。

需要指出的是,省级人民政府,除按照一级政府复议体制行使行政复议案件管辖权外,还有权管辖对本人民政府作出的行政行为不服的行政复议案件,而县级、设区的市级人民政府不享有对本人民政府复议案件的管辖权。另外,省、自治区人民政府依法设立的派出机关,参照设区的市级人民政府的职责权限管辖相关行政复议案件。

(二)国务院部门的行政复议案件管辖权

国务院部门对下列行政复议案件享有管辖权:(1)对本部门作出的行政行为不服的;(2)对本部门依法设立的派出机构依照法律、法规、部门规章规定,以自己的名义作出的行政行为不服的;(3)对本部门管理的法律、行政法规、部门规章授权的组织作出的行政行为不服的。

(三)垂直管理部门的行政复议案件管辖权

依据《行政复议法》的相关规定,对海关、金融、外汇管理等实行垂直领导的行政机关、税务和国家安全机关的行政行为不服的,向上一级主管部门申请行政复议。

(四)国务院的行政复议案件裁决权

国务院作为我国最高行政机关,有权裁决部分行政案件。即对省、自治区人民政府以及国务院部门作出的行政复议决定不服,向国务院申请裁决的,国务院有权作出裁决。国务院作出的裁决为最终裁决,不得对其提起行政诉讼。

五、行政复议机关与行政复议机构

(一)行政复议机关

《行政复议法》规定,县级以上各级人民政府及其他依照本法履行行政复议职责的行政机关是行政复议机关。据此,行政复议机关是指依照法律规定,受理行政复议申请,依法对行政行为的合法性与适当性进行审查并作出决定的行政机关。其含义包括:

1. 行政复议机关是国家行政机关。其他国家机关,如国家权力机关、司法机关均不享

有行政复议权,不能作为行政复议机关。

2. 行政复议机关是具有独立法人地位的组织。行政复议机关能以自己的名义行使行政复议权,作出行政复议决定,并独立承担自己行为所产生的法律后果。

3. 行政复议机关是享有行政复议职权并履行行政复议职责的行政机关。行政复议机关是国家行政机关,但并不是所有的国家行政机关都可以作为行政复议机关,只有依法享有行政复议职权并履行行政复议职责的行政机关才可以作为行政复议机关,即行政复议机关只是国家行政机关中的一部分,不承担行政复议职责的行政机关不能成为行政复议机关。根据《行政复议法》的规定,只有县级以上人民政府(包括县级人民政府)、国务院工作部门及海关、金融、外汇管理等实行垂直领导的行政机关、税务和国家安全机关的上一级主管部门才享有行政复议职权,可以成为行政复议机关。

(二) 行政复议机构

根据《行政复议法》的规定,行政复议机构是指行政复议机关内部设立的专门负责办理行政复议事项的机构。其含义包括:(1) 行政复议机构不具有独立的法人地位。行政复议机构只是行政复议机关的一个内部工作机构,它一般不具有独立的行政主体地位,不同于具有独立主体地位并能以自己的名义作出复议决定的行政复议机关。(2) 行政复议机构的职责就是办理行政机关的行政复议事项,组织办理行政机关的行政应诉事项;对下级行政复议机构的行政复议工作进行指导、监督。

根据《行政复议法》和《行政复议法实施条例》的规定,行政复议机构主要有下列职责:(1) 受理行政复议申请;(2) 向有关组织和人员调查取证,查阅文件和资料;(3) 审查申请行政复议的行政行为是否合法与适当,拟订行政复议决定;(4) 处理或转送规章以下其他规范性文件的审查申请;(5) 对行政主体违反《行政复议法》规定的行为依法提出处理建议;(6) 依照《行政复议法》的规定转送有关行政复议申请;(7) 办理《行政复议法》规定的行政赔偿等事项;(8) 按照职责权限,督促行政复议申请的受理和行政复议决定的履行;(9) 办理行政复议、行政应诉案件统计和重大行政复议决定备案、人员业务培训事项;(10) 办理或者组织办理行政应诉事项;(11) 法律、法规规定的其他职责。

六、行政复议参加人

行政复议参加人是指在行政复议活动中,与争议的行政行为有利害关系的当事人或与当事人法律地位相类似的人。根据我国《行政复议法》的规定,行政复议参加人包括申请人、被申请人、第三人以及复议代理人等。

行政复议参加人不同于行政复议参与人。行政复议参与人既包括行政复议参加人,也包括行政复议的证人、鉴定人员、翻译人员、勘验人员、法律援助人员等。这些人员虽然参与了行政复议活动,但他们与争议的行政行为没有利害关系,其参与行政复议是为了便于行政复议机构查清事实、获得证据,保证案件正确、及时地得到处理,因而他们不是行政复议参加人,而是行政复议参与人。

（一）行政复议申请人

行政复议申请人是指对行政机关作出的行政行为不服，依法以自己的名义向行政复议机关提出申请的公民、法人或其他组织。行政复议申请人具有以下特征：(1)行政复议申请人必须是行政相对人；(2)行政复议申请人必须是以自己的名义申请行政复议的人；(3)行政复议申请人是认为行政行为侵犯其合法权益的行政相对人；(4)行政复议申请人必须在法定期限内申请行政复议。

在一般情况下，提起行政复议的申请人是合法权益受行政行为侵害的行政相对人。但在特殊情况下，行政复议申请人的资格也会发生变化。根据《行政复议法》的规定，行政复议申请人资格转移的情况有：(1)有权申请行政复议的公民死亡的，其近亲属可以申请行政复议。近亲属包括其配偶、父母、子女、兄弟姐妹、祖父母、外祖父母、孙子女、外孙子女等。(2)有权申请行政复议的法人或其他组织终止的，承受其权利的法人或其他组织可以申请行政复议。

（二）行政复议被申请人

根据《行政复议法》规定，公民、法人或者其他组织对行政机关的行政行为不服申请行政复议的，作出行政行为的行政机关是被申请人。据此规定，行政复议被申请人是指行政行为被公民、法人或其他组织申请行政复议，并由行政复议机关通知参加行政复议的行政机关和法律、法规、规章授权的组织。行政复议被申请人具有以下特征：(1)行政复议被申请人必须具有行政主体资格；(2)行政复议被申请人是作出行政行为的行政机关或法律、法规、规章授权的组织；(3)行政复议被申请人是被行政相对人申请行政复议的行政主体；(4)行政复议被申请人是被行政复议机关通知参加行政复议的行政主体。

根据《行政复议法》及《行政复议法实施条例》的有关规定，行政复议被申请人主要有以下八种情形：

1. 公民、法人或者其他组织对行政机关的行政行为不服而申请复议的，作出该行政行为的行政机关是被申请人。这是确定行政复议被申请人的一般原则。

2. 法律、法规、规章授权的组织作出行政行为的，该组织是被申请人。

3. 两个或两个以上的行政机关或法律、法规、规章授权的组织以共同的名义作出行政行为的，共同作出行政行为的行政机关或法律、法规、规章授权的组织是共同被申请人。

4. 行政机关委托的组织作出行政行为的，委托的行政机关是被申请人。

5. 县级以上地方人民政府依法设立的派出机关作出行政行为的，该派出机关是被申请人。

6. 行政机关设立的派出机构、内设机构或者其他组织作出行政行为的，有法律、法规、规章授权的，该派出机构、内设机构或者其他组织为被申请人；未经法律、法规、规章授权的，该行政机关为被申请人。

7. 作出行政行为的行政机关被撤销或职权变更的，继续行使其职权的行政机关是被申请人。

8. 经上级机关批准后作出行政行为的,被申请人是批准机关。《行政复议法实施条例》规定,下级行政机关依照法律、法规、规章规定,经上级行政机关批准作出行政行为的,批准机关为被申请人。

(三) 行政复议第三人

根据《行政复议法》规定,同申请行政复议的行政行为有利害关系的其他公民、法人或者其他组织,可以作为第三人参加行政复议。据此规定,行政复议第三人是指与被申请复议的行政行为有利害关系,依申请或经行政复议机构通知参加到已经开始但尚未结束的行政复议活动中来的其他公民、法人或者其他组织。行政复议第三人具有下列特征:

1. 行政复议第三人在行政复议中有独立的法律地位,既不依附于申请人,也不依附于被申请人,完全按照自己的立场提出自己的主张。

2. 行政复议第三人与被申请复议的行政行为有利害关系。

3. 行政复议第三人参加行政复议是为了维护自身利益。

4. 第三人参加行政复议的时间有明确要求。只有在行政复议程序已经开始、尚未结束时,与行政行为有利害关系的人才能以第三人的身份参加到已经开始的行政复议中来。

5. 第三人须经一定程序参加到已经开始的行政复议中来。具体包括两种程序:一是第三人主动向行政复议机构申请参加复议;二是行政复议机构依职权通知第三人参加复议。行政复议机构通知后,第三人拒绝参加复议的,行政复议机构应当尊重其选择,不得强迫其参加。

(四) 行政复议代理人

行政复议代理人是指依据法律规定、法律援助机构指派或当事人及其法定代理人委托,以被代理人的名义并为维护被代理人的利益参加行政复议活动的人。行政复议代理人具有以下特征:(1) 代理人必须在代理权限范围内实施代理行为;(2) 代理人必须以被代理人的名义进行复议活动;(3) 代理人行使代理权参加行政复议的目的是维护被代理人的利益;(4) 代理人在代理权限范围内进行的活动,其法律后果由被代理人承担。

行政复议代理人包括法定代理人、委托代理人和指定代理人三类。法定代理人是指根据法律规定,行使代理权参加行政复议的人。根据《行政复议法》规定,有权申请行政复议的公民为无民事行为能力或者限制民事行为能力人的,其法定代理人可以代为申请复议。委托代理人是指根据被代理人的委托,行使代理权参加行政复议的人。根据《行政复议法》规定,行政复议申请人、第三人可以委托代理人代为参加行政复议。指定代理人是指由法律援助机构指派,行使代理权参加行政复议的法律援助人员。

七、行政复议的程序

行政复议的程序是指自申请人向行政复议机关提出复议申请至复议机关作出行政复议决定期间的步骤、方式、顺序及时限等。按照我国《行政复议法》的规定,行政复议程序分为申请、受理、审理、决定以及执行等阶段,还可能涉及调解与和解。

（一）申请

申请是指公民、法人或者其他组织认为行政主体的行政行为侵犯其合法权益,依法向有管辖权的行政复议机关提出对该行政行为进行审查和处理,以保护自己合法权益的意思表示。由于行政复议是依申请的行政行为,没有申请人的申请,就不能启动行政复议程序,因此,申请是行政复议程序的第一个环节。

1. 申请复议的条件。行政相对人申请行政复议,应符合下列条件:(1)申请人是认为行政行为侵犯其合法权益的公民、法人或者其他组织;(2)有明确的被申请人;(3)有具体的复议请求和事实根据;(4)属于行政复议的范围和属于受理复议机关管辖;(5)必须在法定的期限内申请复议;(6)法律、法规规定的其他条件。

2. 申请复议的期限。根据《行政复议法》规定,公民、法人或者其他组织认为行政行为侵犯其合法权益的,可以自知道该行政行为之日起60日内提出行政复议申请,但是法律规定申请期限超过60日的除外。这一规定包括三层含义:(1)申请复议的一般期限为60日;(2)对于特殊期限,《行政复议法》只承认法律有权予以规定,而且只能规定超过60日的期限;(3)在《行政复议法》施行后,以往单行法律、法规所规定的申请期限少于60日的,一律按60日执行。此外,还必须考虑某些特殊情况下复议期限的中止。根据《行政复议法》规定,因不可抗力或者其他正当理由耽误法定申请期限的,申请期限自障碍消除之日起继续计算。

3. 申请行政复议的方式。申请行政复议的方式是指行政相对人提出复议请求、表达其复议意愿的具体表现形式。《行政复议法》规定,申请人申请行政复议,可以书面申请,也可以口头申请。书面申请的,可通过邮寄或行政复议机关指定的互联网渠道等方式提交,也可当面提交;口头申请的,行政复议机关应当当场记录申请人的基本情况、行政复议请求、申请行政复议的主要事实、理由和时间。可见,申请行政复议的方式有两种,即书面形式和口头形式。

同时,《行政复议法》也规定了申请行政复议的最长期限,具体包括两种情况:(1)行政机关作出行政行为时,未告知行政相对人申请行政复议的权利、行政复议机关和申请期限的,申请期限从行政相对人知道或者应当知道行政复议权利、行政复议机关和申请期限之日起计算,但从知道或者应当知道行政行为内容之日起最长不超过1年。(2)涉及不动产物权变动的,应当自行政行为作出之日起20年以内提出行政复议申请,其他应当自行政行为作出之日起5年内提出,否则行政复议机关不予受理。

（二）受理

行政复议受理是指行政复议机关通过对复议申请进行审查,认为其符合法定条件而决定立案并予以审理的活动。行政复议的申请与受理是两种性质不同但又密切联系的活动。申请行政复议是公民、法人和其他组织的权利,受理行政复议则是行政复议机关的一项职权。申请是受理的前提,没有申请就没有受理。但受理不是申请的必然结果,是否受理,由行政复议机关审查后作出决定。行政复议源于申请人申请和行政复议机关受理这两个方面的有机结合。

1. 对复议申请的审查。根据《行政复议法》规定,对复议申请的审查,主要包括以下八个方面的内容:(1)是否有明确的申请人和符合规定的被申请人;(2)申请人与行政行为是否有利害关系;(3)是否有具体的行政复议请求和理由;(4)是否在法定申请期限内提出复议申请;(5)是否属于《行政复议法》规定的行政复议范围;(6)是否属于收到行政复议申请的行政复议机关的职责范围;(7)行政复议机关是否受理过申请人就同一行政行为提出的复议申请;(8)是否已向人民法院就同一行政行为提起行政诉讼,人民法院是否已经受理。根据《行政复议法》规定,公民、法人或者其他组织向人民法院提起行政诉讼,人民法院已经依法受理的,不得申请行政复议。

行政复议机关对复议申请应及时进行审查。根据《行政复议法》规定,行政复议机关收到复议申请后,应当在5日内进行审查,并视情况分别作出处理。

2. 对复议申请的处理。根据《行政复议法》和《行政复议法实施条例》规定,行政复议机关审查复议申请后,分不同情况作出以下处理:

(1)自动受理。自动受理是指行政复议机关在行政相对人提出复议申请后无须向行政相对人作出受理决定,只要复议申请符合规定的条件,即推定为已经受理。这包括三层含义:首先,对于符合申请复议条件的,行政复议机关应当受理。其次,这种受理无须作出受理决定。最后,行政复议机关负责法制工作的机构收到复议申请之日即为受理之日。

行政复议申请材料不齐全或者表述不清楚的,行政复议机构应当自收到该行政复议申请之日起5日内书面通知申请人补正。补正通知应当一次性载明需要补正的事项和合理的补正期限。无正当理由逾期不补正的,视为申请人放弃行政复议申请。补正申请材料所用时间不计入行政复议审理期限。

(2)不予受理。对于不符合申请复议条件的复议申请,行政复议机关应当决定不予受理并告知其不予受理的理由。不予受理应当制作不予受理决定书,以行政复议机关的名义送达申请人。不予受理决定书应当载明不予受理的理由。申请人不服的,可以依法向人民法院提起行政诉讼。同时,申请人的复议申请符合《行政复议法》的有关规定,但行政复议机关对该复议案件不具有管辖权时,应当告知申请人向有管辖权的行政复议机关提出复议申请。需要明确的是,这种告知应该在收到复议申请后5日内作出,至于以什么形式作出,法律未作明确规定。本书认为,以书面方式作出为宜。

此外,针对行政复议机关可能出现的不履行受理行政复议申请职责的情况,《行政复议法》规定了内部监督的途径与方法。《行政复议法》规定,公民、法人或者其他组织依法提出行政复议申请,行政复议机关无正当理由不予受理、驳回申请或者受理后超过行政复议期限不作答复的,上级行政机关应当责令其纠正;必要时,上级行政机关也可以直接受理。

(三)审理

行政复议审理是指行政复议机关对申请复议的案件进行实质性审查的活动。这一阶段的主要任务是通过审查证据材料,全面审查行政行为的合法性和适当性。它是行政复议的中心环节和核心阶段,是行政复议机关正确行使复议权的关键步骤。

1. 审理前的准备。审理前的准备是指行政复议机关受理复议申请后,为保证行政复议活动的顺利进行所做的一系列准备工作。它主要包括下列内容:

(1)确定行政复议人员。根据《行政复议法实施条例》的规定,行政复议机构审理行政复议案件,应当由两名以上行政复议人员参加。确定了行政复议人员之后,应及时通知当事人,以便于当事人及早了解行政复议人员的个人情况,从而确定是否行使申请回避的权利。

(2)更换和追加复议当事人。《行政复议法实施条例》规定,申请人提出行政复议申请时错列被申请人的,行政复议机构应当告知申请人变更被申请人。

(3)发送复议申请书副本或者复议申请笔录复印件。行政复议机关应当自复议申请受理之日起7日内,将复议申请书的副本或者复议申请笔录复印件发送被申请人。

(4)被申请人答辩与举证。根据《行政复议法》规定,被申请人应当自收到申请书副本或者申请笔录复印件之日起10日内,提出书面答复,并提交当初作出行政行为的证据、依据和其他有关材料。

(5)申请人、第三人阅卷。《行政复议法》规定,申请人、第三人可以查阅被申请人提出的书面答复、作出行政行为的证据、依据和其他有关材料,除涉及国家秘密、商业秘密或者个人隐私外,行政复议机关不得拒绝。《行政复议法实施条例》规定,行政复议机关应当为申请人、第三人查阅有关材料提供必要条件。

(6)决定是否停止执行被申请复议的行政行为。由于行政行为具有效力先定性,行政复议期间一般不停止行政行为的执行,但是有下列情形之一的,应当停止执行:被申请人认为需要停止执行的;行政复议机关认为需要停止执行的;申请人申请停止执行,行政复议机关认为要求合理,决定停止执行的;法律、法规、规章规定停止执行的。

2. 审理的范围。行政复议审理的范围是指行政复议机关对复议案件中的哪些事项有权进行审查并作出裁决。行政复议机关审理复议案件应遵循全面审查原则。所谓全面审查,就是行政复议机关对被申请复议的行政行为的合法性与适当性,以及对行政行为所依据的有关行政规范性文件的合法性进行审查,不受复议申请人复议请求范围的限制。这是行政复议与行政诉讼的不同之处,体现的是行政权的主动性。

3. 审理的方式。《行政复议法》规定,按一般程序审理行政复议案件,原则上应当当面或者通过互联网、电话等方式听取当事人意见,听取意见应当记录在案。行政复议机构认为有必要听证或者申请人请求听证的,行政复议机构可以组织听证。但是,对于重大、疑难、复杂的行政复议案件,行政复议机构应当组织听证。

4. 审理的期限。审理的期限是指行政复议机关自受理复议申请之日到作出复议决定所需要的时限。根据《行政复议法》规定,行政复议审理期限分为以下三种情况:

(1)一般审理期限。一般审理期限是指行政复议机关应当自受理复议申请之日起60日内作出复议决定。根据《行政复议法实施条例》的规定,行政复议机关审理行政复议案件需要现场勘验的,现场勘验所用时间不计入行政复议审理期限。行政复议期间涉及专门事项需要鉴定的,当事人可以自行委托鉴定机构进行鉴定,也可以申请行政复议机构委托鉴定机构进行鉴定。鉴定费用由当事人承担。鉴定所用时间不计入行政复议审理期限。

(2)特殊审理期限。单行法律规定的审理期限少于60日的,以单行法律规定为准;如果单行法律规定的审理期限长于60日的,以60日为准。

(3)延长审理期限。对于情况复杂的案件,行政复议机关不能在规定的期限内作出复议决定的,经行政复议机构的负责人批准,可以适当延长,但是延长期限最多不超过30日,并应告知申请人和被申请人。

(四)决定

行政复议决定是指行政复议机关在查清案件事实的基础上,根据事实和法律,对所争议的行政行为作出的具有法律效力的判断和处理。它是行政复议机关行使复议职权,对原行政行为的合法性与适当性进行审查的最终结果,也是行政复议申请人和被申请人保护其合法权益的必然要求。

1. 决定的种类与适用条件。根据《行政复议法》和《行政复议法实施条例》的规定,行政复议决定有下列种类:

(1)维持决定。行政行为认定事实清楚,证据确凿,适用依据正确,程序合法,内容适当的,决定维持。

(2)撤销决定。撤销决定是指行政复议机关经过审查,认为被申请人的行政行为违法或者不当,因而作出否定其效力的复议决定。根据《行政复议法》规定,撤销决定包括全部撤销、部分撤销和撤销并责令被申请人重新作出行政行为三种形式。具有下列情形之一时,行政复议机关可以作出撤销决定:主要事实不清、证据不足;违反法定程序或适用依据不合法;超越职权或滥用职权。值得指出的是,行政复议机关责令被申请人重新作出行政行为的,被申请人不得以同一事实和理由作出与原行政行为相同或者基本相同的行政行为,除非行政复议机关以违反法定程序为由撤销或者部分撤销原行政行为。

(3)履行决定。履行决定是指行政复议机关经过审查,认定被申请人具有不履行法定职责的情形的,对被申请人作出的责令其在一定期限内履行法定职责的决定。

(4)变更决定。变更决定是指行政复议机关经过审查,认为该行政行为违法或不当,作出改变该行政行为的决定。根据《行政复议法》规定,行政行为有下列情形之一的,行政复议机关可以决定变更:认定事实清楚,证据确凿,适用依据正确,程序合法,但是不适当;事实清楚,证据确凿,程序合法,但未正确适用依据的。

(5)确认决定。确认决定是指行政复议机关经过审查,在查明案件事实的基础上,确认被申请复议的行政行为违法或无效的复议决定。确认违法决定一般适用于以下情况:被申请人不履行或拖延履行法定职责,但责令其履行法定职责已无实际意义的;被申请复议的行政行为违法,但不具有可撤销内容的;被申请复议的行政行为依法不成立或者无效的;被申请人改变原违法行政行为,申请人仍要求撤销或确认原行政行为违法的;被申请复议的行政行为违法,但撤销该行政行为将会给国家利益或者社会公共利益造成重大损失的;行政行为程序轻微违法,但对申请人权利不产生实际影响的。确认无效决定适用于行政行为的实施主体不具有行政主体资格、没有依据等重大且明显的违法情形。

(6)驳回复议申请决定。驳回复议申请决定是指行政复议机关经过审查,在查明案件事实的基础上作出的对申请人的复议请求予以否定的复议决定。根据《行政复议法》的规定,有下列情形之一的,行政复议机关应当决定驳回行政复议申请:申请人认为行政机关不履行法定职责申请行政复议,行政复议机关受理后发现该行政机关没有相应法定职责的;行政机关在行政复议机关受理前已履行了法定职责的。

(7)赔偿决定。赔偿决定是指行政复议机关经过审查,认为被申请人的行政行为违法侵犯申请人合法权益并造成损害,或被申请人变更、解除行政协议合法但未依法给予补偿或补偿明显不合理的,作出由被申请人予以赔偿的复议决定。《行政复议法》对赔偿决定作出了相应的规定。根据《行政复议法》规定,申请人在申请行政复议时可以一并提出行政赔偿请求,行政复议机关对符合国家赔偿法的有关规定应当给予赔偿的,在决定撤销、变更行政行为或者确认行政行为违法、无效时,应当同时决定被申请人依法给予赔偿。申请人在申请行政复议时没有提出行政赔偿请求的,行政复议机关在依法决定撤销或者变更罚款,撤销违法集资、没收财物、征收财物、摊派费用以及对财产的查封、扣押、冻结等行政行为时,应当同时责令被申请人返还财产,解除对财产的查封、扣押、冻结措施,或者赔偿相应的价款。赔偿决定既可以单独作出,也可以同其他决定一并作出。

2. 决定的形式。行政复议决定的形式是指行政复议机关依法对复议案件审理后作出的具有法律效力的判定的表现形式。《行政复议法》规定,行政复议机关作出行政复议决定,应当制作行政复议决定书,并加盖印章。据此,行政复议决定应当采用书面形式,即应制作行政复议决定书,行政复议决定书是行政复议决定的载体。

(五)执行

对于发生法律效力的行政复议决定,双方当事人都必须履行。被申请人不履行或者无正当理由拖延履行行政复议决定书、调解书、意见书的,行政复议机关或者有关上级行政机关应当责令其限期履行;仍不履行的,行政复议机关可以约谈行政机关有关负责人或通报批评。申请人、第三人逾期不起诉又不履行行政复议决定书、调解书的,按照下列规定分别处理:(1)维持行政行为的行政复议决定书,由作出行政行为的行政主体依法强制执行,或者申请人民法院强制执行。(2)变更行政行为的行政复议决定书,由行政复议机关依法强制执行,或者申请人民法院强制执行。(3)行政复议调解书由行政复议机关依法强制执行,或申请人民法院强制执行。

(六)行政复议的调解与和解

根据《行政复议法》的规定,行政复议机关在办理行政复议案件期间,可以按照自愿、合法的原则,对依自由裁量权作出的行政行为和行政赔偿或者行政补偿纠纷进行调解。当事人经调解达成协议的,行政复议机关应当制作行政复议调解书。调解书应当载明行政复议请求、事实、理由和调解结果,经双方当事人签字,加盖行政复议机关印章,即具有法律效力。调解未达成协议或者调解书生效前一方反悔的,行政复议机关应当及时作出行政复议决定。

申请人对被申请人行使法律、法规规定的自由裁量权作出的行政行为不服申请行政复议的,申请人与被申请人在行政复议决定作出前可以自愿达成和解,但和解内容不得损害社会公共利益和他人合法权益。双方达成和解后,应当向行政复议机关提交书面和解协议。

第二节 行政信访

一、信访与行政信访的概念

（一）信访

国务院于2005年颁布的《信访条例》对信访的定义是目前公认的最权威解释。该《条例》第2条第1款规定:"本条例所称信访,是指公民、法人或者其他组织采用书信、电子邮件、传真、电话、走访等形式,向各级人民政府、县级以上人民政府工作部门反映情况,提出建议、意见或者投诉请求,依法由有关行政机关处理的活动。"《信访条例》颁布以后,这一定义及其界定方式为有关信访工作的众多部门规章、地方性法规、地方政府规章以及其他规范性法律文件广泛采用。2022年2月25日中共中央和国务院联合发布了《信访工作条例》,并于2022年5月1日起施行,国务院于2005年颁布的《信访条例》废止。《信访工作条例》并未对信访的定义进行实质性的变更,其本质依然是公民、法人或者其他组织向有关单位反映情况,提出建议、意见或者投诉请求。法定信访概念包含了两方面内容:

1. 信访的主体包括信访人和信访机关。各类规范性法律文件对信访人的规定基本一致,即公民、法人或者其他组织。但是,由于立法主体不同,规范性法律文件适用的范围不同,导致信访机关的外延有所不同。从实践情况来看,除了各级人民政府、县级以上人民政府工作部门应当做好信访工作,并且县级以上人民政府专设信访工作机构以外,党的机关、人大机关、政协机关、监察机关、审判机关、检察机关以及群团组织、国有企事业单位等也设有信访机构处理信访事项。

2. 信访活动包括信访人提出事项的行为和信访机关进行处理的行为。法定信访概念对信访人的行为规定得很明确,活动方式是"信息网络、书信、电话、传真、走访等",活动内容是"反映情况,提出建议、意见或者投诉请求"。不难看出,整个信访过程是由信访人启动的,启动的方式广泛且灵活,并且程序性要求低。信访事项范围极广,几乎可以涉及社会事务及个人事务的方方面面。信访行为体现了宪法赋予公民的建议权和申诉权,[1] 具体可细分为批评权、建议权、申诉权、控告权、检举权和取得赔偿权（国家赔偿请求权）。[2] 根据各项权

---

[1] 参见杜承铭、朱孔武:《"信访权"之宪法定位》,载《辽宁大学学报（哲学社会科学版）》2006年第6期。
[2] 参见林来梵、余净植:《论信访权利与信访制度——从比较法视角的一种考察》,载《浙江大学学报（人文社会科学版）》2008年第3期。

利的功能,可归纳为监督权和获得权利救济的权利。① 但是,法定信访概念对信访机关的行为则语焉不详,仅用一个"处理"来概括。基于立法目的和精神,并结合规范性法律文件的上下文,可以判断信访机关的处理行为是行使其法定职权的行为。然而,信访机关包括行政机关、审判机关、监督机关和权力机关等,对应的权力分别为行政权、审判权、监督权、立法权等,职责范围也各不相同。而且,如前文所述,信访人提出的请求涵盖了众多权利,对应不同的权利主张,必然引起不同的权力(利)行为。显然,不同的信访机关处理信访的行为是截然不同的。即便不做这种跨机关性质的比较,就同一性质的信访机关而言,针对不同类型的信访事项,其处理信访事项的行为性质也未必相同。

(二)行政信访

1. 行政信访的概念与特征。行政信访虽然不是一个法定术语,但在众多论文和著作中经常出现。通常,学者们认为行政信访属于狭义的信访。狭义的信访与广义的信访的区别仅在于前者是向行政机关提出信访事项,而后者是向各类国家机关、政党、社会团体、新闻媒体等单位提出。② 行政信访处理的是信访人对享有公权力的组织和人员的职务行为的反馈、建议、意见或者不服的请求。作为一种救济途径,行政信访"是在行政系统内由行政部门自身解决行政争议的渠道"③,与之类似并被相提并论的是行政诉讼和行政复议。④ 但是,行政信访作为一种行政行为,与行政复议等行为相比,有自身的特征,主要表现为:

(1)受案范围的广泛性。行政信访的受案范围是指信访人可以向行政机关提出信访的事项。行政信访的受案范围比行政复议和行政诉讼的受案范围要广,既包括行政主体及其工作人员的职务行为,也包括提供公共服务的企业、事业单位及其工作人员的职务行为,还包括村民委员会、居民委员会及其成员的职务行为等;既含被投诉主体的外部行为,也含其内部行为;既涉及反映情况、提出意见和建议类行为,也包括投诉类情况。

(2)信访形式的多样性。在行政信访活动中,信访人提出信访的形式是多种多样的,包括书信、电子邮件、传真、电话、走访等形式。行政机关处理信访的形式也是多种多样的,而行政复议一般采取比较严格的形式。另外,根据《信访工作条例》的规定,信访程序包括初次办理、复查和复核等环节,每个环节也可以采取不同的处理方式。

(3)信访处理的协调性。行政信访工作机构在处理信访事项时,可以协调政府各部门密切配合、共同处理重要的、跨行业的信访事项,因而可以充分调动各方面的力量,共同解决问题。在不违反法律规定的情况下,行政信访工作机构还可以协调信访双方当事人本着务

---

① 参见林来梵著:《从宪法规范到规范宪法——规范宪法学的一种前言》,法律出版社2001年版,第145—150、229—234页。
② 参见应星:《作为特殊行政救济的信访救济》,载《法学研究》2004年第3期;王浦劬、龚宏龄:《行政信访的公共政策功能分析》,载《政治学研究》2012年第2期。
③ 杨寅:《信访与行政复议衔接疑难问题解析》,载《法学》2007年第6期。
④ 参见应星:《作为特殊行政救济的信访救济》,载《法学研究》2004年第3期;王浦劬、龚宏龄:《行政信访的公共政策功能分析》,载《政治学研究》2012年第2期;章志远:《信访潮与中国多元化行政纠纷解决机制的重构》,载《法治研究》2012年第9期;蔡武进:《法治与善治:我国行政信访制度的改革图景——以行政协商为视角》,载《甘肃政法学院学报》2012年第6期;黄涧秋:《论信访的行政救济功能及其与行政复议的关系》,载《理论导刊》2009年第8期;等等。

实、灵活的态度妥善解决问题。

2. 行政信访处理行为。事实上,行政机关受理的信访事项并不限于行政争议,通过信访解决民事争议的情况普遍且大量存在。因此,行政机关受理的请求权利救济的信访应当包括两类:一是针对行政及各种执法机关的违法行为或错误处理的信访;二是针对普通民事纠纷及民事与行政复合型争议的信访。[①]《信访工作条例》明确规定了"诉访分离"制度,将涉及民事、行政、刑事等诉讼权利救济的信访事项从普通信访体制中分离出来,由有关政法部门依法处理。对于应当通过审判机关诉讼程序或者复议程序、检察机关刑事立案程序或者法律监督程序、公安机关法律程序处理的,以及涉法涉诉信访事项未依法终结应当通过仲裁解决的,均按照法律法规规定的程序处理。

从实践的情况来看,行政机关通常采用下列几种方式处理信访事项:

(1) 纪检、政务处理。信访人可以通过信访对相关人员或者单位进行检举、揭发、控告,对于此类信访事项,纪检监察机关或者有权处理的机关、单位应当依规依纪依法接收、受理、办理和反馈。政府信访部门应当按照干部管理权限向组织(人事)部门通报反映干部问题的信访情况,重大情况向党委主要负责同志和分管组织(人事)工作的负责同志报送。

(2) 撤销、重作、补正行政行为。作为行政争议的法定救济途径,我国的行政诉讼制度和行政复议制度均存在某些不足或者局限。[②] 这就注定了一部分行政争议只能或者更适宜通过信访途径解决。针对不同信访案件的具体情况,行政机关可以主动撤销原行政行为,重新作出行政行为或者对原行政行为进行补正。这些信访处理行为在性质上属于行政机关依职权进行的自我纠错或完善。

(3) 行政调解、和解。在民事纠纷中,行政机关的特殊地位及其职权隐含的威慑力决定了其作为居中人介入民事纠纷会有助于各方当事人就利益冲突达成妥协和一致。在行政争议中,信访可以不像行政诉讼和行政复议那样受限于不适用调解原则。因此,行政调解、和解成了行政机关处理信访事项最常见的行为方式。按照《信访工作条例》的规定,行政机关在处理申诉求决类信访事项过程中,可以在不违反政策法规强制性规定的情况下,在裁量权范围内,经争议双方当事人同意进行调解,也可以引导争议双方当事人自愿和解。

(4) 导入其他行政程序。实践中,不少信访事项是可以通过行政复议、行政裁决、行政确认、行政许可、行政处罚等行政程序解决的,信访机关对此类事项均应导入相应程序处理。例如,当信访人投诉的对象或者民事争议中对方的行为违反了相关法律规定时,信访机关会对违法者作出行政处罚,并以此作为信访决定回复信访人。

(5) 行政救助。行政救助又称"行政给付"或"行政物质帮助",是指行政机关对公民在年老疾病或丧失劳动能力等情况下或其他特殊情况下,依照有关法律法规规定,赋予其一

[①] 参见范愉:《申诉机制的救济功能与信访制度改革》,载《中国法学》2014年第4期。

[②] 参见应星:《作为特殊行政救济的信访救济》,载《法学研究》2004年第3期。

定的物质权益或与物质有关的权益的行政行为。① 实践中,行政机关在处理"特殊信访事项"时,会对生活困难的信访人给予行政救助,从而结束信访。某些地方政府还专门制定了关于信访救助的规范性法律文件。②

(6)履行职责。信访人申请查处违法行为、履行保护人身权或者财产权等合法权益的,依法履行或者答复。

二、行政信访关系主体及其法律地位

(一)行政信访关系主体的概念与种类

行政信访关系主体,是指在行政信访活动中享有一定权利并承担一定义务的机关、组织或个人。行政信访关系主体包括:

1. 行政机关,是指各级人民政府和县级以上人民政府工作部门。
2. 信访机构,是指县级以上人民政府负责信访工作的行政机构。
3. 信访人,是指采用书信、电子邮件、传真、电话、走访等形式,向各级人民政府、县级以上人民政府工作部门反映情况以及提出建议、意见或者投诉请求的公民、法人或者其他组织。

(二)行政机关的法律地位

行政机关在信访活动中的法律地位具体体现为其法定职权与职责。主要包括以下方面:

1. 与各级党组织共同组织信访工作联席会议。各级信访工作联席会议在本级党委和政府领导下,负责本地区信访工作的统筹协调、整体推进、督促落实,协调处理发生在本地区的重要信访问题,指导下级信访工作联席会议工作。联席会议召集人一般由党委和政府负责同志担任。

2. 畅通信访渠道。行政机关应当畅通信访渠道,为信访人采用合法的形式反映情况,提出建议、意见或者投诉请求提供便利条件。

(1)应当向社会公布网络信访渠道、通信地址、咨询投诉电话、信访接待的时间和地点、查询信访事项处理进展以及结果的方式等相关事项,在其信访接待场所或者网站公布与信访工作有关的党内法规和法律、法规、规章,信访事项的处理程序,以及其他为信访人提供便利的相关事项。各级机关、单位领导干部应当阅办群众来信和网上信访,定期接待群众来访,定期下访,包案化解群众反映强烈的突出问题。

(2)市、县级政府应当建立和完善联合接访工作机制,根据工作需要组织有关机关、单

---

① 参见罗豪才主编:《行政法学》,北京大学出版社2000年版,第209页;姜明安主编:《行政法与行政诉讼法》(第七版),北京大学出版社、高等教育出版社2019年版,第232页。
② 例如,湖南省张家界市永定区人民政府制定的《永定区信访救助基金管理办法》、湖北省荆门市人民政府制定的《荆门市信访救助专项资金使用管理办法(试行)》和甘肃省金昌市人民政府制定的《金昌市信访救助基金管理办法》均对"特殊信访事项"进行了界定。

位联合接待,一站式解决信访问题。

(3) 任何组织和个人不得打击报复信访人。

3. 设置信访机构,加强信访部门建设。政府信访部门是开展信访工作的专门机构,各级政府应当选优配强领导班子,配备与形势任务相适应的工作力量,建立健全信访督查专员制度,建立健全年轻干部和新录用干部到信访工作岗位锻炼制度。

4. 为信访人保密。行政机关及其工作人员不得将信访人的检举、揭发材料及有关情况透露或者转给被检举、揭发的人员或者单位。

5. 受理信访事项。有关行政机关收到信访事项后,应当予以登记,并区分情况,在15日内分别按照对应方式处理。

6. 及时处理信访事项。行政机关及其工作人员办理信访事项,应当恪尽职守、秉公办事,及时、妥善处理,不得推诿、敷衍、拖延;对重大、紧急信访事项和信访信息不得隐瞒、谎报、缓报,或者授意他人隐瞒、谎报、缓报;对于可能造成社会影响的重大、紧急信访事项和信访信息,有关行政机关应当在职责范围内依法及时采取措施,防止不良影响的产生、扩大。

7. 采纳建议。对信访人反映的情况、提出的建议意见类事项,有权处理的机关、单位应当认真研究论证。对科学合理、具有现实可行性的,应当采纳或者部分采纳,并予以回复。各级政府应当健全人民建议征集制度,对涉及国计民生的重要工作,主动听取群众的建议意见。

8. 实施行政奖励与制裁。信访人反映的情况、提出的建议意见,对国民经济和社会发展或者对改进工作以及保护社会公共利益有贡献的,应当按照有关规定给予奖励。对在信访工作中作出突出成绩和贡献的机关、单位或者个人,可以按照有关规定给予表彰和奖励。对在信访工作中履职不力、存在严重问题的领导班子和领导干部,视情节轻重,由信访工作联席会议进行约谈、通报、挂牌督办,责令限期整改。

9. 实行回避。行政机关工作人员与信访事项或者信访人有直接利害关系的,应当回避。

(三) 信访机构的法律地位

根据《信访工作条例》的规定,政府信访机构具有以下职责:(1) 受理、转送、交办信访事项;(2) 协调解决重要信访问题;(3) 督促检查重要信访事项的处理和落实;(4) 综合反映信访信息,分析研判信访形势,为党委和政府提供决策参考;(5) 指导本级其他机关、单位和下级的信访工作;(6) 提出改进工作、完善政策和追究责任的建议;(7) 承担本级党委和政府交办的其他事项。

(四) 信访人的法律地位

1. 信访人的权利。信访人依法享有以下权利:(1) 合法的信访权益受法律保护;(2) 依法提出信访事项,即反映情况,提出建议、意见或者投诉的权利;(3) 知情权、参与权、监督权和救济权,即信访人有依法获知有关信息的权利、查询信访事项办理情况的权利、得到书面答复的权利、要求复查复核信访事项的权利等;(4) 获得奖励的权利,即信访人反映的情况,提出的建议、意见,对国民经济和社会发展或者对改进国家机关工作以及保护社会公共利益有贡献的,由有关行政机关或者单位给予奖励。

2. 信访人的义务。信访人提出的信访事项应当客观、真实,对其所提供材料内容的真实性负责,不得捏造、歪曲事实,不得诬告、陷害他人。

信访人在信访过程中应当遵守法律、法规,不得损害国家、社会、集体的利益和其他公民的合法权利,自觉维护社会公共秩序和信访秩序,不得有下列行为:(1)在机关、单位办公场所周围、公共场所非法聚集,围堵、冲击机关、单位,拦截公务车辆,或者堵塞、阻断交通;(2)携带危险物品、管制器具;(3)侮辱、殴打、威胁机关、单位工作人员,非法限制他人人身自由,或者毁坏财物;(4)在信访接待场所滞留、滋事,或者将生活不能自理的人弃留在信访接待场所;(5)煽动、串联、胁迫、以财物诱使、幕后操纵他人信访或者以信访为名借机敛财;(6)扰乱公共秩序、妨害国家和公共安全的其他行为。

三、行政信访程序

(一)信访事项的提出

1. 信访事项的受理范围。根据《信访工作条例》的规定,信访事项可以包括三类:(1)反映情况、提出建议意见类事项;(2)检举控告类事项;(3)申诉求决类事项。

2. 信访事项提出的形式。

(1)走访形式。信访人采用走访形式提出信访事项,应当到有权处理的本级或者上一级机关设立或者指定的接待场所提出;多人采用走访形式提出共同的信访事项的,应当推选代表,代表人数不得超过5人;信访事项已经受理或者正在办理,信访人在规定期限内向受理、办理机关的上级机关再提出同一信访事项的,该上级机关不予受理。

(2)书面形式。信访人一般应当采用书面形式提出信访事项,并载明其姓名(名称)、住址和请求、事实、理由。对采用口头形式提出的信访事项,有关机关应当如实记录。

(二)信访事项的受理

1. 信访机构收到信访事项后,应当予以登记,并区分情况,在15日内分别按下列方式处理:(1)对依照职责属于本级机关、单位或者其工作部门处理决定的,应当转送有权处理的机关、单位;情况重大、紧急的,应当及时提出建议,报请本级党委和政府决定。(2)涉及下级机关、单位或者其工作人员的,按照"属地管理、分级负责,谁主管、谁负责"的原则,转送有权处理的机关、单位。(3)对转送信访事项中的重要情况需要反馈办理结果的,可以交由有权处理的机关、单位办理,要求其在指定办理期限内反馈结果,提交办结报告。(4)各级政府信访部门对收到的涉法涉诉信件,应当转送同级政法部门依法处理;对走访反映涉诉问题的信访人,应当释法明理,引导其向有关政法部门反映问题。对属于纪检监察机关受理的检举控告类信访事项,应当按照管理权限转送有关纪检监察机关依规依纪依法处理。

2. 政府信访机构以外的其他机关、单位收到信访人直接提出的信访事项,应当予以登记;对属于本机关、单位职权范围的,应当告知信访人接收情况以及处理途径和程序;对属于本系统下级机关、单位职权范围的,应当转送、交办有权处理的机关、单位,并告知信访人转送、交办去向;对不属于本机关、单位或者本系统职权范围的,应当告知信访人向有权处理的机关、单位提出。

对信访人直接提出的信访事项,有关机关、单位能够当场告知的,应当当场书面告知;不能当场告知的,应当自收到信访事项之日起15日内书面告知信访人,但信访人的姓名(名称)、住址不清的除外。

对党委和政府信访部门或者本系统上级机关、单位转送、交办的信访事项,属于本机关、单位职权范围的,有关机关、单位应当自收到之日起15日内书面告知信访人接收情况以及处理途径和程序;不属于本机关、单位或者本系统职权范围的,有关机关、单位应当自收到之日起5个工作日内提出异议,并详细说明理由,经转送、交办的信访部门或者上级机关、单位核实同意后,交还相关材料。

3. 紧急信访事项的受理。各级机关、单位对可能造成社会影响的重大、紧急信访事项和信访信息,应当及时报告本级党委和政府,通报相关主管部门和本级信访工作联席会议办公室,在职责范围内依法及时采取措施,防止不良影响的产生、扩大。地方各级党委和政府信访部门接到重大、紧急信访事项和信访信息,应当向上一级信访部门报告,同时报告国家信访局。

(三)信访事项的办理

1. 查明事实。有权处理信访事项的行政机关办理信访事项,应当听取信访人陈述事实和理由;必要时可以要求信访人、有关组织和人员说明情况;需要进一步核实有关情况的,可以向其他组织和人员调查。

2. 分类处理。对信访人反映的情况、提出的建议意见类事项,有权处理的机关、单位应当认真研究论证。对科学合理、具有现实可行性的,应当采纳或者部分采纳,并予以回复。对信访人提出的检举控告类事项,纪检监察机关或者有权处理的机关、单位应当依规依纪依法接收、受理、办理和反馈。对信访人提出的申诉求决类事项,有权处理的机关、单位应当区分情况,分别按照下列方式办理:(1)应当通过审判机关诉讼程序或者复议程序、检察机关刑事立案程序或者法律监督程序、公安机关法律程序处理的,涉法涉诉信访事项未依法终结的,按照法律法规规定的程序处理。(2)应当通过仲裁解决的,导入相应程序处理。(3)可以通过党员申诉、申请复审等解决的,导入相应程序处理。(4)可以通过行政复议、行政裁决、行政确认、行政许可、行政处罚等行政程序解决的,导入相应程序处理。(5)属于申请查处违法行为、履行保护人身权或者财产权等合法权益职责的,依法履行或者答复。(6)不属于以上情形的,应当听取信访人陈述事实和理由,并调查核实,出具信访处理意见书。

3. 听证。对重大、复杂、疑难的信访事项,可以举行听证。听证应当公开举行,通过质询、辩论、评议、合议等方式,查明事实,分清责任。

4. 复查。信访人对行政机关作出的信访事项处理意见不服的,可以自收到书面答复之日起30日内请求原办理行政机关的上一级行政机关复查。收到复查请求的行政机关应当自收到复查请求之日起 30 日内提出复查意见并予以书面答复。

5. 复核。信访人对复查意见不服的,可以自收到书面答复之日起 30 日内向复查机关的上一级行政机关请求复核。收到复核请求的行政机关应当自收到复核请求之日起 30 日内提出复核意见。复核机关可以按照规定举行听证,经过听证的复核意见可以依法向社会公示。听证所需时间不计算在 30 日的期限内。信访人对复核意见不服,仍然以同一事实和理由提出投诉请求的,各级人民政府信访工作机构和其他行政机关不再受理。

(四) 信访事项的督办

各级政府应当对开展信访工作、落实信访工作责任的情况组织专项督查。信访工作联席会议及其办公室、政府信访部门应当根据工作需要开展督查,就发现的问题向有关地方和部门进行反馈,重要问题向本级政府报告。政府信访部门发现有关机关、单位存在违反信访工作规定受理、办理信访事项,办理信访事项推诿、敷衍、拖延、弄虚作假或者拒不执行信访处理意见等情形的,应当及时督办,并提出改进工作的建议。政府信访部门应当编制信访情况年度报告,每年向本级政府、上一级政府信访部门报告。

(五) 办理时限

根据《信访工作条例》的规定,信访事项应当自受理之日起 60 日内办结;情况复杂的,经本行政机关负责人批准,可以适当延长办理期限,但延长期限不得超过 30 日,并告知信访人延期理由。

四、法律责任

行政信访既可能直接影响信访人的合法权益,也可能涉及国家和社会公共利益;行政机关不依法行政,就会损害信访人的合法权益或国家与社会公共利益;而信访人不依法信访,不仅自身的合理诉求和合法权益得不到保障,还将破坏社会秩序,危害社会稳定与和谐。因此,为了保持各级人民政府同人民群众的密切联系,保护信访人的合法权益,维护信访秩序,《信访工作条例》明确规定了各类行政信访关系主体的法律责任。

(一) 行政机关和信访机构的法律责任

行政机关和信访机构在行政信访活动中违法或不当行使职权的,应承担改正责任。根据《信访工作条例》规定,行政机关、信访机构在行政信访活动中有下列情形之一的,由其上级机关、单位责令改正;造成严重后果的,对直接负责的主管人员和其他直接责任人员依规依纪依法严肃处理:

1. 各级政府信访部门对收到的信访事项应当登记、转送、交办而未按照规定登记、转送、交办,或者应当履行督办职责而未履行的。

2. 负有受理信访事项职责的行政机关对收到的信访事项不按照规定登记、对属于其职权范围的信访事项不予受理或者未在规定期限内书面告知信访人是否受理信访事项的。

3. 对信访事项有权处理的行政机关在办理信访事项过程中,推诿、敷衍、拖延信访事项办理或者未在规定期限内办结信访事项;对事实清楚,符合法律、法规、规章或者其他有关规定的投诉请求未予支持;对政府信访部门提出的改进工作、完善政策等建议重视不够、落实不力,导致问题长期得不到解决;其他不履行或者不正确履行信访事项处理职责的情形。

(二)行政机关及信访机构工作人员的法律责任

有关机关、单位及其领导干部、工作人员有下列情形之一的,由其上级机关、单位责令改正;造成严重后果的,对直接负责的主管人员和其他直接责任人员依规依纪依法严肃处理;构成犯罪的,依法追究刑事责任:(1)对待信访人态度恶劣、作风粗暴,损害党群干群关系;(2)在处理信访事项过程中吃拿卡要、谋取私利;(3)对规模性集体访、负面舆情等处置不力,导致事态扩大;(4)对可能造成社会影响的重大、紧急信访事项和信访信息隐瞒、谎报、缓报,或者未依法及时采取必要措施;(5)将信访人的检举、揭发材料或者有关情况透露、转给被检举、揭发的人员或者单位;(6)打击报复信访人;(7)其他违规违纪违法的情形。

(三)信访人的法律责任

信访人的法律责任,是指信访人在行政信访活动中因违反《信访工作条例》《治安管理处罚法》以及《刑法》等法律规范的规定而应承担的法律后果。具体包括行政责任和刑事责任。

1. 信访人违反《信访工作条例》规定的,有关机关、单位工作人员应当对其进行劝阻、批评或者教育。信访人滋事扰序、缠访闹访情节严重,构成违反治安管理行为,或者违反集会游行示威相关法律法规的,由公安机关依法采取必要的现场处置措施、给予治安管理处罚;构成犯罪的,依法追究刑事责任。

2. 信访人捏造歪曲事实、诬告陷害他人,构成违反治安管理行为的,依法给予治安管理处罚;构成犯罪的,依法追究刑事责任。

法律应用

1. 行政复议以引起争议的行政行为为主要审查对象,同时对部分抽象行政行为进行附带审查。行政复议机关审查行政行为时,对行政行为的合法性与适当性进行全面审查。

2. 申请人对垂直领导的部门作出的行政行为不服的,可以向上一级主管部门申请行政复议。

3. 被申请人对其行政行为是否合法承担举证责任。被申请人应当在收到申请书副本或者申请笔录复印件之日起10日内,提出书面答复,并提交当初作出行政行为的证据、依据和其他有关材料。被申请人未依照《行政复议法》的规定提出书面答复、提交当初作出行政行为的证据、依据和其他有关材料的,视为该行政行为没有证据、依据,行政复议机关应当决定撤销该行政行为。在行政复议过程中,被申请人不得向申请人、第三人和其他单位或个人调查取证。被申请人违反《行政复议法》的规定,不提出书面答复或者不提交当初作出行政行为的证据、依据和其他有关材料的,对直接负责的主管人员和其他直接责任人员依法给予警告、记过、记大过的行政处分。

4. 公民、法人或者其他组织对行政机关行使自由裁量权作出的行政行为不服,申请行政复议,申请人与被申请人在行政复议决定作出前自愿达成和解的,应当向行政复议机构提交书面和解协议;和解内容不损害社会公共利益和他人合法权益的,行政复议机构应当准许。公民、法人或者其他组织对行政机关行使法律、法规规定的自由裁量权作出的行政行为不服申请行政复议,以及当事人之间的行政赔偿或者行政补偿纠纷,经行政复议机构按照自愿、合法的原则调解达成协议的,行政复议机构应当制作行政复议调解书。

5. 行政信访在整个救济体系内居于补充地位,因此,对依法应当通过仲裁、复议、诉讼等法定途径解决的投诉请求,信访人应当依照有关法律、行政法规规定的程序向有关机关提出。

6. 信访人对行政机关作出的信访事项处理意见不服的,可以请求原办理机关的上一级行政机关复查;信访人对复查意见不服的,可以向复查机关的上一级行政机关请求复核。信访人对复核意见不服,仍然以同一事实和理由提出投诉请求的,各级人民政府信访工作机构和其他行政机关不再受理。

案(事)例

案情简介:

杨某受某厂指派在本县范围内收购茶叶 2 万斤,厂方提供了介绍信、营业执照副本。杨某收购后未向税务机关纳税。县税务局知悉后即作出决定,要求杨某缴纳增值税 5 000 余元。杨某不服,认为自己是接受某厂的指派,与该厂是委托关系,其税款应当由厂方缴纳,县税务局未采纳杨某的意见,坚持要求杨某缴纳。

问题:

1. 在此情况下,杨某应当如何处理?

   A. 杨某可以直接向法院提起行政诉讼

   B. 杨某可以先提起复议,对复议决定不服再起诉

   C. 杨某必须先经过复议,不经复议不得起诉

   D. 杨某可在复议与诉讼之间任意选择

2. 如果杨某提起复议申请,应以何者为复议机关?

   A. 县税务局

   B. 县税务局所属的县政府

   C. 市税务局

   D. 县政府法制局

3. 如果复议审查认定杨某与厂方关系是委托代理关系,对此复议机关应作何处理?

   A. 撤销县税务局要求杨某纳税的决定

   B. 撤销并责令县税务局重新作出处理决定

   C. 直接变更县税务局行政处理决定

   D. 确认县税务局纳税决定违法的复议决定

案（事）例答题思路

思考题

1. 简述行政复议的受案范围。
2. 简述行政复议的管辖。
3. 简述行政复议决定的种类及适用条件。
4. 如何理解行政复议的调解与和解？
5. 简述行政信访的概念和特征。
6. 试述行政信访与行政复议、行政诉讼的关系。

下编

第十四章　行政诉讼概述

本章重点

1. 行政诉讼的概念与特征
2. 行政诉讼的性质
3. 行政诉讼与行政复议的关系
4. 行政诉讼法的立法宗旨
5. 行政诉讼的合法性审查原则

　　第一节　行政诉讼的基本理论
　　第二节　行政诉讼法概述
　　第三节　行政诉讼的基本原则

第一节 行政诉讼的基本理论

一、行政诉讼的概念与特征

（一）行政诉讼的概念

行政诉讼，是指公民、法人或者其他组织认为行政机关和行政机关工作人员的行政行为侵犯其合法权益时，依法向人民法院提起诉讼，由人民法院进行审理并作出裁判的活动。这一概念包括以下三个方面含义：（1）行政诉讼是专门解决行政争议的活动；（2）行政诉讼是在人民法院主持下进行的解决行政争议的司法活动；（3）行政诉讼由公民、法人或者其他组织认为行政机关和行政机关工作人员的行政行为侵犯其合法权益引起。

（二）行政诉讼的特征

行政诉讼与刑事诉讼、民事诉讼构成我国三大基本诉讼制度。相对于刑事诉讼、民事诉讼而言，行政诉讼具有以下特征：

1. 行政诉讼是解决行政争议的活动。行政争议是行政主体在行使行政职权过程中与行政相对人之间发生的权利义务争执，行政诉讼就是专门解决行政争议的制度。公民、法人或其他组织认为行政机关和行政机关工作人员的行政行为侵犯其合法权益的，可依法向人民法院提起行政诉讼，以解决行政机关在行使行政职权过程中与作为相对人的公民、法人或者其他组织发生的权利义务纠纷。行政诉讼最直接的功能和目的就是解决行政争议。①

2. 行政诉讼主要审查行政行为的合法性。人民法院审理行政案件，对行政行为是否合法进行审查。② 在行政诉讼中，人民法院对行政机关是否依法行使职权进行监督，审查的重心是行政行为的合法性；关于行政行为的合理性问题，原则上不属于人民法院审查的范围，除非法律明确规定。③ 行政诉讼主要审查行政行为的合法性源于司法权与行政权的关系：人民法院既要监督行政机关依法行使行政权，又不能取代行政机关直接对行政事务作出处理。

3. 行政诉讼中的原告、被告具有恒定性。在行政诉讼中，能够作为原告提起行政诉讼的，只能是认为行政机关和行政机关工作人员的行政行为侵犯其合法权益的公民、法人或者其他组织。④ 作出行政行为的行政机关没有起诉权，也没有反诉权，只能作为被告应诉，这是

---

① 参见方世荣、石佑启主编：《行政法与行政诉讼法》（第三版），北京大学出版社 2015 年版，第 309 页。
② 如《行政诉讼法》第 6 条规定："人民法院审理行政案件，对行政行为是否合法进行审查。"
③ 如《行政诉讼法》第 70 条第 6 项规定："行政行为有下列情形之一的，人民法院判决撤销或者部分撤销，并可以判决被告重新作出行政行为：……（六）明显不当的。"第 77 条第 1 款规定："行政处罚明显不当，或者其他行政行为涉及对款额的确定、认定确有错误的，人民法院可以判决变更。"
④ 《行政诉讼法》第 25 条第 4 款对行政公益诉讼进行了规定："人民检察院在履行职责中发现生态环境和资源保护、食品药品安全、国有财产保护、国有土地使用权出让等领域负有监督管理职责的行政机关违法行使职权或者不作为，致使国家利益或者社会公共利益受到侵害的，应当向行政机关提出检察建议，督促其依法履行职责。行政机关不依法履行职责的，人民检察院依法向人民法院提起诉讼。"

行政诉讼区别于其他诉讼形式的重要特点,行政诉讼因此也被称为"民告官"的诉讼。行政机关在依法行使行政职权时处于管理者的地位,拥有实现其代表的国家意志的手段,如依法通过强制执行或申请人民法院强制执行其决定等方式实现其行政行为的效力,无须通过向人民法院提起诉讼的方式实现。而公民、法人或者其他组织则不同,在行政管理中,他们处于被管理者的地位,缺乏要求行政机关服从自己意愿的能力,当其认为行政机关的行政行为侵犯其合法权益时,只能通过向人民法院提起行政诉讼,请求人民法院依法启动诉讼程序获得救济。

4. 行政诉讼的目标具有双重性。行政诉讼是人民法院运用国家审判权监督行政机关依法行使职权,保护公民、法人和其他组织的合法权益不受行政机关违法行政行为侵犯的一种司法活动。行政诉讼的目标具有双重性:一是通过处理、解决行政争议监督行政机关是否依法行使职权和履行职责;二是通过审理、裁决行政争议以保护公民、法人和其他组织的合法权益不受行政机关违法行政行为的侵害。行政诉讼目标的双重性决定了它具有司法监督性质,由人民法院作为国家审判机关依法对国家行政机关的行政行为进行监督,以国家审判机关的司法权督促国家行政机关行政权的合法行使,这是其他诉讼制度所不具备的。

二、行政诉讼与行政复议的关系

行政诉讼与行政复议均以解决行政争议,保护公民、法人和其他组织的合法权益为重要目标,两种制度之间既存在关联,也存在区别,两者的衔接须遵循相关法律、法规的规定。

(一)行政诉讼与行政复议的关联

1. 具有相同的功能。行政诉讼与行政复议均包含了如下功能:一是解决行政争议;二是保护公民、法人和其他组织的合法权益;三是监督行政机关依法行使行政职权。

2. 提起的方式相同。行政诉讼与行政复议均适用"不告不理"的原则,只能由作为行政相对人的公民、法人或者其他组织申请行政复议、提起行政诉讼。

3. 行政复议的申请人与被申请人、行政诉讼的原告与被告具有恒定性。能够申请行政复议的只能是认为行政主体的行政行为侵犯其合法权益的公民、法人或者其他组织,作出行政行为的行政主体只能为被申请人;能够提起行政诉讼的只能是认为行政主体的行政行为侵犯其合法权益受的公民、法人或者其他组织,作出行政行为的行政主体只能为被告。

(二)行政诉讼与行政复议的区别

1. 性质与适用程序不同。行政复议属于行政活动,适用行政程序;行政诉讼属于司法活动,适用司法程序。

2. 审理机关不同。行政复议案件由原行政机关的上级行政机关或法律、法规规定的其他行政机关审理;行政诉讼案件只能由人民法院审理。

3. 审查范围不同。行政复议机关对行政行为是否合法和适当进行全面审查;人民法院对行政行为的合法性进行审查,一般不审查行政行为的合理性。

4. 审理方式不同。行政复议原则上采用书面审查的方式,但申请人提出要求或者行政复议机关负责法制工作的机构认为有必要时,可以向有关组织和人员调查情况,听取申请人、被申请人和第三人的意见;行政诉讼一般采用开庭审理方式,但对于上诉案件,人民法院经过阅卷、调查和询问当事人,没有提出新的事实、证据或者理由,合议庭认为不需要开庭审理的,也可以不开庭审理。

5. 审级不同。行政复议一般实行一级复议制;行政诉讼则实行两审终审制。

6. 法律效力不同。行政复议决定一般不具有最终的法律效力,除法律规定为最终裁决的复议决定外,作为相对一方当事人的公民、法人或者其他组织对复议决定不服的,可以依法向人民法院提起行政诉讼;最高人民法院作出的第一审判决和裁定、逾期未提起上诉的其他人民法院作出的第一审判决和裁定,以及人民法院作出的第二审判决和裁定,具有最终的法律效力。

此外,行政复议与行政诉讼在当事人称谓、法定期限、受案范围、是否收取费用等方面也有所不同。

(三)行政复议与行政诉讼的衔接

行政复议与行政诉讼的衔接,需遵循以下两个基本原则:一是针对同一行政争议,不能同时适用行政复议与行政诉讼。即行政相对人对行政行为不服,申请行政复议,复议机关如果受理了复议申请,则在法定的复议期间内,人民法院不能同时启动对该行为的行政诉讼程序。二是行政复议与行政诉讼的先后顺序不能颠倒,只能行政复议在先,行政诉讼在后。即除法律规定的复议终局外,行政相对人如对行政复议决定不服,可以依法提起行政诉讼;但是,行政相对人如对行政诉讼的判决或裁定不服,不能再申请行政复议。根据《行政诉讼法》及《最高人民法院关于适用〈中华人民共和国行政诉讼法〉的解释》等的规定,行政复议与行政诉讼之间的衔接关系主要有以下几种情形:

1. 复议前置。复议前置,是指行政复议是行政诉讼的必经阶段,即行政相对人如不服行政机关作出的行政行为,必须先向复议机关申请行政复议,对复议决定仍不服的,才能向人民法院起诉。复议前置要求公民、法人或者其他组织在提起行政诉讼前必须先经过复议程序,否则人民法院不予受理。但是,如果复议机关不受理行政相对人的复议申请或者在规定的期限内不处理的,行政相对人有权提起行政诉讼。复议前置要求有法律、法规的明确规定,我国目前只有少部分法律规定了复议前置。例如,《税收征收管理法》第88条第1款规定:"纳税人、扣缴义务人、纳税担保人同税务机关在纳税上发生争议时,必须先依照税务机关的纳税决定缴纳或者解缴税款及滞纳金或者提供相应的担保,然后可以依法申请行政复议;对行政复议决定不服的,可以依法向人民法院起诉。"《行政复议法》第30条第1款规定:"公民、法人或者其他组织认为行政机关的具体行政行为侵犯其已经依法取得的土地、矿藏、水流、森林、山岭、草原、荒地、滩涂、海域等自然资源的所有权或者使用权的,应当先申请行政复议;对行政复议决定不服的,可以依法向人民法院提起行政诉讼。"

2. 复议与诉讼由相对人选择。除法律、法规规定的复议前置外,凡属于人民法院受案范围内的行政案件,公民、法人或者其他组织既可以先向复议机关申请复议,对复议决定不服再向人民法院起诉,也可以直接向人民法院提起行政诉讼。

3. 复议终局。法律规定复议终局的,行政复议机关作出的复议决定为最终裁决,相对人不得再提起行政诉讼。即行政相对人选择了向行政复议机关申请复议,而复议机关作出的行政复议决定又属于法律规定的最终裁决的,相对人即使对行政复议决定不服也不能向人民法院提起行政诉讼。如《行政复议法》第14条规定:"对国务院部门或者省、自治区、直辖市人民政府的具体行政行为不服的,向作出该具体行政行为的国务院部门或者省、自治区、直辖市人民政府申请行政复议。对行政复议决定不服的,可以向人民法院提起行政诉讼;也可以向国务院申请裁决,国务院依照本法的规定作出最终裁决。"

此外,法律还规定,对某些案件,行政相对人只能选择行政复议,且行政复议决定为最终裁决,相对人不得提起行政诉讼。如《行政复议法》第30条第2款规定:"根据国务院或者省、自治区、直辖市人民政府对行政区划的勘定、调整或者征收土地的决定,省、自治区、直辖市人民政府确认土地、矿藏、水流、森林、山岭、草原、荒地、滩涂、海域等自然资源的所有权或者使用权的行政复议决定为最终裁决。"

三、行政诉讼的性质

行政诉讼是人民法院依法对行政机关行使行政职权的活动进行监督,并对公民、法人和其他组织的合法权益给予相应补救的法律制度。对于行使行政职权的行政主体而言,行政诉讼是一种法律监督制度;对于行政相对人而言,行政诉讼是一种法律救济制度。

1. 行政诉讼是一种法律监督制度。法律监督有事前监督与事后监督等形式,行政诉讼是人民法院通过依法行使审判权,对行政机关及法律、法规、规章授权的组织作出的行政行为的合法性进行审查的一种事后监督。依据《行政诉讼法》的规定,人民法院在对被诉行政行为进行审理时,如发现该行政行为有《行政诉讼法》第70条规定的法定情形,依法判决撤销或者部分撤销,并可以判决被告重新作出行政行为。人民法院在审理行政案件中,依据《行政诉讼法》第66条的规定,认为行政机关的主管人员、直接责任人员违法违纪的,应当将有关材料移送监察机关、该行政机关或者其上一级行政机关;认为行政机关的主管人员、直接责任人员有犯罪行为的,应当将有关材料移送公安、检察机关。依据《行政诉讼法》第25条第4款的规定,对于在生态环境和资源保护、食品药品安全、国有财产保护、国有土地使用权出让等领域负有监督管理职责却违法行使职权或者不作为致使国家利益或者社会公共利益受到侵害的行政机关,人民检察院应当依法向行政机关提出检察建议,督促其依法履行职责;行政机关仍不依法履行职责的,由人民检察院依法向人民法院提起诉讼。人民法院通过对行政诉讼案件的审理,监督行政机关依法行使职权,确保行政权力在法治的轨道上依法运行。

2. 行政诉讼是一种法律救济制度。行政机关应当依法行使行政职权,行政机关的行政行为损害行政相对人的合法权益的,就涉及受损权利的法律救济问题。作为行政相对人的公民、法人或者其他组织认为行政机关行政行为侵犯其合法权益的,可以依法以行政机关为被告提起行政诉讼,启动行政诉讼程序获得法律上的救济。依据《行政诉讼法》第70—78条的规定,人民法院对行政机关作出的违法及不当的行政行为,通过依法作出撤销或部分撤销、确认无效、变更、继续履行、采取补救措施、承担赔偿责任等判决,使公民、法人或者其他组织被行政行为侵犯的合法权益得到恢复或者弥补。

第二节 行政诉讼法概述

一、行政诉讼法的概念

行政诉讼法是进行行政诉讼活动必须依照的一整套法律规范,是行政诉讼活动的行为准则,有狭义和广义两种解释。狭义的行政诉讼法也称形式意义的行政诉讼法,是指具有专门、完整法律形式的行政诉讼法典,在我国特指1989年由七届全国人大二次会议审议通过,于2014年11月1日根据十二届全国人大常委会第十一次会议《关于修改〈中华人民共和国行政诉讼法〉的决定》第一次修正、2017年6月27日根据十二届全国人大常委会第二十八次会议《关于修改〈中华人民共和国民事诉讼法〉和〈中华人民共和国行政诉讼法〉的决定》第二次修正的《中华人民共和国行政诉讼法》。广义的行政诉讼法也称实质意义的行政诉讼法,是指规范行政诉讼活动,调整行政诉讼关系的法律规范的总称。在我国,广义上的行政诉讼法除《中华人民共和国行政诉讼法》外,还包括宪法、其他法律、行政法规、地方性法规、自治条例和单行条例、行政规章、最高人民法院关于行政诉讼的司法解释以及国际条约等众多法律表现形式中有关行政诉讼问题的规定。

二、行政诉讼法的立法宗旨

立法宗旨,即立法的根本目的,或者说立法的指导思想。行政诉讼法的立法宗旨,是指制定行政诉讼法所要达到的根本目的或者制定行政诉讼法的指导思想。《行政诉讼法》第1条规定:"为保证人民法院公正、及时审理行政案件,解决行政争议,保护公民、法人和其他组织的合法权益,监督行政机关依法行使职权,根据宪法,制定本法。"该规定明确提出了我国制定行政诉讼法的立法宗旨:一是保证人民法院公正、及时审理行政案件;二是解决行政争议;三是保护公民、法人或其他组织的合法权益;四是监督行政机关依法行使行政职权。

(一)保证人民法院公正、及时审理行政案件

"公正"主要是实体上的需要,"及时"是程序上的要求。为保证人民法院公正、及时审理行政案件,解决行政争议,行政诉讼法提供了一整套能够作为法定依据的诉讼规则和程序。通观行政诉讼法的规定,许多条文都体现了保障人民法院公正、及时审理行政案件的立法目的。如在案件审理方面,行政诉讼法既明确规定了人民法院在行政诉讼中的各项职权及其行使的规程,以及保证人民法院正确审理行政案件的制度和要求,提供了"公正"审

的诉讼规则;又规定了保证行政案件能够得到及时处理的各种期限,以及人民法院和诉讼参加人必须严格按期限进行诉讼活动的要求,明确了"及时"审理的程序要求。在行政诉讼的监督方面,行政诉讼法既明确规定了人民检察院对行政诉讼进行法律监督,有权对法院的违法裁判提起抗诉;又规定了行政诉讼当事人对已经发生法律效力的判决、裁定,认为确有错误的,有权提出申诉;还规定了人民法院内部对行政审判活动所实行的审判监督制度等。

(二)解决行政争议

将"解决行政争议"作为制定行政诉讼法的立法目的之一,是 2014 年《行政诉讼法》修改的重要内容。行政诉讼具有监督、救济和解纷的功能,有助于进一步强化通过行政诉讼化解行政纠纷的作用,以法治方式解决行政争议。行政诉讼法在具体制度的规定上也体现了着力解决行政争议的立法目的。如依据《行政诉讼法》第 60 条的规定,在明确行政诉讼不适用调解原则的前提下,对涉及行政赔偿、补偿以及行政机关行使法律、法规规定的自由裁量权的案件作了例外规定,明确人民法院在审理此类案件时可以进行调解。又如依据《行政诉讼法》第 77 条的规定,对于行政处罚明显不当,或者其他行政行为对款额的确定、认定确有错误的,人民法院可以判决变更等。

(三)保护公民、法人或其他组织的合法权益

保护公民、法人或其他组织的合法权益,是我国制定行政诉讼法最根本的立法目的与价值追求,也是我国行政诉讼法最根本的立法宗旨。基于行政活动的普遍性、复杂性和多样性,以及行政主体及其工作人员等方面的原因,行政违法与侵权现象难以避免,必须从法律上为公民、法人和其他组织提供一种救济渠道,使其合法权益得到保护。建构行政诉讼制度正是为了对公民、法人和其他组织为行政行为所侵犯的合法权益提供法律救济。我国行政诉讼法不仅规定了公民、法人或者其他组织可依法提起行政诉讼,而且对行政诉讼的受案范围、管辖、起诉和受理、审理和判决以及侵权赔偿责任等进行了具体规定,充分体现了行政诉讼法保护公民、法人或其他组织合法权益的立法宗旨。

(四)监督行政机关依法行使行政职权

依法行政的核心是行政机关依法行使职权,监督行政机关依法行使行政职权是对人民法院在行政诉讼中的地位的根本性规定。人民法院监督的主要方式是对行政行为的合法性进行审查,对主要证据不足的,适用法律、法规错误的,违反法定程序的,超越职权的,滥用职权的,以及明显不当的行政行为,要判决撤销或部分撤销,并可以判决行政机关重新作出行政行为;对明显不当的行政处罚,或者对款额的确定、认定确有错误的其他行政行为,可以判决变更;行政机关的违法行政行为侵犯公民等相对方合法权益并造成实际损害的,要判决行政赔偿,以有效促使行政机关及其工作人员严格依法行使职权,保护公民、法人和其他组织的合法权益。

三、行政诉讼法的效力范围

法的效力范围,即法的适用范围或生效范围,意指法对什么人、什么事,在什么时间和空

间有效。① 行政诉讼法的效力范围,是指行政诉讼法的法律适用力在特定形式下所能达到的界限,即行政诉讼法对什么人和什么事,在什么样的空间范围和时间范围内具有约束力。

（一）对人的效力

行政诉讼法对人的效力,是指行政诉讼法对哪些人具有约束力,对哪些人不具有约束力。在法对人的效力上,有属人主义原则、属地主义原则、保护主义原则、综合主义原则等,各国因历史传统、法律制度等不同,往往遵循不同的原则。我国行政诉讼法对人的效力坚持属地原则,即凡在我国领域内进行行政诉讼的当事人都适用我国的行政诉讼法。行政诉讼当事人包括:我国的各级、各类国家机关,以及法律、法规、规章授权的组织;我国的公民、法人或者其他组织;在我国进行行政诉讼的外国人、无国籍人和外国组织。对外国人、无国籍人和外国组织,法律另有规定的除外。

（二）对事的效力

一般而言,法律只对其所调整的事项具有法律效力。行政诉讼法对事的效力,是指行政诉讼法适用于处理哪些行政案件,实际上指的是行政诉讼的受案范围。凡依法可以提起行政诉讼的行政案件,都适用行政诉讼法。关于能够适用行政诉讼法的行政案件的具体范围和类型,本书将在"行政诉讼受案范围"一章中详述。

（三）时间效力

行政诉讼法的时间效力,是指行政诉讼法生效、失效的起止时间以及行政诉讼法对该法生效前发生的行政案件有无溯及力的问题。对于行政诉讼法生效、失效的时间,我国《行政诉讼法》第103条规定:"本法自1990年10月1日起施行。"这里的施行日期就是行政诉讼法的生效时间,至于失效时间,《行政诉讼法》未作规定。其他行政法律、法规和规章中有关行政诉讼的法律规范分别根据各法律、法规和规章明示的生效日期开始生效,并随各法律、法规和规章的失效日期失效。根据我国的法律原则,《行政诉讼法》不适用于该法生效之前的行政案件,不具有溯及既往的效力。

（四）空间效力

行政诉讼法的空间效力,是指行政诉讼法效力的地域范围,即行政诉讼法适用的空间范围。我国行政诉讼法适用于我国国家主权所及的一切空间领域,包括我国领陆、领水、领空及其底土,以及领土延伸的所有空间。在上述领域内进行行政诉讼活动,均应受我国行政诉讼法的约束。有关行政诉讼法的空间效力,以下两个问题需要注意:

1. 我国行政诉讼法的法律渊源包括宪法与相关法律、法规、规章中有关行政诉讼的规定,应当根据行政诉讼不同法律渊源的效力状况,确定其具体的空间效力范围。如法律、行政法规、部门规章中有关行政诉讼的规定在全国范围内适用;地方性法规、地方政府规章以及自治条例、单行条例中有关行政诉讼的规定,在本行政区域内适用。

2. 我国《宪法》第31条规定:"国家在必要时得设立特别行政区。在特别行政区内实

---

① 参见张文显主编:《法理学》(第五版),高等教育出版社、北京大学出版社2018年版,第94页。

行的制度按照具体情况由全国人民代表大会以法律规定。"我国在香港和澳门设立特别行政区,行政诉讼法在香港特别行政区和澳门特别行政区的适用问题,分别根据七届全国人大三次会议通过的《中华人民共和国香港特别行政区基本法》和八届全国人大一次全体会议通过的《中华人民共和国澳门特别行政区基本法》的有关规定处理。

第三节 行政诉讼的基本原则

行政诉讼的基本原则,是指反映行政诉讼的基本特点,体现行政诉讼的一般规律,对行政诉讼起主导和支配作用的、处理和解决行政争议必须遵循的基本行为准则。行政诉讼的基本原则贯穿行政诉讼的整个过程,既是行政诉讼法精神实质和价值取向的反映,也是设立行政诉讼各项具体制度的基础。行政诉讼的基本原则可以分为行政诉讼与民事诉讼、刑事诉讼的共有原则和行政诉讼的特有原则。其中,行政诉讼与民事诉讼、刑事诉讼的共有原则又称为行政诉讼的一般原则。

一、行政诉讼的一般原则

(一)人民法院依法独立行使审判权原则

《行政诉讼法》第4条第1款规定:"人民法院依法对行政案件独立行使审判权,不受行政机关、社会团体和个人的干涉。"该款确立了行政诉讼中,人民法院依法独立行使行政审判权的原则。该原则包含以下内容:

1. 行政审判权由人民法院依法行使。行使行政审判权的主体只能是人民法院,其他任何机关、社会团体和个人都无权行使行政审判权。

2. 行政审判权由人民法院依法独立行使。人民法院依法独立行使行政审判权,行政机关、社会团体和个人不能干涉人民法院行使行政审判权。对于非法干预人民法院行使行政审判权的组织或个人,应当依法追究其法律责任。

3. 人民法院依法独立行使行政审判权,是指人民法院作为一个整体独立行使审判权,而不是指审判人员个人的独立,也不是指合议庭的独立。

4. 人民法院依法独立行使行政审判权,是指人民法院依法独立审理和裁决所受理的行政案件,上级人民法院不能就某一具体行政案件要求下级人民法院按照自己的意见进行审理和裁判。即使下级人民法院的裁判有错误,也应当通过法定程序予以纠正。

5. 人民法院依法独立行使行政审判权,是指人民法院对行政审判权的行使不受行政机关、社会团体和个人的干涉,而不是不受任何组织和个人的监督。但是,任何监督都不能代替人民法院行使行政审判权,最终的裁判仍然由人民法院作出。[1]

---

[1] 参见应松年主编:《行政诉讼法》(第四版),中国政法大学出版社2007年版,第45页。

(二)"以事实为根据,以法律为准绳"的原则

《行政诉讼法》第 5 条规定:"人民法院审理行政案件,以事实为根据,以法律为准绳。"该条确立了行政诉讼中,人民法院审理行政案件"以事实为根据,以法律为准绳"的原则。

"以事实为根据,以法律为准绳"是行政诉讼与民事诉讼、刑事诉讼都必须遵循的诉讼原则。行政诉讼的特殊之处在于,在行政诉讼中,人民法院应当依法对被诉行政机关依据所认定的事实并适用相关法律、法规作出的行政行为的合法性进行审查。因此,以事实为根据要求人民法院查明行政机关作出行政行为所认定的事实是否存在,是否符合客观情况,证据是否充分、确实;以法律为准绳要求人民法院既要查明行政机关作出行政行为是否有法律、法规依据,适用法律、法规是否正确,是否违反法定程序,以及是否违反法律目的等,又要正确适用法律、法规,对被诉行政行为的合法性作出裁判。《行政诉讼法》还规定,公民、法人或者其他组织认为行政行为所依据的国务院部门和地方人民政府及其部门制定的规范性文件不合法的,在对行政行为提起诉讼时,可以一并请求对该规范性文件进行审查,人民法院经审查认为该规范性文件不合法的,不作为认定行政行为合法的依据,并向制定机关提出处理建议。"以事实为根据,以法律为准绳"是一项原则不可分割的两个方面,查明事实是适用法律的基础,人民法院只有在查明事实的基础上,才能正确适用法律。

(三)合议、回避、公开审判和两审终审原则

《行政诉讼法》第 7 条规定:"人民法院审理行政案件,依法实行合议、回避、公开审判和两审终审制度。"该条确立了行政诉讼中合议、回避、公开审判和两审终审的原则。

1. 合议。合议是指人民法院审理行政案件,由审判员或者由审判员与陪审员依照法定人数组成合议庭进行审理。《行政诉讼法》第 68 条明确了第一审普通程序中合议庭的组成:"人民法院审理行政案件,由审判员组成合议庭,或者由审判员、陪审员组成合议庭。合议庭的成员,应当是三人以上的单数。"行政审判实行合议制是原则,独任制是例外。人民法院在审理过程中,发现案件不宜适用由审判员一人独任审理的简易程序的,应当裁定转为普通程序。

2. 回避。回避是指承办行政案件的审判人员、书记员、翻译人员、勘验人、鉴定人与案件有利害关系或者有其他关系可能影响公正审判,经过法定程序,不参加案件的审理或免除有关任务的执行。回避是诉讼公正的内在要求。审判人员认为自己与本案有利害关系或者有其他关系的,应当申请回避。当事人认为审判人员、书记员、翻译人员、勘验人、鉴定人与本案有利害关系或者有其他关系可能影响公正审判的,有权申请其回避。当事人申请回避,应当说明理由,在案件开始审理时提出;在案件开始审理后知道回避事由的,应当在法庭辩论终结前提出。对当事人提出的回避申请,人民法院应当在 3 日内以口头或者书面形式作出决定。申请人对驳回回避申请决定不服的,可以向作出决定的人民法院申请复议一次,人民法院应当在 3 日内作出复议决定。

3. 公开审判。人民法院审理行政案件,除涉及国家秘密、个人隐私和法律另有规定外,一律公开进行;对公开审理和不公开审理的案件,人民法院一律公开宣告判决。公开审判

既包括审判过程公开,也包括审判结果公开。即使依法不公开审理的行政案件,在宣布判决结果时也应公开进行。公开审判原则适用于法庭调查、法庭辩论、宣告判决等各个诉讼阶段。

4. 两审终审。两审终审是指一起行政案件经过第一审人民法院与第二审人民法院两级人民法院的审理和裁判后,诉讼程序即告结束。行政诉讼案件经过第一审人民法院审理后,当事人对人民法院作出的第一审判决、裁定不服的,有权依法向上一级人民法院提出上诉。第二审人民法院对上诉案件进行审理后作出的判决、裁定是终审的判决、裁定,当事人必须执行。最高人民法院作出的第一审行政案件的判决、裁定为终审判决、裁定,这是两审终审原则的例外情形。

(四) 当事人诉讼法律地位平等原则

《行政诉讼法》第8条规定:"当事人在行政诉讼中的法律地位平等。"该条确立了行政诉讼中,当事人诉讼法律地位平等原则。

当事人诉讼法律地位平等原则是指当事人在行政诉讼中的法律地位是平等的,诉讼当事人享有平等的诉讼权利,承担平等的诉讼义务。法律地位平等的实质是同等条件同样对待。行政诉讼中的原、被告双方,一方为行使行政职权的行政主体,另一方为作为行政相对人的公民、法人或者其他组织,两者并不处在同等条件之下。要保障行政诉讼当事人法律地位平等,对原告和被告的诉讼权利和义务就要给予适当的分配。如我国《行政诉讼法》规定,被告对作出的行政行为负有举证责任,原告可以提供证明行政行为违法的证据,原告提供的证据不成立的,不免除被告的举证责任等。当事人法律地位平等并不意味着行政诉讼中原、被告双方当事人的诉讼权利和诉讼义务完全对应。

(五) 使用本民族语言文字进行诉讼原则

《行政诉讼法》第9条第1款规定:"各民族公民都有用本民族语言、文字进行行政诉讼的权利。"该款确立了行政诉讼中,各民族公民有权依法使用本民族的语言文字进行诉讼的原则。

使用本民族语言文字进行诉讼原则是各民族平等这一宪法原则在行政诉讼中的体现。该原则包括下列内容:(1) 使用本民族语言文字进行行政诉讼是各民族公民法定的权利。(2) 在少数民族聚居或者多民族共同居住的地区,人民法院应当采用当地民族通用的语言、文字进行审理和发布法律文书。(3) 人民法院应当为不通晓当地民族通用的语言、文字的诉讼参与人提供翻译。

(六) 辩论原则

《行政诉讼法》第10条规定:"当事人在行政诉讼中有权进行辩论。"该条确立了行政诉讼中的辩论原则。

行政诉讼中的辩论原则,是指在人民法院的主持下,行政诉讼当事人有权向人民法院提出诉讼请求或反驳对方的诉讼请求,有权就案件事实的有无、证据的真伪以及法律、法规的适用等问题进行辩论。辩论有言辞辩论和书面辩论两种形式。辩论原则贯穿行政诉讼的全过程,法庭辩论是当事人行使辩论权的主要阶段。为了保证辩论的正常进行,确保行政诉讼当事人辩论权的充分行使,辩论应当在人民法院的主持下有序进行,人民法院应当保证双方当事人平等行使辩论权,并使双方当事人围绕与本案有关的问题进行辩论。行政诉讼当事人进行辩论是人民法院查明行政案件事实真相、准确裁判行政争议的基础,也是保护公民、法人和其他组织合法权益的需要。

(七)人民检察院对行政诉讼实行法律监督的原则

《行政诉讼法》第11条规定:"人民检察院有权对行政诉讼实行法律监督。"该条确立了行政诉讼中,人民检察院对行政诉讼实行法律监督的原则。

人民检察院对行政诉讼实行法律监督,一是为了保障行政诉讼活动依法进行,二是为了保护诉讼当事人的合法权益。一方面,人民检察院对行政诉讼的法律监督有助于促进人民法院正确审理和裁判行政案件;另一方面,人民检察院对行政诉讼的法律监督为纠正可能出现的冤假错案提供了一种有效途径,有助于保障诉讼当事人的合法权益。

人民检察院对行政诉讼进行法律监督的主要方式是抗诉。《行政诉讼法》第93条第1、2款规定:"最高人民检察院对各级人民法院已经发生法律效力的判决、裁定,上级人民检察院对下级人民法院已经发生法律效力的判决、裁定,发现有本法第九十一条规定情形之一,或者发现调解书损害国家利益、社会公共利益的,应当提出抗诉。地方各级人民检察院对同级人民法院已经发生法律效力的判决、裁定,发现有本法第九十一条规定情形之一,或者发现调解书损害国家利益、社会公共利益的,可以向同级人民法院提出检察建议,并报上级人民检察院备案;也可以提请上级人民检察院向同级人民法院提出抗诉。"人民检察院对提出抗诉的案件,在法院审理时应当派员出席法庭,对诉讼活动是否合法进行监督。

人民检察院还可以提出检察建议的方式对行政诉讼进行法律监督。《行政诉讼法》第93条第3款规定:"各级人民检察院对审判监督程序以外的其他审判程序中审判人员的违法行为,有权向同级人民法院提出检察建议。"

二、行政诉讼的特有原则

行政诉讼的特有原则,是指反映行政诉讼内在规律,为行政诉讼所特有,其他类型诉讼并不具备的原则。《行政诉讼法》第6条规定:"人民法院审理行政案件,对行政行为是否合法进行审查。"该条确立了人民法院对行政行为的合法性进行审查的原则,即合法性审查原则。所谓合法性审查原则,是指人民法院审理行政案件,对被诉行政行为是否合法进行审理并作出裁判。合法性审查原则是行政诉讼区别于其他类型诉讼的特有原则,主要包括下列内容:

1. 合法性审查的主体。合法性审查的主体是人民法院。人民法院在行政诉讼中对被诉行政行为是否合法进行审查,这是法律赋予人民法院的一项重要司法审判权。依据我国《宪法》与《行政诉讼法》的规定,人民法院依法独立行使行政审判权,对被诉行政行为的合法性进行审查,不受行政机关、社会团体和个人的干涉。

2. 合法性审查的对象。合法性审查的对象为被诉的行政行为。《行政诉讼法》第53条第1款规定:"公民、法人或者其他组织认为行政行为所依据的国务院部门和地方人民政府及其部门制定的规范性文件不合法,在对行政行为提起诉讼时,可以一并请求对该规范性文件进行审查。"

3. 合法性审查的内容。在行政诉讼中,人民法院依法对被诉行政行为是否合法进行审查,一般不涉及被诉行政行为的合理性问题。但也有例外规定,如《行政诉讼法》第77条规定:"行政处罚明显不当,或者其他行政行为涉及对款额的确定、认定确有错误的,人民法院可以判决变更。人民法院判决变更,不得加重原告的义务或者减损原告的权益。但利害关系人同为原告,且诉讼请求相反的除外。"

4. 合法性审查的依据。根据《行政诉讼法》第63条的规定,人民法院审理行政案件,以法律、行政法规、地方性法规为依据,地方性法规适用于本行政区域内发生的行政案件。人民法院审理民族自治地方的行政案件,并以该民族自治地方的自治条例和单行条例为依据。人民法院审理行政案件,参照规章。根据《最高人民法院关于适用〈中华人民共和国行政诉讼法〉的解释》第100条的规定,人民法院审理行政案件,适用最高人民法院司法解释的,应当在裁判文书中援引。人民法院审理行政案件,可以在裁判文书中引用合法有效的规章及其他规范性文件。

5. 合法性审查的标准。根据《行政诉讼法》第69、70条的规定,合法性审查的标准包括合法的行政行为的标准和违法的行政行为的标准两个方面。合法的行政行为必须同时具备以下三个条件:(1)证据确凿;(2)适用法律、法规正确;(3)符合法定程序。有下列情形之一的,为违法的行政行为:(1)主要证据不足;(2)适用法律、法规错误;(3)违反法定程序;(4)超越职权;(5)滥用职权;(6)明显不当。

6. 合法性审查的方式和结果。人民法院通过诉讼的方式对行政行为进行合法性审查并作出裁判。人民法院经过审理,认为行政行为证据确凿,适用法律、法规正确,符合法定程序的,或者原告申请被告履行法定职责或者给付义务理由不成立的,判决驳回原告的诉讼请求;认为主要证据不足,或适用法律、法规错误,或违反法定程序,或超越职权,或滥用职权,或明显不当的,判决撤销或部分撤销并可判决被告重新作出行政行为;认为行政处罚明显不当,或者其他行政行为涉及对款额的确定、认定确有错误的,可以判决变更;认为被告不履行法定职责的,判决被告在一定期限内履行;认为行政行为违法但不具有可撤销内容或者撤销该行政行为将会给国家利益或者公共利益造成重大损失,或行政行为程序轻微违法,但对原告权利不产生实际影响,或被告改变原违法行政行为,原告仍要求确认原行政行为违法的,判决确认被诉行政行为违法等。

法律应用

1. 我国行政诉讼解决行政争议的范围为公民、法人或者其他组织认为行政主体作出的行政行为侵犯其合法权益产生的争议。

2. 行政诉讼中能够成为原告、享有起诉权的,只能是认为行政主体作出的行政行为侵犯其合法权益的公民、法人或者其他组织,作出被诉行政行为的行政主体没有起诉权,也没有反诉权,只能作为被告应诉。原告和被告的这种身份和地位是恒定的。

3. 人民检察院在履行职责中发现在生态环境和资源保护、食品药品安全、国有财产保护、国有土地使用权出让等领域负有监督管理职责的行政机关违法行使职权或者不作为,致使国家利益或者社会公共利益受到侵害的,应当向行政机关提出检察建议,督促其依法履行职责。行政机关不依法履行职责的,人民检察院有权依法向人民法院提起诉讼。

4. 合法性审查原则是行政诉讼的特有原则,是指人民法院审理行政案件,依法对行政行为是否合法进行审查并作出裁判,一般不审查行政行为的合理性或适当性问题。但是,根据《行政诉讼法》第70条第6项的规定,行政行为明显不当的,人民法院判决撤销或者部分撤销,并可以判决被告重新作出行政行为;根据《行政诉讼法》第77条第1款的规定,行政处罚明显不当,或者其他行政行为涉及对款额的确定、认定确有错误的,人民法院可以判决变更。

案(事)例

案情简介:

原告何某某系第三人华中科技大学武昌分校(以下简称"武昌分校")2003级通信工程专业的本科毕业生。武昌分校是独立的事业法人单位,无学士学位授予资格。根据国家对民办高校学士学位授予的相关规定和双方协议约定,被告华中科技大学同意对武昌分校符合学士学位条件的本科毕业生授予学士学位,并在协议附件载明《华中科技大学武昌分校授予本科毕业生学士学位实施细则》。其中,第2条规定:"凡具有我校学籍的本科毕业生,符合本《实施细则》中授予条件者,均可向华中科技大学学位评定委员会申请授予学士学位。"第3条规定:"……达到下述水平和要求,经学术评定委员会审核通过者,可授予学士学位。……(三)通过全国大学英语四级统考。"2006年12月,华中科技大学作出《关于武昌分校、文华学院申请学士学位的规定》,规定通过全国大学外语四级考试是非外国语专业学生申请学士学位的必备条件之一。

2007年6月30日,何某某获得武昌分校颁发的《普通高等学校毕业证书》,由于其本科学习期间未通过全国英语四级考试,武昌分校根据上述《实施细则》,未向华中科技大学推荐其申请学士学位。8月26日,何某某向华中科技大学和武昌分校提出授予工学学士学位的申请。2008年5月21日,武昌分校作出书面答复,因何某某没有通过全国大学英语四级考试,不符合授予条件,华中科技大学不能授予其学士学位。何某某向人民法院提起行政诉讼,要求被告华中科技大学为其颁发工学学士学位。

问题:

1. 原告能否对华中科技大学未授予学士学位的行为提起行政诉讼?为什么?
2. 对于原告的诉讼请求,人民法院应当如何裁决?为什么?

案（事）例答题思路

思考题

1. 简述行政诉讼的概念与特征。
2. 简述行政诉讼的性质。
3. 简述行政诉讼与行政复议的关系。
4. 论述我国《行政诉讼法》的立法宗旨。
5. 论述行政诉讼的合法性审查原则。

第十五章 行政诉讼受案范围

本章重点

1. 我国行政诉讼受案范围的确立方式
2. 人民法院应当受理的案件和不予受理的事项范围

第一节 行政诉讼受案范围概述
第二节 人民法院受理的行政案件
第三节 人民法院不予受理的事项

第一节 行政诉讼受案范围概述

一、行政诉讼受案范围的概念

行政诉讼受案范围,也称行政审判权范围,是指人民法院受理行政案件的范围。行政诉讼受案范围是行政诉讼制度的核心内容之一。从人民法院的角度而言,行政诉讼受案范围即人民法院受理与审判行政案件的权限范围;从行政相对人的角度而言,行政诉讼受案范围即行政相对人因不服行政主体作出的行政行为诉请人民法院司法监督的诉权范围。

二、规定行政诉讼受案范围的法律意义

行政诉讼受案范围是人民法院受理行政案件、解决行政争议的标准和依据,[①] 规定人民法院对哪些行政案件可以受理,对哪些事项不予受理。行政诉讼受案范围是我国行政诉讼法的重要内容,具有重要的法律意义。

第一,行政诉讼受案范围是人民法院对行政机关的行政活动实施司法监督的权限范围。人民法院能受理哪些行政案件,就意味着其能对行政机关在多大范围内的行政活动具有司法监督的权限。

第二,行政诉讼受案范围是公民、法人和其他组织行使诉权的范围。公民、法人和其他组织能够对哪些行政案件提起行政诉讼,意味着其为行政机关作出的哪些行政行为所侵犯的合法权益能够受到司法救济。

第三,行政诉讼受案范围的确定,决定人民法院与其他国家机关在处理行政案件上的分工与权限。并非所有由行政机关作出的行政行为引发的争议都能够提起行政诉讼,由此产生了人民法院与其他国家机关在处理行政案件上的分工与权限。

第四,行政诉讼受案范围的确定,既有利于人民法院公正、及时履行职责,也有利于当事人正确、有效行使诉权。明确行政诉讼的受案范围,即明确了人民法院在受理行政案件上的职责范围,便于人民法院正确、及时地受案。同时也有利于公民、法人和其他组织在认为自己合法权益受到行政机关作出的行政行为侵犯时及时、有效地行使诉权。

三、确立行政诉讼受案范围的标准和方式

(一)确立行政诉讼受案范围的标准

各国基于政治、经济、文化、法律体系、法律传统等的不同,对行政诉讼受案范围的规定不尽相同。从我国政治、经济、文化以及法治水平的实际状况出发,确立行政诉讼的受案范围,应当符合下列标准:

---

① 参见马怀德主编:《行政诉讼原理》,法律出版社 2003 年版,第 168 页。

1. 符合我国政治制度的特点。人民代表大会制度是我国根本政治制度。人民代表大会是国家的权力机关,国家行政机关、监察机关、审判机关、检察机关都由人民代表大会产生,对它负责,受它监督。监督行政机关行政行为的权力并非都属于人民法院。如依据我国《宪法》第67条的规定,撤销同宪法、法律相抵触的行政法规、决定和命令为全国人民代表大会常务委员会的法定职权。属于权力机关职权范围内的事项,我国《行政诉讼法》未将其划归人民法院行政诉讼的受案范围。

2. 符合保护公民、法人和其他组织合法权益的诉讼目的。行政诉讼赋予了认为其合法权益为行政行为所侵犯的公民、法人和其他组织提起行政诉讼的权利,从而为公民、法人或者其他组织提供了有效的救济途径。对于权益保护而言,受案范围越广泛,它所保护的公民、法人和其他组织合法权益的范围也就越广泛,因此,应尽可能将关系公民、法人或者其他组织重大权益的行政案件纳入行政诉讼的受案范围,对哪些行政案件属于行政诉讼受案范围、哪些行政案件不属于行政诉讼受案范围作出规定。

3. 符合我国行政诉讼制度发展的实际情况。行政诉讼受案范围的确定应考虑我国行政诉讼制度发展的实际情况,在发展的过程中逐步扩大可提起行政诉讼的案件范围。对暂未确定为受案范围的行政争议,可以采取一定的灵活方式,为今后在条件成熟的情况下逐步划归行政诉讼受案范围留下空间。

4. 符合人民法院与行政机关在受理行政案件上的合理分工。因行政机关行政行为导致的行政争议范围广泛且类型较多,为及时、有效地处理和解决争议,确定行政诉讼受案范围时应当充分考虑人民法院与行政机关在受理行政案件上的合理分工,发挥行政机关在处理和解决行政案件上的作用和优势,使其通过行政复议等方式解决部分行政案件,实现人民法院与行政机关在受理行政案件上的合理分工。

(二)确立受案范围的方式

确立行政诉讼受案范围的方式越科学,行政诉讼受案范围的划定就越准确。从世界各国行政诉讼制度对受案范围的确立方式来看,主要有两种:

1. 以判例确立行政诉讼的受案范围。即某一行政案件是否属于法院的受案范围,以其是否符合法院判例形成的规则决定,如英国、美国、法国等国家。

2. 以制定法确立行政诉讼的受案范围。即以制定法明确规定受案范围,如德国、日本等国家。以制定法明确规定受案范围又有概括式、列举式和混合式等几种方式:

(1)概括式。概括式是由统一的行政诉讼法典对受案范围作原则性、概括性的规定。通常总体地规定为:行政相对人认为行政机关的违法或不当行政行为侵犯其合法权益时,有权提起行政诉讼。概括式的优点是简单、全面、不致发生遗漏,缺点是可能出现规定过于宽泛和可操作性不足的问题。

(2)列举式。列举式有肯定列举和否定列举两种方法。肯定列举是由行政诉讼法和其他单行法律法规对属于行政诉讼受案范围的行政案件加以逐个列举,凡列举的都属于行政诉讼的受案范围,未列举的则不属于行政诉讼的受案范围;否定列举也称排除式,是对不属于行政诉讼受案范围的事项加以逐个列举,凡列举的都被排除在行政诉讼的受案范围之外,未作排除列举的则属于行政诉讼的受案范围。列举式的优点是具体、细致,受案或不受案的界限分明,易于掌握;缺点是烦琐且难以列举全面。

（3）混合式。混合式又称结合式或折中式,是指采用概括式与列举式相结合的方式对行政诉讼受案范围进行规定。混合式结合了概括式与列举式的优点,能够发挥两者的长处,避免各自的不足,不失为确定行政诉讼受案范围的较好方式,为大多数国家所采用。

我国行政诉讼立法采用混合式的方式规定行政诉讼的受案范围,具体为:

1. 以概括的方式确立行政诉讼受案的基本范围。《行政诉讼法》第2条第1款规定:"公民、法人或者其他组织认为行政机关和行政机关工作人员的行政行为侵犯其合法权益,有权依照本法向人民法院提起诉讼。"第2款进一步规定:"前款所称行政行为,包括法律、法规、规章授权的组织作出的行政行为。"依据《行政诉讼法》第2条的规定,能够被提起行政诉讼的行政行为,包括行政机关及其工作人员和法律、法规、规章授权的组织及其工作人员所实施的行政行为(含不作为)。这就划定了行政诉讼的基本范围,即公民、法人或者其他组织认为行政行为侵犯其合法权益而提起的行政诉讼,属于行政诉讼的受案范围。

2. 以肯定列举的方式列出了应当受案的具体行政案件。《行政诉讼法》第12条第1款具体列出了人民法院应当受理的12种行政案件,即是以肯定列举的方式规定了该12种行政案件属于我国行政诉讼的受案范围。因《行政诉讼法》第12条第1款的肯定列举不能穷尽行政诉讼受案范围的全部内容,第12条第2款又将行政诉讼法难以列举全面或以后还可能出现的行政案件,以"人民法院受理法律、法规规定可以提起诉讼的其他行政案件"的方式进行了补充。

3. 以否定列举的方式规定了不属于行政诉讼受案范围的事项。《行政诉讼法》第13条对人民法院不予受理的4种事项的规定,就是以否定列举的方式将该4种事项排除于我国行政诉讼受案范围之外。否定列举对于落实《行政诉讼法》第2条关于行政诉讼受案范围的概括性规定具有重要意义。通过对不予受案法定情形的限制,使行政诉讼受案范围具有了发展、开放的性质,有利于在最大限度内保护公民、法人和其他组织的诉权。

我国行政诉讼法对行政诉讼受案范围采取的概括式与列举式相结合的混合式确立方式,既明确又不失全面,而且兼顾了逐步扩大行政诉讼受案范围的发展趋势,是较为科学的。

第二节　人民法院受理的行政案件

《行政诉讼法》第2条规定了人民法院受理的行政案件的基本范围,即公民、法人或者其他组织认为行政机关和行政机关工作人员的行政行为侵犯其合法权益,依法向人民法院提起诉讼的,都属于行政诉讼的受案范围。《行政诉讼法》第12条第1款具体列出了人民法院应当受理的由行政机关和行政机关工作人员行政行为引起的行政案件,第12条第2款规定了人民法院受理法律、法规规定可以提起诉讼的其他行政案件。《最高人民法院关于适用〈中华人民共和国行政诉讼法〉的解释》第1条规定,公民、法人或者其他组织对行政机关及其工作人员的行政行为不服,依法提起诉讼的,属于人民法院行政诉讼的受案范围。

一、对行政机关行政处罚不服的案件

《行政诉讼法》第12条第1款第1项规定,人民法院受理公民、法人或者其他组织对行政处罚不服提起的行政诉讼。根据我国法律、法规对行政处罚的规定,行政处罚可以划分为申诫罚、财产罚、能力罚和人身自由罚等类型。除《行政处罚法》的规定外,相关法律、法规亦有关于行政处罚的规定。① 行政机关作出行政处罚将涉及公民、法人或者其他组织的人身、财产等重大权益,根据《行政诉讼法》规定行政诉讼受案范围的原则和精神,对于行政机关依据《行政处罚法》以外其他法律、法规作出的行政处罚,公民、法人或者其他组织认为侵犯其合法权益的,也可以提起行政诉讼。

二、对行政机关行政强制不服的案件

《行政诉讼法》第12条第1款第2项规定,人民法院受理公民、法人或者其他组织对限制人身自由或者对财产的查封、扣押、冻结等行政强制措施和行政强制执行不服提起的诉讼。

行政强制措施可以分为对人身的行政强制措施和对财产的行政强制措施。对人身的行政强制措施主要包括对人身的强制约束、强制扣留、强制戒毒或治疗、强制隔离,及其他限制人身自由的强制性措施,如对醉酒的人予以约束,对闹事者强行带离现场等;对财产的行政强制措施主要包括查封财产、扣押财物、冻结资金,以及其他对财产的强制措施,如强制销毁、强制扣缴、强制拆除、强制拍卖等。

行政强制执行的方式包括:加处罚款或者滞纳金;划拨存款、汇款;拍卖或者依法处理查封、扣押的场所、设施或者财物;排除妨碍、恢复原状;代履行;其他强制执行方式。②

无论是采取行政强制措施还是行政强制执行,行政机关都应当依法进行。如果公民、法人或者其他组织认为行政机关采取的限制人身自由或者对财产的查封、扣押、冻结等行政强制措施或行政强制执行侵犯了其人身权、财产权等合法权益,可依法提起行政诉讼,人民法院应当依法受理。

三、对行政机关行政许可不服的案件

《行政诉讼法》第12条第1款第3项规定,人民法院受理公民、法人或者其他组织对申

---

① 如《行政许可法》第80条规定:"被许可人有下列行为之一的,行政机关应当依法给予行政处罚;构成犯罪的,依法追究刑事责任:(一)涂改、倒卖、出租、出借行政许可证件,或者以其他形式非法转让行政许可的;(二)超越行政许可范围进行活动的;(三)向负责监督检查的行政机关隐瞒有关情况、提供虚假材料或者拒绝提供反映其活动情况的真实材料的;(四)法律、法规、规章规定的其他违法行为。"
② 《行政强制法》第12条规定:"行政强制执行的方式:(一)加处罚款或者滞纳金;(二)划拨存款、汇款;(三)拍卖或者依法处理查封、扣押的场所、设施或者财物;(四)排除妨碍、恢复原状;(五)代履行;(六)其他强制执行方式。"

请行政许可,行政机关拒绝或者在法定期限内不予答复,或者对行政机关作出的有关行政许可的其他决定不服提起的诉讼。

《行政诉讼法》规定的不服行政许可的行政案件包括以下两种类型:一是公民、法人或者其他组织申请行政许可,行政机关拒绝或者在法定期限内不予答复的;二是公民、法人或者其他组织对行政机关作出的有关行政许可的其他决定不服的。《行政许可法》等相关法律、法规亦对行政许可引起的纠纷可依法提起行政诉讼进行了规定。如《行政许可法》第7条规定:"公民、法人或者其他组织对行政机关实施行政许可,享有陈述权、申辩权;有权依法申请行政复议或者提起行政诉讼;其合法权益因行政机关违法实施行政许可受到损害的,有权依法要求赔偿。"《最高人民法院关于审理行政许可案件若干问题的规定》第1条规定,公民、法人或者其他组织认为行政机关作出的行政许可决定以及相应的不作为,或者行政机关就行政许可的变更、延续、撤回、注销、撤销等事项作出的有关具体行政行为及其相应的不作为侵犯其合法权益,提起行政诉讼的,人民法院应当依法受理。第6条第1款规定,行政机关受理行政许可申请后,在法定期限内不予答复,公民、法人或者其他组织向人民法院起诉的,人民法院应当依法受理。

四、对行政机关确认自然资源所有权和使用权决定不服的案件

《行政诉讼法》第12条第1款第4项规定,人民法院受理公民、法人或者其他组织对行政机关作出的关于确认土地、矿藏、水流、森林、山岭、草原、荒地、滩涂、海域等自然资源的所有权或者使用权的决定不服提起的诉讼。

在我国,土地、矿藏、水流、森林、山岭、草原、荒地、滩涂、海域等自然资源属于国家所有或者集体所有,对所有权或者使用权的确认应当由法定的行政机关依据相关法律、法规的规定进行。如《土地管理法》第12条规定:"土地的所有权和使用权的登记,依照有关不动产登记的法律、行政法规执行。依法登记的土地的所有权和使用权受法律保护,任何单位和个人不得侵犯。"第14条第1款规定:"土地所有权和使用权争议,由当事人协商解决;协商不成的,由人民政府处理。"《渔业法》《矿产资源法》《森林法》《草原法》《水法》等法律也有相关规定。行政机关对自然资源所有权或者使用权的确认,既包括行政机关颁发确认所有权或者使用权证书,也包括对所有权或者使用权发生争议时,由行政机关作出的处理。行政机关对自然资源所有权或者使用权的确认,将直接影响公民、法人或其他组织享有和使用自然资源的合法权益,公民、法人或者其他组织如不服行政机关作出的决定,可根据《行政诉讼法》第12条第1款第4项的规定,依法向人民法院提起行政诉讼。

五、对行政机关征收、征用决定及其补偿决定不服的案件

《行政诉讼法》第12条第1款第5项规定,人民法院受理公民、法人或者其他组织对征收、征用决定及其补偿决定不服提起的诉讼。

行政征收主要有行政征税、行政收费、土地征收、房屋征收等,除行政征税和行政收费为

无偿征收以外,其他征收一般为有偿征收。① 行政征用主要有对交通工具与通信设备、房屋、场地或设施等财产使用权的征用以及对劳务的征用等。行政征用为有偿征用,如《民法典》第245条规定:"因抢险救灾、疫情防控等紧急需要,依照法律规定的权限和程序可以征用组织、个人的不动产或者动产。被征用的不动产或者动产使用后,应当返还被征用人。组织、个人的不动产或者动产被征用或者征用后毁损、灭失的,应当给予补偿。"公民、法人或者其他组织如认为行政机关作出的征收、征用决定及其补偿决定侵犯了其合法权益,可以依法向人民法院提起行政诉讼。

六、认为行政机关不履行保护人身权、财产权等合法权益的法定职责的案件

《行政诉讼法》第12条第1款第6项规定,人民法院受理公民、法人或者其他组织因申请行政机关履行保护人身权、财产权等合法权益的法定职责,行政机关拒绝履行或者不予答复提起的诉讼。

我国《宪法》确立了一切国家机关和国家工作人员必须努力为人民服务的宗旨②,行政机关及其工作人员应当依法履行其所担负的保护公民、法人或者其他组织人身权、财产权等合法权益的法定职责。如依据《专利法》第21条第1款的规定,国务院专利行政部门应当按照客观、公正、准确、及时的要求,依法处理有关专利的申请和请求。如果行政机关拒绝履行或者不予答复公民、法人或者其他组织向其提出的其应当履行的保护人身权、财产权等合法权益法定职责的申请,依据《行政诉讼法》第12条第1款第6项的规定,公民、法人或者其他组织可依法提起行政诉讼。该规定包含以下三个要件:一是行政机关负有保护人身权、财产权等合法权益的法定职责;二是公民、法人或者其他组织向行政机关提出了请求保护人身权、财产权等合法权益的申请;三是行政机关拒绝履行或者不予答复公民、法人或者其他组织提出的保护人身权、财产权等合法权益的申请。于行政机关而言,不履行其所负有的保护人身权、财产权等合法权益的法定职责,为失职行为;于公民、法人或者其他组织而言,行政机关拒绝履行或者不予答复其提出的保护人身权、财产权等合法权益的申请,则是人身权、财产权等合法权益的受保障权受到侵犯。公民、法人或者其他组织因此提起行政诉讼的,人民法院应当依据《行政诉讼法》第12条第1款第6项的规定予以受理。

七、认为行政机关侵犯法定经营自主权或者农村土地承包经营权、农村土地经营权的案件

《行政诉讼法》第12条第1款第7项规定,人民法院受理公民、法人或者其他组织认为行政机关侵犯其经营自主权或者农村土地承包经营权、农村土地经营权提起的诉讼。

---

① 如《宪法》第10条第3款规定:"国家为了公共利益的需要,可以依照法律规定对土地实行征收或者征用并给予补偿。"第13条第3款规定:"国家为了公共利益的需要,可以依照法律规定对公民的私有财产实行征收或者征用并给予补偿。"

② 《宪法》第27条第2款规定:"一切国家机关和国家工作人员必须依靠人民的支持,经常保持同人民的密切联系,倾听人民的意见和建议,接受人民的监督,努力为人民服务。"

经营自主权是指企业和其他经济组织等依法对自身的经营决策、机构、人员、财产、生产、销售等各方面事务自主管理经营的权利。经营自主权是企业和其他经济组织等开展经营活动的基础,权利主体与权利内容广泛:(1)能够依法开展经营活动的企业和其他经济组织,包括国有企业、集体企业、外商投资企业、私营企业和各种个体经营户等。(2)以《全民所有制工业企业转换经营机制条例》的规定为例,全民所有制工业企业依法享有生产经营决策权、产品劳务定价权、产品销售权、物资采购权、进出口权、投资决策权、留用资金支配权、资产处置权、联营兼并权、劳动用工权、人事管理权、工资奖金分配权、内部机构设置权、拒绝摊派权等广泛的经营自主权。① 依据《合伙企业法》等相关法律法规的规定,其他形式的经营主体依法享有法定的经营自主权。企业和其他经济组织等依法享有的经营自主权受法律保护,如《全民所有制工业企业转换经营机制条例》第22条规定:"企业经营权受法律保护,任何部门、单位和个人不得干预和侵犯。对于非法干预和侵犯企业经营权的行为,企业有权向政府和政府有关部门申诉、举报,或者依法向人民法院起诉。"国家发展和改革委员会、中央机构编制委员会办公室发布的《关于一律不得将企业经营自主权事项作为企业投资项目核准前置条件的通知》规定:"对于属于企业经营自主权的事项,一律不再作为企业投资项目核准前置条件。"依法享有经营自主权的企业和其他经济组织等如认为行政机关行政行为侵犯其经营自主权,可以依据行政诉讼法的规定提起行政诉讼。

依据《农村土地承包法》的规定,农村土地是指农民集体所有和国家所有依法由农民集体使用的耕地、林地、草地,以及其他依法用于农业的土地。农村土地承包经营权是指农村土地承包人在法律规定和承包合同约定的范围内,对于农村土地所享有的承包资格及其经营承包土地并获得收益的权利。农村土地承包经营权的内容包括使用、收益承包地的权利,自主组织生产经营和处置产品的权利,依法互换、转让、流转土地承包经营权的权利,以及承包地被依法征收、征用、占用的补偿权等。农村土地经营权是农村土地承包经营权中的一部分,主要指农村土地承包人依法以出租(转包)、入股或者其他方式将农村土地承包经营权中的土地经营权流转他人后,由被转让人根据法律或合同经营土地并取得收益的权利。公民、法人或者其他组织如认为行政机关的行政行为侵犯其农村土地承包经营权、农村土地经营权的,有权依据《行政诉讼法》第12条第1款第7项的规定,向人民法院提起行政诉讼。

八、认为行政机关滥用行政权力排除或者限制竞争的案件

《行政诉讼法》第12条第1款第8项规定,人民法院受理公民、法人或者其他组织认为行政机关滥用行政权力排除或者限制竞争提起的诉讼。

行政机关滥用行政权力排除或者限制竞争,是指行政机关对依法应当通过公平竞争决定的事项,以行政权力排除竞争或者限制竞争。排除竞争一般表现为行政机关运用行政权力以不公平竞争或否定公平竞争结果的方式强行作出决定;限制竞争通常表现为行政机关

---

① 参见《全民所有制工业企业转换经营机制条例》第8—21条的规定。

运用行政权力干预、制约竞争活动的开展,导致发生不公平的结果,影响消费者利益和社会公共利益。公平竞争是市场经济的基本原则,是市场机制高效运行的重要基础,[①]行政机关滥用行政权力排除或者限制竞争破坏了市场公平竞争秩序,为相关法律法规所明确禁止。如《反垄断法》第39—45条规定了行政机关和法律、法规授权的具有管理公共事务职能的组织"不得滥用行政权力,限定或者变相限定单位或者个人经营、购买、使用其指定的经营者提供的商品""不得滥用行政权力,以设定歧视性资质要求、评审标准或者不依法发布信息等方式,排斥或者限制经营者参加招标投标以及其他经营活动""不得滥用行政权力,采取与本地经营者不平等待遇等方式,排斥、限制、强制或者变相强制外地经营者在本地投资或者设立分支机构""不得滥用行政权力,制定含有排除、限制竞争内容的规定"等。《制止滥用行政权力排除、限制竞争行为暂行规定》第4—9条列举了行政机关和法律、法规授权的具有管理公共事务职能的组织不得实施的滥用行政权力排除、限制竞争的行为等。公民、法人或者其他组织因认为行政机关滥用行政权力排除或者限制竞争的,有权依据《行政诉讼法》第12条第1款第8项向人民法院提起行政诉讼。

九、认为行政机关违法集资、摊派费用或者违法要求履行其他义务的案件

《行政诉讼法》第12条第1款第9项规定,人民法院受理公民、法人或其他组织认为行政机关违法集资、摊派费用或者违法要求履行其他义务而提起的诉讼。

行政机关违法集资,是指行政机关违反法律、法规规定,强制公民、法人或其他组织投入资金、实物等参与兴建某种工程或开展某种活动,如行政机关违法强制要求公民、法人或者其他组织投资修建道路、学校或建立基金会等。行政机关违法摊派费用,是指行政机关违反法律、法规规定,强制公民、法人或者其他组织无偿承担有关费用,如行政机关违法要求公民、法人或者其他组织分摊行政活动的费用等。行政机关违法要求履行其他义务,是指行政机关违反法律、法规规定,强制公民、法人或者其他组织履行除上述财产义务以外的其他行为义务,包括作出或不作出一定的行为,如行政机关违法要求服劳役、服兵役,违法禁止公民、法人或者其他组织作出某种行为等。

在行政管理活动中,行政机关要求公民、法人或者其他组织履行义务应当依法进行。行政机关要求履行的义务应当是法律法规规定的义务,且应当依照法律法规规定的程序进行,否则就构成了违法要求履行义务。行政机关违法要求履行义务的表现形式主要有:一是法律法规未规定相关义务,行政机关无法律依据随意设定并要求公民、法人或者其他组织履行义务;二是公民、法人或者其他组织已依法履行了法定义务,行政机关重复要求履行义务,或增加义务内容,或扩大义务范畴等;三是行政机关要求公民、法人或者其他组织履行义务时违反法定程序,如收费不出具法定的收据,或任意改变履行义务的期限等。公民、法人或者其他组织认为行政机关违法集资、摊派费用或者违法要求履行其他义务提起行政诉讼的,人

---

① 参见《国务院关于在市场体系建设中建立公平竞争审查制度的意见》的规定。

民法院应当依法受理。需要注意的是,行政机关在民事活动中以民事主体的身份要求对方履行民事义务的,引起的只是民事纠纷案件,不能提起行政诉讼。

十、认为行政机关没有依法支付抚恤金、最低生活保障待遇或者社会保险待遇的案件

《行政诉讼法》第12条第1款第10项规定,人民法院受理公民、法人或者其他组织认为行政机关没有依法支付抚恤金、最低生活保障待遇或者社会保险待遇提起的诉讼。

抚恤金是公民因公或因病致残、死亡时,由国家发给本人或者其家属的费用,主要有伤残抚恤金与遗属抚恤金。最低生活保障待遇是指国家保障城镇居民享有维持其基本生活需要的社会救济待遇,如最低生活保障费。社会保险待遇是公民在年老、疾病、工伤、失业、生育等情况下,依法从国家和社会获得物质帮助的待遇,如工伤保险待遇、失业保险金等。支付抚恤金、最低生活保障待遇或者社会保险待遇是相关行政机关的法定职责,行政机关必须依法切实履行。行政机关未依法支付抚恤金、最低生活保障待遇或者社会保险待遇的行为通常表现为:一是未支付,即对于依法应当支付的抚恤金、最低生活保障待遇或者社会保险待遇,行政机关未予支付;二是未按要求支付,即行政机关未按法定的要求支付抚恤金、最低生活保障待遇或者社会保险待遇,如违法扣减了相关费用的数额,或未依法按期限支付等;三是错误支付,即行政机关错误支付了抚恤金、最低生活保障待遇或者社会保险待遇,如发生了法定对象上的错误等。公民、法人或者其他组织认为行政机关没有依法支付抚恤金、最低生活保障待遇或者社会保险待遇的,有权依据《行政诉讼法》第12条第1款第10项的规定提起行政诉讼。

十一、认为行政机关不依法履行、未按照约定履行或者违法变更、解除政府特许经营协议、土地房屋征收补偿协议等协议的案件

《行政诉讼法》第12条第1款第11项规定,人民法院受理公民、法人或者其他组织认为行政机关不依法履行、未按照约定履行或者违法变更、解除政府特许经营协议、土地房屋征收补偿协议等协议提起的诉讼。

政府特许经营协议是指行政机关与行政相对人就供电、供气、供水、供热、公共交通、垃圾处理、污水处理等公用事业领域特许经营关系的建立、实施和监管等内容,经协商一致达成的协议。土地征收补偿协议是指政府因依法征收集体所有土地,与集体经济组织就补偿方式、补偿金额等土地征收补偿事项经协商一种达成的补偿协议。房屋征收补偿协议是指房屋征收部门因依法征收被征收人的房屋,与被征收人就补偿方式、补偿金额等房屋征收补偿事项经协商一致达成的协议。

随着行政管理体制改革的不断深入,行政机关越来越多地运用行政协议等非单方强制命令的方式来实施行政活动。除《行政诉讼法》第12条第1款第11项列举的政府特许经营协议、土地房屋征收补偿协议外,行政协议还有矿业权等国有自然资源使用权出让协议、政府投资的保障性住房的租赁买卖等协议、节能减排自愿协议、科研管理协议以及其他

形式的行政协议等。订立行政协议的目的在于实现行政管理或者公共服务目标,对于协议中约定的义务,行政机关应当履行。在履行行政协议的过程中,行政机关具有一定的行政优益权,如监督权、指挥权、单方变更权和解除权等,行政机关行使行政优益权应当依法进行。公民、法人或者其他组织认为行政机关不依法履行、未按照约定履行或者违法变更、解除政府特许经营协议、土地房屋征收补偿协议等协议的,有权依据《行政诉讼法》第12条第1款第11项的规定向人民法院提起行政诉讼。此外,《最高人民法院关于审理行政协议案件若干问题的规定》对行政协议案件的审理进行了具体解释,如其第2条、第3条分别规定了人民法院受理行政协议案件的范围和不属于人民法院受案范围的事项;[①] 第4条、第5条对行政协议案件的诉讼当事人进行了规定;[②] 第7条对行政协议案件的管辖进行了规定;等等。[③]

十二、认为行政机关侵犯其他人身权、财产权等合法权益的案件

《行政诉讼法》第12条第1款第12项规定,人民法院受理公民、法人或者其他组织认为行政机关侵犯其他人身权、财产权等合法权益提起的诉讼。

上述规定是对《行政诉讼法》第12条第1款第1项至第11项作出的概括性补充规定。《行政诉讼法》第12条第1款第1—11项列举的11种行政案件,都是行政机关的行政行为影响公民、法人或者其他组织人身权、财产权等合法权益的行政案件,但逐一列举难以做到全面完整,为了能将涉及公民、法人或其他组织合法权益的其他行政案件也归入行政诉讼的受案范围,《行政诉讼法》第12条第1款第12项以概括性的方式规定了人民法院应当依法受理公民、法人或者其他组织认为行政机关侵犯其他人身权、财产权等合法权益提起的诉讼。对此,应从以下两个方面理解。

第一,行政机关侵犯其他人身权、财产权等合法权益的行政案件,不属于《行政诉讼法》

[①] 《最高人民法院关于审理行政协议案件若干问题的规定》第2条规定:"公民、法人或者其他组织就下列行政协议提起行政诉讼的,人民法院应当依法受理:(一)政府特许经营协议;(二)土地、房屋等征收征用补偿协议;(三)矿业权等国有自然资源使用权出让协议;(四)政府投资的保障性住房的租赁、买卖等协议;(五)符合本规定第一条规定的政府与社会资本合作协议;(六)其他行政协议。"第3条规定:"因行政机关订立的下列协议提起诉讼的,不属于人民法院行政诉讼的受案范围:(一)行政机关之间因公务协助等事由而订立的协议;(二)行政机关与其工作人员订立的劳动人事协议。"

[②] 《最高人民法院关于审理行政协议案件若干问题的规定》第4条规定:"因行政协议的订立、履行、变更、终止等发生纠纷,公民、法人或者其他组织作为原告,以行政机关为被告提起行政诉讼的,人民法院应当依法受理。因行政机关委托的组织订立的行政协议发生纠纷的,委托的行政机关是被告。"第5条规定:"下列与行政协议有利害关系的公民、法人或者其他组织提起行政诉讼的,人民法院应当依法受理:(一)参与招标、拍卖、挂牌等竞争性活动,认为行政机关应当依法与其订立行政协议但行政机关拒绝订立,或者认为行政机关与他人订立行政协议损害其合法权益的公民、法人或者其他组织;(二)认为征收征用补偿协议损害其合法权益的被征收征用土地、房屋等不动产的用益物权人、公房承租人;(三)其他认为行政协议的订立、履行、变更、终止等行为损害其合法权益的公民、法人或者其他组织。"

[③] 《最高人民法院关于审理行政协议案件若干问题的规定》第7条规定:"当事人书面协议约定选择被告所在地、原告所在地、协议履行地、协议订立地、标的物所在地等与争议有实际联系地点的人民法院管辖的,人民法院从其约定,但违反级别管辖和专属管辖的除外。"

第 12 条第 1 款第 1 项至第 11 项列举的 11 种行政案件中的任何一种。

人身权是与人身不可分离而又没有直接经济内容的权益,可以分为人格权和身份权两大类,人格权又有公民的人格权与法人或其他组织人格权的区分。公民的人格权包括生命权、身体权、健康权、姓名权、肖像权、名誉权、荣誉权、隐私权等,法人或其他组织的人格权包括名称权、名誉权、荣誉权等;身份权包括亲权、配偶权、监护权等。财产权是具有一定物质内容的、直接体现为经济利益的权益,包括物权、债权、知识产权、继承权等。除人身权、财产权之外,公民、法人或者其他组织还依法享有受教育权、劳动权、休息权、社会保障权等各项权利。这些合法权益受到行政机关行政行为侵犯但又不属于《行政诉讼法》列举的 11 项行政案件的,即为行政机关侵犯其他人身权、财产权等合法权益的行政案件,公民、法人或者其他组织可以依法提起行政诉讼。

第二,行政机关侵犯其他人身权、财产权等合法权益的行政案件,应当为行政机关行政行为引起的行政案件。这些案件虽非由行政处罚、行政强制、行政许可等行政行为引起,但是由其他行政行为引起的,如行政奖励、行政裁决等,对此,公民、法人或者其他组织可以依法提起行政诉讼。

十三、法律、法规规定可以起诉的其他行政案件

《行政诉讼法》第 12 条第 2 款规定:"除前款规定外,人民法院受理法律、法规规定可以提起诉讼的其他行政案件。"该款以概括式的兜底条款规定行政诉讼的受案范围并不限于第 12 条第 1 款规定的行政案例,是对我国行政诉讼受案范围更进一步的补充。对于这一规定,需从以下两个方面来理解。

第一,这里的法律、法规,是指《行政诉讼法》以外的其他法律、行政法规、地方性法规、自治条例和单行条例等,既包括《行政诉讼法》颁行以前就已经颁布并仍然有效的,也包括《行政诉讼法》颁行以后颁布并仍然有效的。

第二,这些法律、法规规定的可以提起行政诉讼的其他行政案件,都是《行政诉讼法》第 12 条第 1 款列举之外的行政案件。

《行政诉讼法》的这项肯定性的补充规定具有重要的意义,能够使我国行政诉讼的受案范围尽可能地适应社会的需要。

第三节 人民法院不予受理的事项

根据《行政诉讼法》第 13 条和《最高人民法院关于适用〈中华人民共和国行政诉讼法〉的解释》的有关规定,人民法院不受理公民、法人或者其他组织对下列事项提起的诉讼。

一、国防、外交等国家行为

《行政诉讼法》第 13 条第 1 项规定,国防、外交等国家行为不属于行政诉讼的受案范围。

依据《最高人民法院关于适用〈中华人民共和国行政诉讼法〉的解释》第 2 条第 1 款的规定，"国家行为"是指国务院、中央军事委员会、国防部、外交部等根据宪法和法律的授权，以国家的名义实施的有关国防和外交事务的行为，以及经宪法和法律授权的国家机关宣布紧急状态等行为。在国外，国家行为被解释为"与国家的重要政策有联系的行为""关系到国家存亡及国家统治之根本的、具有高度政治性的、国家最高机关（国会、内阁等）的行为"[①]等。国防、外交等国家行为不能被提起行政诉讼，为各国行政诉讼制度的通例。我国行政诉讼将其排除在行政诉讼的受案范围之外，主要原因在于：

第一，国家行为是以国家的名义实施的国防和外交等行为，是体现国家主权的行为，其运用的权力具有国家的整体性和统一性。

第二，国防、外交等国家行为关系到国家和民族的整体利益，即使这种行为会影响某些公民、法人或者其他组织的利益，公民、法人或者其他组织的个别利益也要服从国家和民族的整体利益。

二、行政法规、规章或者行政机关制定、发布的具有普遍约束力的决定、命令

《行政诉讼法》第 13 条第 2 项规定，行政法规、规章或者行政机关制定、发布的具有普遍约束力的决定、命令不属于行政诉讼的受案范围。

依据《最高人民法院关于适用〈中华人民共和国行政诉讼法〉的解释》第 2 条第 2 款的规定，《行政诉讼法》第 13 条第 2 项规定的"具有普遍约束力的决定、命令"，是指行政机关针对不特定对象发布的能反复适用的规范性文件。

我国《宪法》《地方各级人民代表大会和地方各级人民政府组织法》《立法法》等对行政法规、行政规章、行政规范性文件的撤销或者改变进行了明确规定。例如，《宪法》第 67 条第 7 项规定："全国人民代表大会常务委员会行使下列职权：……（七）撤销国务院制定的同宪法、法律相抵触的行政法规、决定和命令；……"第 89 条第 13 项、第 14 项规定："国务院行使下列职权：……（十三）改变或者撤销各部、各委员会发布的不适当的命令、指示和规章；（十四）改变或者撤销地方各级国家行政机关的不适当的决定和命令；……"第 104 条规定："县级以上的地方各级人民代表大会常务委员会讨论、决定本行政区域内各方面工作的重大事项；……撤销本级人民政府的不适当的决定和命令；……"第 108 条规定："县级以上的地方各级人民政府领导所属各工作部门和下级人民政府的工作，有权改变或者撤销所属各工作部门和下级人民政府的不适当的决定。"有权撤销或者改变行政法规、行政规章、行政规范性文件的为国家权力机关或者上级行政机关，对于违法或者不适当的行政法规、行政规章或者行政规范性文件，应当由法定的国家权力机关或者上级行政机关依法予以撤销或者改变，人民法院不受理公民、法人或者其他组织单就行政法规、规章或者行政机关制定、发布的具有普遍约束力的决定、命令提起的诉讼。

[①] 胡建淼著：《十国行政法比较研究》，中国政法大学出版社 1993 年版，第 38、208 页。

对于效力等级低于行政法规和行政规章的行政规范性文件,公民、法人或者其他组织虽不能对其直接提起行政诉讼,但是,如果公民、法人或者其他组织认为行政行为所依据的国务院部门和地方人民政府及其部门制定的规范性文件不合法,可以依据《行政诉讼法》第53条的规定,在对行政行为提起诉讼时,一并请求对该规范性文件进行审查。人民法院经审查认为该规范性文件不合法的,不作为认定行政行为合法的依据,并有权向制定机关提出处理建议。

三、行政机关对其工作人员的奖惩、任免等决定

《行政诉讼法》第13条第3项规定,行政机关对行政机关工作人员的奖惩、任免等决定不属于行政诉讼的受案范围。

依据《最高人民法院关于适用〈中华人民共和国行政诉讼法〉的解释》第2条第3款的规定,《行政诉讼法》第13条第3项规定的"对行政机关工作人员的奖惩、任免等决定",是指行政机关作出的涉及行政机关工作人员公务员权利义务的决定。不仅包括奖惩、任免这两类决定,还包括涉及行政机关工作人员公务员权利义务的其他决定,如行政机关作出的有关培训、考核、退休、工资福利等决定。

行政机关对其工作人员作出的奖惩、任免等决定属于内部人事管理行为,所导致的行政机关与其工作人员之间的行政纠纷,依据相关法律、法规的规定,可以通过申请复核、提出申诉等途径由行政机关内部处理解决。如《公务员法》第95条第1款规定:"公务员对涉及本人的下列人事处理不服的,可以自知道该人事处理之日起三十日内向原处理机关申请复核;对复核结果不服的,可以自接到复核决定之日起十五日内,按照规定向同级公务员主管部门或者作出该人事处理的机关的上一级机关提出申诉;也可以不经复核,自知道该人事处理之日起三十日内直接提出申诉:(一)处分;(二)辞退或者取消录用;(三)降职;(四)定期考核定为不称职;(五)免职;(六)申请辞职、提前退休未予批准;(七)不按照规定确定或者扣减工资、福利、保险待遇;(八)法律、法规规定可以申诉的其他情形。"

从国外的相关规定来看,对行政机关对其工作人员所作的内部行政决定能否请求司法救济,部分国家持肯定的态度,如法国关于公务员的越权之诉和损害赔偿之诉等。我国《行政诉讼法》规定行政机关对行政机关工作人员的奖惩、任免等决定不属于行政诉讼法的受案范围。依据《最高人民法院关于适用〈中华人民共和国行政诉讼法〉的解释》所作的解释,行政机关对行政机关工作人员的奖惩、任免等决定是指行政机关作出的涉及行政机关工作人员权利义务的决定。行政机关工作人员如不服行政机关对其作出的奖惩、任免等决定,向人民法院提起行政诉讼,人民法院能否受理,要看决定所涉及的权利义务是否为行政机关工作人员作为国家公务员的权利义务。如果涉及的权利义务为行政机关工作人员作为国家公务员的权利义务,则不能通过行政诉讼的方式解决;如果所涉及的权利义务并非行政机关工作人员作为国家公务员的权利义务,而是行政机关工作人员作为普通公民的权利义务,则应属行政诉讼的受案范围,行政机关工作人员可以依法对该决定提起行政

诉讼。

四、法律规定由行政机关最终裁决的行政行为

《行政诉讼法》第13条第4项规定,法律规定由行政机关最终裁决的行政行为不属于行政诉讼的受案范围。

依据《最高人民法院关于适用〈中华人民共和国行政诉讼法〉的解释》第2条第4款的规定,《行政诉讼法》第13条第4项规定的"法律规定由行政机关最终裁决的行政行为"中的"法律",是指全国人民代表大会及其常务委员会制定、通过的规范性文件。

法律规定由行政机关最终裁决的行政行为是指行政机关依据法律规定作出的行政行为具有最终的法律效力,当事人即使不服该行政行为也不能对其提起行政诉讼。由行政机关最终裁决的行政行为既排除当事人的诉权,也排除人民法院对其的司法监督,属特殊的例外情况,对其必须作严格的限制。从我国对由行政机关最终裁决的行政行为的规定来看,此种行政行为的范围呈逐步缩小的趋势。

五、公安、国家安全等机关依照《刑事诉讼法》的明确授权实施的行为

《最高人民法院关于适用〈中华人民共和国行政诉讼法〉的解释》第1条第2款第1项规定,公安、国家安全等机关依照《刑事诉讼法》的明确授权实施的行为不属于人民法院行政诉讼的受案范围。

公安、国家安全等机关依照《刑事诉讼法》的明确授权实施的行为为刑事司法行为,其行为性质不同于行政行为。依据我国《行政诉讼法》的规定,公民、法人或者其他组织认为行政机关和行政机关工作人员的行政行为侵犯其合法权益时,有权依法提起行政诉讼。公安、国家安全等机关依照《刑事诉讼法》的明确授权实施的刑事司法行为不属于行政行为的范畴,因而对其不能提起行政诉讼。

在我国,公安、国家安全等机关具有双重的职能身份,既是进行刑事案件侦查等刑事司法活动的机关,又是从事公安、国家安全等方面行政管理的机关,因而既可以依照《刑事诉讼法》的授权对刑事犯罪嫌疑人实施刑事侦查措施等刑事司法行为,又可以依据行政法律规范规定对违反行政法律规范的行政相对人实施行政处罚、行政强制措施等行政行为。对于公安、国家安全等机关依据行政法律规范作出的行政行为,公民、法人或者其他组织可以依法提起行政诉讼;而对于公安、国家安全等机关依照《刑事诉讼法》的明确授权实施的行为,依据《最高人民法院关于适用〈中华人民共和国行政诉讼法〉的解释》第1条第2款第1项的规定,不属于行政诉讼的受案范围,不能对其提起行政诉讼。因此,需要对《最高人民法院关于适用〈中华人民共和国行政诉讼法〉的解释》规定的公安、国家安全等机关依照《刑事诉讼法》的明确授权实施的行为有必要的认识。依据《最高人民法院关于适用〈中华人民共和国行政诉讼法〉的解释》的规定,公安、国家安全等机关依照《刑事诉讼法》的明确授权实施的行为须满足以下条件:

1. 特定的行为主体。公安、国家安全等机关依照《刑事诉讼法》的明确授权实施的行为的行为主体只能是公安机关、国家安全机关、军队保卫部门、中国海警局、监狱等特定机关。[①] 其他行政机关、法律法规授权的组织不能成为该行为的行为主体。

2. 《刑事诉讼法》的明确授权。公安、国家安全等机关依照《刑事诉讼法》明确授权实施的行为，应当是公安、国家安全等机关在《刑事诉讼法》明确授权范围内实施的行为。依据我国《刑事诉讼法》的规定，公安、国家安全等机关能实施的刑事司法行为主要包括讯问犯罪嫌疑人、询问证人、检查、搜查、扣押物品（物证、书证）、冻结存款汇款、通缉、拘传、取保候审、保外就医、监视居住、刑事拘留、执行逮捕等。公安、国家安全等机关在《刑事诉讼法》授权范围之外实施的行为，不属于公安、国家安全等机关依照《刑事诉讼法》明确授权实施的行为范畴。例如，公安机关没收犯罪嫌疑人及其家属的财产或实施罚款等，就不在《刑事诉讼法》明确授权的范围之内，当事人不服的，有权依法对其提起行政诉讼。还需注意的是，公安、国家安全等机关依照《刑事诉讼法》明确授权实施的行为，不包括刑法对行政机关授权的行为。如《刑法》第17条第4款规定："因不满十六周岁不予刑事处罚的，责令其父母或者其他监护人加以管教；在必要的时候，依法进行专门矫正教育。"第18条第1款规定："精神病人在不能辨认或者不能控制自己行为的时候造成危害结果，经法定程序鉴定确认的，不负刑事责任，但是应当责令他的家属或者监护人严加看管和医疗；在必要的时候，由政府强制医疗。"政府依据刑法授权作出的收容教养行为、强制医疗等行为并不属于依照《刑事诉讼法》明确授权实施的行为，不在《最高人民法院关于适用〈中华人民共和国行政诉讼法〉的解释》规定的行政诉讼的排除范畴之列。

3. 针对《刑事诉讼法》规定的对象实施。公安、国家安全等机关依照《刑事诉讼法》明确授权实施的行为，应当是公安、国家安全等机关依照《刑事诉讼法》授权针对《刑事诉讼法》规定的对象实施的刑事司法行为。依照《刑事诉讼法》授权，公安、国家安全等机关能够对刑事犯罪嫌疑人等有限的对象实施刑事司法行为，如《刑事诉讼法》第141条第1款规定："在侦查活动中发现的可用以证明犯罪嫌疑人有罪或者无罪的各种财物、文件，应当查封、扣押；与案件无关的财物、文件，不得查封、扣押。"第143条第1款规定："侦查人员认为需要扣押犯罪嫌疑人的邮件、电报的时候，经公安机关或者人民检察院批准，即可通知邮电机关将有关的邮件、电报检交扣押。"如果公安、国家安全等机关对《刑事诉讼法》规定的对象范围之外的公民、法人或者其他组织滥施刑事司法行为，或故意用刑事司法行为代替行政行为，则是对《刑事诉讼法》授权范围的超越，所实施的行为不在《最高人民法院关于适用〈中华人民共和国行政诉讼法〉的解释》规定的公安、国家安全等机关依照《刑事诉讼法》明确授权实施的行为之列。

---

① 《刑事诉讼法》第308条规定："军队保卫部门对军队内部发生的刑事案件行使侦查权。中国海警局履行海上维权执法职责，对海上发生的刑事案件行使侦查权。对罪犯在监狱内犯罪的案件由监狱进行侦查。军队保卫部门、中国海警局、监狱办理刑事案件，适用本法的有关规定。"

六、调解行为以及法律规定的仲裁行为

《最高人民法院关于适用〈中华人民共和国行政诉讼法〉的解释》第1条第2款第2项规定,调解行为以及法律规定的仲裁行为不属于人民法院行政诉讼的受案范围。

行政机关的调解行为,是指行政机关依法居间对平等主体之间的民事争议,在尊重当事人意愿的基础上,通过说服教育和劝说疏导的方式,促成争议双方当事人达成调解协议,从而解决纠纷的调停处理行为。能否达成行政调解协议取决于争议双方当事人的意愿而非行政机关的强制,行政机关的调解行为不具有可诉性,《最高人民法院关于适用〈中华人民共和国行政诉讼法〉的解释》规定了其不在行政诉讼的受案范围之列。但是,如果行政机关借调解之名,违背争议双方当事人的意愿作出具有强制性的决定,当事人不服的,可以对其提起行政诉讼。

法律规定的仲裁行为,仅指全国人民代表大会及其常务委员会制定或发布的法律所规定的仲裁行为,目前主要是指劳动争议仲裁。劳动争议仲裁由各级劳动行政机关设立的劳动争议仲裁委员会根据当事人的申请,依法对劳动争议在事实上作出判断,在权利义务上作出裁决。当事人如不服劳动争议仲裁委员会作出的裁决,可以依据《民事诉讼法》的规定提起民事诉讼。由于《民事诉讼法》已经将其纳入了民事诉讼的受案范围提供司法救济,就无须再将其纳入行政诉讼的受案范围。

七、行政指导行为

《最高人民法院关于适用〈中华人民共和国行政诉讼法〉的解释》第1条第2款第3项规定,行政指导行为不属于人民法院行政诉讼的受案范围。

行政指导是一种非强制性的行政管理方式,对行政相对人没有法律拘束力,行政相对人可以依其意愿选择是否接受,故我国《行政诉讼法》未将其纳入行政诉讼的受案范围。但是,如果行政机关以行政指导为名,违背行政相对人的意愿强迫其服从,公民、法人或者其他组织对此类行为不服向人民法院提起行政诉讼,人民法院应当受理。

八、驳回当事人对行政行为提起申诉的重复处理行为

《最高人民法院关于适用〈中华人民共和国行政诉讼法〉的解释》第1条第2款第4项规定,驳回当事人对行政行为提起申诉的重复处理行为不属于人民法院行政诉讼的受案范围。

重复处理行为是指行政机关依据行政相对人的申请,以原行政行为为基础,为实现或加强原行政行为所设定的权利义务关系再次实施的行为。重复处理行为源于德国行政法学中的"重复处置行为",我国台湾地区的行政法学者称其为"第二次行政行为"。[1] 重复处理行

---

[1] 甘文著:《行政诉讼法司法解释之评论——理由、观点与问题》,中国法制出版社2000年版,第26页。

为因行政相对人对原行政行为提出申诉而发生,目的在于实现或加强原行政行为已经设立的权利义务关系,并不创设新的权利义务关系。驳回当事人对行政行为提起申诉的重复处理行为,是行政机关驳回当事人就已经生效的行政行为提出申诉的行为,其实质是以驳回申诉的方式再次肯定了原行政行为已经确定的权利义务关系。因其并不产生新的权利义务关系,故不属于人民法院行政诉讼的受案范围。

九、行政机关作出的不产生外部法律效力的行为

《最高人民法院关于适用〈中华人民共和国行政诉讼法〉的解释》第1条第2款第5项规定,行政机关作出的不产生外部法律效力的行为不属于人民法院行政诉讼的受案范围。

行政机关作出的不产生外部法律效力的行为不直接处分行政相对人的权利义务,不影响公民、法人或者其他组织的人身权、财产权等合法权益,故不属于行政诉讼的受案范围。

但是,如果行政机关作出的内部行为被外化,对于该外化的行为,公民、法人或其他组织认为其侵犯自己的合法权益,对其提起行政诉讼,人民法院应当受理。如最高人民法院发布的指导案例22号"魏永高、陈守志诉来安县人民政府收回土地使用权批复案"的裁判要点指出:"地方人民政府对其所属行政管理部门的请示作出的批复,一般属于内部行政行为,不可对此提起诉讼。但行政管理部门直接将该批复付诸实施并对行政相对人的权利义务产生了实际影响,行政相对人对该批复不服提起诉讼的,人民法院应当依法受理。"①

十、行政机关为作出行政行为而实施的准备、论证、研究、层报、咨询等过程性行为

《最高人民法院关于适用〈中华人民共和国行政诉讼法〉的解释》第1条第2款第6项规定,行政机关为作出行政行为而实施的准备、论证、研究、层报、咨询等过程性行为不属于人民法院行政诉讼的受案范围。

行政机关为作出行政行为而实施的准备、论证、研究、层报、咨询等过程性行为为作出行政行为过程中发生的行为,由于行政行为尚处于形成的过程之中,其对行政相对人权利义务的影响还处于不确定的状态,对此发生的争议,人民法院不应介入,否则便突破了司法权与行政权之间应有的界限,因此,当事人对行政机关为作出行政行为而实施的准备、论证、研究、层报、咨询等过程性行为提起行政诉讼的,人民法院不应受理。

十一、行政机关根据人民法院的生效裁判、协助执行通知书作出的执行行为,但行政机关扩大执行范围或者采取违法方式实施的除外

《最高人民法院关于适用〈中华人民共和国行政诉讼法〉的解释》第1条第2款第7项规定,行政机关根据人民法院的生效裁判、协助执行通知书作出的执行行为不属于人民法院行政诉讼的受案范围,但行政机关扩大执行范围或者采取违法方式实施的除外。

---

① 指导案例22号"魏永高、陈守志诉来安县人民政府收回土地使用权批复案"由最高人民法院审判委员会讨论通过,2013年11月8日发布。

关于行政机关根据人民法院的生效裁判、协助执行通知书作出的执行行为是否属于人民法院行政诉讼的受案范围,最高人民法院曾就此发布过专项司法解释。例如,《最高人民法院关于行政机关根据法院的协助执行通知书实施的行政行为是否属于人民法院行政诉讼受案范围的批复》曾指出,行政机关根据人民法院的协助执行通知书实施的行为,是行政机关必须履行的法定协助义务,不属于人民法院行政诉讼受案范围。但如果当事人认为行政机关在协助执行时扩大了范围或违法采取措施造成其损害,提起行政诉讼的,人民法院应当受理。《最高人民法院关于适用〈中华人民共和国行政诉讼法〉的解释》第1条第2款第7项的规定体现了对既往司法解释合理成分的吸收,明确了行政机关根据人民法院的生效裁判、协助执行通知书作出的执行行为不属于行政诉讼的受案范围,但行政机关扩大执行范围或者采取违法方式实施的除外。

十二、上级行政机关基于内部层级监督关系对下级行政机关作出的听取报告、执法检查、督促履责等行为

《最高人民法院关于适用〈中华人民共和国行政诉讼法〉的解释》第1条第2款第8项规定,上级行政机关基于内部层级监督关系对下级行政机关作出的听取报告、执法检查、督促履责等行为不属于人民法院行政诉讼的受案范围。

关于内部层级监督行为是否属于行政诉讼的受案范围,最高人民法院在"崔永超与山东省济南市人民政府法定职责履行行政纠纷再审申请案"行政裁定书[①]中指出:"上级人民政府不改变或者不撤销所属各工作部门及下级人民政府决定、命令的,一般并不直接设定当事人新的权利义务,当事人可以通过直接起诉所属工作部门或者下级人民政府作出的行政行为来维护合法权益。在存在更为有效便捷的救济方式的情况下,当事人坚持起诉人民政府不履行层级监督职责,不具有权利保护的必要性和实效性,也不利于纠纷的及时解决,且易于形成诉累。因此,济南市政府是否受理当事人的反映、是否启动层级监督程序、是否改变或者撤销所属各工作部门及下级人民政府的决定、命令等,不属司法监督范畴。"在凝练审判经验的基础上,《最高人民法院关于适用〈中华人民共和国行政诉讼法〉的解释》规定,上级行政机关基于内部层级监督关系对下级行政机关作出的听取报告、执法检查、督促履责等行为,不属于人民法院行政诉讼的受案范围。

十三、行政机关针对信访事项作出的登记、受理、交办、转送、复查、复核意见等行为

《最高人民法院关于适用〈中华人民共和国行政诉讼法〉的解释》第1条第2款第9项规定,行政机关针对信访事项作出的登记、受理、交办、转送、复查、复核意见等行为不属于人民法院行政诉讼的受案范围。

关于行政机关针对信访事项作出的登记、受理、交办、转送、复查、复核意见等行为是否

---

① (2016)最高法行申1394号。

属于人民法院行政诉讼的受案范围,《最高人民法院关于不服信访工作机构依据〈信访条例〉处理信访事项的行为提起行政诉讼人民法院是否受理的复函》曾作答复:"一、信访工作机构是各级人民政府或政府工作部门授权负责信访工作的专门机构,其依据《信访条例》作出的登记、受理、交办、转送、承办、协调处理、督促检查、指导信访事项等行为,对信访人不具有强制力,对信访人的实体权利义务不产生实质影响。信访人对信访工作机构依据《信访条例》处理信访事项的行为或者不履行《信访条例》规定的职责不服提起行政诉讼的,人民法院不予受理。二、对信访事项有权处理的行政机关,依据《信访条例》作出的处理意见、复查意见、复核意见和不再受理决定,信访人不服提起行政诉讼的,人民法院不予受理。"基于此,《最高人民法院关于适用〈中华人民共和国行政诉讼法〉的解释》对行政机关针对信访事项作出的登记、受理、交办、转送、复查、复核意见等行为进行了规定,明确其不属于人民法院行政诉讼的受案范围。

十四、对公民、法人或者其他组织权利义务不产生实际影响的行为

《最高人民法院关于适用〈中华人民共和国行政诉讼法〉的解释》第1条第2款第10项规定,对公民、法人或者其他组织权利义务不产生实际影响的行为不属于人民法院行政诉讼的受案范围。

对公民、法人或其他组织权利与义务不产生实际影响的行为,是指行政机关在行使行政职权、履行行政职责的过程中作出的未使行政相对人的权利与义务发生实际变动的行为,主要指尚未成立的行政行为以及尚在行政机关内部运行的行政行为等。所谓实际影响,是指行政相对人的权利与义务因行政机关的行政行为发生了现实的变动,包括有利的变动,如权利的授予、增加或义务的免除、减少等,以及不利的变动,如权利的限制、减少或义务的承担、增加等。依据我国《行政诉讼法》的规定,公民、法人或者其他组织对行政行为提起行政诉讼的条件之一,就是其"认为政机关和行政机关工作人员的行政行为侵犯其合法权益",对其权利与义务产生了实际的影响。如果行政机关作出的行为并未对公民、法人或者其他组织的权利与义务产生实际影响,则不能作为行政诉讼的对象。因此,对公民、法人或者其他组织权利义务不产生实际影响的行为不属于行政诉讼的受案范围,对其不能提起行政诉讼。

法律应用

1. 我国《行政诉讼法》在确立行政诉讼受案范围时采用的是混合式的方式。行政机关和行政机关工作人员的行政行为,以及法律、法规、规章授权的组织作出的行政行为,如果没有被《行政诉讼法》及其司法解释明确排除,都属于行政诉讼的受案范围。不能将行政诉讼的受案范围仅仅理解为《行政诉讼法》第12条列举的行政案件。

2. 人民法院不予受理的事项有以下14类:(1)国家行为;(2)抽象行政行为;(3)内部人事管理行为;(4)法律规定的行政终局裁决行为;(5)刑事司法行为;(6)调解行为以及法律规定的仲裁行为;

（7）行政指导行为；（8）驳回当事人对行政行为提起申诉的重复处理行为；（9）行政机关作出的不产生外部法律效力的行为；（10）行政机关为作出行政行为而实施的准备、论证、研究、层报、咨询等过程性行为；（11）行政机关根据人民法院的生效裁判、协助执行通知书作出的执行行为，但行政机关扩大执行范围或者采取违法方式实施的除外；（12）上级行政机关基于内部层级监督关系对下级行政机关作出的听取报告、执法检查、督促履责等行为；（13）行政机关针对信访事项作出的登记、受理、交办、转送、复查、复核意见等行为；（14）对公民、法人或者其他组织权利与义务不产生实际影响的行为。

案（事）例

案情简介：

2010年8月31日，安徽省来安县国土资源和房产管理局向来安县人民政府报送《关于收回国有土地使用权的请示》，请求收回该县永阳东路与塔山中路部分地块土地使用权。9月6日，来安县人民政府作出《关于同意收回永阳东路与塔山中路部分地块国有土地使用权的批复》。来安县国土资源和房产管理局收到该批复后，没有依法制作并向原土地使用权人送达收回土地使用权决定，而直接交由来安县土地储备中心付诸实施。魏永高、陈守志的房屋位于被收回使用权的土地范围内，其对来安县人民政府收回国有土地使用权批复不服，提起行政复议。2011年9月20日，滁州市人民政府作出《行政复议决定书》，维持来安县人民政府的批复。魏永高、陈守志仍不服，提起行政诉讼，请求人民法院撤销来安县人民政府上述批复。

问题：

本案中，对来安县人民政府作出的《关于同意收回永阳东路与塔山中路部分地块国有土地使用权的批复》能否提起行政诉讼？为什么？

案（事）例答题思路

思考题

1. 论述我国行政诉讼受案范围的确立方式。
2. 简述人民法院应当受理的行政案件。
3. 简述不属于人民法院行政诉讼受案范围的事项。

第十六章 行政诉讼管辖

本章重点

1. 中级人民法院管辖的第一审行政案件
2. 行政诉讼的地域管辖

第一节 行政诉讼管辖概述
第二节 级别管辖
第三节 地域管辖
第四节 裁定管辖

第一节 行政诉讼管辖概述

一、行政诉讼管辖的概念

行政诉讼管辖,是指人民法院受理第一审行政案件的权限。它主要明确了各级人民法院之间以及同级不同地域的人民法院之间受理第一审行政案件的具体分工,[①]解决了公民、法人或者其他组织就某一行政案件能够向哪个法院起诉并由哪个法院受理、审判的问题,也确定了被诉行政行为会受到哪个法院的审查。

行政诉讼管辖对于避免人民法院之间因管辖不明而相互争抢或者推诿行政案件具有重要意义,保证了人民法院能够及时、准确地受理行政案件,提高了行政案件审理的效能,有助于保障公民、法人或者其他组织的诉讼权利,也有助于对被诉行政行为及时作出审查,落实对行政主体职权行使的监督。

准确理解行政诉讼管辖,还需要将其与以下相近概念予以区分:

1. 行政诉讼的主管。行政诉讼的主管,即行政诉讼的主管范围,是指人民法院关于行政案件的受案范围。它对人民法院和其他国家机关之间解决行政争议的权限作了划分。行政诉讼管辖则是对人民法院之间解决行政争议的权限进行划分。因此,针对某一行政案件,只有明确其属于行政诉讼的主管范围,才会进一步考虑其管辖问题。

2. 行政诉讼的主审。行政诉讼的主审,是指行政案件由人民法院内部哪一审判机构具体负责审理。从管辖与主审的关系来看,只有当人民法院对行政案件享有管辖权时,其内部审判机构才能审理该行政案件。根据《行政诉讼法》第4条第2款[②]和《最高人民法院关于适用〈中华人民共和国行政诉讼法〉的解释》第3条第1款[③]的规定,行政案件应当由行政审判庭主审。

二、确定行政诉讼管辖的原则

(一)便于当事人诉讼原则

行政诉讼管辖的确定,要便于当事人进行诉讼活动,以减轻当事人的负担,保证当事人充分行使其诉讼权利。它包括便于原告起诉和被告应诉两个方面。例如,由于基层人民法院辖区往往是当事人所在地,《行政诉讼法》第14条对级别管辖即确立了"基层人民法院

[①] 《最高人民法院关于适用〈中华人民共和国行政诉讼法〉的解释》第3条第2款规定:"专门人民法院、人民法庭不审理行政案件,也不审查和执行行政机关申请执行其行政行为的案件。铁路运输法院等专门人民法院审理行政案件,应当执行行政诉讼法第十八条第二款的规定。"

[②] 《行政诉讼法》第4条第2款规定:"人民法院设行政审判庭,审理行政案件。"

[③] 《最高人民法院关于适用〈中华人民共和国行政诉讼法〉的解释》第3条第1款规定:"各级人民法院行政审判庭审理行政案件和审查行政机关申请执行其行政行为的案件。"

管辖第一审行政案件"的一般规则。而且,鉴于行政主体在行政法律关系中的优势地位,确定行政诉讼管辖时会侧重对行政相对人即原告的诉权予以保障。例如,《行政诉讼法》第19条规定:"对限制人身自由的行政强制措施不服提起的诉讼,由被告所在地或者原告所在地人民法院管辖。"该规定赋予原告选择管辖法院的权利,便于原告确定最方便自己诉讼的法院。

(二)保证人民法院独立、公正行使审判权原则

根据《宪法》第131条①和《行政诉讼法》第4条第1款②的规定,人民法院在行政诉讼中依法独立行使审判权,不受行政机关、社会团体和个人的干涉。据此,确定行政诉讼管辖应当保证人民法院独立、公正行使审判权。不同于民事诉讼,行政诉讼的被告是享有公权力的行政机关等主体,因此,确定行政诉讼管辖时强调人民法院对行政案件独立、公正行使审判权尤为重要。这在行政诉讼管辖改革中也得到了体现。2013年,最高人民法院发布《关于开展行政案件相对集中管辖试点工作的通知》,在部分中级人民法院辖区内开展行政案件相对集中管辖试点工作。2014年,《行政诉讼法》修改时增加了"经最高人民法院批准,高级人民法院可以根据审判工作的实际情况,确定若干人民法院跨行政区域管辖行政案件"的规定。上述改革都是为了减少和避免行政机关干预本行政区域人民法院行使审判权的现象,保障人民法院对行政案件独立、公正行使审判权。

(三)人民法院均衡负担原则

行政诉讼管辖的确定,还要考虑人民法院之间如何合理分配行政审判工作,以免某一人民法院负担过重,实现人民法院对行政案件的均衡负担,保证案件及时审理并提高办案质量。这不仅要考虑同级人民法院之间行政审判工作量的合理分配,还要考虑不同级别人民法院审判力量的实际,对上下级法院之间的行政审判业务作出合理分配。《行政诉讼法》根据第一审行政案件的性质和种类,分别规定由不同级别法院进行管辖,便是这一原则的重要体现。

三、行政诉讼管辖的分类

依据不同的标准,可以将行政诉讼管辖分为不同的种类。

(一)级别管辖与地域管辖

以管辖是确定不同级别人民法院之间还是同级人民法院之间的权限分工为标准,行政诉讼管辖可以分为级别管辖和地域管辖。级别管辖确定不同级别即上下级人民法院之间对行政案件的管辖权,如《行政诉讼法》第14—17条就规定了不同级别法院之间的管辖范围。地域管辖确定同级但不同区域人民法院之间对行政案件的管辖权,如《行政诉讼法》第18—20条均属地域管辖的规定。

---

① 《宪法》第131条规定:"人民法院依照法律规定独立行使审判权,不受行政机关、社会团体和个人的干涉。"
② 《行政诉讼法》第4条第1款规定:"人民法院依法对行政案件独立行使审判权,不受行政机关、社会团体和个人的干涉。"

(二) 法定管辖与裁定管辖

以管辖是否由法律明确规定为标准,行政诉讼管辖分为法定管辖和裁定管辖。法定管辖是指根据法律规定直接确定的诉讼管辖,如《行政诉讼法》第14—17条规定的级别管辖和第18—20条规定的地域管辖。裁定管辖则是指在特殊情况下,由人民法院根据法律规定通过移送、指定等行为确定的诉讼管辖,如《行政诉讼法》第22—24条规定的移送管辖、指定管辖和移转管辖。

(三) 专属管辖与任意管辖

以管辖是否由法律强制规定为标准,行政诉讼管辖分为专属管辖和任意管辖。专属管辖是指法律强制规定某一类行政案件只能由特定法院管辖,其他法院没有管辖权,原告也不能自由选择管辖法院,如因不动产提起的行政诉讼只能由不动产所在地人民法院管辖。任意管辖是指法律规定两个以上人民法院对某一类行政案件均享有管辖权时,其管辖法院既可以由原告选择确定,也可以在特定情况下由享有管辖权的人民法院协商确定或者由上级人民法院指定确定,如对限制人身自由的强制措施不服提起的行政诉讼,原告可以选择由被告所在地法院或者原告所在地法院管辖。

第二节 级别管辖

行政诉讼的级别管辖,是指各级人民法院之间受理第一审行政案件的分工和权限。根据《行政诉讼法》的规定,级别管辖分为基层人民法院的管辖、中级人民法院的管辖、高级人民法院的管辖和最高人民法院的管辖。

一、基层人民法院管辖的第一审行政案件

《行政诉讼法》第14条规定:"基层人民法院管辖第一审行政案件。"这表明除特别规定由上级人民法院管辖的第一审行政案件外,一般行政案件均由基层人民法院作为一审法院。其原因在于,基层人民法院是我国法院组织体系中最为庞大的一级审判机关,分布于全国各地,数量众多,能够承担大量一般行政案件的审判工作。同时,基层人民法院作为最低层级的审判机关,其所在地往往位于或者接近当事人所在地、行政行为发生地或者行政争议发生地,由其管辖第一审行政案件既便于当事人起诉和应诉,也便于人民法院传唤当事人、调查取证和执行生效裁判等,有助于有效解决行政争议。

二、中级人民法院管辖的第一审行政案件

根据《行政诉讼法》第15条规定及相关司法解释,中级人民法院管辖六类第一审行政案件。

(一) 对国务院部门或者县级以上地方人民政府所作的行政行为提起诉讼的案件

对于以国务院部门作为被告的第一审行政案件,由于被告行政级别高,行政行为的影响

面广,而且政策性往往较强,由基层人民法院审理难度大,因此更适合由中级人民法院作为一审法院管辖。此处的"国务院部门"不仅包括国务院组成部门,还应当包括国务院直属机构、直属事业单位和部委管理的国家局。对于以县级以上地方人民政府作为被告的第一审行政案件,将其交由中级人民法院管辖,是为了减少地方政府对法院审理行政案件的干扰,确保司法公正,及时解决行政争议,有效监督地方政府依法行使职权。2014年修改前的《行政诉讼法》仅将被告为省、自治区、直辖市人民政府的第一审行政案件交由中级人民法院管辖,但2014年《行政诉讼法》修改后,除了省级人民政府,市、县两级人民政府作为被告的第一审行政案件也由中级人民法院管辖。

(二)海关处理的案件

海关处理的案件,主要包括海关处理的纳税案件和海关实施的行政许可、行政处罚、行政强制等行政案件。由中级人民法院管辖海关处理的案件,理由在于:一是海关处理的案件专业技术性较强,涉案标的一般较大,不少还具有涉外因素,对审判人员的专业知识能力和审理水平要求较高,基层人民法院往往难以胜任;二是海关总署、直属海关和隶属海关三级海关组织机构主要分布在全国各大中城市,其设置大多与中级人民法院的辖区相吻合。可见,中级人民法院管辖海关处理的案件,既有利于确保案件审判质量,也便于当事人诉讼。

(三)本辖区内重大、复杂的行政案件

重大、复杂的行政案件,是指对本辖区社会产生重大影响或者案情疑难、法律关系复杂的行政案件。根据《最高人民法院关于适用〈中华人民共和国行政诉讼法〉的解释》第5条规定,中级人民法院管辖的本辖区内重大、复杂的行政案件包括:(1)社会影响重大的共同诉讼案件;(2)涉外或者涉及香港特别行政区、澳门特别行政区、台湾地区的案件;(3)其他重大、复杂案件。

(四)其他法律规定由中级人民法院管辖的案件

《行政诉讼法》将"其他法律规定由中级人民法院管辖的案件"列为中级人民法院管辖的第一审行政案件,是《行政诉讼法》关于中级人民法院管辖的兜底规定。它明确了《行政诉讼法》以外的法律具有规定中级人民法院管辖案件的权限,为扩大中级人民法院的管辖范围预留了立法空间。

(五)国际贸易行政案件

最高人民法院颁布的《关于审理国际贸易行政案件若干问题的规定》第5条规定:"第一审国际贸易行政案件由具有管辖权的中级以上人民法院管辖。"同时,根据该规定第1条,国际贸易行政案件包括四类:(1)有关国际货物贸易的行政案件;(2)有关国际服务贸易的行政案件;(3)与国际贸易有关的知识产权行政案件;(4)其他国际贸易行政案件。由中级人民法院管辖第一审国际贸易行政案件的主要原因是,国际贸易行政案件一般争议标的额较大,加之涉外因素使得此类案件往往案情复杂,专业性、政策性强,审理结果会涉及中国法院的国际声誉,因此有必要由中级人民法院管辖。

（六）反倾销、反补贴行政案件

《最高人民法院关于审理反倾销行政案件应用法律若干问题的规定》第 5 条规定："第一审反倾销行政案件由下列人民法院管辖：（一）被告所在地高级人民法院指定的中级人民法院；（二）被告所在地高级人民法院。"《最高人民法院关于审理反补贴行政案件应用法律若干问题的规定》第 5 条规定："第一审反补贴行政案件由下列人民法院管辖：（一）被告所在地高级人民法院指定的中级人民法院；（二）被告所在地高级人民法院。"可见，第一审反倾销、反补贴行政案件也可以由中级人民法院审理。

三、高级人民法院管辖的第一审行政案件

《行政诉讼法》第 16 条规定："高级人民法院管辖本辖区内重大、复杂的第一审行政案件。"高级人民法院的主要任务是审理不服中级人民法院一审裁判而提起的上诉案件，并负责对本辖区内基层和中级人民法院的审判工作进行指导、监督。因此，一般情况下，高级人民法院仅管辖本辖区内具有重大影响、案情复杂或者其认为中级人民法院审理存在困难的第一审行政案件。此外，根据《最高人民法院关于审理反倾销行政案件应用法律若干问题的规定》第 5 条和《最高人民法院关于审理反补贴行政案件应用法律若干问题的规定》第 5 条的规定，反倾销、反补贴行政案件第一审也可以由被告所在地高级人民法院审理。

四、最高人民法院管辖的第一审行政案件

《行政诉讼法》第 17 条规定："最高人民法院管辖全国范围内重大、复杂的第一审行政案件。"最高人民法院作为我国最高审判机关，其主要任务是审理不服高级人民法院一审裁判而提起的上诉案件，并负责对地方各级人民法院和专门人民法院的审判工作进行指导、监督，对审判中的法律适用问题作出司法解释。因此，最高人民法院仅管辖在全国范围内具有重大影响或者因案情复杂导致地方法院审理难度较大的第一审行政案件。

第三节　地 域 管 辖

行政诉讼的地域管辖，是指同级人民法院之间受理第一审行政案件的分工和权限。从行政诉讼管辖的确定过程来看，应当先确定级别管辖，再确定地域管辖，从而最终解决行政案件的管辖问题。地域管辖的确定，一般要考虑人民法院辖区和行政区域、诉讼标的之间的关系。根据《行政诉讼法》的规定，地域管辖包括一般地域管辖、特殊地域管辖和共同地域管辖。

一、一般地域管辖

一般地域管辖也称普通地域管辖，主要是根据诉讼当事人所在地来划分管辖法院。行政诉讼以被告所在地确定一般地域管辖，这是"原告就被告原则"在行政诉讼管辖中的体现。《行政诉讼法》第 18 条第 1 款规定："行政案件由最初作出行政行为的行政机关所在地

人民法院管辖。经复议的案件,也可以由复议机关所在地人民法院管辖。"据此,行政诉讼的一般地域管辖包括以下两个方面:

(一)一般地域管辖的原则规定

"行政案件由最初作出行政行为的行政机关所在地人民法院管辖"是行政诉讼一般地域管辖的原则规定。确立这一原则规定的理由在于,最初作出行政行为的行政机关所在地是引发行政争议的行为发生地,由该地人民法院进行管辖,不仅便于双方当事人进行诉讼,也便于人民法院开展调查取证、执行等诉讼活动。

(二)一般地域管辖的补充规定

"经复议的案件,也可以由复议机关所在地人民法院管辖"是行政诉讼一般地域管辖的补充规定。对于经复议的案件如何确定管辖法院,1989年《行政诉讼法》规定"经复议的案件,复议机关改变原具体行政行为的,也可以由复议机关所在地人民法院管辖",2014年修改《行政诉讼法》时将其修改为"经复议的案件,也可以由复议机关所在地人民法院管辖"。可见,无论复议机关维持还是改变原行政行为,均可以由其所在地人民法院管辖。原因在于,2014年修改后的《行政诉讼法》规定,无论复议决定维持还是改变原行政行为,复议机关都要作被告,所以也没有必要就复议决定维持还是改变原行政行为作出地域管辖上的区分。因此,原告对经复议的案件享有选择管辖法院的权利,既可以向作出原行政行为的行政机关所在地人民法院起诉,也可以向复议机关所在地人民法院起诉。

二、特殊地域管辖

相对于一般地域管辖,特殊地域管辖主要是根据特定行政法律关系来确定管辖法院。《行政诉讼法》第19、20条分别规定了两种特殊地域管辖。

(一)限制人身自由强制措施案件的管辖

《行政诉讼法》第19条规定:"对限制人身自由的行政强制措施不服提起的诉讼,由被告所在地或者原告所在地人民法院管辖。"根据《最高人民法院关于适用〈中华人民共和国行政诉讼法〉的解释》第8条规定,原告所在地包括原告的户籍所在地、经常居住地和被限制人身自由地。其中,经常居住地是指公民在其户籍所在地之外最后连续居住满1年以上的地方;被限制人身自由地是指行政机关对公民实施限制人身自由的强制措施场所的所在地。规定这类案件可以由原告所在地人民法院管辖的原因在于,公民在人身自由受限的情况下,如果仅机械地遵循"原告就被告"原则来确定管辖法院,将导致公民的诉讼权利难以行使,不利于对其合法权益进行保护。而且,为了便于原告诉讼和法院审理,《最高人民法院关于适用〈中华人民共和国行政诉讼法〉的解释》第8条还规定,对行政机关基于同一事实,既采取限制公民人身自由的行政强制措施,又采取其他行政强制措施或者行政处罚不服的,由被告所在地或者原告所在地的人民法院管辖。

(二)不动产案件的管辖

《行政诉讼法》第20条规定:"因不动产提起的行政诉讼,由不动产所在地人民法院管辖。"根据《最高人民法院关于适用〈中华人民共和国行政诉讼法〉的解释》第9条第1款规定,"因不动产提起的行政诉讼"是指因行政行为导致不动产物权变动而提起的诉讼。可见,这是根据诉讼标的所在地强制规定行政诉讼由特定法院进行管辖,在管辖上表现出排他性的特征,因而也被称为"专属管辖"。不动产一般是指不能移动其位置或者移动其位置会引起其性能、价值等改变的财产,主要包括土地、海域以及房屋、林木等定着物。① 不动产所在地的确定,包括两种情形:一是不动产已登记的,以不动产登记簿记载的所在地为不动产所在地;二是不动产未登记的,以不动产实际所在地为不动产所在地。规定这类行政案件由不动产所在地人民法院管辖,既便于人民法院在案件审理过程中对现场进行调查、勘验、收集证据等活动,也便于人民法院裁判的执行。

三、共同地域管辖

共同地域管辖,也称共同管辖,是指两个以上法院对同一行政案件都有管辖权的,原告可以选择其中一个法院提起诉讼。共同管辖是由一般地域管辖和特殊地域管辖派生的一种管辖方式,是对上述两种管辖的补充。在行政诉讼中,共同管辖的情形主要有:

1. 分属不同行政区域的两个以上行政机关共同对原告作出行政行为的,两个以上行政机关所在地人民法院都有管辖权。

2. 经复议的案件,既可以由最初作出行政行为的行政机关所在地人民法院管辖,也可以由复议机关所在地人民法院管辖。

3. 对限制人身自由的行政强制措施不服提起诉讼的,既可以由被告所在地人民法院管辖,也可以由原告所在地人民法院管辖。

4. 因不动产提起的诉讼,涉案不动产跨越两个以上人民法院辖区的,两个以上人民法院都有管辖权。

共同管辖并非由两个以上人民法院共同审理同一行政案件。实践中,涉及共同管辖的案件具体由哪一法院行使管辖权,还需要通过选择管辖来确定。因此,共同管辖和选择管辖在本质上是一个问题的两个方面,即共同管辖立足于法院的管辖权,选择管辖立足于原告的诉讼权利。

对此,《行政诉讼法》第21条规定:"两个以上人民法院都有管辖权的案件,原告可以选择其中一个人民法院提起诉讼。原告向两个以上有管辖权的人民法院提起诉讼的,由最先立案的人民法院管辖。"这一规定既避免了各有关人民法院在受理行政案件时互相推诿或者争夺管辖权导致案件不能及时受理,也避免了原告滥用起诉权利造成人民法院之间发生案件管辖的冲突。

四、地域管辖改革

为了解决法院辖区和行政区域重叠引发的地方行政干预问题,促进人民法院独立、公正

---

① 《不动产登记暂行条例》第2条第2款规定:"本条例所称不动产,是指土地、海域以及房屋、林木等定着物。"

行使审判权,统一裁判尺度,保证行政案件审判质量,近年我国先后采取措施推进行政诉讼的地域管辖改革,改革的主要方向是集中管辖和跨行政区域管辖。

2013年1月4日,最高人民法院发布《关于开展行政案件相对集中管辖试点工作的通知》,提出"最高人民法院决定在部分中级人民法院辖区内开展行政案件相对集中管辖试点工作"。而所谓"行政案件相对集中管辖",就是将部分基层人民法院管辖的一审行政案件,通过上级人民法院统一指定的方式,交由其他基层人民法院集中管辖的制度。

2014年10月16日,最高人民法院发布《关于开展铁路法院管辖改革工作的通知》,确定广东、北京、上海、江苏等7个省(市)在全国先期开展铁路运输法院管辖改革试点,由此推动了铁路法院集中管辖行政案件的改革进程。

2014年《行政诉讼法》修改后,增加了跨行政区域管辖改革的规定,即"经最高人民法院批准,高级人民法院可以根据审判工作的实际情况,确定若干人民法院跨行政区域管辖行政案件"。据此,经过最高人民法院批准,高级人民法院可以确定某一基层人民法院跨行政区域集中管辖数个基层人民法院管辖的第一审行政案件,还可以确定某一中级人民法院跨行政区域集中管辖数个中级人民法院管辖的二审行政案件。例如,2015年6月30日,最高人民法院批准深圳市盐田区人民法院承担深圳全市行政案件集中管辖工作。自2016年1月1日起,深圳市基层人民法院管辖的以区属行政机关为被告的行政诉讼案件,集中由深圳盐田区人民法院管辖。

与此同时,以铁路法院等专门人民法院集中管辖行政案件的改革也同步推进。例如,2015年12月25日,广东省高级人民法院正式启动"铁路法院集中管辖广州市行政案件"改革。自2016年1月1日起,广州两级法院将不再受理行政案件,改由广州铁路运输第一法院(原广州铁路运输法院)集中受理广州市一审行政案件和非诉行政案件审查,改由广州铁路运输中级法院集中受理广州市二审行政案件,以及法定应当由中级法院审理的一审行政案件、非诉行政案件审查。对此,《最高人民法院关于适用〈中华人民共和国行政诉讼法〉的解释》进一步明确"铁路运输法院等专门人民法院审理行政案件,应当执行行政诉讼法第十八条第二款的规定",从而为专门人民法院集中管辖行政案件改革提供更为充分的依据。

2017年《行政诉讼法》修改后,有关行政诉讼案件管辖制度的改革继续向精细化、地方特色化方向迈进。如海南自2018年起,在海口五个区级法院试点"轮转式"异地管辖,在海南一中院、海南二中院、海口中院试点一审行政案件"轮转式"异地管辖,即海口中院的案件由海南一中院管辖,海南一中院辖区的案件按照文昌—琼海—万宁—陵水—保亭—五指山—琼中—屯昌—定安—澄迈—文昌的顺序轮转,海南二中院辖区案件按照北部片区儋州—洋浦—临高—儋州、南部片区昌江—东方—乐东—白沙—昌江的顺序轮转,三亚中院的案件由海口海事法院三亚法庭、海南二中院管辖,三亚城郊法院案件保持现有工作格局不变。海南一中院、海南二中院、海口中院、三亚中院管辖的一审行政案件实施"集中式"异地管辖;三亚中院还将探索实施"选择式"异地管辖。2019年,福建省高级人民法院出台《关于深化行政案件跨行政区域管辖改革的若干规定》,进一步深化福建全省行政案件跨行政区域管辖改革,将生态环境行政案件纳入行政案件管辖改革范围;调整中级法院一审行政案件指定受理方案,将全省划分成闽东北、闽西南二个司法片区;优化基层法院一审行政案件集中管辖方案,实现全省基层法院一审行政案件集中管辖模式的全覆盖,并增加集中管辖法院数量;指定福州铁路运输法院受理部分一审行政案件;指定基层法院受理原中级法院管辖的一审信息公开案件;调整涉外、涉港澳台行政案件管辖。2019年,湖南省高级人民法院为解决跨区划集中管辖后群众诉讼路途远的问题,督促指导管辖法院通过允许原告在集中管辖法院中选择管辖、网上立案、巡回立案、巡回审判、远程视频开庭等方式减轻当事人诉累。具体措施是:考虑株洲、湘潭、邵阳、岳阳、常德、张家界、娄底、湘西、永州、益阳、郴州11市州综合办案条件、审判力量、地理位置等因素,确定两个基层法院集中管辖一审行政案件。长沙、衡阳、怀化3市基层法院一审行政案件由辖区内铁路运输法院集中管辖。

此外,还在特定涉诉领域推进行政诉讼管辖制度改革。例如,《最高人民法院关于第一审知识产权民事、行政案件管辖的若干规定》规定,发明专利、实用新型专利、植物新品种、集成电路布图设计、技术秘密、计算机软件的权属、侵权纠纷以及垄断纠纷第一审民事、行政案件由知识产权法院,省、自治区、直辖市人民政府所在地的中级人民法院,以及最高人民法院确定的中级人民法院管辖。

第四节 裁定管辖

行政诉讼的裁定管辖,是相对于法定管辖而言的另一种类型管辖种类。有别于法定管辖由法律直接规定,裁定管辖由法院根据法律规定作出裁定或者决定来确定管辖法院。裁定管辖包括移送管辖、指定管辖和移转管辖。

一、移送管辖

移送管辖,是指人民法院发现已受理的行政案件不属于自己管辖而将案件移送给有管辖权的人民法院审理的制度。《行政诉讼法》第22条规定:"人民法院发现受理的案件不属于本院管辖的,应当移送有管辖权的人民法院,受移送的人民法院应当受理。受移送的人民法院认为受移送的案件按照规定不属于本院管辖的,应当报请上级人民法院指定管辖,不得再自行移送。"在行政诉讼中,移送管辖应当具备以下三个条件:

1. 移送案件的人民法院已经受理了案件。如果人民法院对某一行政案件尚未受理,则不存在案件移送管辖的问题。

2. 移送案件的人民法院对已受理的案件没有管辖权。根据《行政诉讼法》第49条规定,起诉与受理的条件之一是案件属于受诉人民法院管辖,如果受诉人民法院发现自己对已受理的案件无管辖权,应当将案件及时移送有管辖权的人民法院。

3. 受移送的人民法院对移送的案件有管辖权。移送管辖是人民法院受理了不属于自身管辖权范围的案件后所采取的一种补救措施,其目的在于纠正人民法院在管辖中发生的失误,使《行政诉讼法》关于管辖的规定得到正确执行,具有程序上的法律效力。因此,移送案件的人民法院只能将案件移送给有管辖权的人民法院。受移送的人民法院认为移送的案件属于本院管辖的,应当及时受理;认为移送的案件不属于本院管辖的,应当报请上级人民法院指定管辖,不得再自行移送。

二、指定管辖

指定管辖,是指有管辖权的人民法院由于特殊原因不能行使管辖权,或者人民法院之间对管辖权争议协商不成,而由上级人民法院指定案件管辖法院的制度。《行政诉讼法》第 23 条规定:"有管辖权的人民法院由于特殊原因不能行使管辖权的,由上级人民法院指定管辖。人民法院对管辖权发生争议,由争议双方协商解决。协商不成的,报它们的共同上级人民法院指定管辖。"据此,行政诉讼的指定管辖有下列两种情形:

1. 有管辖权的人民法院由于特殊原因不能行使管辖权引起的指定管辖。此处的"特殊原因"主要包括:一是事实原因,即有管辖权的人民法院遇到不可抗力的原因,客观上无法行使管辖权,如发生地震、水灾、火灾等自然灾害或者事故;二是法定原因,如有管辖权的人民法院因审判人员回避过多而无法组成合议庭,不能行使管辖权。当出现这两个方面特殊原因导致人民法院不能行使管辖权时,由上级人民法院指定管辖。

2. 人民法院之间对管辖权争议协商不成引起的指定管辖。人民法院对管辖权发生争议有两种情况:一是双方都认为案件属于自己管辖而争夺管辖权;二是双方都认为案件不属于自己管辖而相互推诿。根据《行政诉讼法》第 23 条第 2 款规定,人民法院对管辖权发生争议并不必然引起指定管辖,只有在争议双方协商不成的情况下,才需要报请双方共同上级人民法院指定管辖。

三、移转管辖

移转管辖,也称管辖权的转移,是指经上级人民法院决定或者同意,将下级人民法院管辖的行政案件移交上级人民法院审理的制度。[①]《行政诉讼法》第 24 条规定:"上级人民法院有权审理下级人民法院管辖的第一审行政案件。下级人民法院对其管辖的第一审行政案件,认为需要由上级人民法院审理或者指定管辖的,可以报请上级人民法院决定。"

移转管辖和移送管辖的区别在于:(1)移转管辖只能在上下级人民法院之间进行;移送管辖则一般在同级人民法院之间进行,也可以在上下级人民法院之间进行。(2)移转管辖是有管辖权的人民法院将案件管辖权移交无管辖权的人民法院,从而实现管辖权的转移,使无权管辖的人民法院取得管辖权;移送管辖则是受案人民法院认为自己对某一案件无管辖

---

① 理论上,移转管辖包括两种情形:一是管辖权上移,即将下级人民法院管辖的行政案件移交上级人民法院审理;二是管辖权下移,即将上级人民法院管辖的行政案件移交下级人民法院审理。1989 年《行政诉讼法》对这两种情形均作出规定。为防止地方保护主义影响行政案件的公正审判,切实保护当事人的上诉权,2014 年修改后的《行政诉讼法》删除了关于管辖权下移的规定,仅保留了管辖权上移的规定。

权,从而将案件移送有管辖权的人民法院。(3)移转管辖必须经上级人民法院的同意或者决定,才能进行管辖权的转移;移送管辖由受理案件的人民法院合议庭提出意见,经过院长批准后,即可以该人民法院的名义致函有管辖权的人民法院进行案件移送。

人民法院受理案件后,行政诉讼的当事人有权提出管辖异议。根据《最高人民法院关于适用〈中华人民共和国行政诉讼法〉的解释》第10条规定,人民法院受理案件后,被告提出管辖异议的,应当在收到起诉状副本之日起15日内提出。对当事人提出的管辖异议,人民法院应当进行审查。异议成立的,裁定将案件移送有管辖权的人民法院;异议不成立的,裁定驳回。人民法院对管辖异议审查后确定有管辖权的,不因当事人增加或者变更诉讼请求等改变管辖,但违反级别管辖、专属管辖规定的除外。《最高人民法院关于适用〈中华人民共和国行政诉讼法〉的解释》第11条则规定了人民法院不予审查当事人管辖异议的两种情形:一是人民法院发回重审或者按第一审程序再审的案件,当事人提出管辖异议的;二是当事人在第一审程序中未按照法律规定的期限和形式提出管辖异议,在第二审程序中提出的。

法律应用

对于行政协议的管辖,《最高人民法院关于审理行政协议案件若干问题的规定》第7条规定:"当事人书面协议约定选择被告所在地、原告所在地、协议履行地、协议订立地、标的物所在地等与争议有实际联系地点的人民法院管辖的,人民法院从其约定,但违反级别管辖和专属管辖的除外。"

案(事)例

案情简介[①]:

喀什市广源汽车修理厂(以下简称"广源汽修厂")于2012年6月26日取得个体工商户营业执照,属于合法经营。2015年1月12日,喀什市委办公室、喀什市人民政府(以下简称"喀什市政府")办公室联合下发《关于印发〈喀什市西二环路沿线环境专项整治工作方案〉的通知》,决定启动喀什市老城区特色街景打造项目。之后,喀什市房屋征收与补偿安置管理中心根据《喀什市房屋征收与补偿安置指导意见》,与喀什市夏马勒巴格镇人民政府(以下简称"夏镇政府")签订《喀什市房屋征收实施委托书》,由夏镇政府承担房屋征收的具体工作。夏镇政府在未能与广源汽修厂就征收补偿数额达成一致的情况下,强制拆除了广源汽修厂的部分房屋共计311.69平方米,占用广源汽修厂的土地395.29平方米。

因多次协商赔偿事宜未果,广源汽修厂请求新疆维吾尔自治区喀什地区中级人民法院确认喀什市政府、夏镇政府强拆广源汽修厂房屋的行为属违法行为,并要求喀什市政府、夏镇政府赔偿广源汽修厂房屋损毁及装修费用等共计200余万元。夏镇政府辩称,广源汽修厂的房屋属于道路拆迁范围,夏镇政府实施拆

---

① 本案参见汤超:《行政诉讼中错列共同被告之级别管辖的适用》,载《中国审判》2019年第8期。

除行为正确,不存在违法行为。喀什市政府辩称,其没有参与广源汽修厂房屋的拆除行为,将其列为本案被告主体不适格。

问题:

如果将喀什市政府列为本案被告主体不适格,应如何解决本案的管辖问题?

案(事)例答题思路

思考题

1. 简述确立行政诉讼管辖的原则。
2. 简述中级人民法院管辖的第一审行政案件。
3. 简述行政诉讼的一般地域管辖。
4. 简述行政诉讼的特殊地域管辖。
5. 简述行政诉讼的裁定管辖。

第十七章　行政诉讼参加人

本章重点

1. 原告资格的确认
2. 被告资格的确认
3. 第三人的种类

第一节　行政诉讼参加人概述
第二节　行政诉讼原告
第三节　行政诉讼被告
第四节　行政诉讼的共同诉讼人
第五节　行政诉讼第三人
第六节　行政诉讼代理人

第一节 行政诉讼参加人概述

一、行政诉讼参加人

行政诉讼参加人,是指作为行政诉讼主体,起诉、应诉以及参加到行政诉讼活动中来的人。根据《行政诉讼法》规定,行政诉讼参加人包括原告、被告、第三人以及诉讼代理人。

准确理解行政诉讼参加人,需要将其与以下相近概念予以区分:

1. 行政诉讼参与人。行政诉讼参加人有别于行政诉讼参与人。后者比前者范围要广,除了包括行政诉讼参加人以外,还包括证人、鉴定人、勘验人、翻译人员等。这些参与人在法律上与案件没有利害关系,他们参加行政诉讼的目的在于协助人民法院查明案件的事实真相或者为当事人提供帮助。

2. 行政诉讼当事人。行政诉讼参加人有别于行政诉讼当事人。后者比前者范围要窄,不包括诉讼代理人。这是由于,诉讼代理人虽然是为了被代理的当事人的利益参加诉讼,具有类似于当事人的地位,但与案件并没有直接的利害关系,因此不属于行政诉讼当事人。

3. 审判人员和法律监督人员。行政诉讼参加人有别于审判人员和法律监督人员。后者是履行国家审判职能和法律监督职能的国家工作人员,他们代表国家审理行政案件或者对行政诉讼活动进行监督。

二、行政诉讼当事人

(一)行政诉讼当事人的概念

行政诉讼当事人,是指与案件具有直接的利害关系,以自己名义参加诉讼并受人民法院裁判拘束的人。行政诉讼当事人有狭义和广义之分。狭义的当事人仅指原告和被告;广义的当事人除原告和被告外,还包括第三人。本书采用广义的当事人概念。此外,虽然当事人在行政诉讼的不同阶段称谓不同,但由于第二审程序、执行程序和审判监督程序不是行政诉讼的必经程序,因此一般以第一审程序中的原告、被告和第三人概括当事人的范围。

(二)行政诉讼当事人的特征

1. 行政诉讼当事人必须是与行政行为有利害关系的人。这是行政诉讼当事人的本质特征。对原告而言,其起诉是因为其认为行政行为侵犯其合法权益;对被告而言,其应诉是为了维护自己作出的行政行为;对第三人而言,其参加诉讼则是因为被诉行政行为与自身利益存在利害关系。

2. 行政诉讼当事人是发生争议的行政法律关系主体。行政诉讼当事人由发生争议的行政法律关系主体演变而来。其中,行政相对人认为行政行为违法侵犯其权益而作为原告起诉;行政主体主张行政行为合法而作为被告应诉;第三人则是原、被告以外与被诉行政行为有利害关系的公民、法人或者其他组织。

3. 行政诉讼当事人必须以自己的名义参加诉讼。行政诉讼当事人参加诉讼是为了解决自己的权利义务争议,因而必然以自己的名义参加诉讼。即,原告以自己的名义起诉,被告以自己的名义应诉,第三人以自己的名义参加诉讼。这一特征能够有效地将行政诉讼当事人和行政诉讼代理人区别开来,因为行政诉讼代理人在诉讼中不是以自己的名义而是以所代理的当事人的名义参加诉讼的。

4. 行政诉讼当事人是受人民法院裁判拘束的人。人民法院的裁判是针对行政诉讼当事人之间的争议作出的,其一旦生效就对当事人产生拘束力。当事人必须服从人民法院的裁判,承担裁判的法律后果,自觉履行裁判所确定的义务,否则将导致强制执行。

(三)行政诉讼当事人的诉讼权利能力和诉讼行为能力

1. 行政诉讼权利能力。行政诉讼权利能力,是指当事人能够以自己的名义参加行政诉讼,并享有诉讼权利和承担诉讼义务的资格。对公民而言,其行政诉讼权利能力始于出生而终于死亡;对法人或者其他组织(包括行政机关)而言,其行政诉讼权利能力始于成立之时而终于撤销或者合法解散之时。

2. 行政诉讼行为能力。行政诉讼行为能力,是指当事人能够亲自参加行政诉讼,独立行使诉讼权利和履行诉讼义务的能力。对公民而言,其行政诉讼行为能力始于年满18周岁,或者16周岁以上不满18周岁但以自己的劳动收入为主要生活来源时取得,而终于死亡;未成年人、精神病人有行政诉讼权利能力但没有行政诉讼行为能力,因此法律禁止他们亲自参加诉讼,而规定由其法定代理人代理诉讼。对法人或者其他组织(包括行政机关)而言,其行政诉讼行为能力与行政诉讼权利能力一致,即始于成立之时而终于撤销或者合法解散之时。

第二节 行政诉讼原告

一、行政诉讼原告的概念及其范围

行政诉讼原告,是指认为行政主体作出的行政行为侵犯其合法权益,依法以自己的名义向人民法院提起行政诉讼的公民、法人或者其他组织。据此,行政诉讼原告的范围包括:

1. 公民。除中国公民以外,外国人、无国籍人也可以成为行政相对人,当其不服有关行政行为时,也可以提起行政诉讼,成为行政诉讼的原告。例如,我国《出境入境管理法》第81条规定:外国人从事与停留居留事由不相符的活动,或者有其他违反中国法律、法规规定,不适宜在中国境内继续停留居留情形的,可以处限期出境;情节严重,尚不构成犯罪的,公安部可以处驱逐出境。

2. 法人。我国《民法典》第57条规定:"法人是具有民事权利能力和民事行为能力,依法独立享有民事权利和承担民事义务的组织。"同时,根据《民法典》规定,法人分为三类:(1)营利法人,包括有限责任公司、股份有限公司和其他企业法人等;(2)非营利法人,包括事业单位、社会团体、基金会、社会服务机构等;(3)特别法人,即机关法人、农村集体经济组织法人、城镇农村的合作经济组织法人和基层群众性自治组织法人。

3. 其他组织。根据《最高人民法院关于适用〈中华人民共和国民事诉讼法〉的解释》第52条规定,其他组织是指合法成立、有一定的组织机构和财产,但又不具备法人资格的组织,包括:(1)依法登记领取营业执照的个人独资企业;(2)依法登记领取营业执照的合伙企业;(3)依法登记领取我国营业执照的中外合作经营企业、外资企业;(4)依法成立的社会团体的分支机构、代表机构;(5)依法设立并领取营业执照的法人的分支机构;(6)依法设立并领取营业执照的商业银行、政策性银行和非银行金融机构的分支机构;(7)经依法登记领取营业执照的乡镇企业、街道企业;(8)其他符合本条规定条件的组织。

二、行政诉讼原告资格及其转移

(一)行政诉讼原告资格

行政诉讼原告资格,是指某一公民、法人或者其他组织成为行政诉讼原告所应当具备的条件。根据《行政诉讼法》规定,行政诉讼原告资格包括两个方面:

1. 原告必须是认为行政行为侵犯其合法权益的公民、法人或者其他组织。《行政诉讼法》第2条规定:"公民、法人或者其他组织认为行政机关和行政机关工作人员的行政行为侵犯其合法权益,有权依照本法向人民法院提起诉讼。前款所称行政行为,包括法律、法规、规章授权的组织作出的行政行为。"可见,公民、法人或者其他组织要成为行政诉讼原告,在主观上必须认为行政主体的行政行为侵犯了自身的合法权益。

2. 原告必须是行政相对人或者其他利害关系人。《行政诉讼法》第25条第1款规定:"行政行为的相对人以及其他与行政行为有利害关系的公民、法人或者其他组织,有权提起诉讼。"可见,公民、法人或者其他组织是否具备行政诉讼原告资格,除了要符合前述主观上的要求以外,在客观上还必须是行政行为的相对人或者其他利害关系人。

对于公民、法人或者其他组织是否属于"利害关系人"的判断标准,根据《最高人民法院关于适用〈中华人民共和国行政诉讼法〉的解释》第12条规定,与行政行为有利害关系的情形包括:(1)被诉的行政行为涉及其相邻权或者公平竞争权的;(2)在行政复议等行政程序中被追加为第三人的;(3)要求行政机关依法追究加害人法律责任的;(4)撤销或者变更行政行为涉及其合法权益的;(5)为维护自身合法权益向行政机关投诉,具有处理投诉职责的行政机关作出或者未作出处理的;(6)其他与行政行为有利害关系的情形。

(二)行政诉讼原告资格转移

为切实保障行政相对人的合法权益,监督行政主体依法行政,纠正违法行政行为,《行政诉讼法》规定在特定情况下,行政诉讼原告资格可以转移。根据《行政诉讼法》第25条第2款和第3款规定,行政诉讼原告资格转移包括两种情况:

1. 有权提起诉讼的公民死亡的,其近亲属可以提起诉讼。死亡包括自然死亡和按法定程序宣告死亡。根据《最高人民法院关于适用〈中华人民共和国行政诉讼法〉的解释》第

14条第1款规定,近亲属包括配偶、父母、子女、兄弟姐妹、祖父母、外祖父母、孙子女、外孙子女和其他具有扶养、赡养关系的亲属。

2.有权提起诉讼的法人或者其他组织终止的,承受其权利的法人或者其他组织可以提起诉讼。法人或者其他组织终止包括自行终止和因行政决定终止两种情形。自行终止的,原告资格转移给承受其权利的法人或者其他组织。因行政决定终止的,原法人或者其他组织仍具有原告资格;但原法人或者其他组织对终止决定没有异议的,原告资格转移给承受其权利的法人或者其他组织。

公民因被限制人身自由而不能提起诉讼的,并不发生原告资格转移。根据《最高人民法院关于适用〈中华人民共和国行政诉讼法〉的解释》第14条第2款规定,公民因被限制人身自由而不能提起诉讼的,其近亲属可以依其口头或者书面委托以该公民的名义提起诉讼;近亲属起诉时无法与被限制人身自由的公民取得联系的,近亲属可以先行起诉,并在诉讼中补充提交委托证明。

三、特定情形下行政诉讼原告资格的确认

《最高人民法院关于适用〈中华人民共和国行政诉讼法〉的解释》第13、15—18条对特定情形下的行政诉讼原告资格确认作出了规定,具体包括:

(一)债权人的原告资格确认

《最高人民法院关于适用〈中华人民共和国行政诉讼法〉的解释》第13条规定:"债权人以行政机关对债务人所作的行政行为损害债权实现为由提起行政诉讼的,人民法院应当告知其就民事争议提起民事诉讼,但行政机关作出行政行为时依法应予保护或者应予考虑的除外。"可见,债权人认为行政行为损害其债权的,原则上不能对该行政行为提起行政诉讼,但行政机关作出行政行为时依法应予保护或者应予考虑的,债权人可以具有行政诉讼原告资格。

(二)合伙企业的原告资格确认

合伙企业,是指由各合伙人订立合伙协议,共同出资、合伙经营、共享收益、共担风险,并对合伙企业债务承担无限连带责任的营利性组织。《最高人民法院关于适用〈中华人民共和国行政诉讼法〉的解释》第15条第1款规定:"合伙企业向人民法院提起诉讼的,应当以核准登记的字号为原告。未依法登记领取营业执照的个人合伙的全体合伙人为共同原告;全体合伙人可以推选代表人,被推选的代表人,应当由全体合伙人出具推选书。"

(三)个体工商户的原告资格确认

《最高人民法院关于适用〈中华人民共和国行政诉讼法〉的解释》第15条第2款规定:"个体工商户向人民法院提起诉讼的,以营业执照上登记的经营者为原告。有字号的,以营业执照上登记的字号为原告,并应当注明该字号经营者的基本信息。"

(四)侵犯企业经营自主权的原告资格确认

当企业经营自主权受到行政行为侵犯时,一般由法定代表人以企业名义提起行政诉讼。

为了切实保障股份制企业的经营自主权,《最高人民法院关于适用〈中华人民共和国行政诉讼法〉的解释》第16条第1款规定:"股份制企业的股东大会、股东会、董事会等认为行政机关作出的行政行为侵犯企业经营自主权的,可以企业名义提起诉讼。"该款使得股东大会、股东会、董事会等股份制企业内部机构能够代表企业行使诉讼权利,但并没有赋予它们原告资格,行政诉讼中的原告仍然是企业。

（五）企业投资者的原告资格确认

在有两个以上投资者组成的企业中,投资者和企业虽然在法律上相对独立,但两者权益紧密相关。而且,在个别情况下,投资者和企业还可能出现权益上的不一致。所以,有必要赋予企业投资者原告资格,使其能够通过行政诉讼维护自身合法权益。对此,《最高人民法院关于适用〈中华人民共和国行政诉讼法〉的解释》第16条第2款规定:"联营企业、中外合资或者合作企业的联营、合资、合作各方,认为联营、合资、合作企业权益或者自己一方合法权益受行政行为侵害的,可以自己的名义提起诉讼。"

（六）非国有企业被行政机关注销、撤销、合并、强令兼并、出售、分立或者改变企业隶属关系的原告资格确认

非国有企业被行政机关注销、撤销、合并、强令兼并、出售、分立或者改变企业隶属关系后,该企业实际上已丧失法人资格而不能作为原告提起行政诉讼,但这显然不利于对该企业权益的保障,也不利于对相关行政行为予以监督。因此,《最高人民法院关于适用〈中华人民共和国行政诉讼法〉的解释》第16条第3款规定:"非国有企业被行政机关注销、撤销、合并、强令兼并、出售、分立或者改变企业隶属关系的,该企业或者其法定代表人可以提起诉讼。"

（七）非营利法人出资人、设立人的原告资格确认

《最高人民法院关于适用〈中华人民共和国行政诉讼法〉的解释》第17条规定:"事业单位、社会团体、基金会、社会服务机构等非营利法人的出资人、设立人认为行政行为损害法人合法权益的,可以自己的名义提起诉讼。"

（八）涉及业主共有利益的原告资格确认

对于业主共有利益受到行政行为侵犯的,《最高人民法院关于适用〈中华人民共和国行政诉讼法〉的解释》第18条第1款规定赋予了业主委员会行政诉讼原告资格,即"业主委员会对于行政机关作出的涉及业主共有利益的行政行为,可以自己的名义提起诉讼"。但业主委员会不起诉的,《最高人民法院关于适用〈中华人民共和国行政诉讼法〉的解释》第18条第2款规定"专有部分占建筑物总面积过半数或者占总户数过半数的业主可以提起诉讼"。

（九）行政协议案件的原告资格确认

根据《最高人民法院关于审理行政协议案件若干问题的规定》第4条、第5条规定,因行政协议的订立、履行、变更、终止等发生纠纷,公民、法人或者其他组织作为原告,下列与行政协议有利害关系的公民、法人或者其他组织提起行政诉讼的,人民法院应当依法受理:（1）参与招标、拍卖、挂牌等竞争性活动,认为行政机关应当依法与其订立行政协议但行政机关拒绝订立,或者认为行政机关与他人订立行政协议损害其合法权益的公民、法人或者其

他组织;(2)认为征收征用补偿协议损害其合法权益的被征收征用土地、房屋等不动产的用益物权人、公房承租人;(3)其他认为行政协议的订立、履行、变更、终止等行为损害其合法权益的公民、法人或者其他组织。

四、行政公益诉讼起诉人

2017年6月27日,十二届全国人大常委会第二十八次会议表决通过了《关于修改〈中华人民共和国民事诉讼法〉和〈中华人民共和国行政诉讼法〉的决定》,将"检察机关提起公益诉讼"正式写入《行政诉讼法》。2017年修改后的《行政诉讼法》第25条第4款规定:"人民检察院在履行职责中发现生态环境和资源保护、食品药品安全、国有财产保护、国有土地使用权出让等领域负有监督管理职责的行政机关违法行使职权或者不作为,致使国家利益或者社会公共利益受到侵害的,应当向行政机关提出检察建议,督促其依法履行职责。行政机关不依法履行职责的,人民检察院依法向人民法院提起诉讼。"

据此,人民检察院获得了行政公益诉讼起诉人资格,能够就行政机关不依法履行职责的行为向人民法院提起诉讼。虽然行政诉讼起诉人和行政诉讼原告均是对行政机关提起诉讼,但两者并不相同。在行政公益诉讼中,人民检察院作为公益诉讼起诉人,既不是行政行为的相对人,也不是行政行为的利害关系人,其起诉人资格源于法律的授权,起诉目的在于维护公共利益;在行政诉讼中,公民、法人或者其他组织则是认为行政行为侵犯其合法权益而作为行政行为的相对人或者其他利害关系人获得原告资格,起诉目的在于维护自身合法权益。

第三节 行政诉讼被告

一、行政诉讼被告的概念和特征

行政诉讼被告,是指原告指控其行政行为侵犯原告合法权益,由人民法院通知应诉的具有行政职权的机关或者组织。行政诉讼被告具有以下特征:

1. 行政诉讼被告是具有行政职权的机关或者组织。首先,行政诉讼被告是机关或者组织,而不是个人。其次,并非所有的机关或者组织都能成为行政诉讼的被告,只有具有行政职权的机关或者组织才能成为行政诉讼被告。最后,这里的机关或者组织,既包括行政机关,也包括法律、法规、规章授权的组织。

2. 行政诉讼被告是作出被诉行政行为的机关或者组织。被告必须作出了原告所不服的行政行为,否则它与原告之间就不存在行政争议,也不会成为行政诉讼被告。

3. 行政诉讼被告是被原告指控并由人民法院通知应诉的机关或者组织。从程序上讲,原告的指控与人民法院通知应诉这两个方面必须结合在一起,被告才能产生。没有原告的指控,不可能有被告,但被告地位的确定并不源于原告指控,不能认为原告起诉书上所列的机关或者组织即被告,必须经法院审查确定并通知其应诉时,才能确定被告。

二、行政诉讼被告资格的确认

(一)行政诉讼被告确认的一般情形

《行政诉讼法》第 26 条第 1 款规定:"公民、法人或者其他组织直接向人民法院提起诉讼的,作出行政行为的行政机关是被告。"据此,以作出行政行为的行政机关为被告,是确认行政诉讼被告的一般情形。同时,根据《行政诉讼法》第 2 条第 2 款规定,行政诉讼中的行政行为,也包括法律、法规、规章授权的组织作出的行政行为。因此,行政相对人对法律、法规、规章授权的组织作出的行政行为不服提起诉讼的,以该法律、法规、规章授权的组织为被告。

(二)经过行政复议的被告确认

《行政诉讼法》第 26 条第 2 款和第 3 款对经过行政复议的被告确认作出了规定,具体包括三种情形:

1. 复议机关决定维持原行政行为的,作出原行政行为的行政机关和复议机关是共同被告。

2. 复议机关改变原行政行为的,复议机关是被告。根据《最高人民法院关于适用〈中华人民共和国行政诉讼法〉的解释》第 22 条规定,复议机关改变原行政行为,是指复议机关改变原行政行为的处理结果。复议机关改变原行政行为所认定的主要事实和证据、改变原行政行为所适用的规范依据,但未改变原行政行为处理结果的,视为复议机关维持原行政行为。复议机关确认原行政行为无效,属于改变原行政行为。复议机关确认原行政行为违法,属于改变原行政行为,但复议机关以违反法定程序为由确认原行政行为违法的除外。

3. 复议机关在法定期限内未作出复议决定,公民、法人或者其他组织起诉原行政行为的,作出原行政行为的行政机关是被告;起诉复议机关不作为的,复议机关是被告。根据《行政复议法》第 31 条规定,行政复议机关应当自受理申请之日起 60 日内作出行政复议决定,但是法律规定的行政复议期限少于 60 日的除外。情况复杂,不能在规定期限内作出行政复议决定的,经行政复议机关的负责人批准,可以适当延长,并告知申请人和被申请人;但是延长期限最多不超过 30 日。复议机关未能按照该规定依法作出复议决定的,即属于"在法定期限内未作出复议决定",行政相对人可依法提起诉讼。

(三)共同作出行政行为的被告确认

《行政诉讼法》第 26 条第 4 款规定:"两个以上行政机关作出同一行政行为的,共同作出行政行为的行政机关是共同被告。"两个以上行政机关作出同一行政行为的,共同作出行政行为的行政机关是共同被告。

关于共同行政行为的认定,在实践中主要以共同名义为标准,即两个以上行政机关以共同名义签署(以公章为准)法律文书的,共同签署的机关是共同被告;如果只有一个行政机关签署,则无论有无其他行政机关的实质参与,都视为签署行政机关的行为,由签署行政机关作为被告。当然,多个行政机关实质参与行政行为,但均未签署法律文书的,要以所有行政机关实质参与为标准予以认定。

此外,如果行政机关与非行政机关(不具有行政主体资格)共同署名作出行政决定,只能以作出决定的行政机关为被告,非行政机关不能为被告。但行政机关和非行政机关共同作出的行为侵犯了相对人的合法权益,需要赔偿的,人民法院可以通知非行政机关作为第三人参加诉讼。

(四)委托行政的被告确认

《行政诉讼法》第26条第5款规定:"行政机关委托的组织所作的行政行为,委托的行政机关是被告。"同时,根据《最高人民法院关于适用〈中华人民共和国行政诉讼法〉的解释》第20条第3款规定,没有法律、法规或者规章规定,行政机关授权其内设机构、派出机构或者其他组织行使行政职权的,属于上述规定中的委托。当事人不服提起诉讼的,应当以该行政机关为被告。

(五)经上级机关批准的行政行为的被告确认

《最高人民法院关于适用〈中华人民共和国行政诉讼法〉的解释》第19条规定:"当事人不服经上级行政机关批准的行政行为,向人民法院提起诉讼的,以在对外发生法律效力的文书上署名的机关为被告。"理解这一规定,应当注意两个问题:(1)对"经上级行政机关批准的行政行为"中的"批准"应作广义上的理解,既包括经上级行政机关批准,也包括经上级机关同意或者认可,还包括下级机关根据上级机关对其请示所作的批复作出行政行为等情形。(2)以"署名的机关为被告"表明,行政诉讼对经上级机关批准的行政行为的被告确认采用"外观主义"的做法,这有别于行政复议中"经上级行政机关批准作出具体行政行为的,批准机关为被申请人"的规定,①应当予以区分。

(六)行政机构的被告资格确认

《最高人民法院关于适用〈中华人民共和国行政诉讼法〉的解释》第20条第1款、第2款规定,行政机关组建并赋予行政管理职能但不具有独立承担法律责任能力的机构,以自己的名义作出行政行为,当事人不服提起诉讼的,应当以组建该机构的行政机关为被告。法律、法规或者规章授权行使行政职权的行政机关内设机构、派出机构或者其他组织,超出法定授权范围实施行政行为,当事人不服提起诉讼的,应当以实施该行为的机构或者组织为被告。

(七)开发区管理机构及其所属职能部门的被告资格确认

《最高人民法院关于适用〈中华人民共和国行政诉讼法〉的解释》第21条规定,当事人对由国务院、省级人民政府批准设立的开发区管理机构作出的行政行为不服提起诉讼的,以该开发区管理机构为被告;对由国务院、省级人民政府批准设立的开发区管理机构所属职能部门作出的行政行为不服提起诉讼的,以其职能部门为被告;对其他开发区管理机构所属职能部门作出的行政行为不服提起诉讼的,以开发区管理机构为被告;开发区管理机构没有行

---

① 《行政复议法实施条例》第13条规定:"下级行政机关依照法律、法规、规章规定,经上级行政机关批准作出具体行政行为的,批准机关为被申请人。"

政主体资格的,以设立该机构的地方人民政府为被告。

(八)村(居)民委员会的被告资格确认

《最高人民法院关于适用〈中华人民共和国行政诉讼法〉的解释》第24条第1款、第2款规定,当事人对村民委员会或者居民委员会依据法律、法规、规章的授权履行行政管理职责的行为不服提起诉讼的,以村民委员会或者居民委员会为被告。当事人对村民委员会、居民委员会受行政机关委托作出的行为不服提起诉讼的,以委托的行政机关为被告。

(九)事业单位、行业组织的被告资格确认

《最高人民法院关于适用〈中华人民共和国行政诉讼法〉的解释》第24条第3款、第4款规定,当事人对高等学校等事业单位以及律师协会、注册会计师协会等行业协会依据法律、法规、规章的授权实施的行政行为不服提起诉讼的,以该事业单位、行业协会为被告。当事人对高等学校等事业单位以及律师协会、注册会计师协会等行业协会受行政机关委托作出的行为不服提起诉讼的,以委托的行政机关为被告。

(十)房屋征收部门的被告资格确认

《最高人民法院关于适用〈中华人民共和国行政诉讼法〉的解释》第25条规定,市、县级人民政府确定的房屋征收部门组织实施房屋征收与补偿工作过程中作出行政行为,被征收人不服提起诉讼的,以房屋征收部门为被告。征收实施单位受房屋征收部门委托,在委托范围内从事的行为,被征收人不服提起诉讼的,应当以房屋征收部门为被告。

(十一)行政许可案件的被告确认

根据《最高人民法院关于审理行政许可案件若干问题的规定》第4条、第5条规定,当事人不服行政许可决定提起诉讼的,以作出行政许可决定的机关为被告;行政许可依法须经上级行政机关批准,当事人对批准或者不批准行为不服一并提起诉讼的,以上级行政机关为共同被告;行政许可依法须经下级行政机关或者管理公共事务的组织初步审查并上报,当事人对不予初步审查或者不予上报不服提起诉讼的,以下级行政机关或者管理公共事务的组织为被告。行政机关依据《行政许可法》第26条第2款①规定统一办理行政许可的,当事人对行政许可行为不服提起诉讼,以对当事人作出具有实质影响的不利行为的机关为被告。

(十二)政府信息公开案件的被告确认

根据《最高人民法院关于审理政府信息公开行政案件若干问题的规定》第4条规定,公民、法人或者其他组织对国务院部门、地方各级人民政府及县级以上地方人民政府部门依申请公开政府信息行政行为不服提起诉讼的,以作出答复的机关为被告;逾期未作出答复的,以受理申请的机关为被告。公民、法人或者其他组织对主动公开政府信息行政行为不服提起诉讼的,以公开该政府信息的机关为被告。公民、法人或者其他组织对法律、法规授权的具有管理公共事务职能的组织公开政府信息的行为不服提起诉讼的,以该组织为被告。有下列情形之一的,应当以在对外发生法律效力的文书上署名的机关为被告:(1)政府信息公

---

① 《行政许可法》第26条第2款规定:"行政许可依法由地方人民政府两个以上部门分别实施的,本级人民政府可以确定一个部门受理行政许可申请并转告有关部门分别提出意见后统一办理,或者组织有关部门联合办理、集中办理。"

开与否的答复依法报经有权机关批准的;(2)政府信息是否可以公开系由国家保密行政管理部门或者省、自治区、直辖市保密行政管理部门确定的;(3)行政机关在公开政府信息前与有关行政机关进行沟通、确认的。

(十三)行政协议案件的被告确认

《最高人民法院关于审理行政协议案件若干问题的规定》第4条规定,因行政协议的订立、履行、变更、终止等发生纠纷,公民、法人或者其他组织作为原告,以行政机关为被告提起行政诉讼的,人民法院应当依法受理。因行政机关委托的组织订立的行政协议发生纠纷的,委托的行政机关是被告。

三、行政诉讼被告资格的转移

行政机关被撤销或者职权变更会引起行政诉讼被告资格的转移。具体包括以下两种情形:一是行政机关被撤销或者职权变更后有承继其职权的行政机关的情形。《行政诉讼法》第26条第6款规定:"行政机关被撤销或者职权变更的,继续行使其职权的行政机关是被告。"二是行政机关被撤销或者职权变更后没有承继其职权的行政机关的情形。《最高人民法院关于适用〈中华人民共和国行政诉讼法〉的解释》第23条规定:"行政机关被撤销或者职权变更,没有继续行使其职权的行政机关的,以其所属的人民政府为被告;实行垂直领导的,以垂直领导的上一级行政机关为被告。"

第四节 行政诉讼的共同诉讼人

一、共同诉讼人的概念

共同诉讼人是指共同诉讼的当事人,包括共同原告和共同被告。共同诉讼人产生于共同诉讼。《行政诉讼法》第27条规定:"当事人一方或者双方为二人以上,因同一行政行为发生的行政案件,或者因同类行政行为发生的行政案件、人民法院认为可以合并审理并经当事人同意的,为共同诉讼。"据此,共同诉讼分为必要的共同诉讼和普通的共同诉讼,相应地,共同诉讼人也可分为必要的共同诉讼人和普通的共同诉讼人。

二、必要的共同诉讼人

必要的共同诉讼,是指当事人一方或者双方为二人以上,诉讼标的是同一行政行为的诉讼。必要的共同诉讼由当事人基于同一行政行为发生争议引起,因而当事人在权利和义务上具有共同的利害关系,是一种不可分之诉,人民法院必须合并进行审理。必要的共同诉讼的共同原告或共同被告就是必要的共同诉讼人。必要的共同诉讼人主要有以下五种情形:

1. 共同被处罚人,即两个以上的当事人,因共同违法而被一个行政机关在一个处罚决定中分别予以处罚,两个以上的当事人不服,提起行政诉讼的,为共同原告。

2. 侵权案件中的加害人和受害人都对行政处罚不服，均提起行政诉讼，加害人和受害人成为必要的共同诉讼人。但这是一种特殊的表现，即他们虽然在诉讼程序意义上是共同的，但在实体要求上则主张相反的利益。

3. 共同受害人，即两个或者两个以上的受害人不服一个行政机关对加害人作出的行政处罚提起行政诉讼的，为共同原告。

4. 两个以上的行政机关以一项共同行政决定的形式，处理或者处罚了一个或者若干个当事人，当事人对该行政决定不服提起行政诉讼的，两个以上的行政机关为共同被告；若干个当事人都提起行政诉讼的，则会出现共同原告和共同被告的情形。

5. 行政机关在一项行政决定中同时对法人或者其他组织以及其主要负责人或者直接责任人员进行处理，作为处理对象的法人、组织或者个人均不服而提起行政诉讼的，成为必要的共同诉讼人。

对于必要的共同原告，人民法院有义务通知没有起诉的其他共同原告起诉，但如果他们不愿意起诉，人民法院不得强行追加，可以通知他们作为第三人参加诉讼。对于必要的共同被告，原告在起诉中遗漏的，人民法院有权在征得原告同意后进行追加，被追加的被告不得拒绝参加诉讼；原告不同意追加的，人民法院应当通知他们作为第三人参加诉讼。

三、普通的共同诉讼人

普通的共同诉讼，是指当事人一方或者双方是二人以上，因同类行政行为发生行政争议，人民法院认为可以合并审理并经当事人同意的诉讼。普通的共同诉讼中的共同原告或共同被告是普通的共同诉讼人。由于普通的共同诉讼是由两个以上同类行政行为引发的两起以上独立的案件，共同诉讼人之间并不具有共同的权利和义务，因此普通的共同诉讼并不必然引起合并审理。人民法院认为可以而且有必要合并审理，并经当事人同意的，才合并审理；人民法院认为可以分别审理的，也可以分别审理，分别作出裁判。普通的共同诉讼人主要有以下两种情形：

1. 两个以上行政机关分别依据不同的法律、法规对同一事实作出两个以上的行政行为，公民、法人或者其他组织不服向同一人民法院起诉，人民法院认为可以合并审理并经当事人同意的，则两个以上行政机关成为共同被告。例如，甲公民未取得营业执照而从事经营活动，被某市场监督管理机关予以行政处罚，某税务机关对其从事该经营活动未纳税予以税务处罚，甲公民对这两项处罚决定均不服，依法向人民法院起诉某市场监督管理机关和某税务机关。甲公民不服的是不同行政机关的两项处罚决定，提起的实际上是两个诉讼，而这两项处罚决定又针对一个案件事实，因此，人民法院可以将这两个诉讼请求合并审理，这两个行政机关则成为共同被告。

2. 行政机关就同一事实对两个以上公民、法人或者其他组织分别作出行政行为，公民、法人或者其他组织不服分别向同一人民法院起诉的，经当事人同意，人民法院也可以合并审理，这些公民、法人或者其他组织成为共同原告。例如，甲、乙、丙三个演员同台演出并获得应税报酬后都违反税法有关规定不纳税,某税务机关分别对他们给予行政处罚,甲、乙、丙三人均不服,分别向同一人民法院提起诉讼,人民法院认为可以合并审理并经当事人同意的,甲、乙、丙三人成为共同原告。

四、诉讼代表人

《行政诉讼法》第 28 条规定:"当事人一方人数众多的共同诉讼,可以由当事人推选代表人进行诉讼。代表人的诉讼行为对其所代表的当事人发生效力,但代表人变更、放弃诉讼请求或者承认对方当事人的诉讼请求,应当经被代表的当事人同意。"根据《最高人民法院关于适用〈中华人民共和国行政诉讼法〉的解释》第 29 条规定,此处的"人数众多",一般指 10 人以上。当事人一方人数众多的,由当事人推选 2—5 人作为代表人。当事人推选不出代表人的,可以由人民法院在起诉的当事人中指定代表人。代表人可以委托 1—2 人作为诉讼代理人。代表人的诉讼行为仅限于不涉及被代表的当事人实体权利的行为,如提供证据、进行法庭辩论等,一旦涉及代表人变更、放弃诉讼请求或者承认对方当事人的诉讼请求等影响实体权利的事项,代表人必须征得被代表的当事人的同意。

第五节 行政诉讼第三人

一、行政诉讼第三人的概念与特征

《行政诉讼法》第 29 条第 1 款规定:"公民、法人或者其他组织同被诉行政行为有利害关系但没有提起诉讼,或者同案件处理结果有利害关系的,可以作为第三人申请参加诉讼,或者由人民法院通知参加诉讼。"据此,行政诉讼第三人,是指与被诉行政行为有利害关系,申请参加或者由人民法院通知其参加到行政诉讼中来的其他公民、法人或者其他组织。行政诉讼第三人的特征主要有:

1. 第三人是原告、被告以外的公民、法人或者其他组织。第三人既不是原告,也不是被告,而是在原告起诉以后,申请或者由人民法院通知而参加到已经开始的诉讼中来的公民、法人或者其他组织。

2. 第三人必须与被诉的行政行为有利害关系。这是第三人参加行政诉讼的根本原因。这里的利害关系是指被诉行政行为在客观上已影响到第三人的权利与义务。行政行为的变动将导致第三人法律地位和相关权利与义务的变化,因此,将第三人纳入行政诉讼程序有利于保护其合法权益。

3. 第三人在法律上具有独立的诉讼地位。第三人既不同于原告,也不同于被告,其参加诉讼是为了维护自己的合法权益。在诉讼中,第三人可以提出与本案有关的诉讼主张,其诉讼主张可以与原告或者被告的诉讼主张不同,也可以与其中一方的主张一致。第三人对一审判决不服的,有权提出上诉并享有其他诉讼权利。

4. 第三人参加的是他人已经开始、尚未结束的诉讼。第三人参加诉讼必须以原告、被告之间的诉讼正在进行为前提。如果原告、被告之间的诉讼尚未开始，或者原告、被告之间的诉讼已经审理完结，都不可能存在第三人。

二、行政诉讼第三人的种类

根据《行政诉讼法》第29条和《最高人民法院关于适用〈中华人民共和国行政诉讼法〉的解释》第26条、第30条规定，行政诉讼第三人主要有以下三类：

1. 应当追加被告而原告不同意追加的，人民法院应当通知其以第三人的身份参加诉讼，但行政复议机关作共同被告的除外。

2. 行政机关的同一行政行为涉及两个以上利害关系人，其中一部分利害关系人对行政行为不服提起诉讼的，人民法院应当通知没有起诉的其他利害关系人作为第三人参加诉讼。从行政诉讼的实践来看，此类行政诉讼第三人主要有以下四种情形：

（1）行政处罚案件中的受害人或者被处罚人。被处罚人对行政处罚不服起诉的，受害人可以作为第三人参加诉讼；受害人对行政处罚不服起诉的，被处罚人应当被通知作为第三人参加诉讼。

（2）行政处罚案件中的共同被处罚人。在同一行政处罚案件中，行政机关处罚了两个以上的违法行为人。其中，一部分被处罚人向人民法院起诉，没有起诉的被处罚人应当被通知作为第三人参加诉讼。

（3）行政许可案件中存在竞争关系的相对人。这主要是指在有数量限制的行政许可中，如果没有获得行政许可的相对人不服提起诉讼，与其存在竞争关系且获得行政许可的相对人应当被通知作为第三人参加诉讼。

（4）行政裁决案件中存在民事争议的当事人。行政裁决是行政机关依法解决有关民事争议的活动，行政裁决的结果通常对一方有利，对另一方不利。其中，不利一方当事人不服行政裁决提起行政诉讼的，另一方当事人应当被通知作为第三人参加诉讼。

3. 与行政案件处理结果有利害关系的第三人，可以申请参加诉讼，或者由人民法院通知其参加诉讼。此类第三人与被诉行政行为不存在直接的利害关系，但案件处理结果会间接影响其权益。主要有以下两种情形：

（1）两个以上行政机关作出相互矛盾的行政行为，其中一个行政机关成为被告时，其他行政机关可以作为第三人。

（2）行政行为由行政机关和不具备行政主体资格的个人或者组织共同署名作出，如果相对人不服，提起行政诉讼，应当以行政机关为被告，共同署名的个人或者组织可以作为第三人参加诉讼。

三、行政诉讼第三人参加诉讼的程序

根据《行政诉讼法》第29条的规定，行政诉讼第三人参加诉讼的法定程序有两种：

1. 申请参加诉讼。第三人主动申请参加诉讼,由人民法院决定。人民法院准许的,以书面形式通知第三人;不准许的,以裁定驳回申请。

2. 人民法院依职权通知其参加诉讼。由于第三人与被诉行政行为有利害关系,第三人未申请参加诉讼的,人民法院有通知其参加诉讼的职责。第三人不愿意参加诉讼的,法院不能予以强制。

第六节　行政诉讼代理人

一、行政诉讼代理人的概念与特征

行政诉讼代理人,是指在代理权限内,以当事人的名义进行行政诉讼活动的人。行政诉讼代理既可能基于法律规定而发生,也可能基于当事人的委托而成立。设立行政诉讼代理人制度,最基本的目的是协助或者帮助当事人进行诉讼,确保其诉讼权利得以实现,维护其合法权益。行政诉讼代理人具有以下特征:

1. 行政诉讼代理人必须以被代理人的名义进行诉讼活动。代理人在诉讼中的任务是协助或者帮助当事人,他必须以被代理的当事人的名义进行诉讼。而且,由于双方当事人的利益是矛盾和冲突的,代理人必须为维护和实现一方当事人的利益活动,因此,代理人只能代理一方当事人,不能同时代理双方当事人。

2. 行政诉讼代理人必须在代理权限范围内活动。代理人无论是基于法律规定取得代理权,还是基于当事人委托取得代理权,都必须认真地行使权利,履行职责。既不能随意放弃权利,也不能超越权限。代理人超越代理权限的行为无效,其法律后果由他自己承担。

3. 行政诉讼代理人在代理权限内的诉讼行为的法律后果归属于被代理人。这是由代理行为的性质所决定的。代理行为是协助或者帮助他人实施的行为,不是为了代理人自己的利益,因而代理人行为的法律后果要由被代理人承担。当然,如果代理行为越权,代理人要承担相应的责任。

4. 行政诉讼代理人必须具有诉讼行为能力。这是能够成为诉讼代理人、为被代理人提供帮助的首要条件。不具有诉讼行为能力的人,不能成为诉讼代理人。如果诉讼代理人在诉讼过程中丧失诉讼行为能力,就不能继续担当代理人。

二、行政诉讼代理人的种类

按代理权产生依据的不同,行政诉讼代理人可以分为以下两类:

(一) 法定代理人

行政诉讼的法定代理人,是指根据法律的直接规定而享有代理权,代理无诉讼行为能力人进行行政诉讼的人。《行政诉讼法》第 30 条规定:"没有诉讼行为能力的公民,由其法定代理人代为诉讼。法定代理人互相推诿代理责任的,由人民法院指定其中一人代为诉讼。"

在行政诉讼中,法定代理人只能代理未成年人、精神病人等无诉讼行为能力的原告或者第三人进行诉讼,而不能代理法人、其他组织或者作为被告的行政主体。法定代理人一般都是对被代理人负有保护和监督责任的监护人,法定代理人和被代理人之间存在着亲权或者监护关系,如父母、配偶、子女、兄弟姐妹等。

值得注意的是,上述规定中"法定代理人互相推诿代理责任的,由人民法院指定其中一人代为诉讼",是指在多个法定代理人中指定一人参加诉讼,因而该情形仍属于法定代理而非指定代理。指定代理,是指无诉讼行为能力人在没有法定代理人或者其法定代理人不能行使代理权的情况下,由法院依法指定代理人的代理制度。这一制度目前仅存在于刑事诉讼,行政诉讼和民事诉讼均不存在指定代理。

法定代理为特别代理,法定代理人具有和当事人基本相同的地位,可以处分被代理人的实体权利和诉讼权利,其实施的一切诉讼行为视同当事人的行为。当然,法定代理人不等同于当事人,其诉讼地位也有所区别,如法院确定管辖时以当事人的住所地为准,而不考虑法定代理人的住所地等。

法定代理人的代理权因下列情况而归于消灭:(1)被代理的未成年人成年;(2)精神病人恢复正常;(3)代理人死亡或者丧失诉讼行为能力;(4)被代理人和代理人之间的收养关系被合法解除;(5)其他法律事实,如代理人因恶意损害被代理人的合法权益而被法院撤销代理人资格。

(二)委托代理人

行政诉讼的委托代理人,是指受当事人、法定代理人的委托,代理其进行行政诉讼活动的人。《行政诉讼法》第31条第1款规定:"当事人、法定代理人,可以委托一至二人作为诉讼代理人。"

根据《行政诉讼法》第31条第2款规定,下列人员可以被委托为诉讼代理人:(1)律师、基层法律服务工作者;(2)当事人的近亲属或者工作人员;(3)当事人所在社区、单位以及有关社会团体推荐的公民。《行政诉讼法》明确规定基层法律服务工作者可以作为委托代理人。基层法律工作者是从具有法律知识的人员中选拔出来的,主要为基层群众特别是低收入人群提供及时、便利、费用低廉的法律服务,作为律师服务的一个有效补充。

《行政诉讼法》第32条第1款规定:"代理诉讼的律师,有权按照规定查阅、复制本案有关材料,有权向有关组织和公民调查,收集与本案有关的证据。对涉及国家秘密、商业秘密和个人隐私的材料,应当依照法律规定保密。"据此,代理律师的权利包括:(1)调查收集证据,但根据《行政诉讼法》第35条规定,在诉讼过程中,被告的律师不得自行向原告、第三人和证人收集证据。(2)查阅、复制本案有关材料,但对涉及国家秘密、商业秘密和个人隐私的材料承担保守秘密的义务。

值得注意的是,当事人和其他诉讼代理人并不享有与代理律师同样的调查收集证据的权利。《行政诉讼法》第32条第2款规定:"当事人和其他诉讼代理人有权按照规定查阅、复制本案庭审材料,但涉及国家秘密、商业秘密和个人隐私的内容除外。"可见,当事人和其他诉讼代理人的权利只限于查阅、复制本案有关材料。这是由于,根据《行政诉讼法》第41条规定,原告或者第三人无法自行收集有关证据,可以申请人民法院调取,因此没有赋予当事人和其他诉讼代理人调查收集证据的权利。

在行政诉讼中,委托诉讼代理是使用最为普遍的一种代理方式。委托诉讼代理人应当向人民法院提交由委托人签名或者盖章的授权委托书。委托书应当载明委托事项和具体权限。公民在特殊情况下无法书面委托的,也可以口头委托。口头委托的,人民法院应当核实并记录在卷;被诉机关或者其他有义务协助的机关拒绝人民法院向被限制人身自由的公民核实的,视为委托成立。解除委托或者变更委托的,应当书面报告人民法院,由人民法院通知其他当事人。

委托代理权可以因下列情况而归于消灭:(1)诉讼代理事项完成,诉讼结束;(2)委托人解除委托;(3)受委托人辞却委托;(4)受委托人死亡或者丧失诉讼行为能力。

法律应用

法律、法规、规章授权的组织超出法定授权范围实施行政行为被提起行政诉讼的,一般遵循"谁越权,谁被告"的原则,以越权组织为被告。但当该越权组织为行政机关内设机构、派出机构时,行政诉讼的被告则需要区别情况予以确认。以公安派出所为例,《治安管理处罚法》第91条规定:"治安管理处罚由县级以上人民政府公安机关决定;其中警告、五百元以下的罚款可以由公安派出所决定。"当公安派出所超出法律授权的"处罚幅度"实施行政行为,如以自己的名义作出500元以上(不含本数)的罚款决定时,应当以公安派出所为被告。当公安派出所超出法律授权的"处罚种类"实施行政行为,如以自己的名义作出行政拘留决定时,公安派出所实际上并未获得法律的授权,此时公安派出所不属于"法律、法规、规章授权的组织",而是"行政机关组建并赋予行政管理职能但不具有独立承担法律责任能力的机构",因此,当事人不服提起诉讼的,应当以公安派出所所属公安机关为被告。

案(事)例

案情简介[①]:

经吉林省长白山保护开发区池北区管理委员会(以下简称"池北区管委会")请示,吉林省长白山保护开发区管理委员会(以下简称"长白山管委会")于2011年6月28日作出会议纪要,允诺为招商企业长白山保护开发区润森热力有限公司(以下简称"润森公司")在办理前期手续、委托环评、争取政策和资金支持等项目筹建方面提供帮助和支持。随后,润森公司与长白山保护开发区九鼎商砼有限公司(以下简称"九鼎公司")负责人签署投资商砼混凝土搅拌站协议,九鼎公司负责人按照约定进行了投资建设。2014年,九鼎公司申请为商砼混凝土搅拌站项目办理环评手续,但因原选址不符合环境保护要求,未获批

---

① 本案参见《最高人民法院发布行政协议典型案例》,载中华人民共和国最高人民法院网站,https://www.court.gov.cn。

准。2017年,长白山管委会住房和城乡建设局作出长管建函〔2017〕25号《管委会住建局关于九鼎商砼混凝土搅拌站项目异地选址的函复》,内容有:"……现有城区无法选出符合条件的选址场所;九鼎商砼混凝土搅拌站项目为我区刚成立时的招商引资项目,建议将该商砼站临时选择到宝马城空地内,以保证商砼站正常生产;九鼎商砼站与润森供热项目同属管委会招商遗留问题,在处理润森供热问题时应同时处理九鼎商砼站问题。"2018年4月,因一直未能重新选定地址、无法继续经营,九鼎公司提起行政诉讼,请求判令池北区管委会及长白山管委会为其尽快办理前期手续及场地选址事宜;如确实无法异地选址,应给予适当的货币补偿。

问题:
九鼎公司是否具有原告资格?

案(事)例答题思路

思考题

1. 简述行政诉讼原告资格的确认。
2. 简述行政诉讼被告资格的确认。
3. 简述行政诉讼第三人的概念、特征和种类。
4. 简述行政诉讼委托代理人的概念、特征和种类。

第十八章 行政诉讼证据

本章重点

1. 行政诉讼证据的概念、特征和种类
2. 行政诉讼举证责任的分配规则
3. 行政诉讼证据的提供、调取和保全
4. 行政诉讼证据质证的规则和要求
5. 行政诉讼证据审核认定的标准和规则

第一节 行政诉讼证据概述
第二节 行政诉讼的举证责任
第三节 行政诉讼证据的提供、调取和保全
第四节 行政诉讼证据的质证
第五节 行政诉讼证据的审核认定

第一节 行政诉讼证据概述

一、行政诉讼证据的概念与特征

行政诉讼证据,是指一切用来证明行政诉讼案件事实情况的材料。作为证据的一种,行政诉讼证据首先必须具有证据的三个共同特征,即真实性、关联性和合法性。同时,行政诉讼证据还具有以下不同于民事诉讼证据和刑事诉讼证据的特征:

1. 行政诉讼证据法定形式的多样性。根据《行政诉讼法》第33条的规定,行政诉讼证据包括书证、物证、视听资料、电子数据、证人证言、当事人陈述、鉴定意见、勘验笔录和现场笔录。行政诉讼的法定证据中包括了其他诉讼证据所不具备的现场笔录。另外,《行政诉讼法》还规定行政机关必须向人民法院提供作出行政行为的事实依据和规范性文件,行政行为所依据的规范性文件虽然不是证据,但对行政行为的合法性也能起到一定的证明作用,如证明行政行为的动机、合理性等。

2. 行政诉讼证据来源的特定性。行政诉讼证据主要来自行政程序,并且主要由作为被告的行政机关向人民法院提供。行政机关在实施行政行为的过程中,应当在充分、全面地掌握证据,弄清事实真相之后,依照法律、法规作出决定,即行政机关必须遵循"先取证,后决定"的原则。因此,行政机关向法院提交的证据应当是作出决定之前收集到的证据。

3. 举证责任分配的特殊性。行政诉讼中举证责任的分配有别于民事诉讼。民事诉讼中举证责任分配规则是"谁主张,谁举证";而在行政诉讼中,对行政行为的合法性问题由被告承担举证责任,如果被告不能提供证据证明被诉的行政行为合法,则无须原告证明行政行为违法,就应当由被告承担败诉的后果。

4. 行政诉讼证据规则的特殊性。因受行政诉讼性质的影响,行政诉讼还存在一些特殊的证据规则。例如,行政诉讼被告及其代理人在诉讼过程中,不得自行向证人和原告、第三人收集证据;被告应当在收到起诉状副本之日起15日内向人民法院提供证据等。

二、行政诉讼证据的种类

依据证据的不同形式,《行政诉讼法》第33条列举了八类行政诉讼证据。

(一)书证

书证是指用文字或者图画、符号等记载的表达人的思想和行为并用来证明案件情况的材料。其基本特征是用它记载或者反映的内容证明案件事实。

(二)物证

物证是指以其存在的外形、性状、质量、特征、规格等证明案件事实的证明材料。物证较为客观、真实,但通常情况下是间接证据。当物证有可能灭失或者变质时应当注意保全。

（三）视听资料

视听资料是指利用录音、录像的方法录制的音响和图像或者电子计算机储存的用来证明案件事实的材料。由于技术的进步，视听资料可以用剪辑、拼凑的方法进行伪造或者加工，因而应当注意用专门技术进行审查。

（四）证人证言

证人证言是指非本案当事人就其了解的有关案件事实情况依法作出的陈述。作证是了解案件情况的公民的法定义务，但精神病人或者年幼不能辨别是非、不能正确表达的人等不能作证。

（五）电子数据

电子数据是 2014 年《行政诉讼法》修改后增加的证据种类，指以数字化形式存储、处理、传输的数据。增加电子数据作为行政诉讼的证据种类，主要是因为随着电子技术特别是计算机和互联网技术的发展，电子数据在数量上越来越多，在审判活动中作用也越来越大，而电子数据本身就有很大的复杂性和特殊性，将其简单地划入某一现有的证据种类，难以解决电子数据带来的诸多法律难题，也无法充分发挥电子数据的证明价值。着眼于现实和未来发展的需要，有必要将电子数据作为一种新类型证据来对待。[①]

（六）当事人陈述

当事人陈述是指原告、被告或者第三人在诉讼中向人民法院所作的关于案件事实情况的叙述。由于当事人与案件有直接的利害关系，其所陈述的真实性应当经过严格审查，并且要有其他证据作为旁证，才能作为定案根据。

（七）鉴定意见

鉴定意见是指鉴定部门指派的鉴定人运用自己的专业知识，利用专门的设备，对案件中出现的专门问题进行分析、鉴别后作出的结论性意见。鉴定意见包括两大类：一是当事人向人民法院提供的鉴定意见，但必须是法定部门作出的；二是人民法院在认为需要时，将专门问题交由法定鉴定部门进行的鉴定。无法定鉴定部门的，人民法院可以指定其他鉴定部门进行鉴定。

（八）勘验笔录、现场笔录

勘验笔录是指行政机关工作人员或者法院指定的工作人员对不能、不便拿到人民法院的现场或者物证，就地进行分析、检验、测量、勘察后作出的记录。现场笔录是指行政机关工作人员对实施行政行为时的现场情况所作的书面记录。

虽然《行政诉讼法》第 33 条第 1 款将勘验笔录、现场笔录一起列为第八类证据，但两者并不相同：

1. 制作的主体不同。勘验笔录既可以是行政机关工作人员制作的，也可以是法院的工作人员制作的，还可以是受行政机关或者人民法院委托的人员制作的；而现场笔录只能是行

[①] 参见全国人大常委会法制工作委员会行政法室编著：《中华人民共和国行政诉讼法解读》，中国法制出版社 2014 年版，第 90—91 页。

政机关工作人员制作的,因为只有行政机关工作人员才可能在行政行为的现场。

2. 制作的时间和反映的待证事实不同。勘验笔录是案件事实发生以后制作的,是对案件事实发生以后在现场留下的痕迹、相关物品的物理性状等进行勘察、测定,从而倒推、回溯案件发生时的情况,因此,勘验笔录的证明力较差,属于间接证据,需要有其他证据加以佐证才能证明待证事实;而现场笔录是行政机关在实施行政行为的过程当中制作的,是对行政执法当时的情况所作的书面描述和客观记载,因此,在具备法定条件和形式后,其证明力较强,属于直接证据。

3. 作为证据种类的特殊性不同。勘验笔录是行政诉讼、民事诉讼和刑事诉讼共有的证据种类;而现场笔录是行政诉讼特有的证据种类,是为了适应行政执法的特殊性而设置的。行政机关在制作、运用现场笔录时应当遵循下列规则:(1)现场笔录应当在现场制作,不能事后补作。(2)现场笔录应当有当事人或其他证人的签名或者盖章。没有当事人或者其他证人签名或者盖章的现场笔录不能起到证明的作用。行政机关不能放弃对其他证据的收集而单纯依赖现场笔录,人民法院也应当对现场笔录进行严格审查,只有符合上述规则的现场笔录才能作为定案依据。

第二节 行政诉讼的举证责任

一、行政诉讼举证责任的分配

行政诉讼举证责任的分配,是指对于有争议且需要加以证明的事实,应当由谁承担举证责任。承担举证责任的当事人应当提供证据证明自己的主张,否则将承担败诉风险及不利后果。《行政诉讼法》和《最高人民法院关于行政诉讼证据若干问题的规定》对行政诉讼举证责任的分配作了规定。

二、被告的举证责任

《行政诉讼法》第34条第1款规定:"被告对作出的行政行为负有举证责任,应当提供作出该行政行为的证据和所依据的规范性文件。"被告对行政行为合法性承担举证责任,这表明被告必须举出事实根据和法律依据证明其行政行为合法,如果不能证明自己被诉的行政行为合法,则无须原告证明其行为违法,被告就要承担败诉的法律后果。行政机关对被诉行政行为合法性承担举证责任的理由在于:

1. 行政行为的合法要件要求行政行为遵循"先取证,后决定"的原则。即行政机关在执法过程中,应当充分收集证据,根据事实,依法作出决定,而不能在毫无证据或者主要证据不充分的情况下,对公民、法人或者其他组织作出行政行为。因此,当行政机关作出行政行为后被诉至法院时,理应有充分的事实材料证明其行政行为的合法性。这是被告承担举证责任的基础。

2. 在行政法律关系中，行政机关居于主动地位，其实施行为时无须征得公民、法人或者其他组织的同意，而公民、法人或者其他组织则处于被动地位。为了体现诉讼中双方当事人地位的平等性，被告应证明其行为的合法性，否则应当承担败诉的后果，而不能要求处于被动地位的原告承担举证责任。

3. 作为被告的行政机关的举证能力强于原告。在一些特定情况下，原告几乎没有举证能力，有的案件的证据需要一定的知识、技术手段、资料乃至设备才能取得。原告将无法或者很难收集到证据，即使取得了也可能难以保全。因此，要求原告对被诉行政行为的合法性举证超出了其能力范围。

三、原告的举证责任

原告在行政诉讼中也应当承担必要的举证责任。根据《最高人民法院关于行政诉讼证据若干问题的规定》第4条、第5条规定，结合审判实践，原告主要对以下事项承担举证责任：

1. 证明起诉符合法定条件。

（1）公民、法人或者其他组织向人民法院起诉时，应当提供其符合起诉条件的相应的证据材料。《行政诉讼法》第49条和《最高人民法院关于行政诉讼证据若干问题的规定》第4条第1款规定了当事人起诉应当具备的条件及所应提供的证据材料。法院经审查认为符合条件的，予以立案；不符合条件的，裁定不予立案。

（2）原告在审理阶段承担证明起诉符合法定条件的举证责任。法院受理行政案件，并不等于原告的起诉符合法定条件。在被告对原告起诉是否符合法定条件提出质疑的情况下，原告若无法证明其起诉符合法定条件，将承担被法院驳回起诉的责任。但是，如果被告认为原告起诉超过起诉期限，则应当由被告承担举证责任。

2. 起诉被告不作为的案件中，证明其提出申请的事实。不作为案件是指行政相对人以行政机关拒绝、不予答复、拖延或者没有有效履行职责为由提起诉讼的案件。在此类案件中，行政相对人的申请是行政机关实施一定行为的前提，没有申请行为，行政机关拒绝、拖延等不作为行为当然无从谈起。因此，原告应当提供其在行政程序中曾经提出申请的证据材料，这符合"谁主张，谁举证"的原则。只要原告证明其提出过申请的事实，被告就应当证明其不作为符合法律规定，否则将承担败诉责任。但根据《行政诉讼法》第38条规定，有两种除外情形：一是被告应当依职权主动履行法定职责的；二是原告因正当理由不能提供证据的。

3. 在行政赔偿、补偿案件中，原告应当对行政行为造成的损害提供证据。但是，因被告的原因导致原告无法举证的，由被告承担举证责任。

4. 在行政协议案件中，原告主张撤销、解除行政协议的，对撤销、解除行政协议的事由承担举证责任。对行政协议是否履行发生争议的，由负有履行义务的当事人承担举证责任。

第三节　行政诉讼证据的提供、调取和保全

一、行政诉讼证据的提供

向人民法院提供证据既是行政诉讼当事人的权利,也是行政诉讼当事人的义务。《行政诉讼法》《最高人民法院关于适用〈中华人民共和国行政诉讼法〉的解释》和《最高人民法院关于行政诉讼证据若干问题的规定》对当事人提供证据的规则作了具体规定。

(一)当事人提供证据的规则

1. 被告提供证据的规则。在行政诉讼中,被告举证的范围既包括作出行政行为所依据的事实根据,也包括作出行政行为所依据的规范性文件,即被告应当全面证明行政行为的合法性。

(1)被告举证的期限。根据《行政诉讼法》第67条规定,被告应当在收到起诉状副本之日起15日内向人民法院提交作出行政行为的证据和所依据的规范性文件。同时,《行政诉讼法》第36条第1款规定:"被告在作出行政行为时已经收集了证据,但因不可抗力等正当事由不能提供的,经人民法院准许,可以延期提供。"《最高人民法院关于适用〈中华人民共和国行政诉讼法〉的解释》第34条进一步规定,根据行政诉讼法第36条第1款的规定,被告申请延期提供证据的,应当在收到起诉状副本之日起15日内以书面方式向人民法院提出。人民法院准许延期提供的,被告应当在正当事由消除后15日内提供证据。逾期提供的,视为被诉行政行为没有相应的证据。

(2)被告及其诉讼代理人在诉讼过程中不得自行向原告、第三人和证人收集证据。原告提起行政诉讼后,被告及其诉讼代理人再自行向原告、第三人或者证人收集证据的,属于违法行为,由此所获得的证据即使能够证明案件的真实情况,也会因该证据不具有合法性而被排除在采信范围之外。这是因为在诉讼前,被告应当已经具备作出行政决定的依据,否则其在程序上已经违法。如果允许被告及其代理人在诉讼过程中进行补证,则不利于督促行政机关遵循"先取证,后决定"的原则,更难保证证据的真实性和合法性。但是,在经过人民法院允许的情况下,被告可以补充有关证据。根据《行政诉讼法》第36条规定,被告在以下两种情形下经人民法院准许可以补充证据:一是被告在作出行政行为时已经收集了证据,但因不可抗力等正当事由不能提供的,经人民法院准许,可以延期提供;二是原告或者第三人提出了其在行政处理程序中没有提出的理由或者证据的,经人民法院准许,被告可以补充证据。

2. 原告和第三人提供证据的规则。

(1)原告可以提供证明被诉行政行为违法的证据。原告提供的证据不成立的,不免除被告对被诉行政行为合法性的举证责任。

(2)原告和第三人举证的期限。根据《最高人民法院关于行政诉讼证据若干问题的规

定》第7条规定,原告或者第三人应当在开庭审理前或者人民法院指定的交换证据之日提供证据。因正当事由申请延期提供证据的,经人民法院准许,可以在法庭调查中提供。逾期提供证据的,视为放弃举证权利。原告或者第三人在第一审程序中无正当事由未提供而在第二审程序中提供的证据,人民法院不予接纳。

(二)当事人提供各类证据的具体要求

《最高人民法院关于行政诉讼证据若干问题的规定》第10—21条对当事人提供各类证据提出了具体要求:

1. 对提供书证的要求。当事人向人民法院提供书证的,应当符合下列要求:(1)提供书证的原件,原本、正本和副本均属于书证的原件,提供原件确有困难的,可以提供与原件核对无误的复印件、照片、节录本;(2)提供由有关部门保管的书证原件的复制件、影印件或者抄录件的,应当注明出处,经该部门核对无异后加盖其印章;(3)提供报表、图纸、会计账册、专业技术资料、科技文献等书证的,应当附有说明材料;(4)被告提供的被诉具体行政行为所依据的询问、陈述、谈话类笔录,应当有行政执法人员、被询问人、陈述人、谈话人签名或者盖章。法律、法规、司法解释和规章对书证的制作形式另有规定的,从其规定。

2. 对提供物证的要求。当事人向人民法院提供物证的,应当符合下列要求:(1)提供原物,提供原物确有困难的,可以提供与原物核对无误的复制件或者证明该物证的照片、录像等其他证据;(2)原物为数量较多的种类物的,提供其中的一部分。

3. 对提供视听资料的要求。当事人向人民法院提供计算机数据或者录音、录像等视听资料的,应当符合下列要求:(1)提供有关资料的原始载体,提供原始载体确有困难的,可以提供复制件;(2)注明制作方法、制作时间、制作人和证明对象等;(3)声音资料应当附有该声音内容的文字记录。

4. 对提供证人证言的要求。当事人向人民法院提供证人证言的,应当符合下列要求:(1)写明证人的姓名、年龄、性别、职业、住址等基本情况;(2)有证人的签名,不能签名的,应当以盖章等方式证明;(3)注明出具日期;(4)附有居民身份证复印件等证明证人身份的文件。

5. 对提供鉴定意见的要求。被告向人民法院提供的在行政程序中采用的鉴定意见,应当载明委托人和委托鉴定的事项、向鉴定部门提交的相关材料、鉴定的依据和使用的科学技术手段、鉴定部门和鉴定人鉴定资格的说明,并应当有鉴定人的签名和鉴定部门的盖章。通过分析获得的鉴定意见,应当说明分析过程。

6. 对被告向人民法院提供的现场笔录的要求。被告向人民法院提供的现场笔录应当载明时间、地点和事件等内容,并由执法人员和当事人签名。当事人拒绝签名或者不能签名的,应当注明原因。有其他人在现场的,可以由其他人签名。法律、法规和规章对现场笔录的制作形式另有规定的,从其规定。

7. 对涉外证据的具体要求。当事人向人民法院提供的在中华人民共和国领域外形成的证据,应当说明来源,经所在国公证机关证明,并经中华人民共和国驻该国使、领馆认证,或者履行中华人民共和国与证据所在国订立的有关条约中规定的证明手续。当事人提供的在中华人民共和国香港特别行政区、澳门特别行政区和台湾地区内形成的证据,应当具有按照有关规定办理的证明手续。当事人向人民法院提供外文书证或者外国语视听资料的,应当附有由具有翻译资质的机构翻译的或者其他翻译准确的中文译本,由翻译机构盖章或者翻译人员签名。

8. 其他要求。主要包括:(1)证据涉及国家秘密、商业秘密或者个人隐私的,提供人应当作出明确标注,并向法庭说明,法庭予以审查确认;(2)当事人应当对其提交的证据材料分类编号,对证据材料的来源、证明对象和内容作简要说明,签名或者盖章,注明提交日期。

人民法院收到当事人提交的证据材料,应当出具收据,注明证据的名称、份数、页数、件数、种类等以及收到的时间,由经办人员签名或者盖章。对于案情比较复杂或者证据数量较多的案件,人民法院可以组织当事人在开庭前向对方出示或者交换证据,并将交换证据的情况记录在卷。

二、行政诉讼证据的调取

行政诉讼证据的调取,是指人民法院依职权或者依原告、第三人的申请,向有关行政机关以及其他组织调取证据。人民法院调取行政诉讼证据,有助于其全面、客观地了解案件事实真相,从而准确地适用法律,对有争议的具体行政行为的合法性作出准确的评判,有效地解决行政争议。应当注意的是,人民法院只有在其认为必要时,才主动调取证据。在一般情况下,证据是由当事人向人民法院提供的。

(一)法院可以依职权向有关行政机关和其他组织、公民调取证据

根据《最高人民法院关于行政诉讼证据若干问题的规定》第22条规定,有下列情形之一的,人民法院有权向有关行政机关以及其他组织、公民调取证据:(1)涉及国家利益、公共利益或者他人合法权益的事实认定的。在此种情形下,被告肯定不会举证,原告也可能因为事不关己而不提供证据或者原告本身已从中受惠而不愿提供证据,此时由法院依职权主动调取证据,有利于保护国家利益、公共利益或者他人合法权益。(2)涉及依职权追加当事人、中止诉讼、终结诉讼、回避等程序性事项的。在行政诉讼过程中,为了适应案件审理的需要,法院有时要依职权主动追加被告或者第三人参加诉讼,以便及时、准确地查清案件事实,对于何人应当被追加到诉讼中来的证据应当由法院自行调取;因特定情形导致行政诉讼案件需要中止审理或者终结诉讼的,法院应当主动调取相关证据证实该特定情形是否属于中止诉讼和终结诉讼的法定条件;对于审判人员、书记员、翻译人员、鉴定人员和勘验人员等是否负有回避义务,是否需要在本案中回避等问题,法院应当依据职权调取证据加以认定并据此作出决定。

人民法院需要调取的证据在异地的,可以书面委托证据所在地人民法院调取。受托人民法院应当在收到委托书后,按照委托要求及时完成调取证据工作,送交委托人民法院。受托人民法院不能完成委托内容的,应当告知委托的人民法院并说明原因。

(二) 人民法院可以根据原告或者第三人的申请调取证据

根据《行政诉讼法》第 41 条的规定,与本案有关的下列证据,原告或者第三人不能自行收集的,可以申请人民法院调取:(1) 由国家机关保存而须由人民法院调取的证据;(2) 涉及国家秘密、商业秘密和个人隐私的证据;(3) 确因客观原因不能自行收集的其他证据。

当事人申请人民法院调取证据的,应当在举证期限内提交调取证据申请书。调取证据申请书应当写明下列内容:证据持有人的姓名或者名称、住址等基本情况;拟调取证据的内容;申请调取证据的原因及其要证明的案件事实。人民法院对当事人调取证据的申请,经审查符合调取证据条件的,应当及时决定调取;不符合调取证据条件的,应当向当事人或者其诉讼代理人送达通知书,说明不准许调取的理由。当事人及其诉讼代理人可以在收到通知书之日起 3 日内向受理申请的人民法院书面申请复议一次。人民法院应当在收到复议申请之日起 5 日内作出答复。人民法院根据当事人申请,经调取未能取得相应证据的,应当告知申请人并说明原因。

(三) 人民法院可以依当事人申请或者依职权勘验现场

人民法院勘验现场时,勘验人必须出示人民法院的证件,并邀请当地基层组织或者当事人所在单位派人参加。当事人或者其成年亲属应当到场,拒不到场的,不影响勘验的进行,但应当在勘验笔录中说明情况。

审判人员应当制作勘验笔录,记载勘验的时间、地点、勘验人、在场人、勘验的经过和结果,由勘验人、当事人、在场人签名。勘验现场时绘制的现场图,应当注明绘制的时间、方位以及绘制人姓名和身份等内容。当事人对勘验结论有异议的,可以在举证期限内申请重新勘验,是否准许由人民法院决定。

(四) 人民法院有权要求当事人提供或者补充证据

为了达到胜诉的目的,当事人一般会主动、全面、准确地提供证据,但由于当事人的特定地位,其对证据的收集、占有总带有一定的局限性。如果法院只依据当事人提供的证据审理案件,往往不能全面、客观地查清事实真相,另外,诉讼活动是不断变化的,随时会出现新的情况和新的主张。因此,《行政诉讼法》第 39 条规定:"人民法院有权要求当事人提供或者补充证据。"一般而言,在下列情况下,人民法院应当要求当事人提供或者补充证据:(1) 当事人提供的证据不足以充分证明其提出的主张,如只提供了主要证据,没有提供次要证据,或者只提供了次要证据而没有提供主要证据;(2) 人民法院发现当事人只提供对自己有利的证据,而没有提供对自己不利的证据;(3) 当事人虽然掌握了证据,但出于种种原因未向法院提供或者全部提供;(4) 当事人提供的证据有瑕疵,如证言含混不清、物证不够完整、视听资料不清晰等;(5) 当事人追加诉讼请求;(6) 某项证据的成立需要有其他证据佐证,而当事人未提供佐证材料。

(五) 人民法院取得对专门性问题的鉴定意见

鉴定意见是一种独立的证据形式,行政机关在作出行政行为时,往往已经对某些专门性问题,如发明、商标、账册、票据、人身伤害程度等进行过鉴定。人民法院对专门性问题的鉴定,不是对行政机关鉴定过的问题全部重新进行鉴定,而是将应当鉴定而没有鉴定的问题、不具有鉴定资格的人员或者部门所作的鉴定意见、鉴定意见不明确的鉴定以及鉴定意见与其他证据有矛盾的鉴定等,交由法定鉴定部门进行鉴定。

原告或者第三人有证据或者有理由表明被告据以认定案件事实的鉴定意见可能有错误,在举证期限内书面申请重新鉴定的,人民法院应予准许。当事人对人民法院委托的鉴定部门作出的鉴定意见有异议申请重新鉴定,并提出证据证明存在下列情形之一的,人民法院应予准许:(1)鉴定部门或者鉴定人不具有相应的鉴定资格的;(2)鉴定程序严重违法的;(3)鉴定意见明显依据不足的;(4)经过质证不能作为证据使用的其他情形。对有缺陷的鉴定意见,可以通过补充鉴定、重新质证或者补充质证等方式解决。

人民法院对委托或者指定的鉴定部门出具的鉴定书,应当审查是否具有下列内容:(1)鉴定的内容;(2)鉴定时提交的相关材料;(3)鉴定的依据和使用的科学技术手段;(4)鉴定的过程;(5)明确的鉴定意见;(6)鉴定部门或者鉴定人资格的说明;(7)鉴定人及鉴定部门签名、盖章。上述内容欠缺或者鉴定意见不明确的,人民法院可以要求鉴定部门予以说明、补充鉴定或者重新鉴定。

三、行政诉讼证据的保全

(一)行政诉讼证据保全的概念

行政诉讼证据保全,是指在行政诉讼证据可能灭失或者以后难以取得的情况下,人民法院根据诉讼参加人的申请或者依职权采取某种必要的措施,将证据加以固定和保存的制度。行政诉讼证据保全是一项收集和保存证据的有效措施,它既是当事人提供证据的补救方法,也是人民法院取得证据的一种手段,对于保护当事人的合法权益、保证行政诉讼的顺利进行具有重要的意义。

(二)行政诉讼证据保全的条件

根据《行政诉讼法》第42条规定,证据保全在以下两种情况下实施:

1. 证据可能灭失。证据可能灭失又分为两种情况:(1)证据材料的载体本身可能不复存在。例如,证人因年老、患病即将死亡;作为物证的建筑物可能倒塌或者被拆除等。(2)证据材料的载体本身仍然存在,但可能失去它所具有的证明作用。例如,作为证据材料的物品由于自然因素将会发生变形或者质变而失去证明作用;案件现场可能因人为因素或者自然力的作用失去原貌,无法正确反映案情等。遇到这种情况,应当及时采取相应的保全措施。

2. 证据在以后难以取得。难以取得,并非指今后绝对无法取得,而是指一旦错过了有利时机,证据虽然不致灭失,但以后取得将发生严重困难。例如,证人将要出国留学或者定居;证人属于长期外出,行踪不定的人员等。出现此种情况,也应当采取行政诉讼证据的保全措施。

(三)行政诉讼证据保全的程序

1. 诉讼参加人提出申请,由人民法院决定。原告、被告、共同诉讼人、第三人及其诉讼代理人,都可以向人民法院提出保全证据的申请。当事人向人民法院申请保全证据的,应当在举证期限届满前以书面形式提出，并说明证据的名称和地点、保全的内容和范围、申请保全的理由等事项。当事人申请保全证据的，人民法院可以要求其提供相应的担保。人民法院对诉讼参加人的申请，应当认真审查，根据实际情况作出是否准予保全证据的裁定。

2. 人民法院依职权主动采取证据保全措施。人民法院发现证据可能灭失或者以后难以取得的，可不待参加人提出申请，依职权主动地对证据采取保全措施。此外，法律、司法解释规定诉前保全证据的，依照其规定办理。人民法院保全证据时，可以要求当事人或者其诉讼代理人到场。

（四）行政诉讼证据保全的方法

对证据采取何种方法保全，应当根据具体情况而定。书证的保全方法主要是复制；物证的保全方法有拍照、录像、复制和制作勘验笔录等；视听材料的保全方法主要是录音、录像；对证人证言、当事人陈述的保全方法主要是制作询问笔录或者录音。此外，还可以根据证据的不同特点采用查封、扣押、鉴定等保全措施。

第四节　行政诉讼证据的质证

一、行政诉讼证据质证的概念

行政诉讼证据质证，是指在法庭指导下，双方当事人对在法庭上出示的证据进行对质、辨认、辩驳、说明和解释，以确认证据证明效力的活动。质证是行政诉讼当事人的一项重要诉讼权利，是当事人为达到胜诉的目的依法可以采取的重要手段，也是法院审核认定证据的重要方式和必要前提。

二、行政诉讼证据质证的规则和要求

（一）出示证据的规则和要求

1. 证据应当在法庭上全面出示，并经庭审质证。《行政诉讼法》第43条第1款规定："证据应当在法庭上出示，并由当事人互相质证。对涉及国家秘密、商业秘密和个人隐私的证据，不得在公开开庭时出示。"《最高人民法院关于行政诉讼证据若干问题的规定》第35条规定："证据应当在法庭上出示，并经庭审质证。未经庭审质证的证据，不能作为定案的依据。当事人在庭前证据交换过程中没有争议并记录在卷的证据，经审判人员在庭审中说明后，可以作为认定案件事实的依据。"证据的出示必须全面，只有这样，才能保证证据的正确性、公正性。未经庭审质证的证据，不能作为定案的依据，但也有例外情形：（1）当事人在庭前证据交换过程中没有争议并记录在卷的证据，经审判人员在庭审中说明后，可以作为认定案件事实的依据；（2）经传票传唤，因被告无正当理由拒不到庭，或者未经法庭许可中途退庭而需要依法缺席判决的，被告提供的证据不能作为定案的依据，但当事人在庭前交换证据中没有争议的证据除外。出示证据、质证的目的之一在于取得对证据的一致认识，当事人在

交换证据时对有关证据没有争议,与质证的效果无异,因此,此类证据可以作为定案依据。

2. 证据的出示必须全面,不仅要求当事人主动出示证据,人民法院对自己收集的证据也应向双方当事人出示。因调取途径不同,出示证据的方式也有一定差异。具体地说,当事人申请人民法院调取的证据,由申请调取证据的当事人在庭审中出示,并由当事人质证;但人民法院依职权调取的证据,由法庭出示,并可就调取该证据的情况进行说明,听取当事人的意见。法庭在质证过程中,对与案件没有关联的证据材料,应予排除并说明理由。

3. 证据的出示应当公开进行,但涉及国家秘密、商业秘密和个人隐私或者法律规定的其他应当保密的证据,不得在开庭时公开质证。对涉及国家秘密的证据不得公开质证,是因为这可能危及国家安全或者损害国家利益;对涉及商业秘密的证据保密是保障社会经济秩序和交易行为正常进行的需要;对涉及个人隐私的证据保密是尊重公民人格和隐私权的需要。

(二)证据的质证规则

1. 经过庭审质证的证据,除确有必要外,一般不再进行质证。这是诉讼效率原则的要求与体现,也是避免案件久拖不决,保护当事人合法权益的需要。

2. 法庭在质证过程中,准许当事人补充证据的,对补充的证据仍应当进行质证。

3. 在第二审程序或者审判监督程序中,对当事人依法提供的新的证据,法庭应当进行质证。"新的证据"主要是指以下证据:在一审程序中应当准予延期提供而未获准许的证据;当事人在一审程序中依法申请调取而未获准许或者未取得,人民法院在第二审程序中调取的证据;原告或者第三人提供的在举证期限届满后发现的证据等。

4. 在第二审程序中,当事人对第一审认定的证据仍有争议的,法庭应当进行质证;按照审判监督程序审理的案件,因原判决、裁定认定事实的证据不足而提起再审所涉及的主要证据,法庭也应当进行质证。

(三)对各类证据质证的具体要求

1. 对书证、物证的质证要求。对书证、物证料进行质证时,当事人应当出示证据的原件或者原物。但有下列情况之一的除外:(1)出示原件或者原物确有困难并经法庭准许可以出示复制件或者复制品的;(2)原件或者原物已不存在的,可以出示证明复制件、复制品与原件、原物一致的其他证据。

2. 对视听资料、电子数据的质证要求。对视听资料进行质证时,当事人应当出示视听资料的原件。视听资料应当当庭播放或者显示,并由当事人进行质证。电子数据是以无纸化形式生成、存储的信息,必须满足以电子形式存在并用作证据使用的材料及其派生物的形式要求,对电子数据的质证应当围绕电子数据的形式合法性以及收集方法及程序的合法性等进行。

3. 对证人证言的质证要求。凡是知道案件事实的人,都有出庭作证的义务。有下列情形之一的,经人民法院准许,当事人可以提交书面证言:(1)当事人在行政程序或者庭前证据交换中对证人证言无异议的;(2)证人因年迈体弱或者行动不便无法出庭的;(3)证人因路途遥远、交通不便无法出庭的;(4)证人因自然灾害等不可抗力或者其他意外事件无法出庭的;(5)证人因其他特殊原因确实无法出庭的。不能正确表达意志的人不能作证。根据当事人申请,人民法院可以就证人能否正确表达意志进行审查或者交由有关部门鉴定。必要时,人民法院也可以依职权交由有关部门鉴定。当事人申请证人出庭作证的,应当在举证期限届满前提出,并经人民法院许可。人民法院准许证人出庭作证的,应当在开庭审理前通知证人出庭作证。当事人在庭审过程中要求证人出庭作证的,法庭可以根据审理案件的具体情况,决定是否准许以及是否延期审理。根据《最高人民法院关于适用〈中华人民共和国行政诉讼法〉的解释》第41条规定,有下列情形之一,原告或者第三人要求相关行政执法人员出庭说明的,人民法院可以准许:(1)对现场笔录的合法性或者真实性有异议的;(2)对扣押财产的品种或者数量有异议的;(3)对检验的物品取样或者保管有异议的;(4)对行政执法人员身份的合法性有异议的;(5)需要出庭说明的其他情形。

4. 对鉴定意见的质证要求。当事人要求鉴定人出庭接受询问的,鉴定人应当出庭。鉴定人因正当事由不能出庭的,经法庭准许,可以不出庭,由当事人对其书面鉴定意见进行质证。鉴定人不能出庭的正当事由,参照前述证人不能出庭的规定。对于出庭接受询问的鉴定人,法庭应当核实其身份、与当事人及案件的关系,并告知鉴定人如实说明鉴定情况的法律义务和故意作虚假说明的法律责任。

5. 对专门性问题的质证要求。对被诉行政行为涉及的专门性问题,当事人可以向法庭申请由专业人员出庭进行说明,法庭也可以通知专业人员出庭说明。必要时,法庭可以组织专业人员进行对质。当事人对出庭的专业人员是否具备相应专业知识、学历、资历等专业资格等有异议的,可以进行询问。由法庭决定其是否可以作为专业人员出庭。专业人员可以对鉴定人进行询问。

第五节 行政诉讼证据的审核认定

一、行政诉讼证据审核认定的概念

行政诉讼证据的审核认定,简称行政诉讼证据的认证,是指人民法院对经庭审出示、质证的证据进行审查,判断其是否具有合法性、关联性和真实性,并对其证明能力和证明力进行认定,[①] 进而对证据材料能否作为定案依据进行认定的活动。其中,证据能力是指证据材料能够被法庭采信而作为认定案件事实根据所应具备的法律上的资格;证明力则是指证据本身显示出来的能够让法庭相信其所证实的案件事实的效力。从两者的关系来看,证据能力是证明力的前提和基础,证明力则是对具有证据能力的证据证明价值的量化。

二、行政诉讼证据审核认定的标准

根据《最高人民法院关于行政诉讼证据若干问题的规定》第39条第1款、第54—56条

[①] 《最高人民法院关于行政诉讼证据若干问题的规定》第39条第1款规定:"当事人应当围绕证据的关联性、合法性和真实性,针对证据有无证明效力以及证明效力大小,进行质证。"此处的"证明效力"包括证据能力和证明力。

和《最高人民法院关于适用〈中华人民共和国行政诉讼法〉的解释》第42条规定,对行政诉讼证据的审核认定应当以合法性、真实性、关联性为标准。[①]

(一) 合法性

证据的合法性要求行政诉讼证据必须是经合法程序、运用合法手段取得的,而且符合法定形式。不具有合法性的证据,不能作为定案证据。法院应当根据案件的具体情况,从以下三个方面审核证据的合法性:(1)证据是否符合法定形式;(2)证据的取得是否符合法律、法规、司法解释和规章的要求;(3)是否有影响证据效力的其他违法情形。

(二) 真实性

证据的真实性要求行政诉讼证据应当客观真实,不具有真实性的证据不能作为定案的根据。法庭应当根据案件的具体情况,从以下方面审查证据的真实性:(1)证据形成的原因;(2)发现证据时的客观环境;(3)证据是否为原件、原物,复制品与原件、原物是否相符;(4)提供证据的人或者证人与当事人是否有利害关系;(5)影响证据真实性的其他因素。

(三) 关联性

证据的关联性是指行政诉讼证据与待证事实之间必须有内在的必然联系。法庭应当对经过庭审质证的证据和无须质证的证据进行逐一审查并对全部证据进行综合审查,遵循法官职业道德,运用逻辑推理和生活经验,进行全面、客观和公正的分析判断,确定证据材料与案件事实之间的联系,排除不具有关联性的证据材料,准确认定案件事实。

三、行政诉讼证据审核认定的规则

(一) 对证据能力审核认定的规则

根据《最高人民法院关于行政诉讼证据若干问题的规定》第57—62、65—71条规定,人民法院对证据能力的审核认定应当遵循下列规则:

1. 下列证据材料不能作为定案依据:(1)严重违反法定程序收集的证据材料;(2)以偷拍、偷录、窃听等手段获取侵害他人合法权益的证据材料;(3)以利诱、欺诈、胁迫、暴力等不正当手段获取的证据材料;(4)当事人无正当事由超出举证期限提供的证据材料;(5)在中华人民共和国领域以外或者在中华人民共和国香港特别行政区、澳门特别行政区和台湾地区形成的未办理法定证明手续的证据材料;(6)当事人无正当理由拒不提供原件、原物,又无其他证据印证,且对方当事人不予认可的证据的复件或者复制品;(7)被当事人或者他人进行技术处理而无法辨明真伪的证据材料;(8)不能正确表达意志的证人提供的证言;(9)不具备合法性和真实性的其他证据材料等。

2. 以违反法律禁止性规定或者侵犯他人合法权益的方法取得的证据,不能作为认定案

[①] 在区分证据能力和证明力的情况下,两者审核认定的标准实际上存在一定区别。其中,合法性主要是审核认定证据能力的标准,其涉及证据的可采性问题;真实性可同时作为审核认定证据能力和证明力的标准,既涉及证据的可采性问题,也涉及证据的证明价值问题;关联性则主要是审核认定证明力的标准,它在证据具有证据能力的前提下,考察证据对案件事实证明价值的大小。

件事实的依据。

3. 被告在行政程序中依照法定程序要求原告提供,原告依法应当提供而拒不提供,但在诉讼程序中提供的证据,人民法院一般不予采纳。

4. 下列证据不能作为认定被诉行政行为合法的依据:(1)被告及其诉讼代理人在作出行政行为后或者在诉讼程序中自行收集的证据;(2)被告在行政程序中非法剥夺公民、法人或者其他组织依法享有的陈述、申辩或者听证权利获得的证据;(3)原告或者第三人在诉讼程序中提供的、被告在行政程序中未作为行政行为依据的证据。

5. 复议机关在复议程序中收集和补充的证据,或者作出原具体行政行为的行政机关在复议程序中未向复议机关提交的证据,不能作为人民法院认定原具体行政行为合法的依据。

6. 对被告在行政程序中采纳的鉴定意见,原告或者第三人提出证据证明有下列情形之一的,人民法院不予采纳:(1)鉴定人不具备鉴定资格;(2)鉴定程序严重违法;(3)鉴定意见错误、不明确或者内容不完整。

7. 以违反法律禁止性规定或者侵犯他人合法权益的方法取得的证据,不能作为认定案件事实的依据。对此,《行政诉讼法》第43条第3款规定,以非法手段取得的证据,不得作为认定案件事实的根据。

8. 在庭审中,一方当事人或者其代理人在代理权限范围内对另一方当事人陈述的案件事实明确表示认可的,人民法院可以对该事实予以认定。但有相反证据足以推翻的除外。

9. 在行政赔偿诉讼中,人民法院主持调解时当事人为达成调解协议而对案件事实的认可,不得在其后的诉讼中作为对其不利的证据。

10. 在不受外力影响的情况下,一方当事人提供的证据,对方当事人明确表示认可的,可以认定该证据的证明效力;对方当事人予以否认,但不能提供充分的证据进行反驳的,可以综合全案情况审查认定该证据的证明效力。

11. 下列事实法庭可以直接认定:(1)众所周知的事实;(2)自然规律及定理;(3)按照法律规定推定的事实;(4)已经依法证明的事实;(5)根据日常生活经验法则推定的事实。但对于上述(1)(3)(4)(5)项,当事人有相反证据足以推翻的除外。

12. 原告确有证据证明被告持有的证据对原告有利,被告无正当事由拒不提供的,可以推定原告的主张成立。

13. 生效的人民法院裁判文书或者仲裁机构裁决文书确认的事实,可以作为定案依据。但是发现裁判文书或者裁决文书认定的事实有重大问题的,应当中止诉讼,通过法定程序予以纠正后恢复诉讼。

14. 下列证据不能单独作为定案依据:(1)未成年人所作的与其年龄和智力状况不相适应的证言;(2)与一方当事人有亲属关系或者其他密切关系的证人所作的对该方当事人有利的证言,或者与一方当事人有不利关系的证人所作的对该方当事人不利的证言;(3)应当出庭作证而无正当理由不出庭作证的证人证言;(4)难以识别是否经过修改的视听资料;(5)无法与原件、原物核对的复制件或者复制品;(6)经一方当事人或者他人改动,对方当事人不予认可的证据材料;(7)其他不能单独作为定案依据的证据材料等。

(二)对证明力审核认定的规则

根据《最高人民法院关于行政诉讼证据若干问题的规定》第63、64条规定,人民法院对证明力的审核认定应当遵循下列规则:

1. 国家机关以及其他职能部门依职权制作的公文文书优于其他书证。
2. 鉴定意见、现场笔录、勘验笔录、档案材料以及经过公证或者登记的书证优于其他书证、视听资料和证人证言。
3. 原件、原物优于复制件、复制品。
4. 法定鉴定部门的鉴定意见优于其他鉴定部门的鉴定意见。
5. 法庭主持勘验所制作的勘验笔录优于其他部门主持勘验所制作的勘验笔录。
6. 原始证据优于传来证据。
7. 其他证人证言优于与当事人有亲属关系或者其他密切关系的证人提供的对该当事人有利的证言。
8. 出庭作证的证人证言优于未出庭作证的证人证言。
9. 数个种类不同、内容一致的证据优于一个孤立的证据。
10. 以有形载体固定或者显示的电子数据交换、电子邮件以及其他数据资料,其制作情况和真实性经对方当事人确认,或者以公证等其他有效方式予以证明的,与原件具有同等的证明效力。

法律应用

1. 行政机关在调查或者检查时,执法人员不得少于2人,并应当向当事人或者有关人员出示证件。当事人或者有关人员应当如实回答询问,并协助调查或者检查,不得阻挠。询问或者检查应当制作笔录。行政机关在收集证据时,可以采取抽样取证的方法;在证据可能灭失或者以后难以取得的情况下,经行政机关负责人批准,可以先行登记保存,并应当在7日内及时作出处理决定。在此期间,当事人或者有关人员不得销毁或者转移证据。执法人员与当事人有直接利害关系的,应当回避。

2. 当事人在庭前证据交换过程中没有争议并记录在卷的证据,经审判人员在庭审中说明后,可以作为认定案件事实的依据。经传票传唤,因被告无正当理由拒不到庭,或者未经法庭许可中途退庭而需要依法缺席判决的,被告提供的证据不能作为定案的依据,但当事人在庭前交换证据中没有争议的证据除外。

3. 被告在二审过程中向法庭提交在一审过程中没有提交的证据,不能作为二审法院撤销或者变更一审裁判的根据。

4. 法庭应当对经过庭审质证的证据和无须质证的证据进行逐一审查和对全部证据综合审查,遵循法官职业道德,运用逻辑推理和生活经验,进行全面、客观和公正的分析判断,确定证据材料与案件事实之间的证明关系,排除不具有关联性的证据材料,准确认定案件事实。法庭发现当庭认定的证据有误的,可以按照下列方式纠正:(1)庭审结束前发现错误的,应当重新进行认定;(2)庭审结束后宣判前发现错误的,在裁判文书中予以更正并说明理由,也可以再次开庭予以认定;(3)有新的证据材料可能推翻已认定的证据的,应当再次开庭予以认定。

案(事)例

案情简介[①]:

2018年5月12日18时左右,何先生驾车在上海某区十字路口等待红灯时,被该路段电子监控设备抓拍到有鸣喇叭的行为,而《上海市道路交通管理条例》规定,机动车禁止在上海市外环线以内鸣喇叭。同年6月30日,何先生前往上海市公安局某分局交通警察支队(以下简称"交警支队")处理上述事项,交警支队向何先生出具《交通违法行为处罚事先告知书/确认单》(以下简称"告知书")和《公安交通管理简易程序处罚决定书》(以下简称"处罚决定书"),对何先生作出罚款100元的行政处罚决定。何先生虽然在告知书和处罚决定书上签名确认并缴纳了罚款,但对处罚决定并不服,遂向法院提起诉讼,请求法院判决撤销处罚决定。一审庭审中,何先生称自己当时并没有鸣喇叭,交警支队提供的照片不能证明鸣喇叭的行为,照片中自己车辆上的椭圆形印记系人为添加。交警支队则认为,照片中车辆上的椭圆形印记证明该车辆有声源,系由声呐定位系统抓拍后自动生成的,不存在人为添加的情形。上海一中院经审理后认为:本案中,交警支队提供的电子监控设备拍摄的照片与告知书相互印证,可以证明何先生于2018年5月12日18时02分实施了在禁止鸣喇叭的区域或者路段鸣喇叭的违法行为,故交警支队作出处罚决定的主要证据充分。

问题:
从行政诉讼证据审核认定的标准来看,本案的争议焦点是什么?

案(事)例答题思路

思考题

1. 简述行政诉讼证据的概念和特征。
2. 行政诉讼证据的种类有哪些?
3. 试述行政诉讼举证责任的分配。
4. 试述行政诉讼中当事人提供证据的规则。
5. 什么是行政诉讼证据的质证?其规则和要求有哪些?
6. 试述行政诉讼证据审核认定的规则。

---

① 本案参见《上海首例电子警察抓拍违法鸣喇叭行政处罚诉讼案一审宣判》,载中国法院网,https://www.chinacourt.org。

第十九章 行政诉讼程序

本章重点

1. 行政诉讼的起诉条件和起诉期限
2. 行政诉讼的法律适用
3. 行政诉讼一审判决的种类和适用条件
4. 行政诉讼附带民事诉讼的审理规则
5. 行政诉讼中对规范性文件一并审理的规定

第一节 第一审程序
第二节 第二审程序
第三节 审判监督程序
第四节 行政案件审理中的特殊制度

第一节 第一审程序

一、起诉和受理

行政诉讼的起诉,是指公民、法人或者其他组织认为行政机关的行政行为侵犯其合法权益,依法向人民法院提出请求,要求人民法院行使国家审判权,对行政行为进行审查,以保护自己合法权益的行为。

(一)起诉条件

根据《行政诉讼法》第49条的规定,提起诉讼应当同时符合下列条件:

1. 原告是符合法律规定条件的公民、法人或者其他组织。原告应提供身份证明材料以及与被诉行政行为具有利害关系的材料。

2. 有明确的被告。原告提供被告的名称等信息足以使被告与其他行政机关相区别的,可以认定为"有明确的被告"。起诉状列写被告信息不足以认定明确的被告的,人民法院可以告知原告补正;原告补正后仍不能确定明确的被告的,人民法院裁定不予立案。

3. 有具体的诉讼请求和事实根据。"有具体的诉讼请求"是指:请求判决撤销或者变更行政行为;请求判决行政机关履行特定法定职责或者给付义务;请求判决确认行政行为违法;请求判决确认行政行为无效;请求判决行政机关予以赔偿或者补偿;请求解决行政协议争议;请求一并审查规章以下规范性文件;请求一并解决相关民事争议;其他诉讼请求。当事人单独或者一并提起行政赔偿、补偿诉讼的,应当有具体的赔偿、补偿事项以及数额;请求一并审查规章以下规范性文件的,应当提供明确的文件名称或者审查对象;请求一并解决相关民事争议的,应当有具体的民事诉讼请求。《最高人民法院关于审理行政协议案件若干问题的规定》针对行政协议案件,规定原告起诉时"有具体的诉讼请求"是指:(1)请求判决撤销行政机关变更、解除行政协议的行政行为,或者确认该行政行为违法;(2)请求判决行政机关依法履行或者按照行政协议约定履行义务;(3)请求判决确认行政协议的效力;(4)请求判决行政机关依法或者按照约定订立行政协议;(5)请求判决撤销、解除行政协议;(6)请求判决行政机关赔偿或者补偿;(7)其他有关行政协议的订立、履行、变更、终止等诉讼请求。所谓事实根据,是指一种原因事实,也就是能使诉讼标的特定化或者能被识别所需的最低限度的事实。通俗地说,是指至少能够证明所争议的行政法上的权利义务关系客观存在。例如请求撤销一个行政决定,就要附具该行政决定;如果起诉一个事实行为,则要初步证明是被告实施了所指控的事实行为。①

4. 属于人民法院受案范围和受诉人民法院管辖。根据《行政诉讼法》及司法解释的有关规定,并非行政机关的所有行为人民法院都应受理,原告起诉的案件必须属于人民法院的

---

① 参见最高人民法院(2016)最高法行申2301号行政裁定。

受案范围。原告还必须向对案件有管辖权的人民法院起诉。因原告选择上的错误,向无管辖权的人民法院提起诉讼的,人民法院应告知原告向有管辖权的人民法院起诉;无管辖权的人民法院已经受理案件的,应将该案移送有管辖权的人民法院。

(二)起诉期限

行政诉讼的起诉期限是指法律规定的当事人不服某项行政行为时向法院请求司法救济、行使行政撤销权的时间限制。它是比照民法上的除斥期间和诉讼上的上诉期间进行的设计和变造,在性质上属于程序法上的法定期间,不能中断或者中止,特殊情况下才可申请延长或扣除被耽误的时间。设置起诉期限制度的目的和功能,在于维护行政行为的效力,以确保行政法律关系的尽早安定。[①] 根据《行政诉讼法》及司法解释的相关规定,行政诉讼中的起诉期限分为以下几种情况:

1. 经过行政复议的起诉期限。《行政诉讼法》第45条规定:"公民、法人或者其他组织不服复议决定的,可以在收到复议决定书之日起十五日内向人民法院提起诉讼。复议机关逾期不作决定的,申请人可以在复议期满之日起十五日内向人民法院提起诉讼。法律另有规定的除外。"根据该条规定,一般情况下公民、法人或者其他组织对行政复议决定不服的起诉期限是15日;单行法有例外规定的,起诉期限按照单行法的规定计算。例如《专利法》第41条规定:"专利申请人对国务院专利行政部门驳回申请的决定不服的,可以自收到通知之日起三个月内向国务院专利行政部门请求复审。国务院专利行政部门复审后,作出决定,并通知专利申请人。专利申请人对国务院专利行政部门的复审决定不服的,可以自收到通知之日起三个月内向人民法院起诉。"公民、法人或者其他组织向复议机关申请行政复议后,复议机关作出维持决定的,应当以复议机关和原行为机关为共同被告,并以复议决定送达时间确定起诉期限。

2. 直接提起诉讼的起诉期限。《行政诉讼法》第46条第1款规定:"公民、法人或者其他组织直接向人民法院提起诉讼的,应当自知道或者应当知道作出行政行为之日起六个月内提出。法律另有规定的除外。"根据该条规定,一般情况下公民、法人或者其他组织直接向人民法院提起诉讼的起诉期限是6个月;单行法有例外规定的,起诉期限按照单行法的规定计算。例如《土地管理法》第83条规定:"依照本法规定,责令限期拆除在非法占用的土地上新建的建筑物和其他设施的,建设单位或者个人必须立即停止施工,自行拆除;对继续施工的,作出处罚决定的机关有权制止。建设单位或者个人对责令限期拆除的行政处罚决定不服的,可以在接到责令限期拆除决定之日起十五日内,向人民法院起诉;期满不起诉又不自行拆除的,由作出处罚决定的机关依法申请人民法院强制执行,费用由违法者承担。"

3. 不履行法定职责的起诉期限。公民、法人或者其他组织对行政机关不履行法定职责提起诉讼的,应当在行政机关履行法定职责期限届满之日起6个月内提出。对于行政机关履行法定职责的期限,《行政诉讼法》第47条规定:"公民、法人或者其他组织申请行政机关

---

① 参见最高人民法院(2016)最高法行申2645号行政裁定。

履行保护其人身权、财产权等合法权益的法定职责,行政机关在接到申请之日起两个月内不履行的,公民、法人或者其他组织可以向人民法院提起诉讼。法律、法规对行政机关履行职责的期限另有规定的,从其规定。公民、法人或者其他组织在紧急情况下请求行政机关履行保护其人身权、财产权等合法权益的法定职责,行政机关不履行的,提起诉讼不受前款规定期限的限制。"行政机关没有履行法定职责,且没有作出处理决定的,其履责义务呈持续存在状态,不因为超过起诉期限而免除。超过 6 个月起诉期限,公民、法人或者其他组织再次提出履责申请,行政机关有义务继续履行,否则仍然构成不履行法定职责。此为行政机关新的不履责行为,与已超过起诉期限的前一个不履责行为不是同一个行政行为,公民、法人或者其他组织在行政机关两个月履责期限届满之日起 6 个月内提起行政诉讼的,人民法院应当依法受理。①

4. 行政协议案件的起诉期限。《最高人民法院关于审理行政协议案件若干问题的规定》第 25 条规定:"公民、法人或者其他组织对行政机关不依法履行、未按照约定履行行政协议提起诉讼的,诉讼时效参照民事法律规范确定;对行政机关变更、解除行政协议等行政行为提起诉讼的,起诉期限依照行政诉讼法及其司法解释确定。"

5. 起诉期限的计算。《行政诉讼法》规定的起诉期限从行政相对人知道或应当知道行政行为之日起开始计算,而并非从知道或应当知道行政行为违法之日起开始计算。"法律设定起诉期限制度的精神,在于充分保障并督促当事人及时行使诉讼权利,尊重长期存在的事实状态,维护社会秩序和公法秩序的稳定。知道的'程度',并非要求知道或者应当知道行政行为的所有内容,而仅需知道或应当知道必要的内容即可。换言之,起诉人所知道的行政行为程度,不影响或阻碍其依法提起行政诉讼。"② 行政机关作出行政行为时,未告知公民、法人或者其他组织起诉期限的,起诉期限从公民、法人或者其他组织知道或者应当知道起诉期限之日起计算,但从知道或者应当知道行政行为内容之日起最长不得超过 1 年。公民、法人或者其他组织不知道行政机关作出的行政行为内容的,其起诉期限从知道或者应当知道该行政行为内容之日起计算;但因不动产提起诉讼的案件自行政行为作出之日起超过 20 年,其他案件自行政行为作出之日起超过 5 年提起诉讼的,人民法院不予受理。

6. 起诉期限的扣除和延长。《行政诉讼法》第 48 条第 1 款规定:"公民、法人或者其他组织因不可抗力或者其他不属于其自身的原因耽误起诉期限的,被耽误的时间不计算在起诉期限内。"

公民、法人或者其他组织因不可抗力和其他非基于自身原因的特殊情况耽误起诉期限的,在障碍消除后 10 日内,可以申请延长期限,是否准许由人民法院决定。不属于起诉人自身的原因被耽误的时间是指基于地震、洪水等客观原因耽误的期间,或者基于对相关国家机关的信赖,等待其就相关争议事项进行处理的期间。仅仅是当事人单方向有关部门申诉信访,因申诉信访耽误的期间没有可保护的信赖利益,属于当事人自身放弃通过法定诉讼途径

---

① 参见最高人民法院(2018)最高法行申 11122 号行政裁定。
② 最高人民法院(2018)最高法行申 6291 号行政裁定。

解决争议耽误起诉期限的情形,不属于应予扣除的期间。①

(三)起诉方式

原告起诉可以采用两种方式,即书面起诉和口头起诉。公民、法人或者其他组织向人民法院提起诉讼应当递交起诉状,并按照被告人数提出副本。书写起诉状确有困难的,可以口头起诉,由人民法院记入笔录,出具注明日期的书面凭证,并告知对方当事人。

(四)立案登记与受理

人民法院接到起诉状后,认为符合法定起诉条件的,应当登记立案,依法保障当事人行使诉讼权利。当场不能判定是否符合法定起诉条件的,应当接收起诉状,出具注明收到日期的书面凭证,并在7日内决定是否立案;7日内仍不能作出判断的,应当先予立案。认为不符合起诉条件的,作出不予立案的裁定,裁定书应当载明不予立案的理由。原告对裁定不服的,可以提起上诉。

起诉状内容或者材料欠缺的,人民法院应当给予指导和释明,并一次性全面告知当事人需要补正的内容、补充的材料及期限。在指定期限内补正并符合起诉条件的,应当登记立案。当事人拒绝补正或者经补正仍不符合起诉条件的,退回诉状并记录在册;坚持起诉的,裁定不予立案,并载明不予立案的理由。

二、第一审普通程序

第一审普通程序,是指人民法院审理和裁判第一审行政案件所适用的程序。第一审普通程序是诉讼程序中最主要的程序,也是我国行政诉讼程序中体系最完整、内容最充实的程序。

(一)审理前的准备

1. 被告的答辩期限。《行政诉讼法》第67条规定:"人民法院应当在立案之日起五日内,将起诉状副本发送被告。被告应当在收到起诉状副本之日起十五日内向人民法院提交作出行政行为的证据和所依据的规范性文件,并提出答辩状。人民法院应当在收到答辩状之日起五日内,将答辩状副本发送原告。被告不提出答辩状的,不影响人民法院审理。"

2. 组成合议庭。

(1)审判组织。第一审普通程序采用合议制,《行政诉讼法》第68条规定:"人民法院审理行政案件,由审判员组成合议庭,或者由审判员、陪审员组成合议庭。合议庭的成员,应当是三人以上的单数。"

(2)当事人申请回避。《行政诉讼法》第55条规定:"当事人认为审判人员与本案有利害关系或者有其他关系可能影响公正审判,有权申请审判人员回避。审判人员认为自己与本案有利害关系或者有其他关系,应当申请回避。前两款规定,适用于书记员、翻译人员、鉴定人、勘验人。院长担任审判长时的回避,由审判委员会决定;审判人员的回避,由院长决

---
① 参见最高人民法院(2016)最高法行申4122号行政裁定。

定;其他人员的回避,由审判长决定。当事人对决定不服的,可以申请复议一次。"

当事人申请回避,应当说明理由,在案件开始审理时提出;回避事由在案件开始审理后知道的,应当在法庭辩论终结前提出。被申请回避的人员,在人民法院作出是否回避的决定前,应当暂停参与本案的工作,但案件需要采取紧急措施的除外。对当事人提出的回避申请,人民法院应当在3日内以口头或者书面形式作出决定。对当事人提出的明显不属于法定回避事由的申请,法庭可以依法当庭驳回。

申请人对驳回回避申请决定不服的,可以向作出决定的人民法院申请复议一次。复议期间,被申请回避的人员不停止参与本案的工作。对申请人的复议申请,人民法院应当在3日内作出复议决定,并通知复议申请人。

3. 决定是否合并审理。当事人一方或者双方为2人以上,因同一行政行为发生的行政案件,或者因同类行政行为发生的行政案件,人民法院认为可以合并审理并经当事人同意的,为共同诉讼。有下列情形之一的,人民法院可以决定合并审理:(1)两个以上行政机关分别对同一事实作出行政行为,公民、法人或者其他组织不服向同一人民法院起诉的;(2)行政机关就同一事实对若干公民、法人或者其他组织分别作出行政行为,公民、法人或者其他组织不服分别向同一人民法院起诉的;(3)在诉讼过程中,被告对原告作出新的行政行为,原告不服向同一人民法院起诉的;(4)人民法院认为可以合并审理的其他情形。

4. 通知当事人开庭。人民法院适用普通程序审理案件,应当在开庭3日前用传票传唤当事人。对证人、鉴定人、勘验人、翻译人员,应当用通知书通知其到庭。当事人或者其他诉讼参与人在外地的,应当留有必要的在途时间。

有下列情形之一的,人民法院可以决定延期开庭审理:(1)应当到庭的当事人和其他诉讼参与人有正当理由没有到庭的;(2)当事人临时提出回避申请且无法及时作出决定的;(3)需要通知新的证人到庭,调取新的证据,重新鉴定、勘验,或者需要补充调查的;(4)其他应当延期的情形。

(二)开庭审理

1. 宣布开庭。宣布开庭是法庭调查前的一个准备阶段。它虽然不涉及案件的实质性问题,但对后面的法庭审理工作的顺利进行起着保证作用。其主要内容和顺序是:(1)由书记员查清当事人和其他诉讼参与人是否到庭,并宣布法庭纪律。(2)由审判长宣布开庭。(3)审判长应宣布案由,核对当事人及其诉讼代理人身份,宣布合议庭组成人员、书记员名单。鉴定人、勘验人、翻译人员出庭参与诉讼活动的,也应宣布他们的姓名、称谓和职务。告知当事人有关的诉讼权利和义务,告知当事人如果认为审判人员及书记员、翻译人员、鉴定人、勘验人与本案有利害关系或者有其他关系可能影响公正审判的,有权申请上述人员回避。(4)询问当事人是否申请回避。如果当事人提出回避申请,法院应当根据法律的有关规定作出处理。

2. 法庭调查。法庭调查使行政案件审理进入实质性阶段,是开庭审理的核心。这一阶段的主要任务是,通过当事人对案件事实的全面陈述,发表意见,将所有的与本案有关的证据在法庭上进行质证、核对,以彻底查清案件的事实真相,为作出正确的裁判奠定基础。法庭调查的顺序为:当事人陈述;证人出庭作证,宣读未到庭证人证言、出示书证、物证、视听资料和电子数据;宣读鉴定意见;宣读勘验笔录、现场笔录。

3. 法庭辩论。法庭辩论是开庭审理的一个重要阶段,它是在审判人员的主持下,当事人及其诉讼代理人对案件的事实认定和法律适用提出自己的看法,并对对方当事人的主张进行反驳的一种诉讼活动。法庭辩论是当事人行使辩论权的集中体现,通过辩论可以使审判人员全面、充分地听取各方当事人的主张和意见,为正确认定事实、适用法律奠定基础。

4. 合议庭评议。合议庭评议是指合议庭成员通过对案件情况的分析研究,在确认案件的事实和适用的法律的基础上,对被诉行政行为是否合法作出最终判断的一种诉讼活动。合议庭评议采用不公开的方式进行,并实行少数服从多数的原则。合议庭评议应当制成笔录,对评议中的不同意见应当记录在案,所有合议庭成员都应当在笔录上签名。对复杂的行政诉讼案件,如果合议庭成员不能形成统一的意见,应当提交审判委员会讨论决定,合议庭必须执行。

5. 宣判。宣判是指人民法院将对案件的裁判结果向当事人和社会公开宣告的一种诉讼活动。人民法院对公开审理或不公开审理的案件,一律公开宣判。宣判有当庭宣判和定期宣判两种形式。当庭宣判的,应当在10日内发送行政判决书、裁定书、行政赔偿调解书或者行政附带民事判决书;定期宣判的,宣判后立即发给裁判文书。宣告判决时,必须告知当事人上诉权利、上诉期限和上诉的人民法院。

(三)诉讼中止和终结

在诉讼过程中,有下列情形之一的,中止诉讼:(1)原告死亡,须等待其近亲属表明是否参加诉讼的;(2)原告丧失诉讼行为能力,尚未确定法定代理人的;(3)作为一方当事人的行政机关、法人或者其他组织终止,尚未确定权利义务承受人的;(4)一方当事人因不可抗力不能参加诉讼的;(5)案件涉及法律适用问题,需要送请有权机关作出解释或者确认的;(6)案件的审判须以相关民事、刑事或者其他行政案件的审理结果为依据,而相关案件尚未审结的;(7)其他应当中止诉讼的情形。中止诉讼的原因消除后,恢复诉讼。

在诉讼过程中,有下列情形之一的,终结诉讼:(1)原告死亡,没有近亲属或者近亲属放弃诉讼权利的;(2)作为原告的法人或者其他组织终止后,其权利义务的承受人放弃诉讼权利的。因前述第(1)(2)(3)项原因中止诉讼满90日仍无人继续诉讼的,裁定终结诉讼,但有特殊情况的除外。

(四)法律适用

所谓行政诉讼中的法律适用,是指人民法院在审理行政案件过程中,按照法定程序具体运用行政法规范审查行政行为并作出裁判的规范依据。行政机关作出行政行为所适用的规范包括法律、行政法规、地方性法规、自治条例、单行条例、规章和规范性文件,法院审查行政行为时对上述规范应区别对待:

1. 依据的法律规范,包括法律、行政法规、地方性法规、自治条例、单行条例。《行政诉讼法》第63条第1款和第2款规定:"人民法院审理行政案件,以法律和行政法规、地方性法规为依据。地方性法规适用于本行政区域内发生的行政案件。人民法院审理民族自治地方的行政案件,并以该民族自治地方的自治条例和单行条例为依据。"

2. 参照的法律规范。《行政诉讼法》第63条第3款规定:"人民法院审理行政案件,参照规章。"所谓"参照规章",是指法院应当对规章的规定是否合法有效进行判断,对于合法有效的规章应当适用,对于不是根据法律和行政法规制定的规章,或者其内容与法律和行政法规相抵触的规章,则不予适用。最高人民法院指导案例5号"鲁潍(福建)盐业进出口有限公司苏州分公司诉江苏省苏州市盐务管理局盐业行政处罚案"裁判要旨指出:"地方政府规章违反法律规定设定许可、处罚的,人民法院在行政审判中不予适用。"此外,《最高人民法院关于审理行政协议案件若干问题的规定》第27条规定:"人民法院审理行政协议案件,应当适用行政诉讼法的规定;行政诉讼法没有规定的,参照适用民事诉讼法的规定。人民法院审理行政协议案件,可以参照适用民事法律规范关于民事合同的相关规定。"

3. 援引的规范。《最高人民法院关于适用〈中华人民共和国行政诉讼法〉的解释》第100条规定:"人民法院审理行政案件,适用最高人民法院司法解释的,应当在裁判文书中援引。人民法院审理行政案件,可以在裁判文书中引用合法有效的规章及其他规范性文件。"人民法院经审查认为行政行为所依据的规范性文件合法的,应当作为认定行政行为合法的依据;经审查认为规范性文件不合法的,不作为人民法院认定行政行为合法的依据,并在裁判理由中予以阐明。

(五)审理期限

《行政诉讼法》第81条规定:"人民法院应当在立案之日起6个月内作出第一审判决。有特殊情况需要延长的,由高级人民法院批准,高级人民法院审理第一审案件需要延长的,由最高人民法院批准。"

三、简易程序

简易程序是人民审理简单的行政案件所适用的第一审程序。简易程序不是普通程序的附属程序,而是与普通程序并列的独立的诉讼程序。

(一)简易程序的启动方式和适用条件

1. 人民法院依职权决定适用简易程序。根据《行政诉讼法》第82条的规定,人民法院审理下列"事实清楚、权利义务关系明确、争议不大"的第一审行政案件,可以适用简易程序:(1)被诉行政行为是依法当场作出的;(2)案件涉及款额2 000元以下的;(3)属于政府信息公开案件的。其中,"事实清楚"是指当事人对争议的事实陈述基本一致,并能提供相应的证据,无须人民法院调查收集证据即可查明事实;"权利义务关系明确"是指行政法律关系中权利和义务能够明确区分;"争议不大"是指当事人对行政行为的合法性、责任承担等没有实质分歧。

2. 当事人同意适用简易程序。除人民法院依职权决定适用简易程序的案件外,对于其他案件,当事人各方同意适用简易程序的,也可以适用简易程序。

（二）简易程序的特点

1. 以简便方式传唤和通知当事人。适用简易程序审理的行政案件,人民法院可以用口头通知、电话、短信、传真、电子邮件等简便方式传唤当事人、通知证人、送达裁判文书以外的诉讼文书。以简便方式送达的开庭通知,未经当事人确认或者没有其他证据证明当事人已经收到的,人民法院不得缺席判决。

2. 举证期限、答辩期限和审理期限缩短。适用简易程序案件的举证期限由人民法院确定,也可以由当事人协商一致并经人民法院准许,但不得超过15日。被告要求书面答辩的,人民法院可以确定合理的答辩期间。人民法院应当将举证期限和开庭日期告知双方当事人,并向当事人说明逾期举证以及拒不到庭的法律后果,由双方当事人在笔录和开庭传票的送达回证上签名或者捺印。

当事人双方均表示同意立即开庭或者缩短举证期限、答辩期间的,人民法院可以立即开庭审理或者确定近期开庭。适用简易程序审理的行政案件,并应当在立案之日起45日内审结。

3. 采用独任制审理。适用简易程序审理的行政案件,不需要组成合议庭,由审判员一人独任审理。

（三）简易程序转换为普通程序

适用简易程序审理的案件,人民法院发现案情复杂、不宜适用简易程序的,裁定转为普通程序。需要转为普通程序审理的,应当在审理期限届满前作出裁定并将合议庭组成人员及相关事项书面通知双方当事人。案件转为普通程序审理的,审理期限自人民法院立案之日起计算。

四、第一审行政案件的处理

（一）行政诉讼中的裁定

行政诉讼中的裁定是指人民法院在审理行政案件的过程中对需要解决的程序上事项所作的结论。根据《行政诉讼法》和司法解释的相关规定,裁定适用于下列范围:（1）不予立案;（2）驳回起诉;（3）管辖异议;（4）终结诉讼;（5）中止诉讼;（6）移送或者指定管辖;（7）诉讼期间停止行政行为的执行或者驳回停止执行的申请;（8）财产保全;（9）先予执行;（10）准许或者不准许撤诉;（11）补正裁判文书中的笔误;（12）中止或者终结执行;（13）提审、指令再审或者发回重审;（14）准许或者不准许执行行政机关的行政行为;（15）其他需要裁定的事项。对第（1）（2）（3）项裁定,当事人可以上诉。裁定书应当写明裁定结果和作出该裁定的理由。裁定书由审判人员、书记员署名,加盖人民法院印章。口头裁定的,记入笔录。

有下列情形之一,已经立案的,应当裁定驳回起诉:（1）不符合法定起诉条件的;（2）超过法定起诉期限且不符合延长情形的;（3）错列被告且拒绝变更的;（4）未按照法律规定由法定代理人、指定代理人、代表人为诉讼行为的;(5)未按照法律、法规规定先向行政机关申请复议的;(6)重复起诉的;(7)撤回起诉后无正当理由再行起诉的;(8)行政行为对其合法权益明显不产生实际影响的;(9)诉讼标的已为生效裁判或者调解书所羁束的;(10)其他不符合法定起诉条件的情形。当事人就已经提起诉讼的事项在诉讼过程中或者裁判生效后再次起诉,如果存在后诉与前诉的当事人相同、后诉与前诉的诉讼标的相同、后诉与前诉的诉讼请求相同或者后诉的诉讼请求被前诉裁判所包含的情形,构成重复起诉。上述情形可以补正或者更正的,人民法院应当指定期间责令补正或者更正;在指定期间内已经补正或者更正的,应当依法审理。

(二)行政诉讼中的决定

行政诉讼中的决定是指人民法院在审理行政案件的过程中,对诉讼程序上涉及人民法院内部工作关系的有关事项所作出的结论。依照《行政诉讼法》和司法解释的有关规定,行政诉讼中的决定适用于以下情况:

1. 管辖决定。有关移转管辖和指定管辖的事项,由上级人民法院决定。
2. 延长起诉期限的决定。当事人因不可抗力或者其他特殊情况耽误起诉期限而申请延长的,是否准许,由人民法院决定。
3. 回避决定。有关回避事项,由审判长或者人民法院院长或者审判委员会决定。
4. 再审决定。人民法院院长对本院已经发生法律效力的判决、裁定,发现违反法律、法规,认为需要再审的,是否再审,由院长提交审判委员会决定。
5. 强制措施决定。对妨害诉讼的行为采取强制措施,由人民法院作出决定。
6. 其他需要决定的事项。

(三)行政诉讼中的调解

《行政诉讼法》第60条规定:"人民法院审理行政案件,不适用调解。但是,行政赔偿、补偿以及行政机关行使法律、法规规定的自由裁量权的案件可以调解。调解应当遵循自愿、合法原则,不得损害国家利益、社会公共利益和他人合法权益。"此外,《最高人民法院关于审理行政协议案件若干问题的规定》第23条第1款规定:"人民法院审理行政协议案件,可以依法进行调解。"根据上述规定,人民法院审理行政赔偿、补偿以及行政机关行使法律、法规规定的自由裁量权和行政协议案件,认为法律关系明确、事实清楚,在征得当事人双方同意后,可以径行调解。经人民法院准许,第三人可以参加调解。人民法院认为有必要的,可以通知第三人参加调解。

调解达成协议的,人民法院应当制作调解书。调解书应当写明诉讼请求、案件的事实和调解结果。调解书由审判人员、书记员署名,加盖人民法院印章,送达双方当事人。调解书经双方当事人签收后,即具有法律效力。调解书生效日期根据最后收到调解书的当事人签收的日期确定。

一般情况下,调解过程和结果都应当保密。人民法院审理行政案件,调解过程不公开,但当事人同意公开的除外。调解协议内容不公开,但为保护国家利益、社会公共利益、他人合法权益,人民法院认为确有必要公开的除外。

(四)行政诉讼一审判决

行政诉讼判决是指人民法院经过审理,根据查明的事实准确适用法律,对案件实体争议所作的结论。《行政诉讼法》第63条规定:"人民法院审理行政案件,以法律和行政法规、地方性法规为依据。地方性法规适用于本行政区域内发生的行政案件。人民法院审理民族自治地方的行政案件,并以该民族自治地方的自治条例和单行条例为依据。人民法院审理行政案件,参照规章。"《行政诉讼法》规定了六种判决形式:

1. 驳回诉讼请求判决。《行政诉讼法》第69条规定:"行政行为证据确凿,适用法律、法规正确,符合法定程序的,或者原告申请被告履行法定职责或者给付义务理由不成立的,人民法院判决驳回原告的诉讼请求。"

2. 撤销判决。根据《行政诉讼法》第70条规定,行政行为有下列情形之一的,人民法院判决撤销或者部分撤销,并可以判决被告重新作出行政行为:(1)主要证据不足的。(2)适用法律、法规错误的。最高人民法院在指导案例41号"宣懿成等诉浙江省衢州市国土资源局收回国有土地使用权案"的裁判要旨中指出:"行政机关作出具体行政行为时未引用具体法律条款,且在诉讼中不能证明该具体行政行为符合法律的具体规定,应当视为该具体行政行为没有法律依据,适用法律错误。"(3)违反法定程序的。行政机关在作出行政行为时应当遵守法定的程序,在法律没有明确规定的情况下,应当遵守正当程序的要求。最高人民法院在指导案例38号"田永诉北京科技大学拒绝颁发毕业证、学位证案"裁判要旨中指出:"高等学校对因违反校规、校纪的受教育者作出影响其基本权利的决定时,应当允许其申辩并在决定作出后及时送达,否则视为违反法定程序。"(4)超越职权的。(5)滥用职权的。(6)明显不当的。

人民法院判决被告重新作出具体行政行为的,被告不得以同一事实和理由作出与原具体行政行为基本相同的具体行政行为;被告重新作出的行政行为与原行政行为的结果相同,但主要事实或者主要理由有改变的,不属于与原行政行为基本相同的情形;人民法院以违反法定程序为由,判决撤销被诉行政行为的,行政机关重新作出行政行为不受前述撤销重作的限制。行政机关以同一事实和理由作出与原行政行为基本相同的行政行为的,人民法院应当根据判决撤销或者部分撤销,并视为行政机关拒绝履行法院判决,人民法院可以依法采取措施予以处理。

3. 履行判决。《行政诉讼法》第72条规定:"人民法院经过审理,查明被告不履行法定职责的,判决被告在一定期限内履行。"根据该条规定和审判实践,公民、法人或者其他组织提起履行职责之诉应当符合以下条件:(1)原告已向行政机关提出申请,并且行政机关明确予以拒绝或者逾期不予答复。(2)原告所申请的事项具有实体法上的请求权基础。这种请求权基础可以产生于或者基于某一法律、某一行政机关的保证以及某一行政协议。总之,要求行政机关依照其申请作出一个特定行政行为,必须具有法定的权利依据。(3)原告向一个管辖权的行政机关提出。管辖权是行政机关活动的基础和范围,行政机关应当在执行法定任务的同时遵守管辖权的界限。这种管辖权既包括该行政机关是否主管申请人所申请的专业事务,也包括同一专业事务中不同地域、不同级别的行政机关之间对于管辖权的具体分工。向一个无管辖权的行政机关随意提出一个申请,即使该行政机关予以拒绝,也不会使申请人当然地获取诉权。(4)原告申请行政机关作出的行为应当是一个具体的、特定的行政行为。要求行政机关实施没有外部效力的内部调整行为或者不是针对他个人的一般性调整行为,必须基于法律的明确规定。(5)行政机关对于原告申请的拒绝,可能侵害的必须是原告自己的主观权利。在原告不具备主观权利的情况下,即使行政机关的不作为有可能侵害公共利益,个体也未必具有提起行政诉讼的权利。①

原告请求被告履行法定职责的理由成立,被告违法拒绝履行或者无正当理由逾期不予答复的,人民法院可以根据《行政诉讼法》第72条的规定,判决被告在一定期限内依法履行原告请求的法定职责;尚需被告调查或者裁量的,应当判决被告针对原告的请求重新作出处理。原告请求被告履行法定职责但未先向行政机关提出申请的,人民法院经审理认为原告请求履行的法定职责明显不属于行政机关权限范围的,人民法院裁定驳回起诉。

4. 给付判决。《行政诉讼法》第73条规定:"人民法院经过审理,查明被告依法负有给付义务的,判决被告履行给付义务。"据此,原告申请被告依法履行支付抚恤金、最低生活保障待遇或者社会保险待遇等给付义务的理由成立,被告依法负有给付义务而拒绝或者拖延履行义务的,人民法院判决被告在一定期限内履行相应的给付义务。原告请求被告依法履行支付抚恤金、最低生活保障待遇或者社会保险待遇等给付义务,原告未先向行政机关提出申请的,或者人民法院经审理认为原告所请求履行的法定职责或者给付义务明显不属于行政机关权限范围的,人民法院裁定驳回起诉。

5. 确认判决。《行政诉讼法》第74条第1款规定:"行政行为有下列情形之一的,人民法院判决确认违法,但不撤销行政行为:(一)行政行为依法应当撤销,但撤销会给国家利益、社会公共利益造成重大损害的;(二)行政行为程序轻微违法,但对原告权利不产生实际影响的。"最高人民法院在指导案例88号"张道文、陶仁等诉四川省简阳市人民政府侵犯客运人力三轮车经营权案"裁判要旨中指出:"行政机关在作出行政许可时没有告知期限,事后以期限届满为由终止行政相对人行政许可权益的,属于行政程序违法,人民法院应当依法判决撤销被诉行政行为。但如果判决撤销被诉行政行为,将会给社会公共利益和行政管理秩序带来明显不利影响的,人民法院应当判决确认被诉行政行为违法。"有下列情形之一,且对原告依法享有的听证、陈述、申辩等重要程序性权利不产生实质损害的,属于"程序轻微违法":(1)处理期限轻微违法;(2)通知、送达等程序轻微违法;(3)其他程序轻微违法的情形。

《行政诉讼法》第74条第2款规定:"行政行为有下列情形之一,不需要撤销或者判决履行的,人民法院判决确认违法:(一)行政行为违法,但不具有可撤销内容的;(二)被告改

---

① 参见最高人民法院(2016)最高法行申2864号行政裁定。

变原违法行政行为,原告仍要求确认原行政行为违法的;(三)被告不履行或者拖延履行法定职责,判决履行没有意义的。"

《行政诉讼法》第 75 条规定:"行政行为有实施主体不具有行政主体资格或者没有依据等重大且明显违法情形,原告申请确认行政行为无效的,人民法院判决确认无效。"有下列情形之一的,属于"重大且明显违法":(1)行政行为实施主体不具有行政主体资格;(2)减损权利或者增加义务的行政行为没有法律规范依据;(3)行政行为的内容客观上不可能实施;(4)其他重大且明显违法的情形。

人民法院判决确认违法或者无效的,可以同时判决责令被告采取补救措施;给原告造成损失的,依法判决被告承担赔偿责任。原告或者第三人的损失系由其自身过错和行政机关的违法行政行为共同造成的,人民法院应当依据各方行为与损害结果之间有无因果关系以及在损害发生和结果中作用力的大小,确定行政机关相应的赔偿责任。因行政机关不履行、拖延履行法定职责,致使公民、法人或者其他组织的合法权益遭受损害的,人民法院应当判决行政机关承担行政赔偿责任。在确定赔偿数额时,应当考虑该不履行、拖延履行法定职责的行为在损害发生过程和结果中所起的作用等因素。

6. 变更判决。《行政诉讼法》第 77 条规定:"行政处罚明显不当,或者其他行政行为涉及对款额的确定、认定确有错误的,人民法院可以判决变更。人民法院判决变更,不得加重原告的义务或者减损原告的权益。但利害关系人同为原告,且诉讼请求相反的除外。"

(五)行政协议案件的处理

人民法院审理行政协议案件,应当对被告订立、履行、变更、解除行政协议的行为是否具有法定职权、是否滥用职权、适用法律法规是否正确、是否遵守法定程序、是否明显不当、是否履行相应法定职责进行合法性审查。原告认为被告未依法或者未按照约定履行行政协议的,人民法院应当针对其诉讼请求,对被告是否具有相应义务或者履行相应义务等进行审查。

1. 确认协议无效或未生效。《最高人民法院关于审理行政协议案件若干问题的规定》第 12 条规定,行政协议存在"重大且明显违法"情形的,人民法院应当确认行政协议无效,人民法院可以适用民事法律规范确认行政协议无效。如果行政协议无效的原因在一审法庭辩论终结前消除的,人民法院可以确认行政协议有效。第 22 条规定,原告以被告违约为由请求人民法院判令其承担违约责任,人民法院经审理认为行政协议无效的,应当向原告释明,并根据原告变更后的诉讼请求判决确认行政协议无效。第 13 条规定,法律、行政法规规定应当经过其他机关批准等程序后生效的行政协议,在一审法庭辩论终结前未获得批准的,人民法院应当确认该协议未生效。行政协议约定被告负有履行批准程序等义务而被告未履行,原告要求被告承担赔偿责任的,人民法院应予支持。

2. 撤销行政协议。《最高人民法院关于审理行政协议案件若干问题的规定》第 14 条规定,原告认为行政协议存在胁迫、欺诈、重大误解、显失公平等情形而请求撤销,人民法院经审理认为符合法律规定可撤销情形的,可以依法判决撤销该协议。第 16 条第 2 款规定,被告变更、解除行政协议的行政行为存在法定应当撤销情形的,人民法院判决撤销或者部分撤销,并可以责令被告重新作出行政行为。

3. 解除行政协议。《最高人民法院关于审理行政协议案件若干问题的规定》第17条规定,原告请求解除行政协议,人民法院认为符合约定或者法定解除情形且不损害国家利益、社会公共利益和他人合法权益的,可以判决解除该协议。

4. 继续履行协议、采取补救措施。《最高人民法院关于审理行政协议案件若干问题的规定》第16条第3款规定,被告变更、解除行政协议的行政行为违法,人民法院可以依法判决被告继续履行协议、采取补救措施;给原告造成损失的,判决被告予以赔偿。第19条规定,被告未依法履行、未按照约定履行行政协议,人民法院可以根据法律规定,结合原告诉讼请求,判决被告继续履行,并明确继续履行的具体内容;被告无法履行或者继续履行无实际意义的,人民法院可以判决被告采取相应的补救措施;给原告造成损失的,判决被告予以赔偿。

5. 驳回诉讼请求。《最高人民法院关于审理行政协议案件若干问题的规定》第16条第1款规定,在履行行政协议过程中,可能出现严重损害国家利益、社会公共利益的情形,被告作出变更、解除协议的行政行为后,原告请求撤销该行为,人民法院经审理认为该行为合法的,判决驳回原告诉讼请求;给原告造成损失的,判决被告予以补偿。第22条规定,原告以被告违约为由请求人民法院判令其承担违约责任,人民法院经审理认为行政协议无效的,应当向原告释明,原告经释明后拒绝变更诉讼请求的,人民法院可以判决驳回其诉讼请求。

6. 判决被告承担赔偿或补偿责任。《行政诉讼法》第78条规定,被告不依法履行、未按照约定履行或者违法变更、解除行政协议的,人民法院在判决被告承担继续履行、采取补救措施的同时,判决被告赔偿损失;被告变更、解除行政协议合法,但未依法给予补偿的,人民法院判决给予补偿。《最高人民法院关于审理行政协议案件若干问题的规定》第15条规定,行政协议无效、被撤销或者确定不发生效力后,当事人因行政协议取得的财产,人民法院应当判决予以返还;不能返还的,判决折价补偿。因被告的原因导致行政协议被确认无效或者被撤销,可以同时判决责令被告采取补救措施;给原告造成损失的,人民法院应当判决被告予以赔偿。第20条规定,被告明确表示或者以自己的行为表明不履行行政协议,原告在履行期限届满之前向人民法院起诉请求其承担违约责任的,人民法院应予支持。第21条规定,被告或者其他行政机关因国家利益、社会公共利益的需要依法行使行政职权,导致原告履行不能、履行费用明显增加或者遭受损失,原告请求判令被告给予补偿的,人民法院应予支持。

第二节 第二审程序

行政诉讼当事人不服地方各级人民法院第一审未生效的行政诉讼判决、裁定,向上一级人民法院提起上诉,上一级人民法院进行审理和裁判的程序称为第二审程序,又叫上诉审程序。

一、上诉的提起

我国行政诉讼实行两审终审制,当事人对一审裁判不服的,有权提起上诉。第一审人民法院作出判决和裁定后,当事人均提起上诉的,上诉各方均为上诉人。诉讼当事人中的一部分人提出上诉,没有提出上诉的对方当事人为被上诉人,其他当事人依原审诉讼地位列明。

当事人提出上诉,应当按照其他当事人或者诉讼代表人的人数提出上诉状副本。原审人民法院收到上诉状,应当在5日内将上诉状副本发送其他当事人,对方当事人应当在收到上诉状副本之日起15日内提出答辩状。原审人民法院应当在收到答辩状之日起5日内将副本发送上诉人。对方当事人不提出答辩状的,不影响人民法院审理。原审人民法院收到上诉状、答辩状,应当在5日内连同全部案卷和证据,报送第二审人民法院;已经预收的诉讼费用,一并报送。

二、上诉期限

《行政诉讼法》第85条规定:"当事人不服人民法院第一审判决的,有权在判决书送达之日起十五日内向上一级人民法院提起上诉。当事人不服人民法院第一审裁定的,有权在裁定书送达之日起十日内向上一级人民法院提起上诉。逾期不提起上诉的,人民法院的第一审判决或者裁定发生法律效力。"

三、审理方式

二审人民法院审理上诉案件一律实行合议制,不能采用独任制;二审人民法院审理上诉案件可以开庭审理,也可以书面审理,无论采用哪种方式,都应当对原审人民法院的判决、裁定和被诉行政行为进行全面审查。《行政诉讼法》第86条规定:"人民法院对上诉案件,应当组成合议庭,开庭审理。经过阅卷、调查和询问当事人,对没有提出新的事实、证据或者理由,合议庭认为不需要开庭审理的,也可以不开庭审理。"

四、审理期限

《行政诉讼法》第88条规定:"人民法院审理上诉案件,应当在收到上诉状之日起3个月内作出终审判决。有特殊情况需要延长的,由高级人民法院批准,高级人民法院审理上诉案件需要延长的,由最高人民法院批准。"

五、上诉案件的处理

根据《行政诉讼法》第89条及《最高人民法院关于适用〈中华人民共和国行政诉讼法〉的解释》的相关规定,人民法院审理上诉案件,按照下列情形,分别处理:

(一)指令立案或继续审理

第二审人民法院经审理认为原审人民法院不予立案或者驳回起诉的裁定确有错误且当

事人的起诉符合起诉条件的,应当裁定撤销原审人民法院的裁定,指令原审人民法院依法立案或者继续审理。

(二)驳回上诉、维持原判

原判决、裁定认定事实清楚,适用法律、法规正确的,判决或者裁定驳回上诉,维持原判决、裁定。

(三)改判、撤销或变更

原判决、裁定认定事实错误或者适用法律、法规错误的,依法改判、撤销或者变更。

(四)发回重审或改判

原判决认定基本事实不清、证据不足的,发回原审人民法院重审,或者查清事实后改判。

(五)发回重审

原判决遗漏必须参加诉讼的当事人或者诉讼请求,或者存在违法缺席判决等严重违反法定程序情形的,二审人民法院裁定撤销原判决,发回原审人民法院重审。对于第二审人民法院裁定发回原审人民法院重新审理的行政案件,原审人民法院应当另行组成合议庭进行审理。原审人民法院对发回重审的案件作出判决后,当事人提起上诉的,第二审人民法院不得再次发回重审。

(六)对行政赔偿请求的处理

原审判决遗漏行政赔偿请求,第二审人民法院经审查认为依法不应当予以赔偿的,应当判决驳回行政赔偿请求。原审判决遗漏行政赔偿请求,第二审人民法院经审理认为依法应当予以赔偿的,在确认被诉行政行为违法的同时,可以就行政赔偿问题进行调解;调解不成的,应当就行政赔偿部分发回重审。当事人在第二审期间提出行政赔偿请求的,第二审人民法院可以进行调解;调解不成的,应当告知当事人另行起诉。

第三节 审判监督程序

审判监督程序,也称再审程序,是指人民法院对已经发生法律效力的判决、裁定发现违反法律、法规依法进行再次审理的程序。

一、审判监督程序的启动方式

(一)当事人申请再审

1. 申请再审的条件。根据《行政诉讼法》第90、91条的规定,当事人对已经发生法律效力的判决、裁定,认为确有错误的,可以向上一级人民法院申请再审,但判决、裁定不停止执行。当事人的申请符合下列情形之一的,人民法院应当再审:(1)不予立案或者驳回起诉确有错误的;(2)有新的证据,足以推翻原判决、裁定的;(3)原判决、裁定认定事实的主要证据不足、未经质证或者系伪造的;(4)原判决、裁定适用法律、法规确有错误的;(5)违反法律规定的诉讼程序,可能影响公正审判的;(6)原判决、裁定遗漏诉讼请求的;(7)据以作出原判决、裁定的法律文书被撤销或者变更的;(8)审判人员在审理该案件时有贪污受贿、徇私舞弊、枉法裁判行为的。

2. 申请再审的期限。当事人向上一级人民法院申请再审的,应当在判决、裁定或者调解书发生法律效力后6个月内提出。有下列情形之一的,自知道或者应当知道之日起6个月内提出:(1)有新的证据,足以推翻原判决、裁定的;(2)原判决、裁定认定事实的主要证据是伪造的;(3)据以作出原判决、裁定的法律文书被撤销或者变更的;(4)审判人员审理该案件时有贪污受贿、徇私舞弊、枉法裁判行为的。

3. 人民法院对再审申请的处理。人民法院根据审查再审申请案件的需要决定是否询问当事人;新的证据可能推翻原判决、裁定的,人民法院应当询问当事人。人民法院应当自再审申请案件立案之日起6个月内审查,有特殊情况需要延长的,由本院院长批准。

当事人主张的再审事由成立,且符合法律和司法解释规定的申请再审条件的,人民法院应当裁定再审。当事人主张的再审事由不成立,或者当事人申请再审超过法定申请再审期限、超出法定再审事由范围等不符合《行政诉讼法》和《最高人民法院关于适用〈中华人民共和国行政诉讼法〉的解释》规定的申请再审条件的,人民法院应当裁定驳回再审申请。

(二)人民法院决定再审、提审和指令再审

根据《行政诉讼法》第92条的规定,各级人民法院院长对本院已经发生法律效力的判决、裁定,发现有法定应当再审的情形之一,或者发现调解违反自愿原则或者调解书内容违法,认为需要再审的,应当提交审判委员会讨论决定。最高人民法院对地方各级人民法院已经发生法律效力的判决、裁定,上级人民法院对下级人民法院已经发生法律效力的判决、裁定,发现有法定情形之一,或者发现调解违反自愿原则或者调解书内容违法的,有权提审或者指令下级人民法院再审。

(三)人民检察院提出抗诉

1. 人民检察院有权提起抗诉。根据《行政诉讼法》第93条的规定,最高人民检察院对各级人民法院已经发生法律效力的判决、裁定,上级人民检察院对下级人民法院已经发生法律效力的判决、裁定,发现有法定情形之一,或者发现调解书损害国家利益、社会公共利益的,应当提出抗诉。地方各级人民检察院对同级人民法院已经发生法律效力的判决、裁定,发现有法定情形之一,或者发现调解书损害国家利益、社会公共利益的,可以向同级人民法院提出检察建议,并报上级人民检察院备案;也可以提请上级人民检察院向同级人民法院提出抗诉。各级人民检察院对审判监督程序以外的其他审判程序中审判人员的违法行为,有权向同级人民法院提出检察建议。

有下列情形之一的,当事人可以向人民检察院申请抗诉或者检察建议:(1)人民法院驳回再审申请的;(2)人民法院逾期未对再审申请作出裁定的;(3)再审判决、裁定有明显错误的。人民法院基于抗诉或者检察建议作出再审判决、裁定后,当事人申请再审的,人民法院不予立案。

2. 人民法院对抗诉和检查建议的审查期限。对于人民检察院提出抗诉的案件,接受抗诉的人民法院应当自收到抗诉书之日起30日内作出再审的裁定。人民法院在审查抗诉材料期间,当事人之间已经达成和解协议的,人民法院可以建议人民检察院撤回抗诉。对于人民检察院提出抗诉的案件,人民法院再审开庭时,应当在开庭3日前通知人民检察院派员出庭。

人民法院收到再审检察建议后,应当组成合议庭,在3个月内进行审查,发现原判决、裁定、调解书确有错误,需要再审的,依法裁定再审,并通知当事人;经审查,决定不予再审的,应当书面回复人民检察院。

二、再审案件的审理

（一）中止原法律文书的效力

按照审判监督程序决定再审的案件,人民法院应裁定中止原判决、裁定、调解书的执行,但支付抚恤金、最低生活保障费或者社会保险待遇的案件,可以不中止执行。

上级人民法院决定提审或者指令下级人民法院再审的,应当作出裁定,裁定应当写明中止原判决的执行;情况紧急的,可以将中止执行的裁定口头通知负责执行的人民法院或者作出生效判决、裁定的人民法院,但应当在口头通知后10日内发出裁定书。

（二）审判组织和审理程序

人民法院审理再审案件,应当另行组成合议庭。

人民法院按照审判监督程序再审的案件,发生法律效力的判决、裁定是由第一审法院作出的,按照第一审程序审理,所作的判决、裁定,当事人可以上诉;发生法律效力的判决、裁定是由第二审法院作出的,按照第二审程序审理,所作的判决、裁定,是发生法律效力的判决、裁定;上级人民法院按照审判监督程序提审的,按照第二审程序审理,所作的判决、裁定是发生法律效力的判决、裁定。

（三）审查内容

人民法院审理再审案件应当围绕再审请求和被诉行政行为合法性进行。当事人的再审请求超出原审诉讼请求,符合另案诉讼条件的,告知当事人可以另行起诉。

被申请人及原审其他当事人在庭审辩论结束前提出的再审请求,符合法定申请期限的,人民法院应当一并审理。

人民法院经再审,发现已经发生法律效力的判决、裁定损害国家利益、社会公共利益、他人合法权益的,应当一并审理。

（四）再审程序的终结

再审审理期间,有下列情形之一的,裁定终结再审程序:(1)再审申请人在再审期间撤回再审请求,人民法院准许的;(2)再审申请人经传票传唤,无正当理由拒不到庭,或者未经法庭许可中途退庭,按撤回再审请求处理的;(3)人民检察院撤回抗诉的;(4)其他应当终结再审程序的情形。因人民检察院提出抗诉而裁定再审的案件,申请抗诉的当事人有前述情形,且不损害国家利益、社会公共利益或者他人合法权益的,人民法院裁定终结再审程序。再审程序终结后,人民法院裁定中止执行的原生效判决自动恢复执行。

三、再审案件的处理

（一）原裁判错误的处理

人民法院审理再审案件，认为原生效判决、裁定确有错误，在撤销原生效判决或者裁定的同时，可以对生效判决、裁定的内容作出相应裁判，也可以裁定撤销生效判决或者裁定，发回作出生效判决、裁定的人民法院重新审理。

（二）立案、不予立案或者驳回起诉错误的处理

人民法院审理再审案件，认为原审法院立案、不予立案或者驳回起诉错误的，应当分别情况作如下处理：

1. 第一审人民法院作出实体判决后，第二审人民法院认为不应当立案的，在撤销第一审人民法院判决的同时，可以径行驳回起诉；

2. 第二审人民法院维持第一审人民法院不予立案裁定错误的，再审法院应当撤销第一审、第二审人民法院裁定，指令第一审人民法院受理；

3. 第二审人民法院维持第一审人民法院驳回起诉裁定错误的，再审法院应当撤销第一审、第二审人民法院裁定，指令第一审人民法院审理。

第四节　行政案件审理中的特殊制度

一、撤诉和缺席判决

（一）撤诉

撤诉是指提起诉讼者处分自己的诉讼权利，向法院表示撤回提起的诉讼，不要求法院进行审判的诉讼行为。按照诉讼阶段的不同，撤诉包括撤回起诉和撤回上诉。撤诉发生终结本案审理的效果，人民法院裁定准许原告撤诉后，原告以同一事实和理由重新起诉的，人民法院不予立案。准予撤诉的裁定确有错误，原告申请再审的，人民法院应当通过审判监督程序撤销原准予撤诉的裁定，重新对案件进行审理。

根据《行政诉讼法》的相关规定，行政诉讼中的撤诉包括三种情形：

1. 申请撤诉。《行政诉讼法》第62条规定："人民法院对行政案件宣告判决或者裁定前，原告申请撤诉的，或者被告改变其所作的行政行为，原告同意并申请撤诉的，是否准许，由人民法院裁定。"当事人申请撤诉或者依法可以按撤诉处理的案件，当事人有违反法律的行为需要依法处理的，人民法院可以不准许撤诉或者不按撤诉处理。法庭辩论终结后原告申请撤诉的，人民法院可以准许，但涉及国家利益和社会公共利益的除外。

2. 视为申请撤诉。视为申请撤诉又称推定申请撤诉，是指当事人拒绝履行法定诉讼义务的，将被视为申请撤诉。它是当事人对自己诉讼权利的消极处分。《行政诉讼法》第58条规定："经人民法院传票传唤，原告无正当理由拒不到庭，或者未经法庭许可中途退庭的，

可以按照撤诉处理；……"《最高人民法院关于适用〈中华人民共和国行政诉讼法〉的解释》第61条规定："原告或者上诉人未按规定的期限预交案件受理费，又不提出缓交、减交、免交申请，或者提出申请未获批准的，按自动撤诉处理。在按撤诉处理后，原告或者上诉人在法定期限内再次起诉或者上诉，并依法解决诉讼费预交问题的，人民法院应予立案。"

（二）缺席判决

缺席判决是指人民法院开庭审理时，在只有一方当事人到庭的情况下，人民法院合议庭直接审理并作出判决的制度。缺席判决是相对于对席判决而言的，它是为了维护法律的尊严，维护到庭一方当事人的合法权益，保证审判活动正常进行而设立的一项程序法律制度。根据《行政诉讼法》及司法解释的规定，缺席判决主要适用于以下两种情况：

1. 经人民法院传票传唤，被告无正当理由拒不到庭，或者未经法庭许可中途退庭的，人民法院可以按期开庭或者继续开庭审理，在对到庭当事人的诉讼请求、双方的诉辩理由以及已经提交的证据及其他诉讼材料进行审理后，依法缺席判决。

2. 原告或者上诉人申请撤诉，人民法院裁定不予准许的，原告或者上诉人经传票传唤无正当理由拒不到庭，或者未经法庭许可中途退庭的，人民法院可以缺席判决。

二、诉讼期间不停止执行制度

诉讼期间不停止执行制度是指在行政诉讼中，行政行为不因原告的起诉和人民法院的审理而停止执行的制度。《行政诉讼法》第56条第1款规定："诉讼期间，不停止行政行为的执行。……"确立诉讼期间不停止执行制度的原因有二：一是行政行为的效力先定性。所谓效力先定，是指行政行为一经作出后，即被推定为合法、有效，对行政主体自身和行政相对人产生拘束力。即使进入诉讼阶段，行政行为在被人民法院撤销或确认无效前，仍具有法律效力，必须执行。二是保证行政管理活动的连续性、稳定性。如果行政行为在诉讼过程中停止执行，将不利于行政管理活动的顺利进行，并可能在起诉较多的情况下使整个行政管理工作陷入瘫痪状态，国家利益和社会公共利益将不可避免地受到损害。

一般情况下，诉讼期间不停止行政行为的执行，但有下列情形之一的，法院可以裁定停止执行：（1）被告认为需要停止执行的；（2）原告或者利害关系人申请停止执行，人民法院认为该行政行为的执行会造成难以弥补的损失，并且停止执行不损害国家利益、社会公共利益的；（3）人民法院认为该行政行为的执行会给国家利益、社会公共利益造成重大损害的；（4）法律、法规规定停止执行的。行政行为停止执行或不停止执行可能对当事人的权益产生影响，因此当事人对停止执行或者不停止执行的裁定不服的，可以申请复议一次。

三、保全措施和先予执行

（一）保全措施

行政诉讼中的保全措施是指人民法院在作出裁判之前，对于可能因一方当事人的行为或者其他原因，使行政行为或者人民法院生效裁判不能或者难以执行的案件，裁定对一方当事人的财产进行保全,责令其作出一定行为或者禁止其作出一定行为的措施。保全限于请求的范围,或者与本案有关的财物。财产保全采取查封、扣押、冻结或者法律规定的其他方法。人民法院保全财产后,应当立即通知被保全人;财产已被查封、冻结的,不得重复查封、冻结。涉及财产的案件,被申请人提供担保的,人民法院应当裁定解除保全;申请有错误的,申请人应当赔偿被申请人因保全所遭受的损失。根据《最高人民法院关于适用〈中华人民共和国行政诉讼法〉的解释》的相关规定,行政诉讼中的保全分为两类:

1. 诉前保全。

(1) 诉前保全的申请条件。利害关系人因情况紧急,不立即申请保全将会使其合法权益受到难以弥补的损害的,可以在提起诉讼前向被保全财产所在地、被申请人住所地或者对案件有管辖权的人民法院申请采取保全措施。申请人应当提供担保,不提供担保的,裁定驳回申请。

(2) 诉前保全的决定。人民法院接受申请后,必须在48小时内作出裁定;裁定采取保全措施的,应当立即开始执行。

(3) 诉前保全的解除。申请人在人民法院采取保全措施后30日内不依法提起诉讼的,人民法院应当解除保全。

(4) 诉前保全的救济。当事人对保全的裁定不服的,可以申请复议;复议期间不停止裁定的执行。

2. 诉讼保全。

(1) 诉讼保全的启动方式。诉讼保全可以由一方当事人提出申请,人民法院予以裁定;当事人没有提出申请的,人民法院在必要时也可以主动采取保全措施。人民法院采取保全措施,可以责令申请人提供担保;申请人不提供担保的,裁定驳回申请。

(2) 诉讼保全的内容。诉讼保全包括对财产的保全和对行为的保全。后者是指人民法院责令一方当事人作出一定行为或者禁止其作出一定行为。

(3) 诉讼保全的决定和执行。人民法院接受一方当事人的保全申请后,对情况紧急的,必须在48小时内作出裁定;裁定采取保全措施的,应当立即开始执行。

(4) 诉讼保全的救济。当事人对诉讼保全裁定不服的,可以申请复议;复议期间不停止裁定的执行。

(二) 先予执行

行政诉讼中的先予执行是指人民法院根据行政案件的需要,在作出判决或裁定前要求一方当事人先行支付他方当事人一定款项的制度。先予执行是人民法院为了及时保护当事人的合法权益所采取的措施,必须具备一定的条件。《行政诉讼法》第57条规定:"人民法院对起诉行政机关没有依法支付抚恤金、最低生活保障金和工伤、医疗社会保险金的案件,权利义务关系明确、不先予执行将严重影响原告生活的,可以根据原告的申请,裁定先予执行。"当事人对先予执行裁定不服的,可以申请复议一次。复议期间不停止裁定的执行。

四、妨碍行政诉讼的强制措施

妨碍行政诉讼强制措施是指在诉讼进行中,人民法院为了保证审判活动的正常进行,对有妨害行政诉讼秩序行为的人采取的一种排除妨害、维护诉讼秩序顺利进行的强制手段。行政诉讼过程中,诉讼参与人和其他人妨碍诉讼行为的主要表现有:(1)有义务协助调查、执行的人,对人民法院的协助调查决定、协助执行通知书,无故推拖、拒绝或者妨碍调查、执行的;(2)伪造、隐藏、毁灭证据或者提供虚假证明材料,妨碍人民法院审理案件的;(3)指使、贿买、胁迫他人作伪证或者威胁、阻止证人作证的;(4)隐藏、转移、变卖、毁损已被查封、扣押、冻结的财产的;(5)以欺骗、胁迫等非法手段使原告撤诉的;(6)以暴力、威胁或者其他方法阻碍人民法院工作人员执行职务,或者以哄闹、冲击法庭等方法扰乱人民法院工作秩序的;(7)对人民法院审判人员或者其他工作人员、诉讼参与人、协助调查和执行的人员恐吓、侮辱、诽谤、诬陷、殴打、围攻或者打击报复的。

根据《行政诉讼法》第59条的规定,针对上述妨碍行政诉讼的行为,人民法院可以根据情节轻重,采取训诫、责令具结悔过、罚款、拘留等强制措施。罚款应处10 000元以下、拘留15日以下;罚款、拘留须经人民法院院长批准;当事人对罚款和拘留决定不服的,可以向上一级人民法院申请复议一次,复议期间不停止执行。妨碍行政诉讼的强制措施针对的既可能是当事人也可能是案外人,既包括单位也包括个人。对妨碍行政诉讼的单位,人民法院可以对其主要负责人或者直接责任人员予以罚款、拘留;构成犯罪的,依法追究刑事责任。

五、行政附带民事诉讼

行政附带民事诉讼是指人民法院在审理行政案件解决行政争议时,对与该行政争议相关的民事纠纷一并审理和解决的制度。《行政诉讼法》第61条第1款规定:"在涉及行政许可、登记、征收、征用和行政机关对民事争议所作的裁决的行政诉讼中,当事人申请一并解决相关民事争议的,人民法院可以一并审理。"根据《最高人民法院关于适用〈中华人民共和国行政诉讼法〉的解释》的相关规定,审理行政附带民事诉讼案件应遵守以下规则:

1. 公民、法人或者其他组织请求一并审理与行政许可、登记、征收、征用和裁决等行政行为相关的民事争议的,应当在第一审开庭审理前提出;有正当理由的,也可以在法庭调查中提出。

2. 人民法院决定在行政诉讼中一并审理相关民事争议,或者案件当事人一致同意相关民事争议在行政诉讼中一并解决,人民法院准许的,由受理行政案件的人民法院管辖。

3. 公民、法人或者其他组织请求一并审理相关民事争议,人民法院经审查发现行政案件已经超过起诉期限,民事案件尚未立案的,告知当事人另行提起民事诉讼;民事案件已经立案的,由原审判组织继续审理。

4. 人民法院在审理行政案件中发现民事争议为解决行政争议的基础,当事人没有请求人民法院一并审理相关民事争议的,人民法院应当告知当事人依法申请一并解决民事争议。当事人就民事争议另行提起民事诉讼并已立案的,人民法院应当中止行政诉讼的审理。民事争议处理期间不计算在行政诉讼审理期限内。

5. 有下列情形之一的,人民法院应当作出不予准许一并审理民事争议的决定,并告知当事人可以依法通过其他渠道主张权利:(1)法律规定应当由行政机关先行处理的;(2)违反民事诉讼法专属管辖规定或者协议管辖约定的;(3)约定仲裁或者已经提起民事诉讼的;(4)其他不宜一并审理民事争议的情形。对不予准许的决定可以申请复议一次。

6. 人民法院一并审理相关民事争议,适用民事法律规范的相关规定,法律另有规定的除外。当事人在调解中对民事权益的处分,不能作为审查被诉行政行为合法性的根据。

7. 人民法院对行政争议和民事争议应当分别裁判。当事人仅对行政裁判或者民事裁判提出上诉的,未上诉的裁判在上诉期满后即发生法律效力。第一审人民法院应当将全部案卷一并移送第二审人民法院,由行政审判庭审理。第二审人民法院发现未上诉的生效裁判确有错误的,应当按照审判监督程序再审。

8. 行政诉讼原告在宣判前申请撤诉的,是否准许由人民法院裁定。人民法院裁定准许行政诉讼原告撤诉,但其对已经提起的一并审理相关民事争议不撤诉的,人民法院应当继续审理。

六、规范性文件一并审查

根据《行政诉讼法》第53条的规定,公民、法人或者其他组织认为行政行为所依据的"国务院部门和地方人民政府及其部门制定的规范性文件"不合法,在对行政行为提起诉讼时,可以一并请求对该规范性文件进行审查。根据《最高人民法院关于适用〈中华人民共和国行政诉讼法〉的解释》的相关规定,人民法院对规范性文件一并审理应遵守以下规定:

1. 公民、法人或者其他组织请求人民法院一并审查规范性文件,应当在第一审开庭审理前提出;有正当理由的,也可以在法庭调查中提出。

2. 人民法院在对规范性文件审查过程中,发现规范性文件可能不合法的,应当听取规范性文件制定机关的意见。制定机关申请出庭陈述意见的,人民法院应当准许。行政机关未陈述意见或者未提供相关证明材料的,不能阻止人民法院对规范性文件进行审查。

3. 人民法院对规范性文件进行一并审查时,可以从规范性文件制定机关是否超越权限或者违反法定程序、作出行政行为所依据的条款以及相关条款等方面进行。

4. 规范性文件有下列情形之一的,属于不合法的情形:(1)超越制定机关的法定职权或者超越法律、法规、规章的授权范围的;(2)与法律、法规、规章等上位法的规定相抵触的;(3)没有法律、法规、规章依据,违法增加公民、法人和其他组织义务或者减损公民、法人和其他组织合法权益的;(4)未履行法定批准程序、公开发布程序,严重违反制定程序的;(5)其他违反法律、法规以及规章规定的情形。

5. 人民法院经审查认为行政行为所依据的规范性文件合法的,应当作为认定行政行为合法的依据;经审查认为规范性文件不合法的,不作为人民法院认定行政行为合法的依据,并在裁判理由中予以阐明。作出生效裁判的人民法院应当向规范性文件的制定机关提出处理建议,并可以抄送制定机关的同级人民政府、上一级行政机关、监察机关以及规范性文件的备案机关。规范性文件不合法的,人民法院可以在裁判生效之日起 3 个月内,向规范性文件制定机关提出修改或者废止该规范性文件的司法建议。规范性文件由多个部门联合制定的,人民法院可以向该规范性文件的主办机关或者共同上一级行政机关发送司法建议。接收司法建议的行政机关应当在收到司法建议之日起 60 日内予以书面答复。情况紧急的,人民法院可以建议制定机关或者其上一级行政机关立即停止执行该规范性文件。

6. 人民法院认为规范性文件不合法的,应当在裁判生效后报送上一级人民法院进行备案。涉及国务院部门、省级行政机关制定的规范性文件,司法建议还应当分别层报最高人民法院、高级人民法院备案。

法律应用

1. 起诉期限从公民、法人或者其他组织知道行政机关作出行政行为之日起计算。这里的"知道",原则上以行政机关明确告知诉权和起诉期限为准。行政机关作出行政行为时,未告知公民、法人或者其他组织起诉期限的,起诉期限从公民、法人或者其他组织知道或者应当知道起诉期限之日起计算,但从知道或者应当知道行政行为内容之日起最长不得超过 1 年。公民、法人或者其他组织不知道行政机关作出的行政行为内容的,其起诉期限从知道或者应当知道该行政行为内容之日起计算;但因不动产提起诉讼的案件自行政行为作出之日起超过 20 年,其他案件自行政行为作出之日起超过 5 年提起诉讼的,人民法院不予受理。

2. 第二审人民法院审理上诉案件,应当对原审人民法院的裁判和被诉行政行为是否合法进行全面审查,不受上诉范围的限制。第二审人民法院审理上诉案件,需要改变原审判决的,应当同时对被诉行政行为作出判决。

3. 原审判决遗漏行政赔偿请求,第二审人民法院经审查认为依法不应当予以赔偿的,应当判决驳回行政赔偿请求。原审判决遗漏行政赔偿请求,二审人民法院经审理认为依法应当予以赔偿的,在确认被诉行政行为违法的同时,可以就行政赔偿问题进行调解;调解不成的,应当就行政赔偿部分发回重审。当事人在二审期间提出行政赔偿请求的,第二审人民法院可以进行调解;调解不成的,应当告知当事人另行起诉。

4. 按照审判监督程序决定再审的案件,应当裁定中止原判决的执行;裁定由院长署名,加盖人民法院印章。上级人民法院决定提审或者指令下级人民法院再审的,应当作出裁定,裁定应当写明中止原判决的执行;情况紧急的,可以将中止执行的裁定口头通知负责执行的人民法院或者作出生效判决、裁定的人民法院,但应当在口头通知后 10 日内发出裁定书。

案(事)例

案情简介:
某环保联合会对某公司提起环境民事公益诉讼,因在诉讼中需要该公司的相关环保资料,遂向县环保局申请公开该公司的排污许可证、排污口数量和位置等有关环境信息。申请书中载明了单位名称、住所地、联系人及电话并加盖了公章、获取信息的方式等。县环保局收到申请后,要求环保联合会提供申请人身份的证明材料。环保联合会提供了社会团体登记证复印件。县环保局以申请公开的内容不明确为由拒绝公开,该环保联合会遂提起行政诉讼。

问题:
1. 本案的起诉期限是多久?
2. 法院收到原告的起诉后应如何处理?
3. 一审人民法院应选择何种程序审理?

案(事)例答题思路

思考题

1. 简述行政诉讼的起诉期限。
2. 试述行政诉讼法律适用的规则。
3. 试述第一审行政诉讼判决的种类及适用条件。
4. 简述行政协议案件的处理方式。
5. 简述上诉案件的处理方式。
6. 简述行政诉讼保全措施的种类。
7. 简述行政附带民事诉讼的适用范围。

第二十章 行政诉讼执行

本章重点

1. 行政诉讼案件执行的概念与特征
2. 行政诉讼案件执行的条件
3. 行政诉讼案件的执行措施
4. 非诉行政案件执行的概念与特征
5. 非诉行政案件执行的适用范围
6. 非诉行政案件执行的条件

第一节 行政诉讼案件执行
第二节 非诉行政案件执行

第一节 行政诉讼案件执行

一、行政诉讼案件执行的概念与特征

行政诉讼案件执行,是指对发生法律效力的判决书、裁定书和调解书,负有义务的一方当事人逾期拒不履行的,人民法院或有权行政机关依法采取强制措施,使生效法律文书所确定的义务得以实现的活动。它具有以下特征:

1. 执行机关是人民法院或有权行政机关。行政诉讼执行是指经过诉讼程序审理与裁判后对法院生效裁判文书的执行,而不是对未经行政诉讼程序的行政行为的执行。对生效裁判的执行,被执行人可能是作为行政诉讼原告的公民、法人或者其他组织,也可能是作为被告的行政机关。执行机关可能是人民法院,也可能是依法拥有强制执行权的行政机关。

2. 执行申请人或被申请人必有一方是行政机关。行政诉讼发生在行政机关与行政相对人之间,人民法院作出生效裁判后,当事人不自觉履行的问题当然也就或者发生在原告身上,或者发生在被告身上。因此,作为被告的行政机关不履行生效裁判时,就会成为被申请执行人。而当作为原告的行政相对人不履行生效裁判时,行政机关如果拥有强制执行权,则不发生申请人民法院强制执行的问题;如果没有强制执行权,自然就会成为执行申请人。

3. 执行根据是已经生效的裁判文书,包括判决书、裁定书和调解书。

4. 执行目的是使裁判文书所确定的义务得以实现。执行本身并不具有重新调整或确认新义务的性质,从根本上讲,它不过是通过强制的方式实现义务人本应自动履行的义务。因此,所有的强制执行措施都以达到这个目的为限度,而不允许越出这个范围。

二、行政诉讼案件执行的条件

行政诉讼案件执行不是行政诉讼的必经程序,只有在出现需要执行的情形并且符合法律规定的条件时,才能启动执行程序。执行的条件有:

(一)须有执行根据

执行根据就是据以执行的法律文书,包括生效的判决书、裁定书和调解书。

(二)须有可供执行的内容

并非所有的裁判文书都有执行的可能,只有裁判文书确定的作为义务才有执行的可能。一般来讲,可供执行的义务有:给付义务,如赔偿;实施特定行为的义务,如拆除违章建筑、重新作出行政行为;恢复原状等。

(三)被执行人有能力履行而拒不履行义务

只有被执行人客观上有能力履行义务,而在主观上不愿意履行义务时,才能对其实施强制执行。

（四）申请人在法定期限内提出执行申请

当事人有依法申请执行的权利，而这种权利是要受到保护期限的限制的，只有在法定期限内申请执行，才能启动执行程序。

三、行政诉讼案件执行的主体、对象与范围

（一）执行的主体

所谓执行的主体，是指行政诉讼案件形成的诉讼法律关系中权利与义务的承担者。在由行政机关执行的时候，就是行政执行程序上的权利与义务的承担者，包括执行组织、执行当事人、执行参与人和执行异议人。

1. 执行组织。执行组织，又称执行机关，是指拥有行政诉讼执行权并主持执行过程的主体。根据《最高人民法院关于适用〈中华人民共和国行政诉讼法〉的解释》第154条的规定，执行组织是第一审人民法院。第一审人民法院认为情况特殊，需要由第二审人民法院执行的，可以报请第二审人民法院执行；第二审人民法院可以决定由其执行，也可以决定由第一审人民法院执行。

2. 执行当事人。执行当事人，在法院为执行主体时是指执行申请人与被申请人；在行政机关为执行主体时是执行人与被执行人。执行申请人与被申请人、执行人与被执行人，是行政诉讼第一审程序中的原告和被告。需要注意的是，在人民法院作为执行主体时，一审程序中的原告或被告，都既可能成为申请人，也可能成为被申请人，关键看行政裁判确定谁是权利人、谁是义务人。在行政机关作为执行主体的情况下，没有申请人与被申请人，只有执行人与被执行人。作为原争议一方当事人的行政机关，同时又是执行人。

3. 执行参与人。执行参与人，是指除执行当事人以外的其他参与执行过程的国家机关、企业、社会组织或者个人。执行参与人主要有以下三种：

（1）如果执行涉及被执行人的存款、劳动收入，该存款或劳动收入所在的机构（如银行、信用社或工作单位等），就有义务协助执行这部分财产。这些机构就是执行参与人。

（2）如果执行涉及物件、票证等，掌握或保护这些物件、票证的单位或个人，有义务按通知交出这些物件、票证。这些单位或个人就是执行参与人。

（3）如果执行涉及财产的登记或变更手续，主管登记的机关或部门也有义务协助完成法律过程，从而成为执行参与人，如房产变卖执行中的房产管理机关等。

4. 执行异议人。执行异议人，是指在执行过程中，当事人以外对执行标的提出不同意见，主张全部或者部分权利的个人或组织。根据《民事诉讼法》第234条的规定，执行过程中，案外人对执行标的提出书面异议的，人民法院应当自收到书面异议之日起15日内审查，理由成立的，裁定中止对该标的的执行；理由不成立的，裁定驳回。案外人、当事人对裁定不服，认为原判决、裁定错误的，依照审判监督程序办理；与原判决、裁定无关的，可以自裁定送达之日起15日内向人民法院提起诉讼。执行异议人提出异议时一般应采用书面形式，说明异议的理由并提供有关证据，执行人员应当及时审查异议理由，并作必要的调查核实。如果

异议确有理由和事实根据,报请院长批准后中止执行;如果异议理由不成立,驳回异议申请,继续执行程序。

(二)执行对象

执行对象,是指执行根据确定的,执行组织的执行行为所指向的客体。执行对象必须以生效的裁判文书确定的义务为基础。在法院作为执行组织的案件中,还必须以执行申请人在其执行申请中明确指明要求被执行人履行的义务为前提,对于申请人没有请求的内容,即使在生效裁判文书中存在,也不应成为执行的对象。

行政诉讼案件的执行对象分为三类:物、行为和人身。在一起具体的执行案件中,执行对象有时是特定的,不能以其他物体代替,如退还所扣车辆;有时是不特定的,如退还罚款。

(三)执行范围

执行范围,是指物、行为、人身成为执行对象的具体界限。由于行为与人身作为执行对象时都是特定的,因此,在理论与实践中,执行范围主要涉及的是作为执行对象的物。对此,有以下五项限制:

1. 只有被执行人本人所有的财产才能成为执行的对象,其他人的财产不能被纳入执行范围,否则就会侵犯其他人的权益,引起案外人的异议。对于共有财产,只能把被执行人所有的部分财产作为执行对象。如果该财产属于不动产,执行机关不可以将财产整体予以执行后再返还其他所有人部分,而只能将被执行人所有的部分产权予以执行。

2. 被执行人是公民的,应当保留被执行人及其扶养家属的生活必需费用和生活必需品。

3. 被执行人以生产劳动为主要谋生手段的,该被执行人赖以谋生的生产工具不能作为执行对象。

4. 被执行人是法人或组织的,在法人或组织未被宣告破产或未被撤销时,其必要的生产、工作设备、厂房、用房等不能被纳入执行范围。

5. 被执行人是行政机关的,除了可供执行的款项以外,其他物是不能纳入执行范围的,如办公设备、用房等,因为这些财物是该行政机关履行行政职能的必要条件。

四、行政诉讼案件的执行措施

行政诉讼案件的执行措施,是指执行机关所采用的具体执行手段与方法。这些执行手段与方法,源于法律的明确规定,不能由执行机关任意创造。根据适用对象的不同,可以将执行措施分为对行政机关的执行措施和对公民、法人或者其他组织的执行措施。

(一)对行政机关的执行措施

《行政诉讼法》第96条规定:"行政机关拒绝履行判决、裁定、调解书的,第一审人民法院可以采取下列措施:(一)对应当归还的罚款或者应当给付的款额,通知银行从该行政机关的账户内划拨;(二)在规定期限内不履行的,从期满之日起,对该行政机关负责人按日处五十元至一百元的罚款;(三)将行政机关拒绝履行的情况予以公告;(四)向监察机关或者该行政机关的上一级行政机关提出司法建议。接受司法建议的机关,根据有关规定进行处理,并将处理情况告知人民法院;(五)拒不履行判决、裁定、调解书,社会影响恶劣的,可以对该行政机关直接负责的主管人员和其他直接责任人员予以拘留;情节严重,构成犯罪的,依法追究刑事责任。"据此,对行政机关适用的执行措施有划拨、罚款、公告、提出司法建议、予以拘留和追究刑事责任等。

(二)对公民、法人或者其他组织的执行措施

《行政诉讼法》第95条规定:"公民、法人或者其他组织拒绝履行判决、裁定、调解书的,行政机关或者第三人可以向第一审人民法院申请强制执行,或者由行政机关依法强制执行。"但对公民、法人或者其他组织适用的执行措施,《行政诉讼法》及其司法解释均无明确的规定,可以参照适用《行政强制法》《民事诉讼法》及有关单行法律的规定。一般来讲,对公民、法人或者其他组织的执行措施主要有:(1)冻结、划拨被执行人的存款;(2)扣留、提取被执行人的劳动收入;(3)查封、扣押、冻结、拍卖、变卖被执行人的财产;(4)强制被执行人迁出房屋,拆除违章建筑,退出土地;(5)强制销毁;(6)强制被执行人支付利息或者支付迟延履行金等。

五、行政诉讼案件执行的程序

行政诉讼案件执行的程序,是一个由诸多阶段组成并连续发展的过程,具体包括执行提起、执行审查、执行准备、执行实施、执行阻却、执行完毕和执行补救等。

(一)执行提起

执行提起是执行程序发生的原因。执行提起一般有两种情况:申请执行和移交执行。

1. 申请执行。申请执行是执行提起的主要形式。法院的裁判文书生效后,负有义务的一方当事人拒绝履行的,对方当事人有权向人民法院提出执行申请。申请人既可以是原告,也可以是被告,但其必须是行政裁判文书的权利人而非义务人。除诉讼当事人以外,其他人无权提出执行申请。但是,在行政裁决民事纠纷案件中,裁决行为确定的权利人及其承受人有权申请执行。

依据《最高人民法院关于人民法院执行工作若干问题的规定(试行)》第18—21条的规定,申请人应向人民法院提交申请执行书,申请执行的法律文书及其他相关的证据材料。申请执行人可以委托代理人代为申请执行。执行申请费的收取按照《诉讼费用交纳办法》办理。

申请执行应当在法定期限内提出,无正当理由逾期提出申请的,人民法院不予受理。根据《最高人民法院关于适用〈中华人民共和国行政诉讼法〉的解释》第153条的规定,申请执行的期限为2年。

2. 移送执行。移送执行是指由案件审判人员直接将生效法律文书移送法院执行机构的执行人员进行执行的制度。这是依职权执行的形式,它无须等待权利人申请,法院可依据职权主动启动执行程序。《最高人民法院关于人民法院执行工作若干问题的规定(试行)》第17条第2款规定:"发生法律效力的具有给付赡养费、扶养费、抚育费内容的法律文书、民

事制裁决定书,以及刑事附带民事判决、裁定、调解书,由审判庭移送执行机构执行。"

(二) 执行审查

执行审查是人民法院的执行机构在接到执行申请书或移交执行书后,在法定期限以内,对有关文书、材料进行审查,对案情进行了解,并决定是否立案执行的过程。只有经审查并立案的,执行程序才能进行下去。

依据《最高人民法院关于人民法院执行工作若干问题的规定(试行)》第16条的规定,人民法院受理执行案件应当符合下列条件:(1)申请或移送执行的法律文书已经生效;(2)申请执行人是生效法律文书确定的权利人或其继承人、权利承受人;(3)申请执行的法律文书有给付内容,且执行标的和被执行人明确;(4)义务人在生效法律文书确定的期限内未履行义务;(5)属于受申请执行的人民法院管辖。人民法院对符合上述条件的申请,应当在7日内予以立案;不符合上述条件之一的,应当在7日内裁定不予受理。

(三) 执行准备

决定立案执行的,执行机构在实施执行以前,应当全面了解案情,是否有履行能力及财产状况等,做好执行的准备工作。根据《最高人民法院关于人民法院执行工作若干问题的规定(试行)》第22—25条的规定,人民法院应当在收到申请执行书或者移交执行书后10日内发出执行通知。执行通知书的送达,适用《民事诉讼法》关于送达的规定。被执行人未按执行通知书履行生效法律文书确定的义务的,应当及时采取执行措施。人民法院采取执行措施,应当制作相应法律文书,送达被执行人。人民法院执行非诉讼生效法律文书,必要时可向制作生效法律文书的机构调取卷宗材料。

(四) 执行实施

执行实施,是指人民法院适用强制执行措施的过程,是执行的实现阶段。这个阶段要求:运用强制执行措施,及时、准确实施,切实实现法律文书所确定的义务内容,保护当事人的合法权益。

(五) 执行阻却

执行阻却,是指在执行过程中,因发生法定事由,使执行不能继续或继续执行已无必要,因而执行程序中断的现象。《行政诉讼法》并没有就执行阻却作出规定,执行阻却的情形有:执行和解、执行中止和执行终结。

1. 执行和解。执行和解,是指在执行中,执行申请人与被申请人双方自行达成和解协议,从而结束执行的制度。双方当事人在平等自愿的基础上进行协商,达成和解协议,不得违反法律规定,不得损害第三人的利益,不得损害公共利益。和解协议应当交执行机构存卷,或由执行员将和解内容记录在案,由双方当事人签名或盖章。对于达成和解协议的内容,人民法院不再执行,一方当事人不履行和解协议的,人民法院可以根据对方当事人的申请,恢复对原生效判决书、裁定书和调解书的执行。

2. 执行中止。执行中止,是指在行政诉讼的执行过程中,由于法定事由的出现,暂时中断执行,待事由消失后执行程序继续进行的制度。参照《民事诉讼法》第263条的规定,有下列情形之一的,人民法院应当裁定中止执行:(1)申请人表示可以延期执行的;(2)案外人对执行标的提出确有理由的异议的;(3)作为一方当事人的公民死亡,需要等待继承人继承权利或者承担义务的;(4)作为一方当事人的法人或者其他组织终止,尚未确定权利义务承受人的;(5)人民法院认为应当中止执行的其他情形。

按照《最高人民法院关于适用〈中华人民共和国行政诉讼法〉的解释》第101条的规定,参照《民事诉讼法》第263条的规定,执行中止应当由人民法院作出裁定。该裁定一经送达当事人,立即生效。执行中止的事由消失后,人民法院应当主动恢复执行。当事人也可以申请人民法院恢复执行,对当事人的申请,人民法院经过审查属实的,应当恢复执行。恢复执行的,中止执行以前的执行活动继续有效。

需要强调的是,中止执行的上述(3)(4)两种情形专门针对执行申请人是行政机关、被执行人为行政诉讼中的原告、执行根据是人民法院裁判维持行政行为效力的情况。在这两种情况下,如果公民死亡,或者法人、社会组织终止,需要确定权利与义务承受者,但不能无限期等待,参照《最高人民法院关于适用〈中华人民共和国行政诉讼法〉的解释》第88条第2款的规定,执行中止满90日仍然没有确定权利承受人的,人民法院应当裁定执行终结,但有特殊情况的除外。

3. 执行终结。执行终结,是指在行政诉讼的执行过程中,因法定事由出现,使执行已无必要或不可能继续进行,因而结束执行程序的制度。执行终结与执行中止不同,执行中止是暂时中断,待导致中止的事由消失后还要继续执行;而执行终结则是执行程序的结束,以后不再恢复或继续。执行终结也不同于执行完毕,执行完毕是指因被执行法律文书内容得到实现而结束执行程序;执行终结的原因并不是义务的实现。

参照《民事诉讼法》第264条的规定,有下列情形之一的,人民法院裁定终结执行:(1)申请人撤销申请的;(2)据以执行的法律文书被撤销的;(3)作为被执行人的公民死亡,无遗产可供执行,又无义务承担人的;(4)追索赡养费、扶养费、抚养费案件的权利人死亡的;(5)作为被执行人的公民因生活困难无力偿还借款,无收入来源,又丧失劳动能力的;(6)人民法院认为应当终结执行的其他情形。

(六)执行完毕

执行完毕,是指执行机关采取执行措施,实现执行根据确定的义务,完成执行任务从而结案。执行完毕是执行案件在内容和程序上的终结,当事人的权利得以实现,从而完结执行程序。执行完毕虽然与执行终结在结束执行程序这一点上相同,但两者是有区别的:执行完毕是内容执行完成,是完成了执行目的与任务的结束,而执行终结并未完成执行任务。

(七)执行补救

执行补救,是指在执行程序结束后,因法定事由出现而需对已执行事项采取措施,予以补救。它包括执行回转和再执行。

1. 执行回转。执行回转,是指执行程序结束后,因法定事由的出现而将已执行的对象恢复到执行前的状态。执行回转的本质是纠正错误的执行。行政诉讼中执行回转的事由包括:(1)执行完毕后,据以执行的判决书、裁定书、调解书被人民法院按照审判监督程序撤销的;(2)第一审法院先行给付的裁定执行完毕后,该第一审判决被上诉法院撤销,从而使第一审的先行给付裁定失去合法的基础与效力的;(3)执行人员违法执行的。

参照《最高人民法院关于人民法院执行工作若干问题的规定(试行)》第65条的规定,执行回转也适用于当事人自动履行的情形,只要属于上述应当执行回转的情形,法院即应依职权或者应当事人的申请完成执行回转,以恢复合法状态。执行回转时,已经执行的标的物系特定物的,应当退还特定物;不能退还特定物的,可以折价抵偿。

2. 再执行。再执行是在执行程序结束后,对未执行的内容再次执行。在再执行情况下,原执行的内容尚未完成,但程序上被终结,由于新的事由出现,原来终结的执行须再予执行。再执行的事由有:(1)发现新的情况。如原认定被执行人死亡,又无遗产可供执行,从而终结执行,后来发现有遗产存在,这是原认定有误所致。(2)因被执行人以违法手段威胁,使申请执行人撤销申请终结执行,事后申请人提出的,如理由正当,应予再执行。(3)其他应当再执行的情形。

第二节 非诉行政案件执行

一、非诉行政案件执行的概念与特征

非诉行政案件执行,是指公民、法人或者其他组织既不向人民法院提起行政诉讼,又拒不履行已生效的行政行为所确定的义务,行政机关或行政裁决行为确定的权利人向人民法院提出执行申请,由人民法院采取强制执行措施,使行政行为的内容得以实现的活动。非诉行政案件的执行具有以下特征:

1. 非诉行政案件的执行机关是人民法院,而非行政机关。

2. 非诉行政案件的执行根据是行政机关作出的已经发生法律效力的行政行为,且是未经过诉讼审查的行政行为。

3. 非诉行政案件的执行申请人是行政机关或行政裁决确定的权利人,被执行人只能是公民、法人或者其他组织。在一般情况下,非诉行政案件的执行申请人是行政机关,而行政行为所确定的义务人即公民、法人或者其他组织只能成为被执行人,不能成为执行申请人。在某些情况下,非诉行政案件的执行申请人也可以是生效行政行为确定的权利人或者其继承人、权利承受人。根据《最高人民法院关于适用〈中华人民共和国行政诉讼法〉的解释》第158条的规定,行政机关根据法律的授权对平等主体之间民事争议作出裁决后,当事人在法定期限内不起诉又不履行,作出裁决的行政机关在申请执行的期限内未申请人民法院强制执行的,生效行政裁决确定的权利人或者其继承人、权利承受人在6个月内可以申请人民法院强制执行。享有权利的公民、法人或者其他组织申请人民法院强制执行生效行政裁决,参照行政机关申请人民法院强制执行行政行为的规定。

4. 非诉行政案件的执行前提是公民、法人或者其他组织在法定期限内,既不提起行政诉讼,又拒不履行行政行为所确定的义务。根据《行政诉讼法》第 97 条的规定,行政机关申请人民法院强制执行行政行为必须同时具备两个条件:(1)公民、法人或者其他组织在法定起诉期间没有对行政行为提起行政诉讼;(2)公民、法人或者其他组织拒不履行该行政行为所确定的义务。

二、非诉行政案件执行的适用范围

非诉行政案件执行的适用范围,解决的是在何种情况下行政机关可以申请人民法院强制执行行政行为,在何种情况下行政机关不能申请人民法院强制执行行政行为的问题。它实质上涉及人民法院与行政机关对行政行为强制执行权的划分。

根据《行政强制法》第 53 条的规定,当事人在法定期限内不申请行政复议或者提起行政诉讼,又不履行行政决定的,没有行政强制执行权的行政机关可以自期限届满之日起 3 个月内,依法申请人民法院强制执行。据此,非诉行政案件执行适用于行政机关没有行政强制执行权的情形。

《行政强制法》第 13 条规定:"行政强制执行由法律设定。法律没有规定行政机关强制执行的,作出行政决定的行政机关应当申请人民法院强制执行。"因此,法律以外的法规、规章等规定行政机关行使行政强制执行权的,是无效规定,人民法院不得据此拒绝受理行政机关的强制执行申请。①

三、非诉行政案件执行的管辖与期限

(一)非诉行政案件执行的管辖

非诉行政案件执行的管辖,是指人民法院受理与执行非诉行政案件时的分工与权限。《行政强制法》第 54 条规定:"行政机关申请人民法院强制执行前,应当催告当事人履行义务。催告书送达十日后当事人仍未履行义务的,行政机关可以向所在地有管辖权的人民法院申请强制执行;执行对象是不动产的,向不动产所在地有管辖权的人民法院申请强制执行。"根据《最高人民法院关于适用〈中华人民共和国行政诉讼法〉的解释》第 157 条的规定,行政机关申请人民法院强制执行其行政行为的,由申请人所在地的基层人民法院受理;执行对象为不动产的,由不动产所在地的基层人民法院受理。基层人民法院认为执行确有困难的,可以报请上级人民法院执行;上级人民法院可以决定由其执行,也可以决定由下级人民法院执行。根据这些规定,并参照《行政诉讼法》及其司法解释关于行政诉讼案件管辖制度的规定,本书认为,非诉行政执行案件的管辖包括以下六种情况:

1. 非诉行政案件原则上由申请人所在地的基层人民法院受理。
2. 执行对象为不动产的,由不动产所在地的基层人民法院受理。

---

① 参见方世荣主编:《行政法与行政诉讼法学》(第六版),中国政法大学出版社 2019 年版,第 489 页。

3. 基层人民法院认为执行有困难的,可以报请上级人民法院受理,上级人民法院可以决定由其执行,也可以决定由下级人民法院执行。

4. 两个以上人民法院对案件都有管辖权的,申请人可以选择向其中一个人民法院申请执行。申请人分别向两个以上有管辖权的人民法院申请强制执行的,由最先立案的人民法院管辖。两个以上人民法院对同一非诉行政案件执行同时立案的,报请其共同的上级人民法院指定管辖。

5. 人民法院对非诉行政案件执行的管辖权发生争议的,由争议的人民法院协商确定管辖,协商不成的,报请共同的上级人民法院指定管辖。

6. 人民法院发现所受理的非诉行政案件的执行不属于本院管辖的,应当移送有管辖权的人民法院,受移送的法院不得再自行移送。

(二)非诉行政案件申请执行的期限

根据《最高人民法院关于适用〈中华人民共和国行政诉讼法〉的解释》第156、158条的规定,非诉行政案件申请执行的期限分为两种情况:

1. 行政机关向人民法院申请执行的期限。《最高人民法院关于适用〈中华人民共和国行政诉讼法〉的解释》第156条规定:"没有强制执行权的行政机关申请人民法院强制执行其行政行为,应当自被执行人的法定起诉期限届满之日起三个月内提出。逾期申请的,除有正当理由外,人民法院不予受理。"

2. 行政裁决行为确定的权利人向人民法院申请执行的期限。《最高人民法院关于适用〈中华人民共和国行政诉讼法〉的解释》第158条第1款规定:"行政机关根据法律的授权对平等主体之间民事争议作出裁决后,当事人在法定期限内不起诉又不履行,作出裁决的行政机关在申请执行的期限内未申请人民法院强制执行的,生效行政裁决确定的权利人或者其继承人、权利承受人在六个月内可以申请人民法院强制执行。"

四、非诉行政案件执行的条件

根据《最高人民法院关于适用〈中华人民共和国行政诉讼法〉的解释》第155条规定,行政机关根据《行政诉讼法》第97条的规定申请执行其行政行为,应当具备以下条件:(1)行政行为依法可以由人民法院执行;(2)行政行为已经生效并具有可执行内容;(3)申请人是作出该行政行为的行政机关或者法律、法规、规章授权的组织;(4)被申请人是该行政行为所确定的义务人;(5)被申请人在行政行为确定的期限内或者行政机关催告期限内未履行义务;(6)申请人在法定期限内提出申请;(7)被申请执行的行政案件属于受理执行申请的人民法院管辖。

五、非诉行政案件执行前的财产保全

根据《最高人民法院关于适用〈中华人民共和国行政诉讼法〉的解释》第159条的规定,行政机关或者行政行为确定的权利人申请人民法院强制执行前,有充分理由认为被执行人可能逃避执行的,可以申请人民法院采取财产保全措施。后者申请强制执行的,应当提供相应的财产担保。这里的财产保全是指人民法院依法对被执行人的财产采取一种强制性的保护措施,以避免被执行人恶意对财产进行处分。

根据《行政诉讼法》及《最高人民法院关于适用〈中华人民共和国行政诉讼法〉的解释》的规定,非诉行政案件执行前的财产保全必须具备以下条件:(1)行政机关或者行政行为确定的权利人向人民法院提出财产保全申请。(2)非诉行政案件执行前财产保全的申请应向对该行政行为有强制执行管辖权的人民法院提出。(3)非诉行政案件执行前财产保全申请人有充分理由认为被执行人可能逃避执行,这是申请执行前财产保全的实质条件。被执行人逃避执行是指被执行人擅自将财产转移、隐匿、毁损、挥霍、出卖等以逃避履行义务。被执行人逃避执行必须是客观存在的,而不是执行前财产保全申请人的主观臆断,对此,申请人必须提出充分证据证明被执行人有逃避执行的可能性。(4)行政行为确定的权利人申请强制执行的,必须向人民法院提供相应的财产担保。由于财产保全是对被执行人财产权行使的一种限制,可能会给被执行人造成损失。为了防止出现因保全措施给被执行人造成损失,而申请人又无力赔偿或拒绝赔偿的情况,执行前财产保全申请人必须向人民法院提供相应的财产担保,否则,人民法院应依法驳回其执行前财产保全申请。

对于符合执行前财产保全条件的申请,人民法院应采取财产保全措施,对被执行人的财产加以保护,防止被执行人恶意处分这些财产。根据法律的规定,人民法院可以采取查封、扣押、冻结等财产保全措施。

六、非诉行政案件执行的程序

非诉行政案件执行的程序一般包括申请与受理、审查、通知履行和实施强制执行等环节。

(一)申请与受理

非诉行政案件的执行自行政机关(包括行政裁决所确定的权利人或其继承人、权利承受人)的申请开始,人民法院无权主动开始非诉行政案件的执行。根据《行政强制法》第 55 条的规定,行政机关向人民法院申请强制执行,应当提供下列材料:(1)强制执行申请书;(2)行政决定书及作出决定的事实、理由和依据;(3)当事人的意见及行政机关催告情况;(4)申请强制执行标的情况;(5)法律、行政法规规定的其他材料。强制执行申请书应当由行政机关负责人签名,加盖行政机关的印章,并注明日期。

根据《行政强制法》第 56 条的规定,人民法院接到行政机关强制执行的申请,应当在 5 日内受理。行政机关对人民法院不予受理的裁定有异议的,可以在 15 日内向上一级人民法院申请复议,上一级人民法院应当自收到复议申请之日起 15 日内作出是否受理的裁定。

(二)审查

根据《最高人民法院关于适用〈中华人民共和国行政诉讼法〉的解释》第 160 条的规定,人民法院受理行政机关申请执行其行政行为的案件后,应当在 7 日内由行政审判庭对行政行为的合法性进行审查,并作出是否准予执行的裁定。人民法院在作出裁定前发现行政行为明显违法并损害被执行人合法权益的,应当听取被执行人和行政机关的意见,并自受理之日起30日内作出是否准予执行的裁定。

根据《最高人民法院关于适用〈中华人民共和国行政诉讼法〉的解释》第161条的规定,被申请执行的行政行为有下列情形之一的,人民法院应当裁定不准予执行:(1)实施主体不具有行政主体资格的;(2)明显缺乏事实根据的;(3)明显缺乏法律、法规依据的;(4)其他明显违法并损害被执行人合法权益的情形。行政机关对不准予执行的裁定有异议,在15日内向上一级人民法院申请复议的,上一级人民法院应当在收到复议申请之日起30日内作出裁定。

(三)通知履行

根据《最高人民法院关于适用〈中华人民共和国行政诉讼法〉的解释》第160条第3款的规定,对于行政审判庭裁定准予执行的非诉行政案件,需要采取强制执行措施的,行政审判庭应当将案件交由本院负责强制执行非诉行政行为的机构具体执行。

负责执行非诉行政行为的机构,在强制执行前,应当再次书面通知被执行人,告诫被执行人履行义务,并附履行期限,以促使被执行人自觉履行义务。被执行人逾期仍不履行义务的,由执行机构强制执行。根据《行政强制法》第59条的规定,因情况紧急,为保障公共安全,行政机关可以申请人民法院立即执行。经人民法院院长批准,人民法院应当自作出执行裁定之日起5日内执行。

(四)实施强制执行

人民法院在实施强制执行前,应做好相关准备工作,包括办理强制执行手续,填写强制执行文书,通知有关单位、人员到场,制定强制执行方案等。人民法院在非诉行政案件执行中所采取的执行措施,可以参照《民事诉讼法》及其司法解释的有关规定执行。

(五)执行结束

执行任务完成后,人民法院应将案卷材料整理归档,并结清各种手续、清单及费用,书面通知申请强制执行的行政机关,宣告执行程序结束。

法律应用

1. 行政诉讼案件执行的根据是已经生效的裁判文书,包括判决书、裁定书和调解书,执行的目的是使裁判文书确定的义务得以实现。

2. 申请执行的期限从法律文书规定的履行期间最后一日起计算;法律文书规定分期履行的,从规定的每次履行期间的最后一日起计算;法律文书没有规定履行期限的,从该法律文书送达当事人之日起计算。

3. 非诉行政案件的执行根据是行政机关作出的已经发生法律效力的行政行为,且是未经过诉讼审查的行政行为;执行申请人是行政机关或行政裁决确定的权利人,被执行人只能是公民、法人或者其他组织;执行前提是公民、法人或者其他组织在法定期限内,既不提起行政诉讼,又拒不履行行政行为所确定的义务。

案(事)例

案情简介[①]:

申请人宿迁市宿城区市场监督管理局(以下简称"宿城区市监局")认定被申请人宿迁金鹰置业有限公司(以下简称"金鹰置业公司")存在使用未经定期检验合格的电梯的行为,违反了《特种设备安全法》第40条第3款的规定。宿城区市监局依照《特种设备安全法》第84条第1项的规定,于2020年4月20日对金鹰置业公司作出宿区市监案字〔2020〕066号行政处罚决定:(1)责令停止使用未经定期检验的电梯;(2)罚款人民币30 000元。该行政处罚决定于2020年4月27日送达被申请人。被申请人在法定期限内既没有申请行政复议或者提起行政诉讼,亦未履行该行政处罚决定确定的罚款义务。宿城区市监局于2020年10月10日向被申请人送达了宿区市监催字〔2020〕155号《行政处罚决定催告通知书》,被申请人在规定期限内仍未履行该行政处罚决定确定的罚款义务。宿城区市监局遂依照《行政强制法》第53条、第54条的规定,于2020年11月25日向法院申请强制执行罚款30 000元及滞纳金30 000元,合计60 000元。

问题:

宿城区市监局是否有权向法院申请强制执行滞纳金?

案(事)例答题思路

思考题

1. 简述行政诉讼案件执行的概念与特征。
2. 简述行政诉讼案件执行的条件。
3. 简述行政诉讼案件的执行措施。
4. 简述行政诉讼案件执行的程序。
5. 简述非诉行政案件执行的概念与特征。
6. 简述非诉行政案件执行的适用范围。
7. 简述非诉行政案件执行的条件。
8. 简述非诉行政案件执行的程序。

---

① 本案参见江苏省宿迁市中级人民法院(2020)苏13行审29号行政裁定书。

第二十一章 涉外行政诉讼

本章重点

1. 涉外行政诉讼的概念与特征
2. 涉外行政诉讼的参加人
3. 涉外行政诉讼的法律适用
4. 涉外行政诉讼的期间与送达

第一节 涉外行政诉讼概述
第二节 涉外行政诉讼的原则
第三节 涉外行政诉讼的期间与送达

第一节 涉外行政诉讼概述

一、涉外行政诉讼的概念与特征

涉外行政诉讼,是指外国人、无国籍人、外国组织认为我国行政机关的行政行为侵犯其合法权益,依照我国《行政诉讼法》向人民法院提起诉讼,或者因与我国行政机关作出的行政行为有法律上的利害关系,依法参加诉讼,并由我国人民法院进行审理并作出裁判的活动。它具有下列特征:

1. 涉外行政诉讼是人民法院解决发生在我国领域内的涉外行政争议的活动。在这里,审判的主体只能是我国人民法院,涉外行政争议只能发生在我国领域内。发生在我国领域内的行政案件(包括涉外行政案件)只能由我国人民法院行使管辖权,国外的法院无权对发生在我国领域内的行政案件行使管辖权。因为,任何一个国家的法院对行政案件都只拥有域内管辖权,而不具有对域外行政案件的管辖权。

2. 涉外行政诉讼的原告或者第三人必须是外国人、无国籍人、外国组织,否则就不构成涉外行政诉讼。这是涉外行政诉讼区别于一般行政诉讼的最基本的特征。

3. 涉外行政诉讼的被告只能是我国的行政机关,即涉外行政诉讼的被告具有恒定性。

4. 涉外行政诉讼争议的标的是我国行政机关作出的涉及外国人、无国籍人、外国组织权益的行政行为。

5. 涉外行政诉讼必须依据我国法律进行。首先,外国人、无国籍人、外国组织提起或参加行政诉讼,必须依据我国《行政诉讼法》的规定进行;其次,我国人民法院审理涉外行政案件必须依照我国《行政诉讼法》规定的程序进行,对被诉行政行为进行合法性审查也应适用我国的行政实体法规范和行政程序法规范,当然这并不排除在特别情况下适用我国缔结或参加的国际条约。

二、涉外行政诉讼的管辖

(一)一般涉外行政案件的管辖

涉外行政案件由中级人民法院进行一审管辖。根据《行政诉讼法》第15条第3项的规定,"本辖区内重大、复杂的案件"是中级人民法院管辖的第一审行政案件。同时,根据《最高人民法院关于适用〈中华人民共和国行政诉讼法〉的解释》第5条第2项的规定,涉外案件属于《行政诉讼法》第15条第3项规定的"本辖区内重大、复杂的案件"。

(二)反倾销、反补贴行政案件的管辖

反倾销、反补贴行政案件由被告所在地高级人民法院指定的中级人民法院,或者由被告所在地的高级人民法院一审管辖。考虑到反倾销、反补贴行政案件专业性较强,为便于集中管辖和确保审判质量,《最高人民法院关于审理反倾销行政案件应用法律若干问题的规

定》第5条和《最高人民法院关于审理反补贴行政案件应用法律若干问题的规定》第5条规定,第一审反倾销、反补贴行政案件由被告所在地高级人民法院指定的中级人民法院或者被告所在地高级人民法院管辖。反倾销行政案件包括:(1)有关倾销及倾销幅度、损害及损害程度终裁决定的行政案件;(2)有关征收反倾销税决定以及追溯征收、退税、对新出口经营者征税决定的行政案件;(3)有关保留、修改或者取消反倾销税以及价格承诺复审决定的行政案件;(4)依照法律、行政法规规定可以起诉的其他反倾销行政案件。反补贴行政案件包括:(1)有关补贴及补贴金额、损害及损害程度终裁决定的行政案件;(2)有关征收反补贴税以及追溯征收决定的行政案件;(3)有关保留、修改或者取消反补贴税以及承诺复审决定的行政案件;(4)依照法律、行政法规规定可以起诉的其他反补贴行政案件。

三、涉外行政诉讼的参加人

(一)涉外行政诉讼的原告

涉外行政诉讼的原告,是指认为我国行政机关及其工作人员的行政行为侵犯其合法权益,而向人民法院提起行政诉讼的外国人、无国籍人、外国组织。具体地说,与我国行政机关及其工作人员作出的行政行为具有法律上的利害关系的外国人、无国籍人、外国组织均可成为涉外行政诉讼的原告。它包括两层意思:(1)涉外行政诉讼的原告必须是外国人、无国籍人、外国组织;(2)该外国人、无国籍人和外国组织必须与我国行政机关及其工作人员作出的行政行为具有法律上的利害关系。

与非涉外行政诉讼的原告一样,当发生了某种法律事实后,原告的资格可能转移,即有权提起诉讼的外国的自然人死亡的,其近亲属(配偶、父母、子女、兄弟姐妹、祖父母、外祖父母、孙子女、外孙子女以及其他有扶养和赡养关系的亲属)可以承受起诉权,向我国法院提起行政诉讼;有权提起诉讼的外国法人或其他组织终止的,由承受该已终止的法人或其他组织权利的新的法人或其他组织向我国法院提起行政诉讼。

(二)涉外行政诉讼的被告

涉外行政诉讼的被告,是指实施了作为原告的外国人、无国籍人、外国组织认为侵犯其合法权益的行政行为,由人民法院通知参加到行政诉讼中来的中国行政机关或法律、法规、规章授权的组织。如反倾销、反补贴行政案件的被告是被诉作出相应反倾销、反补贴行政行为的国务院主管部门。

(三)涉外行政诉讼第三人

涉外行政诉讼第三人,是指同提起行政诉讼的行政行为有利害关系,为了维护自己的合法权益而应我国法院的通知或自己请求参加到行政诉讼中来的人。涉外行政诉讼的第三人既可能是我国的行政机关或法律、法规、规章授权的组织,也可能是外国人、无国籍人或者外国组织。例如,与被诉反倾销、反补贴行政行为具有法律上利害关系的其他国务院主管部门,可以作为第三人参加诉讼。

(四)涉外行政诉讼的代理人

涉外行政诉讼的代理人,是指为维护当事人的合法权益,保证诉讼正常进行,以当事人的名义参加到涉外行政诉讼中来的人。外国人、无国籍人、外国组织在我国进行行政诉讼,需要委托律师代理诉讼的,根据我国《行政诉讼法》第100条的规定,应当委托我国律师机构的律师。这是我国《行政诉讼法》对涉外行政诉讼外籍当事人委托律师的特别规定。

外国人、无国籍人、外国组织委托我国律师担任诉讼代理人的具体程序与我国公民委托律师的程序相同。但是如果该外国人、无国籍人、外国组织在我国领域内没有住所,其委托书要通过域外寄交或托交的,应当经所在国公证机关证明,并且经我国驻外使馆认证,或者履行我国与该国订立的有关条约中规定的证明手续后,才具有效力。如果我国在该国没有使领馆,授权委托书可以先经所在国公证机关公证,再经与我国、该国均有外交关系的第三国使领馆认证,再转由我国驻第三国的使领馆认证,方具有法律效力。

涉外行政诉讼中的外籍当事人在我国进行行政诉讼,我国法律并不限定其只能委托我国律师作为诉讼代理人。外籍当事人如果要委托诉讼代理人,既可以委托我国律师,也可以委托其他人,包括社会团体、外国人的近亲属、所在单位推荐的人、以非律师身份担任诉讼代理人的本国律师、本国公民、以个人的名义担任诉讼代理人的外国驻华使领馆官员以及经人民法院认可的我国公民等,这些人都可以成为外国人在我国进行行政诉讼的委托代理人。当然,外国人委托其本国驻华使领馆官员以个人的名义担任诉讼代理人的,该官员在诉讼中不享有外交特权和豁免权。

四、涉外行政诉讼的法律适用

涉外行政诉讼的法律适用,是涉外行政诉讼中的核心问题。它主要包括两方面内容:一是涉外行政诉讼适用的法律范围;二是涉外行政诉讼选择法律适用的规则。

(一)涉外行政诉讼适用的法律范围

1. 适用我国国内有关的行政法律、法规,参照规章。凡在我国境内的外国人、无国籍人、外国组织都应受到我国法律的约束,履行我国法律规定的义务,法律另有规定的除外。当外国人、无国籍人和外国组织与我国行政机关之间发生行政争议提起诉讼时,其行政争议就由我国人民法院依法审理。根据我国《行政诉讼法》的规定,人民法院审理行政案件,以法律、行政法规和地方性法规为依据,以规章为参照。人民法院审理涉外行政案件同样应以法律、行政法规和地方性法规为依据,以规章为参照。

2. 适用我国《行政诉讼法》和《民事诉讼法》。我国《行政诉讼法》第98条规定:"外国人、无国籍人、外国组织在中华人民共和国进行行政诉讼,适用本法。法律另有规定的除外。"因此,人民法院在审理涉外行政案件时,在诉讼程序上,原则上应适用我国《行政诉讼法》关于涉外行政诉讼和一般诉讼程序的规定。同时,由于我国《行政诉讼法》关于涉外行政诉讼的规定较为原则,人民法院在审理涉外行政案件时,除了依据《行政诉讼法》的规定外，还要参照适用《民事诉讼法》的有关规定。

3. 适用我国的司法解释。这里的司法解释主要是指《最高人民法院关于适用〈中华人民共和国行政诉讼法〉的解释》和《最高人民法院关于适用〈中华人民共和国民事诉讼法〉的解释》。

4. 适用有关的国际条约。国际条约是各缔约国之间有关政治、经济、文化等方面的约定，因而各缔约国有信守国际条约并付诸实施的义务。我国在涉外行政诉讼活动中适用的国际条约必须是我国缔结或参加的国家条约，并且这些条约调整涉外行政诉讼关系，规范涉外行政诉讼行为。当然，我国在缔结或参加国际条约时明确声明保留的条款，是我国未承认和未接受的条款，不负信守的义务，在处理涉外行政案件时不予适用。

（二）涉外行政诉讼选择法律适用的规则

1. 特别规定优于一般规定。我国《行政诉讼法》第98条规定："外国人、无国籍人、外国组织在中华人民共和国进行行政诉讼，适用本法。法律另有规定的除外。"这就涉及行政诉讼的一般规定和涉外行政诉讼的特别规定的关系。根据该条规定，当一般规定与特别规定不一致时，优先适用特别规定。这里的特别规定，既包括《行政诉讼法》中有关涉外行政诉讼的规定，也包括其他法律中有关涉外行政诉讼的特别规定，如《民事诉讼法》关于涉外行政诉讼的期间、送达的特别规定。

2. 国际条约的转化适用。当我国《行政诉讼法》与我国缔结或参加的国际条约规定不一致时，应尊重国际条约的规定，但需对国际条约转化适用。我国1989年《行政诉讼法》第72条曾规定："中华人民共和国缔结或者参加的国际条约同本法有不同规定的，适用该国际条约的规定。中华人民共和国声明保留的条款除外。" 2014年修改《行政诉讼法》时删除了该条规定。这意味着在行政诉讼中，国际条约优先于国内法适用没有明确的法律依据。同时，2002年8月27日发布的《最高人民法院关于审理国际贸易行政案件若干问题的规定》以及2002年11月21日发布的《最高人民法院关于审理反倾销行政案件应用法律若干问题的规定》《最高人民法院关于审理反补贴行政案件应用法律若干问题的规定》，这三个司法解释均排除了WTO协议文件在中国法院的直接适用性，倾向于采取"转化"的方式予以间接适用。据此，在涉外行政诉讼中，国际条约与国内法规定不一致时，一般不直接适用国际条约，而是在将国际条约规定转化为国内法后加以适用。

第二节　涉外行政诉讼的原则

涉外行政诉讼的原则，是指人民法院在审理涉外行政案件过程中应当遵循的基本行为准则，也是涉外行政诉讼当事人和有关诉讼参与人必须遵循的基本依据，它对涉外行政诉讼具有普遍的指导意义。涉外行政诉讼除了应适用我国《行政诉讼法》规定的一系列原则，如当事人诉讼地位平等原则、合法性审查原则、人民法院依法独立行使审判权原则、辩论原则等外，还有自己独有的原则。

一、主权原则

主权是国家最重要的属性,它体现国家对内的最高权和对外的独立权。在国际社会中,各国的主权都是平等的,在法律上不存在隶属关系。审判权是国家主权的有机组成部分,在涉外行政诉讼中,人民法院必须维护国家主权,行使独立的司法管辖权。主权原则在涉外行政诉讼中具体表现为:

1. 外国人、无国籍人、外国组织在我国境内发生行政争议,一律由我国人民法院管辖。外国人、无国籍人、外国组织认为我国行政机关的行政行为侵犯其合法权益起诉的,只能向我国人民法院起诉,不允许向其所属国或第三国提起行政诉讼,其所属国或第三国也不得受理这种起诉。即我国人民法院对发生在我国境内的涉外行政案件具有绝对管辖权,排除他国的司法管辖权或当事人的自由选择权。

2. 人民法院在审理涉外行政案件时,只能适用我国的法律、法规,以及我国缔结或参加的有关国际条约。外国人、外国组织所属国法律或任何第三国法律,都不能作为人民法院审理涉外行政案件的依据。

3. 外国人、无国籍人、外国组织参加涉外行政诉讼,必须使用我国通用的语言、文字。语言、文字是诉讼的工具和手段,又与国家主权密切相关。根据主权原则,外国当事人提交诉状时须附具中文译本,在诉讼中必须使用中国通用的语言、文字。当事人要求提供翻译的,可以提供,其费用由当事人承担。

4. 凡需要委托律师代理诉讼的,应当委托我国律师机构的律师。律师制度是一国司法制度的重要组成部分,允许外国律师干预本国司法事务势必有损国家主权。我国是主权国家,根据《行政诉讼法》第100条的规定,外国人、无国籍人、外国组织在我国进行行政诉讼,委托律师代理诉讼的,应当委托我国律师机构的律师。

5. 我国人民法院审理涉外行政案件作出生效裁判,对作为当事人的外国人、无国籍人、外国组织具有法律约束力,其必须接受我国人民法院的裁判,并有义务履行。对拒不履行裁判所确定的义务的,我国人民法院可以依法强制执行。

二、同等原则

我国《行政诉讼法》第99条第1款规定:"外国人、无国籍人、外国组织在中华人民共和国进行行政诉讼,同中华人民共和国公民、组织有同等的诉讼权利和义务。"这便确立了涉外行政诉讼的同等原则。它是指外国人、无国籍人、外国组织在中国进行行政诉讼时,享有和承担与我国公民、组织同样内容、范围与性质的诉讼权利和诉讼义务,不能因为其是外国人、无国籍人、外国组织而增设其诉讼义务或限制其某些诉讼权利。

同等原则具体包含两层意思:一是外国人、无国籍人、外国组织在我国进行行政诉讼,与我国公民、组织有同等的诉讼权利和义务,并不因为其是外国人而受到限制和歧视。这在国际法上被称为国民待遇原则,它是国家之间基于平等、互利、友好的关系,在国际交往中应遵循的一项重要原则。二是外国人、无国籍人、外国组织在我国人民法院起诉和参加诉讼,必须依据我国的法律规定。诉讼权利与义务同等,是指在我国诉讼法上与我国公民同等。如果依照某外国法律,该当事人是无诉讼行为能力人,而按照我国法律,该当事人为有诉讼行为能力人,则应认定其为有诉讼行为能力人。

三、对等原则

我国《行政诉讼法》第 99 条第 2 款规定:"外国法院对中华人民共和国公民、组织的行政诉讼权利加以限制的,人民法院对该公民、组织的行政诉讼权利,实行对等原则。"这便确立了涉外行政诉讼的对等原则。它是指外国法院对我国公民、组织的行政诉讼权利加以限制的,我国人民法院对该国公民、组织的行政诉讼权利也采取相应的限制措施,使该国公民、组织在我国的行政诉讼权利与我国公民、组织在该国的行政诉讼权利对等。对等原则中的对等,是指对诉讼权利限制上的对等,其前提是外国对我国公民、组织实行歧视待遇,采用不平等对待的方式,限制了我国公民、组织的诉讼权利。外国行政诉讼法的有关规定与我国行政诉讼法的规定不尽相同,但并没有采取歧视待遇、给予不平等对待的,则不宜适用对等原则。

主权国家在处理相互之间的关系时,应以平等互利为基础。表现在司法上,一国应保障他国公民、组织的诉讼权利,不得加以歧视和限制。但是,国家间的交往十分复杂,国与国的关系各不相同,且又时常发生变化。当事人的诉讼权利是由各国自己的法律规定并由其法院保障的,这不能不影响到各国的法律和法院对待某些外国当事人的原则和政策。由于各国的对外政策不同,有可能出现一个国家对外国当事人的诉讼权利加以限制的现象,出现这种情况,国家一般会采取"以限制抵限制"的措施对待对方,从而达到彼此尊重、平等对待的目的。

我国人民法院在审理涉外行政案件时,一向按照我国法律规定办事,依法保护外方当事人的诉讼权利。如果出现外国法院对我国公民、组织的行政诉讼权利加以限制的情况,我国人民法院为维护国家主权,保护我国公民、组织的合法权益,有权对该国公民、组织采取对等的限制措施。

对等原则与同等原则不同:同等原则是指两个国家基于平等、友好关系,互相给予对方公民、组织同等的诉讼权利,履行同等的诉讼义务,给予相同的法律保护;而对等原则是指我国公民、组织的诉讼权利如果在外国受到限制,我国人民法院就对该国公民、组织的诉讼权利给予同样的限制。因此,对等原则强调的是国家的主权,其目的是要达到司法保护上的平等。如果在审理某一涉外行政案件中,人民法院发现应适用对等原则的情况,并适用了对等原则,在此案中,同等原则就不能适用,所以,同等原则要受到对等原则的约束。

第三节 涉外行政诉讼的期间与送达

一、涉外行政诉讼的期间

期间是人民法院、当事人和其他诉讼参加人进行某种诉讼行为连续经过的时间。规定期间的目的是保证当事人及时行使诉讼权利和履行诉讼义务,保证人民法院及时、有效地审理案件,解决纠纷。对于涉外行政诉讼,由于原告或者第三人可能居住在国外,其通信、交通等都不如在国内那样便利、迅速,如果一律按国内一般诉讼期间的规定办事,可能使某些诉讼当事人丧失诉讼权利。因此,对居住在国外的诉讼当事人应适当延长诉讼期间。这里的当事人不仅包括居住在国外的外国人、无国籍人等,也包括居住在国外的中国公民。在涉外行政诉讼中,有关延长诉讼期间的特别规定有:(1)居住在域外的当事人,不服一审人民法院判决、裁定的,其上诉的期间为30日。(2)居住在域外的被上诉人,在收到上诉状副本以后,提出答辩状的期间为30日。(3)居住在域外的当事人,邮寄、公告送达诉讼文书的期间为3个月。

有关涉外行政诉讼的其他期间,原则上应适用行政诉讼法有关一般期间的规定。但确有理由需要延长送达期间的,当事人可以向人民法院提出延长申请,由人民法院决定是否延长。

期间的计算,以时、日、月、年为单位。期间开始的时和日不计算在期间内。期间的最后一天是节假日的,以节假日后的第一天为期间届满日期。期间不包括在途时间,诉讼文书在期间届满前交邮的,不算过期。

二、涉外行政诉讼的送达

涉外行政诉讼的送达,是指人民法院将有关的法律文书,依照法定程序和方式交付涉外行政诉讼当事人和其他诉讼参与人的行为。它适用于在我国领域内没有住所的当事人,具体包括两种情况:一是在我国领域内没有住所的外国人、无国籍人、外国组织;二是在我国领域内没有住所的中国公民。

人民法院对在我国领域内没有住所的当事人送达诉讼文书,可以采用下列方式:

1. 依条约规定的方式送达。即依照受送达人所在国与我国缔结或者共同参加的国际条约规定的方式送达。

2. 通过外交途径送达。受送达人所在国已与我国建交但尚未签署司法协助协议,也未共同加入有关国际条约的,按照互惠原则通过外交途径送达。按照《最高人民法院、外交部、司法部关于我国法院和外国法院通过外交途径相互委托送达法律文书若干问题的通知》的规定,我国人民法院通过外交途径向国外当事人送达诉讼文书时,应按下列程序办理:(1)送达的诉讼文书须经有关省、自治区、直辖市高级人民法院审查,交外交部领事司负责转递;(2)须注明受送达人姓名、性别、年龄、国籍及其在国外的详细外文地址,并将该案的基本情况函告外交部领事司;(3)附有送达委托书。

3. 委托使领馆送达。对具有我国国籍但在国内无住所的受送达人,可以委托我国驻受送达人所在国的使领馆代为送达。

4. 向委托代理人送达。即向受送达人委托的有权接受送达的诉讼代理人送达。

5. 向代表机构、分支机构或业务代办人送达。这种送达方式主要针对受送达人是外国企业或组织的情形。外国企业或组织在我国境内无住所时,可以通过其设立的代表机构送达。没有代表机构但在我国境内有分支机构或业务代办人的,只要它们有权接受诉讼文书,也可以向分支机构或业务代办人送达。

6. 邮寄送达。受送达人所在国的法律允许邮寄送达法律文书的,可以邮寄送达,自邮寄之日起满3个月,送达回证没有退回,但根据各种情况足以认定已经送达的,期间届满之日视为送达。

7. 传真、电子邮件送达。即采用传真、电子邮件等能够确认受送达人收悉的方式送达。

8. 公告送达。通过上述方式无法送达或难以送达的,可以公告送达。公告送达是将应送达的诉讼文书张贴于法院公告栏内,同时将公告送达事项公布在全国性报纸上,自公告之日起满3个月,即视为送达。

法律应用

1. 涉外行政诉讼只是诉讼当事人具有涉外性,且诉讼当事人中只有原告或第三人是外国人、无国籍人、外国组织,被告只能是我国的行政机关。

2. 涉外行政诉讼发生的地点具有特定性,具体体现为:(1)行政行为必须发生在我国领域内,是我国主权范围内的事项,由我国的行政机关或者法律、法规、规章授权的组织进行处理。(2)外国当事人在我国法院提起行政诉讼或者参加到在我国法院进行的行政诉讼中。

3. 在涉外行政诉讼的法律适用方面,我国缔结或者参加的国际条约与《行政诉讼法》有不同规定的,应尊重国际条约的规定,但一般不直接适用国际条约,而是将国际条约的规定转化为国内法后加以适用。

案(事)例

案情简介[①]:

孙某申请再审称,其本人是美籍华人,在美国出生长大,对于中国语言并不完全通晓,朝阳公安分局没有依法为他提供翻译。他在被收押后的第二天签署的不需要翻译的书面声明以及所有2018年6月4日签署的文件,都是按照警察提供的模板抄写的,这些文件的内容是朝阳公安分局杜撰的。朝阳公安分局在诉

---

① 本案参见最高人民法院(2020)最高法行申9355号行政裁定书。

讼中没有提交执法合法的证明,行政处罚决定应予撤销。法院经审查认为,关于孙某提出朝阳公安分局没有依法为其提供翻译的问题,朝阳公安分局向一审法院提交的《询问笔录》及孙某的手写声明等证据能够证明在行政处罚程序中,孙某明确表示自己懂汉语并能熟练掌握运用、不需要翻译。

问题:
外国人在我国参加行政诉讼是否有权要求使用其本国语言、文字?

案(事)例答题思路

思考题

1. 简述涉外行政诉讼的概念与特征。
2. 简述涉外行政诉讼的管辖。
3. 简述涉外行政诉讼的参加人。
4. 简述涉外行政诉讼的期间与送达。
5. 简述涉外行政诉讼的法律适用。
6. 试述涉外行政诉讼的原则。

第二十二章　行政赔偿与行政补偿

本章重点

1. 行政赔偿的归责原则与构成要件
2. 行政赔偿的范围
3. 行政赔偿的方式与计算标准
4. 行政补偿的原则与标准

　　第一节　行政赔偿
　　第二节　行政补偿

第一节 行 政 赔 偿

一、行政赔偿的概念与特征

行政赔偿是指国家行政机关及其工作人员、法律法规规章①授权的组织及其工作人员、受行政机关委托的组织或者个人违法行使职权,侵犯公民、法人或其他组织的合法权益并造成损害的,由国家承担赔偿责任的制度。行政赔偿与其他赔偿制度相比,具有以下特征:

1. 行政赔偿的主体是国家,但具体履行行政赔偿义务的主体为致害的行政机关、法律法规规章授权组织、委托行政机关。国家作为行政赔偿的责任主体,主要基于以下原因:首先,行政机关及其工作人员代表国家,以国家的名义实施行政管理,无论是合法行为还是违法行为,其法律后果都归属于国家,违法侵权造成的损害当然要由国家承担赔偿责任。其次,行政赔偿的费用来自国库,由国家财政列支并纳入各级财政预算。至于具体的赔偿事务,如收集证据、出庭应诉、与受害人和解以及支付赔偿金等,则由行政赔偿义务机关完成。

2. 行政赔偿中的侵权行为主体是行政机关及其工作人员、法律法规规章授权的组织及其工作人员和受行政机关委托的组织或个人。这是行政赔偿区别于其他赔偿的主要标志。民事赔偿是平等的民事主体之间因民事侵权行为引起的,而同属于国家赔偿的司法赔偿则是履行司法职能的国家机关及其工作人员的侵权行为造成的。正是行政赔偿中侵权主体的特定性,使得行政赔偿在构成要件、归责原则以及赔偿范围等方面区别于民事赔偿;而在赔偿请求人、赔偿义务机关以及赔偿程序等方面又区别于司法赔偿。

3. 行政赔偿是由行政机关及其工作人员、法律法规规章授权的组织及其工作人员和受行政机关委托的组织或个人违法行使职权的行为引起的。首先,引起行政赔偿的行为必须是行使行政职权与履行行政职责的行为,也就是说,这种行为是一种职务行为。国家只对职务行为导致的侵权损害承担赔偿责任,对行政机关工作人员的个人行为引起的侵权损害,国家不予赔偿。其次,引起行政赔偿的职务行为必须是违法行为,行政机关及其工作人员的合法行为使相对人遭受损害的,国家只给予行政补偿而不承担行政赔偿责任。

二、行政赔偿的归责原则

行政赔偿的归责原则是确定行政赔偿责任由国家承担的根据或准则,体现了行政赔偿的基本价值取向,直接影响到行政赔偿责任的构成及免责条件、行政赔偿范围的确定、行政赔偿举证责任的分配等。②归责原则在行政赔偿中处于核心地位,是连接赔偿目的与具体制度的

---

① 《行政诉讼法》第2条第2款规定:"前款所称行政行为,包括法律、法规、规章授权的组织作出的行政行为。"该款为规章授权提供了法律依据。后文为表述方便,将"国家行政机关及其工作人员、法律法规规章授权的组织及其工作人员、受行政机关委托的组织或者个人"统一表述为"行政机关及其工作人员"。

② 胡建淼著:《行政法学》(第四版),法律出版社2015年版,第691页。

桥梁。目前,关于行政赔偿的归责原则主要有以下三种观点:(1)过错责任原则,即对于行政机关及其工作人员执行职务时造成的损害,只有在存在故意或过失的情况下,国家才承担赔偿责任;无过错,国家不予赔偿。(2)无过错责任原则(或危险责任原则),即无论行政机关及其工作人员有无过错,国家都要对其执行职务造成的损害负责赔偿。(3)违法责任原则,即只要行政机关及其工作人员违法行使职权并造成损害,无论有无过错,国家都必须负责赔偿。

1994年《国家赔偿法》第2条第1款规定:"国家机关和国家机关工作人员违法行使职权侵犯公民、法人和其他组织的合法权益造成损害的,受害人有依照本法取得国家赔偿的权利。"这表明1994年《国家赔偿法》在归责原则上采用了违法归责原则。时任全国人大常委会法工委主任顾昂然曾明确提出:"我国国家赔偿法采取违法原则,即以是否违背法律规定作为是否承担责任的标准,只要是违反法律规定的,不管主观上有无过错,都要承担赔偿责任。这样规定,对国家机关和国家机关工作人员执法提出严格的要求,有利于更好地保护公民的合法权益。"[1]

违法归责原则在一定程度上降低了实践操作难度,但同时也限制了国家赔偿的实践,缩小了应有的赔偿范围。在行政赔偿中,公有公共设施致害、事实行为致害等无法被纳入赔偿范围,采用违法归责原则将使当事人无法得到应有的救济。2010年修正《国家赔偿法》时将第2条第1款修改为:"国家机关和国家机关工作人员行使职权,有本法规定的侵犯公民、法人和其他组织合法权益的情形,造成损害的,受害人有依照本法取得国家赔偿的权利。"可见,修正后的《国家赔偿法》在文字表述上改变了1994年《国家赔偿法》第2条第1款"违法行使职权侵犯……"的提法。一般认为,这意味着国家赔偿改变了以违法归责为中心的单一归责体系,转而实行包括违法归责原则和结果归责原则在内的多元归责体系。[2] 这样的修改思路反映出立法机关正视实践中存在的关于违法归责原则理解之争议,力求在法律修订中,以最为准确和精炼的文字表述体现法律的价值判断。

三、行政赔偿的构成要件

行政赔偿的构成要件,是指行政机关代表国家承担行政赔偿责任所应具备的条件。它是衡量行政赔偿责任是否成立的基本标准,也是行政赔偿中的核心问题。[3] 行政赔偿的构成要件与归责原则既有联系又有区别:归责原则是构成要件的前提和基础,构成要件是归责原则的具体体现。行政赔偿构成要件主要包括侵权行为主体、侵权行为、损害事实和因果关系四个方面。

(一)侵权行为主体

侵权行为主体是指具体实施行政行为引起行政赔偿责任的组织或个人。[4] 也有观点认

---

[1] 顾昂然:《国家赔偿法制定情况和主要问题》,载《中国法学》1995年第2期。
[2] 参见马怀德、孔祥稳:《我国国家赔偿制度的发展历程、现状与未来》,载《北京行政学院学报》2018年第6期。
[3] 参见周佑勇著:《行政法原论》(第三版),北京大学出版社2018年版,第399页。
[4] 参见胡建淼著:《行政法学》(第四版),法律出版社2015年版,第691页。

为,行政侵权的行为主体必须是行政主体,包括行政机关和法律、法规、规章授权组织,[①] 排除个人作为行政侵权主体。对此,本书认为,实施行政侵权的主体包括国家行政机关及其工作人员、法律法规规章授权的组织及其工作人员、行政机关委托的组织或个人、行政公务协助人员[②]。

(二)侵权行为

侵权行为是指行政机关及其工作人员、法律法规规章授权的组织及其工作人员,以及行政机关委托的组织或个人,在行使行政职权的过程中实施侵犯行政相对人合法权益的违法行为,包括违法的行政行为和事实行为。根据《国家赔偿法》的有关规定,事实行为包括殴打、虐待等行为或者唆使、放纵他人以殴打、虐待等行为造成公民身体伤害或者死亡的行为。

(三)损害事实

行政赔偿的主要功能是对损害予以补救,如果仅仅有行政违法行为,而没有损害事实的存在,便谈不上行政赔偿。因此,损害事实必须满足以下条件:(1)有损害事实的存在。在理论上,损害必须是已经发生、确实存在的,既包括既得利益的直接损失,也包括将来一定要发生的可得利益的间接损失。(2)损害必须是特定损害、具体损害,不是一般人普遍共有的利益,不是抽象的权益。[③] 根据我国《国家赔偿法》的规定,构成行政赔偿责任的损害仅限于对人身权和财产权造成的损害。行政机关及其工作人员行使职权侵犯公民的人身权并致人精神损害的,应当在侵权行为影响的范围内,为受害人消除影响、恢复名誉、赔礼道歉;造成严重后果的,应当支付相应的精神损害抚慰金。

(四)因果关系

即行政侵权行为与损害事实之间存在因果关系。关于因果关系的认定,学界有三种主张:必然因果关系说、回归条件说、直接因果关系说,每一种主张均有合理解释。在行政赔偿案件中,对因果关系的认定,有赖于结合具体个案采用不同标准判断。[④] 如果侵权行为与损害事实之间没有因果关系,行政机关及其工作人员就没有义务对损害负责,国家也无须承担行政赔偿责任。在行政赔偿中,受害人的损害结果有时是由某一种违法行为造成的,有时则是由多种违法行为造成的;损害结果有时是单一的,有时则是多重的。不管是一因多果还是多因一果或者是多因多果,只要损害事实是行政机关及其工作人员违法行使职权的行为造成的,国家就应承担全部或部分行政赔偿责任。

四、行政赔偿的范围

行政赔偿的范围,是指国家对行政机关及其工作人员在行使行政职权时,侵犯公民、法

[①] 参见周佑勇著:《行政法原论》(第三版),北京大学出版社2018年版,第399页。
[②] 关于自愿协助执行公务人员可否成为侵权主体的问题,应视具体情况而定。如自愿协助执行公务人员实施的是执行公务范围内的行为,应由国家负责;反之,则由该个人负责。参见夏雅丽:《试论我国行政赔偿责任的构成要件》,载《人文杂志》2000年第4期。
[③] 参见周佑勇著:《行政法原论》(第三版),北京大学出版社2018年版,第401页。
[④] 参见姜明安主编:《行政法与行政诉讼法》(第七版),北京大学出版社、高等教育出版社2019年版,第572页。

人或其他组织合法权益造成的损害给予赔偿的范围。行政赔偿范围要明确行政机关的哪些侵权行为可能引起行政赔偿，而不是明确可赔偿的损失程度。[①] 我国《国家赔偿法》采用一般概括兼顾具体列举、肯定性范围兼顾排除性规定[②]的方式确定行政赔偿的范围，具体包括侵犯人身权的行政赔偿和侵犯财产权的行政赔偿。

（一）侵犯人身权的行政赔偿

人身权，是指那些与公民的人身不可分的权利，包括人格权和身份权。人格权又可以分为人身自由权、生命健康权、姓名权、肖像权、名誉权等；身份权又可以分为亲权、配偶权、亲属权和荣誉权等。根据《国家赔偿法》第3条的规定，行政机关及其工作人员在行使行政职权时有下列侵犯人身权情形之一的，受害人有取得赔偿的权利：（1）违法拘留或者违法采取限制公民人身自由的行政强制措施的；（2）非法拘禁或者以其他方法非法剥夺公民人身自由的；（3）以殴打、虐待等行为或者唆使、放纵他人以殴打、虐待等行为造成公民身体伤害或者死亡的；（4）违法使用武器、警械造成公民身体伤害或者死亡的；（5）造成公民身体伤害或者死亡的其他违法行为。本条第（1）项中的"违法"通常是指行为虽有法律根据，但违反法律规定的条件、对象或程序。此处的"违法"也包括"不法"。第（2）项中"非法"则是指没有法律规定，是行政机关及其工作人员完全任意实施的行为。[③]

（二）侵犯财产权的行政赔偿

财产权，是指公民、法人或其他组织对财产的占有、使用、收益和处分的权利。财产权的范围很广，包括物权、债权和知识产权等。根据《国家赔偿法》第4条的规定，行政机关及其工作人员在行使行政职权时有下列侵犯财产权情形之一的，受害人有取得赔偿的权利：（1）违法实施罚款、吊销许可证和执照、责令停产停业、没收财物等行政处罚的；（2）违法对财产采取查封、扣押、冻结等行政强制措施的；（3）违法征收、征用财产的；（4）造成财产损害的其他违法行为。

（三）国家不予赔偿的范围

根据《国家赔偿法》第5条的规定，国家不承担行政赔偿责任的情形主要有：（1）行政机关工作人员与行使职权无关的个人行为；（2）因公民、法人和其他组织自己的行为致使损害发生的；（3）法律规定的其他情形。

五、行政赔偿请求人和赔偿义务机关

（一）行政赔偿请求人

行政赔偿请求人，是指受违法行政行为侵害，依法有权请求国家给予行政赔偿的公民、法人或其他组织。行政赔偿请求人具有恒定性，既包括直接相对人，也包括间接相对人。根据《国家赔偿法》第6条的规定，行政赔偿请求人包括以下三类：

[①] 参见周佑勇著：《行政法原论》（第三版），北京大学出版社2018年版，第403页。
[②] 参见姜明安主编：《行政法与行政诉讼法》（第七版），北京大学出版社、高等教育出版社2019年版，第576页。
[③] 参见姜明安著：《行政法》，北京大学出版社2017年版，第624—625页。

1. 受害的公民、法人或其他组织。这里的"公民"是指具有我国国籍的自然人。《国家赔偿法》第 40 条规定,外国人、外国企业和组织在中华人民共和国领域内要求中华人民共和国国家赔偿的,适用本法。不具有行为能力的公民,可依据《民法典》规定由其法定代理人代为行使行政赔偿请求权。

2. 受害的公民死亡的,其继承人和其他有扶养关系的亲属可以成为赔偿请求人。赔偿请求人行使权利的顺序应该是受害人的继承人、有扶养关系的亲属,继承人有多个的,按民事继承的顺序确定。前一顺序的人未放弃请求权,后一顺序的人就不能行使请求权,也不能出现不同顺序请求权人共同作为请求权人的情形。但是,无论是继承人还是其他有扶养关系的亲属提出赔偿请求,都以受害的公民已经死亡为前提。

3. 受害的法人或其他组织终止的,其权利承受人可以成为赔偿请求人。受害的法人或其他组织终止的,行政赔偿请求人的资格就转移给承受其权利的法人或者其他组织。法律之所以赋予承受其权利的法人或其他组织赔偿请求权,是因为它们在经济上有承继关系,有利于保护它们的合法权益。

《国家赔偿法》第 6 条第 2、3 款规定了行政赔偿请求人资格转移制度,与《行政诉讼法》第 25 条第 2、3 款规定的行政诉讼原告资格转移制度原理相似,但制度设计目的不同导致资格转移的对象范围略有差异。①

(二)行政赔偿义务机关

行政赔偿义务机关,是指代表国家履行行政赔偿义务的行政机关或法律、法规、规章授权组织,即行政赔偿义务机关就是具体履行行政赔偿义务的组织。行政赔偿义务机关不同于行政赔偿责任主体,后者是国家赔偿责任的最终承担者;前者是一种立法技术处理手段,是为了使赔偿责任主体从作为抽象政治实体的国家转变为具体的代替国家履行赔偿义务的机关。② 根据《国家赔偿法》第 7 条、第 8 条的规定,行政赔偿义务机关可以分为以下六种情形:

1. 行政机关为赔偿义务机关。行政机关及其工作人员行使行政职权侵犯公民、法人或其他组织的合法权益造成损害的,该行政机关为赔偿义务机关。这是一般情况下确定行政赔偿义务机关应遵循的规则,即"谁实施致害行为,谁承担赔偿义务"。

2. 共同行政赔偿义务机关。两个以上行政机关共同行使行政职权时侵犯公民、法人或其他组织的合法权益造成损害的,共同行使行政职权的行政机关为共同赔偿义务机关。共同赔偿义务机关之间负连带责任,赔偿请求人有权向其中任何一个行政机关提出赔偿请求,该行政机关应当先予赔偿,赔偿后可以要求其他有责任的行政机关负担相应的赔偿费用。至于赔偿金额该如何分配,由共同赔偿义务机关根据在致害行为中应该承担的责任大小协商解决。需要指出的是,这里的"两个以上行政机关"是指两个以上具有行政主体资格的行政机关,既不包括同一行政机关内部的两个以上部门,也不包括同一行政机关内部具有从属

---

① 参见姜明安主编:《行政法与行政诉讼法》(第七版),北京大学出版社、高等教育出版社 2019 年版,第 577 页。
② 参见周佑勇著:《行政法原论》(第三版),北京大学出版社 2018 年版,第 410 页。

关系的两个以上行政机构或组织。①

3. 法律、法规、规章授权的组织为赔偿义务机关。法律、法规、规章授权的组织在行使授予的行政职权时,侵犯公民、法人或其他组织合法权益并造成损害的,该组织为行政赔偿义务机关。规章授权的组织能否为赔偿义务机关,从《国家赔偿法》第7条第3款规定中无法直接得出结论。也有人认为,规章以及规章以下的规范性文件的授权视为委托,发生赔偿问题的,由委托的行政机关作为赔偿义务机关。②对此,本书认为,根据《行政诉讼法》第2条关于"前款所称行政行为,包括法律、法规、规章授权的组织作出的行政行为"的规定,规章授权的组织应当作为赔偿义务机关。

4. 委托的行政机关为赔偿义务机关。受行政机关委托的组织或者个人在行使受委托的行政权力时侵犯公民、法人或其他组织的合法权益造成损害的,委托的行政机关为赔偿义务机关。委托的行政机关赔偿损失后,有权责令有故意或者重大过失的受委托的组织或者个人承担部分或者全部赔偿费用。

5. 致害机关被撤销后的赔偿义务机关。《国家赔偿法》第7条第5款规定了致害机关被撤销后的两种情形:赔偿义务机关被撤销的,继续行使其职权的行政机关为赔偿义务机关;没有继续行使其职权的行政机关的,撤销该赔偿义务机关的行政机关为赔偿义务机关。

6. 经行政复议后的赔偿义务机关。《国家赔偿法》第8条规定:"经复议机关复议的,最初造成侵权行为的行政机关为赔偿义务机关,但复议机关的复议决定加重损害的,复议机关对加重的部分履行赔偿义务。"这表明,凡是复议机关的复议决定加重侵害的,复议机关应成为赔偿义务机关,与原作出侵害行为的行政机关共同承担赔偿义务。需要指出的是,复议机关加重侵害情形的,复议机关与原行政机关不负连带责任,各自对自己侵权造成的损害负责。③二者构成非必要共同行政赔偿义务机关④;复议机关的复议决定没有加重当事人损害的,或者说损害是由原决定机关造成的,复议机关不承担赔偿责任;损害由复议机关造成的,复议机关应成为赔偿义务机关。

六、行政赔偿的程序

(一)行政赔偿程序概述

行政赔偿程序,是指行政赔偿请求人向行政赔偿义务机关请求行政赔偿,行政赔偿义务机关对赔偿请求进行审查并作出处理,通过行政复议机关或人民法院根据行政赔偿请求人的申请复议或起诉解决行政赔偿争议的方式、步骤、顺序和时限的总称。根据《国家赔偿法》第9条、《行政复议法》第29条的规定,我国行政赔偿程序采取"单独提起"和"一并提起"并存的方式,包括行政程序和司法程序两个部分。

---

① 参见姜明安主编:《行政法与行政诉讼法》(第七版),北京大学出版社、高等教育出版社2019年版,第595页。
② 参见姜明安主编:《行政法与行政诉讼法》(第七版),北京大学出版社、高等教育出版社2019年版,第595页。
③ 参见姜明安主编:《行政法与行政诉讼法》(第七版),北京大学出版社、高等教育出版社2019年版,第596页。
④ 参见周佑勇著:《行政法原论》(第三版),北京大学出版社2018年版,第412页。

"单独提起"行政赔偿程序,是指行政机关及其工作人员违法行使职权的行为已经被确认,行政赔偿请求人仅就赔偿问题提出请求。赔偿请求人单独提出赔偿请求,应当先向行政赔偿义务机关提出,遵循"赔偿义务机关先行处理"的原则。只有在赔偿请求人向赔偿义务机关提出赔偿请求,赔偿义务机关拒绝赔偿或赔偿请求人对赔偿数额有异议时,才可以向人民法院提起行政赔偿诉讼。否则,未经先行处理程序直接起诉的,人民法院不予受理。赔偿义务机关先行处理程序只适用于单独提出赔偿请求的情况。

"一并提起"行政赔偿程序,是指行政赔偿请求人在申请行政复议或提起行政诉讼的同时,一并提出赔偿请求。即将两项不同的请求一并向同一机关提出,要求合并审理。这两项不同的请求必须具有内在的联系,即赔偿请求的损害事实是由违法的行政行为造成的。一并提出赔偿请求可以在申请行政复议时提出,也可以在提起行政诉讼时提出。在申请行政复议时一并提出赔偿请求的,由行政复议机关在审理行政复议案件的过程中一并解决赔偿问题;在提起行政诉讼时一并提出赔偿请求的,由人民法院在审理行政诉讼案件的过程中一并解决赔偿问题。

(二)行政赔偿义务机关的先行处理程序

如前所述,行政赔偿义务机关的先行处理程序(也称为"前置程序")适用于单独提起赔偿请求的情形。即赔偿请求人单独要求行政赔偿的,应先向赔偿义务机关提出,由赔偿义务机关按行政程序与请求人解决赔偿问题。赔偿请求人对赔偿义务机关处理不服或赔偿义务机关逾期不予赔偿的,才可申请行政复议或提起行政诉讼,否则行政复议机关或人民法院不予受理。①确立行政赔偿义务机关先行处理程序具有重要的意义:它有利于迅速解决行政赔偿争议;有利于加强行政机关内部监督,促进行政机关依法行政和提高行政效率;也有利于减轻人民法院的负担。②先行处理程序包括行政赔偿请求的提出、行政赔偿义务机关的受理和行政赔偿义务机关的处理三个阶段。

1. 行政赔偿请求的提出。

(1)提出行政赔偿请求的条件。行政赔偿请求人向赔偿义务机关提出赔偿请求必须具备下列条件:赔偿请求人必须具有赔偿请求权;赔偿请求必须向赔偿义务机关提起;赔偿请求事项必须符合法律规定的范围;赔偿请求必须在法律规定的期限内提出。

《国家赔偿法》第39条规定:"赔偿请求人请求国家赔偿的时效为两年,自其知道或者应当知道国家机关及其工作人员行使职权时的行为侵犯其人身权、财产权之日起计算,但被羁押等限制人身自由期间不计算在内。在申请行政复议或者提起行政诉讼时一并提出赔偿请求的,适用行政复议法、行政诉讼法有关时效的规定。赔偿请求人在赔偿请求时效的最后六个月内,因不可抗力或者其他障碍不能行使请求权的,时效中止。从中止时效的原因消除之日起,赔偿请求时效期间继续计算。"

(2)提出行政赔偿请求的方式。行政赔偿请求人向行政赔偿义务机关请求赔偿,应当

---

① 参见周佑勇著:《行政法原论》(第三版),北京大学出版社2018年版,第413页。
② 参见刘嗣元、石佑启、朱最新编著:《国家赔偿法要论》(第二版),北京大学出版社2010年版,第196页。

递交申请书。根据《国家赔偿法》第 12 条的规定,申请书应包括以下内容:受害人的姓名、性别、年龄、工作单位和住所,法人或者其他组织的名称、住所和法定代表人或者主要负责人的姓名、职务;具体的要求、事实根据和理由;申请的年、月、日。申请书中是否需要明确指出赔偿义务机关,《国家赔偿法》第 12 条没有明确规定,但是,从申请行政赔偿的基本要求和规则看,申请书中应当明示该赔偿申请是针对哪个行政机关提出的。①

赔偿请求人书写申请书确有困难的,既可以委托他人代书,也可以口头申请,由赔偿义务机关记入笔录。赔偿请求人不是受害人本人的,应当说明与受害人的关系,并提供相应证明。赔偿请求人当面递交申请书的,赔偿义务机关应当当场出具加盖本行政机关专用印章并注明收讫日期的书面凭证。申请材料不齐全的,赔偿义务机关应当当场或者在 5 日内一次性告知赔偿请求人需要补正的全部内容。

(3)有两个以上赔偿义务机关时赔偿请求的提出。在有共同赔偿义务机关时,赔偿请求人可以向共同赔偿义务机关中的任何一个赔偿义务机关要求赔偿,被请求的赔偿义务机关应当先予赔偿。某一赔偿义务机关先予赔偿之后,可要求其他赔偿义务机关承担赔偿责任。

(4)数项赔偿请求的提出。赔偿请求人根据受到的不同损害,可以同时提出数项赔偿请求。数项赔偿请求相互之间往往有一定的联系,它们或者因同一侵权行为产生多项损害,或者因多种侵权行为实施于一个人产生多项损害。对数项赔偿请求同时提出,一并解决,有助于综合考虑各种因素,合理解决赔偿争议。

2. 行政赔偿义务机关的受理。行政赔偿义务机关在收到申请书之后,应按照法律的规定,对申请书提出的赔偿要求进行审查,经审查后认为赔偿申请符合行政赔偿条件的,应决定受理并通知赔偿请求人。

行政赔偿义务机关审查的主要内容有:(1)赔偿请求人是否符合法定条件;(2)申请书的形式和内容是否符合要求;(3)赔偿请求人要求赔偿的事实及理由是否确实、充分,损害是否确系本行政机关及其工作人员或受本行政机关委托的组织和个人的违法行为导致;(4)请求赔偿事项是否属于《国家赔偿法》规定的赔偿范围;(5)申请人是否在法定的期限内提出赔偿申请。经审查,认为行政赔偿申请符合要求的,行赔偿义务机关应当决定立案并通知赔偿请求人。

赔偿义务机关发现以下情况的,应按规定分别处理:(1)申请书的内容、形式有缺漏的,应当告知申请人予以补正;(2)申请人不具有请求权的,应当告知有请求权的人申请;(3)申请人已丧失请求权的,应告知其不予受理的原因。

3. 行政赔偿义务机关的处理。根据《国家赔偿法》第 13 条的规定,赔偿义务机关应当自收到申请之日起两个月内,作出是否赔偿的决定。赔偿义务机关作出赔偿决定,应当充分听取赔偿请求人的意见,并可以与赔偿请求人就赔偿方式、赔偿项目和赔偿数额依法进行协商。赔偿义务机关决定赔偿的,应当制作赔偿决定书,并自作出决定之日起 10 日内送达赔

---

① 参见周佑勇著:《行政法原论》(第三版),北京大学出版社 2018 年版,第 414 页。

偿请求人。赔偿义务机关决定不予赔偿的,应当自作出决定之日起 10 日内书面通知赔偿请求人,并说明不予赔偿的理由。赔偿义务机关在作出赔偿决定之前,应当充分听取赔偿请求人的意见,这是正当程序原则的具体体现;作出不予赔偿决定的,更应当充分听取赔偿请求人的意见。①

根据《国家赔偿法》第 14 条的规定,赔偿义务机关在规定期限内未作出是否赔偿的决定,赔偿请求人可以自期限届满之日起 3 个月内,向人民法院提起诉讼。赔偿请求人对赔偿的方式、项目、数额有异议的,或者赔偿义务机关作出不予赔偿决定的,赔偿请求人可以自赔偿义务机关作出赔偿或者不予赔偿决定之日起 3 个月内,向人民法院提起诉讼。

(三)行政赔偿的复议处理程序

行政赔偿的复议处理程序,是指行政相对人认为行政机关的具体行政行为侵犯其合法权益并造成损害,向行政复议机关申请复议时一并提出赔偿请求,行政复议机关在审理复议案件的过程中,一并解决赔偿问题所适用的程序。

1. 一并请求行政复议。《国家赔偿法》第 9 条第 2 款规定:"赔偿请求人要求赔偿,应当先向赔偿义务机关提出,也可以在申请行政复议或者提起行政诉讼时一并提出。"《行政复议法》第 29 条第 1 款规定:"申请人在申请行政复议时可以一并提出行政赔偿请求,行政复议机关对符合国家赔偿法的有关规定应当给予赔偿的,在决定撤销、变更具体行政行为或者确认具体行政行为违法时,应当同时决定被申请人依法给予赔偿。"由此可见,通过行政复议程序解决赔偿争议,适用于行政相对人在申请行政复议时一并提出赔偿请求的情形。

申请人申请复议应递交复议申请书,可以在申请复议的理由和要求中一并提出赔偿请求,并应写明损害事实、违法行为与损害事实之间的因果关系、具体赔偿要求等。行政复议机关根据《行政复议法》规定的行政复议程序,对违法具体行政行为进行审查并作出裁决,造成相对人损害的一并作出赔偿裁决。在处理赔偿问题时,行政复议机关可以适用调解,以调解书的形式解决赔偿争议,也可以作出赔偿的裁决。申请人对复议机关作出的包括赔偿裁决在内的复议决定不服的,可以在收到决定书之日起 15 日内,向人民法院提起行政诉讼。如果行政复议机关逾期不作出复议决定,申请人可以向人民法院提起行政诉讼。

2. 推定请求行政复议。在通常情况下,行政相对人获得行政赔偿是一种依申请的行为,即行政相对人不向赔偿义务机关或复议机关提出赔偿请求,赔偿义务机关或复议机关不会主动作出赔偿决定。但是《行政复议法》第 29 条第 2 款的规定对此有所突破,即申请人在申请行政复议时没有提出行政赔偿请求的,行政复议机关在依法决定撤销或者变更罚款、撤销违法集资、没收财物、征收财物、摊派费用以及对财产的查封、扣押、冻结等具体行政行为时,应当同时责令被申请人返还财产,解除对财产的查封、扣押、冻结措施,或者赔偿相应的价款。本款规定是一种"请求推定",即法律推定未在行政复议申请中提出赔偿请求的,该赔偿请求被包含在撤销或变更请求之中。②这一规定表明,行政复议机关在申请人没有提

---

① 参见沈岿著:《国家赔偿法原理与案例》(第二版),北京大学出版社 2017 年版,第 351 页。
② 参见叶必丰著:《应申请行政行为判解》,武汉大学出版社 2000 年版,第 88 页。

出行政赔偿请求的情况下应主动责令被申请人承担行政赔偿责任,体现了行政复议法便民原则的精神,也充分显示了我国行政复议制度对受侵害的行政相对人的救济功能。

七、行政赔偿诉讼

(一)行政赔偿诉讼的概念与特点

行政赔偿诉讼,是指人民法院根据赔偿请求人的诉讼请求,依照行政诉讼程序、国家赔偿的基本原则和主要制度裁判赔偿争议的活动。根据《行政诉讼法》《行政复议法》《国家赔偿法》的相关规定,进入行政赔偿诉讼程序主要有三种情形:一是赔偿请求人直接提起行政诉讼时一并提出赔偿请求;二是赔偿请求人对行政复议不服提起行政诉讼时一并提出赔偿请求;三是赔偿请求人与赔偿义务机关经行政先行处理程序协商不成后向人民法院提出赔偿请求。[①]

作为我国为解决行政赔偿争议设置的司法救济途径,行政赔偿诉讼具有以下特点:

1. 行政赔偿诉讼是一种特殊的诉讼形式。行政赔偿诉讼基本符合行政诉讼的一般要件,不同的是行政赔偿诉讼是由行政机关及其工作人员违法行使职权的行为,给公民、法人或其他组织的合法权益造成实际损害引起的,内容是要求行政机关给予赔偿。

2. 行政赔偿诉讼具有双重性。行政赔偿诉讼解决的是行政机关及其工作人员违法行使职权的行为是否给公民、法人或其他组织的合法权益造成实际损害,以及如何承担赔偿责任的问题。这与普通行政诉讼主要解决行政行为是否合法不同。行政赔偿诉讼的这种特点,决定了行政赔偿诉讼主要适用行政诉讼程序及其规则。但在某些问题上,又适用民事诉讼的程序和规则,如可以适用调解等。行政赔偿诉讼这种双重性,决定了其程序规则的兼容性。

3. 遵循行政先行处理原则。公民、法人或其他组织单独提起行政赔偿诉讼,要遵循行政先行处理原则,并且通常以行政侵权行为被确认为违法为前提。

4. 举证责任上并不完全适用被告负举证责任原则。行政赔偿诉讼是一种特殊的诉讼形式,在举证责任上不同于行政诉讼与民事诉讼的举证规则。在行政诉讼中,行政行为是否合法的举证责任由被告负担;在民事诉讼中,举证责任实行"谁主张,谁举证"原则。行政赔偿诉讼的证据规则以"谁主张,谁举证"为原则,以"被告负举证责任"为补充。依据《最高人民法院关于行政诉讼证据若干问题的规定》第 5 条的规定,在行政赔偿诉讼中,原告应当对被诉具体行政行为造成损害的事实提供证据。《国家赔偿法》第 15 条第 1 款更是明确指出:"人民法院审理行政赔偿案件,赔偿请求人和赔偿义务机关对自己提出的主张,应当提供证据。"因此,"谁主张,谁举证"的证据规则是行政赔偿诉讼中举证应该遵循的基本原则。当然,为了保障公民、法人或其他组织的合法权益,《国家赔偿法》第 15 条第 2 款规定了例外条款:"赔偿义务机关采取行政拘留或者限制人身自由的强制措施期间,被限制人身自由的人死亡或者丧失行为能力的,赔偿义务机关的行为与被限制人身自由的人的死亡或者丧

[①] 参见周佑勇著:《行政法原论》(第三版),北京大学出版社 2018 年版,第 416 页。

失行为能力是否存在因果关系,赔偿义务机关应当提供证据。"

(二)行政赔偿诉讼的受案范围

行政赔偿诉讼的受案范围,是指公民、法人或其他组织可以对哪些行政侵权行为造成的损害提起行政赔偿诉讼以获得司法救济,人民法院对哪些行政侵权行为引起的赔偿案件享有司法审查权。根据《行政诉讼法》第12、13条,《国家赔偿法》第3—5条,以及《最高人民法院关于审理行政赔偿案件若干问题的规定》第1—5条的规定,行政赔偿诉讼的受案范围从以下两个方面作出阐述:

1. 受理的范围。

(1)《行政诉讼法》规定的行政行为造成损害引起的行政赔偿争议,以及与行政机关及其工作人员行使行政职权有关的违反行政职责的行为、不履行法定职责行为造成损害引起的行政赔偿争议,人民法院应当受理。

(2)赔偿请求人对行政机关确认行政行为违法但又决定不予赔偿,或者对确定的赔偿数额有异议提起行政赔偿诉讼的,人民法院应予受理。

(3)赔偿请求人认为行政机关及其工作人员实施了《国家赔偿法》第3条第3项、第4项、第5项和第4条第4项规定的非行政行为的行为侵犯其人身权、财产权并造成损失,赔偿义务机关拒不确认致害行为违法的,赔偿请求人可以直接向人民法院提起行政赔偿诉讼。

(4)公民、法人或者其他组织在提起行政诉讼的同时一并提出行政赔偿请求的,人民法院应一并受理。

(5)赔偿请求人单独提起行政赔偿诉讼,须以赔偿义务机关先行处理为前提。赔偿请求人对赔偿义务机关确定的赔偿数额有异议或者赔偿义务机关逾期不予赔偿的,赔偿请求人有权向人民法院提起行政赔偿诉讼。

2. 不予受理的情形。根据《国家赔偿法》以及《最高人民法院关于审理行政赔偿案件若干问题的规定》的规定,具有下列情形之一的,国家不承担赔偿责任:(1)行政机关工作人员与行使职权无关的个人行为;(2)因公民、法人或者其他组织自己的行为致使损害发生的;(3)公民、法人或者其他组织以国防、外交等国家行为或者行政机关制定发布行政法规、规章或者具有普遍约束力的决定、命令侵犯其合法权益造成损害为由,向人民法院提起行政赔偿诉讼的;(4)法律规定的其他情形。

(三)行政赔偿诉讼的管辖

行政赔偿诉讼的管辖,是指人民法院系统内部划分各级法院之间或同级法院之间受理第一审行政赔偿案件的职权范围,明确它们相互之间审理行政赔偿案件的分工和权限。《国家赔偿法》和《行政诉讼法》对行政赔偿诉讼的管辖未作具体规定。行政赔偿诉讼管辖适用规则主要有:

1. 公民、法人或者其他组织在提起行政诉讼的同时一并提出行政赔偿请求的,人民法院依照《行政诉讼法》有关管辖的规定。

2. 赔偿请求人提起行政赔偿诉讼的请求涉及不动产的,由不动产所在地的人民法院管辖。

3. 赔偿请求人单独提起行政赔偿诉讼的,案件由被告住所地的基层人民法院管辖;但被告为海关、国务院各部门或者县级以上地方人民政府的第一审行政赔偿诉讼案件,由中级人民法院管辖。此外,中级人民法院还管辖本辖区内其他有重大影响和复杂的行政赔偿案件。高级人民法院管辖本辖区内有重大影响和复杂的第一审行政赔偿案件。最高人民法院管辖全国范围内有重大影响和复杂的第一审行政赔偿案件。

4. 赔偿请求人因同一事实对两个以上行政机关提起行政赔偿诉讼的,可以向其中任何一个行政机关住所地的人民法院提起。赔偿请求人向两个以上有管辖权的人民法院提起行政赔偿诉讼的,由最先立案的人民法院管辖。

5. 公民对限制人身自由的行政强制措施不服,或者对行政机关基于同一事实对同一当事人作出限制人身自由和对财产采取强制措施的行政行为不服,单独提起行政赔偿诉讼或在提起行政诉讼的同时一并提出行政赔偿请求的,由被告所在地或原告所在地的人民法院管辖。

6. 如果人民法院发现受理的行政赔偿案件不属于自己管辖,应当移送有管辖权的人民法院;受移送的人民法院不得再行移送。

7. 人民法院对行政赔偿案件的管辖权发生争议的,由争议双方协商解决,协商不成的,报请它们的共同上级人民法院指定管辖。如果双方为跨省、自治区、直辖市的人民法院,高级人民法院协商不成的,由最高人民法院及时指定管辖。报请上级人民法院指定管辖时,应当逐级进行,不得越级报请。

(四)行政赔偿诉讼的提起

赔偿请求人单独提起行政赔偿诉讼,应当符合下列条件:

1. 原告具有请求资格。提起行政赔偿诉讼的原告原则上应是行政侵权行为的受害人。作为受害人的公民死亡的,其继承人或者有扶养关系的亲属可以作为原告提起诉讼;作为受害人的法人或者其他组织终止的,承受其权利的法人或者其他组织可以作为原告提起诉讼。

2. 有明确的被告。行政赔偿诉讼的被告是违法行使职权侵犯公民、法人或者其他组织的合法权益,并造成实际损害的行政机关或法律、法规、规章授权的组织。

3. 有具体的赔偿请求和受损害的事实根据。赔偿请求人必须写明请求赔偿的具体要求,并可以根据受到的不同损害,同时提出数项赔偿要求。此外,还应写明损害行为发生的事实经过和受害人遭受损害的事实,以及对其所受损害程度提出赔偿要求的说明。

4. 加害行为为行政行为的,该行为已被确认为违法。对违法的行政行为。可以由赔偿义务机关自己确认,也可以通过行政复议程序或行政诉讼程序加以确认。

5. 赔偿义务机关已先行处理或超过法定期限不予处理。赔偿义务机关先行处理是赔偿请求人单独向人民法院提起行政赔偿诉讼的前置程序或前提条件。不经过赔偿义务机关的先行处理,赔偿请求人不得单独向人民法院提起行政赔偿诉讼。当然,赔偿请求人向赔偿义务机关提出赔偿请求,赔偿义务机关超过法定期限不予处理的,赔偿请求人可以依法向人民法院提起行政赔偿诉讼。

6. 属于人民法院的受案范围和受诉人民法院管辖。

7. 符合法律规定的起诉期限。赔偿请求人单独提起行政赔偿诉讼,可以在向赔偿义务机关递交赔偿申请后的2个月届满之日起3个月内提出。赔偿义务机关作出赔偿决定时,未告知赔偿请求人的诉权或者起诉期限,致使赔偿请求人逾期向人民法院起诉的,其起诉期限从赔偿请求人实际知道诉权或者起诉期限时计算,但逾期的期间自赔偿请求人收到赔偿决定之日起不得超过1年。

(五)行政赔偿诉讼的受理

人民法院接到原告单独提起的行政赔偿起诉状后,应当进行审查,并在7日内立案。不符合起诉条件的,作出不予受理的裁定。人民法院接到行政赔偿起诉状后,在7日内不能确定可否受理的,应当先予受理,审理中发现不符合受理条件的,裁定不予立案,驳回起诉。当事人对不予以受理或者驳回起诉的裁定不服的,可以在裁定书送达之日起10日内向上一级人民法院提起上诉。

(六)行政赔偿诉讼的审理与判决

人民法院审理行政赔偿案件,原则上适用《行政诉讼法》的有关规定,如适用公开审理制度、回避制度、合议制度、两审终审制度等。但在某些方面也采用一些特殊的规则,主要体现在:

1. 人民法院对单独提起的行政赔偿诉讼,一般只审查行政赔偿义务机关的赔偿处理决定是否符合法律规定,或者根据法律规定确定赔偿方式和赔偿数额,不再审查行政行为的合法性。

2. 人民法院审理行政赔偿案件在坚持合法、自愿的前提下,可以就赔偿范围、赔偿方式和赔偿数额进行调解。调解成立的,应当制作行政赔偿调解书。调解书与判决具有同等的法律效力。

3. 被告在一审判决前同原告达成赔偿协议,原告申请撤诉的,人民法院应当依法予以审查并裁定是否准许。

4. 原告和被告在行政赔偿诉讼中对自己提出的主张,应当提供证据。但被告采取行政拘留或者限制人身自由的强制措施期间,被限制人身自由的人死亡或者丧失行为能力的,被告的行为与被限制人身自由的人的死亡或者丧失行为能力是否存在因果关系,应当由被告提供证据证明。

5. 被告的行政行为违法但尚未对原告合法权益造成损害的,或者原告的请求没有事实根据或法律根据的,人民法院应当判决驳回原告的赔偿请求。

6. 人民法院对赔偿请求人未经确认程序而直接提起行政赔偿诉讼的案件,在判决时应当对赔偿义务机关致害行为是否违法予以确认。

7. 人民法院对单独提起行政赔偿案件作出判决的法律文书的名称为行政赔偿判决书、行政赔偿裁定书或者行政赔偿调解书。

(七)行政赔偿诉讼的执行与期间

行政赔偿案件审结后,对于发生法律效力的行政赔偿判决、裁定或调解书,当事人必须履行。一方拒绝履行的,对方当事人可以向第一审人民法院申请执行。申请执行的期限,申请人是公民的为1年,申请人是法人或者其他组织的为6个月。

单独受理的第一审行政赔偿案件的审理期限为3个月,第二审为2个月;一并受理行政赔偿请求案件的审理期限与该行政案件的审理期限相同。如果因特殊情况不能按期结案,需要延长审限的,应按照《行政诉讼法》的有关规定报请批准。

八、行政赔偿的方式和计算标准

(一)行政赔偿的方式

行政赔偿的方式,是指国家对行政机关及其工作人员的职务侵权行为承担赔偿责任的具体形式。行政赔偿以国家为责任主体,涉及公权力运作,其赔偿方式不同于民事赔偿方式,以支付赔偿金为原则。①《国家赔偿法》第32条规定:"国家赔偿以支付赔偿金为主要方式。能够返还财产或者恢复原状的,予以返还财产或者恢复原状。"据此,我国行政赔偿的方式主要有三种:支付赔偿金、返还财产和恢复原状。这三种均为物质方式,其中支付赔偿金是主要方式,但不是优先方式。②

除上述三种行政赔偿方式外,《国家赔偿法》还明确规定了其他赔偿方式。《国家赔偿法》第35条规定:"有本法第三条或者第十七条规定情形之一,致人精神损害的,应当在侵权行为影响的范围内,为受害人消除影响、恢复名誉、赔礼道歉;造成严重后果的,应当支付相应的精神损害抚慰金。"根据这一规定,行政赔偿的其他方式,包括消除影响、恢复名誉、赔礼道歉和支付精神损害抚慰金。

(二)行政赔偿的计算标准

根据《国家赔偿法》第33、34、36条的规定,行政赔偿的计算标准如下:

1. 人身权损害赔偿的计算标准。人身权损害包括人身自由权损害和生命健康权损害两类,其损害赔偿计算标准分别为:

(1)人身自由权损害赔偿的计算标准。根据《国家赔偿法》第33条的规定,侵犯公民人身自由的,每日赔偿金按照国家上年度职工日平均工资计算。根据《最高人民法院关于人民法院执行〈中华人民共和国国家赔偿法〉几个问题的解释》第6条的规定,这里的"上年度",应为赔偿义务机关、复议机关或者人民法院赔偿委员会作出赔偿决定时的上年度;复议机关或者人民法院赔偿委员会决定维持原赔偿决定的,按作出原赔偿决定时的上年度执行。国家上年度职工日平均工资数额,应当以职工年平均工资除以全年法定工作日数的方法计算。年平均工资以国家统计局公布的数字为准。

(2)生命健康权损害赔偿的计算标准。根据《国家赔偿法》第34条的规定,侵犯公民生命健康权的赔偿按照下列标准计算:首先,造成身体伤害的,应当支付医疗费、护理费,以及赔偿因误工减少的收入。减少的收入每日的赔偿金按照国家上年度职工日平均

---

① 参见姜明安主编:《行政法与行政诉讼法》(第七版),北京大学出版社、高等教育出版社2019年版,第599页。
② 参见胡建淼著:《行政法学》(第四版),法律出版社2015年版,第702页。

工资计算,最高额为国家上年度职工年平均工资的5倍。其次,造成部分或者全部丧失劳动能力的,应当支付医疗费、护理费、残疾生活辅助具费、康复费等因残疾而增加的必要支出和继续治疗所必需的费用,以及残疾赔偿金。残疾赔偿金根据丧失劳动能力的程度,按照国家规定的伤残等级确定,最高不超过国家上年度职工年平均工资的20倍。造成全部丧失劳动能力的,对其扶养的无劳动能力的人,还应当支付生活费。生活费的发放标准,参照当地最低生活保障标准执行。被扶养的人是未成年人的,生活费给付至18周岁止;其他无劳动能力的人,生活费给付至死亡时止。最后,造成死亡的,应当支付死亡赔偿金、丧葬费,总额为国家上年度职工年平均工资的20倍。对死者生前扶养的无劳动能力的人,还应当支付生活费。生活费的发放标准,参照当地最低生活保障标准执行。被扶养的人是未成年人的,生活费给付至18周岁止;其他无劳动能力的人,生活费给付至死亡时止。

2. 财产权损害赔偿的计算标准。根据《国家赔偿法》第36条的规定,财产权损害赔偿的计算标准如下:

(1)处罚款、罚金、追缴、没收财产或者违法征收、征用财产的赔偿。处罚款、罚金、追缴、没收财产或者违法征收、征用财产的,返还财产。返还的财产包括金钱和其他财物。返还执行的罚款或者罚金、追缴或者没收的金钱,应当支付银行同期存款利息。应当返还的财产损坏的,能够恢复原状的应予恢复原状,不能恢复原状的,按照损坏程度给付相应的赔偿金;应当返还的财产灭失的,应当给付相应的赔偿金。

(2)查封、扣押、冻结财产造成损失的赔偿。首先,解除对财产的查封、扣押、冻结。其次,应当返还的财产损坏的,能够恢复原状的恢复原状,不能恢复原状的,应按照损害程度给付相应的赔偿金。再次,应当返还的财产灭失的,给付相应的赔偿金。最后,解除冻结的存款或者汇款的,应当支付银行同期存款利息。

(3)财产已经被拍卖或者变卖的赔偿。财产已经被拍卖或者变卖的,给付拍卖或者变卖所得的价款;变卖的价款明显低于财产价值的,应当支付相应的赔偿金。

(4)吊销许可证和执照、责令停产停业的损害赔偿。吊销许可证和执照、责令停产停业的,赔偿停产停业期间必要的经常性费用开支。按照《最高人民法院关于审理行政赔偿案件若干问题的规定》的解释,所谓"停产停业期间必要的经常性费用开支",包括:必要留守职工的工资;必须缴纳的税款、社会保险费;应当缴纳的水电费、保管费、仓储费、承包费;合理的房屋场地租金、设备租金、设备折旧费;维系停产停业期间运营所需的其他基本开支。

(5)对财产权造成其他损害的赔偿。根据《国家赔偿法》的规定,对财产权造成其他损害的,按照直接损失给予赔偿。按照《最高人民法院关于审理行政赔偿案件若干问题的规定》的解释,所谓"直接损失",包括:存款利息、贷款利息、现金利息;机动车停运期间的营运损失;通过行政补偿程序依法应当获得的奖励、补贴等;对财产造成的其他实际损失。

第二节 行 政 补 偿

一、行政补偿的概念与特征

行政补偿是指行政主体及其工作人员因合法行使职权行为造成相对人的合法权益遭受损害,或者相对人为社会公共利益而受到损害时,国家基于保障财产权和公共负担平等的原则,依法弥补相对人遭受损失的一种法律救济制度。作为一种法律制度,从严格意义上讲,行政补偿不属于行政责任。[1] 在我国尚无统一的行政补偿法,有关行政补偿的规定散见于各单行法律、法规、规章之中。

行政补偿具有以下特征:

1. 行政补偿以合法、正当的行为为前提。行政补偿的前提是行政相对人因行政主体合法行使职权或相对人为了社会公共利益所做的正当行为而遭受损害。这与因行政违法、不当行为致使相对人受到损害而承担行政赔偿责任不同。

2. 行政补偿的目的是实现对相对人合法权益的正当补偿。对于相对人来说,获得合理的补偿是其享有的权利。国家通过行政补偿的方式给予相对人救济,是公平、合理原则的体现。

3. 行政补偿不以行政主体存在过错为构成要件。行政主体对其无过错行为给相对人造成的损害要依法予以补偿,对特定相对人因社会公共利益而蒙受的损失要依法公平负担。

4. 行政补偿的方式具有多样性。由于行政补偿的种类繁多,行政主体在具体实施行政补偿时,采用的方式就呈现出多样性。在一般情况下,金钱补偿是行政补偿的主要方式。除此之外,在实践中还有实物补偿、劳务补偿、就业安置、享受公费医疗、减免法定义务等方式。

5. 行政补偿的主体是国家,但具体履行补偿义务的机关是行政机关或法律、法规、规章授权的组织。

6. 行政补偿的依据多元化,除法律、法规、规章外,也可以是政策或其他行政规范性文件;而行政赔偿则必须严格依照法律进行。[2]

二、行政补偿与行政赔偿的区别

行政补偿与行政赔偿有相似之处,它们都是行政主体对相对人的损失给予的救济。但两者有较大的差别,主要表现在:

(一)发生的前提不同

行政赔偿由行政机关及其工作人员的违法行为引起,以违法为前提;行政补偿则由行政

---

[1] 参见胡建淼著:《行政法学》(第四版),法律出版社2015年版,第714页。
[2] 参见姜明安主编:《行政法与行政诉讼法》(第七版),北京大学出版社、高等教育出版社2019年版,第608页。

机关及其工作人员的合法行为引起或者由相对人为社会公共利益实施的正当行为引起,以合法为前提。

(二)性质不同

行政赔偿是国家对其违法行为承担的一种法律责任,其目的是恢复到合法行为所应有的状态;行政补偿不属于严格的行政责任,不以行政违法或过错为条件,其目的是为因公共利益而遭受特别损失的行政相对人提供补救,以体现公共负担的精神。

(三)补救的范围不同

行政赔偿适用等价原则[①],赔偿额往往等于实际损失额,比补偿的范围要宽;行政补偿一般以直接现实的损失为限,而且在许多情况下,法律规定的补偿额往往小于直接损失额。

(四)发生的时间不同

行政赔偿发生在损害产生之后,行政相对人只能就现实的已经发生的损害请求赔偿,不能对可能发生的损害请求赔偿;而行政补偿既可以发生在损害产生之前,也可以发生在损害产生之后,如土地征用补偿、房屋拆迁补偿就发生在损害产生之前,并由法律直接规定,而相对人因社会公共利益受损获得的补偿通常就发生在损害产生之后。

(五)补救的方式不同

行政赔偿以支付赔偿金为主要方式,以返还财产和恢复原状为辅;行政补偿的方式则具有多样性,除了支付赔偿、返还财产、恢复原状外,还有移民安置、给予医疗或抚恤、实物补偿、提供优惠照顾等。

(六)工作人员的责任不同

行政赔偿发生后,国家有权对有故意或重大过失的工作人员进行追偿;而行政补偿则不存在对工作人员追偿的问题。

三、行政补偿的范围与方式

(一)行政补偿的范围

根据行政补偿发生的原因不同,行政补偿可以分为因行政主体合法行使职权行为而受损的补偿和相对人因公共利益而受损的补偿两大类。

1. 因行政主体合法行使职权行为而受损的补偿。主要有以下四种情形:

(1)对行政征收或行政征用的补偿。国家强制取得私有财产的方式主要有两种:一种是征收;另一种是征用。无论是征收还是征用,国家都要给予相对人一定的经济补偿。例如,《宪法》第 13 条第 3 款规定:"国家为了公共利益的需要,可以依照法律规定对公民的私有财产实行征收或者征用并给予补偿。"现行大量单行法律、法规涉及公用征收、征用补偿的内容包括土地、草原、林地和滩涂等不动产的征用补偿,国有土地上房屋征收补偿,征用企

[①] 参见胡建淼著:《行政法学》(第四版),法律出版社 2015 年版,第 716 页。

业补偿,移民补偿,专利公用征收补偿等。

(2)因撤销或变更授益行政行为致信赖利益损失的补偿。行政相对人因授益行政行为而获得利益,一经撤销或变更将会受到损害,故行政机关不得撤销或变更,如果确需撤销或变更,应考虑补偿行政相对人因信赖该行政行为而产生的利益损失。例如,《行政许可法》第 8 条规定:"公民、法人或者其他组织依法取得的行政许可受法律保护,行政机关不得擅自改变已经生效的行政许可。行政许可所依据的法律、法规、规章修改或者废止,或者准予行政许可所依据的客观情况发生重大变化的,为了公共利益的需要,行政机关可以依法变更或者撤回已经生效的行政许可。由此给公民、法人或者其他组织造成财产损失的,行政机关应当依法给予补偿。"

(3)对紧急行政行为致损的补偿。具体包括:首先,防洪征用补偿。例如,《防洪法》第 45 条第 2 款规定:"依照前款规定调用的物资、设备、交通运输工具等,在汛期结束后应当及时归还;造成损坏或者无法归还的,按照国务院有关规定给予适当补偿或者作其他处理。取土占地、砍伐林木的,在汛期结束后依法向有关部门补办手续;有关地方人民政府对取土后的土地组织复垦,对砍伐的林木组织补种。"其次,军事征用补偿。例如,《国防法》第 51 条规定:"国家根据国防动员需要,可以依法征收、征用组织和个人的设备设施、交通工具、场所和其他财产。县级以上人民政府对被征收、征用者因征收、征用所造成的直接经济损失,按照国家有关规定给予公平、合理的补偿。"再次,紧急状态公务补偿。例如,《戒严法》第 17 条规定:"根据执行戒严任务的需要,戒严地区的县级以上人民政府可以临时征用国家机关、企业事业组织、社会团体以及公民个人的房屋、场所、设施、运输工具、工程机械等。在非常紧急的情况下,执行戒严任务的人民警察、人民武装警察、人民解放军的现场指挥员可以直接决定临时征用……因征用造成损坏的,由县级以上人民政府按照国家有关规定给予相应补偿。"最后,紧急治安公务补偿。例如,《人民警察法》第 13 条第 2 款规定:"公安机关因侦查犯罪的需要,必要时,按照国家有关规定,可以优先使用机关、团体、企业事业组织和个人的交通工具、通信工具、场地和建筑物,用后应当及时归还,并支付适当费用;造成损失的,应当赔偿。"

(4)对其他行使职权行为致损的补偿。这是指行政主体其他合法行使职权行为致使相对人受到损失时所给予的行政补偿。例如,因法定事由行政机关变更或终止行政合同,造成相对人损失的,应予以补偿;行政机关因错误行政指导致使相对人受损的,也应当予以补偿。

2. 相对人因公共利益而受损的补偿。主要有以下三种情形:

(1)协助公务受损的补偿。行政机关及其工作人员依法执行职务,公民或者组织应当给予支持和协助。公民或者组织在协助公务过程中人身或财产遭受损失的,行政机关应当给予行政补偿。例如,《人民警察法》第 34 条第 2 款规定:"公民和组织因协助人民警察执行职务,造成人身伤亡或者财产损失的,应当按照国家有关规定给予抚恤或者补偿。"

(2)因国家和社会公共利益受损的补偿。相对人为了国家和社会公共利益而遭受损失或伤害时,行政机关应当给予补偿。主要包括:首先,基于保护野生动物而产生的补偿。例如,《野生动物保护法》第 19 条第 1 款规定:"因保护本法规定保护的野生动物,造成人员伤亡、农作物或者其他财产损失的,由当地人民政府给予补偿……"其次,基于国防建设而产生的补偿。例如,《国防法》第 58 条第 2 款规定:"公民和组织因国防建设和军事活动在经济上受到直接损失的,可以依照国家有关规定获得补偿。"再次,基于修建公路、水利设施等而产生的补偿。例如,《水法》第 35 条规定:"从事工程建设,占用农业灌溉水源、灌排工程设施,或者对原有灌溉用水、供水水源有不利影响的,建设单位应当采取相应的补救措施;造成损失的,依法给予补偿。"最后,基于见义勇为等产生的补偿。例如,《消防法》第 50 条规定:"对因参加扑救火灾或者应急救援受伤、致残或者死亡的人员,按照国家有关规定给予医疗、抚恤。"总体来说,这方面的法律还不够完善。有些地方虽然成立了见义勇为基金会,但这种基金会大多是民间组织,资金来源没有保障,能补偿的数额较小,受惠的对象也较少。因此,要尽快建立健全对见义勇为者进行国家补偿的制度。

(3)从事高度危险活动致损的补偿。相对人从事有益于国家和社会公共利益的高度危险性活动,并因此受到损害的,行政机关应当给予补偿。我国有关法律、法规、规章或其他规范性文件对从事放射性、危险性物品的生产、运输、储存以及核电站生产等活动而遭受损害的人员,专门规定了致害补偿。

(二)行政补偿的方式

行政补偿的方式是指行政主体承担补偿责任的各种形式。补偿是对损害的补救,根据损害的性质及程度等的不同,补偿的方式也有所不同。正确地适用行政补偿方式,对于弥补受害人遭受的损害具有重要的意义。采用何种补偿方式,直接关系到能否对受害人合法权益提供适当的补救。依据不同标准,可以对行政补偿作不同分类,如法定补偿与裁量补偿、事前补偿与事后补偿、直接补偿与间接补偿、有约定补偿与无约定补偿、政策性补偿与非政策性补偿等。① 学理分类有助于从多维度认知和理解行政补偿。下面以直接补偿与间接补偿分类为例,作一简要介绍。

直接补偿是指以金钱或实物的方式直接填补受害人所受损失的行政补偿方式,包括金钱补偿、返还财产和恢复原状。直接补偿的特点是补偿效果直接、快速,补偿义务机关的给付行为一次性完成,无须借助受害人的行为。

间接补偿是指通过授予某种特殊权利或利益,间接填补受害人所受损害的行政补偿方式。其特点是补偿义务机关不是通过积极、主动的给付行为直接补偿受害人所受损害,而是通过其他方式间接补偿受害人受到的损失,并且受害人必须作出享受补偿义务机关所给予的特殊利益的行为才能实现补偿效果。间接补偿的方式是多种多样的,常见的有以下五种:(1)在人、财、物的调配上给予优惠;(2)减、免税费;(3)在晋级晋职、增加工资、安排就业、分配住房和解决农转非的户口指标等问题上给予照顾;(4)实物补偿,即以同等条件或者性能的实物弥补行政相对人遭受的损失,如调换土地、产权调换、开发荒地滩涂、外迁等;

---

① 参见姜明安主编:《行政法与行政诉讼法》(第七版),北京大学出版社、高等教育出版社 2019 年版,第 623—625 页。

（5）给予医疗、抚恤等。间接补偿方式的存在使行政补偿具有很大的灵活性,可以与直接补偿方式配合使用,能很好地弥补金钱补偿的不足。

从立法上看,我国行政补偿的方式多种多样。其中,金钱补偿是我国较为常用的补偿方式,无论是土地征用、房屋拆迁还是移民安置等,主要采取的都是这种方式。

四、行政补偿的原则与标准

（一）行政补偿的原则

从世界各国的补偿制度看,行政补偿的原则主要来自宪法和有关征收法律的规定,大多在宪法里确立公平补偿或正当补偿原则。例如,法国1789年《人权宣言》第17条规定,财产是神圣不可侵犯的权利,除非基于合法认定的公共需要,且在公平而预先补偿的条件下,任何人的财产不得受到剥夺。《德国基本法》第14条第3项规定,征收唯有因"公共福祉"所需方得为之,征收须依法律或者基于法律,且该法律亦规定补偿之种类及限度时,方得为之。征收之补偿,在公平地衡量公共利益及参与人利益后,决定之。关于征收额度之争论,由普通法院审理之。《日本宪法》第29条第3款规定,因公用收用及公用限制对私人造成财产上的特别损失时,必须予以正当补偿,不允许国家或者公共团体不予以补偿而收用私人的财产或者对私人的财产实行限制。《美国宪法第五修正案》规定,不经正当法律程序,不得剥夺生命、自由或财产;不给予公平补偿,私有财产不得充作公用。

事实上,行政补偿原则直接影响到补偿标准的确定。何为公平补偿？是完全补偿？还是合理补偿？这无疑是人们必须探讨的问题。日本关于公平补偿（《日本宪法》称为"正当补偿"）,学说上基本分为两种观点:一种是完全补偿说;另一种是相当补偿说。完全补偿说认为,补偿必须将不平等还原为平等,即对于产生的全部损失进行补偿。相当补偿说认为,宪法的这一规定并不一定要求全额补偿,只要参照补偿时社会的一般观念,按照客观、公正、妥当的补偿计算基准计算出合理的金额予以补偿,就足够了。事实上,日本现在的相当补偿说,仍以完全补偿为原则,只是在基于社会改革立法等例外地存在合理理由时,才认为较低额的相当补偿便足够了。

在我国,学者大多认为补偿应采纳公平补偿或合理补偿原则。但也有学者提出国家征收私人财产必须给予完全补偿。但从现有的法律、法规规定的情况看,一般坚持的是"适当补偿""相应补偿""合理补偿"或"完全补偿"原则。本书认为,在确定行政补偿原则时,应当以公平补偿为原则,该原则包括以下内容:

1. 公平补偿并不排斥完全补偿,一般应当坚持完全补偿原则,承认我国行政补偿根据受害人的全部损害并充分考虑对当事人生存和发展利益的长远影响确定补偿的具体数额。

2. 当事人有过错时,不排除适当补偿原则的适用。对于行政补偿原则,可以在制定统一的《国家补偿法》时予以规定,但不必太具体、详细,只作出原则性规定即可,可以再另行制定《国家补偿标准实施细则》;对特定种类的损害补偿,比如精神损害补偿,也可以在立法中作技术处理,有些领域的补偿标准可以适用民事立法的有关规定。

(二)行政补偿的计算标准

在法国,补偿金额必须包括公用征收产生的全部直接的、物质的和确定的损失,非直接的、物质的和确定的损失不能得到补偿。依据《德国联邦建筑法》规定,征收补偿范围包括实体损失(财产之不利益)、其他财产损失和负担,具体由地价评监委员会评定其额度。目前,我国行政补偿的计算标准主要有三种:

1. 法律、法规或规章规定行政补偿计算标准。对于行政补偿计算标准,规定得相对比较具体的当数我国现行土地管理以及移民安置方面的法律、法规。例如,《土地管理法》第48条第2—4款规定:"征收土地应当依法及时足额支付土地补偿费、安置补助费以及农村村民住宅、其他地上附着物和青苗等的补偿费用,并安排被征地农民的社会保障费用。征收农用地的土地补偿费、安置补助费标准由省、自治区、直辖市通过制定公布区片综合地价确定。制定区片综合地价应当综合考虑土地原用途、土地资源条件、土地产值、土地区位、土地供求关系、人口以及经济社会发展水平等因素,并至少每三年调整或者重新公布一次。征收农用地以外的其他土地、地上附着物和青苗等的补偿标准,由省、自治区、直辖市制定。对其中的农村村民住宅,应当按照先补偿后搬迁、居住条件有改善的原则,尊重农村村民意愿,采取重新安排宅基地建房、提供安置房或者货币补偿等方式给予公平、合理的补偿,并对因征收造成的搬迁、临时安置等费用予以补偿,保障农村村民居住的权利和合法的住房财产权益。"

2. 依照市场评估价格确定行政补偿计算标准。目前,该方法不是我国通常采取的方法。我国目前适用市场评估程序确定补偿计算标准的规定主要限于《国有土地上房屋征收与补偿条例》,其第19条第1、2款规定:"对被征收房屋价值的补偿,不得低于房屋征收决定公告之日被征收房屋类似房地产的市场价格。被征收房屋的价值,由具有相应资质的房地产价格评估机构按照房屋征收评估办法评估确定。对评估确定的被征收房屋价值有异议的,可以向房地产价格评估机构申请复核评估。对复核结果有异议的,可以向房地产价格评估专家委员会申请鉴定。"

3. 行政机关单方面确定行政补偿计算标准。当前,我国大部分法律、法规很少对行政补偿计算标准作出具体规定,通常只规定"给予补偿""给予相应补偿"或"给予适当补偿",在这种情形下行政补偿计算标准往往由行政机关单方面决定。如此一来,容易造成行政补偿计算标准过高或过低,也直接造成全国各地的计算标准不统一。

总之,我国的行政补偿计算标准还处于一个不太规范的阶段,法治化的程度有待提高。如何确定公平、合理的行政补偿计算标准,是今后理论界和实务界须深入研究的问题。

五、行政补偿程序

行政补偿程序是指实施行政补偿行为的方式、步骤等。有关行政补偿的程序目前尚无统一的法律规定,但单行法律、法规有一些较原则的规定。根据这些规定和正当法律程序的要求,行政补偿应遵循下列基本程序:

（一）主动补偿程序

行政补偿如果是由行政补偿义务机关主动进行的，应遵守下列程序[①]：

1. 发出补偿通知。补偿通知是补偿义务机关通过一定的方式把补偿的相关事项告知利害关系人的行为。通知中应包括补偿的事由、依据、具体计算标准与补偿方式等，尤其重要的是，通知中应列明被补偿人陈述意见的权利及时限。

2. 补偿登记并听取被补偿人的意见。相对人根据行政机关的公告，认为自己符合条件的，可以按照公告规定的期限和方式向有关的补偿义务机关提出补偿的请求。补偿义务机关应听取补偿请求人的意见并将其意见记录在案。

3. 答复补偿请求人提出的意见。补偿义务机关应就补偿请求人提出的意见进行答复，并向补偿请求人说明补偿理由。

4. 协商并签订补偿协议。补偿义务机关可以就补偿范围、方式、标准与补偿请求人进行协商，如果达成一致意见，可以签订补偿协议；否则，补偿义务机关可以单方面作出补偿决定。补偿协议或补偿决定中应写明补偿的原因和理由、补偿方式、补偿标准以及补偿期限，并告知被补偿人享有申请行政复议和提起行政诉讼的权利。

（二）应申请补偿程序

应申请补偿，是依相对人的申请而进行的行政补偿。其基本程序如下：

1. 申请。通常由受到损害的相对人向补偿义务机关提出补偿请求，并提供相关的证据材料。

2. 审查和调查。补偿义务机关必须对申请人提出的补偿申请和相关的证据材料进行审查和调查，验证申请人提出的证据、材料是否真实，是否符合补偿条件。

3. 听取意见。补偿义务机关通知申请人审查结果，并将拟作出的补偿决定告知申请人，听取申请人的意见。

4. 协商。申请人可以与补偿义务机关就补偿方式、标准等进行协商，尽量达成双方都能接受的补偿协议。

5. 裁决。若达不成补偿协议，则由行政机关依法作出裁决。裁决中应写明补偿的原因和理由、补偿方式、补偿标准以及补偿期限，并告知申请人享有申请行政复议和提起行政诉讼的权利。相对人对行政机关的补偿数额有异议，或者行政机关逾期不作补偿决定的，均可以通过行政复议或行政诉讼的途径寻求救济。

法律应用

1. 我国行政赔偿的范围包括两类：一是违法的行政行为造成的损害，如违法的行政处罚、行政强制措施、行政不作为等；二是行政事实行为造成的损害，如以殴打等暴力行为和违法使用武器、警械等行为造成

---

① 参见姜明安主编：《行政法与行政诉讼法》（第七版），北京大学出版社、高等教育出版社2019年版，第613页。

的损害。国家不予赔偿的范围包括：一是行政机关工作人员行使与职权无关的个人行为；二是受害人自己致使损害发生的行为；三是法律规定的其他情形。

2. 按照《国家赔偿法》的规定，侵犯公民人身自由的，每日的赔偿金按照国家上年度职工日平均工资计算。具体计算标准是公民应得到的赔偿金等于该公民因被限制人身自由的天数乘以上年度职工的日平均工资。根据《最高人民法院关于人民法院执行〈中华人民共和国国家赔偿法〉几个问题的解释》第6条的规定，这里的"上年度"，应为赔偿义务机关、复议机关或者人民法院赔偿委员会作出赔偿决定时的上年度；复议机关或者人民法院赔偿委员会决定维持原赔偿决定的，按作出原赔偿决定时的上年度执行。国家上年度职工日平均工资数额，应当以职工年平均工资除以全年法定工作日数的方法计算。年平均工资以国家统计局公布的数字为准。

案（事）例

案（事）例一

案情简介：

2020年10月11日晚，丁某酒后在某饮食店酗酒闹事，砸碎店里玻璃数块。后经人劝说，丁某承认错误并表示愿意赔偿。此时恰巧碰上某区公安局任某、赵某到店里执勤，任某对丁某又推又打，欲将丁某带回派出所处理。在扭打过程中，致丁某跌倒，头撞在水泥地上，造成颅内出血死亡。2021年12月20日，丁某之父向某区公安局提出行政侵权赔偿。

问题：

1. 丁某之父的赔偿请求权时效如何计算？

   A. 从任某行使职权行为被依法确认为违法之日起2年

   B. 从丁某之父知道或应当知道任某行使职权侵害丁某人身权之日起2年

   C. 从丁某之父第一次提起行政赔偿请求起2年

   D. 从公安局工作人员行使职权行为被确认为违法之日起3个月

2. 根据现行法律，本案损害赔偿应通过何种方式、由谁负责赔偿？

   A. 应由任某个人赔偿

   B. 可以通过民事诉讼

   C. 应由任某所在机关赔偿

   D. 可以通过行政赔偿诉讼

3. 本案赔偿义务机关应以什么方式赔偿？

   A. 公安局应当支付死亡赔偿金、丧葬费，对死者生前扶养的无劳动能力的人还应支付生活费

   B. 公安局应当支付医疗费、残疾赔偿金，对其扶养的无劳动能力的人还应支付生活费

   C. 公安局应当支付医疗费以及丁某之父申请赔偿的车旅费

   D. 公安局应当支付死亡赔偿金、丧葬费，总额为国家上年度职工年平均工资的10倍

4. 公安局对受害人赔偿后，可以如何处理？

A. 可以进行追偿

B. 不可以追偿

C. 可以要求任某承担部分或全部赔偿费用

D. 可以要求任某和赵某共同承担部分或全部赔偿费用

案（事）例二

案情简介：

罗某受到朱某的人身威胁,向公安机关报案,公安机关未采取任何措施。三天后,罗某了解到朱某因涉嫌抢劫被刑事拘留。罗某以公安机关不履行法定职责为由向法院提起行政诉讼,同时提出行政赔偿请求,要求赔偿精神损失。法院经审理认为,公安机关确未履行法定职责。

问题：

下列哪些选项是正确的？

A. 因朱某已被刑事拘留,法院应当判决驳回罗某起诉

B. 法院应当判决确认公安机关不履行职责行为违法

C. 法院应当判决公安机关赔偿罗某的精神损失

D. 法院应当判决驳回罗某的行政赔偿请求

案（事）例三

案情简介：

李某租用一商店经营服装。某区公安分局公安人员驾驶警车追捕时,为躲闪其他车辆,不慎将李某服装厅的橱窗玻璃及模特衣物撞坏。事后,公安分局与李某协商赔偿不成,李某请求国家赔偿。

问题：

下列哪些选项是错误的？

A. 公安分局应作为赔偿义务机关,因为李某曾与其协商赔偿

B. 公安分局不应作为赔偿义务机关,因该公安人员行为属于与行使职权无关的个人行为

C. 公安分局不应作为赔偿义务机关,因为该公安人员的行为不是违法行使职权,应按行政补偿解决

D. 公安分局应作为赔偿义务机关,因为该公安人员的行为属于与行使职权有关的行为

案（事）例答题思路

思考题

1. 简述行政赔偿的概念与特征。
2. 试述行政赔偿的归责原则和构成要件。

3. 简述行政赔偿的范围。
4. 简述行政赔偿请求人和行政赔偿义务机关。
5. 简述提起行政赔偿诉讼的条件。
6. 简述行政赔偿的方式与计算标准。
7. 简述行政补偿的概念与特征。
8. 简述行政赔偿与行政补偿的区别。
9. 简述行政补偿的范围与方式。

主要参考书目

《辞海》,上海辞书出版社1989年版。
王名扬著:《英国行政法 比较行政法》,北京大学出版社2016年版。
王名扬著:《法国行政法》,北京大学出版社2016年版。
王名扬著:《美国行政法》(上、下),北京大学出版社2016年版。
罗豪才、湛中乐主编:《行政法学》(第四版),北京大学出版社2016年版。
罗豪才主编:《行政法学》,北京大学出版社1996年版。
应松年主编:《当代中国行政法》(上、下卷),中国方正出版社2005年版。
应松年主编:《行政诉讼法》(第七版),中国政法大学出版社2018年版。
姜明安著:《行政法》,北京大学出版社2017年版。
姜明安著:《行政诉讼法》(第三版),北京大学出版社2016年版。
姜明安主编:《行政法与行政诉讼法》(第七版),北京大学出版社、高等教育出版社2019年版。
王连昌、马怀德主编:《行政法学》(2002年修订版),中国政法大学出版社2002年版。
马怀德主编:《行政诉讼原理》,法律出版社2003年版。
胡建淼著:《行政法学》(第四版),法律出版社2015年版。
胡建淼主编:《行政法学》,复旦大学出版社2003年版。
方世荣、石佑启主编:《行政法与行政诉讼法》(第三版),北京大学出版社2015年版。
方世荣主编:《行政法与行政诉讼法学》(第六版),中国政法大学出版社2019年版。
莫于川主编:《行政法与行政诉讼法》,科学出版社2008年版。
关保英编:《行政法与行政诉讼法——理论·实务·案例》(第三版),中国政法大学出版社2019年版。
余凌云著:《行政法讲义》(第三版),清华大学出版社2019年版。
何海波著:《行政诉讼法》(第三版),法律出版社2022年版。
胡锦光、刘飞宇主编:《行政法与行政诉讼法》(第八版),中国人民大学出版社2020年版。
胡锦光主编:《行政法与行政诉讼法》(第四版),中国人民大学出版社2018年版。
石佑启主编:《行政法与行政诉讼法》(第三版),中国人民大学出版社2015年版。
叶必丰主编:《行政法与行政诉讼法》(第五版),中国人民大学出版社2019年版。
叶必丰著:《行政法学》(修订版),武汉大学出版社2003年版。

张树义、罗智敏主编：《行政法学》（第三版），北京大学出版社2021年版。
章剑生主编：《行政法与行政诉讼法》，北京大学出版社2014年版。
王敬波主编：《行政法学》，中国政法大学出版社2018年版。
杨建顺主编：《行政法总论》（第二版），北京大学出版社2016年版。
王周户主编：《行政法与行政诉讼法教程》（第二版），中国政法大学出版社2017年版。
章志远著：《行政法学总论》，北京大学出版社2022年版。
杨登峰著：《行政法总论：原理、制度与实案》，北京大学出版社2019年版。
王学辉主编：《行政法与行政诉讼法学》（第二版），法律出版社2015年版。
杨解君著：《行政法学》，中国方正出版社2002年版。
全国人大常委会法制工作委员会行政法室编著：《中华人民共和国行政诉讼法解读》，中国法制出版社2014年版。
刘嗣元、石佑启、朱最新编著：《国家赔偿法要论》（第二版），北京大学出版社2010年版。
沈岿著：《国家赔偿法原理与案例》（第二版），北京大学出版社2017年版。
石佑启、杨勇萍编著：《行政复议法新论》，北京大学出版社2007年版。
邢鸿飞、王春业、韩轶、吴志红著：《行政法专论》，法律出版社2016年版。
汪永清主编：《中华人民共和国行政许可法教程》，中国法制出版社2003年版。
《行政法与行政诉讼法学》编写组：《行政法与行政诉讼法学》（第二版），高等教育出版社2018年版。
中华人民共和国最高人民法院行政审判庭编：《中国行政审判指导案例》（第1卷），中国法制出版社2010年版。
陈新民著：《行政法学总论》，三民书局1997年版。
城仲模著：《行政法之基础理论》，三民书局1994年版。
韩忠谟著：《法学绪论》，中国政法大学出版社2002年版。
萨孟武著：《政治学》，三民书局1986年版。
翁岳生著：《行政法与现代法治国家》，台湾祥新印刷公司1979年版。
徐怀莹：《行政法原理》（修订三版），五南图书出版公司1987年版。
胡建淼著：《十国行政法比较研究》，中国政法大学出版社1993年版。
朱维究、王成栋主编：《一般行政法原理》，高等教育出版社2005年版。
叶必丰著：《行政行为的效力研究》，中国人民大学出版社2002年版。
石佑启著：《论公共行政与行政法学范式转换》，北京大学出版社2005年版。
方世荣著：《论行政相对人》，中国政法大学出版社2000年版。
甘文著：《行政诉讼法司法解释之评论——理由、观点与问题》，中国法制出版社2000年版。
刘莘主编：《法治政府与行政决策、行政立法》，北京大学出版社2006年版。
王成栋著：《政府责任论》，中国政法大学出版社1999年版。
叶必丰著：《行政行为原理》，商务印书馆2014年版。

叶必丰著:《应申请行政行为判解》,武汉大学出版社2000年版。
叶必丰、周佑勇著:《行政规范研究》,法律出版社2002年版。
刘兆兴、孙瑜、董礼胜著:《德国行政法——与中国的比较》,世界知识出版社2000年版。
皮纯协主编:《行政程序法比较研究》,中国人民公安大学出版社2000年版。
周佑勇著:《行政法原论》(第三版),北京大学出版社2018年版。
杨解君著:《行政违法论纲》,东南大学出版社1999年版。
赵宏著:《行政法学的主观法体系》,中国法制出版社2021年版。
周伟著:《行政行为成立研究》,北京大学出版社2017年版。
赵银翠著:《行政过程中的民事纠纷解决机制研究》,法律出版社2012年版。
郭道晖著:《法的时代精神》,湖南出版社1997年版。
张文显主编:《法理学》(第五版),高等教育出版社、北京大学出版社2018年版。
张文显著:《法学基本范畴研究》,中国政法大学出版社1993年版。
蔡定剑主编:《公众参与:风险社会的制度建设》,法律出版社2009年版。
林来梵著:《从宪法规范到规范宪法——规范宪法学的一种前言》,法律出版社2001年版。
常纪文、陈明剑著:《环境法总论》,中国时代经济出版社2003年版。
〔德〕奥托·迈耶著:《德国行政法》,刘飞译,商务印书馆2002年版。
〔美〕理查德·J.皮尔斯著:《行政法》(第五版,第1—3卷),苏苗罕译,中国人民大学出版社2016年版。
〔日〕中西又三著:《日本行政法》,江利红译,北京大学出版社2020年版。
〔英〕威廉·韦德著:《行政法》,徐炳等译,中国大百科全书出版社1997年版。
〔荷〕勒内·J.G.H.西尔登等编:《欧美比较行政法》,伏创宇、刘国乾、李国兴译,中国人民大学出版社2013年版。
〔美〕理查德·B.斯图尔特著:《美国行政法的重构》,沈岿译,商务印书馆2021年版。
〔奥〕凯尔森著:《法与国家的一般理论》,沈宗灵译,中国大百科全书出版社1996年版。
〔法〕卢梭著:《社会契约论》,何兆武译,商务印书馆2003年版。
〔美〕戴维·H.罗森布鲁姆、罗伯特·S.克拉夫丘克著:《公共行政学:管理、政治和法律的途径》(第五版),张成福等校译,中国人民大学出版社2002年版。
〔英〕戴维·米勒、韦农·波格丹诺编:《布莱克维尔政治学百科全书》,中国问题研究所等组织翻译,中国政法大学出版社1992年版。

郑重声明

高等教育出版社依法对本书享有专有出版权。任何未经许可的复制、销售行为均违反《中华人民共和国著作权法》，其行为人将承担相应的民事责任和行政责任；构成犯罪的，将被依法追究刑事责任。为了维护市场秩序，保护读者的合法权益，避免读者误用盗版书造成不良后果，我社将配合行政执法部门和司法机关对违法犯罪的单位和个人进行严厉打击。社会各界人士如发现上述侵权行为，希望及时举报，我社将奖励举报有功人员。

反盗版举报电话　（010）58581999　58582371

反盗版举报邮箱　dd@hep.com.cn

通信地址　北京市西城区德外大街4号　高等教育出版社法律事务部

邮政编码　100120

读者意见反馈

为收集对教材的意见建议，进一步完善教材编写并做好服务工作，读者可将对本教材的意见建议通过如下渠道反馈至我社。

咨询电话　400-810-0598

反馈邮箱　zz_dzyj@pub.hep.cn

通信地址　北京市朝阳区惠新东街4号富盛大厦1座
　　　　　高等教育出版社总编辑办公室

邮政编码　100029